国家社会科学基金项目（结项号20140894）

四川省哲学社会科学规划项目（SC14XK39）

中国当代农业思想的演变与实践

——基于社会主义的视角

许建文 著

中国社会科学出版社

图书在版编目(CIP)数据

中国当代农业思想的演变与实践：基于社会主义的视角/许建文著．
—北京：中国社会科学出版社，2015.10
ISBN 978 - 7 - 5161 - 6761 - 8

Ⅰ.①中…　Ⅱ.①许…　Ⅲ.①农业经济—经济思想史—研究—
中国—现代　Ⅳ.①F329.07

中国版本图书馆 CIP 数据核字(2015)第 182385 号

出 版 人　赵剑英
选题策划　刘　艳
责任编辑　刘　艳
责任校对　陈　晨
责任印制　戴　宽

出　　　版　中国社会科学出版社
社　　　址　北京鼓楼西大街甲 158 号
网　　　址　http://www.csspw.cn
邮　　　编　100720
发 行 部　010 - 84083685
门 市 部　010 - 84029450
经　　　销　新华书店及其他书店

印刷装订　三河市君旺印务有限公司
版　　　次　2015 年 10 月第 1 版
印　　　次　2015 年 10 月第 1 次印刷

开　　　本　710×1000　1/16
印　　　张　33.5
插　　　页　2
字　　　数　581 千字
定　　　价　119.00 元

目　录

第二篇　毛泽东关于中国农业的思想与实践

第三篇　改革开放以来中国的农业思想与实践

导　语

一　缘起

所谓思想是客观存在经过人的思维活动产生的结果，其内容一般以文字或符号、图象等形式进行记载、交流、研究和传承。在人类社会的历史进程中，没有思想和思想家的时代一定处于愚昧的时代。古往今来，人类在推动农业发展问题的思考中出现了不可胜计的农业思想家，他们为经世济民提出了充满理性和智慧的农业思想。当代中国的民族复兴需要从国内外农业思想的宝库中汲取营养，有助于建立保障民族生存发展的强大的农业。

我们深知，事物的本质和发展规律蕴藏在历史演变之中，认识事物的本质和发展规律，抓住主要矛盾和矛盾的主要方面解决现实问题是理论和实践工作者的中心任务，追根溯源是研究者的重要职责和基本素养。中国当代农业发展的实践探索已经积累了成功经验和失败教训，需要我们运用马克思主义的唯物史观和辩证方法，把握中国农业发展的重要理论问题，对中国当代农业思想演变与实践进行扎实深入、科学求是的研究，探究中国当代农业思想过去的所以然，现在的应然或必然。

不可否认的是，国内外的各层人士对中国当代农业发展问题从不同角度阐释过见解，发表过见地深刻的观点，但决定中国当代农业思想演变与实践的主角是中国共产党。信仰马克思主义的中国共产党主张实行社会主义制度，建立和发展社会主义农业成为了中国当代农业思想演变与实践的宏大主题。对中国当代农业思想进行认真研究的核心也就聚焦于此。

当代中国农业生产发生了革命性的巨变，土地制度、经营制度、科学技术和农民素质等决定农业发展进步的因素经历了翻天覆地的变化。中国共产党对这些因素的理论认识就成为了中国当代农业思想的核心主题。毋庸置疑，处于中国农业千年未有的大变局时代，研究关系国计民生的中国当代农业思想的演变与实践，不但对当前中国农业发展、经济建设和社会建设大有裨益，也有利于将人口大国的农业发展经验进行总结，无疑具有重要的理论价值和现实意义。

自20世纪90年代后期笔者接触到中国当代农业问题的研究开始，逐渐地把研究重点聚焦在影响中国当代农业发展的政策和思想层面。在研究过程中，加强中国当代农业思想深入研究的认识愈加强烈。在取得一些研究成果的基础上，笔者于2007年以"中国特色社会主义农业思想的历史演变与现实实践研究"为题，获得了国家社会科学基金的立项。通过8年的艰苦努力，最终成果以该书的形式呈现于此。

二 研究现状述评

由于中国当代农业与农村、农民问题紧密联系，学术界对中国当代农业思想的研究必然连接着对中国当代农村、农民问题的思考。从20世纪90年代开始，学术界对中国当代农业思想的研究取得了一批显著成果，产生了许多的专著和论文（本节仅概览出版的书籍）。如前所述，中国当代农业思想演变与实践的主角是中国共产党，因而学术界的研究成果围绕着中国共产党农业思想或"三农"思想的发展与实践而开展。

首先，研究了中国共产党农业思想或"三农"思想。从纵向层面整体来看，孙林的《新中国农业经济思想史》（上海财经大学出版社2001年）是国内从整体层面研究中国当代农业思想史的专著。继后，秦兴洪等著《共和国农村的发展道路——中共三代领导集体的选择》（广东高等教育出版社2002年），农业部农村经济研究中心当代农业史研究室主编《中国共产党"三农"思想研究》（中国农业出版社2002年），周志强著《中国共产党与中国农业发展道路》（中共党史出版社2003年），武力等主编《解决"三农"问题之路——中国共产党"三农"思想政策史》（中国经济出版社2004年），毛黎娟、廖慧贞著《中国共产党与农业现代化》（宁夏人民出版社2005年），许传红著《中国共产党农业发展思想研究》（武汉理工大学出版社2013年）相继出版。这类成果的显著特点是从中国农业发展道路、目标的宏观层面，重点研究或总结了1949年以来中国共产党的认识和实践历程。从纵向层面来看，如胡映兰著《改革开放以来党的农村经济政策发展研究》（中央文献出版社2005年），李伟著

《二十世纪五十年代末中国共产党对农业问题的认识和探索》（中共党史
出版社 2007 年），唐园结、孙林等主编《黄金十年——党的十六大以来
强农惠农富农政策轨迹》（中国农业出版社 2012 年），张千友著《新中国
农业合作化思想研究》（西南财经大学出版社 2014 年），岳从欣著《探索
社会主义新农村建设之路：基于对农业学大寨运动的经验分析》（当代中
国出版社 2014 年）等。这类成果的显著特点是具体细微地从一个独立的
角度研究了中国共产党在某一时段的农业发展思想。

其次，研究了中国当代农业发展的实践情况。1994～2014 年，国内
先后出版的著作有：中共永嘉县委党史研究室等编《中国农村改革的源
头：浙江省永嘉县包产到户实践》（当代中国出版社 1994 年）；农业部农
村经济研究中心当代农业史研究室先后于 1996 年、1998 年、2000 年在中
国农业出版社出版的《中国农业大波折的教训》、《当代中国农业变革与
发展研究》和《中国土地改革研究》等书；关锐捷主编《半个世纪的中
国农业》（南方日报出版社 1999 年）；《当代中国的农业合作制》编辑室
编《当代中国典型农业合作社史选编》（中国农业出版社 2002 年）；《当
代中国的农业合作制》（上、下）（当代中国出版社 2002 年）；罗平汉著
《农业合作化运动史》、《农村人民公社史》（福建人民出版社 2004、2003
年）；郭书田主编《神农之魂大地长歌：中国工业化进程中的当代农业
（1949—2009）》（金盾出版社 2009 年）；胡新萍著《现代化进程中国家农
民关系研究：当代中国农业变迁的利益分配》（中国农业出版社 2012 年）
等等。这类成果的显著特点是系统全面地分析总结了中国当代农业发展演
变的实践情况。

在中国现代社会生活中，领导人的思想和行动在重大问题和变革中发
挥着决定性作用。学术界在对当代农业思想研究的过程中，倾注大量精力
研究了中国共产党著名人物尤其是毛泽东、邓小平的农业思想。

就毛泽东农业、农民思想研究的成果来看，1993～2012 年，国内出
版的著作有：欧阳斌、唐春元主编《毛泽东农民问题理论研究》（浙江人
民出版社 1993 年）；农业部政策研究会主编《毛泽东与中国农业——专
家学者纪念毛泽东诞辰 100 周年文集》（新华出版社 1995 年）；呼志慧、
李安兰著《毛泽东与中国农业现代化》（甘肃人民出版社 1995 年）；郑以
灵著《毛泽东农民观透视》（厦门大学出版社 1999 年）；张俊谊著《毛泽
东与中国农民》（陕西人民出版社 2003 年）；温锐著《毛泽东视野中的中

国农民问题》（江西人民出版社 2004 年）；谭首彰著《毛泽东与中国农业现代化》（湖南大学出版社 2009 年）；钱守云著《毛泽东保障农民利益思想研究》（中共党史出版社 2009 年）；苏晓云著《毛泽东农民合作组织思想与实践研究——基于"组织起来"的思索与考察》（中央编译出版社 2012 年）；贾钢涛著《嬗变与重塑——毛泽东农民教育理论和实践研究 1949—1966》（中国社会科学出版社 2012 年）等等。这类成果的显著特点是探讨了毛泽东农业思想或农民思想的理论渊源、发展过程、基本内容及局限，结合中国当代农业发展演变的重大问题研究了毛泽东农业思想或农民思想的实践状况与经验教训。

就邓小平农业思想研究的成果来看，1994 ~ 2012 年，国内出版了莫建备著《农业改革发展要有两个飞跃——从联产责任制到适度规模经营》（上海人民出版社 1994 年）；唐春元著《巨人与大地——邓小平与中国农业、农村、农民》（湖南人民出版社 1997 年）；范德官主编《邓小平"三农"思想研究》（福建教育出版社 1997 年）；朱希刚、缪建平主编《邓小平的农业思想研究》（论文集）（中国农业出版社 1998 年）；陈文斌、黄道霞等著《邓小平农村改革与发展的理论和实践》（中共党史出版社 1998 年）；中国农业科学院农业经济研究所、农业部农村经济研究中心著《邓小平农业思想研究》（中国农业出版社 1998 年）；方向新著《邓小平理论与农村发展》（湖南人民出版社 1999 年）；韩俊、刘振主编《邓小平农业思想论》（山西人民出版社 2000 年）；李忠杰主编《邓小平农村建设理论概论》（中共中央党校出版社 2001 年）；哈战荣著《社会主义新时期邓小平"三农"思想研究》（中国财政经济出版社 2007 年）；陈爱玉著《邓小平关于农业的"两个飞跃"思想与实践》（人民出版社 2009 年）等等。这类成果的显著特点是探讨了邓小平农业思想的理论渊源、发展过程、基本内容及实践中取得的成就，提出了实践邓小平农业思想的方法和思路，得出的基本结论是邓小平农业思想完全适应了中国当代农业发展的客观实际。

最后，学术界对中国当代农业思想的研究还出版了如李长泰、周晓红著《当代中国农业科技伦理思维模式论》（中国农业出版社 2011 年）；陆学艺先后于 2002、2013 年出版《三农论——当代中国农业、农村、农民研究》（社会科学文献出版社）和《三农续论：当代中国农业、农村、农民问题研究》（重庆出版社）等著作。该类成果的显著特点是从学理或整体性的角度探究了中国当代农业思想演变与实践中的某一问题，但这类成果数量显著偏少。

总之，国内学术界从党史和党建、经济学和科学社会主义理论等视角研究了中国当代农业思想演变中的理论和实践问题，上述成果的研究或重历史，或重理论，或重实践，还没有开展对中国当代农业思想演变与实践的系统研究。因此，从历史与现实、理论与实践相结合的角度，对中国当代农业思想演变与实践进行更加深入的研究也就显得十分必要和迫切了。

三 研究思路、内容、方法及创新

相对于思想史研究侧重理论和思维方式、缺少具体方法、结论有待较长的历史和复杂的实践检验的特点而言，该书的研究思路是立足于中国当代工业化的大背景，注重中国当代农业的思想与实践并重，希望在深入考察中国当代农业政策演变的基础上，以不断促进农业生产关系与生产力辩证统一为主线，把握当代中国农业发展的特殊条件和特点，沿着"历史条件—思想实践—思想创新"双向考察的思路，实事求是地对中国当代农业思想的历史发展和实践进行跨学科的综合研究。该书是国内外研究中国当代农业思想的首次尝试。

根据上述思路，确立了以下研究体系和研究内容：

（一）中国农业发展问题的困惑和解决，决定了该书必须以决定农业发展的制度、技术、农民以及政府等为要素，建立新的研究框架。中国当代农业思想在实现工业化的前提下，围绕着农业经营组织、所有制及经营制度、农民利益、科学技术等在决定中国当代农业发展的重大问题而不断创新，这些问题都统一于农业生产力系统的制度、技术、农民要素之中。该书从这些要素的辩证统一关系中建立互相联系、相互制约的研究框架，建构了中国当代农业思想的研究体系。该书概括了中国当代农业思想在不同阶段演变的背景及实践状况，详尽地分析了中国当代农业思想的主要内容在不同阶段的重要认识，总结了中国当代农业思想在社会主义农业思想体系中的创新，获得了科学的研究结论。该书认为，历届共产党人在领导中国农业发展的实践过程中，坚持马克思主义关于社会主义农业的基本观点，结合中国人多地少、资源条件差、科技落后的农业生产条件，根据中国经济社会发展的不同阶段和发展水平，在农业地位与作用、农业主体与农民富裕、农业合作制和农业技术四个方面实现了中国当代农业思想的不断创新，建构了中国特色社会主义农业思想的完整体系，推进了当代农业的发展和进步。

（二）该书对中国当代农业思想的理论渊源即马克思恩格斯和列宁关于农业发展的基本观点进行了深入梳理，认为马恩基于对英国资本主义农业发展历史的考察，指出资本主义带来了土地所有权的革命，推动了土地集中和农业经营方式的转变，揭示了资本主义农业的弊端，提出了建设土地公有、合作经营、集体劳动，城市和农村、工业和农业有机结合的社会主义现代农业的基本思想；列宁准确理解了俄国资本主义农业的特点，面对苏俄农业发展面临的严重困难和客观现实，对苏俄农业问题进行了不断探索，在农业生产资料所有制、农产品分配制、满足农民利益、重视商品经济、合作社等方面阐述的观点，实现了社会主义农业思想的重大转变，成为了 20 世纪 80 年代以来中国农业思想演变与实践的理论先导。

（三）主导中国当代农业思想演变的重要力量是中国共产党。该书以党的历届领导集体为主线，研究了他们关于中国农业发展的重要思想及其实践。系统梳理了毛泽东的农业改造观，如农业是国民经济的基础、集体农业、农业机械化、社队企业、农民教育等，分析总结在农业生产资料所有制、集体经营、农业发展方法等实践中的经验教训；系统研究了 20 世纪 80 年代党的领导集体在家庭经营、农业基础、两个飞跃、科教兴农等方面的实践与观点；系统研究了 20 世纪 90 年代党的领导集体关于农业可持续发展、依法治农、农业对外开放、市场经济条件下巩固农业地位、维护农民利益、农业科技革命等方面的实践与观点，认为共产党建立了中国特色的社会主义农业思想。高度概括了 21 世纪以来共产党践行中国特色社会主义农业思想，实行建立农业投入保障机制、强化科技支撑、健全补贴制度、发挥农民主体作用，培养新型农民、提高农业设施装备与生态水平、发展现代产业体系和物流产业、确保农业安全的政策，总结了近年来中国农业发展的成就。

根据上述思路，确定了以下研究方法：

（一）以辩证唯物主义和历史唯物主义为指导，把握农业生产关系和生产力的矛盾运动规律，本着实事求是的态度具体问题具体分析，帮助人们认识和检验中国当代政策实践的是非，力求客观地、全面地、辩证地审视中国当代农业思想的变迁与实践。

（二）主流分析法。在中国当代农业思想宝库中，不同的党派、学者、职业人士都发表过关于中国农业发展问题的重要见解，但主导中国当代农业发展的是中国共产党，在中国建立和发展社会主义农业的思想及其在实践中产生的影响，是其他思想流派及主张者无可比拟的。同时，中国共产党农业思想及其制定的农业政策也与农民问题紧密联系。主流分析法是把握中国当代农业思想主体及诸多内容的重要方法，有利于我们掌握中国当代农业思想演变与实践的核心。因此，把中国共产党历届领导集体的农业思想及其关键内容构建为该书的总体结构，对中国社会主义农业思想的来源、主要内容及与其实践的演变进行了翔实的分析。

（三）比较分析法。中国当代社会的巨变决定了当代农业思想在具体的历史条件下发生了变化，当代农业思想中的各种具体观点、学说、理论和政策的根源都深藏在中国农业发展的实践中。通古今之变是解释历史的基本要求，也是该书的基本任务。用比较分析法研究中国当代农业思想，才能在全面分析的基础上，解释其核心内容在实践中发生演变的原因，区分好思想演变中从原因到结果、从结果到原因的进程，采取不简单肯定或否定的态度，解释了中国当代农业思想在农业地位与作用、农业主体与农民富裕、农业合作制和农业技术方面的发展创新。

（四）在广泛运用中国共产党及其领导人、国家统计年鉴、典型机构及人物、学术同人关于中国当代农业问题的相关资料的基础上，还运用归纳、演绎的规范研究和史证结合，纵向对比和综合分析的方法，将引用的文献资料和数据进行客观公正的分析，增加了研究的可信度和论证的说服力。

第一篇

马克思恩格斯和列宁的农业
思想与实践

　　详尽地总结马克思恩格斯和列宁的相关论述是研究中国当代农业思想的第一任务。

　　马克思恩格斯建立社会主义农业的构想在中国当代农业思想的演变与实践中产生了深刻影响。土地国有，农民合作经营、集体劳动，工农业、科学化与市场化统筹成为了中国当代农业思想演变与实践的主题。

　　列宁提出的实行土地国有、平均分配给农民耕种是无产阶级领导资产阶级民主革命、实现社会主义的步骤的观点影响了中国共产党人的土地革命理论及实践。提高农民的生产率，发展以电气化为中心的农业技术，用产销合作社联合农民，发展农业商品经济等主张是 20 世纪 80 年代以来中国农业思想演变与实践的理论先导。

第一章　马克思恩格斯的农业思想

马克思恩格斯在对欧洲资本主义农业的分析批判中，从影响农业生产的自然环境、社会经济和科学技术等方面深刻揭示了农业生产的特点。他们指出资本主义带来了土地所有权的革命，推动了土地集中和农业经营方式的转变，实现了农业社会化和合理化经营。他们还揭示了资本主义农业存在着私有制与社会化和合理化的基本矛盾，结合发达资本主义国家和经济文化落后国家的具体情况，提出了建设土地公有、合作经营，集体劳动，城市和农村、工业和农业有机结合的社会主义现代农业的基本思想。他们关于社会主义农业的基本构想是科学社会主义理论的重要组成部分。

第一节　对农业地位与农业生产特点的认识

马克思恩格斯科学地认识了农业的重要地位，从影响农业生产的自然环境、社会经济和科学技术等方面深刻揭示了农业生产的特点。这是他们建构社会主义农业思想的立论起点。

一　农业重要地位的认识

马克思恩格斯从农业的基本功能和产业贡献的角度认识了农业的地位。首先，他们认为任何民族"必须先保证自己有食物，然后才能去照顾其他事情"[1]；财富增长和文明进步都与生产食品所需要的劳动和费用的减少成相等的比例关系。人类只有在解决了生存的基本需要之后，"才

---

① 中央编译局：《马克思恩格斯全集》（第9卷），人民出版社1961年版，第347页。

能从事政治、科学、艺术、宗教等等"①。人类的一切劳动首先"是以占有和生产食物为目的的",食物生产"是直接生产者的生存和一切生产的首要的条件"。所以,农业满足了人类生存发展的第一需要。其次,他们认为农业和工业都是创造财富的部门,超过农业生产者个人需要的农业劳动生产率"是一切社会的基础"②。在国内外,农业的一定发展阶段"是资本发展的基础",农业劳动是"其他一切劳动得以独立存在的自然基础和前提"③。随着农业劳动生产率的不断提高,农业将更多的食物、劳动力及原料、资金等提供到国民经济的其他部门,促进了人类社会经济活动的日益扩大,决定着农业人口向城市和非农产业转移的规模和速度。所以,农业是社会分工、国民经济其他部门产生发展的基础。

二　农业生产特点的认识

马克思恩格斯通过对农业生产及农产品流通过程的考察,指出了农业作为经济再生产过程,不论其特殊的社会性质如何,在农业内部,"总是同一个自然的再生产过程交织在一起"④。他们以此为基本出发点,从制约农业生产的自然环境、社会经济和科学技术水平等方面深刻地揭示了农业生产的特点。

首先,他们指出了农业生产是人类运用劳动手段干预自然环境和农业生物的实践活动。一方面,它取决于农业劳动的社会条件,如生产规模,劳动分工与协作,资本投入,生产方法改进,科学技术应用,产权和交易的法律保障等;另一方面,人类还可以通过农具、水利灌溉、交通运输工具等农业基础设施的改进来促进生产发展。但由于农业生产过程对自然条件的依赖性强,"自然在农业中是作为机器和有机体参与人的劳动的"⑤,"农业不但不能控制气候,还不得不受气候的控制"⑥,由于自然条件的无

---

①　中央编译局:《马克思恩格斯全集》(第19卷),人民出版社1963年版,第374页。

②　中央编译局:《马克思恩格斯全集》(第25卷)(下),人民出版社1974年版,第713,715,885页。

③　中央编译局:《马克思恩格斯全集》(第26卷)(上),人民出版社1972年版,第23,29页。

④　中央编译局:《马克思恩格斯全集》(第24卷),人民出版社1972年版,第399页。

⑤　中央编译局:《马克思恩格斯全集》(第26卷)(中),人民出版社1973版,第116页。

⑥　中央编译局:《马克思恩格斯全集》(第20卷),人民出版社1971年版,第191页。

法控制，年景的好坏等"同量劳动可以体现为极不相等的使用价值量"①，一定量的使用价值会有极不相同的价格。农业生产同自然环境有着不可分割的联系，受着生态环境的严重制约。这就决定了农业生产具有不稳定性、多因性和波动性的特点，因此，农业是弱质产业。

其次，他们指出了农业生产的又一特点是生产时间和劳动时间的不统一。所谓劳动时间是指"由许多依次进行、互相联系的工作日构成的工作日"，而生产时间是指"资本束缚在生产领域的时间"，"资本处于生产过程中的全部时间"。由于农业生产过程必须按照动植物生长发育顺序连续进行，马克思指出了葡萄酒的榨汁与发酵、林木的栽培与砍伐、播种与收获等生产时间与劳动时间存在不统一，说明了农业生产具有区域性、季节性的特征，这就决定了农业劳动时间与生产时间的不统一。这种不一致对农业生产的影响表现在农业只有和农村副业结合才能保证农民的收入，成为了农业兼业经营的自然基础。这种不一致还表现在增加农业储备和变革农业生产工艺，常常伴随着大幅度增加投资，必须增加预付在较长的生产环节即"投在工资、肥料、种子等等上的流动资本"，"尽管它只是逐渐进入现实的生产过程"②，这就降低了农业资本的周转速度和激增了农业经营的资本量，导致资本利润率远远低于工业生产，因而产业资本不愿介入农业领域，使得农业生产经营活动和农业生产工艺的变革异常艰难，资本的短缺也迫使农民对产业资本具有最强的依赖性。这种不一致还表现在农业生产过程中，可能造成对农业资源的破坏，对农业生产带来不利影响。

最后，他们分析了农业和其他产业的普遍区别在于农产品"作为本身的生产资料加入生产过程"③。例如，由农业生产出来的种子作为农业生产的重要资源，不需要通过流通过程就加入到下一个生产流程；农民生产的粮食由自己食用，延续了农业劳动力的再生产。所以，农业的生产过程是自然再生产与经济再生产交织的物质能量转化的过程。

总之，马克思恩格斯从农业的自然和社会属性两个方面揭示了农业生

---

①　中央编译局：《马克思恩格斯全集》（第25卷）（中），人民出版社1974年版，第135页。

②　中央编译局：《马克思恩格斯全集》（第24卷），人民出版社1972年版，第257，266，266，271，272~273页。

③　中央编译局：《马克思恩格斯全集》（第26卷）（中），人民出版社1973年版，第61~62页。

产的特点，指出了农业生产过程是自然再生产和经济再生产交织的物质能量转化的过程，农业生产需要综合利用土地、种子、肥料、水利、耕畜、农具和其他生产资料，促进动植物生长发育，将无机物质和太阳能转化为有机物质和化学潜能，存在着生产周期长、季节性强、地区差异性大，既受自然气候和其他生产条件的制约，又受科学技术和社会经济发展水平影响的特点。

第二节　对资本主义农业的分析

马克思恩格斯通过对英、法、德、美等国农业现代化历史和现实的研究，认为资本主义农业的形成和发展是改造落后的土地所有制及落后的经营方法的历史，资本主义农业取得了社会化和合理化的脚步，但仍然存在着不可克服的矛盾，不是社会化的合理的农业生产经营方式。这是他们建构社会主义农业思想的立论基础。

一　资本主义农业发展的分析

马克思恩格斯认为传统农业的小生产方式是资本主义农业产生发展的起点。农业小生产方式以土地个体私有和农民个体劳动为基础，经营规模狭小，是农民维持生计、发展自由个性的必要条件，具有长期存在的历史必然性和顽强的生命力。农业小生产方式的劳动主体是个体小农，他们人数众多，生活条件相同，但"彼此间并没有发生多式多样的关系"，"每一个农户差不多都是自给自足的"，"好像一袋马铃薯是由袋中的一个个马铃薯所集成的那样"[①]，没有成为一个拥有独立地位的阶级；农业小生产方式"是以土地及其他生产资料的分散为前提的"[②]，个体小农的土地是"他们的劳动和资本的不可缺少的活动场所"，他们的土地私有权是农民独立发展的基础，"也是农业本身发展的一个必要的过渡阶段"[③]。传统农业的小生产方式不能成为社会经济形态的决定性的生产方式，在资本主义商品经济条件下受到商品经济规律的支配，资本主义造成了农业小生产

---

① 中央编译局：《马克思恩格斯全集》（第8卷），人民出版社1961年版，第217页。
② 中央编译局：《马克思恩格斯全集》（第23卷），人民出版社1972年版，第830页。
③ 中央编译局：《马克思恩格斯全集》（第25卷）（中），人民出版社1974年版，第908，909页。

方式被消灭的物质手段，它"必然要被消灭，而且已经在消灭"，资本主义农业是农业小生产方式发展的必然趋势。马克思恩格斯描述了资本主义农业发展的历史画面，指出资本主义在不同的国家有着不同的色彩，用不同的方式和手段，"按不同的顺序、在不同的历史时代通过不同的阶段"对农民进行了掠夺，资本主义农业在各国发展的表现不尽相同，发展水平也不平衡。

　　马克思恩格斯把 16 世纪以来的英国视为资本主义农业发展的范例，说英国是当时世界上资本主义农业经济发展的典型国家。他们以英国为例，分析了资本主义农业的发展过程。

　　首先，他们指出圈地运动是英国农业革命的第一个行动。他们描述了1688 年以前英国圈地运动的场景，指出肇端于 15 世纪末的圈地运动"是作为个人的暴力行为进行的"，最初的圈地限于私人圈地，因此规模小、数量少。从 15 世纪最后 30 多年起资本主义经济在农村日益发展，农民日益被消灭，但又"不断重新出现，虽然他们人数在减少，处境日益恶化"。到 17 世纪最后的几十年，英国农业人口还有 4/5，"自耕农即独立农民还比租地农民阶级的人数多"。1688 年，英国"光荣革命"后，地主、资本家通过政府立法的形式，掀起了圈地建立大农场的热潮。马克思指出，他们开辟了一个新时代，使以前"有节度地进行的对国有土地的盗窃达到了巨大的规模"。大约在 1750 年，英国"自耕农消灭了"，农民公有地的"最后痕迹也消灭了"。到了 19 世纪，"人们自然甚至把农民和公有地之间的联系都忘却了"。马克思对此总结道，地主借以把人民的土地当作私有财产赠送给自己的法令"是剥夺人民的法令"。对国有土地，特别是公有地的不断盗窃，促使资本租地农场或商人租地农场的增长，促使农村居民变成了无产阶级，"把他们'游离'出来投向工业"，农业工人在他们耕种的土地上"再也找不到必要的栖身之所了"①。马克思指出圈地运动使英国建立了资本主义大土地所有制，带来了土地所有权关系的革命，是利用国家权力把封建财产变为现代私有财产，这种剥夺是通过资本主义生产的内在规律的作用，"即通过资本的集中进行的"②，是资本主

---

① 中央编译局：《马克思恩格斯全集》（第 23 卷），人民出版社 1972 年版，第 830，784，792，817，790，791，791，791，796，793，793，797 页。

② 中央编译局：《马克思恩格斯全集》（第 20 卷），人民出版社 1971 年版，第 145~146 页。

义原始积累的一种方法。圈地运动"为资本主义农业夺得了地盘，使土地与资本合并"，为城市工业提供了不受法律保护的无产阶级的源源不断的供给，逐步形成了农业资本主义生产的基本单位——租地农场主（农业资本家）和家庭农场，推动了土地的集中和农业经营方式的转变。与之伴随的是大批农民被排挤、被驱逐而日益贫困。资本主义生产关系在农业中的确立，为英国工业革命创造了条件。马克思还分析指出，资本主义生产一方面发展了社会生产过程的技术和结合，"同时破坏了一切财富的源泉——土地和工人"①，割断了农业小生产的命脉，凡是同资本主义农业生产条件相矛盾或不适应的"都被毫不怜惜地一扫而光"②，英国以牺牲农民为代价走上了现代化道路。马克思预言资本主义将在农业中占据统治地位，个体农民将会消亡。

　　其次，他们考察了英国工业革命期间先进生产力在农业中的运用情况，论述了先进生产力在推进农业现代化发展中的表现，说明了工业革命对农业发展的具体影响。马克思认为，由于工业革命的发展，农场主为了生产更多的农产品供应城市，开始积极追求土地的集中，扩大对农业的投资，采用先进的科学技术与耕作方式提高了土地生产能力，促进了现代科学技术在农业中的广泛应用。他考察了英国农业生产使用蒸汽机及其他各种新工具、修建排水工程、采用牲畜圈养及人工种植的饲料、使用矿物质化肥等情况，指出在自然肥力相同的土地上，同样的自然肥力利用到什么程度，一方面"取决于农业化学的发展，一方面取决于农业机械的发展"。土壤肥力同农业化学和农业机械的发展水平有着关联，"随着这种发展水平的变化而变化"③。在农业中，一旦预付了追加的种子和肥料，即使对土地进行机械耕作，"也会对产量的提高发生奇迹般的作用"④。一切现代的如灌溉、排水、蒸汽犁、化学产品等方法"都应当广泛地用于农业"，"在农业中，机器和蒸汽也愈来愈占统治地位"⑤，最陈旧和不合

---

　　①　中央编译局：《马克思恩格斯全集》（第23卷），人民出版社1972年版，第801，553页。

　　②　中央编译局：《马克思恩格斯全集》（第26卷）（中），人民出版社1973年版，第263页。

　　③　中央编译局：《马克思恩格斯全集》（第25卷）（下），人民出版社1974年版，第733页。

　　④　中央编译局：《马克思恩格斯全集》（第23卷），人民出版社1972年版，第662页。

　　⑤　中央编译局：《马克思恩格斯全集》（第18卷），人民出版社1964年版，第65，341页。

理的经营"被科学在工艺上的自觉应用代替了"①，机器的改良，使那些原本不能利用的物质"获得一种在新的生产中可以利用的形式"②；科学的进步，特别是化学的进步铸就了英国农业现代化事业。因此，用先进的机器武装农业，改进农业动力系统和耕作方法，使先进的科学技术得以广泛运用，农业资本得到有效运用，英国农业现代化事业取得了长足进步。

他们还分析了资本主义生产方式和科学技术对英国农业发展的具体影响。首先，现代农业科学技术成为农业生产进步的技术手段，使用化学品和大规模使用机器耕种成为常规的农业生产方式，极大地提高了农业生产水平。其次，农业完全转入资本主义生产的轨道。农业生产不能再在自己内部找到它的生产条件，而"这些条件已作为独立的生产部门存在于农业之外"③。资本主义通过市场交易的形式将农业生产的各种要素及农产品作为商品纳入到农业生产的全过程，使农村和农民都融入到了资本主义市场体系之中，资本主义农业取得的这些进步是掠夺劳动者技巧的进步。再次，导致了农业劳动力绝对地和相对地减少。马克思说，英国农业在采取提高劳动生产能力的各种措施之后，"减少了对劳动的需求后，又使得农村人口相对过剩起来了"④，机器耕作代替马耕，把马从经营上排挤出去。在英国农业技术进步的同时，机器"也把农业短工游离出来，造成了一个人为的过剩人口"⑤，所以，英国还存在着流动性强和劳动密集度高的家庭劳动，存在着由大农业造成的过剩人口的最后避难所。在工业国的英格兰，工业后备军从农村得到了补充，而在农业国的爱尔兰，农业后备军却从城市，"从被驱逐的农业工人的避难所得到补充"⑥，劳动力在城市和农村、农业与工业之间呈现双向流动的态势。

二　实现了农业社会化和合理化

马克思恩格斯指出，在商品经济和市场竞争条件下，资本主义制度实

①　中央编译局：《马克思恩格斯全集》（第23卷），人民出版社1972年版，第551页。
②　中央编译局：《马克思恩格斯全集》（第25卷）（上），人民出版社1974年版，第117页。
③　中央编译局：《马克思恩格斯全集》（第46卷）（下），人民出版社1980年版，第19页。
④　中央编译局：《马克思恩格斯全集》（第16卷），人民出版社1964年版，第167页。
⑤　中央编译局：《马克思恩格斯全集》（第25卷）（下），人民出版社1974年版，第708页。
⑥　中央编译局：《马克思恩格斯全集》（第23卷），人民出版社1972年版，第776页。

现了农业的社会化和合理化。农业社会化是指资本主义把分散、封闭、落后及小规模的农业小生产变为了集中的、大规模的社会化生产，从土地等农业生产资料到农产品的生产过程及农产品的销售等农业过程都变为了资本的全程控制，如农产品由满足农民个人和家庭需要发展为通过市场交易去满足社会消费的增长；土地等农业生产资料变为了劳动者共同使用，生产过程中促进农产品大量增长的某些要素和工序由工业部门提供或承担。农业合理化是指在农业中使用了农业机器，采用了先进的农艺技术，把最新的科学技术运用于生产和管理，充分利用了土地及其他自然资源。因此，农业社会化和合理化是资本主义在农业领域中取得进步的表现。

他们把农业社会化和合理化的进步置于完整的资本主义体系之下进行认识。他们认为土地集中是资本主义大农业发展的重要条件，农业资本化经营使土地的集中和分散处在不断的动态变化过程中，农民也就伴随着土地的集中和分散而不断地分离。由于资本主义的私有制和社会化生产存在不可消融的矛盾，所以，资本主义农业实行的土地私人占有"把土地所有权弄成荒谬的东西"，资本主义农业不是真正的合理的农业。他们进而指出了资本主义农业在取得社会化和合理化进步的同时，还存在着两个弊端。首先，资本主义农业生产经营方式造成了对农业生产密切关联的土地、劳动力及自然资源与生态环境的破坏。马克思指出，在资本主义制度下，土地私有制把经济发展后不断增长的地租收益"装进他们的私人腰包"[1]，还吸引了更多的资本购买土地，导致地价和地租的不断上涨。由于农业生产的自然特点，决定了资本在投资没有利润的情况下，农业资本家不会追加对农业投资，不会对农业技术进行改良，不会雇佣工人，造成了农业资源和生产能力的闲置；租地农场主也力求避免因追加投资或技术改良，在租期内无法收回投资的风险，而竭力掠夺经营，造成土壤肥力下降，加速了土地贫瘠化的进程。从人与自然的物质交换的角度看来，资本主义农业生产方式因为农产品销售距离的扩大，使得居住在城市中的农产品消费者以衣食形式消费掉的土地的组成部分不能返回土地，人和土地之间的物质交换被中断，"从而破坏土地持久肥力的永恒的自然条件"[2]，人

---

① 中央编译局：《马克思恩格斯全集》（第25卷）（下），人民出版社1974年版，第697，699页。

② 中央编译局：《马克思恩格斯全集》（第23卷），人民出版社1972年版，第552页。

口居住的城市化在自然规律决定的物质交换过程中造成了无法弥补的裂缝，"于是就造成了地力的浪费"①，并且这种浪费还通过商品销售及商业手段远及国外；工业化、城市化的发展，还增加了对木材的大量需求，文明和产业的发展"对森林的破坏从来就起很大的作用"②。恩格斯就18、19世纪以来，欧洲资本主义国家曾经或正在出现的无林化（即森林被大量砍伐）现象，指出它和农民破产一样，"是资产阶级社会存在的重要条件之一"③，警示人类不要过分陶醉于对自然界的胜利，因为每一次的胜利，"自然界都报复了我们"④。其次，资本主义农业生产经营方式造成了农业工人和小农等农业劳动者的日益贫困。马克思指出，资本主义将大量农业人口从封建宗法关系和土地的束缚中解放了出来，一部分农民经常准备着转入城市，"等待着有利于这种转化的条件"，加入无产阶级队伍。资本主义通过古怪、恐怖的法律，用鞭打、烙印、酷刑使农民"被迫习惯于雇佣劳动制度所必需的纪律"⑤，失地农民只能服从资本的安排，转化为产业工人和农业工人。从农业生产的角度看来，资本主义生产方式"首先也是以直接生产者的赤贫为代价而取得的"，小农没有在自己成为农业工人，完成身份转变后改变自己的经济地位。所以，大土地所有制在劳动力来源的最后领域（即农业领域），在作为更新民族生活力的后备力量的贮存领域（即农民），"即在农村本身中，破坏了劳动力"⑥，资本主义农业的进步是以个体农民和农业工人的赤贫，以农业资源和农业投资的浪费为代价的。

总之，马克思恩格斯认为，资本主义农业虽然采用了新的农业技术，形成了合理化和社会化的现代农业，从根本上改变了传统农业的生产方式。但资本主义在对传统农业改造的同时，也造成了对土地、劳动力、自然资源和生态环境的破坏，给农民带来了巨大的苦难，不利于农业可持续

---

① 中央编译局：《马克思恩格斯全集》（第25卷）（下），人民出版社1974年版，第916页。

② 中央编译局：《马克思恩格斯全集》（第24卷），人民出版社1972年版，第272页。

③ 中央编译局：《马克思恩格斯全集》（第38卷），人民出版社1972年版，第307页。

④ 中央编译局：《马克思恩格斯全集》（第20卷），人民出版社1971年版，第519页。

⑤ 中央编译局：《马克思恩格斯全集》（第23卷），人民出版社1972年版，第704，805页。

⑥ 中央编译局：《马克思恩格斯全集》（第25卷）（下），人民出版社1974年版，第697，917页。

发展。

第三节　建立社会主义农业的基本构想

马克思恩格斯根据资本主义社会基本矛盾的分析，揭示了资本主义农业存在的私有制与社会化和合理化的基本矛盾，提出了资本主义农业向社会主义农业发展的基本设想。他们认为，无产阶级夺取政权后，通过实行土地公有制，有计划地开垦荒地和改良土壤，成立农业生产的产业军、普遍实行义务劳动制度，以劳动者自由的联合的劳动代替受奴役的经济条件，把农业和工业的发展结合起来，逐步消灭城乡对立等措施，进行农业社会化生产，把科学技术应用到大规模的农业生产过程之中，可以化解资本主义农业生产方式的弊端，实现农业合理化与社会化的有机结合。他们展示了社会主义农业的前景，提出了建立社会主义农业的基本构想。

一　土地公有的所有制形式

马克思恩格斯认为，无产阶级夺取政权以后，实行土地公有，为农业个体劳动转变为集体劳动，利用机器进行大规模生产提供了条件。他们从发达资本主义国家和经济文化落后国家两个方面论述了实现土地公有的方法。

他们指出，资产阶级革命的一个基本目标就是消灭封建土地制度及其剥削形式，使农民获得政治解放和人身自由。实行土地国有，地租由国家掌握以代替对农民的捐税，曾经是为资本主义发展扫清道路的口号，但它"不过是产业资本家仇视土地所有者的一种公开表现而已"[1]。资本主义土地私有制确立后，资产阶级不会再有争取土地国有化的行动。农业工人要实现解放，只有把"土地从大农民和更大的封建主私人占有中夺取过来"[2]，变为由自己组成的合作团体，进行集体耕种的社会财产，才能摆脱可怕的贫困。在资本主义社会，农业工人成为反对大土地私有制的阶级力量，就提供了实行土地国有化的主观条件；经济发展和人口的增加与集中，迫使农场主在农业生产中"采用集体的和有组织的劳动并使用机器

---

[1]　中央编译局：《马克思恩格斯全集》（第4卷），人民出版社1958年版，第187页。
[2]　中央编译局：《马克思恩格斯全集》（第16卷），人民出版社1964年版，第454页。

和其他发明"，也因为居民需求的不断增长，"农产品价格不断上涨"，造成的农产品供求紧张局势提供了实行土地国有化的客观条件。所以，在资本主义社会，"土地国有化已成为一种社会必然性"。无产阶级掌握政权后，通过废除土地私有制，实行土地国有化，进行大规模的农业生产，也就使得"由于个人任意经营而引起的农产品减少的现象"不可能发生了，农产品产量的增长将会极大地满足人们的需要，还"将使劳动和资本之间的关系彻底改变"，"完全消灭工业和农业中的资本主义生产方式"①，消灭阶级差别、特权及其赖以存在的经济基础。

他们在 1840 年指出，无产阶级革命胜利后，要"剥夺地产，把地租供国家支出之用"②，实行土地国有是大土地私有制国家实行社会主义改造的首要措施。1848 年，就德国土地国有化问题，提出了各邦君主的领地和其他封建地产"全部归国家所有"、"农民的抵押地宣布为国家所有"，其利息由农民缴纳给国家，"在租佃制流行的地区，地租或租金作为赋税缴纳给国家"③ 等措施。他们强调土地国有取缔了绝对地租，土地为国家利益而耕种，"由于个人任意经营而引起的农产品减少的现象"就不可能发生了，还"将使劳动和资本之间的关系彻底改变"④，将完全消灭农业中的资本主义生产方式。恩格斯还深刻地认识到，政权掌握在有产阶级手中，"任何国有化都不是消灭剥削，而只是改变其形式"⑤，无产阶级还要采取其他措施，才能从根本上消灭资本主义农业生产方式。

他们以法国为例，探讨了小农占优势的国家实践土地国有化的问题。马克思说，法国农民痴情迷恋着他那一小块土地及其有名无实的所有权，成为"任何社会进步尤其是土地国有化的最坚决的反对者"，法国农民所有制"比英国的大地主所有制离土地国有化要远得多"，"陷入了同产业工人阶级相对立的极其不幸的境地"，农民土地所有制是这类国家实现土地国有化的最大障碍。机器大工业只是提供了改造农民小土地私有制的物质前提，凡是农民小土地所有制大批存在的这类国家的无产阶级将以政府

---

①　中央编译局：《马克思恩格斯全集》（第 18 卷），人民出版社 1964 年版，第 64～65，65，65，65，67，67 页。

②　中央编译局：《马克思恩格斯全集》（第 4 卷），人民出版社 1958 年版，第 490 页。

③　中央编译局：《马克思恩格斯全集》（第 21 卷），人民出版社 1965 年版，第 253 页。

④　中央编译局：《马克思恩格斯全集》（第 18 卷），人民出版社 1964 年版，第 65，67 页。

⑤　中央编译局：《马克思恩格斯全集》（第 38 卷），人民出版社 1972 年版，第 58 页。

身份采取措施，直接改善农民的状况，把他们吸引到革命中来。政府"应当促进土地私有制向集体所有制的过渡"①，让农民通过经济的道路实现由私有制到土地国有化的过渡。在过渡中要尊重农民的意愿，引导小农走合作化道路。

他们还分析了印度、中国、俄国、土耳其、伊朗和阿富汗等政治经济落后于西方资本主义的东方国家的社会形态。他们指出了这些国家在农业方面与西欧的第一个区别是不存在土地私有制。由于气候和土壤的性质，决定了农业生产中节约用水和共同用水是基本要求，但"由于文明程度太低，幅员太大，不能产生自愿的联合"②，因此需要集权政府的干预。大规模的水利公共工程由政府统一管理，这些国家农业生产的好坏同政府的优劣密切相关，私人（包括封建地主）拥有土地，只是对土地占有、使用与具体支配的权利，是一种相对所有权，土地买卖是土地占有、使用与具体支配的让渡，它并不能否定国家对土地的绝对所有权。因此，这些国家农业最基本的特征是土地国有制，"这甚至是了解东方天国的一把真正的钥匙"③。第二个区别是长期而顽强存在着各自孤立的农业和手工业相结合的、自给自足的农村村社制度，公社不断地按照同一形式出现，当偶然遭到破坏时，也"会在同一地点以同一名称再建立起来"④。村社制度是揭秘这些国家不断改朝换代而社会结构没有变化的钥匙，只有借助于西方资本主义力量才能动摇其古老的基础，发生真正意义上的社会革命。1881年以后，他们以俄国为例，指出这类国家可以利用既有的农村公社过渡到社会主义。马克思认为，俄国虽然进入资本主义时代，但它是"把'农业公社'保存到今天的欧洲唯一的国家"。俄国农村公社的公有制及公有制造成的各种社会关系使公社的基础稳固，同时，耕地的小块耕种及房屋和产品的私有"又使个人获得发展"，这是俄国农村公社具有强大生命力的源泉。公社的土地公有制构成了集体生产和集体占有的基础，而俄国土地又有利于进行大规模使用机器的联合耕种，农民习惯于劳动组

---

① 中央编译局：《马克思恩格斯全集》（第18卷），人民出版社1964年版，第66，66，66，695页。

② 中央编译局：《马克思恩格斯全集》（第12卷），人民出版社1998年版，第139页。

③ 中央编译局：《马克思恩格斯全集》（第28卷）（上），人民出版社1973年版，第256页。

④ 中央编译局：《马克思恩格斯全集》（第23卷），人民出版社1972年版，第397页。

合关系，便于实现从小土地经济到集体经济的过渡，俄国可以跨越"卡夫丁峡谷"。因此，"这种农村公社是俄国社会新生的支点"①。恩格斯也说，农村公社和劳动组合可以在一定条件下发展，"拯救俄国不必经受资本主义制度的苦难"②。他们还指出了俄国农村公社走上社会主义道路的外部条件和内部条件。外部条件是在现代的历史和文化环境中，"和资本主义生产所统治的世界市场联系在一起"，俄国能够不通过资本主义生产经历的波折，"吸收它的一切肯定的成就"，为社会主义提供物质条件。内部条件是俄国发生无产阶级革命，如果把自己的一切力量集中起来保证农村公社的发展，"农村公社就会很快地变为俄国社会复兴的因素"③，变为使俄国比其他还处于资本主义制度压迫下的国家优越的因素。总之，只有和西方无产阶级革命配合，才能保证西方资本主义发展的物质技术成果进入革命成功了的俄国。恩格斯认为，这不仅适用于俄国，也"适用于处在资本主义以前的发展阶段的一切国家"④，可以推广到一切经济文化落后的国家。

总之，马克思恩格斯从发达资本主义国家和经济文化落后的东方国家两个方面，阐述了社会主义农业实行土地公有为农业个体劳动转变为集体劳动，利用机器进行大规模的农业生产提供了条件。

二　国有农场和合作社的组织形式

马克思恩格斯对土地公有后的社会主义农业经营问题进行了探讨，主张实行有计划的大规模的国有农场和合作社经营，集体劳动是社会主义农业的劳动形式。

他们在 19 世纪四五十年代提出，无产阶级掌握国家政权以后，"组织劳动或者让无产者在国家的田庄、工厂、作坊中工作"⑤，成立农业产业军，"把没收下来的封建地产变为国家财产，变成工人农场，由联合起

---

①　中央编译局：《马克思恩格斯全集》（第 19 卷），人民出版社 1963 年版，第 435，434，269 页。

②　中央编译局：《马克思恩格斯全集》（第 39 卷）（上），人民出版社 1974 年版，第 38 页。

③　中央编译局：《马克思恩格斯全集》（第 19 卷），人民出版社 1963 年版，第 444，431，441 页。

④　中央编译局：《马克思恩格斯全集》（第 22 卷），人民出版社 1965 年版，第 502～503 页。

⑤　中央编译局：《马克思恩格斯全集》（第 4 卷），人民出版社 1958 年版，第 367 页。

来的农村无产阶级利用大规模农业的一切优点来进行耕种"① 等国家经营农场的主张。

他们还从欧文、傅立叶、圣西门等空想社会主义者的合作思想以及19世纪中期欧洲农业生产合作运动实践中吸取了合理成分，认为合作社是推翻资本主义，实现社会主义的桥梁。他们指出，合作运动的重大功绩在于"用事实证明了那种专制的、产生赤贫现象的、供劳动附属于资本的现代制度将被共和的、带来繁荣的、自由平等的生产者联合的制度所代替的可能性"②。资产阶级实行土地国有化后，把土地分成小块租给个人或工人协作社，会造成他们之间的竞争，导致地租增长，"从而给占有者提供了靠生产者为生的新的方便"，不可能实现对资本主义的改造。他们反对把国有土地分给农民。无产阶级实行土地国有化后，把土地交给联合起来的农业劳动者，"等于使社会仅仅听从一个生产者阶级的支配"，农业将逐渐地用最合理的方式组织起来，生产资料的全国集中将是由自由平等的生产者的联合体所构成的全国性基础，生产者"将按照共同的合理的计划自觉地从事社会劳动"③。社会主义的任务不是把土地所有权和农业劳动分离开来，而是在资本主义时代的成就的基础上，在协作和对土地与由劳动生产的生产资料的共同占有的基础上"重新建立个人所有制"④，实现土地与农民的直接结合。马克思还在基于消灭商品经济的认识下，尤为重视农业生产合作，指出社会主义农业要实行有计划的大规模经营，共同耕种，生产组织单位为生产合作社，联合起来的合作社按照计划组织生产，进而控制全国的生产，避免资本主义产生"经常的无政府状态和周期的痉挛现象"⑤，"以合作生产来代替资本主义生产"⑥，以共产主义所有制代替资本主义所有制，直接动摇了资本主义农业的经济基础，有利于消灭剥削，使农民摆脱贫困。无产阶级掌握政权后实行土地国有，恩格斯建议把各个农户联合为合作社，便于在合作社内更多地消除对雇佣劳动的剥削，把合作社逐渐地变为"全国大生产合作社的拥有同等权利和义务

---

① 中央编译局：《马克思恩格斯全集》（第7卷），人民出版社1959年版，第297页。
② 中央编译局：《马克思恩格斯全集》（第16卷），人民出版社1964年版，第219页。
③ 中央编译局：《马克思恩格斯全集》（第18卷），人民出版社1964年版，第66，67，67页。
④ 中央编译局：《马克思恩格斯全集》（第23卷），人民出版社1972年版，第832页。
⑤ 中央编译局：《马克思恩格斯全集》（第17卷），人民出版社1963年版，第362页。
⑥ 中央编译局：《马克思恩格斯全集》（第19卷），人民出版社1963年版，第443页。

的组成部分",在社会监督下,把大地产转交给已经耕种着这些土地并组成"合作社的农业工人使用"①。这样,农业合作社既实现了土地所有权和使用权的分离,发挥了农业工人的生产主动性和积极性,又体现了农业大规模经营的优越性,保证了国家对农业生产和分配的计划和监督,"合作社的特殊利益就不可能压过全社会的整个利益"②。农业工人合作社是在国有土地上进行农业生产的组织形式,实现了土地所有权和使用权的分离,保持了国家对农业生产和分配的计划和监督,可以发挥农业工人的主动性和积极性。

恩格斯还论述了无产阶级夺取政权以后改造小农的基本原则。第一,我们根本不能设想以"强制的办法去剥夺小农(不论有无报偿,都是一样)",不废除农民的土地所有权,可以运用丹麦社会党人的设想,个体农民把自己的土地结合为一个大田庄,共同耕种,按入股土地、预付资金和所出劳力的比例分配收入的方法来实现土地规模经营。第二,不能违反小农意志,在顺应农民长期养成的小私有者心理的过程中,逐步培养农民的集体意识,耐心等待小农自愿加入合作社。第三,通过合作社规模生产优越性的示范作用,通过教育让小农懂得合作社是自己获得解放的唯一途径。第四,给合作社提供财政帮助,国家银行可以接收合作社的所有抵押债务并将利率大大减低,从社会资金中抽拨贷款(不仅限于金钱,可以是机器、人造肥料等农业生产的必需品)去建立大规模生产及其他便利,逐渐把个体农民的私人生产和私人占有变为合作社的生产和占有。他还提出了合作社规模经营后,产生剩余劳动力的解决方法,或从邻近的大田庄中另拨一些田地给合作社,或给合作社的农民提供资金和可能性去从事副业生产,尽可能并且主要是为了他们自己的消费,改善农民的生活状况。还要处理好合作社与社会其他成员的关系,"逐渐把农民合作社转变为更高级的形式"③,使合作社及其社员和整个社会其他成员的权利与义务平等。当农业生产合作社逐渐发展为全国大生产合作社的组成部分后,可以

---

① 中央编译局:《马克思恩格斯全集》(第 22 卷),人民出版社 1965 年版,第 585,586 页。

② 中央编译局:《马克思恩格斯全集》(第 36 卷),人民出版社 1974 年版,第416~417 页。

③ 中央编译局:《马克思恩格斯全集》(第 22 卷),人民出版社 1965 年版,第 580,581 页。

利用它来逐步向共产主义过渡。恩格斯把马克思提出的土地私有制向集体所有制过渡的思想具体化为合作社集体占有土地、共同生产的农业生产合作社的主张，提出了合作制是引导个体农民走社会主义道路的根本途径。当农业生产发展成为与城市工业大体相同的现代化经营，农民改造为具有与工人阶级相同的较高觉悟时，农业将由合作社转变为国家经营。

三 农业和工业、科学化与社会化统筹发展的目标

马克思恩格斯发现了资本主义工业化带来巨大的城乡差别，造成了农业生产与工业生产的各种矛盾，认为资本主义工业化为消除这些差别和矛盾提供了物质前提，预见了社会主义要建立适合农业生产特点，城市和乡村、工业和农业有机结合的合理的社会化的现代农业。

他们辩证认识了工业化、城市化对农业发展的影响。马克思指出，城乡对立是一个历史范畴，资本使生产工具、资本、享乐和需求集中起来，财产聚集在少数人手里，"而在乡村里所看到的却是完全相反的情况：孤立和分散"①，资产阶级创立了巨大的城市，城市人口大大增加，"使很大一部分居民脱离了乡村生活的愚昧状态"②。恩格斯指出了工业化、城市化对农业发展的积极作用，"城市的繁荣也把农业从中世纪的简陋状态中解脱出来"，扩大了耕地面积，为城市工业提供原料的"染料植物以及其他输入的植物品种也种植起来了"；化肥补充了土壤中缺乏的元素，交通运输工具缩短了城乡距离，电力减轻了农业劳动的体力支出，农产品原料标准化适应了食品工业的要求，实行了农工商联合经营；贫困化的城市工人成为农业工人和劳动农民联合起来推翻资本主义的动力。总之，工业化、城市化使农业更加依赖工业，"对整个农业起了良好的影响"③。总之，最陈旧和最不合理的农业经营，"被科学在工艺上的自觉应用代替了"。他们还指出了工业化、城市化对农业发展的负面影响，由于城市工业发展的速度、程度，劳动生产率和工资水平高于农业，城市居民的文明程度高于农村居民，城市还通过垄断价格、赋税制度、行会、商业欺诈以及高利贷等形式剥削农业生产者，使农民处于贫困境地；由于工业和人口

---

① 中央编译局：《马克思恩格斯全集》（第3卷），人民出版社1960年版，第57页。
② 中央编译局：《马克思恩格斯全集》（第4卷），人民出版社1958年版，第470页。
③ 中央编译局：《马克思恩格斯全集》（第7卷），人民出版社1959年版，第387页。

集中在城市，农产品运到城市加工和消费，导致农业的副产品和粪尿等人以衣食形式消费掉的土地的组成部分，不能作为肥料还原土地，给农业生产造成了危害；粪便和垃圾给城市公共卫生带来难题，市民长期得不到劳动、体育锻炼及新鲜空气，农民则因居住分散，不能享受应有的精神文化生活，"劳动生产力的提高和劳动量的增大是以劳动力本身的破坏和衰退为代价的"①，破坏了城市工人的身体健康和农村工人的精神生活。

他们分析指出了社会主义社会消灭工业和农业、城市和农村差别的条件。他们认为消除这些矛盾"日益成为工业生产和农业生产的实际要求"②，但单靠意愿是不能消除的。消灭这些差别的条件主要在两个方面，第一，先进的科学技术"终将成为消除城乡对立的最强有力的杠杆"，生产力将得到极大发展，"资产阶级对生产力的管理愈来愈不能胜任"③。恩格斯说，资本主义工业使"自己相对地摆脱了本身所需原料的产地的地方局限性"，创造了新的生产力。这种生产力绰绰有余地超出了"从比较远的地方运输原料或燃料所花费的劳动"，出现了工业向农村发展的趋势。大工业尽可能地在全国平衡分布，成为了"消灭城市和乡村的分离的条件"，也是工业大生产和大地产的规模和力量的积累。第二，随着资本主义大农业的发展，造就了全面发展的一代生产者，农业工人成为了农民的主体，他们既从事工业劳动又从事农业劳动，"他们懂得整个工业生产的科学基础"，工业劳动和农业劳动的分工消失。因此，消除城乡、工农、脑力和体力劳动差别成为工业生产的直接需要，如像它"成为农业生产和公共卫生事业的需要一样"④。

他们提出了农业和工业结合、逐步消灭城乡差别，实现城乡统筹的方法。马克思恩格斯认为私有制出现后，制造和加剧了城乡对立，这"只是工农业发展水平还不够高的表现"，要消除这些对立和差别，就要消灭阶级和阶级对立，废除私有制，为消灭城乡差别、实现工农业的协调发展提供了保证。无产阶级取得政权以后，实现农业和工业结合、城乡统筹的方法就是加强城乡产业联系。第一，按照统一的总计划协调安排社会经济

①　中央编译局：《马克思恩格斯全集》（第 23 卷），人民出版社 1972 年版，第 551，552 页。

②　中央编译局：《马克思恩格斯全集》（第 18 卷），人民出版社 1964 年版，第 313 页。

③　中央编译局：《马克思恩格斯全集》（第 35 卷），人民出版社 1971 年版，第 446 页。

④　中央编译局：《马克思恩格斯全集》（第 20 卷），人民出版社 1971 年版，第 321 页。

发展，使工农业生产发生密切联系。合作社将从事工农业生产，"将结合城市和乡村生活方式的优点"，避免二者的偏颇和缺点，通过消除旧的分工，"进行生产教育、变换工种、共同享受大家创造出来的福利"①，便于城乡的融合。第二，创造条件使城乡之间的文化和生活条件日益接近。例如，交通工具的发展，"才能使农村人口从他们数千年来几乎一成不变地栖息在里面的那种孤立和愚昧的状态中挣脱出来"②。第三，国家提供资金，依靠农村公社的力量经营工业，使被排挤出农业的工人在农村中从事工业劳动，尽可能实现人口的平均分布，实现劳动力在城市和乡村的融合。只有通过这种融合，空气、水和土地的污毒才能排除，才能使"城市中日益病弱的群众的粪便不致引起疾病，而是用来作为植物的肥料"③，满足城市工人健康和农业生产的需要。

总之，社会主义社会将建立起合理的社会化的现代农业，在工农业劳动的分工消失和同一批人既从事工业劳动又从事农业劳动的情况下，工人阶级和农民阶级的差别也被消灭，人类将进入理想社会。

通过对马克思恩格斯资本主义和社会主义农业思想的总结，我们可以得出以下认识。

第一，他们运用辩证唯物主义和历史唯物主义的方法，通过对英、法、德、美等国农业现代化的历史和现实研究，对未来社会的农业发展问题进行了全面思考，建构了社会主义农业思想。他们关于社会主义农业的思想成为科学社会主义理论体系的重要组成部分，其所蕴含的实现农业社会化和合理化有机结合的发展目标，仍然代表着现代农业的发展趋势。

第二，他们提出的建立社会主义农业的可能性、基本要求、条件和原则，正如科学社会主义理论一样，是在对资本主义农业批判的基础上，从资本主义农业发展的历史事实和过程中得出的主张，仅仅描绘了社会主义农业的蓝图。他们没有就社会主义农业实践中可能产生的新问题、新矛盾进行预测和分析。这就告诫后人，对待马克思恩格斯社会主义农业思想，不能照搬照抄。

---

① 中央编译局：《马克思恩格斯全集》（第 4 卷），人民出版社 1958 年版，第 371，368，371 页。

② 中央编译局：《马克思恩格斯全集》（第 18 卷），人民出版社 1964 年版，第 313 页。

③ 中央编译局：《马克思恩格斯全集》（第 20 卷），人民出版社 1971 年版，第 321 页。

第三，经济文化落后的国家在实践马克思恩格斯社会主义农业思想的过程中，只是运用了基本原则，但没有充分保障农民的发展权益，农业集体组织和农业计划管理也存在局限，导致了人们对马克思恩格斯社会主义农业思想的疑问或责难。其实质在于没有准确理解和把握马克思恩格斯对农业生产特点的分析。这也告诉我们，经济文化落后的国家在实践马克思恩格斯社会主义农业思想时，要根据本国所处的社会经济发展阶段和农业发展的客观条件，尊重农业生产的客观规律，坚持他们提出的社会主义农业发展目标，充分利用资本主义取得的农业社会化（市场化）和农业合理化（运用科学技术实现农业与经济社会、自然和谐发展）成就，来实现农业生产方式、组织形式和管理方式的现代化，促进农业发展与自然、社会经济的和谐，建设符合自身国情的富有特色的社会主义现代农业。

第二章　列宁的农业思想与实践

　　列宁分析了资本主义农业的发展现状，准确理解了俄国资本主义农业的特点；面对苏俄农业发展面临的严重困难和客观现实，对苏俄农业问题进行了不断探索。十月革命前后，他认为土地国有化是俄国资产阶级革命的措施之一，是苏俄农业走向社会主义的步骤，主张通过国家资本主义形式建立社会主义农业；战时共产主义时期，他主张以强制手段推进大农业的发展，以合作社为载体建立社会主义计划农业；新经济政策时期，他提出提高个体农民的农业生产率，发展以电气化为中心的农业技术，用产销合作社联合农民，发展农业商品经济，实现了社会主义农业思想的重大转变。

第一节　关于资本主义农业发展规律和俄国农业发展的认识

　　列宁准确理解了俄国资本主义农业的特点，认为马克思关于资本主义生产方式发展的理论既适用于分析工业，也适用于分析农业，但不能把资本主义在农业和工业中的表现混淆起来。这是列宁社会主义农业思想的认识基础。

一　资本主义农业发展规律的认识

　　首先，列宁指出了资本主义农业的理论前提是商品生产＋雇佣劳动，雇佣劳动是农业资本主义最直接的指标，资本在农业中的使命是实现土地占有同生产分离、农业的社会化和合理化。他总结了资本主义农业的发展规律，从社会经济结构和演进形式的角度，证实了马克思的基本认识，说资本主义在农业中的胜利是以土地和劳动力的完全商品化为条件的，"并不取决于土地所有权和土地使用权的形式"。资本主义针对"各种各样的中世纪和宗法制的土地所有权形式：封建的、'份地农民的'（即依附农民的）、克兰的、村社的、国家的"① 土地所有权形式采取不同手段。资本主义对农业的决定性胜利，造成了建立在土地的资本主义私有制与农业生产者的雇佣劳动基础上的农业。资本主义农业的发展首先表现在自然经济的农业向商业农业的转变，商品农业的发展表明资本主义制度使"农业中的竞争、农业市场和居民的分化已经形成"，推动了农业发展。但是这种发展使雇佣工人获得了自由，"排斥一切旧的盘剥形式"，"飞涨的地租又阻碍着农业的进一步发展"，导致了土地生产力的掠夺，人口集中于城市，造成了不正常的新陈代谢，使土地耕种没有得到应有的改善，"使人们无法利用新的、科学的农业的全部生产力"②。他还指出，随着农业科学技术的进步，会相对有时甚至绝对地减少农业人口，为日益增加的居民生产愈来愈多的农产品，土地肥力递减规律完全不适用于技术和生产方式正在变革的情况，"只是极其相对地、有条件地适用于技术没有改变的情况"③，土地肥力递减规律不是普遍规律，不是农业的重要特征。改进农业技术，实行农业集约化，逐步走向更高级的耕作制度，更多地使用人造肥料，改良和更多使用农具和机器，更多地使用雇佣劳动是资本主义农业发展的总过程。以农业科学技术进步为标志的集约农业代替技术落后的粗放农业是资本主义农业发展的典型的、本质的、根本的特点，农业集约化会随着农场规模的扩大而提高。

其次，他在对各国资本主义农业发展规律的研究中，从土地所有权变革的角度总结出了"普鲁士方式"和"美国方式"的两种发展道路。所谓普鲁士道路就是通过农奴主—地主农场缓慢地转变为容克—资产阶级农场，使农奴制转变为资本主义剥削，在农民中分化出数量很少的大农，"使农民遭受几十年最痛苦的剥夺和盘剥"。为此，就必须对农民和"无产阶级连续不断地、有步骤地、毫无顾忌地施用暴力"。美国道路就是用革命手段摧毁农奴制以后，实行土地国有化，把土地完全转归农民，基本背景是把宗法式的农民逐渐转变为资产阶级农场主，消灭了地主经济，成

---

① 中央编译局：《列宁全集》（第 27 卷），人民出版社 1990 年版，第 153 页。
② 中央编译局：《列宁全集》（第 7 卷），人民出版社 1986 年版，第 97，98，98，97 页。
③ 中央编译局：《列宁全集》（第 5 卷），人民出版社 1986 年版，第 89 页。

为了农业中独一无二的代表，建立了"按资本主义农场经济的道路自由发展的小农经济"①，农民获得了商品生产条件许可范围内的最好的生活条件。近几十年来，美国农业结构正在向商业的和资本主义的农业结构过渡，农业资本主义的发展特别广泛，特别迅速。美国广泛采用最新科学技术耕作的土地面积，人民的政治自由和文化水平"都是举世无双的"，大农场生产集中的情形更明显，"小生产受排挤的现象实际上更严重，更深刻"，自耕农在农场主总数中的比重不断下降，"农场主的增加又落后于人口的增加"②。总之，美国资本主义农业发展的基本趋势和主要特征是资本家对农场主的替代、农民向雇佣工人的转化，大规模资本经营取代小农经济。

再次，他在对资本主义农业发展规律认识的基础上，揭示了资本主义在农业和工业中的不同表现。他认识到了农业经济形态与工业经济形态的本质差别在于"人在农业中是自然规律的'奴隶'"，在工业中却是主人，深刻地揭示了农业生产是有机生物的生长过程，要适应自然规律，具有"（1）没有连续性。（2）变换工种。（3）空间的变化无常。（工作地点在改变。）（4）节奏由自然界决定。（5）劳动场所很宽阔。（6）粪肥的生产——（没有相似之处！）。（7）产品的数量只能缓慢地增加"③ 等特点。他认为，资本主义农业与资本主义工业在经济形态和经营规模方面不同，资本主义工业的发展采取简单的、直线的形式，而农业方面"大多是商业性农业和非商业性农业相互掺杂"④，各种不同的形式结合在一起。但在每个地区，市场主要销售着某一种产品。地主，特别是农民的生产是商品生产，但这种生产又保留了自己的消费性质。农产品销售具有区域性特点，但销售规模小于工业品；现代大农业应"与工场手工业（马克思所说的）相提并论"，"大农户的性质同工业的性质不同"。即使被列宁称为农业资本主义发展典型的美国，农业经济结构也具有多样性的特点，美国"极小（无产者？）农场的百分比是微不足道的"，而欧洲"极小农场的百分比很高"；美国农业资本主义更纯，分工更明确，与依附于土地的劳动者的联系更少，地租剥削也轻一些，"商业性农业同自然经济的农业的混

---

① 中央编译局：《列宁全集》（第 16 卷），人民出版社 1988 年版，第 205，389，205 页。
② 中央编译局：《列宁全集》（第 27 卷），人民出版社 1990 年版，第 146，238，238 页。
③ 中央编译局：《列宁全集》（第 56 卷），人民出版社 1990 年版，第 64，374～375 页。
④ 中央编译局：《列宁全集》（第 7 卷），人民出版社 1986 年版，第 94 页。

涓程度轻一些"①；也由于农业的分散性、落后性和土地占有的垄断性、零碎性，决定了现在美国农业所处的资本主义阶段比较接近工场手工业阶段，"而不是大机器工业阶段"，"在农业中，手工劳动还占优势"。农业企业与工业相比，存在数量多、规模小、增加缓慢的特点。因此，不能把现代农业大生产与资本主义大工业等量齐观，农业发展落后于工业是一切资本主义国家固有的现象，是各部门经济比例"遭到破坏、发生危机和物价高涨的最深刻的原因之一"。农业在相当大的程度上还保存着自然经济的性质，许多原先由农民家庭完成的生产环节相继脱离农业范畴（如生产和修理各种农具等），成为独立的行业，但"农业中存在着工业中所没有的垄断"。土地占有的垄断阻碍了农业发展，"也阻碍着农业中资本主义的发展"。所以，不能混淆资本主义在农业和工业中的特点和表现形式。

最后，他认为耕地面积的大小不能直接说明农场的规模。因为资本主义不仅通过快速发展粗放经营地区土地多的大农场的方式获得了发展，也通过在集约化地区的较小地块上以"生产规模更大、更资本主义化的农场的方式获得发展"②，所以，要按经营性质、农产品价值来划分农户类型。他在各国农业资料中看到，大农户靠资本密集（购买种子、饲料和肥料最多）经营农业；中等农户是不稳定的阶层，其优越性在于"经营活动完全由业主掌握"，比为他人的利益而劳动更有价值、更盈利；小农户在自然经济条件下，有浪费土地、牲畜和家庭成员劳动的现象，"农户愈小，它的生产率、它的总产值就愈高"③，获得的总产量能够达到最高值，显示了最高的劳动密集程度。在商品经济条件下，资本主义农业大生产排挤小生产的方式是土地面积较"小"，生产率、集约化程度与资本主义化水平较高的农场，排挤土地面积较"大"，但"生产率、集约化程度和资本主义化水平较低的农场"④，小农被分化为农村资产阶级和无产阶级。小农的自然经济"只能苟延残喘并慢慢地在痛楚中死去"⑤，绝不会

---

① 中央编译局：《列宁全集》（第56卷），人民出版社1990年版，第102，102，559，559，559~560页。

② 中央编译局：《列宁全集》（第27卷），人民出版社1990年版，第236，236，230，229，229，238页。

③ 中央编译局：《列宁全集》（第56卷），人民出版社1990年版，第311，340页。

④ 中央编译局：《列宁全集》（第27卷），人民出版社1990年版，第212页。

⑤ 中央编译局：《列宁全集》（第5卷），人民出版社1986年版，第238页。

繁荣壮大。

二 俄国农业发展的认识

俄国在 1861 年农奴制改革后，由于没有触动沙皇专制制度，仍然保留了大量的农奴制残余，经济发展面临着严重阻碍，资本主义发展缓慢，经济发展水平远远落后于欧洲许多国家，仍然是一个经济落后的农业国。列宁在对俄国资本主义农业发展过程的详尽考察中认为，1861 年农奴制改革后，俄国农业正在经历由个体生产向资本主义农场生产转化的过程，有利于农奴解放，导致了俄国农业生产规模、农业生产技术水平和农业劳动生产率的提高，以及农业专业化、区域化和农产品商业化的发展，农民正在分化为农村资产阶级和农村无产阶级。

1905 年前，列宁在撰写《俄国资本主义的发展》时，根据安年斯基的材料，得出过俄国资本主义农业占优势的认识。1905 年以后，他察觉到以前的估计过高了，以为资本主义农业在俄国已经完全形成，农民经济已经分化出了农民资产阶级，"因此就没有进行'农民土地革命'的可能"。1907 年，他又根据俄国内务部中心统计委员会出版的《1905 年度俄国地产统计》资料，准确了解了欧俄 50 省的农民和地主分别占有土地的数量，对俄国农业资本主义发展程度进行了再次估量。他指出：1050 万农户共拥有 7500 万俄亩土地，3 万个贵族出身的大地主或暴发户每户有 500 俄亩以上的土地，"总共拥有 7000 万俄亩土地"，这是农奴主—地主在俄国农业制度中占统治地位的基本条件。这种土地占有情况决定了俄国农业不可能很快过渡到资本主义；尽管列宁强调了俄国全部经济已经带有资本主义性质，但资本主义关系还广泛受到农奴制的压制，农业中受农奴制大地产盘剥的小农业还占优势。在清一色的俄罗斯人居住的省份中，"资本主义大农业无疑居于次要地位"，占主要地位的是大地产中的小农业。俄国地主土地占有制和农民份地占有制都是中世纪式的，它"把农民分为无数细小的中世纪式的类别和等级"。俄国农民中的绝大多数是按旧习惯和旧传统经营农业，适合宗法经济的条件，"不适合于资本主义的条件"①。他还深入分析了俄国农业

①　中央编译局：《列宁全集》（第 16 卷），人民出版社 1988 年版，第 256，388，191，390，243 页。

中大量存在的非资本主义结构，存在着大量的农奴制残余。当时大土地占有者的经营方式是工役制（即徭役制的直接残余），工役制是利用农民的农具，使用无数（如冬季雇佣制、年租、对分地租、工役租及债务、割地、森林、草地、饮马场等）形式盘剥小农的经济。由于可以利用便宜的劳动力，他们把土地出租给农民比采用资本主义经营方式更为有利，因而对改进农业技术、使用雇佣劳动没有积极性，造成了俄国农业经营方式基本上采用工役制方式。而俄国绝大多数少地的农民为了维持生存，不得不依附地主，租种地主的土地，为地主尽工役义务，用自己的牲畜、农具耕种地主的土地；农民还处于等级封闭状态，受到连环保的束缚，没有充分的迁移和移民自由，还受到商业资本、高利贷资本和农奴制残余——工役制的剥削；在这种农业制度下，农民的份地占有制保证了地主对农民劳动力和农具的使用权，农民被束缚在份地上，陷入极端贫困的境地，阻碍着俄国农村资本主义的发展。1913 年，俄国农民仍然占人口的 80% 以上，直到十月革命前，俄国农业生产工具也十分落后，使用的工具仍然是铁犁和木犁，没有汽车和拖拉机，平均每一公顷耕地只有价值 6 卢布的农业机械或工具。

总之，列宁通过俄国农业经营方式的考察，对 19 世纪末 20 世纪初俄国农业资本主义发展的程度进行了正确认识，得出了俄国农业经济从整体上来看，仅仅出现了资本主义萌芽，农业小生产还没有被资本主义农业生产方式完全取代的客观认识。他既强调资本主义在俄国农业中的进步作用，也没有忘记它固有的深刻的社会矛盾，找到了俄国农业经济发展的根本矛盾是相当发达的资本主义和"中世纪的、农奴制的土地占有制之间的矛盾"[1]，"俄国是一个农民国家，是欧洲最落后的国家之一"[2]，深刻地把握了俄国的基本国情。

第二节　列宁社会主义农业思想的发展

列宁在十月革命前后，认为土地国有化虽然是俄国资产阶级革命的措施，但却是苏俄农业走向社会主义的步骤，主张通过国家资本主义形式建

---

① 中央编译局：《列宁全集》（第 21 卷），人民出版社 1990 年版，第 314 页。
② 中央编译局：《列宁全集》（第 23 卷），人民出版社 1958 年版，第 380 页。

立社会主义农业;战时共产主义时期,他主张以强制手段推进农业规模经营,以合作社为载体建立社会主义的计划农业;新经济政策时期,他提出提高个体农民的农业生产率,发展以电气化为中心的农业技术,用产销合作社联合农民,发展农业商品经济等主张,实现了社会主义农业思想的重大转变。

一　十月革命前的构想

20世纪初至十月革命前,列宁认为俄国资本主义生产力发展迅速,农民获得了商品生产的基本条件,生活也得到了改善,对无产阶级革命最为有利,主张在俄国发展资本主义。他指出了俄国农业中存在着大量的农奴制残余,农民具有内部的业主倾向和无产者倾向的两面性,决定了"俄国农民问题和西欧农民问题有重大的差别"。主要是受到的前资本主义制度和关系及农奴制残余压迫"并不比受资本主义压迫轻(甚至更重)的农民","还套着一条连环保和纳税村社的沉重锁链",具有强烈的革命意识。作为工人政党即使坚决反对保护或支持资本主义社会"的小私有制或小经济",为了不犯重大的政治错误,不违背马克思主义的教诲,"就不能忽视农民中的革命分子,就不能不支持这些分子"①。1903年3月,他阐述了无产阶级革命胜利后,建设社会主义农业的构想。首先,实行土地公有,"那时谁也没有权利出卖土地"。其次,剥夺大地产主的土地,在大庄园上办协作农场,"工人大伙一起种地,自由选举代理人来当管理人员",农场会有能减轻劳动强度的各种机器,轮流工作,每天劳动时间不超过8小时(甚至6小时);最后,取消农产品贸易,建立新型的劳动关系。在社会主义农业中,即使存在单干的小农生产经营,它也"不会为了市场"而生产,小农"将为工人协作社供应粮食、肉类、蔬菜",工人则向农民无偿供给机器、肥料、耕畜、衣服及他们需要的一切东西。在此基础上,"大业主和小业主之间再不会为了钱而进行斗争",消除了剥削现象。到那时,再不会有人当雇工,所有的劳动者都为自己而工作,"工作中的一切改善和全部机器都是为工人自己造福"②,减轻他们

---

① 中央编译局:《列宁全集》(第4卷),人民出版社1984年版,第197,197,197,197,199页。

② 中央编译局:《列宁全集》(第7卷),人民出版社1986年版,第158,159,159,159,159,159页。

的劳动，改善其生活。列宁在 1905 年指出，农民的斗争是为了反对农村中的各种旧的、农奴制的、前资本主义的关系，反对农奴制一切残余的主要支柱——地主土地所有制。这虽然还不是社会主义运动，但绝不反对资产阶级的制度基础，"不反对商品经济，不反对资本"，"将给资本主义的发展造成更广泛的基础"。农民起义的胜利，"只能造成资产阶级民主共和国的支柱"，因此，农民运动"是民主革命的必然伴侣"①。1906 年 3 月，他深刻总结了 1905 年革命的教训，主张俄国社会民主工人政党不能把农民当作小私有者加以排斥，要把他们视为民主革命的同盟军，要没收教会、皇族、皇室、寺院、国家和地主的全部土地，成立农民委员会来处置这些土地，取消一切限制农民支配土地的法令，取消农民担负的一切赋税和义务，通过选举产生的人民法院来降低地租，宣布盘剥性契约的无效，来支持农民同农奴制残余特别是同专制制度的斗争，肃清农奴制残余。5 月，他进一步强调工人既要帮助农民进行争取土地的斗争，还要帮助农民"直接地、明确地和十分肯定地提出土地问题"②，满足农民夺回土地、夺回权利的愿望。

1907 年，列宁在揭露斯托雷平土地改革的本质时，指出旨在建立大农场主经济的改革贯穿了"纯资产阶级的精神"，"从科学的经济学来讲，这项法律无疑是进步的"。但改革却让地主和富农对农民进行了肆意洗劫，加速了农民破产，引发了农民的反抗。他全面阐述了布尔什维克的土地国有化纲领，强调俄国要在雇佣劳动、机器和高超的农业技术基础上，建立适应资本主义发展的大农业，建立真正自由的农场主经济，就必须从土地占有较为平均开始，废除村社土地占有制，消灭农奴制大地产，消灭地主土地占有制和俄国农业制度中的一切农奴制残余，将全部土地转归国家所有，实行土地国有化。他深刻地指出，无产阶级要"带领农民进行最彻底、最坚决的资产阶级革命"，消灭地主经济。在资本主义经济条件下，"任何反对中世纪制度的农民革命都是资产阶级革命"。把俄国革命作为农民土地革命，才能实现革命的胜利，但土地革命不实行土地国有化，"是不能全部完成其历史使命的"。土地国有化的经济实质就是消灭绝对地租，保留级差地租，把土地所有权转交

---

① 中央编译局：《列宁全集》（第 12 卷），人民出版社 1987 年版，第 39 页。
② 中央编译局：《列宁全集》（第 13 卷），人民出版社 1987 年版，第 100 页。

国家。他还阐明了土地国有化与农民土地革命以及俄国资产阶级民主革命的关系，认为土地国有化是最彻底的资产阶级措施，为俄国资产阶级民主革命取得胜利并向社会主义革命转变准备了条件。他还指出实行土地国有化能给俄国资本主义农业提供自由发展的空间：第一，消灭地主土地占有制和农民份地占有制，打破旧的农业生产方式的根基，建立起真正自由的农场主经济；第二，农民免除了地主的盘剥，可以自由经营土地，可能成长为农场主，最大限度地铲除妨碍资本投入到农业的障碍；第三，消灭绝对地租后，资本主义农业就会随着国内市场规模的扩大而发展起来，可以降低农产品价格，有利于提高农民收入和国家积累；第四，可以促进对闲置土地的开垦和农业生产集约化经营，提高农业生产力。他在阐述俄国土地国有化理论时，以"最迅速"、"最好"、"最自由"、"最有利"等词汇赞颂美国的土地制度，认为美国用法律手段以较低价格或无偿地把地块发给小业主，小业主交纳名义地租，在其经营水平许可的范围内，最大限度地保证农民福利，消灭了地主的大地产，"消灭一切农奴制的和盘剥性的剥削手段"，扩大取得了自由的农民的土地占有制的国有化措施比较彻底。俄国要走美国式道路，在没收地主土地的基础上实施土地国有化。他分析道，俄国农民具有的平等思想是他们赞成土地国有化的原因，但他们在过去和现在都想"建立而且能够建立真正资产阶级的小农业"，"也就是在最大程度上摆脱一切农奴制传统的小农业"，并不愿意建立社会主义大农业；俄国革命解决农民的土地问题才能获胜，但土地革命不实行土地国有化，"是不能全部完成其历史使命的"。俄国社会民主党必须满足农民的平等要求，通过农民革命的途径建立政权，将全部土地转归国家所有。总之，土地国有化不仅是彻底消灭俄国农业中中世纪制度的唯一方式，"而且是走向社会主义的一个步骤"①，是资产阶级革命的"最高成就"。

1917 年 4 月，列宁强调"土地国有化是资产阶级的措施"，废除土地私有制"在实践上会给整个生产资料私有制以有力的打击"。他阐述了土地国有化纲领：首先，争取在俄国立即完全没收全部地主土地以及皇族、教会等的土地；其次，把全部土地交给组织在农民代表苏维埃或其他按民

---

① 中央编译局：《列宁全集》（第 16 卷），人民出版社 1988 年版，第 209，209，256，315，392，206，391，391，392，396 页。

主原则选出的、完全不依附官吏和地主的地方自治机关中的农民；再次，实行全国所有土地国有化，把全部土地的所有权交给国家，支配权交给地方民主机关；还要支持俄国若干地方农民委员会的创举，"把地主的耕畜和农具交给组织在这些委员会中的农民共同调剂使用"①。他主张在土地国有的基础上，把各个地主田庄建成由农村无产者和半无产者共同经营的国营农场是俄国农业向社会主义过渡的步骤。

二　革命胜利初期的思想与实践

十月革命后，列宁强调了实行土地国有，平均分配给农民耕种的原因是"俄国幅员广大，各地条件不同"，农民比执政者更善于解决土地使用问题。他认为，政权已经掌握在工农手中，建立了工农最高经济机构，在实行工人监督和银行国有化等条件下，把土地转交给农民，实行农民平均使用"不过是达到完全的社会主义的一种过渡办法"，"不会危害社会主义事业"，"不妨碍农民和工人结成巩固的联盟"，工农联盟"要靠工人和农民在共同利益基础上的真诚的联合来贯彻"。只有农民拥护并支持十月革命，才能真正解决好土地问题。他指出，"工农革命政府首先应当解决土地问题"，"应当把土地交给农民"，使广大的贫苦农民得到安慰和满足。苏维埃政权宣布了无偿取消一切土地原主的所有权，将地主的田庄及一切皇族、寺院和教会的土地，以及耕畜、农具、农用建筑等交给乡土地委员会和县农民代表苏维埃支配，永远废除私有权的土地国有政策；对农民土地使用权进行了限制，例如：农民必须亲自劳动，禁止以买卖、出租、出典或以其他任何形式转让土地，禁止使用雇佣劳动等。就土地平均分配，他强调"按劳动土地份额或消费土地份额把土地分配给劳动者"，根据人口增减、农业生产率和经营水平提高等情况，"土地应定期重新分配"，这是对马克思关于最符合生产力发展要求，按劳动力分配土地方法的灵活运用。他还强调，经营水平高的农场所占的土地，如种植园、果园、苗圃、温室、养殖场等不得分割，应改为示范农场，并"视其规模和作用，归国家或村社专用"，以此来建立国营农场。

苏俄通过《土地法令》和《土地社会化基本法》的实施及土地分配运动，使贫农、中农获得了1.5亿俄亩的土地及价值3亿卢布的农具，归

---

① 中央编译局：《列宁全集》（第29卷），人民出版社1985年版，第418，419，492页。

农民使用的土地面积增加了约 70% , 苏俄农村出现了普遍平均化和中农化的现象, 变成了一个以小农分散经营为主的农业国。

列宁还针对十月革命后, 苏俄因战争造成的严重的经济破坏, 为解决人民生活痛苦, 提出要对资本主义性质的消费合作社实行国有化, 全国公民都必须加入本地的 "(村的、乡的、镇的, 或包括城市某一部分、街道某一部分等等的) 消费合作社"。消费合作社 "除采购和分配产品以外, 还要主持当地产品的销售", 将全体居民消费品的供应和分配统一起来, 试图用国家法令对农产品的生产和分配进行计算和监督。

他一再强调, 土地国有、平均使用是在苏俄建立社会主义农业的一种最合理、最实际的过渡形式。他认识到, 在社会主义和资本主义之间有一个 "无产阶级专政的漫长的、比较困难的过渡时期"。过渡将取决于占优势的 "是小私有制还是大私有制, 是小农业还是大农业"。不能强迫农民接受社会主义, 要让农民接受社会主义需要一个漫长的过程, "只能靠榜样的力量, 靠农民群众对日常实际生活的认识"①, 需要寻找和试行一系列过渡措施, 采取各种形式引导农民实现由个体经营到共耕制的过渡, 以建立社会主义农业。

三　战时共产主义时期的思想与实践

1918 年夏季到 1920 年底, 为应对国内外敌人的进攻和国民经济的危局, 列宁提出了以共耕制和余粮征集制为主要内容的农业政策, 希望以强制手段对农民实行社会主义改造, 以社会化大农业改造小农经济, 建立农业集体经济, 对粮食等农产品实行计划管理, 建立社会主义计划农业。

首先, 农民个体经济要向公有化的共耕制过渡。所谓共耕制, 是指苏俄农村中存在的公有化程度不同的农民集体经济制度。具体包括了三种形式: 一是实行生产生活资料公有, 平均分配的劳动公社; 二是拥有农具和牲畜的农民, 实行主要生产资料公有, 保留家禽、家畜和少量宅旁园地私有, 按劳动日分配劳动成果的劳动组合; 三是土地、农具归个人所有, 土地耕种实行共同劳动、临时互助的共耕社。1918 年 3 月, 列宁认为这三种共耕制形式中, 劳动公社 "可以比任何其他办法都更好地解决组织任

---

① 中央编译局:《列宁全集》(第 33 卷), 人民出版社 1985 年版, 第 21, 99, 99, 111, 111, 17, 17, 19, 20, 19, 212, 212, 264, 264, 264 页。

务"。他强调平均分配土地时，"要优先照顾公社和大的劳动组合"，要利用城市工人与贫苦农民的联盟，"逐步地但是坚定不移地向共耕制和社会主义大农业过渡"，实现土地社会化。他说，如果合作社把土地实行了社会化，"那它就是社会主义"①。这年 6～10 月，苏俄农村普遍建立了集权的贫农委员会，他认为这是一个转折点，苏俄农村"已经由肃清俄国的地主转到建立社会主义制度"，向大规模共耕制过渡的条件已经成熟。大多数农民有建立共耕制的愿望，现实生活"向劳动农民直截了当地提出了向共耕制过渡的问题"，建立共耕制已经提上了日程。11 月，他又说，贫苦农民"只有实行共耕制才是出路"，公社、劳动组合耕种制与农民协作社"是摆脱小经济的弊病的出路"，是振兴农业、改进农业，节省人力及同富农、寄生虫和剥削者作斗争的手段。12 月，他强调向共耕制过渡是恢复遭受战争破坏的文化的唯一手段，是摆脱资本主义给农民"造成的那种愚昧、闭塞和备受压抑的状况的唯一手段"。虽然战争破坏了经济，使得个体小农户"既没有耕畜，也没有农具和工具"，但现代技术在战争中表现出的巨大威力唤醒了大多数农民。我们的职责和义务是利用现代技术，把最落后的农业生产纳入新的轨道进行改造，把按照旧的方式盲目经营的农业改造为"建立在科学和技术成就基础上的农业"，消除"按照旧的方式恢复生产的可能性"；我们的任务和目的是"过渡到集体支配土地，过渡到共耕制"。只要"坚持不断地做下去，一定会提高劳动生产率"，使农民获得彻底解放。因此，在农业中用减少个体经济的办法，发展比个体经济更为有利的集体经济，"以便过渡到社会主义经济"。共耕制是解决农民贫困，恢复农业生产，过渡到社会主义农业的必然之路。列宁在强调苏俄农业向共耕制过渡的同时，对过渡的难度也有着清醒的认识。他不断指出，"企图用法令和命令来实行共耕制是极端荒谬的"，能够接受共耕制的仅仅是极少数觉悟了的农民，过渡"决不超过群众的发展程度"，要等待他们通过亲身的经验和斗争。"要在短期内一下子把一直分散经营的农业变成公共经济"，使其成为全国性大生产的形式，全国劳动者普遍而同等地履行劳动义务，公平地享用劳动产品也是不可能的。因为富农会千方百计地进行反抗，农民"也往往顽固地反对在农业中实

① 中央编译局：《列宁全集》（第 34 卷），人民出版社 1985 年版，第 137，52，66，147 页。

行公社原则"。实现由个体小农经济到集体支配土地的形式过渡,向共耕制、国营农场和公社的过渡,"绝对不可能一蹴而就"。因此,过渡是触及千百万人生活方式的大变革,"只有到人们非改变自己生活不可的时候才能实现"①。工人阶级只有在事实上向农民表明公共的、集体的、共耕的、劳动组合的优越性,用共耕、劳动组合的经济帮助农民,"才能真正可靠地把千百万农民群众吸引到自己方面来"②,要稳重地、逐步地、长时期地做这项工作。为促进共耕制发展,他强调一切现有和新成立的公社都"将得到经济上和技术上的帮助"③。他多次签署给农业公社拨款的法令,苏维埃政权拨出大量资金作为发展农业的专用基金,给集体农庄优先分配优质土地,供应机器、牲畜和种子,并提供农业技术帮助,但共耕制并没有发展起来。到 1920 年,参加共耕组织的农户仅占农户总数的0.5%,集体农庄拥有的耕地仅占全部耕地的 0.4%。参加共耕的农民也没有生产积极性,共耕组织的劳动生产效率十分低下,没有起到向农民示范和榜样的作用。到 1920 年底,列宁认为集体农庄"还处于名副其实的养老院的可怜状态",个体农户还会长期存在,"必须依靠个体农民","现在还不能设想向社会主义和集体化过渡"④。列宁逐渐认识到了共耕制不是改造小农经济的理想形式。

　　他还主张用所有经营最好的农场来组建由苏维埃政权掌握的国营农场,可以安排并吸收俄国的农艺人才到农场中去,把剩下的一切农具都给国营农场,采用最好的耕作方法,使其成为千百万劳动者"获得农业知识和技术的泉源和提高生产率的泉源"⑤。禁止国营农场的工作人员在农场内拥有个人的牲畜和菜园,国营农场的任务是逐步教会农民"自己来建立新秩序,建立共同劳动的秩序"⑥,所生产的农产品比以前更好、更多、更便宜。

　　其次,以合作社为载体实现农产品的计划管理。列宁继续坚持十月革命后的主张,认为合作社虽然是资本主义社会的产物,是典型的小商品生

---

　　① 中央编译局:《列宁全集》(第 35 卷),人民出版社 1985 年版,第 351,354,174,174,354,354,354,354,356~357,357~358,355,140,140,170,175,352,353 页。
　　② 中央编译局:《列宁全集》(第 37 卷),人民出版社 1986 年版,第 360 页。
　　③ 中央编译局:《列宁全集》(第 35 卷),人民出版社 1985 年版,第 176 页。
　　④ 中央编译局:《列宁全集》(第 40 卷),人民出版社 1986 年版,第 177 页。
　　⑤ 中央编译局:《列宁全集》(第 35 卷),人民出版社 1985 年版,第 358 页。
　　⑥ 中央编译局:《列宁全集》(第 36 卷),人民出版社 1985 年版,第 26 页。

产者的合作社，具有浓厚的小资产阶级性质，但它是庞大的联合工人、手工业者以及零星分散的农民阶层的经济组织。苏维埃政权应该把它由资本主义附属品变成社会主义改造的工具，充分发挥其物品供应和分配的作用。工人合作社应当起到领导作用，"使单个的合作社转变为统一的全民合作社的运动"①，利用合作社联合小农，以合作社的计划分配取代自由贸易。1918 年 8 月，他要求用法令形式责成合作社在每个门市部设收粮站，对消费者按领物证供应商品，要求粮农用粮食交换其他商品，"否则不供应任何商品"。11 月，又要求"合作社的仓库和店铺均不得收归地方公有"，"合作社不应该收归国有，应该恢复"，不能关闭合作社。因为它"把那些零星分散的农民阶层联合起来"，"是一笔极大的文化遗产，必须加以珍视和利用"，"充分利用这个组织得很好的经济机构是极其重要的"。苏维埃"今后还要实行同合作社工作者、同中农妥协的政策"，必须保证合作社的活动不遭到反革命和富农的破坏，保证贫苦农民委员会及地方苏维埃"对合作社的严格监督不折不扣地得到实现"。12 月，他指出合作社虽然是资产阶级的机构，政治上不可信赖，但决不可以"不利用它来进行管理和建设"。同合作社打交道，"必须考虑它们的业务特点"。必须尽快消除工人合作社可以独立的幻想，实行工人合作社同苏维埃组织的合并，组织供应或分配，"整个社会应该是一个统一的合作社"，利用合作社对城乡居民进行粮食和其他消费品的有计划有组织的收购和分配，取缔自由贸易。1919 年 1 月，他强调在合作社中应有国家供应机关的代表来监督和协调合作社组织的活动，"使之符合于国家的粮食政策"。对那些帮助国家收购垄断和非垄断的"食物品种的合作社和其他组织实行奖励制度"。2 月，他宣布由资产阶级合作社过渡到包括全体居民参加的共产主义消费生产联合组织的"措施问题提上了日程"。3 月，为应对更加严重的粮食困难，他再次强调所有的分配机关必须统一，合作社"要成为新机构的基础，得到保留、发展和完善"，所有的分配站（或店铺）"组成一个统一的分配网"，把所有的店铺"移交给工人合作社或一般公民合作社的中央机构管理"。"所有的消费者都按地区编入一个店铺"，

---

① 中央编译局：《列宁全集》（第 34 卷），人民出版社 1985 年版，第 148 页。

"统一以后的机关叫消费公社"①，消费公社能把整个分配机构集中起来，最快、最节省、最有计划、用最少的劳动分配一切必需品。为此，苏维埃人民委员会通过了将消费合作社合并、改组的法令。继之，列宁重申要在各地试行各种办法，促进资本主义性质的小资产阶级合作社"向无产者和半无产者所领导的生产消费公社的过渡"；党员以共产主义精神去指导合作社的建立，发挥参加合作社的劳动者的主动性和纪律性，"力争使全体居民都加入合作社"，建立一个自上而下的全国统一的合作社。实行粮食的国家垄断很困难，还需要普遍地组织生产消费公社，"并正确地发挥它们的作用，把一切余粮交给国家"②。1920 年 1 月，他认为协约国通过合作社与苏俄进行商品交换的计划，是想利用合作社在苏俄复辟资本主义，要"立即制定措施，保证我们完全掌握合作社机构"。为此，苏维埃人民委员会通过了《关于各类合作社组织联合的法令》，由设在粮食人民委员部的合作社事务总委员会负责，将各级信用合作社并入同级消费合作社，实行农业合作社、手工业合作社及其他合作社的全俄中央机构与中央消费合作总社的联合。2 月，他批评合作社让交纳股金的人得到了好处，"而劳动群众享受不到合作社的服务"，强调合作社要真正为农民服务。他还乐观地估计到，可能几星期，也可能几个月后，"整个苏维埃共和国就要变成一个劳动者的大合作社"③。总之，列宁把合作社视为农产品分配机关，把全国视为大的生产消费公社，主张利用合作社的农产品计划分配取代自由贸易。

再次，反对粮食自由贸易，实行全面的、有计划的农产品垄断。列宁认为，苏俄的粮食危机是人数众多的农民小资产阶级"破坏正在建立的监督"，破坏粮食垄断，进行投机买卖造成的。我们遇到了"小私有者和小业主的整个生活方式、习惯和情绪"。只有对全部粮食进行严格计算，农村才能做到粮食自给；查清现有的全部粮食贮存，严惩违法行为，"俄国就不会出现饥荒"。为此，通过实施粮食专卖法令，向囤积余粮的农民和其他资产阶级"展开无情的恐怖的斗争"。就粮食征收和分配问题，他提出了以下措施：第一，建立各种组织机构开展征粮工作。把军事人民委

---

① 中央编译局：《列宁全集》（第 35 卷），人民出版社 1985 年版，第 28，184，200，226，198，198，192，184，403，393，343，415，415，461，513，513，513，514，514 页。

② 中央编译局：《列宁全集》（第 36 卷），人民出版社 1985 年版，第 90，90，93 页。

③ 中央编译局：《列宁全集》（第 38 卷），人民出版社 1986 年版，第 58，111，112 页。

员部改为军事粮食人民委员部，组织征粮队，绝对禁止任何组织和个人买卖、保存和隐藏余粮。把有余粮而不运到收粮站，滥用存粮私自酿酒的人宣布为人民的敌人，"判处 10 年以上的徒刑，没收全部财产，永远驱逐出村社"，对私自酿酒者还要处以强制性劳动，决不允许投机活动合法化，"要同蓄意的奸商掠夺行为作斗争"；还要组织"十字军讨伐"，在全国范围实行军事管制。把强征富农的粮食分给城乡贫民，使贫民能"迅速而坚决地加入粮食人民委员部正在建立的征粮大军"①。还要成立工人粮食检查机关，并切实检查粮食机关关于食物"收购、运送和分配等工作的具体情况"。第二，实行国家垄断，反对农产品自由贸易。他认为苏俄在对主要食物品种（粮食、糖、茶、盐）实行垄断后，还要对肉类、海鱼、大麻油、葵花子油、亚麻油、除牛油外的动物油、马铃薯等其他主要品种实行国家垄断，反对贸易自由。他说，在食物供给不足的情况下，朝贸易自由迈上一步，"就会造成疯狂的投机"。贸易自由意味着没有良心的富农"大发横财，利用人民缺粮挨饿牟取暴利"，"意味着富人战胜穷人"，"就是倒退到资本家横行霸道的时代"②。恢复自由贸易就是使少数人发财，恢复地主、资本家的无限权力，恢复资本主义，"使多数人穷困和永远受奴役"③。第三，通过经济手段征收农民余粮。他强调粮食垄断要与纺织品及其他最主要消费品的垄断同时实行，"凡是出粮的，一定给予纺织品、纱线、日用品和农具"，但"不能落到投机商手里，而首先得给贫苦农民"④。因此，必须采用普遍摊派的办法收购原料，"并且以固定价格收购"。把一切力量用来恢复工业，以供应农民衣服、鞋子等工业品，"从而开始实现农村粮食与城市工业品的正常交换"⑤。他还建议粮价提高两倍，才能帮助我们在一些产粮省份"迅速增加粮食收购量"，还要求"粮食（包括新打下来的粮食）超过自己的消费量"⑥ 一倍或一倍以上的富农用粮食纳税，实行累进税率。第四，对全部粮食进行严格计算，

---

① 中央编译局：《列宁全集》（第 34 卷），人民出版社 1985 年版，第 164，377，250，295，295，373，406 页。

② 中央编译局：《列宁全集》（第 35 卷），人民出版社 1985 年版，第 336，409～410，471，471，471 页。

③ 中央编译局：《列宁全集》（第 37 卷），人民出版社 1986 年版，第 163 页。

④ 中央编译局：《列宁全集》（第 34 卷），人民出版社 1985 年版，第 400，484 页。

⑤ 中央编译局：《列宁全集》（第 39 卷），人民出版社 1986 年版，第 115，359 页。

⑥ 中央编译局：《列宁全集》（第 35 卷），人民出版社 1985 年版，第 27，28 页。

安排好交通运输,把粮食从余粮区运往缺粮区和工业中心,在国家监督下,公平合理地平均分配粮食等生活必需品。他认为要不断地、有步骤地采取各种措施,"为大量家庭办理集体伙食以代替各个家庭单独料理"。社会主义国家要建立生产消费公社网,就非搞好对粮食和粮食生产的"最严格的、无所不包的全民计算和监督不可"①。苏维埃政权的任务是继续在全国范围内坚定不移地用有计划、有组织的产品分配来代替市场贸易,"目的是把全体居民组织到统一的消费公社网中"②,最迅速、最节省、最有计划、用最少的劳动来分配一切必需品。这样,"我们就能支持很长很长时间"③,就能在军事上取得胜利,恢复工业生产,保证社会主义生产和分配,"保证彻底的社会主义制度的确立"④。第五,试图以余粮收集制来实现向社会主义生产和分配关系的过渡。他认为战争使我们在粮食问题上体验到了社会主义制度的本质,"难以忍受的饥荒迫使我们去担负纯粹共产主义的任务"⑤,争取粮食就是决定苏维埃政权和社会主义命运的斗争。在农民众多的国家里,从资本主义过渡到社会主义,"必然要采取特殊的形式"。在农村成立贫苦农民委员会是实施粮食政策的基础,也是俄国革命发展过程中"一个极其重要的转折点";"要使社会主义变革巩固下来,就必须由新阶级进行管理"⑥,建立工人粮食机关;把劳动者农民和私有者农民,即劳动的农民和投机的农民、种地农民和经商农民区分开来,"就是社会主义的全部实质所在"。对富农进行无情斗争,将粮食、纺织品和工具分配给贫苦农民,为了工人的利益实行粮食垄断和规定固定价格等就是社会主义的办法。总之,"只有按国家规定的固定价格出售粮食",才有可能离开资本主义轨道。"由国家收购粮食供应城市、收购工业品供应农村"是俄国共产主义的"最初步骤"。实行余粮收集制,完成了粮食任务,就有了社会主义的基础,才能"建立起富丽堂皇的社会主义大厦来"⑦。

---

① 中央编译局:《列宁全集》(第34卷),人民出版社1985年版,第70,167页。
② 中央编译局:《列宁全集》(第36卷),人民出版社1985年版,第110页。
③ 中央编译局:《列宁全集》(第35卷),人民出版社1985年版,第395页。
④ 中央编译局:《列宁全集》(第37卷),人民出版社1986年版,第160页。
⑤ 中央编译局:《列宁全集》(第34卷),人民出版社1985年版,第377页。
⑥ 中央编译局:《列宁全集》(第35卷),人民出版社1985年版,第203,405,407页。
⑦ 中央编译局:《列宁全集》(第37卷),人民出版社1986年版,第273,118,269,348页。

　　最后，个体农民具有双重倾向，对其中的不同阶层采取不同的策略来领导和改造小农。列宁认为苏俄农村出卖劳动力的小农阶级在任何情况下都是小资产阶级各种"政治派别的基础的主要经济阶级"①。农民"是半劳动者，半投机者"，他们"或者跟工人走，或者跟资产阶级走"，"或者是赞成粮食自由贸易"，"或者是赞成把余粮按固定价格卖给国家"，二者必选其一。农民作为劳动者，倾向社会主义，"作为粮食出售者，倾向于资产阶级，倾向于自由贸易"②。农民经济仍然是小商品生产，"是一个非常广阔和极其深厚的资本主义基础"，保留和复活资本主义，"以私贩粮食和投机倒把来反对国家收购粮食"，"反对由国家分配农产品"。在农民具有的劳动者和投机者的双重倾向中，作为私有者的农民往往"习惯于把余粮看作可以自由出卖的私产"③，他们在自由市场上每出售或倒卖一次粮食，"都是在恢复商品经济，也就是在恢复资本主义"④。苏维埃学会了余粮收集制，也就"学会了使农民按照固定价格在得不到等价物的情况下把粮食交给国家"⑤。1918 年 11 月，他提出对农民从政治和经济两个方面进行改造的问题。政治方面，在对全体农民进行普遍剥夺的同时，针对不同的农民阶层采取不同的统治方式，即"对小农是一种方式，对中农又是另一种方式，对地主不同，对小资产者又不同"⑥。经济方面，则建立农民集体经济，逐步消灭小农。1919 年 2 月，他指出俄共在农村工作中，依靠农村无产者阶层和半无产者阶层，尽量使其接近城市无产阶级，使其"摆脱农村资产阶级和小私有者利益的影响"。对富农则坚决反对其剥削意图，"镇压他们对苏维埃政策即共产主义政策的反抗"。对中农则"是逐步地有计划地吸引他们参加社会主义建设工作"，关心他们的需求，把他们吸引到工人阶级方面来，用思想教育方法去克服其落后性，在一切影响其利益的问题上力求与之妥协，"在确定社会主义改造的方式

---

　　①　中央编译局：《列宁全集》（第 35 卷），人民出版社 1985 年版，第 204 页。

　　②　中央编译局：《列宁全集》（第 36 卷），人民出版社 1985 年版，第 350，352，360，376 页。

　　③　中央编译局：《列宁全集》（第 37 卷），人民出版社 1986 年版，第 269～270，270，270，308 页。

　　④　中央编译局：《列宁全集》（第 38 卷），人民出版社 1986 年版，第 332 页。

　　⑤　中央编译局：《列宁全集》（第 37 卷），人民出版社 1986 年版，第 346～347 页。

　　⑥　中央编译局：《列宁全集》（第 35 卷），人民出版社 1985 年版，第 216 页。

方面向他们让步"①。1920 年 6 月，他把农民划分为五类，进一步强调无产阶级要在农村中争取社会主义的成功，就必须针对农村的不同阶层采取不同的策略。第一类是受雇于资本主义农业企业，从中获得生活资料的农业无产阶级即雇佣工人。无产阶级要把他们同其他各类农村居民分开，在政治、军事、工会、合作社、文化教育等方面单独组织，加紧宣传鼓动工作，"把他们争取到苏维埃政权和无产阶级专政方面来"。第二类是一方面依靠在资本主义农业企业或工厂中出卖劳动力，另一方面依靠在仅能给他们家庭生产一部分食物的小块私有的或租来的土地上耕作，获得生活资料的半无产者或小块土地农民。他们人数众多，境遇艰难，如果共产党的工作得当，他们"就会成为共产党的可靠的拥护者"，他们从苏维埃政权和无产阶级专政中"能够立刻得到很大的好处"。第三类是自己拥有或租来的土地，可以应付全家的需要，不雇佣劳动力的小农。他们从无产阶级的胜利中也得到了好处，在由资本主义到共产主义的过渡时期，其中有一部分人必然会动摇，"去追求无限制的贸易自由和无限制的使用私有权的自由"，"受到投机倒把和私有者习惯的侵蚀"。在无产阶级镇压了大土地占有者和大农后，他们的"动摇不会很大"，并且也不会改变他们将站在无产阶级方面的事实。以上三类农民只有在无产阶级夺得政权，坚决镇压大土地占有者和资本家的实践中，看到组织起来了的、强大坚定的领导力量和保护力量给予的帮助和领导，给他们"指出正确道路以后，才能坚决地支持革命的无产阶级"。第四类是拥有不多土地，可以维持全家人的俭朴生活和经营费用而略有剩余，还能够雇佣他人劳动的中农。废除地租和抵押对其有利，但投机倒把、贸易自由和私有制对他们更为有利，私有情绪在他们中占据优势，他们动摇于无产阶级与资产阶级之间。无产阶级要"使他们保持中立"，保留他们原有的土地，"只能十分谨慎地逐步前进，运用榜样的力量"，不能对其施用任何暴力，才能使其过渡到集体农业。第五类是农业中的资本主义企业主即大农，是坚决反对"无产阶级的那些资产阶级阶层中人数最多的一个阶层"。一般来说，在先进的资本主义国家，无产阶级在城市获得胜利后，应当保留其土地，按照国营农场方式进行经营，"只在他们反抗被剥削劳动者的政权时才加以没收"。在

---

① 中央编译局：《列宁全集》（第 36 卷），人民出版社 1985 年版，第 113 ~ 114，114，114，114 页。

个别、例外的情况下,将没收其土地中"零散出租的部分或附近小农特别需要的部分"。面对他们的各种反抗,无产阶级应当从思想和组织方面准备力量,"以便彻底解除这个阶层的武装",需要组织和武装农村苏维埃,保证无产者和半无产者的优势。但在苏俄,无产阶级对大农的斗争复杂而持久,应当立刻无条件地没收其全部土地。因为还没有物质条件,尤其是技术条件,"更没有具备社会条件来实现这类农场的社会化"①,主要是把他们的土地分给农民使用,只在少数情况下建立国营农场。

四 新经济政策时期的转变

1920 年底,苏俄赢得了反抗国外武装干涉和国内战争的胜利。列宁在新经济政策时期提出了提高个体农民的农业生产率,发展以电气化为中心的农业技术,用产销合作社联合农民,发展农业商品经济等主张,实现了社会主义农业思想的重大转变。

首先,提高个体农民的农业生产率。1920 年底,他强调苏俄依然是一个小农国家,个体农户还会长久存在,共耕制不是改造小农经济的理想形式。苏俄农民不是社会主义者,"现在还不能设想向社会主义和集体化过渡"②,对待个体农民要把强制同经济鼓励和说服的措施结合起来。但"勤劳的农民是我国经济振兴的'中心人物'"③,过去的纲领"在某种程度上脱离了广大农民群众中所发生的情况",加重了农民负担;农民是实用主义者,"只求摆脱贫困,……决不卖弄聪明";农业生产掌握在私人手中,"大多数居民所从事的规模很小的生产,提供的利润最多"④。要从农民完全可以接受、理解的措施入手,发展个体农业;要实现农业增产就必须处理好农产品分配与农民个人利益的结合。他认为实施新经济政策必须以农民个人利益为基础,检验它能否实现同农民个体经济的结合,必须有同他们的经济基础"相适应的刺激、动力和动因"⑤。为此,他提出了提高个体小农农业生产率的主张:一、对个体农民实行国家强制,但不能

① 中央编译局:《列宁全集》(第 39 卷),人民出版社 1986 年版,第 168,169,169,169,169,169,170,171,171,172,172,172,172,172 页。
② 中央编译局:《列宁全集》(第 40 卷),人民出版社 1986 年版,第 177 页。
③ 中央编译局:《列宁全集》(第 41 卷),人民出版社 1986 年版,第 377 页。
④ 中央编译局:《列宁全集》(第 43 卷),人民出版社 1987 年版,第 73~74,76,264 页。
⑤ 中央编译局:《列宁全集》(第 41 卷),人民出版社 1986 年版,第 55 页。

只通过设置机关、发布命令的办法，俄共（布）应当用一切宣传手段、国家力量"来说服非党农民"，克服其守旧、无知和不信任等思想残余。强调要向农民征集耕畜和农具，农民"必须把种子拿到公共仓库里去"，"要使全面播种所需要的种子由国家来保管"，保证播种计划的完成。二、用奖章、个人消费品、家庭日用品奖励没有采用富农手段取得成绩的个体农民，要求奖励的生产资料不被"业主用作变成富农的手段"①，放宽对租佃、雇工的限制，保障农民的生产经营权。三、改余粮收集制为粮食实物税是发展个体农业简单又必要的措施。根据农民积极性的高低调整税额，使他们可以根据税额多少来确定生产规模的大小，更好地安排生产，"使小生产者有最好的条件去发挥自己的力量"，还能减轻农民负担。农民觉得心里更有数了，经营的兴趣提高了，实行粮食税后，勤劳的农民在提高生产力方面是大有可为的。四、农民完税后自由支配余粮，可以进行农产品自由贸易，必须让各地的农业和工业"在当地范围内有一定的流转自由"。农民具有这一自由后，农民小经济的发展就是小资产阶级的发展，也就是资本主义的发展。农民小经济与中世纪制度、小生产及小生产者涣散性引起的官僚主义比较起来，"资本主义则是幸福"。他宣称苏俄不能实现农业由小生产向社会主义大生产的直接过渡，那就应把商品交换作为主要杠杆。这样，"可以刺激农民扩大播种面积和改进农业"②。国营工厂的产品同农民的粮食交换"是社会主义社会生存的唯一可能的形式"，是社会主义建设的唯一形式。苏俄要建立工农之间的经济联盟，除了交换和商业，"就不可能有别的经济联系"，商品交换是农业小生产和社会主义联系的中间环节，是个体农民提高农业生产率的重要手段。

其次，提高农民文化水平，发展以电气化为中心的农业科学技术。他认为苏俄绝大多数农民是文盲，这不利于农业生产技术的普及、新的农业机械的使用，也不利于农村政权建设和合作社发展。为了新经济政策的顺利推行，把农艺学的知识传授给农民，使其"真正变成千百万农民的财富"③。必须在农村扫除文盲，使农民能写会算，具有做文明商人的本领。

---

① 中央编译局：《列宁全集》（第 40 卷），人民出版社 1986 年版，第 145，177，177，195 页。

② 中央编译局：《列宁全集》（第 41 卷），人民出版社 1986 年版，第 23，56，217，327 页。

③ 中央编译局：《列宁全集》（第 42 卷），人民出版社 1987 年版，第 50，335，283 页。

他提出了在农民中开展文化工作的措施：一、争取和团结农村大多数教师，改善其物质生活条件，通过他们去争取农民，让农民"脱离同资产阶级的联盟而同无产阶级结成联盟"①，利用他们开展农民的文化教育工作；二、通过减少开支来加强初级国民教育的经费投入，发展农民识字教育；三、倡导城市有计划地建立帮助农村发展文化教育的团体，帮助农村发展教育。列宁继续强调用现代大生产技术来改造苏俄农业。他认为当国家实现电气化，为工业、农业和运输业打下现代化的技术基础时，"我们才能得到最后的胜利"。过去三年的教训使他懂得了在农业中实现共产主义的原则后，苏俄"就必须取得技术上的巨大进步"②；苏俄农民熬过艰难岁月以后，已经认识到了提高农业经营水平的重要性。他得出了有了强大的物质基础与先进的科学技术，在农业中大规模使用拖拉机和机器，才能在苏俄解决小农问题的重要认识。针对农具缺乏的严重困难，"小农需要的东西同工人需要的不一样"，国家必须"给农民提供他们所迫切需要的机器和工具"。在工业恢复的任务没有完成之前，国家支援并帮助为农业服务的小工业，大规模地投资电气化和灌溉工程，用租让、购买机器和工具的办法来满足农业的需要是必要的。甚至要利用与意大利、美国等国的商品交换来尽力发展边疆地区的生产力，"发展水力和灌溉"③。他特别强调"实行电气化，受益最大的是农业，特别是农民"，在农村建设小型电站"造成了现代新的大工业的中心"④，向农民表明苏俄农业不会永远停留在手工劳动时代。

最后，用产销合作社联系农民，发展农业商品经济。从1921年起，列宁不再主张在苏俄建立农业公社和集体农庄，对合作社给予极大关注，强调了合作社具有促进农产品交换和改造小农经济的双重功能。实行粮食税政策唯一正确的办法，是通过国家粮食机关、工人和农民的合作组织，使社会主义工厂的产品"与农民经济的产品进行交换"。实行粮食税以后，农民可以自由卖出余粮，"合作社有自由，有权利，就等于资本主义有自由"，我们必须竭力设法把买卖自由、贸易自由的资本主义发展"纳入合作制资本主义的轨道"。合作社虽然具有资本主义性质，甚至它的基

---

①　中央编译局：《列宁全集》（第43卷），人民出版社1987年版，第358页。

②　中央编译局：《列宁全集》（第40卷），人民出版社1986年版，第156，183页。

③　中央编译局：《列宁全集》（第41卷），人民出版社1986年版，第51，144，185页。

④　中央编译局：《列宁全集》（第42卷），人民出版社1987年版，第312，346页。

础还是手工的、部分甚至宗法式的小生产，但作为商业组织形式比私营商业好，"便于把千百万居民以至全体居民联合起来"。由小业主的合作社向社会主义的过渡，"则是由小生产向大生产过渡"。要把它作为引导小农过渡到社会主义的国家资本主义形式，"要努力循着扩大和巩固农业和工业间的流转"的方向来指导合作社。他把合作社看成是引导千百万农民过渡到社会主义的最好的国家资本主义形式和中间环节，建立产销合作社的目的是"为了生产和销售各种农产品（如蔬菜、乳制品等等）和非农产品（如各种手工业品、木器、铁器和皮革制品等等）"①。苏俄政权要支持和发展产销合作社，也不限制消费合作社的发展。无产阶级国家必须成为勤勉、谨慎、能干的业主，"成为一个精明的批发商"。批发商业"在经济上把千百万小农联合起来"②，实现生产中各种形式的联合。1923年，他改变了合作社是国家资本主义形式的认识，认为合作社占用的土地和使用的生产资料属于国家所有，作为从事经营活动的自愿组织，"谁交纳股金，谁就得到一份收益"，有利于激发农民的生产积极性；"文明的合作社工作者的制度就是社会主义的制度"③，同社会主义是完全一致的。因此，合作社的发展就等于社会主义的发展。

列宁根据苏俄农业落后的客观现状，在领导苏俄社会主义革命和建设的实践中，对于如何建立社会主义农业的问题进行了不断探索，形成了一份符合俄国国情的宝贵的思想遗产。

第一，他在十月革命前根据马克思恩格斯关于社会主义农业的构想，提出了在俄国建立社会主义农业的基本主张；十月革命胜利之初，根据农民的要求，实行了土地平均分配的原则，主张用国家资本主义来管理和发展农业，实现了社会主义农业思想的第一次转变；战时共产主义时期提出以余粮收集制和共耕制为主的农业政策，堪称为建立马克思恩格斯设想的社会主义农业的桥梁，但使农民丧失了对农产品的支配权及土地的自主使用权，挫伤了农民的生产积极性，导致了苏俄农业播种面积的大幅下降，严加限制农民自发势力的商品交换计划也宣告失败；新经济政策时期提出

---

① 中央编译局：《列宁全集》（第41卷），人民出版社1986年版，第141，214，214，214，215，220，240页。

② 中央编译局：《列宁全集》（第42卷），人民出版社1987年版，第176，177页。

③ 中央编译局：《列宁全集》（第43卷），人民出版社1987年版，第55，365页。

了在苏俄建立社会主义农业的可行道路和基本政策。

第二，他对 19 世纪末 20 世纪初俄国农业资本主义发展程度进行了正确分析，深刻地把握了俄国农业发展的基本条件，始终从苏俄农业科学技术、农民思想文化素质以及农业市场化等方面认识苏俄建立社会主义农业的困难，认为苏俄是一个小农众多、农业科学技术落后、农业市场化程度较低的国家。这是列宁社会主义农业思想演进的重要基础。

第三，他分析了个体农业的利弊，对个体农民和个体农业的认识也偏向于政治界定。他主张过俄国走美国式的资本主义农业发展道路，也曾追求过农业集体劳动的组织形式，但始终没有拘泥于马克思恩格斯关于建立社会主义农业的主张。他在新经济政策时期提出的通过提高个体农民的生产率、发展以电气化为中心的农业技术、利用产销合作社来发展农业商品经济等在苏俄建立社会主义农业的可行路径，坚持了马克思恩格斯提出的实现农业社会化（市场化）和合理化（科学化）有机结合的社会主义农业目标。

第二篇

毛泽东关于中国农业的思想与实践

　　毛泽东关于中国农业的思想决定了中国当代农业发展的基本走向。详尽地考察毛泽东关于农业发展道路、农地制度、经营方式与技术手段的认识历程，解析农业集体经营思想及其在实践中的内外矛盾及利弊是研究的核心。毛泽东确立的土地集体所有、农民共同富裕的基本思想是中国当代农业思想演进与实践的路径依赖。

第三章　毛泽东对中国农业发展道路的认识

毛泽东以马克思主义为指导，探讨了农业在中国工业化进程中的地位与作用；从特殊的国情出发，经过大量的农村调查，把解决农民的疾苦作为出发点，认为中国农业只有依靠农民改变旧的统治秩序，实行土地集体所有，改变农民生存现状，实现共同富裕，才能从根本上解决中国农业发展问题。他对中国农业发展道路的探索与实践决定着中国当代农业思想的演变。

第一节　对农业作用的认识

毛泽东在新中国建立前强调根据地为支持战争的胜利，必须把农业置于经济建设的首位，农业是根据地经济建设的物质基础。巩固新民主主义的国家政权，必须有进步的发达的农业。新中国建立后，他从农民解放和巩固工农联盟的政治高度，认识了工农业的相互关系，探讨了农业在中国工业化进程中的地位与作用，认为农业是支撑国家工业化的重要产业，是国民经济的基础。

一　支持中国革命胜利的物质基础

新民主主义革命时期，根据地面临着严峻的战争环境。毛泽东认为，根据地的经济基础是农业，经济建设要服从于革命战争，要为实现中国革命的胜利奠定坚实的物质基础，要辩证地处理革命战争和经济建设的关系。

井冈山时期，他认为要取得革命战争的胜利，就必须进行经济建设。

如果不进行经济建设，"革命战争的物质条件就不能有保障"。他强调"农业生产是我们经济建设工作的第一位"，共产党不但要解决最重要的粮食问题，还要解决衣服、糖、纸等日用品的原料即棉、麻、竹及蔗的供给问题。他号召根据地军民努力发展农业生产，建立强大的革命战争和经济建设需要的物质基础。把革命战争和经济建设的物质基础建立起来，"大大改良群众生活，大大增加我们的财政收入"①，对于巩固根据地、粉碎敌人围剿都发挥着巨大作用。

他在抗战时期指出，为了革命与战争事业的物质供给，"为着人民的需要，都必须从事经济建设的工作"②。中国要战胜日本侵略者，"还必须努力于经济工作"③。他强调不管是资本主义、社会主义或三民主义，全都要以小米、大米、养牛、喂猪为基础，"有了穿吃住用，什么都活跃了，都好办了"④，不能把民主或其他工作作为根据地的中心工作。他要求在一切可能的地方和时间，共产党都要自己动手解决吃饭、穿衣、住屋等问题的全部或一部分，"克服经济困难，以利抗日战争"。根据地"应确定以农业为第一位"，把工业、手工业、运输业与畜牧业放在第二位，商业放在第三位。"为了抗战，我们向人民要东西是完全合理的"⑤，但在索取的同时，要帮助农民发展生产，使农民的收入大于支出，才能实现抗战的胜利。发展农业生产可以改善农民生活，他们能交粮食税，交地租，能团结地主和共产党一道抗战；在大生产运动中，他强调党委、政府和军队要发展包括公私农业在内的经济活动，"而以农业为主体"。民主政府的工作人员要"用极大的精力帮助农村人民展开生产运动"。实现粮食自种自给并有盈余之时，"就是我们全部学会在农村中如何做经济工作的日子"⑥，也就积累了丰富的经济工作的经验。

解放战争时期，他认为在解放区平分土地后，农村党组织的大部分精力必须放到恢复和发展农业生产上去，号召农民勤劳生产，改良农业技

---

①　毛泽东：《毛泽东选集》（第 1 卷），人民出版社 1991 年版，第 119 ~ 120，131，122 页。

②　中央文献研究室：《毛泽东文集》（第 3 卷），人民出版社 1996 年版，第 125 页。

③　毛泽东：《毛泽东选集》（第 3 卷），人民出版社 1991 年版，第 1024 页。

④　中央文献研究室：《毛泽东书信选集》，人民出版社 1984 年版，第 187 页。

⑤　中央文献研究室：《毛泽东文集》（第 2 卷），人民出版社 1993 年版，第 224，462，467 页。

⑥　毛泽东：《毛泽东选集》（第 3 卷），人民出版社 1991 年版，第 911，1017，1020 页。

术，求得"自己生活上的改善"①，出卖日益增多的商品粮食和工业原料，使得民主政府与解放军有足够的公粮以战胜反动派。

总之，毛泽东认为，根据地如果没有进步的发达的农业，就不能巩固新民主主义国家的经济基础，必须把农业置于根据地经济建设的首位。他阐明了农业在新民主主义经济中的基础地位，指出了发展农业是根据地经济建设中的头等重要的任务。

二　支撑国家工业化的重要产业

毛泽东从近代中国遭受外侮的历史事实中，产生了实现民族独立的强烈诉求，深刻地认识了一个国家建立强大的民族工业的重要作用，把工业化作为国家建设的中心任务。他指出，民主革命的中心目的是从侵略者、地主和买办手中解放农民，"建立近代工业社会"。要实现由农业国向工业国的转变，为将来过渡到社会主义准备物质条件。他关于实现国家工业化的构想符合中国近现代历史发展的趋势，得到了全党的广泛认同。

他在抗战时期强调，工业是"最有发展、最富于生命力、足以引起一切变化的力量"。中国要实现抗战胜利，就必须消灭工业落后的问题，由农业基础到工业基础的转变"是我们全民族的任务"，认识到了工业化在国家现代化建设中具有富民强国、发展政治民主的重要作用。他说中国社会的进步主要依靠工业发展，"只有工业社会才能是充分民主的社会"②，没有工业，就没有巩固的国防，也就没有人民的福利，"没有国家的富强"，国家就无法实现完全的统一，共产党也很难取得革命的胜利。他认为，中国农民是工业市场的主体，只有他们才能供给工业化需要的"最丰富的粮食和原料，并吸收最大量的工业品"。工人阶级不仅要为新民主主义国家的建立而斗争，还要"为着中国的工业化和农业近代化而斗争"③。

解放战争时期，他进一步指出，在农村消灭封建制度，发展农业生产就为发展工业，"变农业国为工业国的任务奠定了基础"。建立独立完整的工业体系，变落后的农业国为先进的工业国，才能完成新民主主义革命

---

① 中央文献研究室：《毛泽东文集》（第5卷），人民出版社1996年版，第12页。

② 中央文献研究室：《毛泽东文集》（第3卷），人民出版社1996年版，第206，146，147，184页。

③ 毛泽东：《毛泽东选集》（第3卷），人民出版社1991年版，第1080，1077，1081页。

的任务。因此，即将建立的新政权要以城乡兼顾的思路，使乡村工作与城市工作、工人和农民，"使工业和农业，紧密地联系起来"，"必须有步骤地解决国家工业化的问题"①，必须实现以国有企业为主体的强大的工业发展与农业社会化进程相适应。

新中国建立后，随着国民经济恢复任务基本完成，他强调中国要加快完成国家工业化的任务，从工业化角度思考农业地位和作用，确立了以工业为主导、农业为基础，农业服务工业、农村支持城市的重要思想，体现出强烈的农业为工业化服务的色彩。他深信中国农民是国家工业化的忠实支持者和积极参与者，农业不仅支撑工业，而且可以转化为工业，认为党的中心任务是全力推进国家工业化的发展，制定了以重工业为中心、追求工业发展高速度的工业化战略，农业社会主义改造也要先于工业化完成。从 1955 年开始，他通过对苏联和新中国经济建设经验教训的反思，要求全党从农业落后、人口大国的基本国情出发，探索中国特色的社会主义工业化道路。他指出，虽然"重工业是我国建设的重点"，但"决不可以因此忽视生活资料尤其是粮食的生产"；要适当调整重工业、轻工业和农业的投资比例，"更多地发展农业、轻工业"②。农业关系国计民生极大，全党要把农业作为大事去抓，必须处理好重工业、轻工业和农业的关系，把"重轻农"的发展次序改为"农轻重"的顺序。他全面地分析了农业在中国工业化进程中的重要作用。

第一，在外援十分有限的条件下，国家工业化需要的资金相当大的部分要从农业方面积累。因此，发展农业可以为工业提供更多的资金积累。除了农民直接交纳的农业税外，发展为其所需的大量的生活资料的轻工业，同他们生产的粮食和轻工业原料交换，既满足了农民和国家的需要，"又为国家积累了资金"③。第二，农业不仅关系到农民的吃饭、吃肉、吃油及其他日用的非商品性的农产品问题，还关系到城市、工矿区人口的吃饭问题。发展商品性的农产品，"才能供应工业人口的需要，才能发展工业"。第三，农业为轻工业提供主要的原料，农村是轻工业产品的重要市场。农业发展了，"轻工业生产才能得到足够的原料"，轻工业的产品才

① 毛泽东：《毛泽东选集》（第 4 卷），人民出版社 1991 年版，第 1316，1427，1477 页。
② 中央文献研究室：《毛泽东文集》（第 7 卷），人民出版社 1999 年版，第 24 页。
③ 中央文献研究室：《毛泽东文集》（第 6 卷），人民出版社 1999 年版，第 432 页。

能具有广阔的市场，没有农业就没有轻工业。第四，农村是重工业的重要市场。化肥、各种农业机械、部分电力、煤炭、石油供应农村，大型水利工程、铁路和公路"也都为农业服务"。第五，农产品是重要的出口物资，"变成外汇，就可以进口各种工业设备"。第六，农业生产大量农副产品和轻工原料保证军队需要，为加强国防建设提供充足的物资贮备。第七，农业是工业和国民经济其他部门所需劳动力的主要来源。随着农业生产力水平的提高，农业将向工业和其他部门不断地提供劳动力。总之，"在一定的意义上可以说，农业就是工业"。中国工业化道路主要研究的是"重工业，轻工业和农业的发展关系问题"。中国在发展重工业的条件下，"必须实行工业与农业同时并举"①，逐步建立现代化工业和现代农业。

毛泽东还从农民解放和巩固工农联盟的政治高度探讨了工农业的关系，认为工人生产更多更好的工业品满足农民需要，农民生产更多更好的粮食和工业原料满足工业和市民的需要。工农业的互相支援有利于工农业发展，有利于在工人阶级领导下的工农联盟的巩固，以工人阶级为领导的工农联盟和工农互相支援是农民解放的保证。

我们发现，毛泽东把粮食生产视为"基础的基础"，告诫全党"不抓粮食，总有一天要天下大乱"，很危险。粮食、钢铁、机械是三件最重要的事，"粮食及其他农产品是第一件重要的事"②。干部要须知中国是人口大国，"吃饭是第一件大事"。中国一定可以做到"有菜吃，有油吃，有猪吃，有鱼吃，有菜牛吃，有羊吃"，还有鸡鸭鹅兔吃，有蛋吃；手里有粮，"心里不慌，脚踏实地，喜气洋洋"。"吃饭靠外国，危险得很，打起仗来，更加危险"③，中国更应该搞好农业生产。

总之，毛泽东在战争年代和社会主义建设时期始终没有忘记中国是一个农业大国，80%的人口在农村的基本国情，总是将发展农业生产作为重要的战略任务来考虑，为把中国由落后的农业国变为先进的工业国准备一

---

① 中央文献研究室：《毛泽东文集》（第7卷），人民出版社1999年版，第199，199，199，199，200，240~241，310页。

② 中央文献研究室：《建国以来毛泽东文稿》（第7册），中央文献出版社1992年版，第280页。

③ 中央文献研究室：《毛泽东文集》（第8卷），人民出版社1999年版，第49，70，84，129页。

切条件。他关于农业地位和作用的认识在共产党制定农业政策的过程中发挥了积极作用。

第二节　对中国农业发展道路的探索

以毛泽东为代表的共产党人从中国传统农业和半殖民地半封建社会的农业落后面貌出发，强调农业现代化和工业现代化是实现国家富强的根本途径，改善农民生存现状是推进农业现代化、实现工业现代化的基本手段。他对中国农业发展道路的探索开始于新民主主义革命时期，成熟于社会主义改造时期。毛泽东运用马克思主义的农业思想，结合中国农民的生产生活实际和共产党组织领导农业生产的实践，就中国农业发展道路提出了许多精辟的论断，找到了中国农业发展的社会主义道路。

一　农业发展道路及相关理论

农业发展道路是指传统农业向现代农业转变的途径和模式，即实现农业现代化的途径和模式。所谓传统农业是指以手工劳动为主，劳动生产率低下，物质和能量在农业内部循环、维持自然生态平衡，农民自给自足、凭感性经验向自然索取的农业生产方式；所谓现代农业是指以广泛应用现代科学技术为主要标志，劳动生产率大幅提高，物质和能量开放循环，农民用现代管理方法和手段组织管理农业，实行专业化、规模化、集约化、社会化的可持续发展的农业生产方式。农业发展道路的条件是指"实现农业现代化所需要的整个社会经济政治制度环境"，"从根本上决定农业现代化的方向、目的和成效"；农业发展道路的途径是指实现农业现代化的具体方式、方法，农业发展道路的模式主要包括"农业经济体制（经营管理制度和资源配置制度）、农业经济构成方式、农业技术改造体系、经济发展战略等"①；农业发展道路的途径保证了农业发展道路的目的和成效的实现。

不同国家或地区具有不同的自然生态条件、社会制度、经济技术发展水平和历史文化传统，决定了人类利用和改造自然的方式存在着明显的地区差异，有着不同的农业发展水平。因此，在实现传统农业向现代农业的

---

① 周志强：《中国共产党与中国农业发展道路》，中共党史出版社 2003 年版，第 2 页。

转换中，不同国家或地区走过了不同的农业发展道路。

首先，根据农业生产力要素现代化的标准，可以把世界各国的农业发展道路划分为三种类型。第一种类型是以提高土地生产率要素为主的农业发展道路。在农业现代化发展过程中，靠投入较多的活劳动的办法，通过改进农业设施和条件、采用良种等手段提高了土地生产率。这种类型以日本为代表，适合于人口多、土地少的农业资源禀赋较差的国家或地区。第二种类型是以提高劳动生产率为主要特征的农业发展道路。在农业现代化发展过程中，通过较多的资金投入，采用先进机械设备，提高了农民的劳动生产率。这种类型以美国为代表，适合于人少地多的农业资源禀赋优越的国家或地区。第三种类型是长期渐进型的提高土地生产率和劳动生产率的先后性不明显的农业发展道路。在农业现代化的发展过程中，经历了一个漫长而持续的过程，实行小农土地所有制基础上的分散的经营模式，长期存在集中与分散、集约与粗放、先进与落后并存的现象，农业现代化与经济现代化、政治现代化之间存在着互动效应。这种类型以法国为代表，世界上的多数国家实行了这种发展道路。

其次，根据农业现代化与非农产业现代化的关系为标准，可以把世界各国的农业发展道路分为三种类型。第一种类型主要依靠进口农产品，以外国农业为基础，在超前发展本国工矿业等非农产业后，靠非农产业提供的资金、设备等发展农业，实现农业现代化。这种类型以沙特阿拉伯为代表，适合于具有采矿、工业、交通等非农业经济特殊优势的国家或地区。第二种类型是以依靠农产品出口换回外国现代工业提供的物质技术装备，实现农业现代化。这种类型以澳大利亚为代表，适合于外国工业高度发达、本国农业具有显著优势条件的国家和地区。第三种类型是以本国的传统农业为基础，实行工农并举、工业适当优先发展的方针，逐步装备农业，实现农业现代化。这种类型以日本、美国、法国为代表，是世界上多数国家正在走的独立自主、自力更生的农业发展道路①。

再次，根据马克思的分析，按照农业发展途径把农业发展道路划分为资本主义农业道路和社会主义农业道路。所谓资本主义农业道路是指资本主义生产关系在农业中逐渐形成和发展，取代封建半封建经济和个体经

---

① 邱剑锋等：《走新型农业现代化的道路》，《中国农业科技导报》2004 年第 6 期，第 21 页。

济，造成封建土地关系逐步瓦解、农民两极分化的道路。也由于资本主义国家的具体历史条件不同，列宁把资本主义农业发展道路区别为普鲁士式道路和美国式道路。普鲁士式道路是在保留封建地主的土地所有权的条件下，由贵族地主阶级自上而下地实行系列改革，使农奴制地主经济缓慢地转化为资产阶级的容克式经济，逐渐用资产阶级剥削来代替农奴制剥削的改良道路；美国式道路是用革命手段消灭殖民地时期的旧庄园，建立农民个体经济，通过小农经济的分化自发产生资本主义农业的道路。总之，资本主义农业的发展带来了土地所有权的革命，推动了土地集中和农业经营方式的转变，第一次使农业有可能按社会化方式经营，使农业合理化，但又"把土地所有权弄成荒谬的东西"[①]，资本主义生产方式同它所有的其他进步一样，是以农民的赤贫为代价而取得的，资本主义农业不是社会化的合理的经营方式；所谓社会主义农业道路是指经济文化落后的国家在强力推进国家工业化的进程中，为避免资本主义农业导致农民的两极分化，实现其共同富裕，把小农经济引向到社会主义，建立社会化的合理的农业生产方式。

　　一个国家实现农业现代化可以促进农业高速发展，满足社会对农产品和生态环境日益增长的需求，增加农民收入，实现城乡统筹发展，消除城乡二元经济社会结构，保障经济现代化的实现，促进社会现代化的发展。农业现代化在一个国家实现现代化进程中的重要作用决定了任何国家在世界现代化的历史潮流中，不能回避对自己的农业发展道路的选择。

　　自然生态条件、社会制度、经济技术发展水平和历史文化传统不仅决定着农业现代化的进程，而且决定着整个社会的现代化进程。它们既是一个国家选择农业发展道路的初始条件，也是一个国家在实现农业现代化的进程中，选择什么样的农业发展道路的决定因素。因而，各个国家在实现农业现代化的道路的探索和实践中，必须结合本国在农业生产方面的这些因素，就实现农业现代化的途径，如资本主义或社会主义的农业道路，就实现农业现代化的具体制度、方式和方法，如农业经济体制、农业经济的构成方式、农业生产力要素的技术改造、农业发展战略等问题进行决策。上述决定性因素还会随着农业现代化的发展进程而发生新的变化，各国的农业发展道路也应随着农业发展条件的变化而不断调整。

---

　　①　中央编译局：《马克思恩格斯全集》（第25卷），人民出版社1974年版，第697页。

二 中国当代农业发展的初始条件

以毛泽东为代表的共产党人在 1949 年以前对中国传统农业的落后状况进行了全面认识。他们认为，自然经济在中国农业中占据主导地位，地主剥削方式在农业经营制度中占据优势，现代农业生产技术发展缓慢，生产水平处于衰退状态，生产条件日益恶化。在相当长的时期内，中国农业的基本形态"还是和还将是分散的和个体的"①。这一认识成为了他们探索中国农业发展道路的起点。

（一）中国传统农业状况

自古以来，中国是一个以农立国的国家，是世界农业起源中心之一。"在中华民族的开化史上，有素称发达的农业和手工业"②，形成了独特的农业生产结构和技术体系，在农艺水平和单位面积产量等方面居于古代世界的前列。这是中华文化持续发展的最深厚的物质根基。

自然环境是农业生产的基础条件。中国地大物博，大部分地区处于温带和亚热带，为农业生产提供了良好的基础和广阔的发展余地。相对优越的地理环境条件给农业生产带来便利：第一，松软的土壤、相对丰裕的降水和日照条件，使得农民具备简单的劳动工具和足够的力气，就能从事农业生产；第二，较好的自然、地理与气候条件，大大降低了农作物从播种到收获期间的成本；第三，农作物歉收、绝产概率低，提高了农业的投入产出比；第四，缩短农作物生长期限，"为轮作制度在中国的诞生和普及奠定自然和地理基础"③。但由于中国山地、高原和丘陵约占陆地面积的67%，盆地和平原约占33%，耕地主要分布在东部平原及低缓丘陵地区。地形和位置决定了中国水资源的季节分配和地区分布很不均匀，复杂的地理气候条件导致了农业自然灾害种类繁多且频繁发生，特别是夏季风的不稳定容易引发严重的气象灾害。中国先民懂得农业生产不能违反自然规律，但可以改造自然条件，充分发挥人的主观能动性，在长期的农业活动过程中创造了精耕细作的农业生产方式。这种以提高单位面积产量为目标，以精耕、细管、良种、重肥等为措施，巧妙的农事活动为模式的劳动

---

① 毛泽东：《毛泽东选集》（第 4 卷），人民出版社 1991 年版，第 1430 页。
② 毛泽东：《毛泽东选集》（第 2 卷），人民出版社 1991 年版，第 622 页。
③ 赵红军：《小农经济、惯性治理与中国经济的长期变迁》，上海人民出版社 2010 年版，第 61 页。

集约型的生产方式代表了世界古代农业的最高水平；中国古代农业在不同地区实行了因地制宜的专业经营，农民种粮养畜，栽桑养蚕，种植麻、棉、蔬、果、油料，樵采捕捞和农副产品加工，形成了以种植粮食为中心、农牧结合的农业生产结构。这种利用农副产品喂养牲畜，利用牲畜的粪肥和动力为农业服务的生产结构使生产各环节产生的废物投入到了有机物的再循环中，促进了生态良性循环，具有持久的生命力；中国古代农业还实行农民家庭经营，形成了小型化的男耕女织的自然经济。毛泽东指出，封建时代，自然经济占据了主要地位，农民生产了自己需要的农产品和大部分手工业品。地主和贵族剥削的地租"也主要地是自己享用，而不是用于交换"①。那时的交换虽有发展，但在整个经济中不起决定作用。小农经营把农业与家庭副业活动紧密结合，不仅满足了农民家庭维持生存的基本需要，"也使之与外部市场的联系降到最低的限度"②。在适合农业生产的自然地理基础上，国家政权把小农作为财政收入的主要来源，长期实行重农抑商政策，决定了小农经济始终在中国封建经济中占据着主导地位，关系到封建经济的兴衰和封建政权的安危；地主阶级的残酷剥削和压迫造成了农民极端的穷苦和落后，是几千年来中国社会"在经济上和社会生活上停滞不前的基本原因"③，导致了中国封建社会发展缓慢而长期延续。中国农民在多子多福、多子继承、土地可以买卖和兼并等条件下，经营规模狭小，生产条件不稳定，承受了沉重的剥削，导致农民起义的不断爆发；也由于小农家庭具有生产、消费和生育等多种功能，是一个相对稳定的生产单位，具有超强的生命力，"能够对机械的普及以及与此相匹配的工场手工业的出现形成强烈的抵制"④。当外国发生工业革命时，小农经济能充分利用家庭生产的柔韧性与之展开竞争，限制了商品经济的发展，致使中国迟迟走不上工业革命道路。

（二）半殖民地半封建社会的落后农业

鸦片战争以后，中国传统农业随着外国资本—帝国主义的侵略出现了

---

① 毛泽东：《毛泽东选集》（第 2 卷），人民出版社 1991 年版，第 624 页。
② 赵红军：《小农经济、惯性治理与中国经济的长期变迁》，上海人民出版社 2010 年版，第 63 页。
③ 毛泽东：《毛泽东选集》（第 2 卷），人民出版社 1991 年版，第 624 页。
④ 赵红军：《小农经济、惯性治理与中国经济的长期变迁》，上海人民出版社 2010 年版，第 78 页。

新的发展趋势。西方列强为了向中国推销工业品和掠夺农产品原料，勾结和支配中国地主、买办商人通过抑价收购和贷款预购等手段操纵了中国农产品市场，"使中国的农业生产服从于帝国主义的需要"，中国农业逐渐卷入世界资本主义市场体系。由于外国纺织品和其他工业品的倾销，农民购买洋纱洋布及其他必需的生产资料、生活资料，使中国沿海农村的家庭手工纺织业遭到重创，已经出现的资本主义萌芽丧失了发展壮大的基础；农产品出口的激增，诱使中国农民扩大种植世界市场需要的农作物，尤其是某些手工业原料的农产品，在农业中经营商品作物，农民成为世界市场的原料供给者；伴随着近代航运、铁路等交通事业的发展，城乡经济联系的加强，农民与市场的联系发展起来，扩大了经济作物的种植面积，提高了农产品的商品化水平，促进了农村商品经济发展，形成了新的农业生产区域布局。总之，外国资本主义对中国农村经济的分解，破坏了自然经济的基础，破坏了城市手工业和农民家庭手工业，又"促进了中国城乡商品经济的发展"①，传统的男耕女织的农业生产方式逐渐解体。鸦片战争以后，中国农业出现了复杂而落后的局势。

第一，农地制度在土地占有和使用方面发生了新的变动。首先，土地所有权在土地关系中不仅决定和制约着土地使用权、经营权及其具体形式，而且决定着农村生产关系、利益关系以及社会关系。由于封建主义与买办资本和高利贷资本的结合，封建军阀、官僚、地主、商人、高利贷者甚至一些新兴的工业资本家参与了土地兼并②，导致大量农户破产，土地所有权高度集中，中国封建土地所有制得以继续保存。据 1927 年 6 月国民党农民部的调查估计，占人口总数 6.3% 的地主占有土地总数的 62%；占 8.1% 的富农占有土地 19.44%；占 10.8% 的中农占有 13.26%；55% 的贫农、雇农等其他农民只占有 6.16%③。国家统计局根据 1950 年的农业生产年报资料及各地区土改前各阶级比重推算，地主占总人口数的 4.75%，占有土地总数的 38.26%；4.66% 的富农占有 13.66%；33.19%

---

① 毛泽东：《毛泽东选集》（第 2 卷），人民出版社 1991 年版，第 629，626 页。

② 据 1922 年调查，安徽芜湖 36 户地主中，商人有 23 户，占 64%，占全部地主土地的 75%，平均每户占地 1300 亩。1929 年调查广东新会 191 户地主中，商人 138 户，占 72%，占全部地主土地的 70%。参见白寿彝《中国通史》（第 12 卷）（上），上海人民出版社 1999 年版，第 515 页。

③ 数据见人民出版社：《第一次国内革命战争时期的农民运动资料》，人民出版社 1983 年版，第 4 页。

的中农占有 30.94%；57.46% 的贫农雇农等阶层仅仅占有 17.14%①。在这种土地占有关系下，地主占有大量土地，左右了农业中的各种经济关系，必然导致人地关系的紧张，影响农村手工副业、商业和金融业的发展，严重阻碍了农业生产的发展。这种极不合理的土地关系"是我们民族被侵略、被压迫、穷困及落后的根源"②，是中国工业化、民主化、独立、统一及富强的基本障碍。

　　第二，封建剥削方式仍被保留并占优势，但发生了新的变化。租佃制度是土地所有者凭借土地所有权，将土地分租给农民，榨取地租。地主通常使用实物地租、货币地租和劳役地租对农民进行封建剥削，这是与土地所有权形影相随的封建的农业经营方式的重要组成部分。因为商品经济的渗透，租佃关系与借贷关系、买卖关系交织在一起，佃农对商业资本和金融资本的依赖超过了对地主的依赖。农民对地主的人身依附关系有所松动，超经济的强制因素受到削弱，租佃制度也发生了变化。近代中国，地主榨取实物地租通常采取两种形式：第一种是分成地租制，即地主按收获量的一定比例收取地租。这种地租制是实物地租的主要形式，盛行于经济比较落后的地区，由于地租的多少与农业收成的丰歉有着直接关联，地主往往干预佃农的生产活动，妨碍了农民的独立经营。第二种是定额地租制，即地主按耕地面积定期向农民征收固定数量的地租。这种地租制可以是实物地租，也可以是货币地租，在经济比较发达的地区获得了普遍发展。由于租额固定，地主所得地租与农业收成好坏无关，增产部分归佃农所有，地主不再直接干预生产，佃农有了较多的经营自主权，有利于提高佃农的生产积极性；近代中国，地主榨取货币地租一般采用折租、约定货币地租两种形式。所谓折租，是将原定额的实物地租按市价折成货币征收，地主一般在农作物收获前农民生活困难、农产品价格较高时折价，租额不增，但农民实际负担则大大加重，是实物地租向货币地租过渡的一种形式。所谓约定货币地租是地主与农民直接订立契约的纯粹的货币地租，意味着商品经济的发展，标志着封建自然经济开始分解。货币地租在半殖民地半封建社会有所发展，但没有占主导地位；近代中国，地主把榨取劳役地租作为实物地租的重要补充形式，主要存在于经济落后的地区尤其是

---

① 数据见国家统计局：《建国三十年全国农业统计资料》，中国统计出版社 1980 年版，第 19 页。
② 中央文献编辑委员会：《刘少奇选集》（下），人民出版社 1985 年版，第 33 页。

少数民族地区。民国时期，实物地租一般占亩产量的50%左右，在南方的部分县份高达70%~80%，而"货币地租一般都超过地价的10%，有的高达20%上下"①。地主对农民除了使用上述"正租"外，还凭借土地所有权巧立名目，用押租、预租，索取各种附加租等手段不断加剧对农民的剥削程度。由于战争而产生的各种经济负担也被军阀以各种名目转嫁到农民头上，如四川军阀田颂尧在1935年竟把田赋征到了1978年，邓锡侯征收到了1991年。总体来看，地主阶级对农民的封建剥削依旧保持，"在中国的社会经济生活中，占着显然的优势"，导致农民"过着饥寒交迫的和毫无政治权利的生活"，日益贫困乃至大批破产。

第三，农业经营出现了资本主义趋向，但极具封建性。伴随着自然经济的解体和农产品商品化的发展，投资土地和土地经营有了经济上的赢利要求，出现了具有资本主义倾向的经营地主、富农乃至农垦公司等农业经营单位，产生了资本主义雇佣关系。首先，经营地主具有封建性及资本主义倾向。他们的生产目的仍然具有自给自足的性质，生产管理带有封建特色，还有相当数量的土地用于放佃收租，兼营商业和高利贷剥削，与雇工之间存在一定的人身依附关系。但经营地主经营的土地较多也较集中，劳动生产率较高，直接剥削雇工的剩余劳动，为市场生产而获取利润，这又具有了资本主义性质。就全国范围看，20世纪二三十年代，地主雇工经营的土地面积约占其所有土地面积的10%，约占全国耕地总面积的5%左右，经营地主并不发达。其次，富农经济带有资本主义成分和半封建性质。在农民的分化中，自耕农中的少数上层上升为富农，他们的经营规模比经营地主小，比中农或佃农大，资金较多，比较注意农业生产技术的改良，劳动生产率和商品率比小农高，剥削雇工为其生活来源的一部分或大部分，是一种比较先进的资本主义成分。富农自己参加劳动，主要使用手工劳动，还兼营土地出租、高利贷或经营商业，具有半封建性质。就全国范围看，20世纪二三十年代，全国富农约占农村人口5%左右，"被称为农村的资产阶级"②，在不断恶化的农村经济环境中，其前途不是扩大经营面积、发展其资本主义的因素，而是退化为完全的封建地主经济，或者堕落下去，沦为贫困农民。最后，数量极少的具有资本主义性质的租地农

---

① 白寿彝：《中国通史》（第12卷）（上），上海人民出版社1999年版，第537页。

② 毛泽东：《毛泽东选集》（第2卷），人民出版社1991年版，第630，631，643页。

场和使用机器的部分农垦企业。它们在引进近代农业机械、新品种、先进生产技术以及促进农业商业生产发展等方面发挥了积极作用，但在20世纪30年代以后也相继破产。总之，中国农业经营中出现的资本主义趋向，因帝国主义、封建主义的双重压迫，没有独立发展的时机，无法进行内部积累，不可能冲破封建制度的束缚。

第四，虽有现代农业技术的使用，但技术发展缓慢，生产水平处于衰退状态，农业生产条件日益恶化。首先，现代农业生产技术发展缓慢。近代以来，少量化肥、农药和农机具的输入和制造，仅仅限于农业科研实验单位和少数资本主义性质的农场或富裕农民使用，棉花、烟草、花生、水果等少数农作物优良品种的引进、培育和推广也主要是为了适应外国资本掠夺农产品的需要。这些现代农业生产技术在中国发展缓慢，推广甚少，无助于整个农业装备和农业技术的变革。据估计，民国期间，役畜的田间工作量不到一个成年劳力全年工作量的一半，人工费用占农业生产成本的60%~70%；全国使用抽水机灌溉的田亩，最多的年份（1930年）不过5万亩，不到全国总耕地的万分之一；1949年全国只有拖拉机401台，全国牲畜减少了16%，主要农具减少了30%；化肥也全部依靠进口，30年代平均每年进口不过15万~18万吨，农业生产主要使用人粪尿、厩肥、沤肥、绿肥和草木灰等农家肥料；种子选择、培育和农作物病虫害的防治缺乏科学的方法和手段，造成了作物品种退化和病虫害蔓延。其次，农业处于衰退状态。人口增加，战争频发致使中国农业经营愈益粗放，土质恶化、地力衰竭，单位面积产量、人均粮食产量急剧下降。1840~1949年间，中国人口由4.128亿突破到5亿多，增长幅度为31.2%，平均年增长率为2.5‰；与人口增长相适应的是耕地面积也呈增长趋势，1873~1949年间，中国耕地面积从7.566亿亩增加到14.813亿亩，平均年增长率为3.4‰；粮食产量由1840年的2521.6亿斤，增加到1931~1937年间的平均每年3037.7亿斤。由于人口增幅高于粮食增幅，因此人均粮食产量由1822~1833年间的558斤下降到1938~1947年间的446斤。1947年同1936年比较，全国稻谷、小麦、大豆、烟草等主要农作物的单位面积产量除棉花外，下降幅度为2.8%~16.8%，全国总产量缩减幅度为8.8%~38.1%。1949年同1936年比较，粮食下降24.6%，棉花下降47.6%，烤烟下降76%，花生下降60%。农产品总产量较抗战前下降25%，1949

年粮食平均每亩产量只有 142 斤，棉花 22 斤①，全国处于饥馑状态。最后，农业生产条件日益恶化。近代中国，小农经营广泛存在并继续在农业生产中占据优势地位。民国时期，农民人均占有耕地 3.66 亩。由于人口增加、土地兼并严重和贫富悬殊等原因，部分农民没有土地，拥有土地的大多数农民的土地数量也在平均数之下。农户经营规模不断缩小，土地被分成几块、十几块甚至几十块，地块的细碎增加了地界、田埂、沟渠、通道等非耕地的比重，造成耕地浪费，不利于大型农业机械和防旱排涝设施的运用；作为农业主要劳动者的贫苦农民平均寿命仅为 35 岁，90% 以上的农民是文盲半文盲，农业生产全凭经验，靠天种地，遇旱祈雨，遇灾求神。贫苦农民因财单力薄，无力购置、添置新式农具，生产工具仍是锄、锹、犁、耙，肥料短缺、种子退化、畜力不足甚至放弃牛耕，多以手工劳动为主，农业技术改良困难，剩余劳动很少。再加上苛租、重税、高利贷和买办商业资本的盘剥，经济状况严重恶化，贫苦农民连简单的再生产也难以维持，更无法维持全家温饱。近代中国农民的极端穷困和落后导致了中国社会阶级关系的极度紧张，引起了社会动荡不安。毛泽东在 1936 年说，"谁赢得农民，谁就赢得中国；谁能解决土地问题，谁就能赢得农民"②。到新中国成立时，全国一半以上的农民靠借款借粮种田。中国农业面临着农民生产能力低下，水利失修，沃土贫溶化，农田荒废，灾害频繁发生，生产条件日益恶化的局面。

毛泽东在 1949 年对上述的中国农业落后状况进行了总的概括，指出中国有大约 90% 左右落后的分散的个体的农业经济和手工业经济，和古代没有多大区别，还"停留在古代"。中国农业，"就其基本形态说来，还是和还将是分散的和个体的"③。总之，近代以来，在西方工业文明的强势进攻下，中国农业文明快速衰落，传统农业社会迅速走向瓦解，农村各种社会矛盾激化。

三　探索的目的、目标、出发点与方法

近代以来中国具有两大历史任务，第一个任务是通过民族独立和人民

---

① 数据见国家统计局：《伟大的十年》，人民出版社 1959 年版，第 107 页。
② ［美］埃德加·斯诺：《斯诺文集》（第 1 册），新华出版社 1984 年版，第 208 页。
③ 毛泽东：《毛泽东选集》（第 4 卷），人民出版社 1991 年版，第 1430 页。

战争，求得国家独立与人民解放，为实现国家富强扫清内部与外部障碍；第二个任务是通过生产关系的革命，发展社会生产力，以实现国家富强、人民共同富裕。在一个政治、经济、文化落后的农业大国，如何实现农业发展，并以此为基础实现国家富强和社会的全面进步，成为了中国近代以来面临的崭新而特殊的发展战略命题。毛泽东通过大量的农村社会调查研究，以卓尔不群的见解，对这一战略命题中的农业发展道路进行了理论和实践探索，为中国走适合国情的农业发展道路作出了重要贡献。

（一）实现国家富强是目的

农业不仅生产生活资料，而且提供生产资料，关系到国民经济的持续发展和社会进步，关系到政权稳定和国家安定，农民的富裕关系到国家的富强，农业是国家实现富强与社会稳定的基础。要使中国富强，就不能不解决农业发展问题。农业的这些作用决定了毛泽东把实现国家富强作为了探索中国农业发展道路的远大目标。

实现国家富强是近代以来中国志士仁人的梦想和追求。1949 年之前，毛泽东通过对中国国情和世界现代化发展趋势的分析，认为中国农民的生产力应该发展，中国应"成为近代化的国家、丰衣足食的国家、富强的国家"，但由于没有民族独立和人民民主，"中国是不能统一和不能富强的"。他阐明了革命和国家富强之间的辩证统一关系，强调民主革命的中心目的是从侵略者、地主、买办手中解放农民，"建立近代工业社会"①。实现国家独立和人民民主后，中国人民及政府必须在若干年的时期内采取步骤，"逐步地建立重工业和轻工业，使中国由农业国变为工业国"②，"造成由农业国变为工业国的先决条件"，提供由剥削社会向社会主义社会发展的可能。"使中国稳步地由农业国转变为工业国"，把中国建设成伟大的社会主义国家。总之，工业化是国家富强的物质基础和先决条件。新中国即将建立之际，他强调了基本国情，说中国大约有了 10% 左右的现代工业经济，还有大约 90% 的"分散的个体的农业经济和手工业经济"③，这是制定国家经济社会发展战略的基本依据。针对人口众多、经济极端落后的农业大国的国情，以毛泽东为代表的共产党人在 20 世纪 50

---

① 中央文献研究室：《毛泽东文集》（第 3 卷），人民出版社 1996 年版，第 432，432，206 页。

② 毛泽东：《毛泽东选集》（第 3 卷），人民出版社 1991 年版，第 1081 页。

③ 毛泽东：《毛泽东选集》（第 4 卷），人民出版社 1991 年版，第 1375，1437，1430 页。

年代选择了赶超型的现代化道路。中国走赶超型的现代化道路，需要有强有力的政治条件和保障体系。在中国建立社会主义制度，独立、完整的工业体系和国民经济体系就成为了最迫切的现实选择。这条赶超型的现代化道路，就是以工业为主导，优先发展重工业，以农业为基础，按农轻重的顺序安排国民经济。在这种战略思路下，毛泽东把实现国家富强作为了探索中国农业发展道路的远大目标。

在实现国家富强的远大目标和基本国情下，毛泽东早在 1937 年就预言，未来的社会主义社会仍然存在工人和农民的矛盾，要"用农业集体化和农业机械化的方法去解决"①。新中国建立后，他强调中国革命靠农民的援助取得了胜利，而"国家工业化又要靠农民的援助才能成功"。为了实现国家工业化，就"必须发展农业，并逐步完成农业社会化"②，优先发展重工业和国防工业能带动农业、轻工业发展。国家采取了加强轻工业和农业生产，实行工农业产品交换价格剪刀差等办法为工业化积累巨额的资金。党内党外对此一度出现"工人在九天之上，农民在九地之下"，"共产党丢了农民"，"忘掉了农村"，对农民"挖得太苦"，要求对其"施仁政"，确保其"四大自由"等言论。他就此指出，"我们施仁政的重点应当放在建设重工业上"，这是大仁政；要从根本上提高农民生活水平，必须依靠工业化，而不能依靠平均主义。拿出工人的一部分工资给农民，"就要亡国亡党"③，毁灭中国的工业。他看到的是土改后在农村建立的以土地农户所有制为基础的分散的个体农业生产，不能够满足广大农民改善生活和国民经济发展的需要，与社会主义工业化的矛盾也日益暴露出来，提出解决的第一个方针是实行合作化，"必须把劳动农民个人所有制逐步过渡到集体所有制"，第二个方针是实行技术革命，"在农业中逐步使用机器和实行其他技术改革"④，破除了先机械化后合作化的观念，农业社会主义改造的完成能够为极大地发展工业和农业生产创造条件。他选择了通过农业集体经营实现农业现代化和国家工业化的路径。他还提出，中国农民通过合作化道路进入社会主义，将来生活"要超过现在的富

---

①　毛泽东：《毛泽东选集》（第 1 卷），人民出版社 1991 年版，第 311 页。

②　中央文献研究室：《毛泽东文集》（第 6 卷），人民出版社 1999 年版，第 80，207 页。

③　毛泽东：《毛泽东选集》（第 5 卷），人民出版社 1977 年版，第 105，113 页。

④　中央文献研究室：《建国以来毛泽东文稿》（第 4 册），中央文献出版社 1990 年版，第 497 页。

农"，工人、知识分子和其他劳动人民，包括经过改造转变为劳动人民一部分的原来的剥削者也会富起来。由于社会主义制度和国家经济计划，中国"是可以一年一年走向更富更强的"。我们的目标是要使中国比现在大为发展，大为富、大为强，而富是共同的富，强是共同的强，"大家都有份"①，但要"根本改变中国的经济面貌需要一个很长的时间"②，需要通过工农业机械化、消灭文盲，改变生产力落后状况。

总之，毛泽东就赶超型的经济发展战略实施中如何处理工业与农业、经济增长与人民生活水平提高的关系，农民的眼前利益与长远利益等问题进行了有益思考，提出了发展工业化，但决不可以忽视生活资料尤其是粮食生产，要重工业，又要农民，发展工业和发展农业同时并举，以农业为基础，以工业为主导等主张。他在 1957 年说，过去我们说要把中国建成工业国，"其实也包括了农业的现代化"③，中国没有农业现代化就没有工业现代化，也就没有国家的富强。到 20 世纪 60 年代，他把实现国家富强的目标定格在包括了农业、工业、国防和科学技术现代化的经济和科学技术层面，不断深化了对中国农业发展道路的认识。

（二）农业现代化为目标

从 20 世纪 30 年代开始，毛泽东把"近代化"、"现代化"作为同义词交替使用，1949 年还提出了"农业社会化"的命题。新中国建立前，在毛泽东的视野中，农业近代化、农业社会化与农业现代化是具有同等意义的词汇。新中国建立后，才逐渐地把农业近代化、农业社会化规范使用为农业现代化。

1945 年 4 月，他分析了中国实现民族独立和人民民主后的发展前景，要使中国由农业国变成工业国，新民主主义国家"如无进步的比较现时发达得多的农业"做它的基础，是不能巩固的，强调了农业发展在新民主主义国家中的经济基础地位。他还提出中国工人阶级的历史任务是"为着中国的工业化和农业近代化而斗争"④，第一次提出了中国农业近代化的目标和任务。1948 年 9 月，他反对脱离工业来搞社会主义，表示

---

① 中央文献研究室：《毛泽东文集》（第 6 卷），人民出版社 1999 年版，第 490，495，495 页。

② 中央文献研究室：《毛泽东文集》（第 8 卷），人民出版社 1999 年版，第 217 页。

③ 中央文献研究室：《毛泽东文集》（第 7 卷），人民出版社 1999 年版，第 310 页。

④ 毛泽东：《毛泽东选集》（第 3 卷），人民出版社 1991 年版，第 1081 页。

"将来在社会主义体系中农业也要社会化"①。1949 年 6 月，再次强调共产党要把中国稳步地由农业国变为工业国，断言"没有农业社会化，就没有全部的巩固的社会主义"②。实现农业近代化就是改变农业经营的分散性和个体性，实现农业社会化生产。总之，在新中国成立前，毛泽东和共产党人把农业现代化与国家工业化结合起来，把农业现代化确定为新民主主义和社会主义社会的经济基础。实现农业现代化是毛泽东和共产党人确定的农业发展目标。

新中国建立以后，他反复强调现代化的基础和核心内容是工业化。在过渡时期总路线的表述中，明确了工业化的社会主义方向，"社会主义工业化就是要使中国由工业不发达的国家变成工业发达的国家"③，认为实现国家社会主义工业化，可以促进农业、交通运输业及国防现代化的发展。1954 年，他表示在中国"要实现农业的社会主义化、机械化"④ 需要很长的时间；周恩来在一届全国人大一次会议上把建设强大的现代化的农业作为了"四个现代化"的内容之一⑤，提出了农业现代化目标。1955 年，毛泽东强调社会主义工业化和农业社会主义改造"决不可以分割起来和互相孤立起来去看"⑥，决不可削弱一方面，只强调另一方面。1956 年 9 月，中共八大分析指出了国内的主要矛盾是"人民对于建立先进的工业国的要求同落后的农业国的现实之间的矛盾"。党和全国人民的主要任务是集中力量解决这个矛盾，"把我国尽快地从落后的农业国变为先进的工业国"⑦，将建设现代化农业作为党的任务写进了《中国共产党章程》。1957 年，毛泽东指出，人民民主专政的目的是为了把中国建设成"现代工业、现代农业和现代科学文化的社会主义国家"；在论述农业与工业的关系时，强调工农业同时并举，"逐步建立现代化的工业和现代化的农业"⑧。他认为在中国建立现代化工业和现代化农业的基础，"社会主

---

① 中央文献研究室：《毛泽东文集》（第 5 卷），人民出版社 1996 年版，第 139 页。

② 毛泽东：《毛泽东选集》（第 4 卷），人民出版社 1991 年版，第 1477 页。

③ 中央文献研究室：《建国以来毛泽东文稿》（第 4 册），中央文献出版社 1990 年版，第 380 页。

④ 中央文献研究室：《毛泽东文集》（第 6 卷），人民出版社 1999 年版，第 329 页。

⑤ 中央文献编辑委员会：《周恩来选集》（下），人民出版社 1984 年版，第 132 页。

⑥ 毛泽东：《毛泽东选集》（第 5 卷），人民出版社 1977 年版，第 182 页。

⑦ 中央文献研究室：《建国以来重要文献选编》（第 9 册），中央文献出版社 1994 年版，第 341～342 页。

⑧ 中央文献研究室：《毛泽东文集》（第 7 卷），人民出版社 1999 年版，第 207，310 页。

义社会才算从根本上建成了"①，凸显了农业现代化在社会主义巩固中的基础地位。1960 年 3 月，他重申全党的任务"就是要安下心来"②，在中国实现包括农业现代化在内的四个现代化。1963 年 8 月，继续强调要把中国建设成"农业现代化、工业现代化、国防现代化和科学技术现代化的伟大的社会主义国家"③。这一把农业现代化列到四个现代化首位的顺序变动，充分证明了毛泽东高度重视农业在国家现代化中的基础地位。

毛泽东在对中国农业发展道路的探索中，把农业现代化视为了中国农业从传统农业向现代农业转变的重要要求，视为实现国家富强的基础，确定为中国农业发展的战略目标。

（三）解放农民，提高农民素质是出发点

农民是农业生产的主体，是农业生产关系的变革者，是农业科学技术的使用者，在农业生产中发挥着决定性作用。毛泽东在少年时代参加过农业劳动，对农业劳动的艰辛和农民的贫困有着深刻的理解。他首先看到的是农民生产落后、生活贫苦的现象，号召他们联合起来，"以谋求我们种田人的利益"④。作为中共党内关注农民运动和研究农业问题的先行者，他通过对中国社会各个阶级经济地位及其对革命的态度的分析，提出农民是无产阶级最广大的同盟军、农民问题是中国革命的中心问题等重要论断。"所谓国民革命运动，其大部分即是农民运动"⑤，中国革命的基本形式是农民革命。农村数量极大的是半自耕农和贫农，"所谓农民问题，主要就是他们的问题"⑥。1926 年，他指出了中国农民问题主要包括"帝国主义、军阀、地主阶级等人为的压迫问题"，以及技术拙劣、水旱天灾、病害虫害、生产缩减等天然的压迫问题。所谓"人为的压迫"就是指旧的反动的生产关系和上层建筑的压迫，"天然的压迫"就是指落后的生产力的束缚。把农民从这两个压迫中解放出来是中国共产党的根本任务。1927 年，他明确指出，从"人为的压迫"中解放农民的根本方法是土地

①　中央文献研究室：《建国以来毛泽东文稿》（第 6 册），中央文献出版社 1992 年版，第 550 页。

②　中央文献研究室：《毛泽东文集》（第 8 卷），人民出版社 1999 年版，第 162 页。

③　中央文献研究室：《建国以来毛泽东文稿》（第 10 册），中央文献出版社 1996 年版，第 346 页。

④　中央文献研究室等：《毛泽东早期文稿》，湖南出版社 1995 年版，第 374 页。

⑤　中央文献研究室：《毛泽东文集》（第 1 卷），人民出版社 1993 年版，第 38 页。

⑥　毛泽东：《毛泽东选集》（第 1 卷），人民出版社 1991 年版，第 6 页。

革命，土地革命具有"废除地主及一切压迫阶级的剥削和压迫"①，解决农民生活痛苦的意义。农民获得土地后可以改良土壤、增加生产，能够解决财政问题及兵士问题，具有废除封建制、发展中国工业、提高文化等使农民获得解放的重大意义。毛泽东把解决农民土地问题作为解放农民的首要条件，认为土地革命能够实现农民在政治和经济上的双重解放，解放被封建生产关系束缚的农业生产力。在其后的革命实践中，他不断地强调新民主主义革命的本质是党领导的，人民大众的，以农民为主力的，反帝、反封建、反官僚资本主义的革命。"中心目的就是从侵略者、地主、买办手下解放农民"②，解放被束缚了的农民的生产力，建立近代工业社会。发展新民主主义经济是农民获得解放的第一步。他在强调从"人为的压迫"中解放农民的同时，指出要从"天然的压迫"中解放农民落后的生产力，"需要着全国的革命政权与科学的方法"③，不是马上能办的事情。中国农民的彻底解放如新民主主义革命道路一样，也要分两步走。第一步是解决农民土地问题；第二步则把个体农民组织起来，逐步建立社会主义性质的农业生产组织。"这是人民群众得到解放的必由之路，由穷苦变富裕的必由之路"④。除此之外，他还认为农民不仅在经济上受剥削，在政治上处于无权、文化上处于愚昧状态。农民是破除专制统治、建立民主政治的最主要的参与者和受益者，因此，新民主主义政治在"实质上就是授权给农民"。新三民主义或真三民主义的实质是使农民从封建宗法关系中解放出来，保障其民主政治权利，在政治上获得解放；新民主主义文化在"实质上就是提高农民文化"⑤，我们要让一切人民都能"逐渐地离开愚昧状态与不卫生状态"⑥，通过办报纸、学校、艺术和卫生事业，破除封建迷信来提升农民的科学文化素质。

新中国建立后，毛泽东强调只有在农村中逐步地实行社会主义制度，"才能使农业生产和农民生活一步一步地和普遍地获得提高"⑦，继续思考

---

① 中央文献研究室：《毛泽东文集》（第 1 卷），人民出版社 1993 年版，第 40，43 页。
② 中央文献研究室：《毛泽东文集》（第 3 卷），人民出版社 1996 年版，第 206 页。
③ 中央文献研究室：《毛泽东文集》（第 1 卷），人民出版社 1993 年版，第 40 页。
④ 毛泽东：《毛泽东选集》（第 3 卷），人民出版社 1991 年版，第 932 页。
⑤ 毛泽东：《毛泽东选集》（第 2 卷），人民出版社 1991 年版，第 692 页。
⑥ 中央文献研究室：《毛泽东文集》（第 3 卷），人民出版社 1996 年版，第 241 页。
⑦ 中央文献研究室：《建国以来毛泽东文稿》（第 4 册），中央文献出版社 1990 年版，第 379 页。

着解决农民生产生活困难的办法。他认为土地改革后，许多农民的生活虽有改善，但由于人口众多、土地不足、时有灾荒和经营方法落后，仍不富裕。为了摆脱贫困，抵御灾荒，改善生活，全国大多数农民"只有联合起来，向社会主义大道前进，才能达到目的"[①]，在农村中消灭富农经济制度和个体经济制度，使农民共同富裕起来。

总之，解放农民，富裕农民，提高农民素质是毛泽东探索中国农业发展道路的基点。他认识到了农民在中国革命和现代化建设中的主力军作用，希望通过领导农民获得土地等生产资料，去实现农业生产关系的根本变革，发挥农民的生产积极性，解放巨大的生产力。他关注到了农民在农业发展中的主体作用。

（四）调查研究是方法

20 世纪 20 ~ 40 年代，毛泽东为"了解中国是个什么东西（中国的过去、现在及将来）"，从扑朔迷离的社会现象中弄清生产力和生产关系的内部结构及其相互关系，明了社会各阶级"现在的以及历史的盛衰荣辱的情况"，为得到正确的阶级估量，而"定出正确的斗争策略"，提出了没有调查研究就没有发言权的著名论断，开展了大量的农村调查研究工作。中华人民共和国建立后，为探索适合中国国情的农业发展道路，他和大批干部赴全国各地调查。即使在"左"倾错误严重的 1961 年，仍然号召全党大兴调查研究之风。他把唯物史观作为调查研究的理论基础，坚持辩证思维，从经济、政治等角度，采用典型调查、集体座谈的方式，用对立统一、分析与综合的方法找准了中国"三农"问题的症结。农村调查研究是他探索中国农业发展道路的重要方法。

青年时期的毛泽东通过对湘潭西乡的调查，得出了中国"佃农比牛还苦"，"比世界上无论何国之佃农为苦"的判断。在土地革命战争时期，他对兴国八个农民家庭关于人口与劳动力，革命前自有耕地及佃耕地面积、交租数、家庭收入和支出、债务，革命后耕地面积变动情况、生活变化情况和对革命的态度等方面进行访谈后，揭示了农民贫困的表现是租多、债重、利息高，落后的生产关系阻碍了农民生产力的发展。在寻乌调查中，根据土地来源与归属把地主分为祖宗地主、神道地主与政治地主；根据收租多少把地主分为小地主、中地主和大地主；根据生产资料拥有状

---

① 中央文献研究室：《毛泽东文集》（第 6 卷），人民出版社 1999 年版，第 429 页。

况把贫农分成四个阶层；以是否劳动为标准划分出地主、富农、中农、贫农和雇农阶层。这不仅科学划分了农村社会阶层，而且在理论上和实践中明确了革命斗争的对象、主力军与团结的力量。在这些调查研究的基础上，毛泽东揭示出中国革命的必然性与动力所在，制定出了为农民广泛接受的土地革命总路线和土地分配政策。

他还通过对长冈、才溪乡的调查了解了农民的生产生活状况，总结了乡苏维埃政府关心农民生活、领导农民发展生产的方法。他注意到了根据地留乡男子数量相对较少的情况，强调根据地妇女、老人、儿童参加生产劳动，"生产的发展还依靠于劳动力的互相调剂"，有组织地调剂人工与推动妇女参加劳动是农业生产的中心任务。就劳动力调剂问题，调查总结了耕田队、劳动互助社和犁牛合作社等农业生产组织。在红军家属中组织耕田队帮助红军家属搞好生产，在农民中建立劳动互助社优待红军家属、社员互助与帮助孤老耕田，"群众热烈地欢迎劳动互助社"，耕田队可以合并到劳动互助社；"在现时的农业技术条件下，耕牛的作用仅仅次于人工"，25%的农民没有耕牛，解决的方法"莫妙于领导群众组织犁牛合作社，共同集股买牛"。他总结了开展农业生产竞赛的方法，要在各村各户之间比赛春耕较早、较好、无荒田，公布竞赛条约，得到农民承认，进行总结给奖。就解决农民的生活困难，他总结了办粮食合作社和互济会的经验。粮食合作社每年向农民买进谷米，卖出时先卖给红军家属，后卖给困难农民，调剂粮食余缺；互济会在农村主要开展慰劳红军、救济红军家属和难民、救济饥荒等工作，具体解决了农民生活中的每一个困难。他总结道，劳动合作社（或劳动互助社）、消费合作社与粮食合作社，"组织了全乡群众的经济生活，经济上的组织性进到了很高的程度"①。在这些调查研究的基础上，毛泽东揭示了中国农民在生产生活中联合起来、组建合作社的重要性。

新中国建立后，毛泽东在领导农业社会主义改造的过程中，先后到多省农村考察研究农业合作化运动，使用间接调查的方法，要求身边的战士回乡调查生产、征购、合作社、生活、对工作人员的意见等情况，并认真阅读、修改和研究各地关于合作化的报告，编辑《中国农村的社会主义

---

① 中央文献研究室：《毛泽东农村调查文集》，人民出版社 1982 年版，第 21，5，5，33，33，343，310，312，313，352 页。

高潮》一书，并为之撰写了 104 篇按语。从 1955 年 11 月开始，他围绕农业社会主义改造完成后农业增产的方法进行调查研究，分别在杭州和天津同 14 个省委书记和内蒙古区党委书记商议，在江苏、浙江、辽宁、吉林、河南等地向农民和农业科技工作者调查，系统总结了农民增产的经验。1958 年 12 月，他宣布"以深耕为中心的水、肥、土、种、密、保、工、管八字宪法的思想，确立了"①，希望以此来充分利用自然潜力达到农业高产的目的，解决长期制约中国发展的粮食问题。

轻率发动的"大跃进"和农村人民公社化运动造成了国民经济的严重困难。针对公社内部外部存在的许多问题，毛泽东深有感触地说，"过去这几年我们犯错误，首先是因为情况不明"，"我做了一些调查研究，但大多也是浮在上面看报告"。为扭转农业的被动局面，他提出要大兴调查研究之风，使 1961 年成为调查研究年、实事求是年。他表示，要以第 2 个十年时间去调查研究，找出社会主义建设的固有规律，"以便利用这些规律为社会主义的革命和建设服务"②。从毛泽东到省、地、县各级领导干部纷纷深入农村，在调查中找出了解决问题的对策，最后形成了《农村人民公社工作条例（修正草案）》，解决了大队内部生产队之间的平均主义问题，改善了国家与农民的关系。从 1961 年起，中国农业开始摆脱 1959 年以来连年下降的局面，出现恢复性增长。

四　中国农业发展道路的主要观点

毛泽东在长期的探索过程中运用马克思主义农业思想，结合中国农民的生产生活实际和组织农业生产的实践，提出了土地集体所有、集体经营，发展农业机械化、提倡科学种田，调动农民生产积极性等发展社会主义大农业的重要观点，形成了通过农业生产关系变革，建立社会主义农业集体经济，提高中国农业生产力水平为特征的农业发展道路思想。

（一）土地集体经营、农民共同富裕

20 世纪 20 年代，毛泽东针对农村土地占有不公的严峻状况，赋予了土地革命实现民族独立和建立公平社会的历史使命，强调要通过土地革命

---

① 中央文献研究室：《建国以来毛泽东文稿》（第 7 册），中央文献出版社 1992 年版，第 638 页。

② 中央文献研究室：《毛泽东文集》（第 8 卷），人民出版社 1999 年版，第 253，253，198 页。

来解决农民的土地问题。40 年代，他进一步认为废除封建土地所有制，实现耕者有其田能够调动农民的积极性，这是中国农业制度的"第一个革命"；但土地革命建立的土地私有、农户个体经营的农业经营制度没有改变中国农业个体经营的性质，农民的生产力依然受到束缚。一家一户的分散的个体生产"是封建统治的经济基础"，也是农民永远穷苦的根源。他们要走上富裕之路，就必须实现由个体经营到集体经营的改革。他认为，根据地农业在生产工具、资金和技术等生产要素严重短缺、分散经营的情况下，发展农业生产合作社及其他合作社能提高劳动生产率，增加粮食产量，"各种创造都出来了，政治也会进步，文化也会提高，卫生也会讲究，流氓也会改造，风俗也会改变；不要很久，生产工具也会有所改良"①。将个体经济为基础的劳动互助组织加以发展，"生产就可以大大提高，增加一倍或一倍以上"，"这种方法将来可推行到全国"，在中国经济史上也要大书特书。他总结道，从土地改革到发展劳动互助组织的两次变化"是生产制度上的革命"②。建立在私有财产基础上的集体劳动组织，生产工具没有根本变化，但人与人之间的生产关系变化了。他把这称为是破坏封建剥削关系之后的"第二个革命"。新中国建立前夕，他认为以私有制为基础的合作社是无产阶级领导的，国家政权管理下的农民的集体经济组织，要用合作社来引导个体农业向着现代化和集体化的方向发展。农民的经济是分散的，"中国人民的文化落后和没有合作社传统"③，但大规模地组织合作社是新中国的一种现实而迫切的任务。

1951 年，毛泽东把马克思对西方资本主义工场手工业的分析运用于中国农业合作社的分析，认为资本主义国家经历过没有采用蒸汽动力机械，依靠工场分工形成新的生产力的阶段，所以中国的合作社"依靠统一经营形成新生产力，去动摇私有制基础，也是可行的"④，找到了以农业合作社改变土地私有制、实行农业集体经营的理论依据。他特别强调土地私有制基础上的农业小生产方式是土改后农村出现贫富不均、两极分化的根本原因。互助组的换工互助萌芽了集体劳动；初级社将土地、耕畜、大型农具等主要生产资料折价入股构成了集体财产，分割了农民的私有产

---

①　毛泽东：《毛泽东选集》（第 3 卷），人民出版社 1991 年版，第 931，1017 页。

②　中央文献研究室：《毛泽东文集》（第 3 卷），人民出版社 1996 年版，第 70，71，71 页。

③　毛泽东：《毛泽东选集》（第 4 卷），人民出版社 1991 年版，第 1432 页。

④　薄一波：《若干重大决策与事件的回顾》（上），中共党史出版社 2008 年版，第 135 页。

权,形成了社员共有的产权结构;高级社则完全取消了私有制,建立了农业社会主义生产资料集体所有制;他再认为,从互助组、初级社到高级社扩大了劳动力的联合,逐步发挥了劳动协作增加生产的作用,使农业由分散生产发展到规模生产;他还认为通过合作化变家庭劳动为集体劳动,必然要改变劳动成果的分配制度。互助组认定工钱实行了按劳分配,犁牛和商业合作社实行了按资分配,合作化则是在初级社中逐渐扩大劳动报酬,降低生产资料分红的比重,互助组的劳动报酬、土地报酬与个人劳动关系密切,初级社也存在按劳分配与按资分配的矛盾,只有高级社取消了剥削性质的按资分配,实行了社会主义的按劳分配原则。毛泽东确立了中国农业实行社会主义所有制和集体经营的基本思想。

　　总之,毛泽东主张把分散的个体农民组织起来,通过合作化变土地私有为集体所有,变小规模的家庭经营为大规模的集体经营,发挥人多力量大的优越性就能解决农民两极分化问题,促进农业发展和农村社会全面进步。在农业集体组织中消灭了资本主义性质的富农经济制度和个体经济制度,农民就能共同富裕起来。

　　(二) 发展以机械化为中心的农业科学技术

　　20 世纪 30 年代,毛泽东认识到了在土地革命、互助合作等生产关系变革的基础上,科学技术对农业生产的决定作用。他在和斯诺的谈话中回忆说,共产党在江西 "建筑堤坝沟渠及一切别的需要的东西,使我们苏区不遭受任何重大的水灾"[1],那里没有饥馑。他深知兴修水利在农业生产中的作用,强调 "水利是农业的命脉",苏区 "在各地组织小范围的农事试验场",设农业研究学校和农产品展览所是迫切需要的。1937 年,他预言,未来社会主义社会工人阶级和农民阶级的矛盾 "用农业集体化和农业机械化的方法去解决"[2]。40 年代,他更强调根据地在共产党领导下,改变了农业生产关系,"就有了改造自然的先决条件"[3]。土改完成后,党和政府就必须组织农民合作互助,"改良农业技术,提倡选种,兴办水利"[4],务必使农业增产成为可能。

　　新中国成立初期,毛泽东把水利建设作为恢复农业生产和恢复国民经

---

①　[美] 埃德加·斯诺等:《中国红区印象记》,上海人民出版社 1949 年版,第 37 页。
②　毛泽东:《毛泽东选集》(第 1 卷),人民出版社 1991 年版,第 132, 132, 311 页。
③　中央文献研究室:《毛泽东文集》(第 2 卷),人民出版社 1993 年版,第 269 页。
④　毛泽东:《毛泽东选集》(第 4 卷),人民出版社 1991 年版,第 1316 页。

济的首要措施。1950 年 7 ~ 8 月，针对淮河水灾，他提出"除目前防救外，须考虑根治办法"①，要求"一定要把淮河修好"②，多次指示有关部门优先解决治水所需要的人力、物力和财力。在农业社会主义改造中，他强调要把农业生产工具的更新与工农业产品增长、提高人民生活水平、巩固政权联系起来，确定了中国农业要采取先合作化后机械化的发展方针。他提出农业合作社要巩固要增产，除了遵守自愿互利原则外，还必须改善经营管理，"（3）提高耕作技术（深耕技术、小株密植、增加复种面积、采用良种、推广新式农具、同病虫害作斗争等）；（4）增加生产资料（土地、肥料、水利、牲畜、农具等）"，利用科学技术来发展农业生产。1955 年，他再次强调中国要在社会经济制度方面完成社会主义改造，还要在一切能够使用机器操作的部门和地方使用机器操作，"才能使社会经济面貌全部改观"。针对中国工业生产能力薄弱，技术人才匮乏和经验欠缺等困难，他指出，农村"将还是以社会改革为主、技术改革为辅"，"估计在全国范围内基本上完成农业方面的技术改革"，大约需要 4 ~ 5 个五年计划的时间。"兴修水利是保证农业增产的大事"③，要求各县各区各乡和合作社制定兴修水利的规划，分期实行，在几年内解决普通的水灾、旱灾问题。他认识到，农业技术改革比农业所有制、经营制度改革更困难，需要更长的时间。中国农业现代化的目标是实现农业经营制度和生产技术的现代化，根本路线是用 20 ~ 25 年的时间，先通过集体化建立农业集体所有制，再通过机械化实现农业技术现代化。

　　1956 年，毛泽东强调我们还没有学会世界上新的农业技术，"还要作很大的努力"，向全党发出了"向科学进军"的号召。1957 年，他指出将来"中国要变成世界第一个高产的国家"，"我们要摸农业技术的底。搞农业不学技术不行了"④；要求机械部门和农业部门尽快"拟出一个适合

---

　　①　中央文献研究室：《毛泽东文集》（第 6 卷），人民出版社 1999 年版，第 85 页。

　　②　中央文献研究室：《建国以来毛泽东文稿》（第 2 册），中央文献出版社 1988 年版，第 293 页。

　　③　中央文献研究室：《毛泽东文集》（第 6 卷），人民出版社 1999 年版，第 426 ~ 427，438，438，438，451 页。

　　④　中央文献研究室：《毛泽东文集》（第 7 卷），人民出版社 1999 年版，第 101，307，309 页。

我国条件的农业机械化方案"①,有步骤地积极地实行农业机械化。他主持制定的《1956年到1967年全国农业发展纲要》(以下简称《纲要》),提出了中国在7~12年内基本上消灭普通的水灾和旱灾,有水源可以利用的地方建设小型水电站、广泛兴修农田水利、积肥施肥等要求。为了落实《纲要》的要求,他号召全党"一定要学习并且完成这个历史所赋予我们的伟大的技术革命"②。各级党委要抓农业的产量指标、水利、种子、肥料、土壤与改制(改变耕作制度,如扩大复种面积、旱改水、晚改早等)、机械化(新式农具,抽水机、双轮双铧犁及适合中国各个不同区域的拖拉机及用摩托开动的运输工具等)、病虫害、精耕细作、畜牧、副业、绿化、除四害、治疾病、讲卫生等14项工作。他认为半机械化、农具改良以及其他农业技术创新有利于提高劳动生产率,"是一个伟大的革命,迅速有效"③。要辩证把握现代化机械与改良农具的关系,实现农业机械化要因地制宜、量力而行,做到农具半机械化与机械化并举,以小型农业机械、地方制造为主,公社要实现农业的工厂化(即机械化和电气化),以农业合作社的力量为主,国家支援为辅。他在大力提倡农业机械化的同时,通过对各地"大跃进"和人民公社化运动中农业生产经验的调查,提出了农业"八字宪法",总结出促进农业稳定增产的整套措施。

1959年,毛泽东提出了"农业的根本出路在于机械化"的论断,强调"用机械装备农业,是农、林、牧三结合大发展的决定性条件"。从此,农业机械化成了他心中农业现代化的同义词。他要求每个省、地、县试制新农具,试制成功后再成批制造推广;他乐观地估计道,中国"农业机械化的实现,看来为期不远了",用10年时间就可以实现农业机械化。1959年底至1960年初,他指出在国有化和机械化互相结合的基础上,我们就能真正巩固工农联盟,逐步消灭工农差别,实现农业机械化具有重大的政治意义。伴随着工业化的发展,农业劳动力自然会减少,就"必须对农业进行技术改造",增加农产品生产,提高劳动生产率。实现农业机械化恐怕要3个10年乃至更长的时间,改变了对实现农业机械化

---

① 中央文献研究室:《建国以来毛泽东文稿》(第6册),中央文献出版社1992年版,第605页。

② 中央文献研究室:《毛泽东文集》(第7卷),人民出版社1999年版,第350页。

③ 中央文献研究室:《建国以来毛泽东文稿》(第7册),中央文献出版社1992年版,第113页。

的时间估计。"因为机器不够，要提倡半机械化和改良农具"，要大中小并举、洋土并举。中国农业搞精耕细作、机械化和集约化"都是'事在人为'"。他总结说，1959年以前农业生产主要依靠兴修水利，在短期内用群众运动方式大规模地进行水利建设，表面上看不合算，但从长远看来，"粮食可以增加得更多更快，农业生产可以稳定增产"。要继续用这种方式，"使我们的水利问题基本上得到解决"①。1966年，他批评过去10年对农业机械化抓得不太好，重申各省、市、区应在自力更生的基础上，通过试点，"用二十五年时间，基本上实现农业机械化"②。他强调为了实现农业机械化，"要为地方争一部分机械制造权"③，要依靠地方和农民的积极性。1970年，他在会见斯诺时说，"中国的农业还是靠两只手，靠锄头和牛耕种"④，流露出对农业技术落后的忧虑。

毛泽东提出了中国农业实现集体化和机械化与电气化的"两步走"的战略步骤，把农业现代化理解为由以手工劳动为主的传统农业转变为以机器操作为主的建立在现代科学技术基础上的现代农业的过程，农业机械化和农业集体化是实现农业社会化大生产在生产力和生产关系方面的标志。他认为农业机械化能够改良农业生产工具，提高农业劳动生产率，减轻农民的体力劳动，促进农业增产增收，又能培育工业发展新的增长点，为工业发展提供广阔的市场，还能巩固工农联盟，保证国家的政治稳定。农业机械化是衡量中国农业生产力发展状况的客观尺度，是体现农业现代化发展水平的重要标志之一。因此，他从实现农业技术现代化的角度，极力主张发展以农业机械化为中心，包括农业水利化、化学化和电气化等现代农业科学技术，以促进农业生产的发展。他把农业集体经营和农业生产工具的进步理解为农业社会化和现代化，仅仅是农业生产组织和生产工具的现代化，还不是全面的农业现代化。

（三）调动农民的积极性

人是拥有一定生产经验、劳动技能和科学文化知识的劳动者，是生产

---

① 中央文献研究室：《毛泽东文集》（第8卷），人民出版社1999年版，第49，101，101，123，125，128，127，127页。

② 中央文献研究室：《建国以来毛泽东文稿》（第12册），中央文献出版社1998年版，第12页。

③ 中央文献研究室：《毛泽东文集》（第8卷），人民出版社1999年版，第427页。

④ 中央文献研究室：《建国以来毛泽东文稿》（第13册），中央文献出版社1998年版，第165页。

力中最活跃的决定性因素。在战争年代，毛泽东认为，农民是中国革命的主力军，如果不从经济上、生产上解决农民的生产生活问题，对农民的军事动员"是决然办不到的"①。他提出了共产党领导农民的条件之一就是"对被领导者给以物质福利，至少不损害其利益"②，同时给以政治教育。他特别强调判断中国一切政党政策及其作用的标准是"看它是束缚生产力的，还是解放生产力的"，对中国生产力的发展是否有帮助及帮助的大小。共产党各项工作的出发点是"全心全意地为人民服务"③。毛泽东一生中，十分重视农民在革命和社会经济发展中的作用，就如何给农民看得见的物质利益、加强政治教育等问题进行了不懈探索，在实践中提升了对如何调动农民革命与生产积极性的认识。

1. 前提是解决农民的土地问题和生产生活困难

首先，毛泽东认为土地革命以发展农民生产力为出发点，平分封建的土地财产绝不是为了分配而分配，赋予农民土地所有权是调动农民革命和生产积极性的根本原则，提出了符合农民需要的正确的土地革命路线和土地分配方法。

国民革命时期，他提出了没收土地分配给农民的主张，但没有认识到解决农民土地所有权问题在调动农民积极性中的极端重要性。土地革命战争时期，针对《井冈山土地法》、《兴国土地法》和《赣西南土地法》等法令在实践中存在的，如土地全部没收、土地公有，禁止土地买卖，分配以区为单位、以劳动力为标准，地主不分田、富农分坏田，没有对地主、富农、中农、贫农、工人及破产地主、反动富农、富裕中农、知识分子、游民无产者、宗教职业者等成分的划分以及劳动与附带劳动的区别等问题，毛泽东通过大量的调查研究，逐渐纠正了上述制约农民革命和生产积极性发挥的规定。他确立了依靠贫农、雇农，联合中农，限制富农，保护中小工商业者，消灭地主阶级，变封建半封建的土地所有制为农民的土地所有制的土地革命路线，制定了以乡为单位，按人口平均分配土地，在原耕地基础上，实行抽多补少、抽肥补瘦的分配方法。他认识到了实行土地国有与农民私有在调动农民积极性上的差距，看到了实行土地国有政策导

---

① 中央文献研究室：《毛泽东农村调查文集》，人民出版社 1982 年版，第 342 页。
② 毛泽东：《毛泽东选集》（第 4 卷），人民出版社 1991 年版，第 1273 页。
③ 毛泽东：《毛泽东选集》（第 3 卷），人民出版社 1991 年版，第 1079，1094 页。

致土地不断平分，使得农民觉得没有土地所有权，无权支配土地，"因此不安心耕田"；赋予农民土地所有权后，他认为土地归农民私有，成为一家的定业后，别人不得侵犯。"生的不补，死的不退，租借买卖，由他自主"。土地的产出除向政府交土地税外，都归农民所有。吃不完的，自由出卖，得了钱用不完的由农民自己储蓄起来，或改良田地，或经营商业，政府和民众团体不得罚款勒索，以此来保障农民的土地使用权和收益权。他更从建立社会主义的高度，认为满足农民土地私有要求，"是民权革命时代应该有的过程"①。共产主义不是一天能够建起来的，党的土地革命政策不能照搬马克思恩格斯关于社会主义农业建立的设想，实行土地国有化原则。

抗战时期，共产党在 1937 年初决定改没收地主阶级土地的政策为减租减息政策。毛泽东强调这种改变，并非中国现在不解决土地问题，而是"为了团结更多的人去反对日本帝国主义"。现在"一般地还不是建立社会主义的农业"，但在耕者有其田的基础上发展起来的各种合作经济具有了社会主义因素。必须向党员和农民说明，"土地所有权和财产所有权仍属于地主"②。在减租减息政策的实践中，不要因减息导致农民借不到债，不要因清算老账而无偿收回农民被典借出去的土地。减租减息并不是给农民的恩赐，实行减租，"提高了农民的生产兴趣"，实行劳动互助提高了农业劳动生产率。抗战胜利后继续在全国范围内减租减息，然后采用适当的方法，"有步骤地达到'耕者有其田'"③。

解放战争时期，毛泽东在 1947 年 2 月要求，已实现耕者有其田的地方，彻底"实行填平补齐，务使无地和少地的农民都能得到土地"。必须坚决地联合中农，"绝对不许侵犯中农利益（包括富裕中农在内）"；如有侵犯，必须向中农赔偿道歉，"以期迅速完成实现耕者有其田的任务"。12 月，他指出按人口平均分配土地是"最彻底地消灭封建制度的一种方法"，反映了中国广大农民的要求。他强调土改的两个基本原则，"第一，必须满足贫农和雇农的要求"，"第二，必须坚决地团结中农，不要损害中农的利益"。在划分阶级成分、交纳土地税和支援战争方面，对富农和

---

① 中央文献研究室：《毛泽东文集》（第 1 卷），人民出版社 1993 年版，第 256，256，257 页。

② 毛泽东：《毛泽东选集》（第 2 卷），人民出版社 1991 年版，第 368，678，767 页。

③ 毛泽东：《毛泽东选集》（第 3 卷），人民出版社 1991 年版，第 1016～1017，1076 页。

地主、中农应有所区别，必须采取公平合理原则。1948 年 4 月，他主张要满足某些中农的要求，因为中农具有较强的生产能力，必须允许他们"保有比较一般贫农所得土地的平均水平为高的土地量"。平分土地"并非提倡绝对的平均主义"，在分配土地中主张绝对平均主义，其"性质是反动的、落后的、倒退的"。5 月，他认为，贫雇农得到了大体相当于平均数量的土地，与"中农所有的土地虽有差别（这种差别是许可的）"①，但差别不大时，就应该认为土地问题已经解决。毛泽东对《中国土地法大纲》关于平分一切土地原则的调整，有利于纠正土改中不断侵犯中农利益和绝对平均分配的"左"的错误。

中华人民共和国建立伊始，毛泽东就新区土改进行了新的思考，非常慎重地强调"江南土改的法令必须和北方土改有些不同"，过去的土改法令"亦必须有所修改"；要求慎重对待富农，新区土改不但不变动资本主义富农的土地，也不动半封建富农的土地，"待到几年之后再去解决半封建富农问题"。实行保存富农经济的政策，"以利于早日恢复农村生产"②；土改要分阶段，"农忙时一律停一下，总结经验"③。在毛泽东确定的政策和策略的指导下，广大新区稳妥地完成了土改任务。

社会主义改造时期，毛泽东认为获得土地的农民的生产积极性表现在个体生产和劳动互助两个方面，这是农业发展的动力。1953 年 3 月，他强调既要发扬农民的互助合作积极性，又必须保护个体生产积极性，"必须承认他们的单干是合法的"，"农业贷款必须合理地贷给互助合作组织和单干农民"④。10 月和 11 月，他将农民的两种积极性对立起来，对其发展趋势作出新的判断，强调互助合作的前途是农业集体化或社会主义化，个体生产则是走资本主义道路。他夸大了小农经济的消极作用，说"个体农民，增产有限"，想在个体经济的基础上给农民行小惠，靠个体农民增产粮食，"解决国计民生的大计，那真是难矣哉"⑤。他的观点成为

---

① 毛泽东：《毛泽东选集》（第 4 卷），人民出版社 1991 年版，第 1216，1216，1216，1250，1251，1251，1314，1314，1314，1331 页。

② 中央文献研究室：《建国以来毛泽东文稿》（第 1 册），中央文献出版社 1987 年版，第 264，264，272，394 页。

③ 中央文献研究室：《毛泽东文集》（第 6 卷），人民出版社 1999 年版，第 144 页。

④ 中央文献研究室：《建国以来毛泽东文稿》（第 4 册），中央文献出版社 1990 年版，第 152 页。

⑤ 中央文献研究室：《毛泽东文集》（第 6 卷），人民出版社 1999 年版，第 299，302 页。

了共产党人的共识，深刻地影响了中国农业合作化运动的发展。

社会主义建设时期，毛泽东认为人民公社实行政社合一，工、农、商、学、兵融于一体，是大规模农业生产所需，每个公社有自己的农业、工业……，"前人的'乌托邦'想法，将被实现，并将超过"。农民组成产业大军，其"积极性更高，产量更多"①，坚信由不完全的公社所有制向完全的、单一的公社所有制发展，把较穷的生产队提高到较富的生产队是发展公社工业，扩大公社积累，"实现农业机械化、电气化，实现公社工业化和国家工业化的过程"②，最终才能完成对个体农业的社会主义改造，实现农业现代化。人民公社是建成社会主义的"三大法宝"之一，不容许对其作根本的动摇和否定。他认为农活可以包工，但不能包产，说包产到户等于单干，"是瓦解集体经济，是修正主义"③，会把农民变成小资产阶级，把包产到户作为走资本主义道路进行批判。

其次，毛泽东认为农民获得土地后，共产党只有全心全意地帮助农民解决生产生活困难，才能提高农民的革命和生产积极性。

20世纪30年代，他指出农民获得土地后，共产党还要减轻农民负担，只有改善其生活，使其得到生活上的满足，他们才会"更加高兴地去当红军，去作各项革命工作"。农民的实际生活问题"都是我们应当注意的问题"，"从土地、劳动问题，到柴米油盐问题"④都要深刻地注意。共产党只顾政府和军队的需要，那是"竭泽而渔，诛求无已"。在抗战的艰难时期，他要求"注意赋税的限度，使负担虽重而民不伤"⑤。一旦有了办法，就要减轻人民负担。共产党能够给予的"就是组织人民、领导人民、帮助人民发展生产"，增加农民的物质利益。共产党人要勤勤恳恳，"切切实实地去研究人民中间的生活问题，生产问题"⑥，并帮助人民具体地解决这些问题。他强调，县区党政工作人员应用90%的精力去帮

---

①　薄一波：《若干重大决策与事件的回顾》（下），中共党史出版社2008年版，第515，522页。

②　中央文献研究室：《建国以来毛泽东文稿》（第8册），中央文献出版社1993年版，第68~69页。

③　薄一波：《若干重大决策与事件的回顾》（下），中共党史出版社2008年版，第763页。

④　毛泽东：《毛泽东选集》（第1卷），人民出版社1991年版，第120，137，138页。

⑤　毛泽东：《毛泽东选集》（第3卷），人民出版社1991年版，第894，895页。

⑥　中央文献研究室：《毛泽东文集》（第2卷），人民出版社1993年版，第467页。

助农民增加生产，"然后以百分之十的精力从农民取得税收"①，工作重点是发展农业生产。

新中国建立后，他强调共产党要兼顾国家、集体和个人的利益，不断改善政府同农民的关系，促进农业发展，搞好农民的生活。1953 年，针对农村干部和农民任务多、会议集训多、公文报告表册多、组织多和积极分子兼职多的现象，他警示道，这"必然要引起农民的反对"，使共产党脱离绝大多数的农民，"农村中的其他工作都是围绕着农业生产而为它服务的"。凡是妨碍农民生产的工作任务及方法，"都必须避免"。他指出，全国大概有 4000 万左右的农民闹春荒，要求"必须从今年征粮中开始认真解决此问题"②；"不顾人民生活是不对的"，农村工作的重点是发展生产，"但发展生产和改善人民生活二者必须兼顾"③。就粮食统购统销，他说道，"农民有自发性和盲目性的一面"，"分土地的好处有些农民已开始忘记了"④。他把粮食征购视为对农民改造的主要步骤，估计粮食征购可能引起农民不满。就 1954 年多购粮食的问题，他后来说，我们发现了缺点，1955 年少购了 70 亿斤，搞了定产定购定销，"加上丰收，一少一增，使农民手里多了二百多亿斤粮食"⑤。1955 年春季，他要求解决粮食统购统销和合作化运动中农民杀猪、宰羊问题，说这"就是生产力起来暴动"⑥。主张把征购减下来，数量三年不变，以后三年要做到农民年年有余。"'过头粮'，在购粮的时候不要有了，要搞得适当"⑦，以缓和同农民的紧张关系。他还提出了建立合作社的标准是增加生产和不死牲口，"务必不要出大问题，不要发生死一批牛的事"⑧。1956 年，他强调中国不能像苏联在合作社分配中，"把农民生产的东西拿走太多，给的代价又极低"，极大地损害了农民的生产积极性。必须兼顾国家和农民的利益，"更多地注意处理好国家同农民的关系"；合作社总收入的 60% ～ 70% 应

---

① 毛泽东：《毛泽东选集》（第 3 卷），人民出版社 1991 年版，第 911 页。

② 中央文献研究室：《建国以来毛泽东文稿》（第 4 册），中央文献出版社 1990 年版，第 137，137，137，197 页。

③ 毛泽东：《毛泽东选集》（第 5 卷），人民出版社 1977 年版，第 92 页。

④ 中央文献研究室：《毛泽东文集》（第 6 卷），人民出版社 1999 年版，第 295 页。

⑤ 中央文献研究室：《毛泽东文集》（第 7 卷），人民出版社 1999 年版，第 29 页。

⑥ 杜润生：《忆 50 年代初期我与毛泽东主席的几次会面》，《缅怀毛泽东》（下），中央文献出版社 1993 年版，第 380 页。

⑦ 中央文献研究室：《毛泽东传》（1949—1976），中央文献出版社 2004 年版，第 378 页。

⑧ 中央文献研究室：《毛泽东文集》（第 6 卷），人民出版社 1999 年版，第 477 页。

该归社员，让农民多分一点，"百分之三十到四十归合作社和国家"。除非遇到特大自然灾害，必须在增加农业生产的基础上，"争取百分之九十的社员每年的收入比前一年有所增加"，10% 的农民收入不增不减，如有减少，要及早想办法解决。1957 年，他要求要处理好国家在合作社收入分配中的比例，目的是使合作社能够扩大再生产。农业"作为工业的市场更大，作为积累的来源更多"，对合作社的农民竭泽而渔，"对于工业的发展反而不利"。合作社要利用价值法则搞好经济核算，勤俭办社，"逐步增加一点积累"，"积累是波浪式的，或者叫作螺旋式的"①，积累不能过多，先让农民吃饱一点。

在农业生产"大跃进"和人民公社化时期，毛泽东要求基层干部解决好农民吃饭、睡觉和带小孩三件要事，生产和生活"必须同时抓起来"②。不抓生活，搞好生产很困难。针对侵占农民正当物质利益的问题，他认为农民和农村基层干部瞒产私分粮食，深藏密窖、站岗放哨，"保卫他们自己的产品"，批评上级的平均主义是合理合法的。在公社化运动中否定按劳分配原则，搞"一平、二调、三收款"是"我们目前同农民关系中的一个最根本的问题"，必须首先检查和纠正"平均主义倾向和过分集中倾向"，"无偿占有别人劳动的情况，是我们所不许可的"③，不能剥夺、侵占农民正当的物质利益。他要求在分配中必须区别穷队、富队与中等队，除公粮、征购外，彻底实行按劳分配原则。在总结人民公社化教训时，再次强调公社的分配要做到公私兼顾，"永远不许一平二调"，"县、社宁可把家业统统赔进去，破产也要赔"。只有这样，我们才能"得到农民满意，得到工农联盟"④。按劳分配和等价交换是社会主义建设阶段严格遵守的"马克思列宁主义的两个基本原则"⑤。1962 年调整后的人民公社体制，虽然没有彻底纠正平均主义，消除征过头粮，但在一定程度上有

---

① 中央文献研究室：《毛泽东文集》（第 7 卷），人民出版社 1999 年版，第 29 ~ 30，30，52，30，200，200，200，200 页。

② 中央文献研究室：《建国以来毛泽东文稿》（第 7 册），中央文献出版社 1992 年版，第 541 页。

③ 中央文献研究室：《建国以来毛泽东文稿》（第 8 册），中央文献出版社 1993 年版，第 62，67 ~ 68，70，71 页。

④ 中央文献研究室：《毛泽东文集》（第 8 卷），人民出版社 1999 年版，第 223，227，227 页。

⑤ 中央文献研究室：《建国以来毛泽东文稿》（第 10 册），中央文献出版社 1996 年版，第 8 页。

利于农业生产的恢复。

2. 主要方法是对农民进行思想政治教育

在中国革命的实践中，毛泽东一方面高度赞扬农民的主力军作用，另一方面又认识到他们作为小生产和小私有者，与自给自足的自然经济联系密切，外无政治权利、内无经济独立，缺乏人身自由，缺乏科学文化知识。农民的家族观念、夫权意识和迷信思想十分盛行，普遍存在着愚昧、贪鄙、懒惰、散漫、狭隘、冷漠、保守及绝对平均主义等劣性。他说，大多数中国人是迷信家，"迷信神鬼，迷信物象，迷信命运，迷信强权"①。农民的这些缺陷必然影响农民积极性的发挥，有必要通过对思想政治教育来化解。他强调对农民进行思想政治教育是充分发挥革命和生产积极性的重要方法。

国民革命时期，他号召共产党人到农村去，从农民的痛苦和需要中去"引导他们组织起来，引导他们向土豪劣绅争斗"②。他认定湖南农民除了在经济、军事上打击地主外，开展反对政权、族权、神权、夫权的斗争很了不起，逐渐破除了农民的封建迷信；农村中打倒地主势力和普及政治宣传，"全是共产党和农民协会的功绩"，"引到了整个农村，效力很大"；"农民的文化运动便开始了"，非常热心开办夜校，"认为这样的学校才是他们自己的"，"农民的文化程度迅速地提高了"，知识增长了，提高了参与革命的热情与觉悟，推动了国民革命的发展。

土地革命战争时期，大量农民加入到革命队伍，在党和军队中出现了严重的农民意识和其他的小资产阶级思想。他分析道，党内种种不正确思想的来源是由于党组织由农民和其他小资产阶级出身的成分所构成，"其趋向是会要错误的"，将对红军及党的建设产生消极影响。克服农民的保守落后性是领导农民的艰难环节，也是确保党的任务得以执行的关键；以无产阶级先锋队的性质去克服绝对平均主义思想，改造党员和农民的宗法家族、封建迷信思想是加强党的思想领导的最基本的原则。他认为"村子内阶级分化不能完成，家族主义不能战胜"，要在一个较长的时间内用土地革命的方法完成农村阶级结构的转化。在红军中实行党代表制度及民主制度，优待俘虏，开展政治教育和群众工作，红军士兵具有分配土地、

---

① 中央文献研究室等：《毛泽东早期文稿》，湖南出版社1995年版，第305页。
② 中央文献研究室：《毛泽东文集》（第1卷），人民出版社1993年版，第39页。

建立政权及武装工农等常识，"都知道是为了自己和工农阶级而作战"，才能纠正党和红军中的主观主义、个人主义、极端民主化、绝对平均主义、单纯军事观点、盲动主义及流寇思想等。他还认为，用农民喜欢的方式去做经济动员工作，把革命战争和经济建设的关系讲明白，"把改良群众的生活，增加斗争的力量，讲得十分实际"，推动群众团体动员农民加入到经济工作上来，支持革命战争；他再认为，苏维埃发展文化教育，进行文化教育改革，有利于提高农民的政治文化水平，"对于发展国民经济同样有极大的重要性"①。他提出苏维埃文化教育的总方针是以共产主义精神教育劳苦民众，使文化教育为革命战争与阶级斗争服务，把教育与劳动联系起来，使广大民众成为享受文明幸福的人；苏维埃文化教育的中心任务是开展义务教育，发展广泛的社会教育，将完全没有可能享受教育的广大民众"进到日益提高文化程度的地位"②，培养大批干部。大力发展文化教育事业是共产党在苏区执政的重要任务。

抗战和解放战争时期，毛泽东认为共产党要建立中华民族的新文化，把愚昧落后的中国变为"被新文化统治因而文明先进的中国"。这种革命的、大众的、民族的新文化"实质上就是提高农民文化"。文化"是革命总战线中的一条必要和重要的战线"③，农民"是现阶段中国文化运动的主要对象"④。由于农民小生产的特点，他们的"政治眼光受到限制（一部分失业群众则具有无政府思想）"⑤，落后思想是他们的负担，低下的文化水平妨碍着革命积极性的发挥。因此，应该长期地耐心教育农民，帮助其"摆脱背上的包袱，同自己的缺点错误作斗争"⑥。要实现党对农民的思想领导，共产党"不要和农民混同起来"，要同他们分清界限，要把农民出身的党员的思想觉悟"提高到无产阶级的水平"，还要把一切党外农民的思想提高到无产阶级水平。将来搞集体化和机械化，"那就是提高他

①　毛泽东：《毛泽东选集》（第1卷），人民出版社1991年版，第35，35，39，40，40，77，69，64，124，126页。
②　中央文献研究室：《毛泽东著作专题摘编》，中央文献出版社2003年版，第1640页。
③　毛泽东：《毛泽东选集》（第2卷），人民出版社1991年版，第663，692，708页。
④　毛泽东：《毛泽东选集》（第3卷），人民出版社1991年版，第1078页。
⑤　毛泽东：《毛泽东选集》（第1卷），人民出版社1991年版，第183页。
⑥　毛泽东：《毛泽东选集》（第3卷），人民出版社1991年版，第849页。

们"①。要"劝告农民在自愿原则下逐步地组织"以私有制为基础的各种生产和消费的合作团体。但中国"严重的问题是教育农民"②，要加强对农民的思想教育。首先，为夺取抗战和解放战争的胜利，他强调一切文化教育事业均应适合战争需要，办小学义务教育，用民族精神教育后代。学校以教授战争必需的课程及提高学生学习积极性为原则，改变管理制度，改订学制和课程。创设并扩大各种培养抗日干部的学校，组织各种补习学校，开展识字、歌咏、戏剧及体育等活动，创办各种通俗报纸来提高民族文化与民族觉悟。其次，提出了向农民做思想政治教育工作的前提、步骤和方法。前提是对农民进行调查研究，"没有调查，没有研究，没有分析"是万万不行的；步骤是共产党员到农民中去，向农民学习，把他们的经验综合为"更好的有条理的道理和办法，然后再告诉群众（宣传）"。号召农民行动起来解决自己的问题，使之得到解放和幸福；方法是革命的知识分子到农村去，为完成中国革命中极其重要的农村民主革命而奋斗，"了解农民的要求，帮助农民觉悟起来，组织起来"，才能做好农民的思想政治教育工作。再次，强调了提高农民抗战热情和爱国精神的手段。采用形象直观、通俗简明的方法和寓教于乐的形式，把教育、文艺和卫生工作作为农民教育的三种手段。根据地由于经济文化比较落后，存在文盲、巫神及不讲卫生的严重现象，"迷信思想还在影响广大的群众"③。这是农民脑子里的敌人，"妨碍了我们的经济、政治、军事的发展"。反对农民脑子中的这些敌人比反对日本帝国主义还困难。他认为，农民"有了科学知识，迷信自然就可以打破"④。农民教育要根据农村特点，根据农民需要和自愿，"采用适宜的内容和形式"⑤，与农民的家庭、社会和劳动等活动相结合。就农村教育和农民扫盲工作，他认为农民中不识字、不会算账的人很多，陕甘宁边区要用五年时间消灭文盲，"把边区人民的文化提高到一个必要的程度"⑥。为此，要采取多种办学形式，

---

① 中央文献研究室：《毛泽东文集》（第3卷），人民出版社1996年版，第317,318,318页。

② 毛泽东：《毛泽东选集》（第4卷），人民出版社1991年版，第1316,1447页。

③ 毛泽东：《毛泽东选集》（第3卷），人民出版社1991年版，第837,933,1079,1011页。

④ 中央文献研究室：《毛泽东文集》（第3卷），人民出版社1996年版，第110,120页。

⑤ 毛泽东：《毛泽东选集》（第3卷），人民出版社1991年版，第1091页。

⑥ 中央文献研究室：《毛泽东文集》（第3卷），人民出版社1996年版，第111页。

不但要有新式学校，有正规的中小学，还要有分散的不正规的读报组、村学及识字组，还"要利用旧的村塾加以改造"①，在农村建立广泛的教育统一战线。为了发挥农民办学的积极性、创造性和责任心，农村小学以民办公助为主要形式，将教育与农业生产紧密结合，把学校教育与家庭、社会生活结合，"学生要学会打算盘，学会写信，学会记账，学会写路条"。要利用农民的空闲时间，采取识字组、识字班、夜校、冬学、半日学校、民众教育馆等形式对其进行识字、卫生常识、农业知识和抗日教育。这就"可以把整个边区变成一个大学校"，所有的干部和老百姓都在学校里学习生产和文化；就农村卫生工作，他看到农民没有战胜疾病和死亡威胁的科学方法，只有相信神仙，强调卫生问题是根据地极其严重的问题。因此，根据地应把医药卫生放在工作计划中，推广医药卫生知识。他要求陕甘宁边区在 5～10 年内"求得在科学知识普及方面的进步"②，想办法培训医药人才。根据地医药人才的培养"仅仅依靠新医是不可能解决问题的"，要对旧医和旧式兽医进行改造利用，应积极地"预防和医治人民的疾病"③；就农村文艺工作，毛泽东认为对农民宣传教育的"言语必须接近民众"④。农民的艺术生活太贫乏，文艺工作者一定要深入到农民中去，以其喜欢的文化娱乐活动为载体，创作农民喜闻乐见的文艺作品。唱歌、春联和地方戏剧就是对农民进行教育的最好的工具，由于旧艺术的内容颠倒是非，要利用其形式，赋予其新内容。文艺工作者要同旧秧歌和旧戏剧"做朋友"，利用旧戏班，把 90% 的旧秧歌队逐步改造。我们不但要有话剧，还要"有新秦腔、新秧歌"。"做文艺工作的同志要从多方面努力"⑤，"必须有为人民服务的高度的热忱，必须联系群众"⑥，用自己的创造力掌握旧艺术，"并且从政治上来个进步"⑦。总之，抗战和解放战争时期，解放区的文化有了一定的进步，但他清醒地认识到解放区的文化

---

① 毛泽东：《毛泽东选集》（第 3 卷），人民出版社 1991 年版，第 1012 页。
② 中央文献研究室：《毛泽东文集》（第 3 卷），人民出版社 1996 年版，第 115，117，119 页。
③ 毛泽东：《毛泽东选集》（第 3 卷），人民出版社 1991 年版，第 1012，1083 页。
④ 毛泽东：《毛泽东选集》（第 2 卷），人民出版社 1991 年版，第 708 页。
⑤ 中央文献研究室：《毛泽东文集》（第 3 卷），人民出版社 1996 年版，第 119 页。
⑥ 毛泽东：《毛泽东选集》（第 3 卷），人民出版社 1991 年版，第 1012 页。
⑦ 中央文献研究室：《毛泽东文集》（第 4 卷），人民出版社 1996 年版，第 326 页。

"还有它的落后的方面"①，对农民的思想政治教育是一项长期而艰巨的工作。

新中国建立后，针对新区农民阶级观念淡漠、政治觉悟不高，农村基层干部的政策水平不高和工作方法不当等现状，毛泽东主张在新区农村建立土改统一战线，通过对农民进行有效的思想政治教育，启发其阶级觉悟，发动他们摧毁封建土地制度。

在农业社会主义改造时期，他认为农民散漫性、落后性、保守性、狭隘性等封建意识、小农意识依然存在，在自给自足的经济基础上难以巩固工农联盟，农民分化在所难免。他们的缺点是可以说服而加以改变的，共产党要领导农民、教育农民、帮助农民进行自我改造，必须对其"进行耐心的生动的容易被他们理解的宣传教育工作"。互助合作积极性需要通过思想政治工作，对农民进行教育、引导和改造才能激发出来。针对农民是否愿意合作化的问题，他要求在他们中有系统地、不断地宣传党"关于农业合作化的方针、政策和办法"。不但要宣传合作化的好处，还要指出合作化会遇到困难，"使农民有充分的精神准备"②。合作化运动出现偏差，干部和农民存在缺点或错误都是可以理解的，"只要我们积极地去帮助他们，缺点或错误就会得以克服或纠正"。农民土地私有观念很深厚，"我们是逐步地引导他们改变这种私有观念"③。就如何建立合作社的问题，他提出先把贫农、下中农中的积极分子组织起来，而其他农民则"要有一段向他们进行教育的时间"，反对没有任何准备的、"不顾农民群众觉悟水平的急躁冒进的思想"。合作化发展要有整顿的时间，"不许有停顿、不许有间歇的思想是错误的"。他强调反对农民中的自私自利的资本主义自发倾向，提倡把个人利益和集体利益结合作为一切言论行动的标准是合作化运动的思想和政治保证，也是对农民进行思想政治教育的基本内容。对农民开展思想政治工作，他强调必须根据其生活经验，具体、细致而不能用粗暴的态度、简单的方法，"要结合着经济工作一道去做的，

---

① 毛泽东：《毛泽东选集》（第 3 卷），人民出版社 1991 年版，第 1011 页。

② 中央文献研究室：《毛泽东文集》（第 6 卷），人民出版社 1999 年版，第 460，425，425，418 页。

③ 中华人民共和国国史学会：《毛泽东读社会主义政治经济学批注和谈话（简本）》（上），中央文献出版社 1998 年版，第 157 页。

不能孤立地去做"①，坚持不懈地进行。只要稍微放松农民的思想政治教育，"资本主义倾向就会泛滥起来"②；还要"拿当地农民的经验向农民作细致的分析"③，把"要发家，种棉花"的口号改为"爱国发家，多种棉花"，"这就把家和国联系起来了"④。用无产阶级世界观教育农民，"改变各种非无产阶级的世界观"⑤，帮助他们克服各种错误的思想倾向，提高其参加合作化运动的积极性。就社会主义农业制度巩固问题，他强调通过向农民摆事实讲道理，比较社会主义和资本主义制度的好坏，开展社会主义优越性、爱国主义和集体主义教育。教育他们懂得社会主义建设的艰巨性，反对把个人物质利益看得高于一切，宣传艰苦奋斗的精神，合作社实行厉行节约、反对浪费的方针。通过回忆对比、疏导说服，学先进、帮后进等办法帮助农民改革旧习惯，"要勤俭持家，作长远打算"⑥，养成"以卫生为光荣，以不卫生为耻辱"⑦ 的观念，调动农民建设社会主义的积极性和创造性。1958 年，他提出农民教育的目标是"逐步把社员培养成为有社会主义觉悟、有文化、有技术、有全面才能的劳动者"⑧，培养既懂政治，又有文化技术，既能从事体力劳动，又能从事脑力劳动的全面发展的新农民。

值得我们注意的是，毛泽东在就社会主义农业的建立和巩固问题，提出对农民进行思想政治教育的方法时，强调"要把大鸣、大放、大辩论、大字报这种形式传下去"⑨，引导农民用社会主义和共产主义精神来解决集体农业经营中的利益分配问题，最终使和风细雨式的思想政治教育工作变成农民之间的斗争，变为了以政治运动推进中国农业发展的手段。

---

① 中央文献研究室：《毛泽东文集》（第 6 卷），人民出版社 1999 年版，第 428，433，436，450 页。

② 中央办公厅：《中国农村的社会主义高潮》（上），人民出版社 1956 年版，第 353 页。

③ 中央文献研究室：《毛泽东文集》（第 6 卷），人民出版社 1999 年版，第 461 页。

④ 中央文献研究室：《毛泽东文集》（第 7 卷），人民出版社 1999 年版，第 177 页。

⑤ 中华人民共和国国史学会：《毛泽东读社会主义政治经济学批注和谈话（简本）》（上），中央文献出版社 1998 年版，第 300 页。

⑥ 中央文献研究室：《毛泽东文集》（第 7 卷），人民出版社 1999 年版，第 308 页。

⑦ 中央文献研究室：《毛泽东文集》（第 8 卷），人民出版社 1999 年版，第 150 页。

⑧ 中央文献研究室：《建国以来毛泽东文稿》（第 7 册），中央文献出版社 1992 年版，第 345 页。

⑨ 毛泽东：《毛泽东选集》（第 5 卷），人民出版社 1977 年版，第 468 页。

第四章　毛泽东关于土地革命的理论与实践

通过土地革命领导组织农民投身中国革命是共产党的成功经验。以毛泽东为代表的共产党人在领导土地革命的实践中，在马克思主义指导下，曾经实践过通过没收封建地主的土地，实行土地国有、农民耕种的主张。毛泽东根据农民的土地私有观念与农业生产活动的客观需要，逐渐认识到土地国有政策不能满足农民对土地的渴望，不能调动其积极性，强调赋予农民土地所有权是解放农民、推进国家工业化的首要条件，形成和完善了土地私有、农民耕种的主张。共产党人在实践中发展了马克思主义关于农民土地问题的理论。

第一节　国民革命与土地革命战争时期解决农民土地问题的探索

中国共产党从建党开始就探索解决农民的土地所有问题。1921 年 7 月召开的中共一大提出了"消灭资本家私有制，没收机器、土地、厂房和半成品等生产资料，归社会公有"的奋斗目标。在共产国际的指导下，党调整了主张，决定在农村实行减租为主、同时没收军阀官僚的田地分给贫苦农民的土地政策，开始寻求农民这个最广大的革命力量。1922 年 6 月，中央提出当时的奋斗目标是没收军阀官僚的财产，"将他们的田地分给贫苦农民"，要求制定限制地租和税收的法律。7 月，中共二大强调"共产党不是空谈主义者"，3 亿中国农民由于土地缺乏、人口稠密、天灾流行、战争和土匪的扰乱、军阀的额外征税和剥削、外国商品的压迫、生活成本增高等原因，"以致日趋穷困和痛苦"，农民是革命运动的最大要素。中共二大还第一次把农民分为富足的农民和地主、独立耕种的小农、佃户和雇工三类。中国农民要解除穷困，必须与工人联合起来进行革命。中共二大把统一全国城乡土地税、制定限制地租和税收的法律、废除厘金及一切额外税则等作为了解除农民穷困的最低纲领。

建党初期，共产党人在对中国农村经济凋敝的现状分析中，得出了农民是最大的革命力量的认识，提出了通过减租和减轻税负的方法拯救农民，没收军阀官僚的土地分给贫苦农民等主张，确立了解决农民土地问题的初步认识。

一　国民革命时期解决农民土地问题的思考

1923 年 7 月，中共三大认为各地农村的抗租抗税证明了受压迫的农民具有反抗精神，因此共产党有联合小农佃户及雇工反抗帝国主义、打倒军阀及贪官污吏、反抗地痞劣绅，"以保护农民之利益而促进国民革命运动之必要"。中共三大强调无产阶级应该唤醒农民，"国民革命不得农民参与，也很难成功"[①]，再次提出了统一并减轻田赋、规定限制地租和税收的法律，承认佃农协会有议租权，改良水利、改良种子和土质，国家给贫农发种子及农具、规定重要农产品最低价格等代表农民利益的要求。毛泽东在会议发言中强调了农民革命的重要性，指出共产党不应只看见局限在广州的国民党，"而应重视全国广大的农民"[②]。中共三大认识到了领导农民运动的重要性，提出了动员农民的策略，但没有论及农民的土地问题。11 月，中共三届一次会议规定了国民革命的策略是以全保"农民利益"为号召去唤醒农民觉悟，认为现在还"不宜开始即鼓吹佃农的经济争斗致召中农之反抗"[③]。毛泽东在国民党一大上根据湖南、浙江、广东等地的经验，谈到了农民的土地问题，认为现在党的组织影响没有达到农村，还不能提出"反对土地所有者和那些拥有土地、但自己不耕种的人"[④]，还不能下决心采取激进的步骤反对较富裕的土地所有者。

1924 年，在共产党人的推动下，国民党中央设立了农民部，共产党

---

① 中央档案馆：《中共中央文件选集》（第 1 册），中共中央党校出版社 1982 年版，第 3，45，65，113，151，139 页。

② 张国焘：《我的回忆》（第 1 册），《明报月刊》编辑部 1966 年版，第 294 页。

③ 中央档案馆：《中共中央文件选集》（第 1 册），中共中央党校出版社 1982 年版，第 147 页。

④ 《共产党党团会议（1924 年 1 月 18 日）》，http：//dangshi.people.com.cn/GB/165617/166496/168108/10011232.html。

人参加了农民运动委员会的工作。国共两党都声张对农民实行减赋减租，共产党看到了广东、湖南、江西、湖北等省农民在减租运动中的重大作用，逐渐提高了对农民及动员农民的认识。1925 年 1 月，中共四大明确提出农民是工人阶级的同盟军，强调解决农民问题的口号"须切合于当时当地农民所可行的需要"。在农民的政治斗争中，应该联合中农"佃农，贫农，雇农以反对大地主"，建立农民协会和农民自卫军来保障贫苦农民的利益。通过"宣传取消普遍的苛税杂捐，加征殷富捐所得税"，"不宜轻率由农会议决实行减租运动"。"应使农民向国民党政府要求以官地分给贫农"，通过设立夜校、识字班、新剧、壁报、讲演等形式提高乡村文化水平，但这些"皆应求国民党与以物质的帮助"。7 月，中央提出，应限定土地所有的最高数量，大地主超额的田地"颁给贫农及无田地之农民"，还要限定田租的最高数额，尽量降低佃户的田租，禁止向农民预征钱粮。10 月，共产党认为，无产阶级能代表并和农民结成巩固的同盟，"才能尽自己的历史上的职任"。党不仅要组织和指导农民，还要在农民协会、协作社及农民自卫军中巩固党的组织。农民得不到耕地，就不能成为国民革命的拥护者，耕地农有是解除农民贫困的根本办法。党提出了解决农民土地问题的终极目标是"没收大地主军阀官僚庙宇的田地交给农民"，已经提出的减租、整顿水利、减税、建立农民协会及农民自卫军等措施可以组织农民。地主官僚军阀的土地兼并不能使农业得到改良进步，"只是使农村中佃农贫农增加"。只有工农获得政权，"才能够没收军阀官僚寺院大地主的田地"①。实现耕地农有，农民不向地主缴纳租课，他们才能成为革命的拥护者。共产党首次提出了取得政权是解决农民土地问题的政治保证。总之，没收大地主军阀官僚及庙宇的土地，实现耕地农有的主张是党在探索解决农民土地问题上的重要发展。

毛泽东对中国土地问题的探索是从农民受封建剥削逐步深入到土地问题，从土地租税问题逐步深入到地权问题的。1919 年 7 月，他号召农民要和种田的同类"结成一个联合，以谋我们种田人的种种利益"②，切切实实地去解决自己的生存问题和地主的剥削问题。1925 年春，他在韶山

---

① 中央档案馆：《中共中央文件选集》（第 1 册），中共中央党校出版社 1982 年版，第 362，362，362～363，362，363，363，430，399，462，510，513 页。

② 中央文献研究室等：《毛泽东早期文稿》，湖南出版社 1990 年版，第 373～374 页。

秘密组织了农民协会，建立党支部，开始研究农民运动和农民问题。1925年底到 1926 年初，他对农民中各阶级、阶层的生活状况及思想状态进行了准确而生动的分析，提出自耕农、半自耕农、半贫农、贫农、雇农"是我们最接近的朋友"①。针对大小地主对农民的剥削，原则上用斗争的方法，请地主们在经济政策上让步，完全打倒最凶恶、极端鱼肉人民、最反动的土豪劣绅。1926 年 5～9 月，他从人口构成、农业生产、革命力量、战争关系、革命目的等方面，系统地阐明了农民在国民革命中的地位，指出中国革命最大的对象是地主阶级。不解决农民问题，则军阀和帝国主义势力就不会从根本上倒塌。他从各阶级阶层的相互联系和相互影响的角度，分析了动员农民参加革命的重要性和可能性，明确提出"农民问题乃国民革命的中心问题"②。毛泽东认为不解决农民问题，农民不会参加并拥护国民革命，革命就不会取得成功。11 月上旬，中央成立了以毛泽东为书记的农民运动委员会，强调要与国民党左派合作，共同推进各地农民运动的发展。12 月，毛泽东在汉口召开的中央特别会议上，支持了中共湖南区委关于实行土地革命的建议，主张解决农民的土地问题。1927 年 2 月，他在给中央的报告中提出，土地问题"已经不是宣传的问题而是要立即实行的问题了"。3 月，他认为农民问题主要是贫农问题，而贫农问题的中心是土地问题，继续强调农民问题的重要性，极力主张解决农民的土地问题。4 月，在国民党中央土地委员会召开的会议上，他认为解决土地问题就是废除封建制度，使农民得到解放，解决的方法是没收土地。"所谓土地没收，就是不纳租，并无须别的办法"③。现在湘鄂两省的农民运动达到高潮，农民已经自动不纳租，夺取政权了。土地问题的解决要用非常步骤，应先有农民占有的事实，然后再用法律去承认；要挽救革命危机，就"要增加生力军保护革命，非解决土地问题不可"。农民获得了土地，"因农民要保护他们的土地，必勇敢作战"④。在中国解决农民的土地问题具有解放农民、增加生产、保护革命、废除封建制、发展工业、提高文化等意义；没收土地的步骤是先搞"政治没收"，没收军阀和

---

① 毛泽东：《毛泽东选集》（第 1 卷），人民出版社 1991 年版，第 9 页。
② 中央文献研究室：《毛泽东文集》（第 1 卷），人民出版社 1993 年版，第 37 页。
③ 参见中央文献研究室：《毛泽东传》（1893—1949），中央文献出版社 1996 年版，第 126，129 页。
④ 中央文献研究室：《毛泽东文集》（第 1 卷），人民出版社 1993 年版，第 43 页。

土豪劣绅的土地，再搞"经济没收"，将"自己不耕种而出租于他人的田，皆行没收"①，即农民不向地主缴租，由区、乡土地委员会按人口重新分配。但毛泽东的主张在提交国民党中央执行委员会政治委员会讨论时遭到了否决。

　　国民革命时期，毛泽东在组织农民革命的实践中认识到了农民是革命的主力军，认为调动农民积极参加革命的根本方法是解决农民的土地问题，具体方法是没收土豪劣绅、军阀的土地，按人口重新分配。他初步认识到了解决农民土地的问题具有发展农业生产、发展中国工业和提高农民文化水平的多重作用。

二　土地革命战争时期分田分地的探索与实践

　　在国共合作基本破裂的情况下，中共五大根据共产国际的理论指导，认为土地国有是共产党解决农民问题的基本原则。"共产党将领导农民从事于平均地权的斗争"，取消土地私有制度，向着土地国有的方向而努力。要将土地再行分配，让农民平均享用地权方能解决土地问题，"欲实现此步骤必须土地国有"。中国革命的趋势是推翻土豪乡绅的政权，没收大地主及反革命的土地，以贫农为中坚建立农民政权，"实行改良农民的经济地位，一直到分配土地"。实行"耕者有其田"的口号，就可以在农村建起强大的革命军队，"并能使革命永立于不败之地"。1927年7月20日，中央宣布"中国革命进到一个新阶段——土地革命的阶段"，重申"没收祠堂庙宇等一切公共土地"，"没收大地主土豪劣绅反革命的土地"，"实行耕者有其田"，"减租百分之二十五"，"取消高利贷"，农民"不缴苛捐杂税"，"不缴预征钱粮"等口号。8月3日，中央要求湘鄂粤赣四省举行农民暴动，宣布农会为合法团体，由农会组织土地委员会决定土地分配，对一切公地及50亩以上的大地主抗租不缴，"对五十亩以下的地主实行减租"②，不没收自耕农的土地。

　　八七会议确定了土地革命的总方针。毛泽东在会上提出，在许多没有

---

①　中央文献研究室：《毛泽东传》（1893—1949），中央文献出版社1996年版，第129～130页。

②　中央档案馆：《中共中央文件选集》（第3册），中共中央党校出版社1989年版，第66，66，69，104，216，216～217，241页。

大地主的农村，"农协则要停止工作"①。要从根本上取消地主土地所有制，赞同以占有 50 亩土地为区分大中地主的标准，没收占有 50 亩以上的地主的土地，不没收小地主的土地，但应制定针对小地主的办法，对富农、中农的地权也应有不同的规定。但共产国际代表坚持土地国有的原则，会议没有采纳他的意见，认为不没收小地主的土地，让其减租是为了让"城乡间广大的小私有财产者之分子中立"，实行"耕者有其田"是为了发动农民，"一直发展到土地国有及完全重新分配土地"②。8 月 18 日，他主张必须没收一切地主的土地，对没收了土地的地主，"必须有一个妥善的方法安插"③。9 月 23 日，中央决定"小地主的土地必须全部没收"。11 月，提出"完全没收一切地主的土地"，由农民代表会议分配给农民耕种，规定一切私有土地全部"归组织成苏维埃国家的劳动平民所公有"；"一切没收的土地之实际使用权归之于农民"，完全废除土地租佃及抵押制度。中央还主张"一切豪绅反革命派的财产完全没收"④。1928 年 3 月，中央规定重新分配土地后，"由县苏维埃政府的名义发给土地使用证"，土地不能买卖，废除过去的田契、佃约，打破农民拥有原耕土地的观念。1928 年 6～7 月在莫斯科召开的中共六大改正了没收一切土地的规定，提出了依靠贫农、联合中农，根据富农的政治表现采取不同策略，保护小工商业，推翻地主阶级私有土地制度的土地革命路线。中共六大认为，土地国有是消灭封建遗迹的最彻底的方法，但只能在革命取得了完全胜利，在全国或重要省份建立了巩固的苏维埃政权后才能实行。共产党帮助农民消灭土地私有权，"把一切土地变为社会的共有财产"。党的任务是在土地革命中使富农保持中立，但"决不能因联合战线而对富农有所让步"，联合中农是保证土地革命胜利的主要条件。现在赞同土地平分的口号的原因是它能直接动摇私有制度，彻底肃清封建主义。但土地平分是小资产阶级关于社会主义的幻想，党必须加以批评，要让农民完全明白，"在现在资本主义制度之下，决没有真正平等之可能"。在中农和小农私

---

①　中央文献研究室：《毛泽东传》(1893—1949)，中央文献出版社 1996 年版，第 139 页。

②　中央档案馆：《中共中央文件选集》(第 3 册)，中共中央党校出版社 1989 年版，第 296，297 页。

③　中央文献研究室：《毛泽东传》(1893—1949)，中央文献出版社 1996 年版，第 144 页。

④　中央档案馆：《中共中央文件选集》(第 3 册)，中共中央党校出版社 1989 年版，第 372，461，501，501，501 页。

有制占农村人口大多数的地方，尤其不能强行平分土地，否则，"必将触犯广大中农的利益"。中共六大的这些认识使党的土地革命的路线、政策和策略逐渐地接近中国农村土地占有的客观状况，但认为土地国有"乃消灭国内最后的封建遗迹的最坚决最彻底的方法"①。在土地国有的原则下，农民只有土地使用权，没有所有权，土地分配也不在原耕地基础上进行，农民分得土地后，不准土地买卖。共产党对土地国有政策的主张，对于各根据地的土地革命实践必然产生严重影响。

从 1927 年冬天开始，毛泽东在井冈山根据地根据共产国际和中央的指示，实行了土地公有、对土地全部没收的土地革命。土地分配的具体方法是以乡为单位，实行男女老幼一律平分。1928 年 12 月，通过宁冈、永新等地的社会调查及土地革命的试点，他制定了共产党历史上第一个土地法——《井冈山土地法》，明确了土地国有和平均分配土地的制度。由于中共六大的文件到达较晚，没有实行六大只没收地主土地的政策，确定了没收全部土地实行土地公有的原则。分配土地的单位一般以乡为单位，遇特殊情况时以几个乡或区为单位；以人口为标准，男女老幼平均分配；分配后的土地禁止买卖，由农民个别耕种、共同耕种或由苏维埃政府组织模范农场耕种。以劳动力为分配标准与分配后共同耕种不是《井冈山土地法》实践的主要措施。他又根据中央要求，将土地分配的标准改为劳动力标准，规定能劳动的比不能劳动的多分一倍土地。《井冈山土地法》否定了原有土地所有者的所有权，确定的土地分配单位和以人口为分配标准符合土地革命的要求和农村土地使用的现状，为以后的土地革命法规所坚持。《井冈山土地法》存在的主要缺陷在于：一、土地所有权归属政府，禁止土地买卖，农民没有土地所有权，只有使用权，不能最大限度地调动农民的革命积极性；二、对土地全部没收容易侵犯中农的利益；三、没有区分富农和中农特别是富裕中农等"中间阶级"，把他们统称为自耕农，其土地也被没收。所以，当根据地处于低潮时，"最困难的问题，就在拿不住中间阶级"②，这些中间阶级极易"反水"，不利于根据地巩固。

1929 年 4 月，毛泽东根据中共六大的精神主持制定了兴国县《土地

---

① 中央档案馆：《中共中央文件选集》（第 4 册），中共中央党校出版社 1983 年版，第152，353，356，357，357，353 页。

② 毛泽东：《毛泽东选集》（第 1 卷），人民出版社 1991 年版，第 70 页。

法》，保留了土地国有和平分土地的政策，将《井冈山土地法》没收一切土地的错误规定改为"没收一切公共土地及地主阶级的土地"。在没收和分配土地的过程中，他也知道了"贫农团在分配土地过程中的重要性"①。7月，他指导中共闽西第一次代表大会通过的《土地问题决议案》，实行对大小地主的土地进行区别没收，并酌量分予土地。尤其对小地主的土地没收，废除其债务，但不要派款及其他过分打击的规定，对于集中打击大地主具有重要帮助；为了争取或中立富农，规定不没收富农的土地，在贫农要求时没收富农自耕之外的多余土地，对富农不烧契、不派款、不废除其债务；不没收自耕农的土地。在土地分配的范围和标准方面，以乡为单位，在原耕土地基础上抽多补少，按人口平均分配。这个决议案还规定"对大小商店应采取一般的保护政策（即不没收）"；自耕农除自食外还多余的田地，"经当地多数农民要求得县区政府批准者"②，才得没收。8月，中央根据共产国际的指示批评了土地革命中联合或中立富农的策略，认为"富农兼有或多或少之半地主半封建的剥削"，"应坚决的反对富农"③，没收其土地。在中央指示的影响下，11月召开的中共闽西特委第一次扩大会议要求，当农民全部发动起来后，多数农民要求平分一切土地时，"党应赞助贫农坚决地没收一切土地，焚烧一切田契"④。党在富农分配土地方面规定的"左"的政策及赞同贫农关于土地平分的意见，导致了土地革命实践中富农土地被没收，不没收自耕农土地的政策不断出现反复，倒退到了没收一切土地的错误政策。

　　1930年2月，毛泽东在江西吉安批评了在农村实行"共同生产，共同消费"的理论主张，提出了一要"分"、二要"快"的口号，强调了发展生产虽然是土地革命的重要目的甚至是最终目的，但土地革命的首要任务是争取农民，明确反对绝对平均主义的"重新瓜分"，反对以劳动力为标准分配土地的主张，肯定了按人口平均分配的办法，规定了男女老幼平

---

①　中央文献研究室：《毛泽东农村调查文集》，人民出版社1982年版，第38，23页。

②　中国社会科学院经济研究所中国现代经济史组：《第一、二次国内革命战争时期土地斗争史料选编》，人民出版社1981年版，第303，304页。

③　中央档案馆：《中共中央文件选集》（第5册），中共中央党校出版社1983年版，第454页。

④　江西省档案馆：《中央革命根据地史料选编》（下），江西人民出版社1982年版，第375页。

均分配及抽多补少的原则①。他的这些认识在实践中导致了没收一切土地的错误再次出现，中央苏区出现了土地反复平分的乱象。针对部分农民在本乡和外乡都有土地占有和使用的情况，他强调土地分配主要以乡为单位，将他们在本乡及外乡所耕田地综合起来，共同分配，称之为"原耕总合分配"。5月，他在《寻乌调查》中强调，"以乡为单位"是人口单位，不是土地单位。农民在邻近的乡、区、县及省的交界地区交错耕种土地，因此，拿他原在本乡及邻乡耕种的土地"总合起来，平均分配，被认为是毫无疑义的"。他的这一认识充实了以乡为单位分配土地的区域标准。他在这时也"才弄清了富农与地主的问题"，提出了解决富农问题的办法，强调了土地分配不仅要抽多补少，还要抽肥补瘦才能使贫农、雇农、富农和中农过活下去，但他没有分析中农、雇农与流氓的区别，在原有土地分配方面，也"没有把富农、中农、贫农的土地分开来讲"②，把一部分小土地出租者和富农当成了小地主，把富裕中农当成了富农；以人口总数除土地总数进行分配的方法实质上是绝对平均主义的办法，在实践中容易侵犯中农的利益。6月，他主持通过了《富农问题》的决议，强调反对绝对平均主义站在了富农的观点上，认为地方党组织尤其指导机关里面充满着富农分子。决议要求不仅要没收一切土地废除一切债务，还要"平谷"（即平分粮食）；提出"何时分田，何时得禾"的政策，即分得田地的人收获原耕作的农民种在田里的庄稼，表现出"左"的倾向。在抽多补少的土地分配原则外，增加了抽肥补瘦，批评了组织模范农场和农民共同生产劳动的主张。

同年6月，共产国际提出在苏维埃区域"暂时不要禁止土地买卖制"③。8月，中国革命军事委员会颁布了《苏维埃土地法》，规定在农民已下种时，"田中生产即归分得该部田地之农民收获，原耕人不得把持"④，确立了分得土地的农民得青苗的原则。9月，党的六届三中全会接受了共产国际的建议，认为土地国有只是宣传口号而已，现在尚无全国

①　参见中央文献研究室：《毛泽东传》（1893—1949），中央文献出版社1996年版，第213页。

②　中央文献研究室：《毛泽东农村调查文集》，人民出版社1982年版，第174，22，42~43页。

③　中央档案馆：《中共中央文件选集》（第6册），中共中央党校出版社1989年版，第586页。

④　中国社会科学院经济研究所中国现代经济史组：《第一，二次国内革命战争时期土地斗争史料选编》，人民出版社1981年版，第481页。

政权，在尚未发展到取消私有制度的现阶段，不禁止土地买卖和苏维埃法律内的佃租制度。共产党反对地主租佃只因为它是封建的剥削形式，"但是资本主义的转租办法，是不能反对的"。禁止土地买卖增加了农民的恐慌心理。如闽西已经发生寡妇或红军分得土地，由于自己不能耕种，与其他农民合作耕种的办法不应禁止。11月，中央政治局批评指出："没收一切土地"的口号被富农利用来煽惑中农，现在禁止土地买卖和租借是"过早的办法"，"会引导到脱离全国农民群众的后备军的"，共产党的土地政纲是领导农民没收地主土地，而"并不应用到农民身上"①。中央的这些认识成为了根据地改变"没收一切土地"、"土地国有"，农民没有土地所有权的政策的开端，各地苏维埃政府开始以决议或法令形式逐步确定了农民的土地私有权。

1931年2月，毛泽东根据共产国际和党的六届三中全会的指示，总结了土地革命实践的经验教训，认为实行土地国有原则，使得农民感觉土地不是自己的，"没有权来支配，因此不安心耕田"。而中国农民土地私有观念根深蒂固，要求得到土地的愿望非常强烈，土地国有与农民的要求相抵触，使得他们不安心耕种，更不愿向土地增加投资，不利于调动农民的革命和生产积极性。他要求各地各级政府要向农民说明，分好了的田即算分定，"这田由他私有，别人不得侵犯"。以后生的不补，死的不退，租借买卖自由。田中出产，除向政府缴纳土地税外，均归农民所有；农民缺少劳动力，土地"准许出租"，完租多少由各处议定。他认为，实行土地私有是民权革命时代的必要政策，这"才是真正走向共产主义的良好办法"②。他得出的这些认识和规定纠正了自《井冈山土地法》以来农民没有土地所有权、禁止土地买卖的错误政策，明确肯定了农民的土地私有权，解决了分田后因土地所有权问题而导致的土地不断平分和农民不安心耕田的局限。他后来在总结中央苏区土地革命的经验教训时指出，根据地"在建立的头一二年，农业生产往往是下降的"，原因在于农民只有土地使用权，生产情绪容易波动。确定农民土地所有权，加上提倡生产，"农

---

①　中央档案馆：《中共中央文件选集》（第6册），中共中央党校出版社1989年版，第373，445，445，446页。

②　中央文献研究室：《毛泽东文集》（第1卷），人民出版社1993年版，第256，256，257，257页。

民群众的劳动热情增长了，生产便有恢复的形势了"①，有些地方不但恢复而且超过了革命前的产量，不但恢复了荒废的土地，还开发了新土地。至此，毛泽东形成了符合中国农村实际和满足农民要求的土地革命方案。同时，苏区中央局也强调农民积极参加土地革命的目的不仅要获得土地使用权，"主要的还要取得土地的所有权"。当时阶段，"不禁止土地买卖和在苏维埃法律内的租佃制度"②。此后，其他根据地也相继规定了农民的土地私有权，允许土地买卖出租。1931 年 11 月，《中华苏维埃共和国土地法》指出，尽管苏维埃政府应向农民解释土地与水利国有的长远利益，是改善农民生活最可靠的方法，但"现在仍不禁止土地的出租与土地的买卖"③，应严禁富农投机与地主买回土地。这就从法律上确认和保障了农民的土地所有权，改正了早期土地法规中的土地所有权属于苏维埃（国有），农民只有使用权及禁止土地买卖的错误。

从 1930 年下半年到 1931 年初，毛泽东还在大量的农村调查中明白了富农与中农，贫农与雇农，独立劳动者与贫农、中农、富农，自由职业者与流氓的区别。"富农标准要是以剥削为他收入的相当部分"④；少量放账或借账的人仍然是中农；革命前已经租得土地耕种的雇农还是贫农；全家不耕田、专靠独立劳动（做裁缝、木匠等）谋生活的才叫独立劳动者；半耕半做手艺的人按照经济地位列入贫农、中农或富农；自由职业者是指有相当正业（如医生、教员等）的人；流氓则是无一定职业、生活行为不固定、做坏事多的人。他提升了对农村阶级问题的认识，对深化土地分配政策及其实践产生了重大影响。

从 1931 年 1 月起，王明"左"倾教条主义接受了"地主不分田、富农分坏田"的主张，认为毛泽东抽多补少、抽肥补瘦、分配土地给一切人等政策"模糊土地革命中的阶级斗争"，犯了富农路线的错误。规定在根据地彻底消灭地主阶级，"绝对不能分田和租田给他及他的家属"；"凡是剥削一个雇农或一个雇农以上的农民，都是富农"，没收其土地及多余

---

① 毛泽东：《毛泽东选集》（第 1 卷），人民出版社 1991 年版，第 131 页。

② 中国社会科学院经济研究所中国现代经济史组：《第一、二次国内革命战争时期土地斗争史料选编》，人民出版社 1981 年版，第 493 页。

③ 中央档案馆：《中共中央文件选集》（第 7 册），中共中央党校出版社 1991 年版，第 780 页。

④ 中央文献研究室：《毛泽东农村调查文集》，人民出版社 1982 年版，第 13 页。

的农具耕牛，"只有在他们自己耕种的条件下才分坏田给他们"；贫雇农"必须分得好田"，"分配土地大致以人口与劳动力混合为标准"① 等政策。1931 年 11 月，把地主不分田、富农分坏田的政策用法律形式确认，毛泽东的正确主张遭到了否定。

　　与此同时，毛泽东继续强调土地革命要团结中农，保护中农的利益。1932 年 3 月，他要求闽西政府在分配土地特别是组建政权时，要积极吸收中农中的积极分子，严防排斥中农参加选举和政权的现象发生；在筹款中绝对不应侵及中农的利益；平分土地时中农可以不参加平分，要尊重大多数中农的意愿。他认为，联合中农对于苏维埃政权的巩固和革命胜利有着极大的意义。1933 年 6 ～ 12 月，他在系列讲话、报告、文件和调查中，提出联合中农是土地革命最中心的策略，中农的向背关系着土地革命的成败，要严格区分中农和富农、富农和地主。"查田运动"的策略是"以工人为领导者，依靠贫农，联合中农"，削弱富农和消灭地主。为了不侵犯中农利益，着重把握富农与中农异同的地方，用富裕中农来区别中农，"使富裕中农稳定起来"②。他在《怎样分析阶级》* 和《关于土地斗争中一些问题的决定》中把自己劳动还是不劳动或只有附带劳动作为区别富农和地主的主要标准。在一般情况下，全家有 1 人每年 1/3 的时间从事主要劳动叫作有劳动，1 人每年"虽有三分之一时间从事劳动但非主要的劳动"的均为附带劳动；他还把富裕中农和富农的区别标准定为剥削收入占全家总收入的 15%。对地主、富农、中农、贫农、工人确定了可以计量的界定标准。要求凡在 1933 年 10 月 10 日前，各地阶级成分划分不符合本决定者，"应即依据本决定予以变更"③。从此，根据地有了划分阶级的量化标准，为实行土地革命政策提供了较为科学的依据。这样，根据地的"地主、富农则下降到百分之五左右"④，土地革命缩小了打击面，拥护土地革命的人增多了，团结了 95% 以上的人。

---

　　① 中央档案馆：《中共中央文件选集》（第 7 册），中共中央党校出版社 1991 年版，第 448，509，501，509，509，509 页。

　　② 中央文献研究室：《毛泽东文集》（第 1 卷），人民出版社 1993 年版，第 269，270 页。

　　* 后改为《怎样分析农村阶级》。

　　③ 中央档案馆：《中共中央文件选集》（第 9 册），中共中央党校出版社 1991 年版，第 549，547 页。

　　④ 王观澜：《中央苏区的土地斗争和经济情况》，《回忆中央苏区》，江西人民出版社 1981 年版，第 351 页。

综观以毛泽东为代表的共产党人在土地革命战争时期探索解决农民土地问题的主张与实践，我们发现探索中执行过共产国际和中央的"左"倾政策，出现过偏差。毛泽东充分地研究了农村土地革命的复杂背景，突出了共产党领导农民土地革命的目的，不断调整了土地法规和政策文件，确立的没收地主土地，分配给农民耕种，变封建土地所有制为农民土地所有制的土地革命路线，有利于土地革命运动顺利有序进行；他提出的土地没收、分配的范围与标准，有利于调动农民的革命和生产积极性，有利于解放和保护农业生产力，促进根据地农业生产的发展。

第二节　抗战时期减租减息的政策与实践

抗战期间，以毛泽东为代表的共产党人认为没收汉奸土地，在农村实行减租减息政策是减轻农民经济负担，调动农民发展农业生产积极性，保障抗战胜利的重要条件，实现了共产党土地政策的重大转变。他们坚信逐步实现耕者有其田、保障农民土地所有权的政策是共产党获取农民支持，为国家工业化奠定基础的重要保证。

一　减租减息政策的提出

1935 年 10 月红军到达陕北后，以毛泽东为代表的共产党人根据国内形势的转变，从建立抗日民族统一战线的角度，逐步纠正了土地革命战争时期对待地主、富农的"左"倾政策，强调只反对地主、富农的封建剥削。为建立抗日民族统一战线，共产党提出了减租减息政策，并把它作为实现耕者有其田的重要步骤。

（一）对富农经济政策的调整

1935 年 12 月 6 日，中央在《关于改变对富农策略的决定》中指出，现在"是民族革命战争紧迫的时期"，党的中心任务是团结各社会阶层"建立全国人民的统一战线"。过去反对富农的策略"是在把富农推到反革命的怀抱中去"，以致影响到中农，使他们"对于发展生产力减少兴趣"，现在这种策略"已经不适当了"。共产党应该集中力量消灭地主阶级，富农"只取消其封建式剥削的部分"，取消其高利贷，不没收他经营的（包括雇工经营的）土地、商业及其他财产；给富农平均分配土地，保障他们有"扩大生产（如租佃土地，开辟荒地，雇用工人等）"及发展工商业的自由，除累进税外，"不能加富农以特别的捐款或征发"①。15日，毛泽东根据中央决定宣布了上述对富农的政策，纠正了实行富农分坏田、过早消灭富农经济的"左"倾政策，但富农没有选举权，"无权参加红军及一切武装部队（包括赤卫军在内）"②。1936年7月，中央发出《关于土地政策的指示》，要求全部没收一切汉奸卖国贼的土地财产，地主被没收土地、粮食、房屋财产后，仍分给耕地、生活资料及生产工具，数量和质量"由当地农民群众多数的意见决定"；不没收各种小业主与生活状况很差的小地主、抗日军人及献身抗日事业者的土地；农民要求平分富农土地及多余的农具、牲口时，富农应"与一般农民得到同等土地"；不靠地租剥削而靠大量雇农经营土地或畜牧业的农业企业主，因其生产方式带有进步色彩，"应按照对待富农的政策办理"；商人兼大地主的土地"照一般地主办理"，但不能侵犯其商业经营的资产。在根据地取消高利贷，允许在遵守苏维埃政府颁布的土地出租条例的条件下出租土地，但"须废除旧时残酷的和奴役的出租办法"。这表明共产党对反封建的重点有了正确认识，对富农问题有了正确的政策。

（二）减租减息政策的提出

1937年2月，党提出停止没收地主土地的政策。在全国停止没收地主土地后，"要继续保障土地在农民手中"③，就必须没收汉奸的土地，决定以减租减息作为减轻农民受封建剥削程度的政策。这就表明党的农村土地政策出现了重大调整。

为了减轻农民的封建剥削，毛泽东指出共产党要在与国民党合作抗日的前提下，解决农民的土地问题，停止没收地主土地"是一种有原则有条件的让步"。为了换得全民族的和平、民主与抗战，由暴力没收转变到新的方法"就是完全必要的"，准备"用立法和别的适当方法去解决土地问题"。实行减租减息政策，"并没有超出资本主义范畴内私有财产制的界限以外"④，没有实行社会主义。实行地主减租减息、农民交租交息是

---

① 中央档案馆：《中共中央文件选集》（第10册），中共中央党校出版社1991年版，第584，585，585，585，585，586，586，587页。

② 中央文献研究室：《毛泽东文集》（第1卷），人民出版社1993年版，第375页。

③ 中央档案馆：《中共中央文件选集》（第11册），中共中央党校出版社1991年版，第57，58，58，59，59，161页。

④ 毛泽东：《毛泽东选集》（第1卷），人民出版社1991年版，第258，260，260，260页。

为了团结更多的人参加抗战，并不是说"中国不要解决土地问题"。减租减息是抗日民族统一战线中互助互让的原则和方针，"是积极的方针，不是消极的片面的方针"。他还阐述了党的未来的土地政策，说以后建立的新民主主义共和国将"没收地主的土地，分配给无地和少地的农民"，扫除农村的封建关系，把土地变为农民的私产，容许富农经济存在。在农村发展的各种合作经济"具有社会主义的因素"①，共产党要建立的"是实行彻底的民主制度与不破坏私有财产原则下的国家与政府"②，现在还不是建立社会主义农业的时候。

二　减租减息政策的实践

由于抗日根据地还处在初创阶段，减租减息政策没有得到广泛执行。随着抗战相持阶段的到来，为了反对抗日民族统一战线内部出现的投降气氛，共产党于1939年11月要求八路军、新四军必须实行"有利于广大抗日民众的经济改革与政治改革"，"实行减租减息废止苛捐杂税与改良工人生活"。尚未实行的，必须立即实行。由此，华北根据地根据中央的要求，掀起了减租减息的群众运动。1940年7月，中央就根据地没收大汉奸土地财产问题作出指示，认为"这种没收，仅仅应对付个别的罪恶昭著的大汉奸"，不应把没收汉奸土地财产变成普遍的没收土地与分配土地的运动；反共顽固分子公开投敌后，"只能没收其中最坏最大者的土地财产"；为争取更多的抗日力量，"一切伪军官长的土地概不没收"，全家逃亡敌占区的伪军军官、普通汉奸或普通地主的土地财产也不没收，可由政府代管，以低租额租给农民，等待"其反（引者注：返）回重新抗日时，即退还其土地财产"。9月，中央在《关于统累税问题的指示》中指出，累进税的"免征者不应超过人口百分之十到二十"，中农贫农等基本群众"均须予适当的负担"，由富有者完全担负或负担过重，照顾贫苦工农是不正确的。

1939年冬到1941年底，减租减息政策在各根据地得到了普遍贯彻。由于各根据地面对的情况不尽相同，各地实施减租减息的进程和具体情况存在差别。有些地方没有认真贯彻执行，或出现地主用收回租地或变更佃

---

① 毛泽东：《毛泽东选集》（第2卷），人民出版社1991年版，第368，537，678，678页。
② 中央文献研究室：《毛泽东文集》（第2卷），人民出版社1993年版，第134页。

户或侵犯农民的佃权等手段威胁农民不敢减租，出现了明减暗不减的现象；或把减租减息当作宣传口号；或出现农民减租减息愿望迫切，不顾政策把租额大幅降低或不交租不交息，甚至没收土地、废除债务，发生侵犯地主、富农财产权和人权等"左"的偏差，不利于党的抗日民族统一战线政策的贯彻。

1940 年 12 月，毛泽东针对减租减息政策实施中存在的偏差，要求华中根据地应避免错误的发生，应保证地主有土地所有权，规定农民有交租交息的义务，原则上不变动富农的土地；实行部分地减租减息以争取农民，但减租减息不能减得太多，"不要因减息而使农民借不到债，不要因清算旧债而没收地主土地"①。他明确指出，抗日民族统一战线的政策是联合和斗争的政策，要向党员和农民说明，地主减租减息是为了调动农民的抗日积极性。实行二五减租（即减租 25%）* 的原则，农民要求提高减租比例时，"可以实行倒四六分，或倒三七分"，但不要超过这一限度，利息也不能减到低于一般借贷许可的程度。规定农民交租交息，土地所有权和财产所有权仍属地主，不要因减息导致农民借不到债，"不要因清算老账而无偿收回典借的土地"②。他所确定的减租减息的比例为政策的实践提供了导向。1942 年 1 月，共产党要求各地加快推进减租减息政策，发布了《关于抗日根据地土地政策的决定》，配发了《关于若干特殊土地的处理问题》、《关于地租和佃权问题》和《关于债务问题》等附件。中央强调减租减息政策实施的原则是保证农民的地权、财权、人权和政权，"借以改善农民的生活，提高农民抗日的与生产的积极性"。保障地主的对应权利，"借以联合地主阶级一致抗日"；小资产阶级、民族资产阶级与富农都是抗日不可或缺的力量，在适当改善工人生活的条件下，保障用资本主义生产方式经营的地主（即经营地主）与富农的对应权利，鼓励资本主义与富农的生产方式；实行减租减息政策的目的是消灭顽固的汉奸分子的封建剥削。在农村，政府工作人员处理地主与农民减租减息的纠纷时要根据上述原则，"采取调节双方利益的方针"。一切有关土地及债务的契约"须依双方自愿"，到期后任何一方均有解约的自由；除赤贫者

---

① 中央档案馆：《中共中央文件选集》（第 12 册），中共中央党校出版社 1991 年版，第 191，191，426，426，426，427，494，494，575 页。

* 早在 1927 年 7 月，中共中央就提出过"减租百分之二十五"的口号。

② 毛泽东：《毛泽东选集》（第 2 卷），人民出版社 1991 年版，第 767 页。

外，抗日经费均按累进原则缴纳，"不得畸轻畸重，不得抗拒不交"。必须劝告农民，在实行减租减息与保障自己的人权、政权、地权与财权后，"实行交租交息与保障地主的人权、政权、地权、财权"；必须劝告地主，"不应该限制于眼前的狭隘的利益"，要顾及将来及全民族的利益。所谓减租是"照抗战前租额减低百分之二十五"，在游击区及敌占区附近，以调动农民抗日积极性及团结各阶层抗战为目的，"可比二五减租还少一点，只减二成、一成五或一成"。所谓减息是指战前的债务"以一分半为计息标准"，付息超过本钱一倍的停利还本，超过二倍的本利停付；而战后债务，"政府不应规定过低息额"。减租减息的基本精神是发动广大农民的抗日热情，以奖励农业资本主义生产方式为主，同时又保护地主的权利，"可以说是一个七分资本三分封建的政策"，为抗日根据地创造了农业发展的必要前提。中央还明确指出，"减租是减今后的，不是减过去的"，减息则相反。中央又强调在政策实践中，为发动农民而出现对地主打击过激的行为不可避免，也是必要的。党的策略不是事先限制农民的行动，而是在农民充分发动起来后，"能够及时的说服群众，纠正过左行动"①，再保障地主的人权、地权、财权和政权。中央还对汉奸及逃亡地主的土地处理原则，其地租及佃权、债务、特殊土地处理等问题规定了具体办法。上述把减租减息政策具体化的规定成为了各根据地制定土地法规的基本依据。

从1942年1月到1943年底，各根据地根据中央精神制定或修改了减租减息的条例或法令，减租减息政策得到了全面贯彻。在根据地减租减息政策的实践中，出现了针对地主追索既往的剥削，利息、罚金加征累计，地主的全部财产不够抵偿的情况；对地主进行人身侵犯；因租息降低剧烈，地主收回土地，不给贷款，给农民生产生活造成困难等现象。1943年10月，中央总结了一年多来的减租减息工作。毛泽东要求，凡是没有认真实行的地方必须在今年一律减租，减得不彻底的，"必须于今年彻底减租"；他批评不发动农民减租的积极性，实行恩赐减租是不正确的，必须发动农民，"应当成立农民团体，或改造农民团体"，应"站在执行减租法令和调节东佃（引者注：地主和佃农）利益的立场上"。指出减租后

---

① 中央档案馆：《中共中央文件选集》（第13册），中共中央党校出版社1991年版，第281，281，283，283，283，284，285，286，286，287，287，295，299，296页。

的农民能购买农具、种子、肥料乃至牲畜，积极参加生产合作，将增产增收。在根据地范围压缩的情况下，"彻底地争取群众、和群众同生死共存亡的任务"具有紧迫性，今年彻底减租就能调动农民的积极性，"加强明年的对敌斗争，推动明年的生产运动"①。据此，各根据地在 1943 年秋冬普遍开展了减租减息政策执行情况的检查，推动了减租减息的深入发展。1944 年 2 月，中央要求未减租的地区在春耕前，一律减租；已减租的地区注意团结地主。在减租斗争中，应防止对地主采取过"左"的政策，"如已发生，应适当纠正（但不能损害群众积极性）"②；没有发生，应先预防，使减租斗争正确而顺利地进行下去。1945 年 11 月，还要求新区及尚未减租的解放区应把减租与发展生产作为明年的中心任务，战略位置最重要、人口最稠密的地区的减租运动"应由重要的领导机关及负责干部亲自去指导"③。至 1946 年 6 月内战爆发前，共产党在华北、山东、陕甘宁和东北根据地普遍开展了减租减息运动。

抗战时期，毛泽东和共产党人立足扩大抗日民族统一战线，争取抗战胜利的大前提，主张实行削弱农村封建剥削的减租减息政策，在实践中具有重大意义。

第一，大多数抗日根据地以二五减租为标准清算了过去的债务，取消了正租以外的额外剥削，废除了苛捐杂税，削弱了农村的封建剥削，减租减息政策取得了显著成效。据晋察冀根据地的第二、五专区 1940 年 6 月的不完全统计，减租达 12290 余石；四个专区减息达 320600 余元，农民抽回被抵押的土地 64900 余亩。苏南根据地 1944 年普遍减租减息后，共减租稻 8976 万余斤，减息稻 184 万余斤，减息米 41 万余斤，款 15 万余元。减租减息后，农民购买土地的愿望得到了提高，地主、富农卖地增多，贫农、中农买地增多，出现了地权逐渐分散到贫农、中农的趋势，引发了农村阶级结构的变化。在土地买卖方面，据北岳区 1943 年的调查，抗战以来，24 个村庄中地主出卖土地的占 36.13%，富农占 29.06%，中

---

①　毛泽东：《毛泽东选集》（第 3 卷），人民出版社 1991 年版，第 910 页。

②　中央档案馆：《中共中央文件选集》（第 14 册），中共中央党校出版社 1992 年版，第 174 页。

③　中央档案馆：《中共中央文件选集》（第 15 册），中共中央党校出版社 1991 年版，第 438 页。

农以下各阶层卖地合计占 34.81%。雇农、工人及小工商业者买入土地占 8.69%，贫农占 30.39%，中农占 54.1%，富农占 5.16%，地主占 1.59%。据北岳区、太行区、晋绥边区、盐阜区和滨海区等根据地战后与战前的调查分析，中农增加了 1/3 多，土地增加了 2/5 以上，贫农减少 1/5，土地大约增加了 1/6，地主减少了约 1/3，土地减少一半多；富农的户数和土地数量均有减少①。总之，减租减息政策调整了根据地的阶级关系，地主、富农被削弱，贫农、雇农减少了，中农扩大了，农村阶层变动出现了两头小、中间大的趋势。

　　第二，提高了农民的生产热情，促进了根据地经济的发展。减租减息后，"农民的生产兴趣就增加了"②，纷纷制订家庭经济计划，开展生产运动，建立起劳动互助组织，克服了根据地人力、畜力不足的困难，增加了农业产量。据北岳区 1944 年 10 月统计，农民修滩地 7.7 万余亩，开荒 33.5 万余亩，耕地比上年增加 42.2 万余亩，变旱地为灌溉的土地 9.5 万余亩，耕种普遍锄了三四遍，增加肥料 1100 万担。太行区从 1942 年秋到 1943 年春开荒 7.5 万亩，变旱田为水田 1000 顷，开渠 1150 里，增收粮食 3 万石③。抗日根据地农业生产的发展，满足了农民的生活需求，对保证抗日部队供给，坚持长期抗战，发挥了重要作用。

　　第三，减租减息后，地主转业经营或开展其他生产经营活动，或自己参加劳动转化为富农经营，或雇工经营部分土地成为经营地主，或典卖土地投资工商业和合作事业。减租减息政策调整了根据地的生产关系，对根据地经济的发展产生了积极作用。

　　第四，激发了农民的抗日积极性，提高了农民的政治觉悟。减租减息后，广大农民踊跃参战、参军，粉碎侵略者的进攻，保卫根据地。据晋冀鲁豫边区 1941 年 8 月的统计，北岳区民兵 28098 人，作战 1146 次；太行区民兵 4.1 万人，作战 3700 次④。经过减租减息后，农民积极参军，"各

---

　　① 数据见《解放日报》1944 年 12 月 23 日，第 4 版。转引自孙学龙等《抗日战争时期的土地法律制度——以陕甘宁、晋察冀等根据地为例》，《新西部》2010 年第 22 期，第 81 页。
　　② 毛泽东：《毛泽东选集》（第 3 卷），人民出版社 1991 年版，第 1078 页。
　　③ 数据见《解放日报》1944 年 12 月 23 日，第 4 版。转引自孙学龙等《抗日战争时期的土地法律制度——以陕甘宁、晋察冀等根据地为例》，《新西部》2010 年第 22 期，第 81 页。
　　④ 数据见《解放日报》1942 年 3 月 23 日，第 3 版。转引自孙学龙等《抗日战争时期的土地法律制度——以陕甘宁、晋察冀等根据地为例》，《新西部》2010 年第 22 期，第 81 页。

战略区都完成了预定的计划，有的县份完成计划人数的两倍"①，抗日根据地出现了许多父送子、妻送夫、未婚妻支持未婚夫参军的感人事例，农民支援了长期抗战，保证了抗战的胜利。

第三节　解放战争时期土地改革的政策与实践

抗战胜利后，为保证全国解放战争的胜利，共产党及时将减租减息政策改为没收地主土地分配给农民的土地政策，再次实现了土地政策的重大转变。毛泽东认为，在农村彻底平分土地，把土地变为农民的私产，巩固农民土地所有权是中国革命胜利的重要保障。以毛泽东为代表的共产党人逐渐纠正了党的干部和农民在土地改革实践中产生的辱骂打杀地主、侵犯中农利益、绝对平分、破坏工商业等错误，强调土改完成后农村工作的重点是恢复和发展农业生产。他们在土地没收、征收的对象和范围，分配的步骤与方法等方面的政策实践为新中国建立后，在全国新区及少数民族地区推行土地改革提供了重要经验。

一　《五四指示》的提出与实施

抗战时期，毛泽东表示，共产党实行减租减息政策，但并未放弃实行"耕者有其田"的主张，要"扫除农村中的封建关系，把土地变为农民的私产"②，实践孙中山的主张。1945 年，他在《论联合政府》的政治报告中明确解释了"耕者有其田"的性质是把封建地主的土地变为农民的土地，"使农民从封建的土地关系中获得解放"，制造将中国由农业国变为工业国的可能性。虽然"耕者有其田"是资产阶级民主主义性质的主张，不是无产阶级的主张，但计划在抗战胜利后，首先在全国实行减租减息政策，"然后采取适当方法，有步骤地达到'耕者有其田'"③。抗战胜利后，国内阶级矛盾逐渐转变为主要矛盾。1945 年冬天，各解放区的施政纲领都规定了减租减息政策，开展了反奸清算和减租减息运动。1946 年 1 月，中央向旧政协提交了包含减租减息政策的《和平建国纲领草案》。随

---

① 张希坡等：《中国革命法制史》，中国社会科学出版社 2007 年版，第 581 页。
② 毛泽东：《毛泽东选集》（第 2 卷），人民出版社 1991 年版，第 678 页。
③ 毛泽东：《毛泽东选集》（第 3 卷），人民出版社 1991 年版，第 1074，1076 页。

着解放区反奸清算和减租减息运动的发展，农民不但夺回了被汉奸、恶霸霸占的土地，还采取各种方式从地主手中取得土地，实现了耕者有其田。中央也曾制止农民从地主手中夺取土地。

为准备自卫战争，充分发动农民从地主手中获得土地，支持农民反奸、清算、减租、减息、退租、退息等行动，中央于1946年5月发出了《五四指示》，决定将减租减息政策改为没收地主土地分配给农民的土地政策。该指示对农村各阶级各阶层的政策、解决土地问题的方式、分配胜利果实的原则以及其他相关问题作了规定。就农村阶级政策来看，中央表示要吸收中农参加土地革命运动，决不可侵犯中农的土地，使其从中获得利益；富农则着重减租，保全其自耕部分，一般不变动富农的土地，但广大农民要求变动时，也不要打击得太重；把中小地主与大地主、豪绅、恶霸区别对待，照顾中小地主的生活，采取调解仲裁的方式解决他们与农民的土地纠纷；谨慎处理和适当照顾豪绅地主成分的抗战军人和干部及家属，在抗日中与共产党合作、不反共的开明绅士及其他人士的土地问题。就农村工商业政策，规定除罪大恶极的汉奸的矿山、工厂、商店没收外，不侵犯一般富农及地主经营的工商业。解决土地问题的主要方式是没收分配大汉奸土地，保障减租后农民的租佃权。当地主出卖土地时，佃农可以优先购买；当地主需要卖出土地清偿负欠时，可以抽回二成或三成土地耕种。就分配原则，要求公平合理地把土地分配给贫苦的烈士遗属、抗日的战士干部及其家属和无地少地的农民，保障劳动致富者的财产权不受侵犯，巩固农民的土地所有权。

《五四指示》发布后，中央"拟根据孙中山照价收买的精神"[1]，由政府发行土地公债，允许地主保留一定数量的土地，不没收一般地主的土地，征购地主超过一定数量的土地，分给农民或由贫苦农民贷款购买的"温和"方案。由于意见分歧甚大，中央决定暂缓公布这一方案。

《五四指示》实施的方针是争取和平，准备战争，"使和平与土地改革结合起来"。在实践中，由于清算减租运动的深入，根据广大农民的要求，进行了土地政策调整，除对大汉奸的土地直接没收分配外，农民取得

[1]　中央档案馆：《中共中央文件选集》（第16册），中共中央党校出版社1992年版，第257页。

土地的方式"不是全部改变，因为并没有全部废止减租政策"①，与土地革命战争时期的方式不尽一致。针对东北、热河等地的土地问题，中央要求"运用反奸清算减租减息等各种形式"与当地农民创造的形式，"减租还应进行，但只靠减租不能解决土地问题"②，应利用减租、负担、抢掠霸占、黑地挂地、劳役及其他剥削等清算方式，把地主土地大量地转移到农民手里，普遍解决土地问题。《五四指示》的基本精神是发动农民自己起来解决土地问题，消灭封建剥削，实现耕者有其田。党在指示中不再将改变封建土地所有制的斗争称为土地革命，而改为土地改革。《五四指示》不是直接没收地主阶级土地分配给农民的彻底的土地改革，而是采用清算租息、清算霸占、清算负担等方式使地主的土地转移到农民手中，没有明确规定采取彻底没收地主土地的办法废除封建土地制度，对地主、富农照顾较多，对在抗日期间与共产党合作而不反共的开明绅士及其他人都有适当的照顾，因而被称为"有限土改"。《五四指示》在不少地区没有得到执行，在实践中出现发动起来的农民突破了指示的规定，没收和分配了地主的土地，有的采取了更为严厉的措施造成地主死亡；也有部分地方的地主、富农钻政策的空子对抗土地改革，或实行打乱平分、填平补齐的平均分配的方法，侵犯了中农利益，过重打击了富农；一些思想不纯的干部侵吞多占，产生土地分配不合理等现象。《五四指示》执行中产生的这些现象及炽热胶着的战争态势影响着土地改革的顺利进行。

　　1947年2月，毛泽东要求在土地改革运动中，对待中农、一般的富农和中小地主的政策，"都照《五四指示》办理"。未改革的地方必须在今后继续"放手发动群众，实现耕者有其田"；已经改革的地方要纠正没收和分配土地不彻底的现象，实行填平补齐的办法，"务使无地和少地的农民都能获得土地"，豪绅恶霸分子受到惩罚，团结赞成土改的90%以上的群众，"孤立反对土地改革的少数封建反动分子"③，迅速实现耕者有其田。9月，他强调"平分土地，利益极多，办法简单，群众拥护"，可以使"中农大多数获得利益"，少数分出部分土地的中农可以得到其他如政

---

① 中央文献编辑委员会：《刘少奇选集》（上），人民出版社1981年版，第386页。
② 中央档案馆：《中共中央文件选集》（第16册），中共中央党校出版社1992年版，第155，164页。
③ 毛泽东：《毛泽东选集》（第4卷），人民出版社1991年版，第1216，1215，1216，1216页。

治及一般经济利益的补偿;主张将农村全部的土地、山林和水利,在平地以乡为单位,在山地以村为单位,除少数重要的反动分子外,不分性别和年龄,"在数量上(抽多补少)质量上(抽肥补瘦)平均分配"。地主、富农多余的粮食、耕牛、农具、房屋及其他财产也要适当分配给贫穷的农民,他们"所得的土地财产不超过也不低于农民所得"①。毛泽东还强调大规模的森林及水利工程由政府管理,不能被分配。他的关于解放区平分一切土地的要求提出后,许多解放区为了填平补齐,掀起了土改复查运动。在复查中发生了"左"的错误,不侵犯中农利益的精神并没有得到贯彻,"左"的倾向蔓延发展了起来。

二 《中国土地法大纲》的制定与实施

1947 年 9 ~ 10 月中央在河北省平山县西柏坡村召开的全国土地会议根据毛泽东的意见,决定实行彻底平分土地的方针,制定了《中国土地法大纲》(以下简称《大纲》)。《大纲》成为了各解放区实行土地改革、保障土地改革运动顺利进行的法律工具。

《大纲》规定"废除封建性及半封建性剥削的土地制度",实行耕者有其田。强调没收一切地主和祠堂、庙宇、寺院、机关、学校及团体的土地、农具、房屋、牲畜、粮食及其他财产,征收富农上述财产的多余部分,废除其土地所有权。强调土地改革主要和直接的任务是满足无地或少地的贫苦农民对土地的要求,把没收征收后的土地财产分配给无地或少地的农民,政府发给土地所有证,农民具有土地的使用权和所有权,具有自由生产、买卖及在特定条件下的出租权。《大纲》实现了从减租减息到彻底平分土地政策的过渡。

《大纲》在没收、征收的对象和范围方面,规定对包括大中小地主及出身地主家庭的革命军人、干部和烈士家属的土地财产实行没收,改正了《五四指示》中对地主的过多照顾;规定废除祠堂、庙宇、寺院、学校、机关及团体的土地所有权,富农参与平分土地,征收其多余财产,满足广大贫雇农土地与财产的要求,改变了《五四指示》一般不变动富农土地的政策,使共产党废除封建及半封建的土地制度的政策更加彻底;规定废除乡村中在土改前的一切债务,免除了地主、富农等对贫苦农民的债务;

---

① 中央文献研究室:《毛泽东文集》(第 4 卷),人民出版社 1996 年版,第 300 页。

《大纲》尽可能地满足了贫苦农民获得必要的生产生活资料，彻底摆脱封建及半封建剥削的要求。《大纲》在分配的原则和方法方面，规定一般以乡或等于乡的行政村为单位，按全部人口，统一平均分配，"数量上抽多补少，质量上抽肥补瘦"，使包括地主在内的全体农民获得同等数量和质量的土地。在土地平分时，容许中农拥有比一般贫农平均数量多的土地，分配牲畜、农具、房屋、粮食及其他财产时，"分给地主同样的一份"；在分配土地之外的其他财产时强调只分给缺乏这些东西的农民，不平均分配，用缺多多补、缺少少补、不缺不补的原则使贫苦农民获得适当的生产资料和生活资料。《大纲》规定山林、水利、芦苇地、果园、池塘、荒地及其他可分土地，均按普通土地的标准进行分配；大森林、大矿山、大荒地、大牧场、大水利工程与湖沼等归政府管理。《大纲》还对土地分配中的特殊问题做出了规定。如，只有一个或两个人的贫苦农民家庭，可以酌量分给两个或三个人的土地，一般的乡村工人、自由职业者及其家庭分给与农民同样的土地，其职业足以维持生活费用的全部或大部分者，则不分土地或分给部分土地；家在农村的一切解放军、人民政府及人民团体的工作人员及家属分给与农民同样的土地及财产。通过强迫地主劳动，把地主改造为自食其力的劳动者。此外还规定家居农村的国民党党员、政府官员、军队官兵与敌方其他人员，其家属分给与农民一样的土地及财产；对家在乡村的汉奸、卖国贼及罪犯家属，如果没有犯罪行为、愿意自己耕种土地者，与农民分得同等土地及财产。

《大纲》规定"保护工商业者的财产及其合法的营业，不受侵犯"[1]。小资产阶级和中等资产阶级的工商业受到保护，地主、富农经营的工商业也受保护。《大纲》规定各级农会和土地改革后成立的农民代表大会及其委员会是合法的土改执行机关，具有接收和分配没收和征收来的土地和财产，调剂分配土地的区域标准，组织人民法庭、保持土改秩序和保护人民财富，批评、弹劾和选举、撤换一切干部等权力。

《大纲》在贯彻中再次出现把农民要怎么办就怎么办误认为群众路线加以支持，妨害土改顺利进行的"左"倾错误。如：新老区一律按人口彻底打乱平分土地，排斥中农，侵犯了中农利益，尤其是已经基本平分的

---

[1] 中央档案馆：《中共中央文件选集》（第 16 册），中共中央党校出版社 1992 年版，第 547，548，548，549 页。

老区，中农占了大多数，地主、富农已经没有多少土地的情况下实行绝对平分，更容易侵犯中农的利益；违反保护工商业的政策规定；不区分地主富农中的恶霸与非恶霸，不区别富农地主，一律扫地出门，甚至对开明绅士乱批乱斗、乱打乱杀。为纠正各种错误偏向，中央于 1947 年 11 月重发了 1933 年中央工农民主政府关于农村阶级分析及土地斗争问题的指示。毛泽东于 1947 年 12 月 25 日继续肯定按人口平分土地的原则，说"这是最彻底地消灭封建制度的一种方法"，适合农民的要求。普遍彻底地解决农民的土地问题，使农民获得土地，"我们就获得了足以战胜一切敌人的最基本的条件"。他强调，土改中不应重复 1931～1934 年实行过的"'地主不分田，富农分坏田'的过左的错误的政策"。农村中土改的对象"人数甚少"，参加土地改革统一战线的人数大约在 90% 以上。他提出土改的基本原则是满足贫农和雇农的要求，团结中农，不损害其利益。他认为掌握了原则，"我们的土地改革任务就一定能够胜利地完成"。尽管富农经营带着很重的封建和半封建剥削的性质，土地较多，质量较好，如不平分就不能满足贫雇农的要求，在分配富农进行封建剥削的多余土地及财产时，应与地主"有所区别"；他还分析了实行平分的政策对中农的影响，认为不变动一部分中农的土地，而一部分中农增加了土地，部分富裕中农也有少量多余的土地，实行平分后，中农的土地税负担减轻了，所以"土地改革中，中农表现赞成平分"。他进一步强调，在执行联合中农的战略时，如果他们不同意平分，应向中农让步；在划分阶级成分时，不要把中农成分的人划成富农；农会委员会及政府必须吸收中农中的积极分子；在承担土地税和支援战争方面，对中农也"必须采取公平合理的原则"[①]。他的这些认识和中央的政策决定都是正确的，对于纠正对富农和中农的"左"倾错误发挥了重要作用。

我们认为，因为农村各个阶层土地占有不均，土改的主要目的是满足贫农和雇农的要求，但这种满足只能是相对的，过分强调必须满足贫农和雇农的要求，也就为损害富农和中农利益留下了空子。我们还应该看到，中农并不愿意分出自己的土地，中农愿意拿出土地完全是形势所迫。毛泽东说中农甚至富裕中农赞成平分土地，平分土地不损害中农利益的理由也

---

① 毛泽东：《毛泽东选集》（第 4 卷），人民出版社 1991 年版，第 1250，1252，1251，1251，1251，1251，1251，1252 页。

就不充足了。虽然他也强调不要损害中农的利益，但由平分土地引起的侵犯中农利益的错误不能得到根本解决。

1948 年 1 月，毛泽东提出在农民还没有发动起来就进行土地改革的地方必须反对右倾，在情况相反的地方"必须防止'左'倾"。土改中必须将贫雇农的利益和贫农团的作用放在第一位，共产党领导雇农、贫农、中农和其他劳动者打江山，但"'贫雇农打江山坐江山'的口号是错误的"；他规定了区分中农和富农的标准，剥削收入占总收入 1/4 以下的农民"应订为中农，以上者为富农"。强调中农和其他阶层中，"订错了成分的，应一律改正"，被分掉的东西应该退还。富裕中农的土地需要得到本人的同意才能平分，在农民代表和农民委员会中必须纠正排斥中农的倾向。土地改革只没收官僚资本和真正恶霸反革命分子的工商业，"必须避免对中小工商业者采取任何冒险政策"，地主富农经营的工商业应当保护；避免把贫雇农同中农对立，对中农采取冒险的政策；对教授、教员、学生、科学与艺术工作者也"必须避免采取任何冒险政策"；在不妨碍土地改革的条件下，对开明绅士也"必须分别情况，予以照顾"。在平分封建土地财产时，对地主富农出身而人民没有极其恶感的人，也"应使其避免受斗争"；在平分土地时，必须区别新旧富农，老区新富农按"富裕中农待遇"，须经本人同意，才能平分其土地；老区富农降为中农、贫农满 3 年以上，地主劳动满 5 年以上的，"表现良好，即可依其现在状况改变成分"。若他们还保有大量多余财产，"应依照农民要求拿出其多余部分"；不应过分强调在斗地主隐藏财物方面"耗费很长时间"；他还强调必须区别大、中、小地主及富农，在平分土地时，对地主富农中的非恶霸和恶霸"也应有所区别"，审讯并经政府机关批准枪决极少数真正罪大恶极分子，建立必要的革命秩序。对待地主也必须坚持严禁乱杀、少杀的原则，因为土改是为了消灭地主阶级，不是消灭地主个人，把约 3600 万地主富农"看作是国家的劳动力，而加以保存和改造"，但地主分得的生产生活资料不能高于普通农民。2 月，毛泽东致电刘少奇，提出实施土地法，"应当分三种地区，采取不同策略"。在老区"不是照土地法再来分配一次土地"。在农会中组织贫农小组，因为贫农大多数在改革后已上升为中农，必须吸收他们中的积极分子，由贫农和中农中思想正确、办事公道的积极分子做农村政权和农会的领导工作；在半老区（1945 年 9 月到 1947 年 8 月解放的地区）的土地问题尚未得到彻底解决，要"完全适用土地法"，普遍彻底地分配土地。必须组织贫农团，"确定贫农团在农会中、在农村政权中的领导地位"，还应准备第二次再分，复查一二次。新区土改应分为两个阶段。第一阶段，"中立富农，专门打击地主"，可组织以贫农为领导骨干的农会（又称农民协会），搞好宣传组织工作，分大地主浮财，分大、中地主土地和照顾小地主等步骤去分配地主的土地，大约用两年时间。第二阶段，"将富农出租和多余的土地及其一部分财产拿来分配"，对前一阶段分配地主土地不彻底的部分进行分配，须一年时间。"老区和半老区的土地改革和整党，也须有三年时间"，太急了办不好。他还分析了土改中出现的各类错误，具体指出了孤立地宣传所谓贫雇农打江山坐江山，民主政府是农民的政府，只该听工人和贫雇农的意见，"是严重的原则性的错误"；在整党问题上，既反对忽视成分，又反对唯成分论的宣传还不够有力，"甚至有唯成分论的错误宣传"；在土改问题上，既反对观望不前，又反对急性病的宣传，"在许多地区却助长急性病"；在领导和群众的关系问题上，既反对命令主义，又反对尾巴主义，在实践中"迁就群众中的错误意见"，"否定了党的领导作用"①，这也是错误的。他要求对过去几个月的宣传和土改实践加以检查，纠正上述各种错误。新区土改"应依环境、群众觉悟程度和领导干部强弱"来决定土改的速度，不要急，"应准备在两三年内完成全区的土地改革"。应分两个步骤："首先打击大地主，然后打击其他地主"，恶霸与非恶霸及大、中、小地主在待遇上要有区别；第二步在平分富农出租的多余土地时，"应同对待地主有所区别"，土改受打击的，"一般不能超过户数百分之八，人口百分之十"。土改中，严禁地主富农分子混入农民协会及贫农团，"必须吸引中农参加，并照顾中农利益"；各地应选择若干地点进行试点，"取得经验，逐步推广，波浪式地向前发展"；在政权巩固的地区逐步进行土改，在游击区仅做"宣传工作和隐蔽的组织工作，分发若干浮财"；土改中必须镇压反动分子，但"必须严禁乱杀，杀人愈少愈好"；应当利用地主富农家庭出身，但"赞成土地改革的本地的革命的知识分子和半知识分子"，但要防止他们把持权力，妨碍土地改革，"着重任用

---

　　① 毛泽东：《毛泽东选集》（第4卷），人民出版社1991年版，第1268，1268，1269，1269，1269，1270，1270，1270，1271，1271，1271，1271，1271，1277，1277，1278，1278，1278，1278，1278，1280，1281，1281，1281，1281页。

农民家庭出身的知识分子和半知识分子"① 等。在日本投降前的老区与抗战胜利后到全国大反攻两年内取得的半老区，大反攻以后取得的新区，"实行土地法的内容与步骤亦应有所不同"。在半老区应彻底平分土地，在老区"不是再来一次平分，而是调剂土地填平补齐"。已经平分了土地，消灭了地主富农的封建经济基础的地区，只用抽多补少、抽肥补瘦的办法满足部分尚感土地不足的农民的要求，"在这样的地区再去平分土地是错误的"②，调剂部分土地和生产工具分给还没彻底翻身的贫雇农，允许中农拥有比一般贫农平均数量多的土地。在还存在封建剥削制度的地方，土地平分的重点限于地主、旧式富农多余的土地，中农及新式富农多余土地，在确有分出必要及本人完全同意的条件下允许调剂，新区不再抽动所有中农的土地。毛泽东提出土改中区分不同地区不同阶层采取不同政策的思想是正确的。

他还制定了《关于工商业政策》、《关于民族资产阶级和开明绅士问题》等党内指示，强调保护工商业，团结开明绅士。1948年3月，他批评晋绥分局"对于在订成分上侵犯中农"③、征收毁灭性的工商业税、抛弃开明绅士，犯了"左"倾错误。4月，他在晋绥干部会议上总结了晋绥根据地土改的经验教训，指出晋绥党组织已经纠正了土改中扩大打击面，侵犯属于地主富农的工商业，没有明确坚持严禁乱打乱杀的方针等错误偏向。针对土改中出现的农民要怎样办就怎样办的口号，提出对人民群众的正确意见，"党必须依据情况，领导群众，加以实现"，必须教育农民改正不正确的意见。他认为土改中教育和产生了成万的联系农民的积极分子和干部，这"是中华人民共和国的极可宝贵的财富"。他继续肯定贫农团和农会在土改中的重要作用，强调代表广大群众意志的人民代表会议，"才是真正的人民代表会议"。要求在党领导的各级人民代表会议中，区别有市镇的农村和纯农村，分别市镇大小，区别城乡的隶属关系，尽可能地有工人、农民、独立劳动者、知识分子、开明绅士、自由职业者和民族工商业者等各阶层代表参加。由共产党领导的、人民大众建立的政府是民

①　毛泽东：《毛泽东选集》（第4卷），人民出版社1991年版，第1283，1283，1283，1283，1283，1283～1284，1284，1284，1284，1284，2184页。

②　中央档案馆：《中共中央文件选集》（第17册），中共中央党校出版社1992年版，第33，33，50页。

③　中央文献研究室：《毛泽东文集》（第5卷），人民出版社1996年版，第75页。

主联合政府。他认为，封建主义是帝国主义、官僚资本主义统治的基础，打碎封建土地制度"是中国新民主主义革命的主要内容"。他明确了土改的主要任务和直接任务"就是满足贫雇农群众的要求"，"满足某些中农的要求"。他对满足中农要求做出了新解释，与过去把中农土地平分的主张相比较，更加突出容许一部分中农保有比一般贫农平均数量多的土地，证明毛泽东高度重视了中农在农业生产中的中坚作用。就土地平分问题，他首次提出，赞助农民平分土地的要求是为了消灭封建土地制度，但"并非提倡绝对的平均主义"。在农村分配土地时，主张绝对平均主义、破坏工商业的思想是错误的，性质上是"反动的、落后的、倒退的"。就土地改革的对象，他再次强调土地改革只消灭地主阶级和旧式富农的封建剥削，并非消灭地主个人，土改打击面一般不能超过农村户数的 8% 左右，人数的 10% 左右。他要求在土改中特别注意不要侵犯"没有剥削或者只有轻微剥削"的中农、新式富农、独立劳动者及自由职业者的利益。就消灭封建剥削制度的步骤，继续强调老区、半老区和新区在不同环境、阶段采取不同的策略，必须把握好大中小地主、地主富农中的恶霸分子和非恶霸分子及地主与农民、富农的区别，在消灭封建制度、平分土地的大原则下给予不同的待遇，实行有分别地消灭封建制度的办法。他最后强调，消灭封建制度、发展农业生产"是土地改革的直接目的"。在消灭封建制度的斗争中，必须最大限度地"保存一切可用的生产资料和生活资料"；任何完成土改任务地区的党和民主政府，必须劝告农民逐步地组织"以私有制为基础的各种生产的和消费的合作团体"，"改良农业技术，提倡选种，兴办水利"。消灭封建制度后，发展农业生产"就是新民主主义革命的最后目的"。他准确地总结和论述了共产党关于土地改革的经验与方法，标志着毛泽东农民土地革命思想的完全成熟。

1948 年，毛泽东还就新解放的城市保护工商业的问题，规定"禁止农民团体进城捉拿和斗争地主"，对家居城市、农村拥有土地的地主中的罪大恶极者根据农民团体的要求，"送到乡村处理"，其余的由民主政府依法处理。要求新区对地主富农实行减租减息、合理负担的财政政策和酌量调剂种子口粮的政策，不能分散地主富农的财富，立即分浮财、分土地。稳定新区农村社会秩序，"利于集中一切力量消灭国民党反动派"，待条件成熟后再分配土地。他还要求各中央局和分局到 1948 年 3 月，在所划定的地区依次完成乡村情况调查、到乡村的工作团或工作组团结当地党的支部组织内的一切积极分子和较好分子，共同领导当地土地改革、划分阶级成分、公道合乎情理地分配封建土地和封建财产，召开乡（村）、区、县三级人民代表会议选举三级政府，颁发土地证，确定地权、调整或改订农业税（公粮）标准等工作。他认为，这既有利于支援战争，土改工作的方向转移到恢复和发展农业生产方面去，也有利于恢复和发展生产，改善农民生活。他特别强调，贫雇农获得了大体平均的土地，在数量上同中农"虽有差别（这种差别是许可的），但是相差不多"，就可以认定土地问题已经得到解决，消灭了封建制度。他许可了中农同贫雇农在土地分配数量上的差别，放弃了绝对平均的要求，是对《中国土地法大纲》关于土地平分原则的修改，对于纠正因绝对平均出现土地不断平分，侵犯中农利益的"左"的错误是极为有利的。

总之，从1947年底至1948年上半年，中央和毛泽东就土地改革运动做出的系列重要指示和决定，纠正了土地改革工作中的各种错误，弥补了《中国土地法大纲》的不足。《中国土地法大纲》中按人口平均分配一切土地的规定在实践中出现的严重破坏工商业、乱打乱杀乱斗、新区老区一刀切、拔高中农成分而加以打击等"左"的错误，在1948年2月以后基本上得到纠正。1948年10月，毛泽东指出，党在最近一年内克服了和正在克服伴随着大规模发动农民解决土地问题的斗争产生的，部分地但相当多地侵犯中农利益，破坏某些私人工商业及某些地方越出"镇压反革命的某些政策界限等项'左'的错误"。他强调恢复和发展工农业生产"是支援战争、战胜国民党反动派的重要环节"[①]，要求解放区减少开会时间，不违农时，动员全党学习农业生产。他的认识为以后新中国建立后全国新区的土地改革提供了正确指导，保证了土地改革的顺利开展。

以毛泽东为代表的共产党人在解放战争时期，将土地革命改为土地改革，旗帜鲜明地在农村实行耕者有其田的主张，对土改中出现的错误进行了及时纠正，形成了有利于调动农民革命积极性，保护农业生产力的政策措施，为新中国建立后在全国终结封建土地制度积累了丰富经验。

---

① 毛泽东：《毛泽东选集》（第4卷），人民出版社1991年版，第1310，1309，1308，1313～1314，1314，1314，1314，1314，1314，1315，1316，1316，1316，1316，1324，1324，1326，1331，1344，1347～1348页。

第四节　新中国成立后新区土改的政策与实践

新中国成立后的土地改革和之前在激烈的战争条件下，服务于夺取革命战争胜利的土地改革存在着重大区别。在取得全国政权并且与资产阶级合作的条件下，推翻整个地主阶级，解放和发展农村社会生产力，恢复和发展国民经济成为了新中国成立后土地改革的直接任务。在新的条件下，在新区应实施怎样的土改政策？新区土改在政策上是否需要改变和怎样改变？这些成为了毛泽东和共产党人思考探索的重大问题。

一　新区土改政策的酝酿

在1949年筹建中华人民共和国的精心设计中，党确定了恢复国民经济是最首要的任务。1949年2月，毛泽东强调南方新区和北方老区的土改工作不同，新中国成立后的头一年不能实行减租减息政策，"大体上只能照原样交租交息"。党的"乡村工作，也得从新学习"，但乡村工作比城市工作更容易学习。3月，他提出党的工作重心由乡村移到城市，"开始了由城市到乡村并由城市领导乡村的时期"。中央要做到城乡兼顾，"决不可以丢掉乡村，仅顾城市"，但必须把工作重心放在城市。在南方农村首先要有步骤地展开剿匪反霸斗争，完成减租减息的准备工作，大约一年或两年后，实现减租减息，准备分配土地的条件，"必须注意尽可能地维持农业生产的现有水平不使降低"①。8月，中央同意新区农村土改实行中间不动（即中农的土地）两头平的政策，"而不要照土地法大纲上关于中农土地的规定"。中央政府成立后，要对土地法大纲有所修改。南方及其他新区必须在某些政策（如不让地主富农扫地出门等）及工作方法（如开区乡农民代表会议等）上"改正过去在北方土改中做得不好的地方"。新区在准备分配土地的时期必须完全掌握农村工作的领导权，不许出现无政府无纪律状态，一切重大决定都须"事先报告中央，获得批准，然后实行"。这就表明新区土改不再实行平分土地的做法。9月，《中国人民政治协商会议共同纲领》规定国家必须有步骤地把"封建半封建

---

① 毛泽东：《毛泽东选集》（第4卷），人民出版社1991年版，第1406，1406，1427，1427，1429页。

的土地所有制改变为农民的土地所有制"①，土地改革是发展生产力和国家工业化的必要条件。已土改的地区必须保护农民的土地所有权，应组织农民及一切能够从事农业的劳动力发展农业及副业生产，引导农民逐步组织各种形式的生产合作。尚未土改的地区必须先建立农民团体，经过清匪除霸、减租减息和分配土地等步骤实现耕者有其田；土地改革的每一步骤均应与恢复和发展农业生产相结合。11 月，在中央政治局讨论新区农村政策时，毛泽东提出江南土改要慎重对待富农。1950 年 2 月，他认为在新区土改中，不禁止农民要求分配富农多余的土地，但此事不但关系到富农也关系到民族资产阶级，对 1933 年的文件及 1947 年土地法等必须有所修改，"但也不要在法令上预作肯定"，"江南土改的法令必须和北方土改有些不同"②。根据中共七届二中全会和毛泽东对华东、中南、西北、西南广大新区土改工作的部署，中央人民政府政务院指示这些地区土改的准备工作及农民的觉悟与组织还未提高，决定在 1950 年秋收前，不实行分配土地的改革。届时，准备工作不足、农民的觉悟与组织仍不充分，或有土匪骚扰的地区，"待一九五一年秋收以后再实行"；新疆与其他少数民族地区及少数民族与汉族杂居地区，1951 年秋收后是否实行土改，要另行决定。所有新区在分配土地前，"应一律实行减租"。政务院将在 1950 年秋收或 1951 年秋收以后，发布土地改革法令。新区的人民政府或军政委员会要根据指示及中央土地改革的法令，加紧土改的准备工作，规定"分配土地的具体办法，并派得力干部进行典型试验"。大量地训练土改干部，迅速组织农民协会，选举各级农民委员会，召开各级农民代表大会，彻底改造区、乡政权机关，团结一切赞成土改的开明士绅，在某些地方"应迅速肃清土匪，尚未减租者，应即进行减租"③。根据政务院的指示，清匪、反霸、减租、退押的活动在新区农村普遍开展，肃清了农村中的残余土匪，打击了恶霸地主的破坏活动；新区建立了农民协会，提高了农民的觉悟，召开了县、区、乡人民代表和农民代表会议，完成了对乡、

---

①　中央档案馆：《中共中央文件选集》（第 18 册），中共中央党校出版社 1992 年版，第 415，415，415 ~ 416，585 页。

②　中央文献研究室：《建国以来重要文献选编》（第 1 册），中央文献出版社 1992 年版，第 126 页。

③　中央文献研究室等：《建国以来刘少奇文稿》（第 1 册），中央文献出版社 2005 年版，第 551，552，555，555 页。

村政权的改造，农村社会秩序得到了稳定。在新区实行土地改革的条件逐渐成熟。3月，毛泽东再次就土改中对待富农的策略问题向各大区和各省负责人征询意见。他认为，在今冬开始的南方及西北某些地区的土改中剥夺地主的土地，"不动资本主义富农，而且不动半封建富农"，几年后再解决半封建的富农问题。现在不动富农的土地，"更能孤立地主，保护中农，并防止乱打乱杀"，暂时不动半封建富农，党更有政治上的主动权，可以减少"左"的错误，减轻土改对社会的震动。由于民族资产阶级与土地问题联系密切，"暂时不动半封建富农似较妥当的"，可以稳定民族资产阶级。希望各地收集赞成和反对意见，"迅速电告中央，以凭考虑决策"。中央也向各中央局、分局、省委征询意见，各地计算部分富农土地财产和只没收富农出租土地两种政策的账，以便选定一个比较恰当的既能适当满足无地少地的贫苦农民的土地要求，又能中立富农的政策。毛泽东和中央对土改中的富农政策问题采取了十分慎重的态度，高度重视两种不同的意见。在6月召开的中共七届三中全会上，他把土地改革视为获得财政经济情况根本好转的三大条件之一，号召全党和全国人民创造条件，土改"完全有把握地能够在三年左右的时间内争取其实现"。他说，土改工作要有步骤有秩序地进行，现在国家可以用贷款的方法帮助贫农解决困难，弥补"贫农少得一部分土地的缺陷"。他再次对不动富农土地财产的政策作了说明，现在改为保存富农经济有利于恢复农村生产，"利于孤立地主，保护中农和保护小土地出租者"。他还说，中国革命依靠农民的援助取得了胜利，而"国家工业化又要靠农民的援助才能成功"，工人阶级、城市小资产阶级、民族资产阶级及各民主党派、各人民团体应当积极帮助和赞助农民进行土地改革。共产党已经基本上过了战争关，现在要过土改关，"组成一条伟大的反封建统一战线"①，就可以领导农民顺利地通过土改关。会后，毛泽东和中央继续通过党内外充分的讨论，广泛征求了对土地改革法草案的意见。

　　1950年7月，他提出为争取国民经济的恢复发展，必须完成的工作是：消灭封建势力，使农民得到土地；实行精兵简政，节约国家开支；恢复发展工农业生产。他强调没有这几项工作，"所谓克服困难，

---

　　① 中央文献研究室：《毛泽东文集》（第6卷），人民出版社1999年版，第47，47，47～48，48，70，70，70，80，80页。

只是一句空话"①。在华东、中南、西南、西北新区的 3.1 亿人口中，用 3 年左右的时间完成规模空前的反对封建土地制度的土地改革，"是中国人民民主革命及军事斗争以后的第二场决战"。他就此说道，"在土地改革中，我们的敌人是够大够多的"，斗争"是很激烈的，是历史上没有过的"。同时，在没有土改的大部分新区农村"又要收公粮，农民也有意见"。现在的土改工作是在与资产阶级合作的条件下进行的，所以需要更加谨慎，领导机关要加强领导，"随时了解情况，纠正偏向，以求少犯错误"；新区土改"将对地主和对富农分为两个阶段有好处，便于保护中农"②。他的这些指导性意见，表明他对新中国成立后新区农村土改工作具有十分清醒的认识，服务于农业的恢复发展是新区土改的根本要求。

二　《中华人民共和国土地改革法》及相关政策

《中华人民共和国土地改革法》（以下简称《土地法》）于 1950 年 6 月 28 日经中央人民政府委员会第八次会议讨论通过，30 日公布施行。《土地法》共 6 章 40 条，是共产党制定的最重要、最完善的土地改革的法令，希望通过土改废除封建剥削土地所有制，达到"解放农村生产力，发展农业生产"，为中国工业化开辟道路的目的。在土改完成后，人民政府发给农民土地所有证，承认农民拥有"自由经营、买卖及出租其土地的权利"③。《土地法》指明了土改的基本内容、理由和目的，明确了农民的土地产权，农民成为了土地的主人。《土地法》与 1947 年中央颁布的《中国土地法大纲》的基本精神一致，但在具体规定上的重大变化，充分体现了解放、保护和发展生产力的基本原则。其中最主要的变化在于：

第一，实行保存富农经济的政策。《土地法》规定富农所有的自耕及雇人耕种的土地及财产"不得侵犯"，出租的小量土地予以保留；在一些

---

① 中央文献研究室：《毛泽东文集》（第 5 卷），人民出版社 1996 年版，第 315 页。

② 中央文献研究室：《毛泽东文集》（第 6 卷），人民出版社 1999 年版，第 25，73，74，74，25，25 页。

③ 中央文献研究室：《建国以来重要文献选编》（第 1 册），中央文献出版社 1992 年版，第 336，343 页。早在 1949 年 9 月《中国人民政治协商会议共同纲领》中规定："土地改革为发展生产力和国家工业化的必要条件。凡已实行土地改革的地区，必须保护农民已得土地的所有权"，参见同书，第 7 页。

特殊地区，经省级以上人民政府批准，可以"征收其出租土地的一部或全部"；半地主式的富农出租的土地超过自耕和雇人耕种的土地，"应征收其出租的土地"；富农租入的土地要与其出租的土地进行抵扣。实践证明，富农在土地改革后人均占有土地数量一般为当地人均占有数量的2倍，富农经济得以基本保存。《土地法》实行保护富农经济的政策，避免了对富农打击过重以至从经济上消灭富农的偏差，富农的利益受到保护而保持中立，中农也放心了，土地改革的打击面从过去的大约占农村总户数的8%，缩小到3%～4%，改革的阻力大为减少。《土地法》对于土地改革的顺利完成，对于鼓励富农发展生产的积极性，对于迅速恢复和发展农业生产、恢复和发展国民经济有着积极的意义。

第二，改变了按人口彻底平分、说服中农拿出土地的政策。《土地法》规定中农（富裕中农在内）的土地及财产"不得侵犯"；土地分配以乡或等于乡的行政村为单位，在原有耕地的基础上，根据数量、质量及距离远近，"用抽补调整方法按人口统一分配"；不得抽出农民自有的原耕土地，而抽出农民租入的原耕土地进行分配时，应给原耕农民适当照顾，使其分得的土地（包括自有土地）"保持相当于当地每人平均土地数的土地"，稍微多于无地少地农民分得的土地数量。农民租入的原耕土地有田面权*者，"应给原耕者保留相当于当地田面权价格之土地"；有一人或两人而有劳动力的贫苦农民在土地条件允许的时候，可以"分给多于一口人或两口人的土地"。手工业工人、小贩、自由职业者及家属，当其职业收入不足以维持家庭生活，"应酌情分给部分土地和其他生产资料"。《土地法》规定农民自有的土地不得抽出分配以及取消打乱平分，避免了对中农利益的损害，保护了中农的生产积极性，实现中农与贫农之间的团结。

第三，严格区别了小土地出租者与地主。《土地法》规定，烈属、革命军人、工人职员、自由职业者、小贩及从事其他职业或因劳动力缺乏出租少量土地者不得以地主论处，其人均数量未超过当地人平均土地2倍的予以保留，"超过此标准者，得征收其超过部分的土地"。即使超过，由

---

* 由于地主购买农民土地，农民把土地抵押或出卖给地主，地主再把土地租给农民，农民以交租取得土地的永佃权。地主占有土地所有权即田底权，农民占有土地耕种权即田面权，地主与农民都可买卖。

本人劳动所得购买或因鳏、寡、孤、独、残废依靠该土地为生者，"亦得酌情予以照顾"。《土地法》避免了把小土地出租者划为地主的"左"的错误，有利于缩小土改的打击面，安定社会秩序，减少土地改革阻力，促进了农业生产的发展。

第四，对地主采取了较为宽大的政策。《土地法》规定没收其土地、耕畜、农具，多余的粮食及房屋，"但地主的其他财产不予没收"，直接用于经营工商业及兼营工商业的土地与财产也"不得没收"；给地主分配同等土地，使其"能依靠自己的劳动维持生活"，在劳动中改造自己。《土地法》避免了过去因彻底分配地主的一切土地财产，导致对地主无休止的清算和斗争，以至从肉体上消灭地主的"左"的错误的发生，有利于社会秩序的安定，保护了地主进步的生产方式。

第五，增加了部分土地收归国有的政策。规定县级以上人民政府可以根据土地状况"酌量划出一部分土地收归国有"，为举办国营示范农场或农事试验场使用；使用机器耕种或设备或技术的农田、农事试验场、苗圃、竹园、果园、桐山、桑田、牧场、茶山等，"由原经营者继续经营，不得分散"。如果所有权属于地主，经省级以上人民政府批准后，得收归国有。1950 年 11 月，政务院颁布《城市郊区土地改革条例》，规定郊区所有没收和征得的农业土地"一律归国家所有"，由市人民政府管理，按照《土地法》原则，交乡农民协会统一公平合理地分配给无地少地的农民耕种；使用城市郊区国有土地不交地租，依法向国家缴纳农业税。城市郊区完成土地改革后，分得国有土地的农民"由市人民政府发给国有土地使用证"，保障农民的土地使用权。对私有土地的农民发给土地所有证，保障其土地所有权。

第六，把少数民族地区的土改同汉族地区的土改进行了区别，增加了照顾少数民族的政策。土地法规定：清真寺的土地，"在当地回民同意下，得酌予保留"；在汉族聚居区的少数民族，"应依本法与汉人同等待遇"[1]。根据中央坚持民族团结，慎重稳进的方针，少数民族地区在条件成熟时进行土地改革。根据各少数民族的不同情况，制定了适合各少数民

---

① 中央文献研究室：《建国以来重要文献选编》（第 1 册），中央文献出版社 1992 年版，第 337，337，337，338，338，339，339，339，339，337，337，336，337，338，340，341，460，462，336，344 页。

族具体情况，保护和尊重少数民族的宗教信仰和风俗习惯的特殊土地政策，决定保留浓厚的原始公社制残余的少数民族地区，不进行土改。尚处于封建农奴制或奴隶制的少数民族地区，如西藏等地，则延至 1959 年进行以土地改革为中心的民主改革。

中央人民政府随后颁布《关于划分农村阶级成分的决定》、《农民协会组织通则》、《人民法庭组织通则》等文件，保证了《土地法》的正确执行。

《关于划分农村阶级成分的决定》（以下简称《决定》）共三部分。其新规定在地主方面有"二地主"、"小土地出租者"、"其他成份兼地主"和"开明士绅"。其中"二地主"是指租入大量土地后，转租他人，收取地租，"生活状况超过普通中农的人"。《决定》将其等同于地主看待。租入土地，自己耕种部分土地的与富农同等看待。烈士家属、革命军人、自由职业者、工人、职员、小贩及从事其他职业或因劳动力缺乏出租小量土地的人根据职业决定成分，"或称为小土地出租者，不得以地主论"。有其他职业收入，占有并出租土地的数量达到当地地主平均数以上的人，应根据"其主要收入决定其成份"，定为地主兼其他成分或其他成分兼地主，不得没收其用于其他职业的土地和财产。土地改革后，"即照其他成分待遇"。对待开明士绅，按照土地改革法及其他法令处理其土地和财产，吸收他们"参加土地改革或人民政府、人民团体的工作"，在政治和生活方面给予照顾。《决定》在富农方面具体区分了地主、富农与"半地主式富农"。规定富农出租土地的数量超过自耕部分和雇工耕种的土地数量的人"称为半地主式的富农"，应征收其出租的土地。地主与富农的区分标准有三个。一是土地出租的标准。有人常年参加农业劳动，雇工耕种部分土地，出租的土地"超过其自耕和雇人耕种的土地数量 3 倍以上"；土地占有得更多，出租数量超过自耕和雇工耕种数量 2 倍以上的人定为地主。二是参加主要劳动的标准。规定大家庭中应有 1/3 的劳动力每年有 1/3 的时间"从事农业生产上的主要劳动"。三是规定了区分富农与富裕中农的标准。《决定》规定以剥削收入是否超过全家年总收入的 25% 为标准，未超过者定为中农或富裕中农。具体细化为：（1）经常雇一个长工，或有其他剥削，但剥削量相当于 1 个长工以下的人，不能定为富农。（2）经常雇两个长工，或有其他剥削，剥削量相当于雇请 2 个长工以上者，算作富农。但家里人口多，生活不富裕的人，不应算为富农。（3）剥削量相当于雇佣 1 个长工以上，但不到 2 个长工的人，剥削收入超过总收入 25% 的人定为富农，未超过的定为中农或富裕中农。（4）每年雇零工或月工 120 个工的，以 1 个长工计算。（5）计算剥削比例时，其直接受人剥削的部分应与剥削别人的部分抵扣计算。关于拥有土地的职员，《决定》规定其出身由家庭成分决定，本人阶级成分根据自己取得的主要生活来源决定。凡被国家、合作社或私人机关、企业与学校雇佣，以取得的工资或高额工资为生活全部或主要来源的人，定为职员或高级职员，是"工人阶级中的一部分"。但私人经济机关及企业中的资方代理人"不得称为职员"。《决定》还对改变地主成分的问题作出规定，土改后连续 5 年以上，完全服从政府法令，从事生产劳动，或做其他经营工作，没有任何反动行为的地主，按照从事劳动或经营的性质，定为"劳动者的成分或其他成分"。老区富农在土改后的 3 年内符合上述条件，"亦得以同样的方式改变其成分"[1]。这对于促使地主、富农遵纪守法和劳动改造，具有重要作用。

《决定》总结了过去土地改革中正反两方面的经验教训，把各个阶级成分的界限规定得更明确，避免了把小土地出租者、富农甚至富裕中农、中农划为地主，将不少富裕中农甚至中农、贫农划为富农的"左"的扩大打击面的错误，为顺利进行土地改革，提供了重要保证。新中国成立后新区的土改能够顺利而稳妥地进行，与关于划分阶级成分的上述规定密不可分。

三　新区土改的实践

《土地改革法》颁行后，毛泽东继续指导规模空前的土地改革运动。抗美援朝战争爆发后，1950 年 11 月，他要求东南沿海地区在时局紧张的条件下，必须"加速进行土改"[2]，限期剿灭土匪，以巩固政权和国防。1951 年 1 月，他强调土改工作的正确方向是发动农民推翻地主阶级，分配土地。土改中出现划错成分、消灭富农，捉人太多、把地主扫地出门，

---

[1]　中央文献研究室：《建国以来重要文献选编》（第 1 册），中央文献出版社 1992 年版，第 383 ~ 407 页。

[2]　中央文献研究室：《建国以来毛泽东文稿》（第 1 册），中央文献出版社 1987 年版，第 680 页。

侵犯中农利益、破坏工商业等偏差后，各省委、地委应随时纠正。农民减租、退押，清匪反霸，分了土地，基层政权和民兵掌握在贫雇农的手中，"那就很好了"。2月，他同意了杜润生提出的土地改革的顺序是先发动农民开展减租、退押、反霸及镇反斗争，整顿基层组织后再转入分田的意见；强调土改中"不杀恶霸，则农会不能组成，农民不敢分田"，对匪首、恶霸和重要的特务必须采取坚决镇压的政策；要求土改在"农忙时一律停一下，总结经验"，积极造成土改的条件。条件不成熟者，"无论何时何地不要勉强去做"，可以分期退押，"劝告农民以不采非刑拷打为有利"。土改完成后，"立即转入生产、教育两大工作"。12月，指出在全国新区土改大约完成一半的时候，不能只顾赶急图快。各级各地党委不要因中央适时转移省级以上领导方向到城市和工业的要求，"而放松了对于一九五二年土改工作的领导"，领导重点和注意力的转移"不要分配不适当和转移不适时"①。1952年2月，他认为，中南、西南、西北等地的土改和复查任务繁重，"因为既须不违农时，又须先完成土改和复查"，地、县、区的"三反"和土改工作要密切配合。4月，提出"西藏至少在两三年内不能实行减租"②，不能土改。10月，指出西藏等少数民族地区分不分地和怎样分地，"由少数民族自己决定"③。他主张，土改运动要有领导、有秩序、有步骤地进行，各级领导机关随时了解情况，纠正偏差。尚不具备条件的少数民族地区，充分照顾当地特殊的社会历史条件，采取更慎重、更和缓、更稳妥的政策和步骤。1953年7月，提出土地改革后服从政府法令、确已从事农业的地主分子，如其遭遇疾病或生产确有困难时，在当地农民同意的条件下，"在农业贷款中，亦可予以适当照顾"④。对待地主的政策规定有利于保护地主的农业生产能力。

从1950年冬开始，新区土改在毛泽东和中央正确而稳健的方针指导下，分期分批地进行。从各地实行的时间来看，第一期土改从1950年冬到1951年春，第二期从1951年秋到1952年春，第三期从1952年冬到

---

① 中央文献研究室：《毛泽东文集》（第6卷），人民出版社1999年版，第138，141，144，144，144，144，212，212页。

② 中央文献研究室：《建国以来毛泽东文稿》（第3册），中央文献出版社1989年版，第188，384页。

③ 中央文献研究室：《毛泽东文集》（第6卷），人民出版社1999年版，第239页。

④ 中央文献研究室：《建国以来毛泽东文稿》（第4册），中央文献出版社1990年版，第274页。

1953 年春。各地土改一般经历了反奸、清霸、减租减息以稳定社会秩序，解决农民生活困难以发动群众，进行试点、普遍调查、摸索经验，划分阶级，没收和分配地主土地财产，复查总结和动员生产等步骤。各地政府派出了大量土改工作队，大批机关干部、知识分子和许多民主党派成员参加了土改工作队，投身到伟大的土地改革运动。他们深入农村访贫问苦，培养积极分子，逐步把农民发动起来，建立以贫雇农为核心的农民协会，作为土改执行机关。土改工作队领导农民划阶级，开展对地主的斗争，并对罪大恶极、破坏土改的分子实行了镇压。在取得胜利的基础上，由农民协会没收地主的土地和财产，分配给无地、少地的农民，并在分配完成后进行复查，由人民政府颁发了土地证，整顿加强了政权和民兵组织，引导农民发展生产。

土改中存在着地主阶级的反对和破坏，他们或分散土地及其他应被没收的财产；或杀害耕牛、毁坏农具、拆毁房屋、砍伐山林、破坏水利；或散布谣言、挑拨离间；或以金钱女色收买干部和积极分子，钻入农协内部影响政策的实施，有的甚至组织武装暴乱，谋害乡村干部和农民积极分子。由于新区土地改革运动有完备的法规、健全的各级领导机构，并派出了大批工作队指导，划阶级、没收分配土地等步骤建立了严格的报审批手续，对罪犯的处理经过县级人民法庭审判。尽管土改中也存在对地主、富农不加区别，错划阶级成分，侵犯中农利益，致使地主自杀过多等"左"的偏向，但各级党组织和政府都及时纠正了偏差，新区土改得以有条不紊地顺利进行，避免了乱斗乱分、乱打乱杀等现象的发生。

到 1952 年底，中国大陆除一部分少数民族地区外，基本完成了土地改革，共没收、征收 7 亿多亩土地和大量生产资料，无偿分给 3 亿多少地或无地的贫苦农民（包括老解放区农民），免除了每年向地主缴纳约 3000万吨以上粮食的地租。1954 年 9 月通过的《中华人民共和国宪法》规定"国家依照法律保护农民的土地所有权和其他生产资料所有权"[1]。中国用更长的时间，采取有利于民族团结、适合各少数民族特点的政策，在约3500 万人口的少数民族地区完成了土改任务。

土地改革运动的完成，标志着毛泽东和共产党人代表了亿万农民的共

---

[1]　中央文献研究室：《建国以来重要文献选编》（第 5 册），中央文献出版社 1993 年版，第 523 页。

同意志，经过 20 多年前赴后继的斗争，彻底完成了反封建的伟大历史任务，彻底实现了中国农民数千年来得到土地的愿望。

土地改革是中国历史上的一次规模最大、分配最彻底的平均地权运动，是解放农业生产力的伟大变革。其实质是变地主土地所有制为农民土地所有制，直接满足了当时占全国农村总人口 70% 以上的缺地、少地农民的土地要求，现代自耕小农取代了传统租佃小农，导致了中国农业土地制度的根本变革。土改后，农民既是土地的所有者，又是土地的自主经营者，土地所有权和经营权高度统一于农民；允许土地买卖、出租、典当、赠予等；国家通过土地登记、发证、征收契税等方式对土地进行管理。这种土地制度，实现了土地所有权与经营权的高度结合，农户不仅是基本的生产单位和分配单位，而且是土地的所有者，激发了广大农民的生产积极性。土地改革极大地解放了长期被封建制度束缚的农业生产力，促进了农业的恢复和发展。

土地改革作为一场规模浩大的社会经济变动，使农民在政治上翻身作了主人，摆脱了封建剥削的束缚。土地改革中确立了贫雇农在农村中的优势地位，完成了对旧的乡村基层政权的改造，建立了有觉悟有组织的农村阶级队伍，为稳定农村社会秩序，巩固工农联盟政权奠定了深厚的群众基础，为党在农民中树立了崇高的威望，为引导农民走上集体化道路创造了条件，为中国特色社会主义农业的建立奠定了可靠的社会基础。

毛泽东和共产党人在领导中国革命的实践中，为唤起农民的革命和生产积极性，不断总结土地革命的经验教训，根据农民对土地的愿望，制定了改革封建土地制度的方针、政策，废除了高利贷、封建地租及苛捐杂税，通过土地法规实现了农民土地所有权和使用权的结合，维护了农民的经济利益，赢得了农民的普遍信任，激发了农民的革命积极性。翻身农民更加拥护共产党，积极支援了革命战争，促进了农业生产的发展。党以解放和发展生产力为出发点和落脚点，把土地革命、武装斗争和根据地建设紧密结合，赢得了战争的胜利、政权的建立和巩固，通过土地制度的变革取得了执政的合法性。

毛泽东强调通过对农民的宣传和组织营造实行土地制度改革的有利环境。他善于根据国情，在对土地占有情况进行客观分析的基础上，因时制宜地根据各阶级和各阶层的具体情况，逐渐形成了依靠贫雇农、团结中农、中立富农，有步骤有分别地消灭封建土地制度的总路线，采取了与之相适应的土地没收和分配政策，建立了反封建的统一战线，构建了土地制度改革的利益机制，使土地改革的政策和法律日臻完善，吸取了实践过程中关于各阶级、各阶层、各方面政策的经验教训，修正了探索中的偏差，逐步排除了"左"倾思想的干扰，较好地消解了土地改革出现的社会秩序混乱、造成国家和人民财产巨大损失的局面，保证了中国历史上规模浩大、翻天覆地的土地制度变革的顺利完成。

第五章　毛泽东关于农业集体经营的思想与实践

　　毛泽东农业现代化思想是通过农业经营组织创新，实现土地公有代替私有，集体经营代替个体家庭经营，实现农业生产经营组织现代化。在农业集体组织中，实行农村工业化，完成对传统农业的技术改造，实现农业技术现代化；培育农民集体协作精神和科学文化水平，使农民共同富裕，农民实现现代化。农业集体经营是毛泽东农业现代化思想的核心内容，探究其理论渊源和实践基础，廓清其发展轨迹，总结其主要观点和理论逻辑，具体细微地分析实践中的矛盾与成就是我们研究中国当代农业思想演变的重要环节。

第一节　关于农业集体经营的思想

　　青年毛泽东对中国传统文化中天下大同的思想情有独钟。在认识社会主义的过程中，他曾对非科学社会主义的克鲁泡特金的互助论、武者小路实笃的新村主义、托尔斯泰的泛劳动主义、北美的工读主义等进行过比较研究。他希望建立一个学生在农村半工半读创造若干个新家庭，设有公共育儿院、公共保育院、公共学校、公共图书馆、公共银行、公共农场、公共工厂、公共剧院、公共医院及公园、博物馆等机构，充满平等友爱的理想的"新村"①，逐渐把它推广到全社会，最终把整个国家改造成大的理想的"新村"。虽然毛泽东的"新村"思想没有论及农业经营问题，但设立公共农场成为了他农业集体经营思想的滥觞。接受科学社会主义思想

---

　　①　中央文献研究室：《毛泽东传》（1893—1949），中央文献出版社 1996 年版，第 53 页。

后，他希望建设一个共同富裕、没有压迫剥削、人人平等的理想世界，深受马克思主义创始人关于农业发展思想的影响，在领导农民互助合作的实践中形成和发展了农业集体经营思想。

一　理论指导与实践来源

国民革命和土地革命战争时期，毛泽东在领导农民解决土地问题、发展农业生产的实践中，运用了共产国际的理论指导，结合农民的生产生活实际，形成了农业集体经营的思想；抗战与解放战争时期，他与共产党人倡导和领导农民建立各种形式的合作社，发展了农业集体经营的思想。1949 年以前的探索为新中国建立后在全国实行农业集体经营奠定了厚实的理论基础，提供了充分的实践经验。

（一）共产国际的理论指导

共产国际通过马克思、恩格斯、列宁、斯大林的农业思想和苏联社会主义农业的实践，实现了对中国共产党关于农业发展问题的指导，对毛泽东农业集体经营思想的形成与发展发挥了重要作用，直接影响了毛泽东对农业集体经营的探索。

1922 年 11 月，共产国际四大指出东方国家要在苏维埃制度下，以合作社方式过渡到共产主义。1926 年 11 月，共产国际执行委员会第七次扩大全会强调中国革命的重点是土地革命，党"要用全力去实现过渡到非资本主义的发展之革命的前途"，应当承认土地国有是无产阶级在农村的政纲的基本要求。但必须根据各地特殊的经济政治状况，"分别的应用农村策略"，进行减租及没收军阀、买办、地主、劣绅的土地，武装贫农和中农。国家帮助协作社及其他互助机关等"是使农村革命进到更发展的阶段的过渡办法"[①]。1928 年 2 月，第九次扩大会议确认中国革命处于资产阶级民权革命的阶段，批评了已转变为社会主义革命的观点。1929 年 6月，共产国际执行委员会致信中国共产党，认为日趋严重的中国农村经济危机一定会让"农村基本群众及其剥削者的阶级斗争更加深刻尖锐"[②]。1930 年 7 月，共产国际执委政治秘书处指出，党在根据地可以听任商业

---

① 中央档案馆：《中共中央文件选集》（第 2 册），中共中央党校出版社 1982 年版，第672，674，675 页。

② 中央档案馆：《中共中央文件选集》（第 5 册），中共中央党校出版社 1983 年版，第690 页。

自由，暂时不禁止土地买卖，不实行集中供给，不限制根据地商业和物价调节。将来在农村实行贩卖合作社、消费合作社这类最简单的合作化，再实行集体农场化，"完全根据于农民自愿的原则"。11月，共产国际认为，实行一切土地与水利收归国有，不仅是最彻底的资产阶级民主主义的手段，还是走向社会主义的起点，"是农村经济进到社会主义发展的道路的出发点"，但需要革命在国内许多地方取得胜利并得到多数农民的赞同。共产国际执委会致信中央，认为想建立集体农庄和苏维埃农庄，实行计划经济，实行垄断制，在没有军事必要的地方也去统制经济生活等都是"过早的和错误的企图"。共产国际东方部要求党向农村无产阶级（即雇农与苦力）宣传解释，他们与农村资产阶级的利益不可调和，商品经济条件下的小农经济制度"永远是不能消灭群众的贫穷的"。在农村不建立强大的集体经济，不但不能根本改善无产阶级的生活状况，"一般农民群众的生活状况，也是不能根本改善的"。在根据地不容许建立集体农场，但由于农民缺乏生产工具，共产党应该帮助他们建立绝对自愿的犁牛站和耕种土地的共耕协会。为了防止高利贷复活，"苏维埃政府应该提倡和组织信用合作社"，"必须去竭力组织购买贩卖合作社"，并保证贫农对合作社的领导。苏维埃政府还应派出发起人，宣传或"创立公共农村储藏，以预防自发的灾荒"，反对帝国主义和反革命的经济封锁，反对商业投机和怠工。"这足以保证苏维埃政府在农村经济方面的领导作用。"根据地的一切经济政策只能根据无产阶级领导农民的观点，"应该根据工人阶级与农民联合的利益观点"[1]，在农民需要帮助之时，才能实行。

共产国际要求在中国通过农民土地革命，把一切土地与水利收归国有作为最彻底的资产阶级民主主义的手段，是农村经济走上社会主义道路的出发点；把在根据地建立消费合作社、贩卖合作社作为农民反对商业投机，走上农业合作化的起点；把组织信用合作社作为农民解除高利贷剥削，保证无产阶级对农村经济领导的重要形式；把集体农庄作为实行有计划的大规模的农业集体生产的组织单位。共产国际对中国共产党的工作指导为毛泽东确立通过合作化实现农业集体经营提供了理论准备。

---

① 中央档案馆：《中共中央文件选集》（第 6 册），中共中央党校出版社 1989 年版，第 593、634、649、631、631、636、637、637、637、639 页。

（二）共产党发展合作社的实践

土地革命战争时期，党领导农民建立了商业、信用、手工业和农业生产合作社。这些合作社在发展根据地农业生产，战胜军事围剿和经济封锁中发挥了积极作用。共产党在根据地发展合作社成为了毛泽东通过合作化实现农业集体经营思想的实践来源。

1. 商业合作社的实践

根据地创建后，由于国民党当局断绝一切物资流入根据地，商人趁机操纵市场，使得根据地外来工业品价格飞涨，形成了工业品与农产品的价格剪刀差。根据地农产品价格狂跌，米价在秋收与春荒时节的差价极大，影响了农民生产积极性的发挥，威胁着根据地经济的发展。为打破国民党的经济封锁和商业资本的剥削，解决农民的困难，支援革命战争，保障民用军需供给，根据地的党和政府号召农民广泛建立包括粮食和消费合作社在内的商业合作社，通过购销活动，以适宜的价格卖出根据地农民生产的农副产品，让其得到廉价的货物，免除商人的剥削。

1930 年 2 月，闽西根据地发布了党的第一个向农民宣传合作社的《合作社讲授大纲》，提出合作社是农民自愿组织的不以赢利为目的的经济团体，社员在合作社购买商品，合作社营业盈余摊还社员，每个社员只有一票表决权。3 月，闽西第一次工农兵代表大会将合作社组织列为《经济政策决议案》的主要内容，要求各地普遍组织合作社，粮食缺乏的地方"组织办米合作社，向白色区域买米"①，粮食多的地方组织贩卖合作社，运米到外地销售，政府要帮助这种合作社发展。随后制定了《合作社条例》。6 月，闽西苏维埃政府经济部发布了《调剂米价大纲》，决定组织粮食调剂局。闽西苏维埃政府创办的粮食调剂局、组建的贩米合作社成为了中央根据地建立粮食合作社的创举。

1932 年，闽浙赣根据地民主政府召集各县粮食部长联席会议，讨论了贮藏粮食及建立贮粮合作社问题。1933 年 1 月，发布《关于建立贮粮合作社组织问题》的通令，阐述了建立贮粮合作社的意义在于防备饥荒、拨粮或借粮接济避难的革命群众、借给或捐助红军、免受奸商的剥削。规定自 1 月 15 ~ 31 日为发展社员期，各乡成立贮粮合作社，各村召集群众

① 中国社会科学院经济研究所中国现代经济史组：《革命根据地经济史料选编》（上），江西人民出版社 1986 年版，第 50 页。

大会，解释贮粮合作社意义和入社的好处，广泛进行宣传工作。接着，分区（县）召集社员代表大会，成立了贮粮合作社。贮粮合作社在农民自愿入股后，发给社员证，社员通过交粮换取贮粮证，随时可到总社或分社凭证取粮，还可参与年终分红[1]。这种合作社深受农民的欢迎，在根据地得以迅速建立。贮粮合作社通过购、销、调、存等业务活动，有计划地组织了根据地的粮食出口，换回民用、军用物品，不仅解决了农民的粮食困难，补充了红军给养，而且在打击奸商、平抑粮价、鼓足士气、粉碎国民党经济封锁等方面都发挥了积极作用。闽浙赣根据地的贮粮合作社是民主政府在粮食供给制度上进行的探索。

1931 年，中央根据地由于没有加强粮食的贮备、调剂和出口，个别地区于次年发生了夏荒。1932 年 4 月，中华苏维埃共和国临时中央政府（以下简称临时中央政府）颁布了《关于合作社暂行组织条例》（以下简称《条例》）。《条例》指出，合作社是根据地发展经济的主要形式，是抵制资本家剥削，"保障工农劳苦群众利益的有力的武器"；消费合作社的作用在于"便利工农群众贱价购买日常所用之必需品"，抵制投机商人。《条例》强调合作社由工农劳动群众以家庭为单位集资组建，"富农资本家及剥削者均无权组织和参加"。规定每个社员不能超过 10 股，每股金额"不能超过五元"，目的是防止合作社被少数大股东操纵。消费、生产、信用合作社的社员不仅是股东，还是合作社的"直接消费者、生产者、信贷者"。《条例》规定社员"除享受红利外还应享有低利借贷之特别权利"，对社员的权利与义务作了明确规定。《条例》要求各级政府设立领导和管理合作社的指导委员会，在免税、运输、房屋等方面帮助合作社。《条例》对合作社的发展发挥了指导作用。8 月，临时中央政府人民委员会颁布《发展粮食合作社运动问题》训令和《粮食合作社简章》，规定粮食合作社由工农集股组成，以调剂粮食价格，限制私商和富农的投机倒把、高利盘剥，保障劳动人民的粮食需要为目的。这种合作社在粮食"收获时高价向社员收买米谷"[2]，青黄不接时低价出粜，所赚的钱一半留作公积金，余额按社员卖出粮食的多少为比例进行分配。粮食合作社对红

---

① 参见江西财经学院经济研究所等：《闽浙赣革命根据地财政经济史料选编》，厦门大学出版社 1988 年版，第 423～424 页。

② 中国社会科学院经济研究所中国现代经济史组：《革命根据地经济史料选编》（上），江西人民出版社 1986 年版，第 87，87，87，88，87，88，315 页。

军家属和有特别困难的社员，可以有限供给或无息借给。1933 年 2 月，临时中央政府人民委员会决议呈请中央执行委员会批准设立国民经济人民委员部，创办粮食调剂局。要求国民经济人民委员部组织合作社，用经济手段抵制商业资本家对根据地的盘剥，与不法商家进行斗争。3 月，临时中央政府认定粮食调剂局是根据地调剂粮食、保证红军及政府给养、帮助工农群众改善生活的机关，要求各级政府应在粮食调剂局的领导下，组织粮食合作社。4 月，临时中央政府正式成立了国民经济委员会和粮食调剂局等机构，在各县设立分局或支局，把粮食合作社划归中央国民经济部，密切了粮食调剂局与粮食合作社的关系。要求"各级政府转变过去忽视经济建设的错误"①，开展经济战线上的工作。5 月，中央国民经济人民委员部要求中央根据地的每个乡成立一个粮食合作社，区建立粮仓，开展建立粮食合作社的运动。7 月，中央人民委员会认为粮食调剂局是苏区调剂粮食，保证红军及政府给养，帮助工农群众改善生活的国家机关，粮食合作社是苏区工农群众"抵制奸商、富农剥削"②，改善生活的经济组织。号召组织粮食合作社解决苏区的粮食供给问题。共产党强调苏维埃政府应该设法集中部分财力，经粮食调剂局"用较高的价格去收买粮食"，各地用粮食来购买 300 万元经济建设公债，由粮食合作社用较高价格购买粮食以调剂粮价。消费合作社能将油盐布匹以低价卖给农民，"也可以得到同样的作用"。要求各级政府号召农民根据完全自愿的原则，加入粮食和消费合作社；征调大量干部到粮食战线工作，在每个区的主要圩场建立一个粮食调剂局；每个乡在新谷登场前，征收大批社员成立一个粮食合作社，立即准备好合作社的房屋、粮仓。苏维埃政府必须经对外贸易局出口大批粮食，并容许私人及粮食合作社卖出部分粮食取得现金，购买日用必需品，"必须使农民出卖他们粮食之后，能够得到必需的日用品"。消费合作社必须积极主动"打通赤白的交通路线，来进行对外贸易"③。随后，中央根据地各县、中心市镇建立了粮食调剂局，设立合作社指导委员会，

---

① 《中华苏维埃共和国临时中央政府人民委员会训令（第十号）》，《江西社会科学》1981 年 S1 期，第 61 页。

② 中国社会科学院经济研究所中国现代经济史组：《革命根据地经济史料选编》（上），江西人民出版社 1986 年版，第 334 页。

③ 中央档案馆：《中共中央文件选集》（第 9 册），中共中央党校出版社 1991 年版，第 263，263～264，264，265 页。

加强了对发展粮食合作社的指导。根据地掀起了农民集资创办贮粮合作社或粮食合作社的高潮，以乡为单位组建起粮食合作社，不少城区也组建了城市粮食合作社。粮食合作社由 1933 年 8 月以前的 457 个，102182 名社员，94894 元股金增加到 1934 年 2 月的 10712 个，243904 名社员，242079 元股金①。1934 年 1 月，第二次全国苏维埃代表大会决定，中央政府人民委员会增设中央粮食人民委员部，各级粮食调剂局归口粮食部领导，区设立粮食科，乡设粮食委员，粮食合作社归口粮食部管理。根据地的粮食合作社在帮助解决军需民食、支援战争方面发挥了巨大作用。

　　如何从国统区获取根据地所需的资源，在根据地分配现有资源，调节不平衡的市场需求，成为根据地经济建设和解决百姓日常生活必须面对的问题。1928 年 5 月，井冈山根据地的工农政府在大井和永新的塘边等地建立公卖处，农民集股通过各种办法去白区购买货物，然后卖给群众，年终分红②。公卖处实质上就是消费合作社。12 月，江西吉安依靠政府拨款和群众集资建立东固消费合作社，率先成立了中央根据地最早的消费合作社，1929 年冬扩资为东固消费合作总社。该社经营的品种为布匹、茶油、食盐、红白糖、黄烟、火柴、棉带、套鞋、草鞋、斗笠等南北杂货，收购山货帮助农民发展生产，后来加工生产农用器具，实行自购自销。1929年 11 月，闽西根据地上杭县也成立了才溪乡消费合作社。此后，共产党领导的根据地逐渐建立了消费合作社。1930 年 8 月，赣东北建立的农民自愿集股和政府资助的消费合作社，规定除地主等反革命分子外，根据地工农群众均可成为社员。苏维埃政府对消费合作社尽力给予帮助，贸易处帮助合作社进货，银行经常借巨款给合作社营业，财政免收合作社一切捐税。10 月中下旬，闽浙赣根据地普遍创办了消费合作社。1931 年，江西兴国县长冈乡农民集股办起了消费合作社。这家合作社的工作人员到白区或边区采购紧缺物资，把根据地的剩余物资运到白区输出，不拿工钱，办事公道，合作社的货物比市面便宜，社员及红军家属享有减价 5% 的优待，社员获利几倍，受到农民欢迎。临时中央政府成立后的 1932 年，一批消费合作社相继在各根据地发展了起来，解决了农民对粮食、衣物和食盐等生活必需品的需求。1933 年 2 月，毛泽东重新主持临时中央政府工

---

① 数据见海振忠：《苏区的商业合作社运动》，《商业研究》1989 年第 4 期，第 31 页。
② 同上。

作，号召根据地人民"应该想出许多办法去输出我们的土产，去输入油盐洋布"，应该集股组织消费合作社，寻找许多交通小道，有组织地到白区去进行买卖，粉碎国民党的"饿死政策"。9月，临时中央政府颁布《消费合作社标准章程》，强调消费合作社的宗旨是为了方便工农大众，"抵制投机者操纵和剥削"①。主要业务活动是以低价供应粮食、油、盐、布、药材及日常商品收购农副土特产品并兼营农具买卖，以低于市价5%的价格将商品卖给社员。11月，毛泽东号召根据地的"每个乡每个区都要学习长冈乡与上社区的消费合作社"②。12月，为加强对根据地省县消费合作社的领导，临时中央政府在瑞金叶坪成立了隶属于中央国民经济人民委员部的中央消费合作总社，作为根据地消费合作社的最高领导机构。随后，一批县级消费合作社总社、区分社、乡支社相继在各地建立了起来。各县消费合作社总社，除领导本县开展合作工作以外，还直接设立经营部，为红军和农民供应日常必需品。1934年3月，在中央根据地还成立了中国工农红军消费合作社。

　　消费合作社是根据地群众广泛吸纳民间闲散资金，利用自己的股金，发行各种债券和股票，为打破敌人的经济封锁，抵制商人的层层盘剥成立的经济组织。合作社的采购队伍冒着风险，从白区购回如食盐、布匹、药材和其他日用品，以低于市价的价格卖给农民，农民则以高于市价的价格出卖自己生产的农产品。入股的社员及红军家属有优先购买权，价格比普通农民更便宜。每年的利润，除去公积金外，还可分红。政府免征所得税，享有贷款和承售没收财产的优先权，在运输经营方面给予帮助和保护。1934年1月召开的第二次全国苏维埃代表大会认为，消费合作社在发展苏维埃贸易方面"占有特别重要的意义"。苏维埃政府经过国家对外贸易局、各种商业公司以及消费合作社总社等组织，"就可以同广大农民群众的经济生活发生直接的关系"，团结农民。苏维埃政府必须尽可能地给以人力财力帮助，创建许多的模范合作社，使每一个农民知道合作社是反对奸商富农投机垄断，"改善他们的生活的武器"③。

---

　　①　中国社会科学院经济研究所中国现代经济史组：《革命根据地经济史料选编》（上），江西人民出版社1986年版，第115，336页。

　　②　中央文献研究室：《毛泽东文集》（第1卷），人民出版社1993年版，第306页。

　　③　中央档案馆：《中共中央文件选集》（第10册），中共中央党校出版社1991年版，第632，632，633页。

1933 年 8 月到 1934 年 2 月，中央根据地的消费合作社由 417 个，82940 万名社员、9670 元股金，发展到 1140 个，295993 名社员、322525 元股金①，基本上做到了一乡一社，建立了比较完整的消费合作社组织系统。各级消费合作社履行了共产党和苏维埃政权赋予合作社的光荣使命，在保证根据地军需民用、限制私商剥削、巩固苏维埃政权方面发挥了重要作用，为此后党领导合作社运动积累了宝贵经验。

2. 信用合作社的实践

根据地建立以后，共产党为解除农民受到的高利贷剥削，在取消高利贷的同时提倡发展信用合作社，保护民间自由借贷，解决农民生产生活上的资金困难。1929 年秋，闽西苏维埃政府在上杭、永定县建立了一批信用合作社②。信用合作社的资本主要来自农民集资，不准土豪劣绅、反动分子和商人入社，社员以家庭为单位入股，认股数额不限。当地苏维埃政府只能作为普通社员投资入股，不能包办信用社事务。为解决货币流通和增加自身的营运资金，许多信用合作社发行了纸币，发出股票，作为入股者投资和分红的凭证。信用社成立初期，代理所在乡、区苏维埃政府的财政存款。限于当时农民经济条件，信用合作社没有办理个人存款。信用社的贷款对象仅限于本社社员，明确规定了贷款额和贷款期限。到 1930 年 11 月，闽西根据地的信用社资金多寡不一，规模大小各异。1931 年 4 月，闽西苏维埃政府对信用社未经批准发行钞票等现象进行了整顿，维护了根据地的货币稳定。1932 年 2 月，中华苏维埃共和国国家银行建立后，由国家银行领导农民组织信用社，在资金上给予支持，让信用合作社放手开展存贷款、贴现，代理公债票发行、还本等业务，使其成为了根据地银行的有力助手。4 月，临时中央政府发布了《合作社暂行组织条例》，规定信用社的业务是"为便利工农群众经济周转和借贷"③，抵制高利贷剥削。根据地政府要大力扶持信用合作社的发展，发挥信用合作社的作用。1933 年 10 月，湘赣省苏维埃政府要求各县建立信用社，便利农民低息借款，活跃根据地金融，制定了《信用合作社章程》。该章程要求信用社为便利与帮助工农发展生产，实行低利借款，抵制高利贷剥削；规定社员以工农

　　① 数据见海振忠：《苏区的商业合作社运动》，《商业研究》1989 年第 4 期，第 31 页。

　　② 参见王蒲华：《闽西苏区合作社运动探析》，《福建党史月刊》1990 年第 7 期，第 33 页。

　　③ 中国社会科学院经济研究所中国现代经济史组：《革命根据地经济史料选编》（上），江西人民出版社 1986 年版，第 87 页。

劳苦群众为限，经社员大会通过后以家庭为单位自由加入；社员入股股金不限，一家人可入数股；社员享有选举权、被选举权、表决权均以一权为限（即一家一票）；信用社应以极低利息向社员贷款，以发展生产的临时周转为限，资金宽裕时可对非社员贷款。信用社实行民主管理和自负盈亏的原则，所得盈利除津贴费用及支付股息外，余额的 50% 为公积金，10% 为管理委员及成员的奖金，10% 办理社员公益事业，30% 按社员所付利息比例返还借款社员。

1934 年 1 月，毛泽东在中华苏维埃共和国第二次全国代表大会上强调，根据地"信用合作社的活动刚才开始"，要求尽可能"发展国营经济和大规模地发展合作社经济"①。会议提出要进一步办好信用合作社，发展民间信贷，以取代高利贷资本。为扩大信用社的股金，1934 年 5 月，中华苏维埃共和国中央政府国民经济和财政人民委员部准许农民把革命战争公债票本息入股信用社，允许信用社将所收债券向国家银行办理抵押贷款，并对信用社免征所得税。中华苏维埃共和国国家银行还通过各分支机构向信用社投资，实行低息借款，在业务上给予辅导，帮助信用社明确贷款对象和方向，完善贷款和内部管理办法。在苏维埃政府号召和帮助下，根据地再次掀起建立信用合作社的高潮。

3. 手工业生产合作社的实践

针对国民党的军事围剿和经济封锁，苏维埃政府在发展公营工业的同时，组织个体手工业者建立手工业合作社，利用根据地的自然资源发展造纸、织布、炼铁、铸锅、石灰、农具、刨烟、熬樟油、木器、陶器、竹器、煤炭等生产，保障了革命战争的进行，改善了军民生活。

1929 年秋，闽西根据地永定县开始组织手工业生产合作社。1930 年 3 月，赣西南共产党第一次代表大会提出把办合作社作为根据地缩小工农产品价格剪刀差的一项重要措施。1930 年 12 月，闽西苏维埃政府为促进手工业生产合作社的发展，发出《组织生产合作社问题》的通知，要求各乡苏维埃政府"应积极设法帮助失业工人组织各种生产合作社"②，以解决失业工人的困难，并在税收、贷款、物资等方面对手工业生产合作社

---

① 毛泽东：《毛泽东选集》（第 1 卷），人民出版社 1991 年版，第 133、134 页。

② 中共龙岩地委党史资料征集研究委员会：《闽西革命根据地史》，华夏出版社 1987 年版，第 164 页。

给予优惠和扶持政策，规定政府对合作社的货物运输及财务追收予以保护及帮助；合作社免缴所得税；合作社具有向银行借贷、廉价承办政府没收的工商业与农业的优先权。到 1931 年，在永新、兴国、莲花、萍乡、茶陵、宁都等县出现了为赤卫队打梭镖，为红军加工衣帽，为农民服务的缝衣、铁器、木业、瓷业、煤业等生产合作社。这些为数不多的手工业生产合作社只有少数由工人组织，多由当地苏维埃政权把没收的工厂、作坊转交工人集体经营，并非群众集股建立，生产规模小，内部的组织管理制度也不健全。1931 年 11 月，临时中央政府为促进包括手工业生产合作社在内的各种合作社发展，颁布了扶持其发展的系列政策措施，规定了在税收、贷款、物资等方面给予优惠和扶持。1932 年 4 月，临时中央政府在总结各地办社经验的基础上，发布了《合作社暂行组织条例》，规定生产合作社“制造各种工业日用品，以抵制资本家之怠工”，政府在免税、运输、经济、房屋等方面“帮助合作社的发展”①，明确了合作社的性质、组织原则和管理办法。9 月，湘赣根据地召开全区生产合作社主任联席会议，成立了省、县合作社运动委员会，制定了合作社工作纲要，检查了合作社工作中的缺点错误，要求大力发展由工人集股的手工业生产合作社，通过了扩大与整顿合作社的决议。会后，根据地的手工业生产合作社开始较快发展。10 月，在湘赣根据地的 9 个县发展了铁、篾、石膏、石灰、锅炉、土瓷、造纸等生产合作社达 96 个。

为了发挥手工业生产合作社扩大农具和肥料生产，支援农业的作用，各地苏维埃政府要求铁器合作社生产犁、耙、锄、镰等农具和菜刀、钳子等日用品，在需要肥料的地方组织石灰合作社，生产石灰*。1933 年 3 月，根据地第一次农业工人代表大会决定建立中央农具生产合作社，制造各种农具（犁、耙、锄、锹、刀等）供给社员，兼营肥料（石灰）生产，动员工人到农村去做农具，动员工人组织石灰生产合作社，支援农业生产。除总社外，“并可在各县设分社及工厂”②。中央农具生产合作社第一个工厂建立后，仅 30 多个工人在一个多月就生产了镰刀 800 把，禾刀

---

① 中国社会科学院经济研究所中国现代经济史组：《革命根据地经济史料选编》（上），江西人民出版社 1986 年版，第 87 页。

* 石灰含有大量的钙元素，能促进作物细胞生长，改善土壤物理性状，杀死土壤中的病菌、虫卵，消灭杂草，抑制土壤真菌和害虫活动。作为碱性物质，还能中和土壤酸性。

② 许毅：《中央革命根据地财政经济史长编》（上），人民出版社 1982 年版，第 734 页。

5000 把。为加强合作社农具质量的管理，农业工会强调各级工会应帮助中央农具合作社，中央农具合作社应迅速定出优待社员的办法，在各地广泛筹股建立分社，采购廉价原料、节省运费。中央农具合作社要调查各地贫农农民需要农具的式样、数量及标准，改良农具，进行计划生产，满足农民的需求。

　　1933 年 7 月，中央苏维埃政府决定将经济建设公债分配给信用合作社和生产合作社各 20 万元。8 月，毛泽东号召各级政府努力发展手工业生产，使烟、纸和夏布等土特产恢复过去的产量。9 月，中央苏维埃政府根据各地办社经验，在既定的合作社条例、纲要的基础上制定了《生产合作社标准章程》。该章程规定了生产合作社的宗旨是发展生产，抵制资本家的剥削与怠工，救济失业工人；合作社由工农劳动群众集资组织，富农、资本家及剥削者不能组织或参加，社员集资不能超过 10 股，每股不能超过 5 元，防止合作社被少数大股东操纵。该章程的出台，推进了根据地生产合作社和手工业生产的发展。12 月，江西省第二次工农兵代表大会要求各县首先恢复当地主要生产行业（煤、夏布、锡、木、铁、石灰、碗窑、棉布、纸、樟脑等）的生产，在这些行业中帮助失业工人、独立劳动者、小手工业者集股组织生产合作社。

　　由于共产党和苏维埃政府加强了对手工业生产合作社的动员、领导、管理与监督工作，根据地手工业生产合作社有所发展。1934 年 2 月，中央根据地的手工业生产合作社有二三十种，兴国、胜利、赣县等 17 县生产合作社的社数、社员数和股金发展到 176 个、32761 人、585523 元。手工业生产合作社在共产党领导的其他根据地也有不同程度的发展。尽管手工业生产合作社的规模大小不一，但涉及农民生产生活的各个方面。它的建立和发展，解决了部分失业工人再就业问题，促进了根据地手工业生产的恢复和发展，支援了农业生产。

　　4. 农业生产合作社的实践

　　由于根据地地处土地贫瘠的山区，农业生产力相对落后。加之国民党当局的军事围剿，大量的农村青壮年男劳动力参加了革命战争，造成根据地农业劳动力短缺。广大贫苦农民分得土地后仍然缺衣少食，甚至没有犁、锄等简单农具和必要的牲畜等基本生产资料，无法单独完成耕种，制约着根据地农业生产的发展。如中央根据地大约 300 万人口中，主力红军、地方武装和机关工作人员有 10 万多人。1932 年初，江西兴国县长冈乡参加红军和外出工作的达 320 人，与留在农村的劳动力比例"为百分之六十八对三十二之比"①。在 20 世纪 30 年代根据地落后的农业生产条件下，尽管在共产国际指导下，党把建立大规模的农业生产组织作为社会主义农业经济的目标，但为打破敌人的军事围剿和经济封锁，更好地支持战争和满足人民生活需要，把调剂劳力余缺和调剂生产工具特别是耕牛余缺作为了领导根据地农业生产的基本出发点。在农忙时节，农民之间自发产生的为解决劳动力和牲畜、农具的困难，亲戚和邻居之间传统的换工习惯，进行不定期的互相帮助。这既是农民长期形成的耕作习惯，同时也是他们解决生产困难的一种办法。共产党充分尊重了农民长期形成的耕作习惯，在农村亲族邻居之间临时性换工、互助的基础上，建立和发展了包括农业劳动互助社、耕田队、犁牛合作社等多种形式的农业生产组织。

闽西根据地的上杭县才溪乡是根据地开展劳动互助较早的地区。才溪乡大部分青壮年男子当了红军或在苏维埃政府任职，全乡只剩 69 个男劳力②，而且农业生产工具匮乏。针对各户劳力严重不均，尤其是红军家属烈属劳动力短缺的现象，才溪乡农民参照和利用传统的换工习惯，于 1930 年在每个村成立了一个帮助红军家属耕种的耕田队（10 人为一组），统一调剂劳动力，开始了劳动互助③。1931 年夏收期间，根据毛泽东提议，创办了中央根据地第一个劳动互助社。把村耕田队扩大为以乡为单位的劳动合作社，筹划和负责全乡劳动力的调剂。才溪乡劳动互助社规定了劳动互助的合理报酬，农民之间的互助每天工钱两毫，男女同酬，忙时闲时一样。群众帮助红军家属则自带伙食、农具，不要工钱。红军家属间的帮助每天工钱一角半；红军家属帮助农民，每天工钱两角。才溪乡组织的耕田队和劳动合作社或帮助红军家属耕种，或有劳动力的红军家属组织起来帮助缺乏劳动力的农民耕田，实现了乡中劳动力有余之村帮助不足之村，村中劳动力有余之家帮助不足之家，并优先解决了红军家属的生产困难，有组织地调剂了农村劳动力，使农业生产得到恢复和发展。

在毛泽东和临时中央政府的倡导下，才溪乡的经验逐渐在闽西、赣南根据地得到推广，大部分根据地普遍办起了名称不同、劳动力相对固定的

---

① 中央文献研究室：《毛泽东文集》（第 1 卷），人民出版社 1993 年版，第 300 页。

② 参见中共龙岩地委党史资料征集研究委员会：《闽西革命根据地史》，华夏出版社 1987 年版，第 155 页。

③ 王蒲华：《闽西苏区合作社运动探析》，《福建党史月刊》1990 年第 7 期，第 33 页。

耕田队、模范耕田队、耕田大队、互助团或劳动互助组等各种形式的农业生产互助合作组织。毛泽东指出劳动互助社是在现阶段私有制的基础上，在自愿的原则下，以调剂劳动力为主要任务的农业生产组织，对劳动互助社的作用给予了充分肯定。耕田队和劳动互助社在春耕夏耕季节"是解决劳动力问题的必要的方法"①，劳动互助社对农业生产的伟大作用在"长冈乡明显地表现出来了"②，受到毛泽东热情赞扬。1933年临时中央政府颁布了《劳动互助社组织纲要》，对根据地劳动互助社的作用、组织原则、领导关系、劳动力调剂办法、工资换算等作了具体规定。把互助社的作用向农民作详细的宣传解释，发展劳动互助社，"使各人自愿入社，不得用强迫命令方法"③；劳动互助社一般以村为单位，按自愿互利原则组织，互换劳动、分散经营，没有公共财产。劳动互助社实行民主管理，由社员大会选3~5人组成委员会，公推1人为主任。社员可分若干组，人数不等。社员之间的报酬按工时计算工资，不拿现钱，采用先登记，秋后结算。劳动互助社根据农民意愿和习惯，有的是季节性的，有的是常年性的，组合、解散很随意方便，既照顾了农民的私有性，又有效地提高了劳动生产率，解决了部分农户和红军家属烈属及孤老劳动力缺乏的困难，深受农民欢迎。到1934年4、5月，兴国县的劳动互助社有1206个，社员22118人，瑞金县社员发展到8987人，长汀县发展到6717人。为解决农业劳动力缺少的困难，党和苏维埃政府还大力提倡、鼓励妇女参加农业劳动。

由于国民党在根据地抢掠耕牛，地主、富农破坏和偷贩耕牛，造成了根据地耕牛和农具的严重缺乏。兴国县长冈乡共有牛马110头，其中一家一牛占50%、两家一牛占15%、三家一牛占30%，没有一家养两头牛的。才溪乡无牛的农民占20%、完全无耕牛的占25%，"这是一个绝大的问题"④。为此，根据地政府鼓励农民饲养耕牛，禁止卖牛出境、宰杀耕牛，提倡耕牛农具互助、合股购买耕牛，设立公共犁牛站、牲畜农具处理处及犁牛农具合作社、犁牛合作社，帮助农民解决农业生产中耕牛、农具

　①　毛泽东：《毛泽东选集》（第1卷），人民出版社1991年版，第132页。
　②　中央文献研究室：《毛泽东文集》（第1卷），人民出版社1993年版，第301页。
　③　中国社会科学院经济研究所中国现代经济史组：《革命根据地经济史料选编》（上），江西人民出版社1986年版，第261页。
　④　中央文献研究室：《毛泽东文集》（第1卷），人民出版社1993年版，第302页。

不足的困难。犁牛合作社最初称为犁牛站，一般以乡为单位，以没收地主及富农多余的耕牛、农具为基础，实行自愿互利、民主管理原则，由社员自愿合股购买、政府资助，社员的耕牛、农具交合作社统一管理，归社员公有，以组为单位分散经营，由合作社付给租金。社员租借耕牛的期限和数量按其所耕田亩的数量决定，共同调剂使用。1933 年春耕时，临时中央政府土地人民委员部总结了各地举办犁牛站的经验，提出了解决犁牛站资金不足的具体办法，明确了对各地犁牛合作社提供信贷支持，鼓励农民自愿组织犁牛合作社。1934 年 1 月，毛泽东强调组织犁牛合作社，动员没有耕牛的农民"合股买牛共同使用，是我们应该注意的事"[1]。在他的倡导下，犁牛合作社在根据地蓬勃发展了起来。据不完全统计，1934 年4、5 月，兴国县有犁牛合作社 72 个，社员 5252 人；长汀县有 66 个[2]。瑞金叶坪乡的犁牛合作社被誉为模范犁牛合作社。该社规定每担（著者注：当时农村以担为土地单位）谷田犁、耙 3 次，普通社员交稻谷 5 斤，红军家属交 3 斤。收取的稻谷除去耕牛饲料、农具修理及补贴养牛人的费用后，卖出剩余的稻谷，再添买耕牛。增加耕牛后，酌情降低收取的稻谷数量，逐年增加社员收益。社员大会制定耕牛管理的规则，选举可靠的人员饲养，报酬为一年一担稻谷，牛粪归饲养人使用。社员使用合作社的牛比私人养牛便宜合算，节约了生产成本。在根据地建立犁牛合作社，对解决农民耕牛缺乏，保障农业生产发挥了重要作用。毛泽东表示，这种农民创造的解决耕牛和农具缺乏的方法，解决了贫苦农民的困难，"对于增加农业生产更有大的意义"[3]，要进一步予以提倡和推广。

总之，共产国际的理论指导和以毛泽东为代表的共产党人在根据地领导农民建立商业、信用、手工业和农业生产合作社，为毛泽东农业集体经营思想的形成奠定了坚实的理论基础，提供了丰富的实践经验。

二　形成与发展

毛泽东在国民革命与土地革命战争时期，领导农民进行农村经济建设的实践中，总结了合作社发展经验，形成了农业集体经营的思想。抗战期

---

[1]　毛泽东：《毛泽东选集》（第 1 卷），人民出版社 1991 年版，第 132 页。

[2]　数据见熊吉陵等：《中央苏区的农村合作制组织建设》，《党史文苑》2007 年第 2 期，第10 页。

[3]　中央文献研究室：《毛泽东文集》（第 1 卷），人民出版社 1993 年版，第 303 页。

间，他进一步升华了对合作社性质、意义、形式、特点和组织合作社方法的认识，坚信中国农业实现社会化经营的长远目标，认为合作社是农业社会化经营的方式，发展了农业集体经营的思想。

（一）农业集体经营思想的形成

国民革命与土地革命战争时期，毛泽东在领导农民的生产实践中，总结了发展粮食、流通和生产合作社的典型经验，认为共产党领导农民建立的各种合作社是集资的股份制集体经济，高度评价了在私有制基础上的从流通领域到生产领域的合作社在解决农民经济困难、支援革命战争和根据地经济发展中的作用。他对合作社作用、建社原则和政策的阐述标志其农业集体经营思想的形成。

1922 年 7 月，中共二大第一次认为党"若离开了农民，便很难成为一个大的群众党"，欲解除农民的生活疾苦，除限制私有土地的数量，把大地主、中等地主限额外的土地改归耕种的佃农所有外，还要利用农村宗祠、神社、备荒的"公款及富农合罗组织利息极低的借贷机关"，根据农民合资购物的习惯，将其"扩大为消费协社"。1923 年 2 月 7 日，党领导创办了工人最早的经济组织——安源路矿工人消费合作社。1924 年 5 月，共产党扩大执行委员会强调在国民革命中，"应当在农民之中宣传选举代表农民机关的主张"，建立乡村自治会；"可以提出佃农协会及雇工协会的主张"；在农民和佃农中，可以宣传组织农民自卫军；应当要求国民政府"创立农民借贷银行——免除高利借贷之苦"。1925 年 1 月，中共四大认为，党与工人阶级要领导中国革命取得成功，"必须尽可能地系统地鼓动并组织各地农民"逐渐从事经济和政治斗争，把农民反抗的可能"引之入自觉组织的经济和政治争斗"，这是共产党应尽的责任。9 月底 10 月初，中央认为作为无产阶级的代表和农民结成巩固的同盟，"才能尽自己的历史上的职任"。党要在农民协会、农民自卫军、协作社中巩固党的组织。10 月，要求各级农民协会组织"消费合作社"[①]。1926 年 7 月，中央扩大执行委员会认为，广东的农民运动需要一个最低纲领，在经济方面要"禁止囤积居奇，提倡农村消费合作运动"。在没有开展活动的农村，党要设法办补习学校、俱乐部或组织游行、讲演团及消费合作社等，"以深

---

① 中央档案馆：《中共中央文件选集》（第 1 册），中共中央党校出版社 1982 年版，第 124，125，125，248，248，249，358，359，463，517 页。

入农村发起组织"①。据此，广东、湖南、湖北、江西等省的农民代表大会作出了在农村发展合作社的决议。

1926 年 10 月，毛泽东发表文章，介绍了丹阳农民自凑资金，组织机器戽水合作社，以减轻地主经济剥削的方法 *。1927 年初，党认为共产国际指出了中国革命的前途及"一贯的方针与战略"，国民革命的前途"得超过资产阶级的民主革命"②，发展到社会主义。3 月，毛泽东主持武汉中央农民运动讲习所，聘请于树德讲授了农村合作课程。同期，广东、湖南、江西和湖北等省的农民自动组织了许多合作社和借贷所，以免受商人和高利贷者的重利盘剥。他把合作社运动看作是湖南农民运动的 14 件大事之一，认为合作社特别是消费、贩卖、信用合作社，"确是农民所需要的"，但农民自发组织的合作社还没有详细的正规的组织法，"往往不合合作社的原则"③。假如党能给予适当的指导，合作社运动可以随农会发展到各地。中共五大前夕，以毛泽东为书记的中央农委认为，国民革命取得胜利，农民的合作社在政治方面受无产阶级领导，经济上与革命政府和城市发生密切关系，就能帮助农民消灭在农业中产生的资本主义倾向，"可以使农民于乡村阶级分化时减少压迫"。尚未完全得到胜利保障的时候，应该利用合作社"以反抗奸商重利盘剥者的压迫"，发挥合作社的经济功能，使其成为改良贫农生活的工具，成为引导农民和农村手工业者加入农协、参加乡村斗争的组织。在大规模组织合作社前，应向农民宣传合作社的重要意义，在有强有力的农协组织的地方，农民具有建立合作社的要求，合作社要随着农协的发展而发展，"同时须受农协之领导"。吸收社员"应采取与农协收集会员的相同标准"，才能抵制操纵合作社的乡村资产阶级及压迫者的影响。现在要组织投资少、见效快的消费合作社和手工业合作社，这是向生产合作社发展的组织。"因为生产合作社，需要多数的金钱，机器与较高的文化"。合作社应建立在城市或省会，在有二三十个合作社组织的乡区建立中心合作社，便于向农民提供帮助。

----

① 中央档案馆：《中共中央文件选集》（第 2 册），中共中央党校出版社 1982 年版，第 201，214 页。

* 毛泽东：《江浙农民的痛苦及其反抗运动》，《向导周报》1926 年 10 月第 179 期，人民出版社 1954 年影印版，第 1870 页。

② 中央档案馆：《中共中央文件选集》（第 3 册），中共中央党校出版社 1983 年版，第 19，21 页。

③ 毛泽东：《毛泽东选集》（第 1 卷），人民出版社 1991 年版，第 40，41 页。

　　1927 年 4 月底召开的中共五大接受了共产国际的意见，强调建立国有农业银行和信用合作社，"必使重利剥削者完全丧失作用"，这是农村革命的重要工作。6 月，中央农民部制定了《关于协作社之决议草案》，全面阐述了建立合作社的原则和方法，认为现在的减租减税运动和利用合作社、参军、兴办工程等解决部分贫农生活问题的方法，为解决农民土地问题作了准备。湘鄂赣三省的农民协会必须建立花钱少、收效快的"借钱的信用合作社消费合作社贩卖合作社等"。合作社的经费主要向乡村募集，应在城市建立中心合作社，以便在市场上以较便宜的价格购买生产品以帮助农民。建立合作社的现实意义在于"帮助贫农脱离重利盘剥及奸商之垄断居奇等种剥削"。必须培养合作社人才，研究各地农民经济，"从速创办协作社以补助农民的经济斗争"[①]，在农村建立消费合作社和信用合作社。1928 年 7 月，中共六大提出的《土地问题决议案》，除规定没收地主土地归苏维埃、分配给农民使用外，强调取得政权的工农群众一定要加快准备各种条件，"消灭私有的资本主义市场而代以有组织的经济"。在国有的城市大工业领导下，在农村发展集体经济，经过合作社使"数千百万农民经济与城市的社会主义工业经济相联合"，由国家设立的农业银行及信用合作社经手办理低息借贷、组织消费及生产合作社是向社会主义发展的条件。要对农民进行思想政治教育，明白自己永远与农村资产阶级存在利益冲突，只有彻底的社会主义革命"才能消灭一切的贫困，一切的剥削"。六大通过的《苏维埃政权的组织问题决议案》也认为，夺取政权后应考虑资产阶级在经济上反抗的可能性，应规定各种办法，"如给养之组织，合作社之创立，国家商店之建设等"[②]，实行农民监督。1929 年 6 月底至 7 月初，中共六届中央执行委员会第二次全体会议接受了共产国际的指示，认为农民反高利贷的斗争与反地主阶级的斗争联系紧密，提出反捐税、反高利贷、减租、抗租、借粮、分粮、改良待遇、增加工资、反拉夫拉车、摊派军饷等口号来发动农民，党必须坚决领导农民日常的经济斗争。

　　1930 年 10 月，中央政治局否定了"没收一切土地"和实行共耕制的

　　①　中央档案馆：《中共中央文件选集》（第 3 册），中共中央党校出版社 1983 年版，第192，192，192，192～193，193，66，182，191，191 页。
　　②　中央档案馆：《中共中央文件选集》（第 4 册），中共中央党校出版社 1983 年版，第350，350，353，401 页。

口号，认为这是小资产阶级空想社会主义的表现，共耕制必须由没有生产条件的自愿的农民通过契约方式建立。苏维埃政府应当竭力帮助制造耕具的手工业或合作社发展，让贫农能够廉价购得农具。没收地主及其他反革命分子的农具，"适当的分配给贫农"。在宣传土地国有政纲时，要说明革命在全国胜利后，才能实行土地国有，建立集体农场和国营农场，进而在无产阶级领导的国家工业化的条件下，改造农业技术，把小农经济改造为社会主义经济，"开辟彻底解放农民群众的道路"。苏维埃政府应在实行自由贸易的原则下，"实行抑制剥削分子的方针"，开展合作社运动。在农村首先组织和赞助贩卖合作社与消费合作社，吸引广大的自愿的贫农、工人参加，"要有群众社员的严密监督"，不能被富农和投机商人控制。建立合作社是根据地输出农产品、购买工业品，"反对投机商业的一种有力的武器"。绝不能说消灭地主土地所有制，平均分配土地就消灭了资本主义剥削关系。土地革命后，农业资本主义一定会在农村生长，"只有大规模的社会主义的农业生产才能代替"和消灭资本主义农业生产方式。在农村中增加更多的农业工人（雇农）建立雇农工会，在将来革命转变到社会主义时，农业工人将成为"建设社会主义农业经济的社会力量"[①]。

至此，中国共产党在共产国际指导下，基本形成了通过没收分配土地的政策，动员农民参加革命以确立自己的领导地位进而夺取政权。在民主革命胜利后，通过土地国有化，引导农民建立商业合作社和信用合作社。虽然党还没有明确提出生产合作社的组织形式，但提出了用大规模的社会主义的农业生产组织来防止农民的资本主义倾向，将中国农业过渡到社会主义的战略思想。

毛泽东于 1930～1933 年，先后深入江西永新、兴国、寻乌、瑞金和福建上杭等县进行系统的农村经济调查，发现了兴国县长冈乡、瑞金县石水乡和福建上杭县才溪乡等发展粮食、流通和生产合作社的典型，对建立在私有制基础上的从流通领域到生产领域的合作社在根据地经济发展中的作用给予了高度评价，进行了理论概括，初步形成了中国农业实行集体经营的思想。

---

① 中央档案馆：《中共中央文件选集》（第 6 册），中共中央党校出版社 1989 年版，第 444，446，446，448，448，453，453 页。

1931 年 2 月，他解决农民土地问题的思路发生了新的跃进，主张给予农民土地和农产品的所有权及处置权。就根据地农业劳动力的缺乏问题，为了解决根据地农民在发展生产和支援战争中出现的人力及畜力缺乏的困难，准许缺少劳动力的农民出租土地，"租完多少，以两不吃亏为原则"。就解决根据地耕牛缺乏问题，提倡耕种互助，"邻近乡村牛多的帮助牛少的耕田"，"只有正式准许租牛，才能相当解决缺牛问题"①。县区乡各级政府要设法调剂耕牛，鼓励牛多的区乡出借或出卖耕牛，禁止杀牛和贩牛出口白区。他主张用出租或买卖等经济手段来解决根据地农业劳动力和耕牛缺乏问题。1933 年 8 月，他强调为了改善农民生活，在广大的工农群众和根据地的政府工作人员中，"造成一种热烈的经济建设的空气"，立即开展各项必要和可能的经济建设事业，"把革命战争和经济建设的物质基础确切地建立起来"。他认为，根据地食盐价格高，有时还脱销，粮食秋冬便宜，春夏价高等情形"影响到工农的生活，使工农生活不能改良"，还要影响到工农联盟的巩固。主张通过政府的组织干预、计划调剂手段，组织合作社来平衡物价和调剂粮食及其他商品的余缺，消除自由市场造成的弊端。要求"每个县要设立一个粮食调剂分局"，在重要的区、圩场设支局，使粮食可以在根据地内流通，有计划地出口白区，不受奸商的中间剥削。由于"合作社的发展还只在开始的阶段"，他提出了大力发展合作社的两个方法。一是政府给合作社以资金支持。计划把 300 万元的经济建设公债中的"两百万借给合作社、粮食调剂局、对外贸易局做本钱"，再加上农民的股本，在根据地"发展农业和手工业生产"，输出粮食、钨砂，输入食盐、布匹。二是组织动员农民发展合作社。各级政府要把发行公债、发展合作社、调剂粮食、发展生产、发展贸易等工作放在议事日程，经常讨论、督促检查。合作社是集体经济组织，不能用官僚主义、命令主义的方法去发展合作社，这是不能成功的，即使"暂时在形式上发展了，也是不能巩固的"，会在农民中失去信用，妨碍合作社发展。要努力宣传，说服农民，根据"具体的环境、具体地表现出来的群众情绪"去发展合作社。特别重视工农群众组织，"贫农团是动员群众

---

① 中央文献研究室：《毛泽东文集》（第 1 卷），人民出版社 1993 年版，第 257 页。

发展合作社、购买公债的一个有力的基础"①，区乡政府要用大力去领导贫农团等群众团体，推动合作社的发展。11 月，他介绍了才溪乡农民在共产党领导下，组建消费合作社、粮食合作社、劳动互助社、犁牛合作社的情况，认为根据地发展农业生产除了动员女子、儿童、老人参加劳动外，依靠劳动力的互相调剂，调剂劳动力的主要方法是建立劳动合作社与耕田队。劳动合作社的主要任务是帮助红军和农民互助，统筹全乡全村劳动力，"要请工的，必经村委员，不能私请"，否则影响劳动力调剂。毛泽东还就根据地耕牛缺乏，提出解决的方法"莫妙于领导群众组织犁牛合作社，共同集股买牛"，不但能解决贫苦农民的生产困难，"对于增加农业生产更有大的意义"。他强调苏维埃是农民生活的组织者，只有解决了农民的生产问题，改良了农民生活，才能取得农民的信赖。因战争导致了根据地劳动力缺乏，对现有劳动力进行有组织的调剂成为了农业生产方面的中心问题，"群众热烈地欢迎劳动互助社"。他在长冈乡和才溪乡的调查中，从解决根据地农业生产的困难出发，把举办劳动合作社以及消费合作社、粮食合作社的才溪乡、长冈乡、石水乡树立为共产党在根据地领导农民创办合作社的榜样，认为合作社组织了全乡农民的经济生活，经济组织性程度得到提高，"成为全苏区第一个光荣的模范"，"希望各地都能实行"，使苏区几千个乡同长冈、才溪、石水一样，"成为争取全中国胜利的坚强的前进阵地"。因此，根据农民意愿，"以村为单位统筹生产"②，在根据地的一切地方都可实行。在参加红军人数多的地方，还可以乡，甚至以区为单位统筹生产，求得组织上的统一。从此，农业生产合作社在毛泽东农业集体经营思想中占据了极其重要的位置。

1934 年 1 月，毛泽东系统阐述了根据地经济建设思想，强调共产党领导有计划有组织的经济建设，"才能挽救全国人民出于空前的浩劫"。他认为经济建设的中心是发展农业、工业生产，对外贸易和组建合作社。在小农经济的基础上，还不能提出国家农业和集体农业的问题，但对某些重要的农产作出生产计划，动员农民努力实现计划，"这是容许的，而且是必须的"。共产党必须着力领导农民解决农业生产中劳动力、耕牛、肥

---

① 毛泽东：《毛泽东选集》（第 1 卷），人民出版社 1991 年版，第 121，122，120，121，120，122，122，125，125，124 页。

② 中央文献研究室：《毛泽东文集》（第 1 卷），人民出版社 1993 年版，第 331，302，303，300，340，303，340，301 页。

料、种子和水利等困难，有组织地调剂劳动力，组织妇女参加生产劳动"是我们农业生产方面的最基本的任务"。在根据地组织劳动互助社和耕田队是春耕夏耕时节解决劳动力问题的必要的方法；组织犁牛合作社是共产党应该注意的事情；"水利是农业的命脉，我们也应予以极大的注意"；根据地的国民经济由国营、合作社和私人事业三方面组成，已经建立的粮食、消费、生产和信用合作社经过长期发展，将与国营经济配合起来，成为根据地经济方面的强大力量，"逐渐占优势并取得领导的地位"，"造成将来发展到社会主义的前提"①，因此根据地要大规模地发展合作社经济。他虽然没有明确提出合作社是个体农业走向社会主义的必由之路，但第一次把合作社经济放到了与国营经济同等重要的位置，注意到了发展合作社的政治意义，提升了对合作社经济的认识。

总之，1931～1934年毛泽东经过调查研究，研究并推广了劳动互助社、耕牛合作社等各种农业互助组织形式，初步形成了农业合作社的思想、原则和政策，确立了中国农业将实行集体经营的主张。他主张在根据地发展农民互助的各种合作社组织的根本目的是为了发展生产，克服困难，改善生活，支援革命战争。

（二）农业集体经营思想的发展

毛泽东在抗战时期倡导抗日根据地发展合作社，总结了合作社发展的经验，阐述了对合作社性质、意义、形式、特点和组织合作社的方法的认识，提出了农业合作社经营的构想。抗战时期和解放战争时期是他农业集体经营思想全面发展的阶段。

1. 合作社的发展

抗战初期，陕甘宁边区政府于1936年颁布了《合作社发展大纲》，成立了合作社指导委员会和合作总社，1939年10月颁布了《各抗日根据地合作社暂行条例示范（草案）》。边区政府希望通过合作社的发展，克服根据地在资金和物资供应方面的困难。在边区政府的倡导及中国工业合作协会西北办事处延安事务所的组织下，到1941年，边区建立了消费合作社155个，社员14万余人，手工业生产合作社30个，社员约300人②，

---

① 毛泽东：《毛泽东选集》（第1卷），人民出版社1991年版，第134，131，132，132，134，130页。

② 数据见杨植霖：《论发扬延安精神》，甘肃人民出版社1989年版，第96页。

信用合作社也相继建立。这些合作社都由政府组办，资金来源于政府贷款和投资及向农民摊派的股金，业务也主要面向政府，目的是增加政府收入，具有浓厚的官办色彩，不能满足农民生产生活的需要。针对边区合作社存在农民不满的问题，1942 年 2 月，陕甘宁边区政府建设厅和合作指导局联合召开的各县合作社主任联席会议，强调合作社民主管理的原则。会后，边区开始探索与农民利益相结合，满足农民各种生产生活需要的办社经验。到 1944 年 6 月，陕甘宁边区建立消费合作社 367 个，生产合作社 375 个，医药合作社 51 个，信用合作社 86 个，运输合作社 395 个，各类合作社共计 1250 个，比 1941 年增长 500% 以上[①]。

战争造成根据地农村劳动力减少和耕畜农具损失，陕甘宁边区政府虽然采取了奖励移民的政策，但边区地广人疏，劳动力不足的问题仍然没有得到根本解决。把农民组织起来，调剂劳动力，提高劳动效率成为了发展农业生产的客观要求。边区政府为了解决劳动力不足的问题，号召农民建立了劳动互助社、劳动互助组、代耕队及开荒、修田、植林等生产劳动组织。但这些组织在创建时，一般采取自上而下的行政手段强制建立，带有浓厚的政治动员色彩，并非是农民自愿互利的组织。因此，农业生产合作社出现了组织不巩固、生产效率低的现象。1942 年底，中共中央西北局高干会议要求各县将合理组织劳动力、调剂畜力作为发展农业生产的中心环节，列为发展边区农业的重要政策之一，克服组织合作社包办代替，实行民办官助的方针。经过边区政府的提倡、组织，陕甘宁边区的农民互助合作组织迅速地发展起来。1943 年，陕甘宁边区有 25% 的劳力、半劳力参加了各种形式的互助组织。1944 年，半数以上的劳动力被组织了起来。与此同时，共产党领导的晋察冀、晋冀鲁豫、晋绥、山东及华中、华南等根据地的互助合作运动也相继发展了起来。

根据地的合作社在建立初期，主要开展消费（供销）业务，逐渐开展了生产合作。大多数合作社兼营一种或数种业务，可以分为消费和生产两大类型。根据合作社经营的具体业务，分为集体互助的农业生产合作社如变工队、扎工队等，手工业生产合作社，运输合作社和综合合作社（生产、消费、信用、运输）等四种类型。陕甘宁边区最著名的综合性合作社是延安南区合作社。

---

① 数据见杨植霖：《论发扬延安精神》，甘肃人民出版社 1989 年版，第 96 页。

由于根据地农村经济基本处于自然和半自然的状态，商品生产和交换的水平极其低下，农民在自然经济基础上建立起来的合作组织主要是长年性、季节性和临时性的互助组，在农业生产中发挥了重要作用。首先，农民通过劳力、畜力的调剂，节省了劳力，提高了效率，有了一定的分工与协作，保证了农活的及时完成；其次，把个体农民分散微弱的生产要素结合起来，扩大了生产规模，为发展生产、抗灾救荒、战胜经济困难和改善人民生活做出了贡献。

在根据地农业互助合作的发展过程中，产生了个别在土地私有基础上，带有社会主义性质或具有社会主义因素的农业生产合作社。陕甘宁边区的一些把人力、畜力完全统一起来进行开荒（即组织变工队），实行了集体劳动，集体吃饭，开垦的荒地归全队所有，土地上的收获物按劳动力或按劳动力和畜力结合进行分配，如"刘秉温式"变工队、安塞县苗店子合作农场等；在鲁中和胶东根据地还出现了劳动力与土地入股，按股分红的农业生产合作社；在冀中根据地有耿长锁领导的生产合作社，实行土地入股、统一经营，集体劳动、分工生产，收入按股按劳比例分配。这些合作社在当时没有进行推广。

2. 关于农业合作社的基本认识

抗战时期，毛泽东根据陕甘宁边区合作社事业的发展情况，先后就农业互助合作问题发表报告或讲话，推进了边区合作社事业的发展。1939～1943年，他阐述了农民生产互助的系列观点，对合作社的性质、特征、组织形式、内容、地位和作用作了全面系统的论述。抗战期间是毛泽东农业集体经营思想的形成时期。

（1）合作社的性质

1940年1月，毛泽东指出，在新民主主义革命阶段，"一般地还不是建立社会主义的农业"[①]，但在保障农民土地所有基础上发展起来的各种合作经济，具有农民集体劳动和财产公有等社会主义因素。1941年4月，他从政治和经济层面分析了合作社，认为根据地的主要经济成分是私营经济，要让"自由资本主义经济得着发展的机会"[②]，以反对日本侵略和半封建制度。合作社是建立在个体经济、私有财产基础之上的具有新民主主

---

① 毛泽东：《毛泽东选集》（第2卷），人民出版社1991年版，第678页。
② 毛泽东：《毛泽东选集》（第3卷），人民出版社1991年版，第793页。

义性质的集体劳动组织，一方面是发展经济的重要工具之一，另一方面合作社的社员包括各阶层的人民，具有统一战线的性质，调动了各方面的抗战积极性，又是实行抗日民族统一战线政策的一种形式。1942 年底，他详尽地解释了农业劳动互助。他说，一村之内或几村之间，农民以五六家或七八家为一组，有力出力、有畜出畜，多的多出、少的少出替组内农民耕种、锄草、收割。生产成果归农民自己所有，大家秋后结账，"多出的由少出的按农村工价补给工钱"①，这就是劳动互助。1943 年 11 月，他认为，带着公营性质的合作社是坏的合作社、没有走上正轨的合作社，要求把合作社转变到以私有制为基础的轨道上来。他站在建立新民主主义社会的高度，指出农民组织的各种农业劳动互助组织，无论叫什么名称、参加人数多少、由全劳动力或半劳动力组成，无论是实行人力、畜力、工具互助，临时性或永久性，甚至农忙时集体吃饭住宿，都不过是一种初级形式的合作社。目前的合作社还是建立在个体私有的经济基础上的集体劳动组织，还要经过若干的发展阶段，才能在"将来发展为苏联式的被称为集体农庄的那种合作社"②。1944 年 7 月，他指出，"所有农民、工人、地主、资本家都可以参加合作社"③，合作社是政府领导、各阶层人民联合经营的经济、文化及社会公益事业组织，具有统一战线性质。1945 年，他在《论联合政府》报告中首次将合作社经营明确地列为新民主主义经济构成的一个部分，并对合作社经济的有关问题进一步作了理论阐述，强调农民组织的生产合作社，还只能是建立在农民个体私有经济基础上的"集体的互助的劳动组织"④。1948 年 9 月，他指出以私有制为基础的合作社有退股的自由，股票可以转让，"小生产加入了合作社，就带有两重性了"⑤，无产阶级领导的合作社带有社会主义性质，是半社会主义性质的经济。1949 年 3 月，他在七届二中全会上再次强调"合作社经济是半

---

　　① 日本毛泽东文献资料研究会：《毛泽东集》（第 8 卷延安期Ⅳ），北望社 1971 年版，第 212 页。

　　② 毛泽东：《毛泽东选集》（第 3 卷），人民出版社 1991 年版，第 931 页。

　　③ 毛泽东：《在出席陕甘宁边区合作社会议的全体代表的招待会上的讲话》（1944 年 7 月 4 日），载王建众等编《中国共产党抗日战争时期大事记》，人民出版社 1988 年版，第 444 页。

　　④ 毛泽东：《毛泽东选集》（第 3 卷），人民出版社 1991 年版，第 1078 页。

　　⑤ 1948 年 9 月 13 日毛泽东在中央政治局会议上的插话，见中央文献研究室编《刘少奇论新中国经济建设》，中央文献出版社 1993 年版，第 3 页。

社会主义性质的"①，认定合作社经济是新民主主义社会的经济成分之一。

总之，毛泽东反复阐述了共产党领导的、农民组建的以私有制为基础、具有统一战线性质的包括合作社在内的各种农业劳动互助组织有了一定的公共积累和集体劳动的社会主义因素，但还不是社会主义农业的经济形式。他对合作社的性质作出了科学而又准确的界定。

（2）组织合作社的意义

毛泽东强调陕甘宁边区地广人疏，劳动力相对缺乏是发展农业生产的第一个困难。发展生产的中心环节是组织劳动力，把农民组织起来，可以调动农民的生产积极性，促进根据地农业发展。他对合作社寄予厚望，认为建立合作社是根据地"在经济上组织群众的最重要形式"②。他根据陕甘宁边区在农民中组织合作社的成效，总结了合作社的三大作用。

第一，提高农业劳动率，推动农业生产迅速发展。他指出：在农民中建立劳力互助的合作社作用极大，可使劳动力缺乏的农家及时下种、锄草与收割，即使劳动力不缺的农民"也可因集体劳动而使耕种、锄草、收割更为有利"③。1943 年，他分析指出由于变工队实行了集体耕种、锄草、收割，"收成比去年多了一倍"④。发展生产合作社可以"增加一倍或一倍以上"⑤ 的粮食产量，假如把全边区的劳动力都组织在集体互助的劳动组织中，边区 1400 万亩耕地会增加一倍以上的粮食。农民组织在互助团体里面，"三个人的劳动效率抵过四个人"。建立的如变工队、互助组、换工班等农民集体互助的劳动组织，"劳动生产率的提高和生产量的增加，已属惊人"。毛泽东对集体劳动提高生产效率和形成新的生产力深信不疑。

第二，提高农民在经济上的组织程度，使他们富裕起来。他指出，几千年来，中国农业以一家一户为单位，进行分散的个体生产，是封建统治的经济基础，农民永远陷入贫困。改变农民个体经济落后状况的唯一办法是逐渐把农业生产劳动集体化，而实现集体化的唯一道路，"依据列宁所

---

① 毛泽东：《毛泽东选集》（第 4 卷），人民出版社 1991 年版，第 1433 页。

② 毛泽东：《毛泽东选集》（第 3 卷），人民出版社 1991 年版，第 931 页。

③ 日本毛泽东文献资料研究会：《毛泽东集》（第 8 卷延安期Ⅳ），北望社 1971 年版，第212 页。

④ 毛泽东：《毛泽东选集》（第 3 卷），人民出版社 1991 年版，第 932 页。

⑤ 中央文献研究室：《毛泽东文集》（第 3 卷），人民出版社 1996 年版，第 70 页。

说，就是经过合作社"。共产党组织各种形式的合作社可以把全部农民组织成为劳动大军，是农民得到解放的必由之路，"由贫苦变富裕的必由之路"①，也是抗战胜利的必由之路。

第三，为建立社会主义农业创造了条件。他认为，新民主主义社会的基础"不是分散的个体经济"，是社会化生产的公营或私营的工厂及包括变工队在内的合作社。共产党在农村领导土地革命，打破了农民受封建剥削的束缚，经过减租减息削弱了封建剥削，是农村的"第一个革命"；但不进行由农业个体劳动到集体劳动的生产方式的改革，农业"生产力还不能进一步发展"，在农民中建立生产合作社就非常必要。他对农业生产合作社给予了极大的关注，宣称在农民中建立互助合作组织，生产工具根本没有变化，生产成果归农民自己所有，但由个体劳动转到集体劳动，人与人之间的生产关系变化了。这是农业生产制度上的革命，是继"第一个革命"之后的"第二个革命"。这种革命可以推行于根据地，将来可推行到全国去，"在中国的经济史上也要大书特书的"②。在中国，没有由共产党领导的新式的彻底的资产阶级民主革命，"没有私人资本主义经济和合作社经济的发展"，想在半殖民地半封建的基础上建立社会主义社会，"那只是完全的空想"。因此，毛泽东不断号召共产党人要在几年内把大多数农业劳动力组织到农业合作社中去。

（3）合作社的形式

1942年底，他提倡陕甘宁边区普遍推行集体互助的农业生产合作社，即变工队、扎工队、唐将班子、互助社等集体劳动组织。他认为，部队机关学校的群众生产，不叫合作社的名目，但具有了合作社的性质。1943年，他提出不管农业生产合作社的形式规模如何，"只要是群众自愿参加（决不能强迫）的集体互助组织，就是好的"。特别强调合作社是在财产私有的基础上，由各阶层人民大众联合经营的经济、文化、卫生及社会公益事业的组织。他把合作社当作推动边区所有经济、文化和公益事业发展的主要组织形式，强调边区的一切经济文化事业都必须通过合作社才能完成。他认为，农民一旦养成了合作社的习惯，"不但生产量大增，各种创

---

① 毛泽东：《毛泽东选集》（第3卷），人民出版社1991年版，第1017，1078，931，932页。
② 中央文献研究室：《毛泽东文集》（第3卷），人民出版社1996年版，第207，70，71页。

造都出来了，政治也会进步，文化也会提高，卫生也会讲究，流氓也会改造，风俗也会改变"①；以互助合作的方式把农民组织起来，不仅是发展农业生产、改造农业个体经济的正确道路，不需要很久的时间，农业生产工具也会得到改良，还能带动农村社会的全面改造。到那时，中国农村就逐渐建立在新民主主义基础上了。

他根据合作社经营工业、农业、运输业、畜牧业、供销、卫生、信用、教育、植树、公益等多种业务，认为合作社的形式是多种多样的，甚至把部队机关学校的集体劳动也解读为合作社的形式之一，把集体劳动视为决定农民合作社形式的最关键的要素。在各种形式的合作社中，他最推崇的合作社是延安南区合作社。作为综合经营的合作社，延安南区合作社的社员包括了南区的所有家庭，主要服务于个体农民。除设多处商店和营业部外，还开有饭馆、旅店及手工工厂，建立了生产合作社、消费合作社（运盐）、供销合作社、运输合作社和信用合作社，把农民的生产、供销、运输及信贷结合为一体，获得了较高利润，提高了农民收入。毛泽东称赞它是模范合作社，延安南区合作社成为了他主张中国农业实行集体经营的理想模式，对毛泽东农业集体经营思想在新中国建立后的发展发挥着重大影响。

（4）合作社的特点

1942 年底，他总结了边区发展合作社和组织农民生产互助的经验，认为在地广人稀、几乎全部属于小农经济的边区，组织与倡导人民发展经济，"就必须依赖真正群众化的合作社起纽带作用"，群众化成为了他对合作社特点的总认识。他说，虽然我们在过去领导农民调剂劳动力方面创造了许多好办法，但"让农民自流去干，政府只是事后登记一下"。延安县在开荒中把组织劳动力当作大事来做，在组织难民生产劳动时，"吃粮在农民中进行调剂"，"籽种、土地，都是发动农民给难民调剂"，"将二流子集中区上，组成开荒组"。1943 年，他提出要在根据地一村之内或几村之间发展劳动互助，在人口密集的乡村，多个劳动互助组可以组建劳动合作社，在组与组之间进行劳动力调剂。在必要与可能的条件下，"社与社之间亦可有些调剂"。农民欢迎的在农忙季节的扎工也能调剂劳动力。

① 毛泽东：《毛泽东选集》（第 3 卷），人民出版社 1991 年版，第 1060，1060，931，1017 页。

他认为，在各种调剂劳动力的办法中，劳动互助社最为重要，"应在全边区普遍实行起来"。为了使合作社真正具有群众化的特点，他总结了延安南区合作社"根据人民的意见来改善合作社的组织形式"，由社员按村选举代表参加社员大会，团结社员中的积极分子去劝导其他农民入股，"不管股分（引者注：份）的多少，每一社员都有平等权利"，不限制入股数量，实行按股分红。他根据延安南区合作社的经营状况，概括出合作社具有的四大特点。第一，合作社是建立在个体经济基础上由农民自愿结成的劳动合作组织，在组织农民参加合作社时，实行自愿入股、退股自由，严禁向农民强迫摊派入股。第二，认真贯彻面向农民、替人民谋利益的方针。不墨守成规，打破合作社的教条规则，从农民消费合作开始建社，合作社经营不在于集体的公积金、公益金多少，尽量将赢利分给社员。第三，实行等价交换原则，不论是人工换人工，人工换牛工或农具换人工都实行平等互利原则。第四，反对政府包办合作社，实行民办官助、公私两利的方针，使其成为政府与农民在经济方面的桥梁。合作社贯彻政府的财经政策，调剂农民负担并使其合理，增加了农民收入，使政府与合作社及农民个体与合作社集体的利益密切结合。延安南区合作社在消费方面，没有违背消费合作社的基本精神，是根据边区农民"政治的、经济的、文化的、生活的特点而产生的"；在生产方面，虽然还不是农民自己的合作事业，是合股的雇佣制企业，但在手工业不发达、从业人数少的边区，"为吸收农村游资发展手工业"，生产合作社的方式是现地现时条件的产物。毛泽东把握了以私有制为基础的生产力和商品经济发展到一定阶段的合作经济与在自然经济基础上建立起来的变工队等农业生产合作形式的本质区别。

他还要求合作社工作人员必须来自社员，实行群众化，实行薪水制，取消对他们的代耕制；精简改良合作社组织，"使之企业化，克服机关化；减少工作人员，减少开支"，体现了合作社共有的经营特点。

（5）组织合作社的方法

他认为，在陕甘宁边区农村工作的一切共产党员第一位的工作是组织领导人民发展生产，增加其物质福利，切切实实地去研究农民的生活生产问题，帮助他们"具体地而不是讲空话地去解决这些问题"①。农民有组织地实行集体互助，劳动互助就"大为条理化和更加发展了"②。在互助合作组织组建方面，他认为要尊重农民的意愿，反对强迫命令，坚持自愿、互利和民主原则，采取耐心说服、典型示范的方法。但农民在生产经营活动中不善合作，共产党必须实行组织起来的方针，在农民自愿的原则下，"组织生产互助团体"③，几年之内，就可能把大多数农民"组织在农业生产的和手工业生产的互助团体里面"④。采取自愿、互利和民主方法的原因在于互助合作组织是农民的组织，只有让农民切实认识到组织起来的优越性并真心愿意参加时，他们的积极性和创造力才能发挥出来，劳动互助才能真正取得成效。他在总结延安南区合作社经验时，针对农民贫穷和合作组织经济力量薄弱的情况，提出克服建社中出现包办代替的主要方法是民办公助，强调公私合作、公私兼顾的原则，"号召人民组织各种形式的合作社"⑤，政府对合作组织给予各种帮助。他肯定了延安县创造的"按户计划"的办法。春耕前由政府派干部到每个农户（或典型农户）家中帮助农民制订生产计划，并把计划贴在窑壁上，政府按季节检查、督促，把农民纳入变工队、扎工队等集体劳动的组织中。毛泽东把它列为组织劳动力的形式之一。

解放战争时期，他批评指出，被官僚主义分子把持、对于人民群众有害无益的变工队和合作社大面积垮台，"是完全可以理解的，并且是毫不可惜的"⑥，必须劝告农民在自愿原则下逐步地组织以私有制为基础的各种生产的和消费的合作团体。

总之，毛泽东把自愿、互利和民主作为了合作社组建的原则，组织方法是共产党积极领导，劝告农民组建合作社，实行民办公助，做到公私合作、公私兼顾。

在共产党和毛泽东的大力倡导下，在根据地组织农民参加生产合作社，提高农业生产力成为了党内许多领导人的共识。任弼时在 1944 年 4

---

①　日本毛泽东文献资料研究会：《毛泽东集》（第 8 卷延安期Ⅳ），北望社 1971 年版，第 233，197，202，203，207，212，214，232，232～233，233，233，234，341 页。

②　毛泽东：《毛泽东选集》（第 3 卷），人民出版社 1991 年版，第 932 页。

③　中央文献研究室：《毛泽东文集》（第 3 卷），人民出版社 1996 年版，第 240 页。

④　毛泽东：《毛泽东选集》（第 3 卷），人民出版社 1991 年版，第 1017 页。

⑤　中央文献研究室：《毛泽东文集》（第 3 卷），人民出版社 1996 年版，第 180 页。

⑥　毛泽东：《毛泽东选集》（第 4 卷），人民出版社 1991 年版，第 1312 页。

月指出，把"分散的个体经济组织起来，走上合作化的道路"，逐渐变为有一定计划的经济形式，"成为在私有基础上比较有组织的合作经济"①，能够大大提高生产力。抗战期间，各根据地普遍组织了各种类型的农业生产合作组织，促进了农业生产的发展，为战胜经济困难、取得抗战胜利提供了条件，积累了领导农业生产的经验。

毛泽东对农民互助合作组织有着清醒的认识。他认为，中国农业基本上是分散的个体的农业经济，但将来可以逐步地转变到向着"合作社方向发展的农业经济"。共产党的长期任务是"细心地保存和发展"那些为农民所拥护的小规模的变工队、合作社及其他经济组织，并把它们推广到全国各地。由于"中国人民的文化落后和没有合作社传统"，在组织农民合作社的过程中可能会遇到困难，但我们可以和必须组织并推进合作社的发展。农民是分散的，需要用很长的时间，通过细心的工作，"才能做到农业社会化"②，不能奢望延安南区合作社迅速发展。这表明，抗战时期和解放战争时期，毛泽东形成的中国农业将来实行集体经营，运用合作社实现社会化经营的思想是基于当时农业的客观现状和农民的现实需求。

我们认为，解决贫穷和生产劳动的困难是农民要求互助合作的前提，当农业个体经济得到充分发展时，农民有了进一步扩大生产规模，解决剩余农产品市场交易的要求，生产和供销合作社才能产生。毛泽东和共产党人在对农业生产合作社的认识中，把农民在解决贫穷时产生的互助合作要求作为根据地合作事业发展的根本动因，强调了对建立在财产私有和个体经营的基础上的合作社的领导，尽管这种领导在合作社组建时具有浓厚的政治动员色彩，但在合作社的特征及组织形式方面，注重自愿入股、退股自由、面向农民、为农民服务，在理论上赋予了农业生产力水平低下条件下的生产合作社新的内容和意义。这也就符合了马克思主义关于合作社的基本原则，也符合欧美发达国家市场型合作社的组织原则。

我们还认为，由于农业生产合作组织在个体经营、生产工具落后条件下比流通合作社取得的效果更为明显，毛泽东对农民为解决贫困而组织的农业生产合作组织十分乐观，甚至还把部队、机关和学校的集体劳动也称

---

① 中央文献编辑委员会：《任弼时选集》，人民出版社 1987 年版，第 311 页。

② 毛泽东：《毛泽东选集》（第 4 卷），人民出版社 1991 年版，第 1255，1312，1432，1477 页。

为合作社，进而把苏联的集体农庄作为了共产党领导下的农业互助合作未来发展的社会主义目标。1943年，他认识到农民遭受的封建剥削减弱后，如果不实现农业由个体到集体劳动的转变，"则生产力还不能进一步发展"①。1948年，他批判了农业社会主义思想，说社会主义不是依靠小生产可以建立起来的，在新民主主义社会中大量发展公私经营的近代化工业，"制造大批供给农民使用的农业机器"②，才有可能将农民个体经济逐步转变为集体农场经济，把农民组织到集体农场中。可见，毛泽东关注中国农业发展的重点不仅要发展小农经济，而且要改造小农经济。因此，在中共七届二中全会上，他又强调指出：中国是可能而又必须谨慎和积极地逐步引导分散的个体农业经济"向着现代化和集体化的方向发展的"③。他对农业集体劳动能提高生产效率和形成新的生产力并能够改造个体农业经济，甚至改造农村社会深信不疑。毛泽东形成了通过变革农民劳动生产关系建立社会主义农业的思维定式，突出强调了农业集体劳动的作用。

我们更认为，延安南区合作社把农民从生产、消费到产品运输、销售纳入到了完整的合作社经营的生产和流通体系。在生产领域利用各种生产合作形式，解决了个体农民在生产资料和劳动力方面的困难，促进了农业和手工业生产的发展；在流通领域利用各种消费、供销合作组织搭起了农民与市场间的桥梁。毛泽东关注延安南区合作社的重点是它的运行模式以及办社的方法和经验，强调它在合作社推广中的示范作用，但对如何利用流通合作社引导农民参与和扩大农产品生产和交换，促进农业经济结构变革，实现农业由小生产向大生产过渡缺乏高度关注和深入分析。这也对新中国建立后，毛泽东农业集体经营思想的发展及实践产生重大影响。

三 实现集体经营的思想观点

新中国建立前夕，共产党在七届二中全会和《共同纲领》中明确提出了引导农业个体经济逐步向集体化发展的任务。党内对这一任务的长期性和艰巨性，对组织供销、信用及手工业合作社的认识都是一致的。新中国建立后，毛泽东与党内其他人在实现农业集体经营的基础、原因、前提

① 中央文献研究室：《毛泽东文集》（第3卷），人民出版社1996年版，第70页。
② 黄道霞等：《建国以来农业合作化史料汇编》，中共党史出版社1992年版，第11页。
③ 毛泽东：《毛泽东选集》（第4卷），人民出版社1991年版，第1432页。

条件、速度等问题上产生了诸多分歧。他以特殊的眼光和视角把握了实行农业合作化的可行性和迫切性，阐述了在中国实现农业集体经营的具体主张，不惜用思想批判、政治帽子等方式力排众议，推进了合作化的快速完成。

（一）在实现农业集体经营问题上与其他人的认识争论

新中国建立后，党内在改造落后的小农经济的大前提下，在如何看待土改后农业个体经济发展中出现的中农化趋势以及高利贷、雇佣、土地买卖逐年增长等"两极分化"的新情况、新问题，如何在农民互助合作的基础上发展合作经济，如何认识农业生产合作社，如何尽快发展农村经济来保障国家工业化的快速推进等重大问题上经历了由分歧到统一的争论过程。通过对争论议题的回顾和研究，我们能明晰争论各方的基本观点，更能全面理解毛泽东实现农业集体经营的思想逻辑。

1. 土改后农村发展趋势的认识争论

土地改革后，农民拥有土地的完全私有权，可以自由买卖、出租。在土地私有、人多地少的情况下，由于农民在素质和能力方面的差异，导致其在生产经营中出现了不同的局面。一部分农民或因为生活困难将在土改中免费获得的土地再度出售或出租；一部分农民具备较为优越的生产条件，希望发家致富，开始购买土地、耕畜和农具，成为了新富农。这是土改后农村出现的两极分化现象。同时，一些对可能失去土地深怀危机感的贫苦农民成立了临时互助组、常年互助组来抵御生产生活中的困难。1950年，全国农村有互助组273.2万多个，参加农户1131.3万多户①。而在农业生产互助有较长历史的老区，由于农业较早得到恢复，逐步克服了劳力、畜力和工具不足的困难，部分具备了更好生产条件的农民在互助组内不能满足发家致富的愿望，退出了互助合作组织。这也是土改后老区农村出现的互助合作组织涣散的情况。上述现象导致党和地方领导人就如何认识和处理土改后农村出现的新情况、新问题以及应对的方法产生了不同认识。这些认识分歧主要围绕着东北、华北的老区特别是山西省互助合作运动中出现的问题而展开。

一种认识以东北局和山西省委为代表。1949年底，时任东北局第一书记的高岗在东北局召开的农村工作座谈会上，面对土改后农民积极发展

---

① 数据见中国农业年鉴编辑委员会：《中国农业年鉴》（1980），农业出版社1981年版，第4页。

个体经济和出现分化的趋势，提出允许农民单干、雇工、借贷及土地买卖和出租，但重点强调了对这些现象的限制，批评了对单干、旧式富农感兴趣，对互助合作感到苦恼的思想。认为把农民组织起来发展生产是领导农业生产的基本方向，原则上不允许党员雇工剥削，要教育党员不雇工，参加互助组。为此，东北局提出了奖励互助合作歧视单干的5条政策*，主张通过大力发展互助合作组织，领导农民向社会主义过渡。继东北局之后，1950 年 11 月，山西省长治地委指出，土改后绝大多数农民已经上升为中农，农村中出现了阶级分化。为了防止阶级分化，必须提高互助组的水平，试办农业生产合作社。1951 年 2～4 月，山西省委分别向省党代会、华北局和中央阐述了上述观点，支持长治地委的主张。山西省委认为，土改后一部分农民达到了富裕中农的程度，农村资本主义倾向滋长了，没有朝着现代化和集体化的方向发展，这是"互助组发生涣散现象的最根本的原因"①。山西省委还认为可以适当动摇和否定私有制，通过在互助组内征集公积金，限制公积金出组带出来增加互助组的公有因素，增强公共积累，进一步发展土地入股、按劳分配、退社不能带走公积金的农业生产初级社，逐步增加按劳分配比重来逐步动摇、削弱直至否定农民私有制，"以逐步战胜农民自发的趋势"②，铲除农民两极分化的土壤。山西省委的意见实际上提出了农业社会主义改造的任务。

另一种认识以刘少奇、薄一波和华北局为代表。早在 1948 年 9 月，刘少奇就提出了新民主主义经济的基本矛盾是资本主义与社会主义的矛盾，小生产者的向背在矛盾斗争中发挥着决定作用。他认为，合作社是"团结小生产者最有力的工具"，无产阶级解决了农民的土地问题，但只建立了对农民的领导权，"还须进一步使他们成为小康之家"③，才能巩固领导权。张闻天也于新中国成立前夕，分析了东北土改完成后农民产生两极分化的趋势，提出了党在农村的基本方针是正确认识和对待这一新趋

---

* 这5条分别是：1. 在农贷方面贷款给生产有困难的变工组；2. 新式农具先贷给变工组；3. 良种和国家可能给的扶助，变工组享有优先权；4. 劳模奖励给变工组；5. 领导机关研究变工组胜过单干的方法。参见黄道霞等《建国以来农业合作化史料汇编》，中共党史出版社 1992 年版，第 25 页。

① 中央文献研究室：《建国以来重要文献选编》（第 2 册），中央文献出版社 1992 年版，第 353 页。

② 黄道霞等：《建国以来农业合作化史料汇编》，中共党史出版社 1992 年版，第 43 页。

③ 中央文献研究室：《刘少奇年谱》（下），中央文献出版社 1996 年版，第 162 页。

势，既不熟视无睹，也不过分夸大，或用行政手段进行限制，不反对促进
农业分工和农村社会分工发展的租佃关系及买卖、移居等事务。要继续发
展供销合作社与劳动互助，帮助贫雇农解决生产生活中的困难，使他们免
受新富农的过分剥削，提高农村生产力水平，改善大多数农民的生活状
况，"为农村集体化准备条件"①。他们的这些见解或建议符合共产党关于
新民主主义经济思想和政策的要求。1950 年 1 月，刘少奇认为，东北有
三匹马一副犁一挂大车的农民是中农，农民能够单干是好事。农村资本主
义得到一定限度的发展不可避免，一部分党员向富农方向发展，并不可
怕。党员是否雇工、是否参加变工，"应有完全的自由"，党组织不得强
求，党籍也不得因此被停止或开除。他断言变工互助组织不可能发展为将
来的集体农庄，农业由个体生产到集体农庄是生产方式的革命，"没有机
器工具的集体农庄是巩固不了的"②，建立社会主义农业需要机械化的
发展。

　　围绕东北、华北老区农业生产中出现新趋势、新情况的认识分歧，
1951 年 4 月下旬华北局召集的 5 省互助合作会议就山西省委提出的方法
展开了激烈争论。华北局认为，山西省委用公积金积累和按劳分配办法去
逐渐动摇、削弱私有的基础，直至否定私有的意见与党的政策和共同纲领
的精神不符，"因而是错误的"③。华北局同意山西省试办几个农民自愿的
农业生产合作社，供全省研究、展览和教育农民所用，但不宜推广。1951
年 7 月，刘少奇进一步地分析道，农民的自发势力和农村的阶级分化开始
出现，但党内一些同志"幻想用劳动互助组和供销合作社的办法"去阻
止或避免此种趋势，要逐步动摇、削弱直至否定私有的基础，把互助组织
发展到生产合作社，"这是一种错误的、危险的、空想的农业社会主义思
想"④，超越了农村生产力水平。华北局也在这年 6、7 月间阐述了与刘少
奇相同的观点⑤。毛泽东知道华北局和山西省委的不同意见后，明确表示

---

① 《张闻天选集》编辑组：《张闻天选集》，人民出版社 1985 年版，第 448 页。
② 薄一波：《若干重大决策与事件的回顾》（上），中共中央党校出版社 1991 年版，第
197～198 页。
③ 黄道霞等：《建国以来农业合作化史料汇编》，中共党史出版社 1992 年版，第 42 页。
④ 中央文献研究室等：《建国以来刘少奇文稿》（第 3 册），中央文献出版社 2005 年版，
第 528 页。
⑤ 参见黄道霞等《建国以来农业合作化史料汇编》，中共党史出版社 1992 年版，第 38～
40 页。

支持山西省委的意见。他认为，西方工场手工业阶段没有采用蒸汽动力机械，依靠工场分工形成了新生产力，中国的农业合作社也可以依靠统一经营提高农业生产力，"去动摇私有制基础，也是可行的"①。为统一全党认识，1951 年 9 月召开的全国第一次互助合作会议批评了在农业互助合作问题上的"左"、右思想，通过了党的第一个关于农业合作化的文件——《关于农业生产互助合作的决议（草案）》（以下简称《草案》）。《草案》根据土改后的农民存在着个体经济与互助合作的积极性，要求各级党委正视农村中出现两极分化的情况，根据生产需要和可能按照积极发展、自愿互利、稳步前进的原则，逐步引导农民走集体化道路。在农民完全同意并有机器的地方，"亦可试办少数社会主义性质的集体农庄"②，每省办一到几个，以便取得经验，为农民作示范。毛泽东强调，"这是一切已经完成了土地改革的地区都要解释和实行的"③。《草案》和毛泽东的意见统一了党内的分歧，为互助合作运动的起步起到了决定性作用。

我们认为，党内在 1950～1952 年就新老区农村土改后出现的新情况、新问题以及应对的方法的认识分歧中，普遍而简单地把新情况、新问题解释为农民中存在的互助合作代表社会主义倾向，发家致富的诉求代表资本主义倾向，争议涉及了如何实现合作化的两个关键问题。第一，能不能通过互助组、初级社的形式实现个体农业向高级社的过渡；第二，能不能在没有国家提供农业机械的条件下，组织和发展农业生产合作社，实现合作化的理想目标。现在，我们已经明了的是土改后出现的新情况、新问题显露了农业个体经营的局限，以私有制为基础、以农户家庭为单位的小农经济缺乏抵御自然灾害和市场风险的能力，如何解决农业个体经营的局限以提高农业生产力成为争论各方的根本出发点。共产党人共同认为，土改只完成了反封建任务，不能解决小农经济落后、分散和生产率低下的问题，也不可能解决耕地少和人口多的矛盾。而土地私有可能导致土地等农业生产资料向少数人集中，大部分农民陷入破产和贫困，从而消解土地改革的成果。解决小农经济与发展农业生产力之间的矛盾，最根本的方法是实现

---

① 薄一波：《若干重大决策与事件的回顾》（上），中共中央党校出版社 1991 年版，第 191 页。

② 中央文献研究室：《建国以来重要文献选编》（第 2 册），中央文献出版社 1992 年版，第 521 页。

③ 中央文献研究室：《毛泽东文集》（第 6 卷），人民出版社 1999 年版，第 214 页。

农业社会化或集体化，走社会主义农业道路。刘少奇、薄一波和华北局主张维护新民主主义的农村经济秩序。刘少奇认为，在国家实现工业化之前，家庭经营是农业生产的主要形式，国家可以通过发展供销、信贷及手工业合作社帮扶以私有制为基础的小农经济，将其纳入国营经济的领导。在解放和土改完成较早的地区，农民的生产条件改善了，能够独立生产而出现互助组解散的现象是必然的；产生的少数新式富农经济，国家可以限制它的剥削范围和剥削程度。他还强调了发展农业生产互助组织以动摇、削弱私有基础直至否定私有基础，需要机械化等物质技术基础，需要等到国家工业化建设能提供大批农业机器的时候，才可以依靠政权的力量实现农业集体化。而东北局、华北局、山西省委和毛泽东的意见则强调了通过发展互助合作组织，增加集体经营的因素，逐步动摇、削弱直至否定农民私有制经济，从制度层面去解决所有制与生产力的矛盾，这一意见主导了党内对农村主要矛盾的认识。例如，东北局 1952 年 7 月在给松江省委的复电中指出，"党所领导的合作互助运动，是矛盾的主要方面"①，农村中存在的主要矛盾是党所领导的合作化道路与农民小生产者自发发展的资本主义之间的矛盾。

刘少奇与毛泽东关于土改后中国农业发展的思路差异在于刘少奇主张采取缓慢、迂回的方式，期望在国家实现工业化前，通过办好供销、信贷合作社，将合作化的重心放在为个体农民提供供销、信贷及农业产前产后服务方面。但他否定或不认可东北局、华北局、山西省委和毛泽东的意见，没有看到在自愿互利基础上发展合作经济实际上就是向社会主义过渡。但毛泽东在对刘少奇观点的批评中，用西方资本主义工场手工业阶段靠工场分工基础上的集体劳动形成新生产力、提高劳动生产率的逻辑来论证中国农业在手工劳动的基础上建立生产合作社，没有区分农业与工场手工业在生产劳动及管理方面的区别。由于生产对象和自然条件不同，农业生产不能实现手工业工场在生产同一产品的过程中的分工协作，农业集体劳动不能从根本上改进农业生产工具，二者之间缺乏可比性。

2. 国家工业化与小农经济矛盾的分歧与争论

毛泽东等共产党人早在 20 世纪 40 年代就提出了解决国家工业化与小

---

① 中央文献研究室：《建国以来重要文献选编》（第 3 册），中央文献出版社 1992 年版，第 273 页。

农经济之间的矛盾的重要议题。毛泽东认为小农经济必须通过农业社会化实现社会主义，但农业社会化"必须和以国有企业为主体的强大的工业的发展相适应"①。他的观点在国民经济恢复时期依然得以坚持，党内许多人强调农业合作化的步骤要同工业化的步骤相适应。中央 1951 年 9 月的《草案》认为，土改后农民的个体生产和劳动互助积极性都是恢复发展"国民经济和促进国家工业化的基本因素之一"，不能厚此薄彼，挫伤农民的个体生产积极性。但《草案》特别强调要解决农民分散经营中出现的困难，让农民迅速过上丰衣足食的生活，国家才能得到更多的商品粮及工业原料。为此，必须重点提高劳动互助积极性。中央认为，农民互助合作开展了集体劳动，"发展前途就是农业集体化或社会主义化"②。《草案》体现了共产党的一贯主张。

1950～1952 年，由于农业恢复较快，国内农产品供求矛盾尚未凸显。1952 年 12 月，中共中央在《关于编制一九五三年计划及长期计划纲要的指示》中明确提出了优先发展重工业的工业化方针。在过渡时期总路线的酝酿过程中，毛泽东改变了合作化与工业化步骤相适应的观点。1953 年 2 月，他在河北、湖北调查时，提出"农业不先搞机械化，也能实现合作化"③ 的观点，认为新民主主义是向社会主义过渡的阶段。3 月，他仍然强调地方党政领导不能过多地干涉农民的生产活动，凡是足以妨碍农民生产的工作任务及工作方法"都必须避免"。在中央将 1951 年的《草案》作为正式决议发表时，他将试办少数社会主义性质的集体农庄需要机器的条件改为有适当经济条件，放宽了对试办高级社非有农业机器不可的条件限制。他强调，在发展互助合作时，要尊重和团结单干农民，没有隔阂地去照顾、帮助和耐心地教育他们，不允许用威胁和限制的方法打击他们，"必须承认他们的单干是合法的"④，要给他们提供农业贷款。9 月，他强调抗美援朝、建设重工业是共产党向人民施行的"大仁政"，改善农民生活是"小仁政"，"照顾小仁政，妨碍大仁政，这是施仁政的偏

---

① 毛泽东：《毛泽东选集》（第 4 卷），人民出版社 1991 年版，第 1477 页。
② 中央文献研究室：《建国以来重要文献选编》（第 2 册），中央文献出版社 1992 年版，第 510，511 页。
③ 中央文献研究室：《毛泽东传》（1949—1976），中央文献出版社 2004 年版，第 246 页。
④ 中央文献研究室：《毛泽东文集》（第 6 卷），人民出版社 1999 年版，第 273，275 页。

向"①。他的这些认识强调了农民的当前利益必须服从长远利益，从长远角度强调了对优先发展重工业实现工业化方针的认识。

伴随着"一五"计划的施行，1953 年国家基本建设投资、工业总产值和对外贸易额均比 1952 年大幅增长。由于工业和基本建设增长过快，带动了城市人口和农产品消费总量的过快增长，超过了农业的承受能力。国内出现农产品供销全面告急、人心不稳的窘况，工农业关系紧张的矛盾以农副产品供不应求的形式表现了出来。这是工业化起步时期产生的重大问题。怎样认识和处理小农经济与工业化之间的矛盾，小农经济能否适应国家工业化的要求，在小农经济的基础上还是在集体化的基础上发展农业生产，实现农业迅速发展，满足工业化对农副产品消费需求的增长成为了全党关注的焦点问题。

毛泽东和党内多数人认为，落后的中国农业不能适应工业发展、不能满足人民的生活需要，个体农业不能适应国家工业化的要求。1953 年 6 月，毛泽东在第一次阐释过渡时期总路线时，提出了解决小农经济与中国工业化的矛盾的根本方法是实现农业合作化，特别强调总路线的实质是让生产资料的社会主义所有制发展成为国家和社会的唯一的经济基础。只有这样，才利于社会生产力迅速发展，才利于改变使用落后农具的情况，大规模地生产农产品，满足工业化日益增长的需要。他揭示了通过合作化建立社会主义农业，实现国家工业化的长远目标。12 月，他修改审定的《党在过渡时期总路线的学习和宣传提纲》强调分散落后的小农经济无力使用农业机器，运用新的耕作制度，不能快速地扩大耕地面积，提高农业产量；无力抵抗天灾，导致农民两极分化；限制农业生产力发展，不能满足人民和工业化"对粮食和原料作物日益增长的需要"②，小农经济不是社会主义的经济基础。

毛泽东和党内多数人还认为，中国工业发展取决于大规模的农业发展，农业的出路在于通过集体化建立社会主义大农业。在这种认识主导下，毛泽东把互助合作、粮食征购视为改造个体农业不可缺少的环节，比喻为建立社会主义的两翼之一。他认为，合作化与统购统销存在着辩证统

---

① 毛泽东：《毛泽东选集》（第 5 卷），人民出版社 1977 年版，第 105 页。

② 中央文献研究室：《建国以来重要文献选编》（第 4 册），中央文献出版社 1993 年版，第 714 页。

一关系，统购统销不仅是解决粮食供求困难的应急措施，还切断了城乡市场的联系，城里的私营工商业者从事的粮食、油料、烟草、纺织、服装、皮革、食品、制糖、酿酒、运输、金融、五金等行业将孤立无依，"对于社会主义也是很大的推动"①，可以促进合作化发展。而合作化的实现，减少了国家向一亿多农户统购粮食的工作成本，有利于粮食统购的进行。他也估计到"一五"计划及其后若干年，"粮食的生产和购销是大事"，统购统销可能造成党和农民关系紧张，出现个体农民与国家、与社会主义的矛盾，但这"不是对抗性的矛盾，是可以克服的"②。实行粮食统购对农村缺粮户有利，对农村中从事盐、林、渔、牧、船、经（指经济作物）业的农民也有利，对灾民有利，对粮食自给的农民没有损失，唯一对余粮户不利。党内普遍认为，农副产品供求紧张反映了国家计划与小农经济、自由市场的矛盾，表现了工人阶级与资产阶级及农民自发势力"反限制的立场之间的矛盾"，即社会主义因素与资本主义因素之间的矛盾。实行统购统销政策可以"妥善地解决粮食的供求矛盾"、"稳定物价和有利于粮食的节约"，把分散的小农经济纳入国家计划轨道，"引导农民走向互助合作的社会主义道路"，所以它是过渡时期总路线不可缺少的组成部分。实行统购统销的关键"在于教育党员和教育农民"，"使他们懂得党在过渡时期的总路线和总任务"。实行粮食计划收购和计划供应才能把农民的个人利益与国家的共同利益结合起来，把农民的当前利益和长远利益结合起来，"引导农民抛弃资本主义的道路"。大力帮助国家工业化、拥护农产品统购统销政策，"是农民对于国家的一种重要义务"③，是农民爱国的表现。国家决定在加速推进合作化的同时，用行政手段对粮食、食油、棉花和棉布的生产、加工、流通和消费实行全面的计划控制，把与之有关的工商业纳入国家计划轨道，实行贸易垄断。

从上述党内关于国家工业化与小农经济之间矛盾及其解决方法的认识中，我们看到，为了尽快改变中国经济落后面貌，推进国家工业化，特殊的国情决定了工业化不可能走西方发达国家走过的以对外扩张为特点的道

---

① 中央文献研究室：《毛泽东文集》（第6卷），人民出版社1999年版，第304页。

② 中央文献研究室：《毛泽东传》（1949—1976），中央文献出版社2004年版，第377，378页。

③ 中央文献研究室：《建国以来重要文献选编》（第4卷），中央文献出版社1993年版，第478，479，479，479，486，486，487，487页。

路，只能借鉴苏联依靠内部积累实现工业化的经验，必须处理好国家工业化和农业发展的实践难题。这一难题表现在两个方面，一是农业能够在多大程度上取得发展，以什么方式为工业化提供大量资金、廉价的原料和劳动力，二是工业化不可能很快实现，不能为农业发展提供必要的先进工具和生产资料。这两个方面表现为工农业相互制约的矛盾困境。在解决这一难题的实践中，中国不可能等待工业化完全实现后，再发展高水平的农业，工业化所需要的资金、原料和劳动力主要从农村取得，改造分散落后的小农经济成为了共产党人不容置疑的任务。党把农业合作化作为改造小农经济、促使农业较快发展的唯一途径，希望依靠农民的简单劳动协作提高农业生产力水平，走一条中国特色的国家工业化发展道路，打破工农业相互制约的困境。

从上述党内关于国家工业化与小农经济之间矛盾及其解决方法的认识中，我们发现，党在认识和处理小农经济的问题上存在缺陷。首先，对小农经济和市场调节的认识存在偏差。小农经济在降低农业生产成本和提高增产潜力方面，由于农民为追求收成和收益的最大化，经营管理的成本低，容易接受能够提高劳动效率和收益的农业新技术以及新机器；农产品市场经营是农民增产增收的主要条件，国家可以通过市场采购大量的农产品来满足工业化的需要。当农产品供求紧张、超过了工业化成本的承受能力时，可以利用税收、法律等手段，甚至通过行政手段调节和打击农产品市场的投机行为。因此，小农经济和市场调节与工业化并不存在不可调和的矛盾。其次，没有认清小农经济在工业化条件下的发展趋势。党内就土改后小农经济发展趋势的认识中，两极分化成为了党内的主流判断，把农村经济发展简单地划分为搞单干，发展个体经营就是走资本主义道路，搞合作化就是走社会主义道路。这一认识延伸到工业化条件下，就忽略了工业化条件下小农经济的变化趋势。由于工业的收益高于农业，由于城市工作生活便利，农民迫切希望向非农产业和城市转移，为工业化提供劳动力和资金，这是工业化发展的潜在动力。随着工业化的推进和城市经济的发展，一部分农民提高了技术水平，生产规模扩大了，收入增加了，并非必然导致大多数农民破产和贫困。即使出现收入上的巨大差距，国家也可以利用税收、信贷、救济、互助等方法进行调节。

从上述党内关于解决国家工业化与小农经济之间矛盾的实践成效来看，以优先发展重工业作为决策的逻辑起点，过分强调了国家在工业化中的无限作用。实行合作化和农副产品统购统销政策以及强制性的户籍管理制度，虽然缓解了小农经济与社会主义工业化（即市场与计划）之间的矛盾，对于保障国家工业化建设、人民基本生活需求和社会安定发挥了重大作用，但在政府主导型工业化模式的支配下，强化了国家对农村的控制，导致了城乡隔绝、农村集体经济低效率等问题，造成了农民的贫困，阻滞了农业的发展，制约了工业化的发展。在农业人口庞大、工业化初始条件恶劣的条件下，国家建立高度集中的资源计划配置制度，限制农村人口向城市流动，以行政力量直接控制农业生产，要求农民把农业资源投入到国家工业化所需要的农产品生产中，保证农村剩余产品以较低价格流向城市和工业部门。这虽然缓解了工业化和城市化的压力，但形成了扭曲农产品和农业生产要素价格的宏观政策环境，切割了城乡之间的人口、产品等资源的市场联系，固化了农村农业、城市工业的二元经济结构以及农村农民、城市工人的身份认定，极大地强化了以城乡分治为特点的二元化社会体制和结构，造成了城乡差别扩大、社会流动空间狭窄、身份不平等、农村城市化滞后等系列社会问题；由于农业生产经营活动的国家计划管理以及最大限度地收购粮食，导致了国家对农业集体单位生产经营活动的干预和控制，农业集体组织无权处理自己的产品，限制了价值规律在农业生产和农产品经营中发挥价格调节和资源配置的作用，形成了毫无自主权的经营机制，影响了农民的生产积极性，造成农业集体的经济活动低效益和亏损浩大、包袱沉重。在维持农民基本生活需要的前提下，实行的按劳分配也难以真正实施，难以在农业集体内部形成有效的激励机制，造成了农业集体劳动的低效率。

3. 合作化速度的认识争论

1952 年 11 月，中央决定在省委以上机关建立农村工作部，规定其"中心任务是组织与领导广大农民的互助合作运动"[①]，引导农民逐步走集体化道路。由此，各地互助合作运动得到了发展。年底，组织起来的农户在老区占 65% 以上，新区达 25% 左右，全国成立了 4000 多个初级社，创办了几十个高级社（时称集体农庄）[②]。由于绝大多数干部认为"左"是

---

① 中央文献研究室：《建国以来重要文献选编》（第 3 册），中央文献出版社 1992 年版，第 410 页。

② 数据见中国农业年鉴编辑委员会：《中国农业年鉴》（1980），农业出版社 1981 年版，第 34 页。

工作方法问题，右是立场问题，各地在互助合作运动中出现了程度不同的贪多求大，将耕牛农具变相无偿归公等盲目追求互助合作高级形式的急躁冒进倾向，严重侵害了农民的权益，引起了农民主要是中农的不安，在一些地方出现了耕畜降价、杀牛砍树、大吃大喝等破坏农业生产的严重现象。同时，由于共产党缺乏执政经验，加之新中国成立初期政治运动多、任务重等原因，在农村中普遍出现了所谓任务多、会议集训多、公文报告表册多、组织多、积极分子兼职多等现象，干扰了正常的农业生产。

　　1953 年春天，稳定农村局势和发展农业生产成为了组建不久的中央农村工作部的第一个任务。中央农村工作部提出了纠正上述乱象的建议，中央为此发出多份文件。毛泽东认为，这些文件提示了党在农村工作中必须掌握的理论认识和重要的政策原则及工作方法。邓子恢*和中央农村工作部坚持合作化稳定有序发展的方针，富有成效地纠正了互助合作运动中的急躁冒进倾向，使农民的生产情绪趋于安定。但在纠正冒进时，一些地方出现了不积极发展互助合作的相反局面。1953 年 10～11 月，毛泽东认为分散落后的个体农业不能解决国计民生攸关的粮食问题，深感有必要加快对个体小农经济改造的步伐，从赞成纠正急躁冒进倾向转变为反对。毛泽东与邓子恢就合作化发展速度问题发生了首次争论。

　　从 3、4 月份中央关于农业生产的文件及邓子恢在全国第一次农村工作会议的总结报告中，可以看出邓子恢在合作化发展速度问题上的基本认识。首先，邓子恢指出互助合作和自发的资本主义倾向之间的斗争"是解决谁战胜谁的问题"，互助合作是走向集体化不可逾越的形式。全国互助合作运动实践中，"急躁冒进是主要的偏向，是主要的危险"，具体表现为比较普遍地违反自愿原则，采用类似对待敌对阶级的手段强迫单干户入组入社；贪多贪大，盲目追求农民合作的高级形式，实行小组并大组，并小社为大社，改组为社；不顾条件实行土地、耕畜折价归公；不顾农民利益发展公共财产，产生组员、社员债务，导致许多农村出现杀猪宰牛、卖牲畜、烧山砍树等破坏生产现象。急躁冒进的思想根源在于把互助组、合作社与社会主义集体农业画等号，高估互助组、初级社的社会主义性质，没有认识到它们是建立在私有基础上的不可逾越的过渡形式。邓子恢强调，"实现社会主义还要有工业化条件"，"农业的集体化、机械化必须

------

　　* 时任中共中央农村工作部部长。

要靠工业的帮助"①，不能忽视工业化进程而孤立地搞农业集体化。其次，农村工作应照顾小农经济的特点，多从私有性、分散性的特点来考虑和处理问题，提高农民个体生产积极性。他指出，必须帮助个体农民减少如水、旱、虫等自然灾害，逐步改进耕作、施肥技术，帮助贫困农民解决如牲畜、农具、肥料、种子等生产资料缺乏的问题。农民组织起来走共同富裕道路，缩小富农的剥削范围，就限制了"农村资本主义发展的道路"。在发展互助合作的同时，为保持农村稳定和农业生产的发展，必须针对农民特别是中农怕"共产"、怕露富的心态，采取措施把农民个体生产积极性稳定下来。邓子恢强调必须把逐步改造农民小私有制与保护农民土地所有权区分清楚。他说，"所谓确保私有制是不对的"，由农民土地私人所有制到将来的土地集体所有制"必须逐步去解决，不能过急"。"改造农民私有制是总方向"，现在必须依法保障农民的土地私有权，不能说将来要归公而随便侵犯农民的土地及其他私有财产。他还主张，现在限制富农的政策决不能动摇，要允许其存在，"但又不能完全杜绝其某种程度的发展"。在具体的借贷、雇佣、租佃及贸易政策方面，笼统提借贷、雇佣、租佃及贸易自由的口号不妥当，但必须有所限制，限制富农发展。雇佣自由在雇工的各种待遇方面必须有条件；允许自由借贷，但我们搞信用合作社，实行低利借贷，用经济的办法战胜高利贷，"直到最后消灭高利贷"；不能禁止土地买卖和租佃的自由，但要尽可能地从贷款、互助合作等方面帮助贫困农民，还"应尽量缩小这个自由的范围"；不能禁止贸易自由，"在国营贸易领导和节制下"，经过一定的市场管理，不让其泛滥发展。总之，当前的政策和发展的方向既联系又区别，"既稳定农民积极性，又有利于按总方向前进"。农村建设工作"应该从当时当地人民的需要与可能出发"，分轻重缓急，量力而行；发展生产光靠劳动力互助，不设法改善生产工具，农业"生产水平的提高就是不稳固的"。各地要想办法改良农具与畜种，"奖励农民增加和改善生产资料"，在税收、贷款方面帮助农村手工业发展。县之间、省之间及大区之间可以组织土特产交流。贸易公司、合作社与农民订合同是把个体手工业和个体农民"吸引到国家计划经济的轨道中来的重要方法之一"，合同"要有一定的伸缩性"，"求得

---

① 邓子恢：《邓子恢文集》，人民出版社1996年版，第344，345，344，345页。

逐渐吸引农民到国家的计划经济轨道中来"①。最后，邓子恢阐述了互助合作运动采取稳步前进的方针的理由。第一，互助合作与战争、土改的动员方式不同，互助合作是克服小农经济产生自发资本主义趋势的斗争，"是对农民的教育问题"，互助组、合作社内部主要是农民尤其是贫雇农与中农之间的关系，不是农民和地主的关系，不能用战争动员的办法，也"绝不能采取阶级斗争的方式"。部分地方以戴帽子、威胁、限制等办法强迫农民入组入社是完全错误的，必须根据自愿互利原则，采取教育说服方式，照顾合作双方的利益。第二，互助合作必须根据增加生产的需要与可能的条件逐步前进，达到增产的目的。（1）土改后的农民在解决牲口、农具、劳力缺乏问题之后，才有增产的要求。农民不仅要求农业生产互助，还"要求搞副业互助，多搞点钱"。常年互助办好后，就会"要求劳动分工，土地合营，搞合作社"。（2）必须根据农民思想觉悟水平，"用群众的切身体验教育群众"，"不能只照我们的理想"，单凭我们的主观要求。必须经过由小到大、由少到多、由点到面的发展规律，绝不能一步迈进，"一哄而起者必将一哄而散"。（3）必须根据干部条件和领导能力。管理几百户几十户的农业生产，"并不比管理几百人的工厂容易"。干部数量少、能力弱决定了当时还不能大量地办互助组和合作社。第三，互助组、合作社的成员"也还是小私有者"，参加互助合作的目的是为了多生产、多收入。要从农民小私有小生产的现状出发，既要改造他们，又要照顾其保守性。改造过急了不行，"互助合作搞不好，对他们不利，他们怕吃亏，当然就不来了"。第四，必须适应工业化的发展进度。国家用 3 个五年计划的时间才打下工业化基础，"农业集体化速度须与之相配合"。否则，会影响粮食生产，制约国家工业化发展。

总之，邓子恢认为，1953 年互助合作运动的主要工作是继续巩固，但决不能因为农村出现某种紧张情况而停滞不前。把原计划五年组织起来的农户达到全国总农户 80%，压缩为"老区发展到百分之七十到百分之八十左右"，新区发展到 50% ~ 60% 左右。合作社数量由原计划老区 45%、新区 12% 压缩为"老区五年发展百分之三十到四十，新区百分之六到十"，合作社社员户数"大概是十五户到二十五户，以不超过三十户

---

① 邓子恢：《邓子恢文集》，人民出版社 1996 年版，第 343，351，351，351，353，353，354，354，354，356，356，356，358 ~ 359，359，359 页。

为宜"。更重要的是提高互助组、合作社的质量，在互助组、合作社内部的"做法上加以约束"。邓子恢强调，互助组合作社内部要处理好贫农与中农的关系。既"要克服贫农向中农揩油的思想"，又要防止有的中农、富裕中农把牲口、大农具估价弄高导致牲口和农具分红过多，"使贫雇农吃亏"，坚持等价互利、双方兼顾原则，逐渐做到合理；合作社的公共财产也要随着合作社生产发展而逐渐提高。否则，积累的公共财产多，农民收入少，"他的积极性就下降了，就很难持久"；合作社一定要纠正共同消费，反对大锅饭，必须按土地、牲口、农具和劳力分配，社员"分到的粮食由各人自由支配"；必须反对时时互助、事事合作的口号，区分农活必须互助、可以互助也可以不互助、单干比互助更好（如喂鸡、喂猪、种菜及其他家庭副业劳动）三个层次，根据各地具体情况，"根据农民的自愿而定"①，农民的时间不要完全被集体支配，冬闲和农事间隙季节应给予社员自由活动的时间。

1953年10月，毛泽东先后与中央农村工作部负责人进行了两次谈话，批评上述邓子恢关于纠正互助合作急躁冒进的主张，详尽地阐述了自己关于互助合作运动的理论观点、基本思想及发展速度、规模、评价标准等系列问题，表示互助合作运动应转到大力发展合作社。他对合作化速度的认识产生了明显的变化。

首先，对上半年纠正急躁冒进倾向的工作作了严厉批评。他说邓子恢和中央农村工作部立足小农经济现状提出的政策受资产阶级影响，是"言不及义，好行小惠"。所谓"言不及义"、"好行小惠"是指农业不靠社会主义，搞农贷、发救济粮、依率计征、依法减免，打井开渠、兴修小型水利、深耕密植、合理施肥，推广新式步犁、水车、喷雾器及农药，反对"五多"等是对农民行小惠，确保私有、四大自由"更是小惠了，而且是惠及富农和富裕中农"，这都是想从小农经济做文章。共产党对农民办的上述好事必须与总路线、社会主义联系。他表示对党内外关于"农村苦"、"不大妙"、"措施不适合于小农经济"等议论要有恰当的分析，讲农村苦、农村散是讲小农经济的分散性，同时也要讲合作社。在农民私有的三亩地上确保私有，搞"四大自由"就是走资本主义道路。中国农

---

① 邓子恢：《邓子恢文集》，人民出版社1996年版，第345，346，346，346，346，346，347~348，347，347，347，347，348，348，348，348，349，349，349，349，350页。

业走资本主义道路也可增产，但时间长，而且"是痛苦的道路"。他强调，在小农经济基础上希望实现粮食大增产，解决农副产品供求的矛盾，"那真是难矣哉"。上半年对急躁冒进的纠正，"吹倒了一些不应当吹倒的农业生产合作社"。反对对农民干涉过多，但不能把"不是命令主义的，也叫做干涉过多"。大半年的整顿使合作化"缩了一下，稳步而不前进"，"不让发展，不批准，成了非法的"①，都不妥当。其次，认为私有制不适应农业生产力发展，不能大幅度提高农业生产力，过渡到集体所有制，才能提高农村生产力，解决粮食和其他农产品的供求矛盾。他说，城市蔬菜、粮食、棉花、肉类、油脂的供求矛盾尖锐，但农民个体生产"与大量供应是完全冲突的"。要从解决供求矛盾出发，解决所有制和生产力的矛盾，必须发展互助合作来提高农业生产能力，这样"才能解决供求的矛盾"；过渡时期总路线就是为了逐步改变农业生产关系，"个体所有制必须过渡到集体所有制"；"发展农业合作社，现在是既需要，又可能"，"最后的结果是要多产粮食、棉花、甘蔗、蔬菜等等"。实行粮食计划购销是对农业个体经济进行社会主义改造的措施。搞互助合作、办合作社不仅是方向问题，"而且是当前的任务"；目前，私有制和社会主义公有制都合法，但"私有制要逐步变为不合法"。各级农村工作部"要把互助合作这件事看作极为重要的事"，县、区干部要把工作"逐步转到农业生产互助合作这方面来"，中央也要把70%、80%的精力集中到改造上来。农村工作的总纲是抓住互助合作事业这个纲，克服农村"五多"及帮助农民的各种政治、经济工作，"一切都有统属了"。再次，对合作化运动的关注点由互助组转移到了生产合作社，表达了大力发展合作社的态度。他说互助组是合作社的基础，只有集体劳动，"并没有触及到所有制"。农业生产合作社建立在私有制基础上，虽然土地、大牲口和大农具入了股，但社内外还存在社会主义因素与私有制的矛盾，将来要把这种半公半私半社会主义性质的合作社"进到集体所有制"，再发展到完全社会主义性质的高级社；合作化运动可以突破一般规律，不经过互助组，直接兴办初级社甚至高级社。办好生产合作社，"即可带动互助组大发展"。互助组不能阻止农民卖土地，要有大的合作社才行，

---

① 中央文献研究室：《毛泽东文集》（第6卷），人民出版社1999年版，第302，302，299，302，301~302，303，304，304页。

大合作社能解决几户鳏寡孤独的问题，"可使得农民不必出租土地了"，"走直路，走得好，可以较快地搞起来"①，走一条中国特色的农业社会主义改造道路。最后，详尽地阐述了大办合作社的方法、条件、规模及评价标准。他认为，生产合作社"既要办多，又要办好"，提出了积极领导、稳步发展的方法。所谓积极领导就是提出今冬明春到明年秋收前，全国发展3.2万多个生产合作社，1957年发展到70万个的任务，下派计划，"尔后再检查完成没有"，下年初检查完成的情况。如果可能完成而不完成，就是对社会主义不热心。明年秋天再讨论规定明冬的任务。稳步不前、超过实际可能勉强去办生产合作社是主观主义，搞"冒进是错误的"，可以办的不办是错误，强迫解散更是错误。所谓稳步发展就是合理摊派，控制数字，做到心中有数，"多了冒进，少了右倾"。摊派控制的数字不必太大，可以超额完成，提高其积极性。老区应多发展生产合作社，华北"翻一番——摊派，翻两番——商量"；"东北一番、一番半或两番"；一般情况下，新区的生产合作社发展较慢，但关中、成都、江苏、杭嘉湖等平原地带可能比有些老区发展快，这些地区的干部能力强，人口集中，地势平坦，办好几个典型的合作社，"可能一下子较快地发展起来"，要打破新区发展较慢的观念。新区的大、中、小县，也要在今冬明春充分准备，办好1~2个示范合作社，再把发展数量摊派下去，"摊派而不强迫，不是命令主义"；未完成土改的少数民族地区可以不搞合作社，个别工作很坏、领导力量薄弱，落后乡占30%~40%的县"可以暂缺，不派数字"，但上级党委要帮助整顿，准备条件，在明年秋冬季节搞起来。就建立农业生产合作社的条件和规模，毛泽东彻底放弃了既有的农业机械化条件，强调了合乎章程、决议，农民自愿，"有强的领导骨干"等条件。在建社数量上要多多益善，规模上能大则大。要吸取各地的经验，"不要用一个规格到处套"，不能搞大的合作社，就搞中型的；"不能搞中的，搞小的"，但能建中型的就应当建中型的，"能搞大的就应当搞大的"，还可以建一二百户，甚至三四百户的大社。大社之下设几个分社是创造，不一定解散那些办得不好的大社。土地入股的合作社是低水平的，高水平的合作社是"土地归公，归合作社之公"。

① 中央文献研究室：《毛泽东文集》（第6卷），人民出版社1999年版，第301，301，301，301，300，304，305，299，305，302，302，303，298，299，299页。

城市郊区土地公有，肥沃平坦，蔬菜生产"可以不经互助组"，建立半社会主义的合作社，甚至建完全社会主义的合作社，还可以直接建大社。他重申了检验生产合作社办得好坏以能否实现增产为标准。发展合作社，"要做到数多、质高、成本低"，不浪费农民的精力，合作社"要多产粮食、棉花、甘蔗、蔬菜等等"。现在有少数社"减了产，也是难免的"①，5%～10%的合作社减产的原因是没有积极领导。

　　毛泽东的这些基本思想充分地体现在第三次全国农业互助合作会议通过的《关于发展农业生产合作社的决议（草案）》中，并得到了强化和发展。党在这份决议中规定了农业社会主义改造的第一步是社会革命，即合作化；第二步是技术革命，即农业机械化。决议对农民互助合作和个体经济的积极性进行了新的阐述，认为两种积极性反映了农民既是劳动者又是私有者的双重性质，农民是劳动者，互助合作积极性表明"农民可以引向社会主义"；相反，个体生产积极性表明其自发趋向是资本主义。中央认定农民的第一种积极性是主要方面，资本主义自发倾向是次要方面，要满腔热情地照顾和"教育单干农民"。随着农业的逐步恢复，不可避免地会产生"社会主义和资本主义这两条发展道路的斗争"，农村中的主要矛盾是社会主义和资本主义道路的斗争，并"越来越带着明显的、不能忽视的性质"。党在农村中最根本的任务是积极而谨慎地通过具体而恰当的多样的形式，把农民的个体生产积极性引导到互助合作积极性上来，教育农民逐步联合组织起来，使农业由落后的小规模个体生产"变为先进的大规模生产的合作经济"②，克服资本主义自发势力，逐步克服工业和农业不相适应的矛盾，使农民逐步摆脱贫困状况，过上共同富裕的生活。党对农村主要矛盾和农民两种积极性的新认识，表明党对土改后农民的认识发生了重大变化。农民由民主革命时期具有革命性，是革命的主力军转为在社会主义过渡时期具有落后性，是改造的对象，孕育了农村社会主义改造的阶级路线。

　　在与毛泽东谈话后，邓子恢向中央承认1953年4月制订的互助合作发展计划偏低，检讨了春季以来纠正急躁冒进，致使不少地区的合作化运

---

　　①　中央文献研究室：《毛泽东文集》（第6卷），人民出版社1999年版，第306，305，303，298，300，300，300，298，299，298，300，299，299，301，306，300，300，305页。

　　②　中央文献研究室：《建国以来重要文献选编》（第4册），中央文献出版社1993年版，第662，676，662～663，663，662页。

动出现放任自流的现象，认为中央为配合粮食统购统销政策，有计划地、积极而又稳步地发展合作社是正确的，对毛泽东提出的农业互助合作发展计划表示完全赞同。他在赞同毛泽东意见的同时，侧重从农民发展生产的角度，坚持合作社发展应在数量上有所控制，提出要警惕合作化运动产生"左"倾问题。在中央决议的影响下，大办农业合作社的热潮在全国迅速兴起。1953 年冬到 1954 年春，全国"农业生产合作社由一万四千多个发展到九万多个"①，增加了六倍以上。

1954 年 4 月，邓子恢与毛泽东一样分析了农民的互助合作和个体生产的积极性，但重点强调了个体生产积极性。他认为"农民是小生产者，个体经济"，对社会主义"往往容易误解，怕吃亏，有顾虑"，几千年来养成的单独经营的习惯不易改变。通过把先进的农民组织起来，用示范后的事实去说服其他农民消除顾虑，自愿参加互助合作是唯一正确的方法。"对农民采取强迫手段，拿对付剥削阶级的手段对付他们"，违背了马列主义原则。说服农民是一项艰难的工作，必须适合农民的经济利益要求。合作社、互助组不能实现农民的互利就不能保证农民自愿。真正落后的农民也要用时间，耐心等待他们参加合作社。合作化运动要善于将发动农民和"党的领导结合起来"，将召开代表会议和个别串联的办法结合起来。他还重点强调了遵循循序渐进的原则，不能超过农民的觉悟水平和经验水平，注意地区间的特殊条件，正确处理社内外的各种经济利益关系。他主张互助合作先办临时性、季节性、长年性的互助组，以合乎农民的私有心理与单独经营的习惯。农民参加集体劳动，增产增收后，"他的私有心理就慢慢改变了"，"个体经营的习惯就慢慢改变了"。按照组员的觉悟水平，采取如人畜换工、评工记分等办法来贯彻互利原则，"使之由不合理到比较合理，到完全合理"，"但互利并不等于完全等价，有些还多少带点剥削"。就全国范围来说，中心环节是办土地入股、统一经营、按土地、劳动分配的半社会主义的初级社。初级社"要照顾社员生活，使他能活下去，而且活的并不坏"，社员都满意。在初级社生产发展的过程中逐渐改变土地报酬与劳动报酬的比例。初级社转到高级社取消土地分红后，存在的主要问题是如何安置没有劳动力或暂时丧失劳动力的人。转变

---

① 中央文献研究室：《建国以来重要文献选编》（第 5 册），中央文献出版社 1993 年版，第 260 页。

的基本条件是合作社多种经营，保证每个社员有事干，可以得到报酬；合作社收入增加后，逐渐增加公益金，补助社内永远或暂时丧失劳动力的人。转变的第二个条件是农民通过集体主义、爱国主义和社会主义教育，改变和减少自私心理，社员的觉悟提高。目前还不具备转变的条件，不要随意地把初级社转为高级社。他主张，发展农业互助合作必须根据各地的特殊条件，循序渐进。各大区、省甚至县、乡的自然条件、政治经济条件不同，互助合作的历史也不同，工作上有先进、中等和落后的区别，这就决定了各地互助组、合作社的发展速度各不相同。各地要根据农民生产需要、觉悟水平、经验水平和各方面条件来决定互助组和合作社的发展计划。在老区主要发展合作社，新区"开始当然是搞好临时互助、长年互助，再办合作社"。他还主张，初级社的规模也要遵循由小到大的规律。由互助组到合作社，生产制度、管理制度变了，但干部的领导能力有限，所以转社要有计划，规模不应太大。一个社逐渐扩大比几个社合并为一个大社好，因为"社内社外是有矛盾的"，新老社员、劳动力多与劳动力少、出力多与出力少、大社与小社、这个社与那个社、合作社与互助组的矛盾很多，要用教育和调节经济利益的方法去解决矛盾。"资本比较雄厚的、生产比较好的，应该多帮助生产比较低的"。邓子恢还主张，在初级社生产资料公有化与公积金、公益金的积累方面也要遵循由少到多的发展规律。订立互助组、合作社的章程、制度时，必须根据组、社的生产需要和农民的觉悟水平，合乎大多数人的要求。入社的土地共同使用，牲口、农具初办时或一两年内，"原则上还是采取出租制度比较适当"，可以逐步入股、折价，折价由不合理到比较合理，再到完全合理。各地不能机械地按照章程办事，初级社"公积金、公益金积累的多少，决定于生产发展的多少"，积累太多、农民分红太少不利于合作社的巩固。入社后农民的收入每年有所增长，"这个社就很容易巩固"。10月，他强调建立初级社"正是目前合作化运动的主要形式"，"转到高级社是下一个五年计划的事情"。他要求，到1957年以前，全国参加初级社的农户达到50%以上，就基本上合作化了。但老区可能超过50%，新区则不到50%。到1957年，初级社由平均20户增加到30户，视各地"人口的比重，乡村分散与集中的程度，自然环境"及工作好坏与农民觉悟的程度来决定初级社的规模。

1954年冬到1955年春，全国合作化运动掀起高潮，新办初级社达38

万多个。一些地方再次出现行政命令、违反自愿互利原则，强迫农民入社等急躁倾向，部分农民再次采取出卖牲畜、杀猪宰羊、砍树等方式消极抵抗合作化。针对这些现象，中央于1955年1月强调运动应转入控制发展、着重巩固的阶段，在不同地区或停止，或收缩，或适当发展。邓子恢也决定调整合作社的发展速度，建议现在"干脆就停止下来，到明年秋后再看，停止一年半"①。河北、浙江需要收缩，东北和华北地区一般停止发展，新区可以适当发展。为此，中央农村工作部发出了《关于巩固现有合作社的通知》，强调各地应停止建立新社，全力转向春耕生产和合作社巩固工作，有必要减少合作社的数量和社均户数。据中央农村工作部统计，全国有65万个农业合作社在整顿中巩固下来了，减少了2万多个合作社。

1955年4月，毛泽东和中央对粮食问题的认识发生了变化，认为对农村粮食紧张的估计言过其实了，农村缺粮是部分富裕农民的叫嚣，是资产阶级借口粮食问题的进攻。他在南方视察途中对农村形势也作出了新的判断，认为生产消极的农民是少数，县、区、乡及省、中央机关干部中有人不愿意搞社会主义，中央农村工作部对合作社的整顿不正确，开始使用阶级斗争的观点来重新评估农村中各种阶层。5月，他对生产合作社发展速度的认识发生了根本变化，强调合作社不应停止发展，打算加快步伐。他指出，虽然合作社问题不少，但大体是好的。必须改变在合作化问题上的消极情绪，"停、缩、发"的方针收缩了合作社，"片面的缩，势必损伤干部和群众的积极性"，必须根据实际情况，"该停者停，该缩者缩，该发者发"②。6月下旬，他向邓子恢提出，1956年春耕以前合作社发展到130万个左右，基本上做到全国20多万个乡都有一到几个合作社。邓子恢与农村工作部共同坚持100万个的计划不变，认为130万个的计划超出了办社条件。

邓子恢则在1955年3月强调，合作化运动"一定要十分慎重，既要积极领导，又要稳步前进"，"团结中农是社会主义改造过程中最主要的政策环节"，始终坚持自愿原则。公平处理土地及其他生产资料的报酬是

---

① 邓子恢：《邓子恢文集》，人民出版社1996年版，第361、361、362、361、365、365、368、368~369、366~367、365、370、371、367、367、367、386、386、387、409页。

② 中华人民共和国国家农业委员会办公厅：《农业集体化重要文件汇编》（上），中共中央党校出版社1981年版，第331页。

处理合作社内部贫农和中农关系的关键，入社土地的报酬应低于劳动报酬，"但也不能规定得过低"；耕畜和车、船等生产资料一般采取私有公用的办法为好，可以用付价收买和均摊价款的办法，不使所有者吃亏。合作社的种子、肥料和其他生产资金也必须公平合理摊派，不能使贫农负担过重，也不能完全由中农负担，这样才能稳定社内外中农的情绪，"有利于合作化较为迅速的发展"。如果无偿归公或折价太低，或长期不还、变相无偿归公，必然"引起中农出卖和宰杀耕畜、破坏农具的严重现象"。不愿入社的农民，要"等到他们的觉悟提高而自己愿意时，再让他们参加"。因此，发展合作社必须坚持"宁肯少些，但要好些"的方针。5月，他指出，"对农民社会主义觉悟估计过高，对农民小生产的本质认识不足"，对农业增产的艰巨性认识不足是干部产生冒进情绪的原因。他说，"认为合作社办起来自然就会增产，那除非老天爷保护它"，"真正使合作社增产，那是很费劲的"。他继续强调"停、缩、发"的方针，强调没有办过社的地方"应该经过试办阶段，但不要试办的太多"①。为了合作社的发展，要把互助组办好、整顿好，照顾个体农民，现在要全力巩固已建立的合作社，少数省、县要适当收缩，把自愿互利政策兑现给农民。显然，邓子恢的这些认识与毛泽东和中央的思想的转变不合节拍，两人在合作化发展速度问题上再次产生分歧。

毛泽东与邓子恢关于合作化速度的争论表面上是对1956年春耕前合作社发展到100万个和130万个的分歧，但实质是双方在对农村形势估计和合作化方针上的意见分歧。

为解决认识分歧，统一全党认识，毛泽东通过听取身边警卫战士回乡探亲的调查汇报，向部分省委书记进一步了解合作化情况。1955年7月中下旬，他在与邓子恢等中央农村工作部负责人再次谈话中和在省、市、区党委书记会议上重申了自己对合作化的见解和主张。他认为，在发展合作社的问题上要反对右的和"左"的错误观点，在改变所有制的问题上应端正各项政策，以发放贷款支持贫农，应教育中农只要产量收入比过去多，"小小的入社时的不公道，也就算了"。他特别担心合作社能否增产，要求合作社"争取超额完成五年计划所规定的增产指标，决不能减产"，力求避免苏联农业集体化期间农业大减产和生产力遭到严重破坏的错误。

---

① 邓子恢：《邓子恢文集》，人民出版社1996年版，第390~409页。

他指出，现在"是批评不认识和不去利用'客观可能性'的问题"①，广大农民由于土地不足、生活贫苦或生活还不富裕有走社会主义道路的积极性，决意批判邓子恢在合作化问题上犯了"右倾错误"。他希望各省区的负责同志于两个月内定出由现在到 1956 年 10 月秋收前增加农业生产合作社数量的计划，宣称农村合作化运动的高潮即将到来。他认为，邓子恢对合作化设置了数不清的清规戒律，忘记了数量庞大的贫农和不富裕的农民，没有看到共产党的领导力量和广大农民对共产党的拥护。浙江等地收缩合作社"是在一种惊惶失措的情绪支配下定出来的"。他甚至认为，持类似邓子恢主张的人没有看到农民的社会主义积极性，强调了合作社建社中的非本质、非主流的问题，站了了资产阶级、富农或具有资本主义自发倾向的富裕中农的立场。没有站在工人阶级立场，"替整个国家和全体人民打主意"，犯了右的错误。希望这些人应当爱惜农民和干部的"任何一点微小的社会主义积极性"，"不要挫折他们的积极性"，积极热情地有计划地去领导合作化运动。他还认为，农村出现了两极分化，资本主义自发势力一天一天发展，新富农到处出现，"许多富裕中农力求把自己变为富农"，阐述了加快合作化的主要根据。他说，中国人多地少，时有灾荒，农业经营方法落后，占农村人口 60%、70% 的贫农和下中农为抵御自然灾害、摆脱贫困，并且工业化建设的成就促生了他们走社会主义道路的积极性。这一积极性"已经在广大的贫农和非富裕的农民中"迅速增长，尤其是贫困农民中"觉悟较高的分子，这种积极性更大"。毛泽东明确地提出了合作化的发展计划。他说，如果不能在大约三个五年计划的时期内基本上完成合作化，"就不可能完成社会主义工业化"。到 1958 年春季，要使一半的农民加入初级社，到 1960 年，"基本上完成半社会主义的改造"；1960 年以后，"逐步地分批分期地由半社会主义发展到全社会主义"。在第二个五年计划时期内，农村改革将以社会改革为主，技术改革为辅；第三个五年计划将是社会改革和技术改革同时进行。中国在经济制度方面完成社会主义改造，在技术方面，在一切可以使用机器操作的部门完全"使用机器操作，才能使社会经济面貌全部改观"。他预计在全国范围内基本完成农业技术改革需要 20～25 年的时间。他还提出了发展合作

<hr>

① 中央文献研究室：《建国以来毛泽东文稿》（第 5 册），中央文献出版社 1991 年版，第 229，228～229，229 页。

化的具体办法。他说，批判错误思想，总结经验，向农民反复、系统地"宣传我党关于农业合作化的方针、政策和办法"；确定发展规划，短期训练办社干部，普遍发展互助组，认真做好建社准备工作；在建社的过程中，反对单纯追求入社农户"数目字的那一种倾向"，"必须一开始就注重合作社的质量"，反对"不顾农民群众觉悟水平的急躁冒进的思想"；根据农民不同阶层及觉悟程度，在几年内分期分批组建合作社，先把贫农、新中农中的下中农、老中农和下中农中的积极分子，即占农村人口60%～70%的贫苦或者还不富裕的人们组织起来。再吸收富裕中农，就"可以避免命令主义"。对暂时还不想入社的贫、下中农，不能"勉强地把他们拉进来"，要耐心等待他们提高觉悟。可以吸收富裕中农中有社会主义觉悟、真正自愿的农民。"不要接收地主和富农加入合作社"。基本上合作化了的地区，已经巩固的合作社可以有条件地分段接收已放弃剥削、从事劳动、遵守国家法令的地主、富农分子入社，在集体劳动中继续改造他们；合作社必须注意解决耕畜和大农具入社的时间、折价是否公道和还款时间是否过长，劳动报酬和土地报酬的比例是否适当，某些社员是否可以从事副业生产，社员自留地应留多少等问题。建成一批合作社后，必须有停止整顿的时间，"不许有停顿、不许有间歇的思想是错误的"；建社和整社工作要与农村的建党、建团及整党、整团工作密切结合，依靠党团的乡支部，以本地干部为主要力量，鼓励和责成他们开展工作，而下派的干部发挥指导和帮助作用。毛泽东表达了希望合作化健康发展而不发生重大偏差的良好愿望。他还提出了初级社的评价标准，指出现有的65万个合作社有80%以上的增产，是说服和批评在合作化速度问题上持不同意见的同志的依据，证明"合作社胜过互助组，更胜过单干户"。因此，评价标准的关键是粮食增产，必须比"单干户和互助组增加农作物的产量"①。巩固初级社和保证增产的条件是坚持自愿互利原则，改善合作社的经营管理，增加生产资料，改进耕作技术。

各地根据毛泽东的意见相继修改了本地的合作社发展规划，表示要提前或超额完成，合作化得到了迅猛发展。据统计，1955年6～10月，全

---

① 中央文献研究室：《毛泽东文集》（第6卷），人民出版社1999年版，第424，433，424，424，437，429，422，431，438，438，438，425，423，425，433，428，428，428，436，426，426页。

国合作社总数接近 130 万。毛泽东也提醒各地做好合作社整顿工作，强调分几次整顿"是一个很重要的问题"。他对中央农村工作部的检讨表示不满，说"你们脑子里藏着相当严重的资本主义思想"，指示各省市区党委关于合作化的电报，"由中央直接拟电答复"①。这样，邓子恢和中央农村工作部由运动的决策者降为了执行者。他还强调，在合作化运动中，不要勉强让上中农入社，团结中农的原则"无论在什么时候都是决不可以违反的"。合作社必须确立贫、下中农的领导地位，首先依靠党团员，其次是农民中的积极分子，再"依靠一般贫农和两部分下中农的广大群众"②。合作社解决好依靠谁和如何依靠的问题，运动就不会产生错误。

1955 年 10 月，中共七届六中全会扩大会议认为邓子恢及中央农村工作部的部分同志所犯的右倾错误是经验主义性质的错误，通过了《关于农业合作化问题的决议》（以下简称《决议》）和《农业生产合作社的示范章程（草案）》，毛泽东作了会议结论。《决议》要求在 1958 年前，全国入社农户占总农户的 70% ~80%。全会把党内正常的关于合作化发展速度的不同意见归结为方针路线之争，夸大为"两条路线的分歧"，助长了农业社会主义改造中的急躁冒进情绪，也就中断了党内在农业合作化问题上的争论。会后，各省、市、区掀起了合作化猛烈发展的浪潮。1955年 6 ~12 月下旬，全国参加合作社的农户达到 7500 万户，占农户总数的比例上升到 63.3%。

1956 年 1 月，毛泽东将具有"中国合作化运动百科全书"之称的《中国农村的社会主义高潮》一书出版，希望通过 176 个合作社的典型材料提供具体的办社模式。他在该书序言和 4 万多字的按语中进一步阐述了合作化思想，但也表现出对农业集体化认识的错误、缺陷及急躁冒进情绪，这对 1956 年农业合作化的提前完成起了推波助澜的作用。

他认为，全国可以在 1956 年下半年建立初级社，完成初级形式的合作化。再有 3 ~4 年，即到 1959 或 1960 年就能基本上实现"合作社由半社会主义到全社会主义的转变"。他认为农民中"蕴涵了一种极大的社会主义的积极性"，说全国农村的"社会主义因素每日每时都在增长"。但

---

① 中央文献研究室：《建国以来毛泽东文稿》（第 5 册），中央文献出版社 1991 年版，第 301，400，324 页。

② 中央文献研究室：《毛泽东文集》（第 6 卷），人民出版社 1999 年版，第 445，446 页。

许多地方的党组织几乎普遍存在阻碍广大的贫、下中农走合作化道路的右倾机会主义分子，与"社会上的资本主义势力互相呼应着"。农村两条道路的斗争是通过贫、下中农同富裕中农的"和平竞赛表现出来的"。在富裕中农后面站着地主、富农，他们或公开或秘密支持富裕中农，"在合作社的这面站着共产党"。过去一年，社会主义胜利有了很大的把握，"还有许多战斗在后头，还要努力作战"。目前的任务是要使各级地方党委"用积极的高兴的欢迎的全力以赴的态度"去领导合作化运动。他提出了"政治工作是一切经济工作的生命线"的论断，强调稍微放松对农民的政治工作，"资本主义倾向就会泛滥起来"。农民的缺点或错误"是能够经过适当的政治工作使他们加以克服或者改正的"。农村政治工作就是不断向农民灌输社会主义思想，批评资本主义倾向。在合作社审查、清洗和处理混入合作社领导机关的反革命和其他的坏分子是必要的。党组织必须根据农民的生活经验，不能采用粗暴的态度和简单的方法反对自私自利的资本主义思想倾向，提倡集体和个人利益相结合的社会主义精神是把小农经济逐步发展到大规模的合作社经济的"思想的和政治的保证"。他强调在合作化过程中，首先分批分期领导贫农、新中农及老中农中的下中农入社，训练其中的觉悟较高、组织能力较强的人组成领导骨干，必须建立"贫农和新下中农在领导机关中的优势"，以老下中农及新老上中农为辅助力量。合作社"必须实行贫农和中农的互利政策"，尽管入社农民的各个阶层的意见不合，但"总是可以说清楚的"。没有实现社内农民的意见统一，就不能实现中农和贫农的团结，"合作社就不能巩固，生产就不能发展"。他系统总结了各地办好合作社的经验。首先提出了合作社是否健全的主要标准是"是否增产和增产的程度"。合作社要有实现增产的长远的目标，制订的生产规划要经过社员多次讨论，"加以修改，然后付之实施"。每个县委应在1956年做出包括合作化在内的全面规划；依靠农民"解决合作社生产资金不足的困难，是完全可能的"，国家通过贫农基金和其他贷款等方法对贫苦社员给予必要援助；兴修水利是保证合作社增产的大事，合作社积聚了农民的力量，千百年不能解决的水灾旱灾问题，"可能在几年之内获得解决"。他要求合作社发展水利、养猪和牲口繁殖，注意水土保持工作；将养猪纳入合作社的计划，劝每个农家养一到几只猪，"分作几年达到这个目的"；"应当把一切大小强弱的牲口作出统一的安排"，加强牲口繁殖。他关注合作社的经营管理问题，以充满激情的笔调强调勤俭经营应是"一切农业生产合作社的方针",必须改善合作社的劳动和经营管理,节约一切人力物力,开展经济核算和劳动竞赛,提高集体的劳动生产率,"逐年降低成本,增加个人收入和增加积累"。合作社设立监察委员会检查账目,对"干部的贪污盗窃行为进行严肃的斗争",有帮助鳏寡孤独、缺少劳动力、虽有劳动力但生活困难的社员的责任。针对合作社会计短缺、水平不高的问题,要求县和区党组织"都要注意去领导这项工作",动员大批的小学毕业生和初中毕业生当会计,由农业生产、供销和信用合作社的会计组成会计互助网,提高会计的文化、技术水平;针对农村剩余劳动力问题,他认为小社和初级社充分利用了劳动力,解决了生产资料的不足,办大社和高级社后可以组织劳动力向一切可以发挥力量的生产经营部门进军,"创造日益增多的福利事业"。合作社改进了经营方法,扩大了生产规模、多种经营,实行精耕细作,使用农业机械,发展为城市和乡村服务的工业、交通和商业及科学、文化、教育、卫生事业后,"生产的范围大了,部门多了,工作细了,这就不怕有力无处使",劳动力就会感到不足。"乡村中的剩余劳动力是能够在乡村中找到出路的"。他还认为建立合作社后,农民要求学文化学技术,"应当同消灭文盲相结合",首先学习本地"人名、地名、工具名、农活名和一些必要的语汇",解决记工的需要。妇女是一种伟大的人力资源,"必须实行男女同工同酬的原则",发动农村妇女参加生产劳动具有极大的意义;各地党团组织要注意研究如何在合作社中发挥青年的作用。他还主张普遍推行供销合作社和生产合作社订立合同的制度。他还盛赞建立大社和高级社的优越性。认为初级社保存了半私有制,小社由于人少、地少及资金少不能使用机器进行大规模的经营,"仍然束缚生产力的发展,不能停留太久"。建立生产资料完全公有、大规模的集体经营的农业集体经济组织才能极大地解放和发展生产力,要考虑使初级社逐步合并到高级社,使农业生产获得进一步发展。他认为,初级社办3年左右,"就基本上具有这种条件了"。当农民看见大社和高级社比小社和初级社更好,看到长期规划将大幅度提高物质和文化生活水平时,"就会同意并社和升级的"。各地党组织应在1956年、1957年内,在农民同意的条件下,"办一些试点性质的高级社",彰显"比较初级社具有更大的优越性","重要的是做出榜样给农民看",为以后的并社升级准备条件。在此,毛泽东忽略了小型初级社合并为大型高级社的条件,虽然说这种合并要有步骤,有适当的干部，得到农民同意，"有些地方可能快些，有些地方可能要慢一点"，但"城市郊区的升级会要快一些"，有些地方一乡一社，少数地方几乡一社，很多地方一乡几社，"平原地区可以办大社，山区也可以办大社"①，有些条件适合的地方可以由互助组直接进入高级社。他表述出高级社并不难办的思想传递出了高速发展高级社的强烈信号。

毛泽东的上述观点在党内获得了普遍赞同。在舆论的推波助澜下，全国普遍采取群众运动和强迫命令的方式强迫农民入社，对合作化运动的健康发展产生了消极影响。到 1956 年底，大批刚建立、有些甚至尚未完成组建的初级社被卷入并社升级的浪潮，参加初级社的农户占总农户的 96.3%，加入高级社的农户达到 87.8%，中国农村基本上完成了由农民个体所有制到社会主义集体所有制的转变，农业社会主义改造快速地降下了帷幕。

（二）毛泽东实现农业集体经营的理论逻辑*

通观新中国成立初期党内关于农业合作化问题的争论，我们发现中央高层围绕合作化运动的不同认识经历了分歧—争论—批评与被批评——致—再分歧—再争论—批评升级——边倒的过程，毛泽东赢得了争论的胜利。农业合作化运动的历史画面如他所预言的那样，农村的社会主义高潮如期到来，农民敲锣打鼓入了社，但酿成了合作化运动中急躁冒进等"左"倾错误。从党内关于合作化问题的争论中，我们可以总结出毛泽东实现农业集体经营的理论逻辑。

他在新中国成立前指出传统农业改造的起点是个体农业，个体农业发展的方向和目标是现代化和集体化，集体化就是社会主义，现代化就是农业机械化。工业化是中国发展的未来，必须与农业集体化进程相适应。他也曾确定中国农业经济形态将是长期的分散的个体经济。新政权在全国建立和全国土改的完成，为个体农业经济的社会主义改造提供了领导条件。他判定土改后国内社会的主要矛盾是工人阶级和资产阶级的矛盾，有效的解决方法是在农村根绝资本主义的根源，实现合作化；土改后农村出现两

---

① 中央文献研究室：《建国以来重要文献选编》（第 7 册），中央文献出版社 1993 年版，第 434，224，253，232，233，235，235，436，232，253，215，254，208，238，240，251，238，204，219，221，209，230，247，201，234，210，218，223，223，241，208，220，228，225，211，212，211，212，244，211，212，225 页。

* 该目根据笔者《论毛泽东的农业改造观》一文改写，参见《湘潭师范学院学报》（社会科学版）2003 年第 2 期，第 62～65 页。

极分化的趋势，"新富农已经到处出现"，尽管"只占全国农村人口的百分之二十到三十"，要吸取苏联允许富农经济存在和发展，对集体化带来阻力的教训；农民中出现了互助合作和个体生产两种积极性，从农民是劳动者角度判定互助合作积极性的发展趋向是社会主义，从农民是私有者和农产品出卖者的角度判定个体生产积极性的发展趋向是资本主义。占全国农村人口 60% ~70% 的贫下中农"有一种组织合作社的积极性"[1]，他们是农业社会主义改造的主力；国家的最高战略是实现工业化，为服务国家最高战略，只有对个体农业进行社会主义改造，才能解决农产品供求、农业机械运用、工业化和农业发展需要的资金和提高农民购买力等工业化进程中迫切的现实问题。毛泽东改变了对个体农业长期存在的认识，决定土改完成后要在农村趁热打铁，开展合作化运动，尽快实现对个体农业的全面改造，建立社会主义集体农业经济。

基于对社会主义标准的认识，尽管他强调互助组和合作社不能等同于苏联的集体农庄，大合作社不一定叫集体农庄，但他从农业生产资料所有制、农民在生产中的关系及分配关系等方面理解了合作化的目标模式，他认定社会主义农业的特征是生产资料归农民集体所有、共同劳动、统一经营和统一分配。

土地等其他生产资料是农业发展、农民致富的基础。毛泽东认为，中国必须实行把地主土地所有制变为农民的土地所有制，"再变为社会主义集体所有制"[2] 的土地制度改革。他赋予了这种改革新的使命，认为改革不仅要使农民翻身，还是工业化的基本条件，"国家工业化又要靠农民的援助才能成功"；他指出，过渡时期总路线的"一翼是互助合作、粮食征购（对农民的改造）"，农民正处于由个体经济到社会主义集体经济的过渡时期。他把农民土地私有制视为农业个体经营的基础，认为其导致了农业的落后和经营的分散，是中国农业落后的根本原因。土地私有制还会造成农村中资本主义经济的发展，不能解决鳏寡孤独农民的生产生活问题，导致贫富不均。他说致富的农民忘记了土改的好处，土改后再失土地和继续处于贫困地位的农民"将要埋怨我们，他们将说我们见死不救"，不帮

---

①　中央文献研究室：《毛泽东文集》（第 6 卷），人民出版社 1999 年版，第 437，429，427 页。

②　中央文献研究室：《毛泽东文集》（第 8 卷），人民出版社 1999 年版，第 137 ~ 138 页。

助他们解决困难。必须铲除中国历史上政权更迭的经济基础，才能巩固工农联盟政权。为实现国家政权巩固和国家现代化，只有彻底地完成社会主义改造，在一切能够使用机器操作的部门和地方都使用机器，"才能使社会经济面貌全部改观"。在国家工业化发展的起步阶段，他坚信优先发展合作化，改集体化与机械化同时并进的农业发展方针为先合作化、后机械化，把农民土地私有制推进到社会主义集体所有制，变农民个体劳动为集体劳动，把分散的、经营规模小的个体农民组织起来，实行较大规模的集体生产和经营，不断扩大集体规模，发挥人多力量大的优越性，促进农业发展，保障国家工业化需要的巨额资源。在农村中消灭富农经济制度和个体经济制度，才能"使全体农村人民共同富裕起来"①，农民在集体经济组织中就能消除两极分化，实现共同富裕。

为此，毛泽东确定农业合作化是实现中国农业经营制度变革的手段，在农业互助组织中通过增加公共积累，依靠统一经营形成的生产力"去动摇私有基础，也是可行的"②，确定了以农业生产合作社的形式去改变土地私有制的构想。他这种构想的历史依据是西方工场手工业分工，既提高了生产力水平，又发展为资本主义制度；现实依据是党和国家实现了对农民的领导，以及土改后个体农民在生产生活中出现了困难，只有建立和发展以土地等生产资料集体所有为标志的社会主义合作社才能解决这些困难。这一构想包容的理论推导是生产合作社涉及农民劳动关系的变革，通过劳动协作提高生产力，建立土地集体所有制为基础的社会主义农业经济制度。

毛泽东在总结长期领导农业互助合作经验的基础上，提出了农业互助合作组织由低级到高级的"三步走"的过渡步骤。第一步，号召农民组织仅仅带有社会主义集体劳动关系萌芽的、几户或者十几户组成的农业生产互助组；第二步，在互助组基础上，组织将土地、耕畜、大型农具等主要生产资料折价入股为集体财产，分割了农民的私有产权，以集体劳动、统一经营为特点的小型的半社会主义性质的初级社；第三步，进一步联合起来，组织大型的完全取消了土地私有和土地分红，建立农业生产资料集体所有制，以集体劳动、统一经营、按劳分配为特点的社会主义性质的高

---

① 中央文献研究室：《毛泽东文集》（第6卷），人民出版社1999年版，第80，295，437，438，437页。

② 薄一波：《若干重大决策与事件的回顾》（上），中共中央党校出版社1991年版，第191页。

级社。他认为，在合作化的三步骤中逐渐扩大劳动报酬，降低生产资料分红的比重，是向各尽所能、按劳分配的社会主义分配制度转变的途径。农业互助合作组织的逐步推进，可以使农民逐步提高对社会主义的认识，习惯新的生产生活方式，可以避免合作化进程中可能出现的破坏生产工具和农作物减产的遗憾。在"三步走"的过渡步骤中，他强调必须坚持自愿互利、典型示范和国家帮助的原则，对一切暂时还不想加入合作社的人，要有对他们进行教育的时间，耐心等待他们觉悟起来，"不要违反自愿原则，勉强地把他们拉进来"①，提出了合作化运动的指导方针是积极引导、稳步前进，有步骤地分批发展，要发展一批，稳定一批，巩固一批，要防止和反对右和"左"的两种倾向。

他在农民生产合作社与个体经营的对比中估量了合作社的生产能力。他把小规模的农业个体经营等同于小农经济，对私人资本主义和个体农业进行了误认，认为农业个体经营是农民生产生活困难的原因，农民在劳动生产中的关系，在实现了土地等农业生产资料集体所有，所有制性质相对稳定的时期内，"却不能不是不断变革的"②。从互助组、初级社到高级社，扩大劳动力联合，逐步发挥了劳动协作增加生产的作用，使农业由分散生产发展到集体的大规模劳动，把解决农产品供求矛盾的希望寄托于合作化。他的这一认识，促成了合作化运动的迅速完成。

他通过合作化实现农业集体经营的思想尽管在对起点的认识和理想与目标追求上存在局限，在实践逻辑上却是正确的，在合作化运动的初期执行也是成功的，但在后期却违背了积极领导，典型示范，自愿互利，稳步前进的方针。单纯追求合作社的发展数量，以致许多农民在短暂的四年实际上不到一年的时间内，放弃了土地私有，加入了合作社。农业合作化运动以连续跃进的方式快速完成，出现了弊端。更由于毛泽东和共产党人对农业社会主义改造在目标模式的选择上，盲目追求了集中和统一经营，过高估计了农业集体经营对提高农业产量的作用，忽视了所有权和经营权的分离；过高估计了农民的社会主义积极性，忽略了农民追求私有的合理性，忽略了发挥社员个人和家庭经营的积极性。毛泽东实现农业集体经营的合作化思想在实践中，明显表现为不断在集体的规模、内容和范围上做

---

① 中央文献研究室：《毛泽东文集》（第 6 卷），人民出版社 1999 年版，第 428 页。
② 中央文献研究室：《毛泽东文集》（第 8 卷），人民出版社 1999 年版，第 135 页。

文章，这就否定了农业家庭经营的合理性和必要性，也忽略了农业生产的自然特点。由于合作社规模小，不能大规模地进行农田水利建设，改善农业生产条件，不能进一步地进行农业技术改造，不能巨幅提升中国粮食产量，满足国家工业化建设的需要，建立规模更大、公有化程度更高、集体劳动气场宏大、功能完善的人民公社，在合作化快速完成后的短暂时间内，就提到了毛泽东和中央高层的议事日程中来，公社的建立也就水到渠成了。

第二节　农业集体经营思想的实践

毛泽东农业集体经营思想在新中国建立后得到了全面实践。中国通过由互助组、初级社、高级社到人民公社的农业生产组织形式的变迁，既完成了农业由个体经营向集体经营的转变，也实现了对个体农民的改造，建立了为国家工业化提供原料和资金的农业计划经济体制。深入研究互助组、初级社、高级社与人民公社的内部和外在矛盾，有利于客观分析毛泽东农业集体经营思想存在的认识误区与解决矛盾的方法的不足，对我们辩证认识中国农业集体经营取得的巨大成就及存在的弊端大有裨益。

一　集体组织存在的矛盾

从农民建立互助组开始，中国农业集体经营组织在发展的每个阶段都存在着内部经营管理不善、农民经济利益与国家战略目标的冲突，具体表现为互助组、初级社、高级社和人民公社等农业集体组织存在内部与外部矛盾，导致了农业集体组织效率低下，国家对农业集体组织索取过多，农民增产增收缓慢与生产劳动积极性严重下降。

（一）互助组的内部矛盾

在中国农业生产活动中，农民为了克服劳动力、生产工具和资金等困难，亲戚与邻居之间长期进行了在劳动力、畜力、农具等方面的生产互助（如换工、合伙、扎工等）。共产党利用了这种传统，倡导由几户或十几户农民建立临时和常年的互助组，在劳动力、畜力、农具等方面开展换工互助，希望变农民的个体劳动为集体劳动，分散经营为集体经营，无偿的相互帮助为有偿的等价交换。

互助组在逻辑上建立在土地及其他生产资料私有和农户个体自主经

营、独立核算的基础之上，是对农业家庭经营的补充。当劳动力、耕畜甚至小农具不足时，解决好农民个体经营的困难，彰显了分工合作的优点，是互助组存在和发展的根本原因。在组内共同的农业生产劳动中，互助组需要解决好三个具体的问题。第一，在农忙季节，解决农民在播种、收割等农业生产环节中因劳动力、耕畜和工具不足导致的耕作不及时，合理安排组员之间的耕作顺序，帮助农民克服家庭个体经营的困难是互助组产生和存在的根本意义；第二，组员之间劳动交换的评工、记工及合理的补偿标准，劳动力与使用畜力、大型工具之间的折算的制定，是互助组真正贯彻等价交换原则的关键，也是互助组发展的基础；第三，互助组在分散劳动的基础上，发挥农民独立经营的主动性与积极性，根据组员的农业生产的实际需要，处理好组内共同劳动与分散劳动的关系，反对事事集体、时时集体的形式主义的互助组，是互助组深得农民欢迎的原因。党的基层组织在互助组的发展中，较为充分地认识到了这些具体问题。中央在1951年12月15日下发的《关于农业生产互助合作的决议（草案）》中，就互助组内最关键的等价或互利问题，强调必须反对不算账、不等价的方法，但也要"反对机械的、烦琐的、形式主义的计算方法"，采取农民习惯的简明易行的多种多样的互利形式与计算办法。中央的原则性规定在互助组的实践中，总的情况是各家各户在自有、自耕、自收的基础上，以相等的比率交换劳力、畜力和大农具，小孩对小孩、成人对成人、牛对牛、车对车，组员之间实行等价交换，大家感到公平满意，便收到了互相帮助的效果。但由于农民拥有了土地等基本生产资料的私有权，部分富裕农民认为单干比互助更自由、更有利，不愿意参加互助组；而不具备独立生产条件的多数贫雇农却希望通过互助合作提高自己的生产经营能力，改善自己的生产条件后再搞单干。参加互助组的各个农户在属于自己的土地上种植直接满足自身需要的各种农作物，由自己决定，收获归己，都希望自己的收入实现最大化。互助组在实行等价交换时会发生各种各样的困难，组员之间就如何换工，以及如何计算换工折算补偿的问题随之产生。当每个农户的贡献不能平衡时，如对人力的估价难免出现某些主观因素，先帮助谁、牲畜使用折价等问题，难以找到一个让所有组员都满意的方案，引起了组员之间的相互猜疑。所以，互助组在发展的过程中出现穷帮穷、富帮富的互助组，春天组织起来从事农业生产、秋后打完粮就自然解散的季节性互助组。尤其是组内拥有较多生产工具的富裕的农户希望利用在生产资料占有上的优势，通过雇佣劳动来发家致富，他们不满足于生产资料在农户之间的互助来换取别人的劳动，对互助组也就越来越不满意，最终导致了互助组涣散甚至解散的结果。

中央高层把这些矛盾概括为农业共同劳动和分散经营的矛盾，是在生产资料私有基础上产生的分散经营与集体劳动的矛盾。主要表现为：第一，分散经营使集体共同劳动的效能不能充分发挥，添置耕畜、农具和使用新式农具都受到限制，规模不易扩大。第二，一家一户作为农业生产单位，不可能统一调配组内的劳动力，集体共同劳动提高效率而节约的劳动力得不到充分合理的使用。第三，组员占有的生产资料不平衡，两极分化还有比较大的余地，互助组不容易巩固。第四，由于中国农业还是自然经济或半自然经济，各个农户在自家的小块土地上种植满足自身需要的如谷物、油料、棉花、蔬菜等各种农作物，土地分割得十分零碎，每一单项农活的规模细小。因此，互助组的集体劳动仅仅局限于大田作业，集体劳动的规模限制在了很小的范围内。

互助组不能解散，如何解决互助组的涣散与解散问题及其集体劳动与分散经营矛盾的原则和方式，就成为了党内探索的主题。党内希望在互助组织中逐步增强"'公共积累'和'按劳分配'这两个进步的因素"，使老区互助组织巩固起来。互助组过渡到初级社，"便于统一计划土地的经营，因地种植，使地尽其用"，可以更方便地调剂农村中的劳动力和半劳动力，"发挥劳动分工的积极性"①。这一主张的基本逻辑是在互助组内逐步积累统一使用土地等生产资料的需求和积极性，通过土地入股、土地连片，实行统一计划经营，提高公有化程度，在技术条件和自然经济条件不变的条件下，扩大农业生产经营规模。这样，实行集体劳动的范围就会增加，规模也会扩大，兴办合作社是解决互助组内集体劳动与分散经营矛盾的不二选择。发展合作社能解决互助组难以解决的矛盾，尤其是"关于共同劳动和分散经营的矛盾"②。这种用统一经营解决互助组特别是共同劳动与分散经营矛盾的方法，隐含的前提是集体劳动比家庭经营的个体劳动具有无比的优越性，不仅包含了土地农具的公有以及集体劳动等社会主

---

① 中央文献研究室：《建国以来重要文献选编》（第2册），中央文献出版社1992年版，第518，355，512，513页。

② 中央文献研究室：《建国以来重要文献选编》（第4册），中央文献出版社1993年版，第664页。

义因素的萌芽，而且比个体劳动有着更高的劳动生产率，必须坚持和发展合作社。

正确地认识互助组内存在的生产资料私有基础上的分散经营与集体劳动的矛盾及其在农村经济发展的诸多矛盾中的地位以及解决矛盾的原则和途径，是我们今天的重要任务。客观说来，在国民经济恢复时期的前后，党的各级组织在向上级的报告中十分突出地强调部分农民遇到天灾人祸卖掉了土改时分得的土地，互助组织在发展中出现了不稳定甚至解散的现象。我们根据当时各种文献的分析认为，这些现在看来十分正常的现象，不是制约当时农业生产和农村经济发展的关键因素，农民在生产生活中亟待解决的最核心的问题是增加收入、提高购买力以改善生活，积累资金以扩大再生产，即在各级党组织的报告中称之为是个体农民发家致富的思想。这一问题表现在三个方面：第一，政府如何活跃城乡物资交流，解决农村土特产收购以及农业生产所需要的肥料、农具和耕牛等的供销问题；第二，政府怎么满足农民通过改进技术提高产量，获得更高收入的渴望，怎样向农民在改进耕作制度，使用新式农具、肥料等方面提供技术指导；第三，政府怎么解决农民为了扩大生产或遇到天灾人祸所需的资金支持。党在农民中倡导组织起来，建立互助组的立意基础在于国家在向农民提供发家致富的条件和物资、技术、资金的能力严重不足时，希望通过在农民之间建立互助组织来解决农业生产中的困难。因此，在农民土地私有的基础上，充分利用农民要求扩大生产、增加收入、改善生活的个体经营的积极性，利用农民互助组织在劳动力、耕牛等生产工具及资金方面的帮扶作用，提高政府向农民提供物资、技术、资金的能力，解决农村中的供销、信贷、技术合作问题，创造新的生产门路转移农村剩余劳动力是当时发展农业生产和农业经济的最佳思路。因而，把通过兴办生产合作社解决互助组内集体劳动与分散经营的矛盾作为促进农业生产和农村经济发展的关键措施，并没有从农业生产和农村经济发展的客观实际出发，绝非是当时解决农业生产和农村经济发展问题的次优选择，也不是解决互助组内部各种矛盾，促进互助组发展的次优方案。显然，党在这一思路下来探索如何办好互助组，解决互助组内集体劳动与分散经营矛盾的原则和方式就必然会有另外的一套路径。

当时党的各级组织在报告中广泛论及的互助组内部的具体而且棘手的矛盾实质上是农业集体组织内部的管理问题。党的高层高度重视这一问题对发展农业互助组织乃至生产合作社的巨大制约作用，在对农业集体劳动的极大优越性的解读中，极力强调农业集体劳动优于分散劳动，以集体劳动来解决互助组内共同劳动与分散经营的矛盾，促进农业互助组织的发展。相反，党在前一思路下，解决农业互助组织内部的诸多矛盾，促进农业互助组织发展的思路就是在农业生产中以家庭经营为基础，在互助组织内部根据农业生产的具体特点和要求，实行宜统则统、宜分则分的原则，建立政府资助的农业社会化服务体系，逐步解决农民在生产经营中的困难，增强农户的生产经营能力，转移农村剩余劳动力，以此来扩大经营规模，全面发展农业生产和农村经济。当然也就可以避免农业集体组织中曾经出现过的强求事事统一、事事集体，不能极大程度地调动农民生产积极性，管理成本太高，经营效率低下的弊端。党也会在农业互助组织的发展中深刻地认识到农村中少数集中了先进分子，管理基础和积累水平较高的互助组不具有普遍推广的意义和价值。

（二）初级社的内部矛盾

如前所述，党认为解决互助组内部管理和发展缓慢甚至解散问题的思路是通过合作社实行农业集体劳动，提出并实践了从互助组过渡到初级社并进一步过渡到高级社的农业社会主义改造形式。

初级社即初级农业生产合作社，农民根据自愿互利的原则，由二三十户农户组成。在保留土地等生产资料私有的条件下，实行土地入股，统一经营，劳动力基本上属合作社统一指挥，按劳动和土地比例分红。初级社在组织形式方面，农民加入初级社即为社员，将土地、大型农具、耕畜、运输工具等生产资料折价入股，交初级社使用、经营；农民参加初级社组织的集体劳动。初级社的盈余分配，扣除当年生产费用、税收、公益金和公积金后，余下的部分分为劳动报酬和土地等生产资料的报酬按照不同比例向社员分配。农民按照入社的土地等生产资料分得的报酬低于参加集体劳动的报酬，而劳动报酬根据社会主义的按劳分配原则，采取工分形式。在初级社内部成立社务管理委员会，民主选举社长和副社长，下设生产小组。在初级社内部，由于集中了较多的土地和其他生产资料，采取统一经营、统一管理，能容纳较互助组更大规模的集体劳动，可以充分发挥土地、牲畜和大、中型农具的效能，可以因地制宜地种植作物，节省了生产资料和物化劳动，提高了土地的生产能力，促进了集体劳动在农业生产全过程和社内各个生产部门的进一步发展。初级社还把各家各户的资金集中，提取了公积金和公益金，把生产力提高后带来的部分收益集中起来，逐渐扩大生产规模使个体农民之间有了共同的经济利益，保证了初级社的稳定。毛泽东最为关注的是初级社积累了农民的公共财产，实行了农业集体劳动和部分的按劳分配。因此，初级社比互助组具有更多的社会主义因素，是走向社会主义农业的过渡形式。初级社虽然有很多的优越性，但社员之间在经济利益方面的矛盾开始彰显出来。

第一，评工记分的矛盾。互助组的主要矛盾是先给哪家种或收的顺序问题和如何评工记分的问题，而初级社实行集体经营、集体劳动，如何分配劳动报酬、如何评工记分实现社员分配的合理公正成为了社员之间矛盾纠结的根本所在。在社内进行评工记分，就是把社员的个别劳动，用统一的、标准的劳动尺度度量为标准工作量，进行等量劳动的交换，社员根据生产过程中得到的工分在生产过程结束时获得满足自己生活需要的农产品。一般情况下，社员得到的工分与自己付出的劳动比例出入不大时，社员之间没有多大的意见。但由于社员的劳动属于自己，由集体统一安排，强弱参差不齐的各种劳动力受到了集体经营的支配，社内的农业生产过程由许多社员共同完成，社员交换劳动等量等质的要求必然比互助组更高、更严。也由于农业生产需要较长的生产周期，社员个人劳动在生产过程中难以准确比较，就给评工记分带来了极大的困难。从初级社建立开始，社员之间在评工记分上就分歧不断，争吵颇多，矛盾尖锐突出。

第二，社员与干部之间的矛盾。从互助组开始，由于有了集体劳动，就需要有集体劳动、集体经营的指挥者和管理者。虽然党对初级社的管理工作提供了指导性的意见，但初级社如何安排劳动力、安排公积金和公益金以及劳动报酬和土地等生产资料分配的比例、评工记分、分配农产品等具体管理工作都由干部来实施。初级社的规模比互助组更大，合作劳动的内容更多，保证公平合理分配的要求更高，这就要求初级社干部具有更强的管理能力和更高的管理水平。一般说来，初级社在组建之初，由于来源于农民的干部文化水平和管理经验都严重不足，管理工作常常出现混乱。初级社干部一方面是合作社的代表，另一方面又是个人利益的代表，在行使管理、指挥权力后，需要从社内获得一份收入，初级社一般以管理费的形式进行支出，补贴其一定的工分。初级社管理费多少和干部参不参加劳动、参加劳动经常不经常、参加劳动的多少成为了社员十分关注的问题。事实上，干部不仅有维持原有收入水平的要求，还有扩大收入的愿望。他们在社内劳动安排、生产管理以及收益分配中有可能为自己及亲属安排轻便、计分较高的农活，谋取个人私利，无偿或低价占有集体财富。虽然没有全面的初级社干部多吃多占的系统资料，但初级社试办和发展过程中存在的内部矛盾，部分社员退社乃至解散的许多个案都证明了初级社内部的各种矛盾都可以归结为社员与干部之间的矛盾，即干部个人的管理能力、个人私利与初级社全体社员的利益之间存在着特殊矛盾。总的看来，假如初级社干部能够或基本上抑制个人私利的膨胀，团结社员既发挥集体劳动提高劳动生产率的优势，社员既可以获得更多的收益，初级社就能巩固发展，干部的收入也会相应增加。但是，初级社的这种干部十分有限。在合作化运动中，这种数量很少的初级社也就成为了党和基层政府树立的试办典型。

第三，生产资料私有制与集体劳动的矛盾依然存在。这一矛盾的主要表现是，初级社可以利用较多的劳动力开展兴修水利、平整土地，改良土壤、保持水土等工作来提高土地生产力，土地、农具、耕畜等生产资料虽然入了股，但仍然私有，社员可以退出初级社，为了保证自己的退社权力，往往反对对自己原有的土地进行重大改造，影响了初级社更加有效地利用土地资源。因此，土地等生产资料的私有和初级社规模较小限制了集体劳动的作用范围及进一步发展，妨碍农田基本建设以及土地和新式农具的合理使用；还由于初级社存在土地等生产资料的报酬，集体劳动取得的成果被私有生产资料分走一部分，妨碍了社内公共积累的增长，影响了对更多生产资料的充分利用。在初级社内部，劳动力和生产资料占有不均的客观情况表现为少数富裕家庭拥有较多的土地等生产资料，但劳动力缺乏，而多数家庭则是相反。前者希望仰仗其拥有的较多的土地、大型农具或牲畜能从初级社得到较多的分红，甚至不劳而获，这在当时被理解为剥削。而后者因为土地少、农具少、劳动力多希望通过劳动来增加收入，这是党和政府倡导的正当的收益，因劳动分红较少，会影响其劳动积极性的发挥。为此，必须降低土地等生产资料的分红比例，提高劳动收入的分红比例以满足人数较多的贫农和下中农的要求，保障多数社员的心理平衡。建社时，虽然在社员之间就如何处理社内生产资料分配与劳动分配的比例问题取得了共识，但随着社员家庭劳动力的增减，合并的土地及使用的农具、耕畜的增多，假如比例不作及时调整，劳动力减少的家庭，劳多地少、地少劳多的家庭就会出现收入下降，甚至鳏寡孤独无法赡养，引发社内新的不公和不满。毛泽东对初级社存在的私有制与集体劳动的矛盾进行了深刻说明，认为初级社"个人所有的土地、大牲口、大农具入了股"①，但社内仍然存在社会主义因素和私有制的矛盾。小社人少地少资金少，不能进行大规模的经营，不能使用机器，不能搞综合利用，不利于搞水利建设等，仍然束缚农业生产力的提高。

从现有的文献看来，党内就初级社内部存在的上述矛盾有了一定的认识。毛泽东与党的干部看到了社员在土地等生产资料以及劳动力，乃至政治思想等方面的差别，强调了不能无偿剥夺、典型示范、逐步推进的马克思主义关于农业合作化理论的基本原则。初级社实行了按资分配的原则，采取了政策规定按资按劳分配的比例、干部参加劳动，排斥富农地主参加或建立初级社，国家对典型示范的初级社进行财力、农具及化肥等资助，对没有私欲、思想道德素质高的初级社干部进行表彰的方法来推动初级社的发展。他们没有真正面对初级社经营管理方面存在着的棘手问题，提出可行的解决方案。把前述的两个矛盾都归结为私有制与集体劳动的矛盾，解决的思路是取消土地等生产资料的分红，变生产资料私有制为集体所有制，去解决初级社中集体劳动、劳动分配的社会主义因素与私有制的矛盾。这一思路的前提是忽略农民家庭是农业生产中最有效率的基本经营单位，坚信农业集体劳动、集体经营极具优越性。在这种前提下，忽略个体农民正常的经济利益追求，视农民退社为影响合作化运动发展的洪水猛兽，建立取消生产资料分红的高级社也就成为了必然。现在看来，这一思路没有真正从初级社的客观情况出发，以农业家庭经营最有效率为依据，以初级社内部经济利益调整为中心。过渡到高级社的解决方法也就忽略了初级社适宜于个体农民发展农业生产的实际需要，其优越性还没有得到充分发挥就被终止。初级社经营管理方面存在着的棘手问题被搁置下来，在以后的高级社和人民公社阶段都没有得到有效解决。

我们认为，初级社解决内部矛盾的根本所在是社员之间经济利益的不断调整。初级社的巩固发展必须以保障社员经济利益增长为前提，经历社员不断入社退社的过程，逐渐通过社员与干部、社员之间经济利益的不断博弈，在长期的生产经营实践中，养成初级社生产经营管理传统，培育初级社干部和个体农民集体合作的行为和理念，改变农民不善合作的传统。

---

① 中央文献研究室：《毛泽东文集》（第6卷），人民出版社1999年版，第302页。

（三）高级社的内外矛盾

高级农业生产合作社即以主要生产资料集体所有制为基础的农民合作的经济组织，简称高级社。社员将私有的土地、水利设施、大型的农具及耕畜等生产资料，成群的牲畜、成片的幼林苗圃和经济林作价转归高级社所有。少量零星的树木、家畜、家禽以及小农具仍属社员私有。为了满足社员日常生活需要，高级社将不超过人均5%的土地分给社员家庭作为自留地。高级社建社初期的生产资金一般由社员按耕地或劳动力分摊缴纳，不计利息，不能抽回，另一来源是从每年收入中抽取的公积金和公益金，鼓励社员向合作社投资，按信用社存款利率付给利息。由于生产资金紧张，部分有偿转归集体所有的生产资料实行分期偿还。高级社实行民主管理，最高领导机关是社员大会或社员代表大会，由它选出管理委员会管理社务，选出监察委员会监察社务，选出主任、副主任负责日常工作。高级社的基本生产单位是生产队。通常把劳动力、土地、耕畜、农具固定给生产队使用，实行包工、包产、包成本和超产奖励的"三包一奖四固定"责任制度。高级社收入的实物和现金在扣除缴纳国家税金、社留公积金和公益金，预留下一生产周期所需要的种子、生产和管理费用后，在社员之间实行按劳分配。公积金用于高级社兴修水利，改良土壤，购置农业机械，修建生产性用房等扩大再生产。公益金用于社员卫生保健、文化教育以及扶助丧失劳动能力的社员等支出。

在前述的解决初级社内部矛盾的思路和方法下，人们普遍认为高级社实现了土地等主要生产资料的公有制和按劳分配，是社会主义性质的合作经济组织。它在促进农业生产方面比初级社有更大的优越性，能够较大规模地进行农业基本建设和采用新式农机具，改变农业生产条件，提高农业生产水平；能够在国家计划指导下，因地制宜地发展农、林、牧、渔和工副业生产，以满足社员、集体和国家的需要。

由于在理论上简单地将合作制等同于集体制，在初级社升级中产生了老社富社、新老中农吃了亏，过早取消土地报酬使得地多劳少的农户生活困难等系列问题；高级社建成后，在初级社内部矛盾没有得到有效克服的情况下，又增加了国家与高级社、与社员的外部矛盾。由于高级社公有化程度过高、规模过大，过分强调集中统一，集体劳动的范围和劳动力增多增加了管理难度。高级社缺少管理的方法和人才，缺乏科学准确的计量社员工作量的办法，使得高级社的集体劳动出现了干活一窝蜂、出勤不出力的形象。在高级社的收益分配中也存在不同程度的平均主义。社队规模、体制与生产管理水平不协调，使得初级社内部矛盾得以扩大，加剧了高级社与社员、社员之间、社队之间以及社员与干部之间的矛盾；国家对高级社生产经营活动的计划管理造成了国家与高级社之间的矛盾，使得生产趋向单一化，社员实际收入下降。总体看来，高级社忽视了农业生产的特点，超越了当时落后的生产力水平。

党的高层从高级社试办开始，就上述问题给予了高度重视。毛泽东指出，目前在国家与合作社之间，合作社与合作社之间及合作社内部"都有一些矛盾需要解决"。要求高级社在不违背国家经济计划和政策法令的前提下，可以在农业生产方面保持一定的独立性和灵活性。入社的农民除了自留地及一部分个体经济可以按照自己的计划进行经营外，"都要服从合作社或者生产队的总计划"。高级社在分配问题上要兼顾国家与农民、国家与合作社、合作社与农民的利益，注意处理好农业进一步发展和农民提高物质福利问题，不断地关注和通过分配、贯彻执行互利政策、加强组织建设等工作，调节国家与合作社、合作社与合作社之间及合作社内部等内部与外部矛盾。尽可能让农民在正常的年景下，能够"从增加生产中逐年增加个人收入"①。必须保证 100 万个左右的高级社尽可能增加生产和社员收入，迅速改变许多合作社过分强调集体利益和集体经营，"忽视了社员个人利益、个人自由和家庭副业"② 的现象。邓子恢更是具体地强调高级社要坚持少扣多分的原则，根据农业生产的具体情况采取集体经营或家庭经营的方式去解决高级社与社员的矛盾；实行"社、队适当分权"、"统一经营、分级管理"制度，用在包产中适当予以照顾，生产方面予以帮助的方法来解决社队之间的矛盾；不侵犯上中农的经济利益来处理社内中农与贫农的矛盾；在分配方面，坚持按劳取酬的政策，实行互助互济原则，照顾劳动能力弱、无劳动能力及困难户的社员，以解决社员之间的矛盾；用民主办社的方针来解决社员与干部之间的矛盾。

农民在高级社内外矛盾制约下，唯一的选择就是利用退社权退出高级社，这是农民的无奈决策。从 1956 年 10 月到 1957 年夏季，广东、江苏、

---

① 中央文献研究室：《毛泽东文集》（第 7 卷），人民出版社 1999 年版，第 221 页。
② 中央文献研究室：《建国以来重要文献选编》（第 9 册），中央文献出版社 1994 年版，第 57 页。

浙江、江西、河南、安徽、河北、辽宁等省的部分农民根据高级社的退社原则退出了高级社。"广东省农村先后退社的有十一二万户"①，浙江发生了农民要求退社的请愿、殴打、哄闹等事件达 1100 多起。中央和各地都强调生产没搞好、分配又不公的高级社退社社员最多，退社的农民主要是入社前有较多土地及其他生产资料的富裕中农、从事其他职业者和劳动力缺乏的困难户以及入社后收入严重减少的农户；中央和各地还从高级社存在的内部和外部的矛盾中分析了农民退社的原因，指出高级社规模太大，经营不善，没有搞好生产；国家对农产品统购太死，价格太低，农业税征收不合理，关闭农村自由市场等导致入社后农民收入降低，负担很重。中央和各地的分析都把农民闹退社的根本原因归结为各级领导和农村工作干部存在官僚主义，没有高度重视高级社的思想政治工作，对建社后遗留的和分配中的问题未能及时认真地帮助解决，尤其对部分社员的困难解决不好，高级社有阶级对抗，有坏分子的破坏。中央和各地在解决农民退社问题时，一致强调要加强退社地区的领导，表示要结合本地实际情况，贯彻互利政策，抓好生产工作，解决社员的具体困难，满足社员的合理要求，组织安排好社员生活。应通过说服教育争取农民不退社，但社员有退社自由，让部分（不是大部，更不是全部）坚决要退社的富裕中农退出，"不但无害，而且有益"，"对于巩固农业合作社更为有利"②。毛泽东更是自信地认为，高级社的优越性最终会使退社农民再次入社。

由于中央和地方高层对高级社内外矛盾的认识和理解站在了国家高度，在对退社问题的处理上偏重于以阶级斗争的惯性思维和斗争方式，借助关于农业合作社等问题的大辩论，以批判会的形式进行政治批判，基层干部使用残酷的捆绑、吊打、扣押、拘捕等人身摧残来阻止社员退社，剥夺了农民的退社权，入社自愿、退社自由成为了空谈。

我们也发现，部分地方的社员和干部在解决高级社内部矛盾方面进行了积极而有益的探索。1956～1957 年上半年，安徽、四川、浙江、广西、广东等省的一些地区为解决并社升级后，针对高级社规模太大难于组织管理的问题，试行了包产到户的办法，广东还用按户包产的办法照顾收入减

---

① 薄一波：《若干重大决策与事件的回顾》（下），中共中央党校出版社 1993 年版，第 569 页。

② 中央文献研究室：《建国以来重要文献选编》（第 9 册），中央文献出版社 1994 年版，第 549，550 页。

少的社员。但包产到户的探索也在阶级斗争的思维态势下，在没有解决高级社外部矛盾的社会基础的背景下，被认为有悖于社会主义农业道路而被迫中止。高级社内外存在的矛盾并未得到及时解决，在后来的人民公社中衍化得更为严重。

（四）人民公社的内外矛盾

人民公社从建立伊始，由于规模扩大，使高级社的内部矛盾与平均分配的弊端在更大的农业集体劳动组织中蔓延发展，集体内部农民之间、农民与干部之间的经济利益矛盾逐渐加剧。公社的三级管理体制更加便利国家高度集中的农业计划经济体制的实施，使得农业集体经营组织面临着农业资源被国家不等价或免费调拨、经营效益衰减，农民增产不增收、劳动付出与收益极不均等的困境。

1. 人民公社的建立与调整

1956 年底，全国建立的高级社达 54 万个，加入农户占全国总农户的 88%，社均 198.9 户。高级社在整合土地、耕牛、耕具、种子等农业生产资源的基础上，农业集体生产经营的规模较大，在管理和分配上的问题很多。在国家进一步提高农业生产能力的要求下，高级社需要在村、社、乡之间进行大规模的水利建设，引发了高级社之间在土地、工程施工、劳动力、投入和受益等方面的矛盾，需要进行统一规划和部署，有必要打破村、社、乡之间的界限。在这种背景下，1958 年 8 月中央政治局扩大会议通过了《关于在农村建立人民公社问题的决议》，中央公布了《嵖岈山卫星人民公社试行简章（草稿）》和《七里营人民公社章程草案》等文件。中央宣称，人民公社将是"建成社会主义和向共产主义过渡的最好的组织形式"，实现共产主义"已经不是什么遥远将来的事情了"①，认定公社是直接进入共产主义的"金桥"。在一片喧嚣鼓噪下，人民公社在三四个月内以政治运动的方式，在全国除西藏以外的广大农村普遍建立了起来。公社强制推行整齐划一、高度一致的模式，核算单位由高级社变为管理区，否定了商品生产和价值规律，实行了土地、农具、耕牛、房舍乃至农民私养的家畜家禽的无偿调拨，公有化程度得以拔高；对劳动力按照部队编制方式进行统一调动，春种秋收、兴修水利、修路炼钢、栽秧打谷

---

① 中央文献研究室：《建国以来重要文献选编》（第 11 册），中央文献出版社 1995 年版，第 450 页。

全部纳入统一管理；农民集体劳动后到公共食堂就餐，对农民生活也实行了集中管制；农村基层政权改乡政府为公社，公社职权迅速扩大，工、农、商、学、机关及武装力量无所不管。这些脱离客观实际、充满共产主义空想成分的建社措施，导致了高指标、瞎指挥、浮夸风、一平二调的共产风的泛滥成灾，严重损害了农民的经济利益。与之伴随的大办钢铁，大办县、社工业，大办交通，大办文教的"大跃进"运动更是加剧了国民经济的比例失调，给农民的生产生活带来了严重的困难，造成了农村社会秩序的混乱和经济的倒退。

毛泽东在党内最早发现了公社化运动中的诸多问题，针对运动中的乱象，决定对公社的各级组织形式、管理制度、方法及手段进行调整。1959 年 3 月，他表示要起草人民公社示范章程。但由于整顿工作不断受到"左"倾思想的干扰，中央发布的大量应急性的文件、指示和规定出现重复甚至自相矛盾的现象，中央纠正"五风"的规定在许多地方并未贯彻执行，公共食堂以及农民自留地、饲养家禽的政策也是收放不定，农业生产的严峻局面没有得到改观。为避免中央农业政策的前后矛盾，使中央的指示令行禁止，尽快稳定农村形势，根除"一平二调"、"瞎指挥"和"干部特殊化"的歪风，规范公社各级组织的职权，清除生产队之间、农民个人之间的平均主义，中央高层于 1961 年初形成了制订各地农村必须遵守的、相对稳定的公社条例的共识。在中共历史上著名的大规模的农村调查中形成了《农村人民公社工作条例》（又称《农业六十条》）。

从《农业六十条》循环往复三次的制定过程中，我们可以清晰地看到毛泽东关于农业集体经营规模变化的思想历程。1961 年 3 月，他说，公社内部生产队与生产队、社员之间的平均主义问题极端严重，不能解决这两个大问题，"是不能真正地全部地调动群众的积极性的"①。中央在第一个《农村人民公社工作条例（草案）》中明确表示要提高全体农村干部的政策思想水平，提高全体农民的生产积极性和社会主义积极性，促进社会主义农业的发展。强调公社各级的公共财产（牲畜、农具、粮食、蔬菜等）不许随便分散，要慎重处理如供给制、公共食堂等有关农民生活

---

① 中央文献研究室：《建国以来毛泽东文稿》（第 9 册），中央文献出版社 1996 年版，第440 页。

的问题。确定生产大队为基本核算单位，缩小了社队规模，以此来限制公社对生产大队财产的无偿调拨和生产大队之间的平均主义。恢复了农民的家庭副业，规定了社员私养的猪、鸡、鸭、鹅、兔等归社员所有，任何人不得侵犯，以此来消解农民之间的平均主义。6月，中央公布了《农村人民公社工作条例（修正草案）》，即第二个《六十条》。改社员供给与工资三七开的分配制度为按劳动工分进行分配；生产队举办的公共食堂完全由社员讨论决定，"不论办不办食堂，都应该分配到户，由社员自己支配"；规定"生产大队应该把大部分山林，固定包给生产队经营"，大队可以把零星林木"分别划给生产队和社员所有"①。修正草案的最大成就是对公社近乎绝对平均主义的分配制度进行了彻底否定，取消了被认为具有共产主义因素的供给制和公共食堂。在全国农村恢复以劳动为主要依据的分配制度，有利于消除社员在个人分配和消费上的平均主义，制止了基层干部利用食物分配权欺压社员、多吃多占的现象。

前述的两个平均主义解决后，生产大队统一平均分配造成各生产队之间的平均主义的弊端有待解决。就以生产大队还是生产小队作为公社基本核算单位的问题，毛泽东亲自审阅、研究了各地的试点报告和意见，表示：生产权在小队、分配权却在大队的问题不解决，"群众的生产积极性仍然要受影响"，基本核算单位是队而不是大队，"我以为非走此路不可"②。1962年2月，中央发出《关于改变农村人民公社基本核算单位问题的指示》，规定了公社集体经济以生产小队为基本核算单位，规模大体上以二三十户为宜。9月，中共八届十中全会通过的第三个《六十条》，把农业生产基本核算单位确定在生产小队，把农村集体经济的所有权、生产经营权、财务管理权和分配权下放到了相当于高级社的农业集体经营组织的底层，最终确立了三级所有、队为基础的新体制。条例赋予生产小队八项权力，扩大了生产小队的自主权。规定：生产队所有的土地，包括社员的自留地、自留山、宅基地"一律不准出租和买卖"；集体所有的山林、水面和草原，归生产队所有比较有利的，"都归生产队所有"。生产队的土地未经县级以上人民委员会审查和批准，"任何单位和个人

---

① 中央文献研究室：《建国以来重要文献选编》（第14册），中央文献出版社1997年版，第401，394，394页。

② 中央文献研究室：《毛泽东文集》（第8卷），人民出版社1999年版，第284，285页。

都不得占用"。生产队实行独立核算，自负盈亏，独立组织生产与收益的分配。"这种制度定下来以后，至少三十年不变"。对农民的私有产权及其收益也明确规定，自留地一般占生产队耕地面积的 5% ~ 7%，长期不变；可以进行家庭手工业生产及副业生产；鼓励社员饲养家畜家禽；房前屋后的果树竹木，永远归社员所有。要求公社管理委员会"在今后若干年内，一般地不办企业"，公社、大队把生产队的副业集中后办起来的企业"都应该下放给生产队经营"①。总的来说，条例从制度上根除了生产队之间、社员之间的平均主义，纠正了集体农业规模大、管理过于集中的问题。条例确立了三级所有、队为基础的农业集体生产体制，比公社所有制和生产大队所有制较为接近农业生产力发展的水平，在一定程度上促进了生产的恢复和发展。毛泽东对第三个《六十条》倍加呵护，表示实行以生产小队为基本核算单位，以生产小队为基础的三级集体所有制，是"至少三十年内，实行的根本制度"②。他还强调，包产到户、分田到户的单干道路"是农村资本主义的道路，是走不通的"③。没有把基本核算单位下放到农业生产最基本的单位——农户，关闭了包产到户的大门。

第三个《六十条》的实施使 1962 ~ 1965 年的农业生产得到了较快恢复和发展。但 1962 年召开的中共八届十中全会错误地认为，在农村还存在着一部分农民的自发的资本主义倾向，存在着无产阶级和资产阶级、社会主义和资本主义的斗争。在以阶级斗争为纲思想的指导下，提出要解决农村中的社会主义和资本主义的矛盾，重点是整党内"走资本主义道路的当权派"④，发展了阶级斗争扩大化理论，为"文化大革命"的发动作了思想上、理论上的准备。1966 年 5 月，毛泽东指示：农民以农为主，还要学军事、政治和文化。有条件时，"也要由集体办些小

---

① 中央文献研究室：《建国以来重要文献选编》（第 15 册），中央文献出版社 1997 年版，第 625，626，625，625，621，703 页。

② 中央文献研究室：《建国以来毛泽东文稿》（第 10 册），中央文献出版社 1996 年版，第 48 页。

③ 中央文献研究室：《建国以来重要文献选编》（第 15 册），中央文献出版社 1997 年版，第 546 页。

④ 中央文献研究室：《建国以来重要文献选编》（第 19 册），中央文献出版社 1998 年版，第 528 页。

工厂，也要批判资产阶级"①。根据这一指示，自留地和家庭副业是农民自发产生资本主义倾向的严重领域，阻击资本主义自发势力发展的认识逐渐蔓延滋长为主流认识。在这种主流思想的影响下，没收生产队的山林、减少社员自留地数量、禁养家畜家禽等"割资本主义尾巴"，批"资产阶级法权"的"左"的违反《农业六十条》的政策盛极一时，挫伤了农民的生产积极性。在全国普及大寨县运动中，党内关于人民公社基本核算单位由生产队向生产大队过渡的建议再次提出并在部分地区（如山西省）实行，农业基本核算制问题的争论于 1975～1978 年再次兴起。

1978 年底召开的党的十一届三中全会回避了农业基本核算单位升级问题的争论。全会同意将《农村人民公社工作条例（试行草案）》（即第四个《六十条》）发到各省、市、区讨论和试行。中央虽然明确规定农业生产不许包产到户，不许分田单干，但允许进行生产责任制的探索为农村基层掀起的以农业家庭承包经营为中心的改革洞开了缺口。

总的来看，第三个《六十条》的颁布实施，尽管遭遇了像"四清"、"文化大革命"等全国性内乱的冲击，但三级所有、队为基础的集体农业体制没有改变，实现了 20 多年农业政策的基本稳定，为城乡二元体制的巩固和工业化的初步实现提供了制度保障。

2. 人民公社的内外矛盾

建立公社的初衷是为了加强统一领导，集中力量办大事，互相合作、互相支持，实行工、农、商、学、兵相结合，逐步处理好国家与集体、工业与农业、城市与农村以及生产与消费之间相互脱离、利益分割、互不协调以及片面发展的问题，促进农村经济、文化、社会福利等各项事业全面发展。以生产队为基础的集体农业虽然在 20 多年的存续期容纳了农业生产力发展的较大空间，改善了中国农业生产条件，提高了粮食产量，但由于内部与外部都存在诸多矛盾，导致了公社的灭亡。

第一，政社合一管理体制铸就了生产队的外部矛盾。

1962 年 9 月通过的《农村人民公社工作条例修正草案》，规定公社设置受县人民委员会（即县人民政府）和县人民委员会派出机关领导的管

---

① 中央文献研究室：《建国以来毛泽东文稿》（第 12 册），中央文献出版社 1998 年版，第 54 页。

理委员会，设社长、副社长、秘书以及生产委员、政工委员、群工委员、武装部长、民政、会计等国家编制干部多名，在本辖区行使生产建设、财政、贸易、民政、文教卫生、治安和调解民事纠纷等政府职权。公社还附设有从中央、省、县到社到队的纵向一体化的如粮站、供销社、食品站、信用社、农技和农机组（包括兽医、牲口繁殖站或组）、卫生院、学校等组织，这些组织在业务上接受上级指导和帮助，在公社范围内执行党和国家关于农业生产、农产品收购、工业品运销、资金承贷汇兑和农村教育文化政策。公社下辖大队，大队下辖小队。大队设书记、主任、会计、妇女主任、民兵连长、出纳、团支部书记等管理人员各一人。大队所辖小队的土地和人口多少不一，小队设队长、副队长、会计、妇女队长、现金实物保管和出纳等管理人员各一名。大队、小队的管理人员不脱离生产劳动，参加农业集体劳动记工分，参加管理工作另记误工。大队管理人员的误工收入 * 取决于大队平均收入的高低，由各个小队分摊，生产队管理人员的误工收入取决于生产队收入的高低，按小队劳动日计算补助现金和粮食。公社的各级权力机关分别是公社、生产大队的社员代表大会和生产队的社员大会，生产大队、生产队领导人由大队和生产队社员代表大会选举产生。生产队负责组织生产和结算分配，社员在生产队参加集体劳动，以自己的劳动领取报酬，无劳动能力的人口则在支付按照国家统一定价的条件下，分得一定比例的农产品。生产队一切重大事情都由社员大会决议，社员对农业生产经营有建议权。

从公社人事制度中，我们发现公社通过党政合一、政社合一体制实现了国家对农村社会经济政治文化生活的控制。国家控制了农业生产活动，但生产大队和生产队管理人员的农民身份并没有改变，国家没有承担公社以下单位及管理人员辅助国家控制农业生产活动的行政费用，还让生产队承担了他们的误工收入，承担了被管理的支出。党政合一、政社合一成为了党和国家控制集体农业生产活动合法性及有效性的抓手。在这种体制下，公社、生产大队、生产队组织的经济功能被强大的政治功能淹没，在执行国家农业政策的前提下，集体农业模式在三级经济组织内部没有自主的权力结构，不能支持《农村人民公社工作条例修正草案》中关于民主办社、民主办队的规定，体现社员对农业生产经营的民主决策和建议权也

＊ 意指管理人员因队务管理工作耽误了他们在生产队参加集体劳动的时间而得到的补贴。

就形同虚设。公社成为了贯彻国家农业计划、统购统销和户口政策的行政组织，生产大队、生产队成为了为工业化输出农产品、资金和劳动力的大小生产车间，丧失了自己独立的产权和完整的集体劳动收益权，自主经营、自负盈亏也就成为了空话。

在中国工业化的起步阶段，农民温饱问题尚未解决的情况下，人民公社制度为国家实现工业化，从农村获得资金、劳动力和原料提供了运作有效的制度保障和数量巨大的资金积累。改革开放前，农民为工业化建设提供了约5400多亿元的资金，年均高达210多亿元。按每个农业劳动力平均计算，公社时期每个劳动力年均向国家提供的剩余多达80余元。这种工占农利战略的实施导致了集体农业在外部关系上的农业资源、生产经营、收益分配的权益缺失，铸就了公社的穷途末路。

在党政合一、政社合一体制下，农业集体经营面临着如下三个困境。

首先，在农业生产资源配置方面，上级低价甚至无偿征用生产队的土地、劳动力等生产要素，使生产队缺乏完整的财产所有权。公社时期，集体土地被国有企事业单位征用，一般须安置农民，但给予较低的经济补偿。如1973年国家建设委员会在《建革综字第364号》文件中规定，征用土地的补偿，一般应以最近二至四年的产量总值为标准。如果公社认为对社员生活没有造成影响，经区、县人民委员会同意，可以不发补偿。公社征用生产队土地，或支付土地占用费，或安排劳动力；而生产大队征用生产队的土地则无须支付任何报酬，通常在所辖生产队之间进行抽多补少的调整。公社范围内的劳动力一般免费调用，开支由出人的生产队支付；公社范围外的劳动力征用，征用单位有时不付工资，或付少量工资，差额由生产队补足。如，安徽省凤阳县在1975年冬和1976年春平调社队劳动力挖濠河，35个非受益单位做了47万个劳动日，全都自带粮食、工具。1977年前后，城西乡公社办社办企业，从各生产队抽调劳动力84人，公社不付任何报酬。1978年修官沟水库和门台电灌站工程，生产队每天至少补贴每个劳动力1斤粮、2角钱①。

其次，农业生产模式是公社、生产大队领导下的生产队生产。公社和大队为贯彻党和国家的农产品收购政策，保证国家收购计划的落实，严格

---

① 数据见王耕今等：《乡村三十年——凤阳农村社会经济发展实录》(1949—1983)，农村读物出版社1989年版，第327页。

执行了上级制定的农业生产计划。公社以上级收购农产品的品种和数量为依据，每年为各生产大队制定生产计划，生产大队再把计划目标细化分解到生产队，由生产队组织生产，进行种养。为保证国家计划的执行，公社和大队规定生产队种植的农作物以粮食为主；规定为保证耕田所需的耕牛养殖数量；为提高粮食产量，规定生产队各类农作物的播种面积，以及如单季或双季、选用种子、犁田播种、施肥等种植方式；规定生产队和社员养殖家畜家禽的品种和数量。即使是生产队缺乏种养条件，或社员强烈反对的投入大、产出低、效益差的农业生产活动都必须按照上级要求完成。在这种政策安排下，作为基本生产和核算单位的生产队缺乏经营决策和安排生产计划的权力，生产什么、生产多少主要由自上而下的党政权力决定。公社直接干预了生产队的生产经营活动，使得生产队自主的财产使用权得不到充分行使。

最后，国家以农产品统购派购制度实现了对公社各级农业生产单位尤其是生产队的索取，使得生产队丧失了在生产品种、数量，尤其是价格方面的自主权利，实现了国家对农村生产的计划管理。国家规定了生产队分配的顺序是先国家、再集体、后个人，要求农民发扬爱国热情，积极完成征购任务。生产大队的首要任务是保证完成国家的统购任务，根据土地质量、自然条件，结合经营条件把任务分解到生产队，国家向生产队征购的具体数量根据估产和测产数据而定。生产队承担了完成国家指令性的有偿的但价格较低的征购粮、棉、油和其他农副产品的义务，承担着国家农副产品统购派购任务的供销社、食品站或粮站通过与生产队签订包括统购合同，向完成统购任务的生产队用议价收购或者实物换购的办法，具体行使着国家职能。

国家在不同地区，按照农产品品种、品质要求确定了国家购买，生产队和农民自留的比例，超产的地区和品种，国家适当多购，农民适当多留。生产队完成应尽的低价的有偿义务，向国家交售国家规定的一定基数的农产品（即派购）后，国家以议价收购或优惠价格向生产队售出如化肥、柴油等紧缺工业品进行鼓励的方式继续从生产队获取农产品（即超购）。生产队完成国家指令性的派购超购任务后，生产队和农民剩余的农产品才能进入城乡集市贸易，自由成交。中央规定各省、区、直辖市向下级分配粮食征购任务时，可以在中央确定的征购基数上增加5%左右的机动以调剂受灾减免，全国粮食征购基数长期稳定在750亿斤左右。国家对粮食、棉花、食油等一类物资实行统购政策，对生产队征购、上调数量实行五年一定、一年一议的办法，规定社员分配和奖励的粮食标准，以户为单位，人均占有量最多不超过1955年规定标准的15%。生产队的粮食和食油征购任务在中央分配的征购计划的基础上，按照全国平均计算，加上10%左右的机动数，作为减产减购的保险系数，也可以在夏收秋收后对增产部分的40%增购。国家对二类物资（如烤烟、麻类、甘蔗、茶叶、生猪、牛、羊、鸡蛋、鸭蛋、蔬菜、松脂、毛竹、棕片、皮张、羊毛、蚕茧、桐油、生漆、土糖、土纸、出口水果、出口和供应城市工矿区的水产品、重要木材、重要中药材等）根据国家规定价格，执行合同派购政策。国家还规定生产队在完成国家征购任务以前，粮食、油料和麻不准进入集市；任何时候，棉花、土纱、土布、烤烟和晒烟严格禁止入市交易；社员的自留棉和自留地、小片开荒地上生产的棉花也必须卖给国家。生产队和社员出售的周转粮，也应当出售给国家粮食部门。

统购派购政策导致了生产队收益与生产经营之间缺乏必然联系。丰收的生产队在公社和大队统一完成国家统购计划的前提下，必须将余粮低价卖给国家，在社员之间进行分配的农产品相应减少。而歉收的生产队则可以在国家对农村的统销政策中以生产生活困难为由，名正言顺地得到低价的返销粮及其他物资，歉收的生产队搭了丰收生产队的"便车"，造成了生产队之间的苦乐不均。如安徽省凤阳县小岗村在1966~1978年间，"吃返销粮11.4万斤，占13年全队粮食总产65%"①，凤阳县也是有名的生产靠贷款、吃粮靠返销、生活靠救济的"三靠县"。

国家对生产队征收的农业税正税和地方附加税也以征收农产品实物为主，与粮食统购征购分别计算，不得混淆，全国农业税实际负担率在15%左右。征收比例根据产量进行调整，全国农业税稳定在222亿斤左右，各省、市、区的地方附加可以增加的最低比例为7%，最高不超过15%。国家在农业税之外，长期实行工农产品价格剪刀差政策，以低于自由市场的价格向生产队收购粮食及其他农产品，巧妙地从农业中获得了工业化资本。历史上遗留下来的工业品与农产品价格剪刀差的"不合理现象有所改善"，但粮食价格仍然偏低，"目前全面提高粮食统购价格的条

---

① 王郁昭：《中国改革为什么从农村开始突破》，《农民日报》2008年10月30日，第5版。

件还不具备"①。国家把农业集体经济纳入到国家计划管理之中，尽管国家提高了农产品收购价格，但由于农业劳动生产率的增长速度低于工业劳动生产率的增长速度，工农业产品的价格剪刀差并未缩小，却日趋扩大。中国农业通过价格剪刀差，为工业化提供了 8000 亿元以上的原始积累。在强有力的党政合一、政社合一体制下，"国家的粮食净征购率一般都在 15%～20% 之间"②，这一比重相对农业实际生产水平来说，是比较高的。国家虽然在对集体农业单位的统购派购政策中引入了物质利益的激励机制，但这一政策与农业集体结合起来，扭曲了农产品的占有形态、实物形态、价格实现及激励功能，导致"生产队上缴的农业税和完成国家统购派购任务，再加上国家征购价和市场价的差价，生产队预留的种子、饲料和其他生产费用，提取的公积金和公益金等高达 55% 左右"③。国家以对生产队征收农业税、农产品统购政策及其剪刀差的方式索取了较高比例的农业产品，造成了生产队农业生产收益分配权益的严重缺失。

第二，集体农业的生产管理、分配制度铸就了生产队内部的四个矛盾。

公社实行了三级所有、队为基础的管理模式，生产管理、劳动核算、收入分配下放到生产队。生产队拥有如土地、田土、柴山、堰塘、农具等不动产和如粮食、耕牛、猪、羊等动产。社员以在生产队参加集体劳动为谋生手段，拥有在归集体所有的自留地上自主种植蔬菜或饲料的权利。在生产队内部构建了生产队与社员的两级产权及其收益分配权。

生产队的农业生产劳动实行分工协作的原则。粮食生产中繁忙的春种秋收及交公粮等工作，或由队长根据社员能力单个或分组派工，或由社员自愿报名、自由组合、民主协商，队长拍板定案派工。或以插播收获亩数或运输重量为标准对社员进行劳动记分。养猪、养牛、养羊以及农闲季节的田间管理等工作由社员按常年或季节专门负责，采取计件或计时方法对社员的劳动进行记分。

社员参加集体劳动取得工分的评定，根据性别和劳动能力进行区别。男性得到的工分比女性高，壮年劳动力得到的工分比老弱劳动力高。按照

---

①　中央文献研究室：《建国以来重要文献选编》（第 20 册），中央文献出版社 1998 年版，第 44、44 页。

②　国家统计局：《中国统计年鉴》（1984），统计出版社 1984 年版，第 370 页。

③　辛逸：《农村人民公社分配制度研究》，中共党史出版社 2005 年版，第 59 页。

社员完成的特定工作量（计件方法）评定的记件工分容易计算，但计时工分的评定需要干部和社员集体评议。由于社员出工时间、劳动能力、技术复杂程度和劳动强度的差别，社员对自己和他人的劳动贡献有着不同的评价，在生产队讨论决定社员工分时，往往出现激烈的吵闹。为避免计时工分评定时的繁琐与争吵，降低评估难度，生产队实施了一年一议"大寨式"工分制度。这一制度，加上了社员在集体劳动中的态度因素，考虑了社员的道德或思想水平，综合社员的年龄、性别和劳动的技术、力气和态度评定其分值等级。记分员记录社员的出勤状况（即劳动时间），把每个社员出工天数、分值等级、记件分等合并核算出社员家庭一年的工分总数。社员参加集体劳动取得的工分是社员在生产队获得劳动收益的依据。

生产队收益分配是先将稻、麦、玉米、高粱等干粮按实计算，带有水分的农产品按比例折扣后，得出全年粮食总产量。再将上缴公粮后剩余粮食按国家牌价折算出所值金额，加上副业、交统购粮及其他收入，合计出生产队的全年收入总金额。生产队在收益分配中，扣除上缴国家，预留下一年度的生产所需，上缴大队的管理经费、干部及四属（军属、烈属、干部家属及工人家属）、五保（无劳动能力、无生活来源、无法定赡养扶养义务人或虽有赡养扶养义务人，但无赡养扶养能力的老年人、残疾人和未成年人）、民办教师、水利、农机、医生等人员的若干补助，生产队添置耕牛、农具、修缮保管室的公积金和改善社员物质文化生活的公益金，扣除社员向生产队交纳农家肥折算的肥料粮后，对所余钱粮进行全部分配。按照国家规定，生产队剩余粮食总量的 70% ~80% 作为解决社员生活需要的基本口粮，根据年龄大小，进行人均分配，余下的 20% ~30% 再按社员所得工分分配。生产队根据所余钱粮总数，除以社员总工分，得出每一标准工分应得的工分粮和金额（即一个标准劳动力的日均收入），算出每家社员的总收入。再将每家社员在生产队分得的农产品按照国家牌价折算金额，与工分应得收入总金额进行加减，计算出每家社员一年的收支状况。工分收入金额大于分配的农产品金额，由生产队付给现金，反之，向生产队缴纳现金。

从上述生产队生产管理、分配制度的实践中，我们发现生产队内部产生了难以解决的四个矛盾，造成了社员与干部"搭便车"行为的大量存在。

其一，社员完整独立的生产地位的削弱，生产队内部存在集体和社员的矛盾关系。

生产队拥有数量众多的集体经营的土地，社员使用的数量较少的自留地、自留山、宅基地的所有权也归生产队集体所有，以自留地、自留山及自有的房屋为依托开展的少量的家庭畜牧业和家庭手工业的使用权和受益权归社员家庭私有*。这一制度安排决定了社员在集体生产和私人生产中一身二任，面临着利己与利他的两种选择。如前所述，三级所有、队为基础的体制决定了社员不是独立的劳动者，在生产队得到的收入占生产队的总收益比例极低，与自己的收入预期差距极大，决定了每个社员都希望实现个人利益的最大化。生产队总是用集体劳动来保持集体收益，这就在生产队内部造成了社员在生产队与家庭、集体劳动和家庭劳动、集体土地与自留地之间无法避免的矛盾。生产队集体劳动耗费了社员大量的劳动时间，迫使社员利用闲暇时间或集体劳动的间歇在自留地、自留山上实现收益最大化。生产队的集体劳动和社员的个人劳动出现惊人的相反画面。消极怠工的社员为集体出工时表现为懒洋洋、慢吞吞、磨洋工、混工分、出工不出力和出力不尽心，甚至不参加集体劳动，离队外出寻找赚钱机会，而在自留地上干活却是起早贪黑、精耕细作，导致自留地的产量比集体高出很多。生产队集体劳动及其产量状况与社员自留地的反差在记载和研究中被不断地提及*。

中央认为的生产队管理范围小，使社员同集体经济的利害关系更加清楚，使社员"热心于发展集体生产，爱护公共财物"① 的愿望难以实现。社员除了在自留地冲锋陷阵外，还利用生产劳动的机会顺手牵羊地带回田边、果园成熟的庄稼和水果，或故意抛洒失落粮食以便老人和小孩拾取。

---

* 中央规定"社员的自留地和开荒地生产的农产品，不算在集体分配的产量和集体分配的口粮以内，国家不征收农业税，不统购"。参见中央文献研究室：《建国以来重要文献选编》（第15 册），中央文献出版社 1997 年版，第 638 页。

* 如陈云在 1961 年的《青浦农村调查》中就指出"农民种自留地，可以种得很好，单位面积产量比生产队高"，参见中央文献研究室：《陈云文选》（第 3 卷），人民出版社 1995 年版，第186 页；张乐天：《告别理想——人民公社制度研究》，东方出版中心 1998 年版；周晓虹：《传统与变迁——江浙农民的社会心理及其近代以来的嬗变》，生活·读书·新知三联书店 1998 年版；黄树民：《林村的故事——1949 年后的中国农村变革》，生活·读书·新知三联书店 2002 年版；于建嵘：《岳村政治：转型期中国乡村政治结构的变迁》，商务印书馆 2001 年版等。

① 中央文献研究室：《建国以来重要文献选编》（第 15 册），中央文献出版社 1997 年版，第 177 页。

由于社员在生产队分得的农产品数量有限，他们之间存在亲戚邻居关系，这类被认同为"合法"的行为得不到有效监督，对生产队集体生产物的索取行为可谓五花八门*。个别社员的这种行动激发了更多的人的广泛参与，甚至发展为集体性的私拿与瞒产私分。

社员在集体土地与自留地上劳动的不同表现，生产队盛行的私拿私分等"反行为"表明了生产队内部存在公与私对立的矛盾，加剧了个别社员在生产队集体劳动中的偷懒行为，最终发展为生产队多数社员的偷懒，社员丧失了对集体经济的责任心和义务感。这种公与私的矛盾在党和政府的表述中归结为意识形态领域中的社会主义与资本主义之间的矛盾，要用思想政治教育和阶级斗争的方法进行批判和纠正。

其二，生产队集体劳动实行的考核与监督的工分制导致了社员集体偷懒。

如何激励社员对集体经济的责任心和义务感是生产队集体劳动考核监督的关键。由于农业生产劳动是范围广大的复杂的生物生产的过程，农作物品种和劳动工序繁多，社员的劳动数量，更重要的是劳动质量决定着生产队集体农业收成的好坏。在生产队里，劳动力强弱参差不齐的社员参加集体劳动的量大、时间多、涉及面广，决定了社员之间交换劳动的等质等量的要求更高、更严。为此，生产队的集体劳动实行了评工记分制度。但社员出工出力的多少以计件计时方法进行数量上的计量难以精确，社员对生产队集体劳动用心与否、偷懒或勤劳无法计量，劳动质量的精确计量更是难题。在经历了死分死记、死分活评、定额记工和自报公议等多种形式后，"大寨式"工分制度参照了社员的劳动态度，生产队的评工记分面对的程序复杂、成本高、难度大的难题也无法得到解决。尤其是社员的劳动质量难以精确计量，当某一社员偷懒或劳动质量低下得不到有效监督，出现"搭便车"行为时，其他社员也会响应，生产队集体劳动出现"出工一大片，干活大呼隆，好坏一个样"的局面。工分制的考核与监督功能

＊高王凌把社员的这类行为概称"反行为"，即是处于某种压力之下"弱势"的个人或群体以表面"顺从"的姿态获取"反制"以求弥补损失，维护利益的行为。参见高王凌：《人民公社时期中国农民"反行为"调查》，中共党史出版社2006年版。相关的研究成果还有：张昭国：《人民公社时期农村的瞒产私分》，《当代中国史研究》2010年第3期；应小丽：《关于人民公社制度变迁动力和机制的探讨》，《中共党史研究》2008年第4期；徐勇：《论农产品的国家性建构及其成效——国家整合视角下的"统购统销"与"瞒产私分"》，《中共党史研究》2008年第1期。

的缺失，使得激励社员集体劳动的效应大为衰减。

其三，生产队分配制度的实践降低了社员集体劳动的积极性，加剧了农民之间的矛盾。

从高级社开始，国家就粮食分配问题，提出了口粮优先的原则。中央要求生产队避免社员之间在分配上的平均主义，采取基本口粮和按工分分配粮食相结合的办法，既调动大多数社员的劳动积极性，还要确保军属烈属和国有单位职工在农村的家属及"劳动力少、人口多的农户能够吃到一般标准的口粮"①。基本口粮作为农民最基本的生活保障，中央强调生产队上缴国家和各种扣除后的粮食分配，劳动工分粮和基本口粮的比例可以三七开或四六开（即人七劳三或人六劳四），这就意味着生产队余粮总量的 60% ~ 70% 作为基本口粮分配，按工分分配粮食的比重较低。中央还强调基本口粮的分配应按人分等定量，但在生产队的执行中，往往被简化为按年龄分级（或分成），如 3 岁以下小孩减半，3 岁以上小孩全额等。在这种情况下，生产队的粮食分配制度"不仅不能激励社员劳动，反而还会助长劳动中的消极"②，既是对人口多的家庭的社会优待，又是对劳力多、出工多的家庭的变相惩罚。生产队提供社员家庭新生人口的基本生活保障，分摊了人口增殖的成本，社员家庭人口增长获得了内生性的鼓励，加上农民具有多子多福的传统观念，导致生产队人口得以快速增长。中国农村人口在 20 世纪 60 ~ 70 年代中期呈爆炸式增长，对社会经济的长期发展造成了深远影响。

尽管 20 世纪 70 年代中后期，国家开始实行计划生育政策，生产队的口粮分配政策得以调整，按照 7 岁以前的不同年龄分给成人口粮的 20%、40%、60% 和 80% 的标准分粮，各生产队分成（级）和每成（级）的标准不一，但都以人口多少为分配依据。虽然社员家庭的粮食收入状况有好有坏，但身强体壮、参加集体劳动较多的社员及家庭年终分得的粮食相对固定，口粮固定的政策刺激了农村人口的增长，降低了人口多、劳动力

---

① 中央文献研究室：《建国以来重要文献选编》（第 15 册），中央文献出版社 1997 年版，第 633 页。

② 梅德平：《60 年代调整后农村人民公社个人收入分配制度》，《西南师范大学学报》（人文社会科学版）2005 年第 1 期，第 100 页。郑卫东也在研究中得出了相同的结论，见郑卫东：《集体化时期的分配制度与人口生育——以日照市东村为中心（1949—1973）》，《开放时代》2010 年第 5 期。

强、劳动力比率高的社员的劳动积极性。如前所述,生产队在年终计算出每家社员一年的收支状况后,当工分收入大于分配的农产品金额,由生产队付给现金,反之,向生产队交纳现金。从理论上讲,这是体现按劳分配的方法。但社员中孩子多、劳力少的家庭成为了生产队的"超支户",所欠粮款无法支付,一般由生产队记在往来账上作挂账处理,甚至出现劳动一年吃粮出钱、旧账未还又添新账的局面;而劳动多、工分多,盈余多的家庭虽然现金分配结算时喜气洋洋,但因生产队欠账的存在,所赢现金无法全额兑付,成为了生产队的"分空户"。随着农村人口的不断增加,口粮分配在生产队分配中所占的比例越来越大,现金分配的比例越来越小,生产队年终节余逐渐减少,致使吃粮缺钱的农户增多,许多生产队的年终现金分配不能兑现。据统计,"到1978年全国社员超支欠款累计达到74.8亿元,户数达5369万户,占社员总户数的31.5%,分空额累计到31亿元,分空户达2509万户,占社员户数的14.7%"[1]。"超支户"的社员认为自己辛苦一年,人均占有粮食少,生活十分艰辛,反欠生产队的钱粮款实不应该;"分空户"的社员则认为,从集体分配中占取了较大份额,年终现金多分,但无法兑现成为了空中楼阁,"超支户"和"分空户"的矛盾成为了生产队年终结算后产生的新问题。生产队现金分配制度的无法推行降低了人口多、劳动力强、劳动力比率高的社员的劳动积极性。

生产队每年按一定比例留存下来只借不分、循环往复,以备水旱灾害、解决缺粮户困难的储备粮,在春荒季节少数口粮缺乏的社员可以借出。但由于绝大多数家庭所分粮食不能满足基本生活需要,这部分济困粮食也就按人头平均借给社员以渡过难关。每到春荒时节,国家还对因耕地较少、生产水平低下或因种植非粮食作物平均分粮不足360斤的生产队返销一定的按国家计价的返销粮。因为生活困难及自由市场的粮价远远高于国家计价,生产队的干部和社员十分看重返销粮的分配,通过与上级讨价还价,社员之间激烈的争吵而努力争取。

总之,生产队的分配制度具有的强制性,在剩余不多、资金有限的情况下,要承担保障社员吃饭和鼓励社员积极劳动的双重任务,或者说行使社会保障和经济激励的职能是勉为其难的,社员得到的粮食也就解决不了温饱问题。

---

① 杜润生:《当代中国的农业合作制》(上),当代中国出版社2002年版,第11页。

其四，干部管理制度铸成了生产队干部与社员的矛盾。

随着集体劳动、集体经营的开展，生产队需要有领导指挥和经营管理能力的干部。国家规定了生产大队和生产队设置干部的数量及条件，要求根据生产规模大小和精简的原则，"由生产大队社员代表大会讨论提出，经过公社管理委员会批准"①，报县人民委员会（县人民政府）备案，把严格执行国家政策、参加集体劳动的态度作为首要条件来考核和鉴定大队和生产队干部。毛泽东要求县、社、大队、生产队干部要深刻认识"参加集体生产劳动的伟大革命意义"②。在公社的管理文件中，对各级干部参加农业集体劳动作了严格规定。生产大队和生产队干部以普通社员的身份，"积极地参加劳动，同社员一样评工记分"③，干部必须"通过劳动来组织和领导农业生产"④。公社干部在生产队参加集体劳动的天数"最少的全年不能少于六十天"，大队干部"最少的全年不能少于一百二十天"⑤。南方的生产队干部一年参加劳动的时间不少于八个月，"北方的应不少于六个月"⑥。在人民公社的管理文件中，把生产大队和生产队的办公杂支与不脱产干部的补贴列入管理费，对管理费的比例作了明确的规定。为解决生产大队和生产队干部因公误工减少收入，规定应根据工作情况，"经过社员讨论决定，分别给以定额补贴或者误工补贴"，补贴工分的多少必须经社员大会或社员代表大会讨论通过，"经过上级批准，不能由干部擅自规定"。大队和生产队干部补贴工分合计后，可以略高于生产队工分总数的1%，"但不能超过百分之二"⑦。生产队正副队长、支部书记、会计、统计因公误工的工分补贴，"一般不超过本人工分的百分之五

---

① 中央文献研究室：《建国以来重要文献选编》（第15册），中央文献出版社1997年版，第641页。

② 中央文献研究室：《建国以来重要文献选编》（第16册），中央文献出版社1997年版，第324页。

③ 中央文献研究室：《建国以来重要文献选编》（第15册），中央文献出版社1997年版，第642页。

④ 中央文献研究室：《建国以来重要文献选编》（第18册），中央文献出版社1998年版，第500页。

⑤ 中央文献研究室：《建国以来重要文献选编》（第15册），中央文献出版社1997年版，第642，642～643页。

⑥ 中央文献研究室：《建国以来重要文献选编》（第19册），中央文献出版社1998年版，第208页。

⑦ 中央文献研究室：《建国以来重要文献选编》（第15册），中央文献出版社1997年版，第643，641，643页。

至十"[1]。由于干部是上级政策命令的执行者，代表生产队组织生产、分配等农业生产活动，与上级及外单位发生政治、经济等方面的联系，还负责处理队内社员之间的矛盾纠纷。他们在安排生产、评工记分、进行农产品及现金分配，完成上级规定的生产计划和征收任务，调解社员之间的纠纷的具体工作中产生了社员与国家、集体乃至个人之间的矛盾。

从生产队干部管理制度中可以看到，中央高层从节约生产队农业生产劳动监督管理成本出发，对生产大队和生产队干部个人经济利益的追求进行了抑制，没有充分计量这些干部在农业生产集体劳动和经营管理中的工作业绩。生产队干部参与了生产队集体劳动的指挥、集体经济的管理工作，生产队以管理费的形式给予补贴。由于生产队集体经济规模小，经营单一，经济基础薄弱，生产队工分分值低，不脱产的生产队干部没有工资收入，没有升迁机会，必须与社员同工同酬，在补贴工分比例固定的前提下，仅得到少量的误工补助，生产队干部的合法收入与其在生产队集体经济管理工作中的付出极不相称。上级对生产队干部劳动时间和误工补贴数量的规定决定了干部参加集体劳动越多，补贴工分、管理费用支出减少，社员得到的收入可能增多；反之，参加集体劳动越少，补贴工分、管理费用就多，社员得到的收入可能减少。因此，生产队干部参不参加劳动，参加劳动的时间多少成为社员十分关注的问题，产生出干部与社员之间在经济利益方面的矛盾。生产队干部在生产队内还是自己个人利益的代表，有在维持自己和家人原有收入水平的前提下增加收入的客观愿望。由于国家的严格规定导致其收入很少，他们必然在生产队的生产、分配和与上级或其他单位进行各种活动的各个环节照顾亲属，谋取个人私利，造成干部个人私利与集体经济利益之间的矛盾。

生产队干部管理制度中的矛盾虽然在党和政府的文件中没有全面系统的反映，但干部与社员矛盾的表现却昭然若揭。人民公社时期，生产队管理费用和干部补贴超过规定的比例上限，生产队干部利用职权在生产经营活动中照顾亲属、牟取私利的现象极为普遍，甚至在一些生产队长期、反复出现。在社员和干部收入低下，没有外部条件增加收入的背景下，必然引起干部与社员矛盾的尖锐。如湖北省沔阳县通海口公社，上自公社下至

---

① 中央文献研究室：《建国以来重要文献选编》（第 20 册），中央文献出版社 1998 年版，第 138 页。

生产队的干部家属或不参加劳动，或不到农业第一线，不干重活，得到的特殊照顾多，"吃的好，穿得阔气，处处高人一等"[1]；有些大队干部年补贴工分达 600 个，"其中误工补贴制度漏洞最多"[2]；一些大小队干部很少参加劳动，"却多记工分达一百几十个劳动日"[3]。在河北省保定地区，有37％的大队，19800 多名干部（占干部总数的 8.3％）挪借公款 130 多万元；有 43％的大队、35100 多名干部（占干部总数的 14.66％）多吃多占粮食 67 万多斤，款 256000 多元，劳动日 496000 多个；有 26％的大队，11300 多名干部（占干部总数的 4.7％）有贪污盗窃行为，贪污粮食267000 多斤，款 434000 多元；有 7.2％的大队，26.2％的生产队集体搞投机倒把，2790 多名干部（占干部总数的 1.1％）搞投机倒把[4]。直到农村改革初期，有的基层干部借包产到户、包干到户之名，"把最好的土地留给自己"[5]，用各种办法侵占集体财产。生产队干部假公济私、多吃多占、侵占集体财产的行为在党和政府的正式文件中屡有记载。针对生产队干部的这类行为，党在农村不断地进行整风整社运动，认为社、队普遍存在账目、仓库、财务和工分四不清的矛盾，"这种矛盾主要是干群之间的矛盾"[6]，希望以运动方式查处干部的贪污违纪行为，消解干部与社员的矛盾。

　　总之，人民公社集政治经济社会和文化管理功能为一体，国家通过领导权力的高度集中统一，加强了对集体农业的直接领导。农业集体经营制度不是农民在生产工具落后、农产品市场发育不充分、合作意识淡漠背景下的自主选择，作为国家制度设计中的重要一环，表现为国家对农业生产经营活动的外部干预。集体农业在国家计划管理下，通过公社、生产大队、生产队三级所有、队为基础的组织体系严格限制农民自由迁徙，将其留在生产队从事高度一致的农业生产活动，有力保证了国家以不等价形式

---

　　① 中央文献研究室：《建国以来重要文献选编》（第 14 册），中央文献出版社 1997 年版，第 130 页。

　　② 邓子恢：《邓子恢文集》，人民出版社 1996 年版，第 592 页。

　　③ 中央文献研究室：《建国以来重要文献选编》（第 19 册），中央文献出版社 1998 年版，第 443 页。

　　④ 数据见中央文献研究室：《建国以来重要文献选编》（第 16 册），中央文献出版社 1997年版，第 254 页。

　　⑤ 万里：《万里文选》，人民出版社 1995 年版，第 201 页。

　　⑥ 中央文献研究室：《建国以来重要文献选编》（第 16 册），中央文献出版社 1997 年版，第 321 页。

吸收农业剩余的农产品统购政策的顺利实施。国家的计划管理使得集体农业丧失了获取发展的外部宏观条件，丧失了赢得正常利润的外部市场条件。集体农业内部的生产分配和干部管理制度，使得社员和干部在农业劳动中得不到科学的考核和监督以及应有的收入，未能激发生产队社员和干部在农业生产经营活动中的主动性和创造性，造成了农业集体劳动效率低下，农民在集体农业生产经营中收获的是低收入或负增长。貌似合理的集体农业的制度设计，在实践中表现出集体农业存在着上述的内部与外部的诸多矛盾，决定了人民公社的灭亡。

二　集体经营的实践成效

对于公社体制下的农业集体经营，人们的评价毁誉参半，至今众说纷纭，莫衷一是，客观分析农业集体经营的实践成效成为了我们的重要任务。我们认为，毛泽东以农业经营制度创新为中心，建立以土地等农业生产资料所有权、占有权与经营权统一于集体、规模经营为特征的社会主义农业生产经营制度，在实践中能够集中国家对农业的投入和农民的力量，有利于改善农业生产条件，提升粮食产量，在政治和社会生活领域中为农村社会的稳定发挥了重要作用。所以，中国农业在集体经营20多年的实践中，在国家层面取得了不可忽视的重大成就。把农民统一进行集体劳动，解决农民共同富裕的美好愿望，由于强悍的集体经营体制的内外矛盾的制约和影响，在实践中却成效甚微，进展缓慢，出现农业劳动生产率低下和农民生活改善缓慢的局面。

（一）为农业技术现代化基础的奠定、粮食产量大幅度增长发挥了重要作用

毛泽东认为，在工业化起步阶段，在以政府力量动员工业为农业提供机器、技术和资金的援助有限、进展缓慢的现实选择中，一方面工业要为农业提供机械、化肥、农药、灌溉设施等农用生产资料，另一方面农业集体组织也要发展工业和教育，以双向互动的方法解决农业落后与工业化的矛盾，实现以机械化和电气化为中心的农业技术现代化，在农业集体化的基础上改变生产工具落后的局面，从根本上改善生产条件，为粮食产量的增长奠定基础。在这一思路的引导下，党提出并实践了以农业机械化、水利化、化学化和电气化为内容的农业技术改造政策，在农业物质能量投入方面确立了以增加用水和化肥投入为代表的促进产量提高的技术发展战

略，通过增长机械动力提高劳动效率。合作化完成后的 1957 年，党认为依靠集体组织和农民的积极性，中国农业就能有大的发展。毛泽东提出了粮棉产量递增的高指标，开始以群众运动的方式促进农业生产力发展的实践，用大兵团组织集体化的农民投入大量劳动力，大规模地开展农田水利建设、深翻改土、积肥及运输工具"车子化"、"轴承化"运动，实行了对农业生产劳动的绝对领导。在追求高指标、改革生产条件的"大跃进"运动中，中央把人的主观愿望夸大到极限，拔高了原定的农业增产的高指标，导致农产品高产卫星层出不穷，"人有多大胆，地有多大产"的浮夸风盛极一时。党在 1962 年强调农业技术改革"必须有中央的统一政策，必须有全国的统一计划"，要依靠集中领导和农民的集体智慧有步骤地推进。全党全国支援农业，集体组织优先发展粮食生产，"合理安排各种经济作物的生产"；国家推广的农业技术措施"都必须经过典型示范、逐步推广"①；要逐步提高农业机械化水平，增加化学肥料，生产质量好的农药，办好机电排灌站与拖拉机站，加强农业科学研究，整顿、充实和提高农业技术推广站、畜牧兽医站及种子站的技术推广工作，使现代的农业技术设备充分发挥应有的效益。

党的发展农业生产力的主张在农业集体化时段得以长期坚持。中国沿着既定的农业技术改造的路径，通过国家投入和农民集体劳动方式进行了大量的劳动投入，以前所未有的速度推动了中国农业的技术改造。国家通过整治大江大河，兴修农田水利，植树造林、防沙治沙、发展交通等农业基础设施建设，为农业生产力的提高奠定了基础；发展农用工业，生产了大批农业机械；降低农资、农药的零售价格，对受灾的社队减免农业税，实行增产不增税，把生产队增收的部分用于扩大再生产；发展农业科学教育和农村教育，建立了比较完整的农业科研教育体系和技术推广体系；党的发展农业生产力的政策实践拉开了中国农业技术改造的序幕，取得了辉煌成就，对保证粮食产量的提高起到了重要作用。

第一，农业生产条件明显改善。

中国地域辽阔、地形复杂、气候多样，降水在时间、地域分布不均匀是水旱灾害频繁、影响农业产量的重要原因之一。因此，水利灌溉在农业

---

① 中央文献研究室：《建国以来重要文献选编》（第 15 册），中央文献出版社 1997 年版，第 612，610，604 页。

生产中具有特殊的地位。

50 年代初期，毛泽东发出了"一定要把淮河修好"、"要把黄河的事情办好"等系列号召，各级政府通过低投入，利用农闲季节组织集体化的农民，开掘新河道，修筑大量水利工程，对水患严重的河流湖泊进行治理。1958～1960 年，国家动员农民在每年冬、春农闲季节投入多达到 1 亿的劳动力开展农田水利建设。60～70 年代末，国家治水规模和投入进一步扩大。在各地人民公社的统一领导和规划下，通过农业学大寨运动，农业集体单位的农民在每年冬春之际，投入约 1 亿左右的劳动力合修水库、水渠、打机井、治理盐碱地、修建大量的排涝和灌溉设施，进行农田水利基本建设，建设了大量的旱涝保收的稳产高产田。

改革开放前 30 年是中国历史上农业灌溉面积增长最快的时期。到 70 年代末，中国基本上完成了对海河、淮河、黄河、辽河、长江等大江大河以及湖泊的治理，建立了如三门峡、刘家峡、青铜峡、江都、丹江口、荆江分洪等兼具蓄水、防洪、灌溉、抗旱、发电、养殖等综合功能的水利枢纽工程，加强了江河抗洪涝的能力。建成了如苏北灌溉总渠、佛子岭、官厅水库等大小水库，被誉为"人造天河"的红旗渠等人工河道网、沟渠网以及扬水站、机井、电灌站、电排站、防洪闸等设施，产生了兴利除弊的效果。

改革开放前 30 年，中国农田水利基本建设取得了令人惊叹的成绩，中国站在了农业科技革命的边缘。截止到 1977 年，中国农田灌溉面积达 70000 万亩，比 1965 年的 49582 万亩增长 41%，年均增长 2.9%；机电排灌面积达 43167 万亩，各种水电站机电总装机容量达 4289 千瓦，分别比 1965 年的 12140 万亩、667 万千瓦，增长 355.58% 和 643%，年均增长 11.15% 和 16.8%；1975 年机井数达 181.75 万眼，比 1965 年的 19.42 万眼增长 935.89%，年均增长 25%①。1979 年，全国有效灌溉面积达 7.3 亿亩，占世界灌溉面积的 1/4，是 1952 年的 3 倍，灌溉密度提高到 46%，

---

① 数据见国家统计局：《中国统计年鉴》(1981)，中国统计出版社 1982 年版，第 182 页，百分比由作者计算所得。这些高速增长的数据以 1949 年或 50 年代初期为基数，因为中国农业基础薄弱，所以基数很低；这些数据的可靠性，正如原国家统计局局长李成瑞所言："现在公布的十年内乱期间的数字，尽管有若干估算成分，但数字来之有据，又经过反复核对，可以说是基本可靠的。"参见李成瑞《十年内乱期间我国经济情况分析——兼论这一期间统计数字的可靠性》，《经济研究》1984 年第 1 期，第 25 页。本书所引数据均可作如此解读。

人均灌溉面积超过了世界人均水平。这些成就是在农业集体经营体制下，依靠政府的少量投入，靠农民投入的无法用数字衡量的劳动取得的，极大地增强了灌排能力和防灾抗灾能力，保证了稳产高产。

农业技术现代化必须有来自外部的先进的农业生物技术、种养殖技术和支农工业的支撑。农业集体经营为这些外部因素的快速推广和高效率使用提供了极为有利的条件。

50 年代，中国制订了农业科学研究的规划和任务，希望通过大力发展先进的农业科学技术，为农业生产提供新品种和先进的栽培技术。60 年代以后，有关科研部门、高等学校不断地更新换代育种技术，把放射性同位素与射线新技术应用于农作物育种，培养的水稻、小麦、棉花、玉米、谷子、大豆、油菜等几十个新品种，具有产量高、生长期短、抗病虫害等特点。各类农作物新品种在农业集体组织中得到广泛推广，逐渐提高了农作物产量。如 1968 年中国解决了马铃薯退化等技术难题；消灭了数千年来危害农业安全的蝗灾；杂交水稻在 70 年代的快速推广，使水稻产量提高了 20%，亩产达千斤以上；在改良品种技术，以菌治虫、以虫治虫等消除农作物病虫害技术方面的成就也逐渐领先世界。

农业集体生产组织对先进的农业科学技术具有高效的推广能力，对农业新科技成果快速有效运用发挥了积极作用。从 50 年代初期开始，中国逐渐建立了从中央到地方的各级农业推广机构，农业技术推广站、牲畜配种站、畜牧兽医站、种子站（公司）和国营良种场分别由 1957 年的 13669、821、2930、1390 和 1899（个），增加到 1979 年的 17622、1174、8495、2369 和 2481（个）①。在六七十年代的农业学大寨运动中，群众性的农业技术改革和农业生产实验活动以前所未有的规模迅速发展，全国有半数以上的县、社、大队、生产队建立了四级农业科学试验网，参加人员达 1400 万，种植的试验田、丰产田、良种田达 4000 多万亩。在这样庞大规模的农业科学试验网络中，科研机构和高等学校研制的新品种被广泛传播。各地还根据因地制宜、因时制宜的农业生产原则，对耕作制度和栽培技术进行了改良，南方一年三熟栽培，北方间作套种，青藏高原播种冬小麦、春小麦。到 1979 年，中国粮食良种率达 80% 以上，棉花达 75%，南方粮食常年亩产达 2000 斤，北方亩产也超千斤。农业新科技成果的推广

---

① 数据见国家统计局：《中国统计年鉴》(1989)，中国统计出版社 1989 年版，第 229 页。

成为中国农产品产量大幅增长的重要原因之一。60 年代中期以后，支农工业中的机械、化工和化肥工业开始迅速地恢复和发展，促进了农业生产资料的生产，对农业生产力的发展提供了重要支持。尤其是 70 年代，国家建成大量的化肥和农机制造厂、发电站，还鼓励公社创办各种规模的农具、粮油加工、建材、编织、中小型发电站等社队工业，使中国农业朝着水利化、机械化和电气化方向发展。1980 年农业机械总动力由 1965 年的 109.9 瓦特增长到 1474.6 亿瓦特；农用大中型拖拉机（混合台）由 72599 台增长到 744865 台；农用小型及手扶式拖拉机由 3956 台增长到 1874000 台；大中型机引农具由 25.8 万部增长到 136.9 万部；农用排灌动力机械由 55.8 万台、66.7 亿瓦特增长到 563 万台、540 亿瓦特；联合收割机由 6704 台增长到 27045 台；农用载重汽车由 11063 辆增长到 137668 辆；机耕面积由 1557.9 万公顷增长到 4099.0 万公顷；机电灌溉面积由 809.3 万公顷增长到 2531.5 万公顷；农村用电量由 37.1 千瓦/小时增长到 320.8 亿千瓦/小时；化肥施用量由 194.2 万吨增长到 1269.4 万吨[1]。中国农业抵抗自然灾害的能力有了较大提高，以全国受灾面积基本相同的 1965 年与 1976 年相比，成灾面积由 53.9% 下降到 26.9%[2]。由于支农工业的发展，机种、机收等技术得到了初步运用，人拉犁头的现象在农业生产劳动中逐渐消失，开启了中国农业机械化、电气化、水利化、科技化进程。70 年代科技进步在农业增长中的贡献率达到了 27.66%。

我们认为，在中国农业技术现代化取得进展的同时，农业生产条件的改善与国家高度重视、与农业集体经营体制密不可分，集体经营体制把国家和农民的投入转化为现实生产力。中国在农田水利建设方面的努力就是最有力的例证，党政一体化的治水组织体系成为了动员农民参与农田水利建设的组织保障。国家建立和充实了负责组织规划、施工建设、协调任务、技术指导等工作的县级水利机构，在区、公社建立了水利基层组织。中央政府还要求各"省、专、县都应该建立一支常年的水利施工的专业队伍"[3]，负责较为大型的水利设施的建设与维修。1949～1979 年，国家

① 数据见国家统计局：《中国统计年鉴》(1989)，中国统计出版社 1989 年版，第 175，183 页。
② 数据见国家统计局：《建国三十年国民经济统计提要》(1949—1978)，中国统计出版社 1979 年版，第 74 页。
③ 中央文献研究室：《建国以来重要文献选编》（第 13 册），中央文献出版社 1996 年版，第 415 页。

"水利基建投资和农田水利事业费一共花了 760 多亿元"①。国家提出兴修大、中、小型水利工程，必须是依靠群众力量为主，国家援助为辅，决定了农田水利建设的资金主要来源于农民。同期的农闲季节，亿万农民自带无法计量的粮食、工具等生产生活资料，利用农业集体单位自筹的价值达580 亿元的义务工和劳动积累工，参加水利工程建设。国家还对农业集体组织兴建的小型农业水利设施给予补助，建成后归公社或生产队集体所有、支配和使用；水利设施建成后，实行常年与农闲季节维修相结合，使农田水利设施的管理与维护合成一体；在管理和使用方面，根据用水单位的秩序相对合理地统筹安排，协调解决用水矛盾。管理人员的聘用、工资待遇由用水的农业集体单位负责。水费收取以生产队为单位按田亩数量进行统一核算，以粮食等形式上交水利设施建设或管理机构，用于水利设施的建设与管理。总之，"党和政府的政策支持、组织动员和资金支持为农田水利发展提供了组织保障和物质支撑，农田水利管理和服务体系的构建为农田水利设施发挥效能创造了条件"②。在高度集中的计划经济体制下，国家通过集体农业的组织优势，以政府财力投入，农民大量的财力投入与辛勤劳作，大搞农田水利建设、农业机械化和科学种田，使中国农业生产条件得到了明显改善。

客观看来，农业集体经营为农业新技术的推广运用提供了一个高效而廉价的组织载体。中国作为一个人多地少的国家，通过集体组织将众多的劳动力投入到单位土地面积上，促进劳动力向农田水利等基础设施项目转移，通过提高复种指数来扩大耕种面积促进农业生产。农业机械化、电气化、水利化、科技化又能解放更多的农业劳动力投入到其他部门，利用闲置的劳动力发展农村工业是当时阶段的可行选择。因此，英国克里斯·布拉莫尔指出，"集体化使得对水资源的合理管理变得更加容易"，中国农业集体化并非早产儿，"是发展现代农业部门的一个必要前提"③，可能是机械化和一整套现代技术引入到农业的必要条件。

---

① 《万里同志谈搞好我国水利建设时指出：要总结经验教训，按科学规律办事》，《人民日报》1980 年 10 月 6 日。

② 陈贵华：《新中国农田水利发展的制度性特征分析》，《中国农村水利水电》2011 年第10 期，第 146 页。

③ 《中国集体农业再评价》，原题为《集体农业》，为英国克里斯·布拉莫尔著《Chinese Economic Development（Routledge, 2009）》中的一章，香港理工大学中国农村读书小组巫爱金、何俊杰、严海蓉译校，http://wen.org.cn/modules/article/view.article.php/c6/3476。

总之，农业生产条件的改善与农业集体经营密不可分。在高度集中的计划经济体制下，国家通过集体农业的组织优势，以国家财力投入和农民投入大量的人力财力大搞农田水利基本建设、实行科学种田和农业机械化，在农村基层干部和农民的辛勤劳作和努力下，现代农业技术得到了运用，中国农业生产条件得到了明显改善，基本上摆脱了受自然灾害严重影响的历史。

第二，粮食生产和农业总产量大幅度增长。

在农业生产条件改善取得上述成就的基础上，中国粮食生产和农业总产值保持了大幅度增长。1952～1980 年，中国农业总产值、粮食产量、棉花产量和油料产量总体上处于上升状态。1949 年，粮食总产量只有11318 万吨，到 1978 年粮食总产量由 1952 年的 16392 万吨增加到 30477万吨，增长近 88%，年均递增 3.5%。超过同期世界农业生产年均增长2.5%的速度，也超过了中国人口每年 2%的增长速度。1949～1978 年中国棉花从 44.4 万吨增至 216.7 万吨；油料从 419.3 万吨增至 521.8 吨；红黄麻从 30.6 万吨增至 108.8 万吨。1952～1978 年，大牲畜头数由 7646万头增加至 9389 万头。1952～1979 年，猪牛羊肉产量增长 313.86%，肉猪出栏头数增长 286.75%；羊只数增长 296.44%[1]。中国农业总产值按可比价格计算，以 1952 年 100 为基数，1978 年增至 229.6，增长近 2.3倍，年均增长 3.25%。按照联合国粮农组织（FAO）的指标计算，1950～1978 年农业总产值由 465 亿美元增加至 710 亿美元，谷物产量由1.12 亿吨增加至 2.66 亿吨；中国人口由 1950 年的 5.4 亿增加到 1978 年的 9.6 亿，耕地由 1950 年的 1.0 亿公顷减少到 1978 年的 0.99 亿公顷，播种面积却年均增长了 0.18%。在人口增加土地减少的情况下，1950～1978 年中国人均谷物由 207 千克增加至 277 千克。同期，中国肉类产量由 339 万吨增加至 856 万吨，人均肉类消费量由 6.2 千克增加至 8.0 千克，中国农业在改革开放前获得了稳定、快速的发展。联合国粮农组织（FAO）发布的农业生产指数，以 1961～1965 年 100 为基数，到 1980 年发达国家是 138，发展中国家为 162，世界平均水平为 149，中国则高达

---

[1]　数据见国家统计局《中国统计年鉴》（1989），中国统计出版社 1989 年版，第 198，199，212，213 页。

166①，是增长最快的国家。即使在"文化大革命"时期，粮食总产量也是快速增长，1965～1976 年，中国粮食总产量由 19445 万吨达到 28630 万吨，增长 47%，年均增长 3.6%②。1949 年，中国人均占有粮食 418 斤，棉花 1.6 斤，油料 9.5 斤。到 1978 年，在人口增加近一倍的情况下，人均占有粮食增加到 684 斤，棉花 4.5 斤，油料 13.3 斤，分别增长 64%、181% 和 40%。1952～1980 年，全国"粮食增长近一倍，棉花增长一倍多"，基本上解决了人民的温饱问题。与马尔萨斯预言*相反，中国农业增长超过了人口增长。即使在"文革"时期，中国"粮食生产保持了比较稳定的增长"③，"这是很了不起的事情，旧中国长期没有解决这个问题"④。中国用占世界 7% 的耕地养活了占世界 1/4 的人口，这在中国历史上是空前的，在世界历史上也是罕见的。

（二）为社会稳定发挥了重要作用

毛泽东认为，逐步地有次序地把工、农、商、学、兵组织到公社，每个公社有自己的农业、工业，大学、中学、小学，医院，科学研究机关，商店和服务业；交通事业，托儿所和公共食堂，俱乐部，维持治安的民警等⑤。若干的这种农村公社围绕城市，组为更大的共产主义公社。前人"乌托邦"的想法将被实现。公社作为社会的基本单位，是实现社会理想目标——共产主义的桥梁。在三级所有、队为基础的公社体制中，党政合一、政社合一是最显著的制度特征。公社三级机构通过行政管理和意识形态的手段，以强有力的超经济力量，把居住分散的、数量千万级的农户家庭纳入到了 5.4371 万个公社、71.8022 万个大队⑥和 600 余万个生产队的农业集体组织。国家依靠健全的农业集体组织系统，保证了一切决策和政

---

①　数据来源 FAO 生产年鉴。

②　数据见中国经济年鉴编辑委员会：《中国经济年鉴》（1982），经济管理杂志社 1982 年版，第 17 页。

＊　英国人口学家和政治经济学家马尔萨斯认为随着人口的增加，地球上有限的土地最终将无法提供人类足够的食物。

③　中央文献研究室：《十一届三中全会以来重要文献选读》（上），人民出版社 1987 年版，第 301～302，322 页。

④　中央文献编辑委员会：《邓小平文选》（第 2 卷），人民出版社 1994 年版，第 405 页。

⑤　参见中央文献研究室：《毛泽东传》（1949—1976）（上），中央文献出版社 2003 年版，第 826～827 页。

⑥　数据以 1981 年为准，参见国家统计局农村社会经济调查局：《中国农业统计资料汇编》（1949—2004），中国统计出版社 2006 年版，第 19 页。

令的上传下达、令行禁止。农业集体组织不仅是农业生产单位，还行使着行政管理的职能。公社党委、大队党支部、生产队党小组是党实行一元化领导，通过下级服从上级，全党服从中央的组织原则，在农村贯彻和落实各种路线、方针和政策的基层组织。大队党支部的职能无所不包，权力至高无上，生产大队的各类组织全部接受党支部领导。大队向上接受、贯彻和落实公社下达的国家政策、计划和指令后，通过研究与部署向下对生产队或者直接向社员进行传达、贯彻和落实。作为准行政化的各级农业集体组织把国家意志变为农民步调一致、整齐划一的行动，把一盘散沙的农民整合为听从国家意志的整体，纳入到了国家的行政组织系统。国家提升了对农民的组织能力、动员能力和控制能力。

集体农业组织除了开展农业生产、分配和消费等经济活动外，还集合了政治、思想、生活、文化等功能，通过户籍制度、思想政治教育工作和医疗、教育等公共物品的供给，在政治和社会生活领域中行使了人口管理与教育及社会保障职能，控制了农村社会生活的各个方面，成为农民与国家联系的主要纽带。集体组织在党政合一、政社合一的体制下，对社会稳定发挥了重要作用。

第一，严密的户籍行政制度将农民固化在农业集体组织中。

国家实施优先发展重工业的战略，决定了重工业吸纳劳动力的能力十分有限。中央认为，农民外出就业，减少了农业劳动力，不利于其他农民安心农业生产，不利于城市社会秩序的维持，加大了城市管理的难度。1950~1956年，中央人民政府下发了一系列阻止农村人口向城市流动的法令、法规、通知和指示等，劝阻农民到城市和工矿区就业。1957年底，国家实行严厉禁止政策，要求城乡户口管理部门通过严格的户口管理，切实制止农村人口盲目外流。规定：乡不得开发证明；铁路或交通要道加强劝阻工作；城市和工厂区动员其返回原籍，严禁流浪乞讨，集中送回原籍，中国实行了持续46年的收容所制度。同时规定，城市企事业单位一律不得私自从农村中招工、录用盲目流入城市的农民，招用临时工也必须尽量使用城市剩余劳动力，不允许农村人口进入城市寻找工作。需要从农村招用的，须经省级人民委员会批准。1958年1月，全国人大常委会第91次会议通过了《中华人民共和国户口登记条例》，形成了严格限制农民向城市流动的户口迁移制度，正式确立了城乡分割的户籍制度。中国把户口分为农业户口和城镇非农业户口两类，规定凡没有城市劳动部门录用证明、高中等专业学校录取证书，没有城市户口登记机关准予迁入证明的农业人口均不能由农村迁入城市；把户口制度与粮油、劳动用工、住房、教育管理紧密联系，建立起城乡有别的覆盖医疗、劳保、退休、住房、子女上学等方面的福利保障制度。1964 年，国家只负责城市非农业人口在城市的就业安置，每年农转非比例限制在城镇总人口的 1.5‰之内，符合政策规定的科技人员、教师、工人的配偶及子女的农转非须经县以上公安机关审批。

农民及其子女的社会身份确立后，只有考入国家举办的中等专业程度教育以上的学校取得干部身份，或国家占用了农民的生产生活资料，或因直系亲属退休，或因工作需要或表现好被录用为国家干部，或参军转业，或民办教师转公办教师，才能改变自己的身份和生活待遇，但农民获得这些条件的机会渺茫。公社时期，阶级斗争的气氛不断紧张，农民改变社会身份的机会如参军、招工、选干也与政治挂钩，与社会关系挂钩，与农民的阶级成分联系，"成分变成了一定社会地位的标志和参与一些社会资源分配的工具"①，连婚姻也打上了阶级的烙印。以限制农村人口外出迁移就业和城乡身份世袭为主要特征的户籍制度在城乡之间树立起森严壁垒，卡住了农民流入城市的通道。城乡居民在税收、食品分配、教育、医疗、社会保障等经济与社会生活方面的不同待遇，成为城乡分割的二元经济社会的显著特征。

农业集体单位严格地执行了国家的户口迁移政策，严格约束和限制了农民在集体生产领域外的流动与就业，对国家按计划调配劳动力、分配生活资料，控制城市人口增长、维护社会治安发挥了积极作用。公社时期，农村户口由公社、大队两级管理，人民公社为户口登记机关，登记确定本社常住人口，实行出生、死亡、迁出、迁入变动登记制度。公社秘书和大队会计担任社队户口员，以生产队为单位进行户口管理，在公社建立户口簿，公社、大队各存一册，农民家庭不发户口簿，在公社范围内迁移不办理迁移手续，只作住所变动登记；公社时期，农业集体单位规定社员外出办事需请假；出远门探亲访友以及木匠、铁匠、泥瓦匠、石匠、篾匠外出务工也要得到生产队、生产大队和公社同意许可，开出介绍信；甚至遭遇自然灾害时，农民也必须由公社开出证明才能出门乞讨。通过这些手段实

---

① 王振耀：《中国村民自治理论与实践探索》，宗教文化出版社 2000 年版，第 45 页。

现了对农民的人身束缚，农民离开农业集体单位没有公社批准将会寸步难行。这一制度使中国痛失了国家工业化高速发展阶段通过农村剩余劳动力向城镇非农业转移，解决长期以来农业承载人口压力过大的良机。

第二，为农民提供了教育、医疗卫生等社会保障服务。

集体农业组织的农民被纳入到纵向的公社、大队、生产队的组织中，以行政关系替代了以血缘关系和宗族关系为纽带的农村社会关系，传统的血缘和宗族网络遭到了严重冲击。尽管国家严密纵向的行政体系对农村血缘和宗族网络的破坏非常脆弱，无法以行政方式向农民提供全部的社会生活资源，但在党政行政系统主导农村社会秩序的背景下，国家以行政方式向农村输入现代化必需的社会资源，集体组织则承担着农村教育、医疗卫生、治安与诉讼调解、社会保障等功能，为中国农村社会的稳定发挥了重要作用。据研究，公社在救济、卫生、医疗、保健、教育等方面取得的进展在任何时期都无法相比，不仅高于同等经济水平的国家，"和中等国家平均水平相比也毫不逊色"[1]。

首先，为农村学校教育的发展提供了重要支撑。

毛泽东非常重视教育公平，强调农民子弟具有普遍的受教育权利，强烈主张发展农村教育，期望使农民成为亦工亦农、能文能武的社会主义成员。20世纪50年代初，中国农村掀起了扫除青壮年文盲的运动，识字班、扫盲夜校遍布全国乡村角落。继之而起的农业合作化运动促进了农村小学教育的发展。1957年，他明确提倡农村小学由群众集体举办，中学设置也应适当分散，要面向农村。1958年，中央提出"教育为工人阶级的政治服务，教育与生产劳动相结合"[2] 的教育方针，决定将教育事业管理权力下放。集体组织在党和国家对农村教育发展高度重视的情况下，为实现村村有小学、队队有中学的高目标，多种形式、因地制宜的教育方式在农村广泛出现，农村教育也出现大跃进。耕读小学、农业中学应运而生，扩大了农民子弟受教育的机会。特别是农业中学的兴办，在满足农村青少年学习文化要求的同时，也为集体农业单位培养了农业技术人才，对农业发展起到了一定的推动作用。1964年2月，毛泽东对农村教育没有

---

① 王卓：《中国贫困人口研究》，四川科学技术出版社2004年版，第45页。

② 中央文献研究室：《建国以来重要文献选编》（第11册），中央文献出版社1995年版，第407页。

得到足够重视提出了批评。教育部决定在农村实行多种办学形式，积极发展小学教育，逐步推行两种教育制度、两种劳动制度（即 8 小时工作的劳动制度和半工半读的劳动制度，全日制与半工半读的学校教育制度），调整农村小学布点，改进教学内容。各地农村在举办全日制小学和全日制初中的同时，开始普遍举办以识字、算术为主要课程，采用半日制或早、午、晚班或隔日制、巡回制等教学形式办学的教育与生产劳动相结合的简易小学、耕读小学和农业中学，农村教育逐渐走出因"大跃进"运动而低落的阴影。"文化大革命"期间，"教育要为无产阶级政治服务，要与工农群众相结合"、"要面向农村"等最高指示得到了彻底贯彻，为发挥农业集体组织的办学积极性，农村教育管理权限全面下放到了公社。1971年，国家提出在农村普及小学五年教育的目标，大力提倡人民公社集体办学。随之而起，中国农村出现小学大量设立，普通中学急剧增长，基本形成了大队办小学、公社办初中、区委会办高中的格局。为适应农村学校大发展的局面，中小学简化了教育内容，实行小学五年、初中二年、高中二年的学制，开展了学工、学农、学军的社会实践活动；为补充农村学校大发展急需的师资力量，减少教师工资支出和农民负担，聘用大量持有农业户口、不拿国家工资的民办教师。同期，各种类型的农民教育也有了较快发展，农、林、医、师类的高中等专业学校采取公社保送与考试相结合，实行学生从社里来、回社里去的办法，为人民公社培养各类专业技术人才。

现在看来，改革开放前中国农村教育的发展方式、教学方式和教学质量确有值得商榷之处，甚至为人诟病，但从统计数字看，农村学龄儿童入学率和升学率得到了大幅提升。1962～1976 年，全国农村学龄儿童升学率从 32.3% 急速提高到 93.1%*，中国农村教育取得了实质性的发展，并为 20 世纪八九十年代中国农村教育格局奠定了基础。我们更应明白，这种成就的取得与集体农业组织的作用关系密切。由于办学权最低下放到生产大队一级，农村学校的办学经费实行了国家资助、农业集体组织包干的体制。教育事业费在国家财政总支出的比例 1965 年为 6.24%，1966 年

---

* 参见张玉林《分级办学制度下的教育资源分配与城乡教育差距——关于教育机会均等问题的政治经济学探讨》，《中国农村观察》2003 年第 1 期，第 11 页。

为 6.36%，到 1976 年也就 6.29%[①]，没有多少提升。尽管当时教师工资水平低，农村学校中公办教师的工资一般由县财政负担，但民办教师的收入则由集体组织的生产大队自筹，从公益金、大队副业收入、企业收入，或向各生产队收取排灌费、管理费时，加上学校经费以大队误工贴补等形式支出[②]，有的地区由县财政给予少量补贴。农村学校校舍、教学用具也由农业集体单位筹资解决，或把庙宇改建成校舍，或发动社员和学生共同修建学校，或由师生勤工俭学获得收入。农业集体组织为农村教育发挥了巨大的筹资作用。虽然城乡有别的教育投资体制不能弥合城乡教育质量上的差距，但通过农业集体组织和农民的努力，农村学生小学不出大队、初中不出公社，学校收费低，社员象征性交学费成为了当时农村教育的真实写照。

其次，集体农业组织为农村合作医疗发展提供了重要支撑。

毛泽东非常重视农民医疗卫生状况的改善。抗战时期，他曾经指出："所谓国民卫生，离开了三亿六千万农民，岂非大半成了空话？"[③] 他认为农村医疗卫生事业的发展关系到农民的身体健康。在合作化运动的高潮时期，山西高平、四川内江、山东招远、河南正阳、湖北麻城等地的合作社建立了为农民服务的医疗卫生保健站，由农业集体组织举办的解决农民缺医少药困难的合作医疗制度开始兴起。1956 年，全国农村建立保健医疗站 1 万个，有医务人员约 10 万人，举办农民互助共济的合作医疗的行政村达到 10%。1960 年 3 月 16 日，毛泽东高度重视农村合作医疗问题，要求各省、市、地、县、社的党委第一书记挂帅，兴办农村合作医疗事业，积极推广山西省稷山县的社员集体保健医疗制度。在国家卫生管理部门积极领导下，当年举办合作医疗的生产大队达到 32%，1962 年上升到 46%。1963 年，全国 2000 多个县建立起了以县医院为中心，公社卫生院、大队卫生保健站为辅助的农村医疗保健组织网络。但由于国民经济的整体困难，集体组织经费投入极少，脱离了农村的经济条件和农民的觉悟水平，多数社队的合作医疗陷入了停顿或半停顿，处于挂牌状态。

---

① 数据见中国教育年鉴编辑部《中国教育年鉴》（1949—1981），中国大百科全书出版社 1984 年版，第 98 页。

② 参见钱文艳《建国后 30 年浙江农村义务教育的历史考察——以农村民办小学为例》，《安徽史学》2009 年 4 期，第 82～88 页。

③ 毛泽东：《毛泽东选集》（第 3 卷），人民出版社 1991 年版，第 1078 页。

　　针对农村合作医疗难以为继，尤其是城乡医疗资源分布不均的状况，毛泽东在 1965 年 1 月批评卫生部的工作不面向基层的工农兵大众。在他的批评下，全国派出了 1500 多支医疗队、近 2 万名城市医务人员到农村为农民服务。6 月 26 日，他再次严厉批评卫生部只给占 15% 的城市人口服务，"而且主要是为干部服务，广大农民得不到医药"[①]。卫生部党组根据毛泽东的批评，强调把医疗卫生工作的重点放到农村，合作医疗制度再次在 10 多个省区的部分农村实行了起来[②]。1968 年，上海《文汇报》记者把川沙县江镇公社不拿工资，帮助种地，亦工亦农，赤脚行医的卫生员称为"赤脚医生"。他就此批示到，"这样的知识分子，工农兵是欢迎的"，对赤脚医生给予了肯定。他还对介绍湖北省长阳县乐园公社创造的、深受贫下中农欢迎的合作医疗制度的报告作出"此件照办"[③] 的批语。1968 年 12 月到 1976 年 8 月，《人民日报》连续组织了"关于农村医疗卫生制度的讨论"，国家完善了对农村医疗卫生事业的投入，推动了合作医疗制度在中国农村的普及。

　　人民公社时期的农村合作医疗制度包括了组织机构、医疗队伍和资金来源及使用等三个组成部分。组织机构包括县卫生局合作医疗办公室、公社卫生院、生产大队卫生室，建立以生产大队为单位，由生产大队、生产队和社员共同集资办医疗的集体医疗保健制度；医疗队伍主要由经国家培训的、半脱产的赤脚医生、卫生员和接生员组成，他们负责社员的防疫保健、一般疾病的救治和计划生育指导，无法处理的疑难重病送卫生院或县医院救治；大队医务室或卫生室房屋、医疗器械等建设资金大多来源于公社、生产大队、生产队集体提留的公益金和社员个人三级筹款，流动资金大多来自农业集体组织。公社社员以户为单位、每人每年交纳一定费用参加合作医疗。交费困难的五保户、贫困户，由生产大队在公益金中给予救济。社员交费连同生产大队提取的公益金部分于年终分配时统一扣除，上缴到公社信用社设立专账统一管理，实行收支平衡、略有结余原则，结余

---

　　① 中央文献研究室：《建国以来重要文献选编》（第 20 册），中央文献出版社 1998 年版，第 526 页。

　　② 《当代中国》丛书编辑委员会：《当代中国的卫生事业》（下），中国社会科学出版社 1986 年版，第 65 页。

　　③ 中央文献研究室：《建国以来毛泽东文稿》（第 12 册），中央文献出版社 1998 年版，第 557，604 页。

部分作为公共积累。社员看病减免诊疗费，药费按成本收现金，或减免部分药费，或减免全部药费。

　　人民公社时期农村合作医疗超常规发展的根本原因在于费用低廉和方便农民就地就医。国家提倡医药资源就地取材，大队专辟药田、药地，通过自种、自制中草药解决药品不足问题。这就减少了农业集体组织的资金支出，使农民不花钱能治病，少花钱治大病，减轻了农民的负担。这是农村合作医疗制度超常规发展的物质基础；为农村培养的"留得住"的赤脚医生大约按照每 500 名农村人口配备 1 名，每个生产大队 1～3 名。作为农村合作医疗制度的主要实施者，赤脚医生"在生产大队一般是半农半医"，"采取农闲训练、农忙归队、学了就做、做了再学的办法"①，待遇用工分制计酬，由大队误工补贴支出，大大降低了大队医务室或卫生室的运行成本。赤脚医生作为农村合作医疗制度超常规发展的重要的人力资源，为解决农民医疗卫生保健难题作出了重要贡献。因此，合作医疗制度与赤脚医生、大队医务室被誉为解决中国农村缺医少药的"三件法宝"。

　　"文化大革命"期间，合作医疗在中国农村进入发展的鼎盛时期。到 1976 年，全国实行农村合作医疗制度的生产大队达 90%②，覆盖了全国 85% 的农村人口。中国用不到发达国家 1% 的医疗卫生支出基本解决了农民的医疗保障问题。1977 年底，中国有赤脚医生 150 多万名，农村卫生员、接生员 390 多万人。1950～1975 年期间，农村婴儿死亡率从 195‰下降到了 41‰，人均预期寿命从 40 岁提高到了 65 岁。尽管这些数据难以掩盖城乡之间和地区之间及农业集体组织之间在医疗卫生水平上的差距，但数据反映了中国农村医疗卫生事业的巨大进步。因此，农村合作医疗制度不仅受到广大农民的欢迎，在国际上也赢得了好评。据世界银行调查，在农村设置赤脚医生将中国医护人员占总人口的比率提高了一倍。世界银行和世界卫生组织认为，中国农村合作医疗取得了低收入发展中国家举世无双的成就，"发展中国家解决卫生经费的唯一范例"③。农村合作医疗制度具有基本的

---

　　①　中央文献研究室：《建国以来重要文献选编》（第 20 册），中央文献出版社 1998 年版，第 530 页。

　　②　数据见周寿棋《探寻农民健康保障制度的发展轨迹》，《国际医药卫生导报》2002 年第 6 期，第 18 页。

　　③　世界银行：《中国卫生模式转变中的长远问题与对策》，中国财政经济出版社 1994 年版，第 5 页。

防疫、保健、救助、诊治等保障功能，在一个农民占人口绝对多数、卫生医药能力严重不足的农业大国，初步实现了农民无病早防，有病早治，省工省钱，方便可靠的理想，这一成就的取得是来之不易的。

我们也要看到，农业集体组织与农村合作医疗制度存在着鱼水关系，其经济发展状况决定着农村合作医疗的发展水平。改革开放前，农村合作医疗制度依靠高度统一的集体农业组织体系，使用行政手段建立并在农业集体组织经济积累严重不足、农民生活极其贫困的基础上进行运作。更为重要的是，由于农业集体组织提供的资金来源有限，对超过合作医疗机构资金支出水平的过度消费的倾向没有约束或控制极差，决定了合作医疗在财务方面的不可持续；尽管生产队在年终分配时，从社员收入中扣除了合作医疗费上缴大队，避开了收费难题，但由于农业集体组织成员在医疗保健服务中存在着社队干部及家属带头欠账、多拿药拿好药的不平等现象，破坏了合作医疗制度的过程公平，埋藏着不可解决的痼疾。农村合作医疗制度在这种背景下，因缺乏内在动力和激励机制而难以持续。当农业集体组织解散之际，农村合作医疗制度也就走到了尽头。

（三）为农村社队企业的发展提供了组织载体

在中国传统农业经营活动中，为农民生产生活服务的农副产品初加工及农具生产的历史悠久，生产规模小，自给性强。随着国家农产品统购政策的推行，农村农产品加工活动由于原料缺乏而举步维艰。在农业社会主义改造完成后，把中国由农业国变成工业国，进一步提升国家工业化速度成为了毛泽东和共产党人的强烈要求。

毛泽东在对中国现代化的思考中，强调在农民占全国人口 80% 以上、工业落后、对农业援助有限、进展缓慢的现实选择中，希望中国走费时少、见效快、痛苦小的工业化道路。他一方面主张减少农民进入城市而增加国家工业化的投资成本，另一方面主张在农业集体组织中发展工业，吸纳农业剩余劳动力，实现农村工业化和农业机械化，逐渐缩小城乡差别。在公社建立社队企业，发展农村工业成为了共产党人实现理想社会目标的具体设想。他在 1958 年 1 月向全党提出了"地方工业超过农业要多少时间，五年？十年？"① 的设问。3 月，在成都会议上再次强调了发展地方

---

① 中央文献研究室：《建国以来毛泽东文稿》（第 7 册），中央文献出版社 1992 年版，第 25 页。

工业的问题。为此，中央规定了地方工业的任务是"为农业服务（这是基本的）"，为国家大工业、城乡人民生活和出口贸易服务，要求农村干部"既要学会办社，又要学会办厂"。农业社办的如农具修理、农家肥加工制造及小量的农产品加工等小型工业，"以自产自用为主"①，要求各省区尽快使本地工业总产值赶上或超过农业总产值。中央提出了在全面规划、分工协作的条件下，实行中央工业和地方工业、大型和中小型企业同时并举的方针，促进农村工业发展的思路。11 月，他首次提出了农村工业化的概念、命题和任务，表示要经过公社的组织形式发展农村工业化，增加公社的生产资料，就必须实现"农业工厂化（即机械化和电气化）"。把可以下放一些地方国营的中小企业给公社经营，公社必须使农业、工业及运输部门的劳动力分配合理，"劳动组织要适当"②。12 月，中央阐述了农村实现工业化的具体设想，认为实现公社工业化，"为我国人民指出了农村逐步工业化的道路"，还"将在农村中促进全民所有制的实现"，人民公社是加速国家工业化、农业机械化，缩小城乡差别的组织载体。各地应逐步把适量的劳动力"从农业方面转移到工业方面"。公社的工业生产必须同农业密切结合，为实现农业机械化、电气化服务，满足社员的日常生活需要，还要"为国家的大工业和社会主义的市场服务"，有计划地发展肥料、农药、农具等农用工业及农业机械、建材、制糖、纺织、造纸、农产品加工和综合利用以及采矿、冶金、电力等生产；"必须充分注意因地制宜、就地取材的原则"，实行"手工业和机器工业相结合、土法生产和洋法生产相结合"的原则，发展水平"逐步由土到洋，由小到大，由低到高"；公社工业既要发展直接满足本社需要的自给性生产，又要"尽可能广泛地发展商品性生产"③。公社工业品的销售在国家和公社、公社和公社之间实行合同制度。1959 年 2 月，毛泽东再次认为，公社直接所有的东西只有社办企业和社办事业及由社支配的公益金、公积金等，但"光明灿烂的希望也就在这里"。通过向生产队抽取积累，社办企业利润

---

① 中央文献研究室：《建国以来重要文献选编》（第 11 册），中央文献出版社 1995 年版，第 223，225，226 页。

② 中央文献研究室：《建国以来毛泽东文稿》（第 7 册），中央文献出版社 1992 年版，第 515，516 页。

③ 中央文献研究室：《建国以来重要文献选编》（第 11 册），中央文献出版社 1995 年版，第 599，609～610，610，610，610，610，610，610 页。

增加，加上国家投资，就可以很快地把不完全的公社所有制发展为完全的、单一的公社所有制。所以，公社和县兴办工业是必要的，建议国家在10年内向公社投资几十亿到100多亿元人民币，"帮助公社发展工业帮助穷队发展生产"，扶持社办工业发展。1958年，全国社办工业企业发展到602万个，农村传统手工业开始由农民个体和合作社举办转变到公社兴办企业的"大跃进"阶段，社办工业的高速发展是通过对农民和高级社资产无偿强制调拨、国有资产下放等行政手段来实现的，严重脱离了国民经济发展水平和剩余有限的农业生产状况，农村工业化需要拥有充裕的产品和农业生产要素剩余的高度发达的农业为支撑。用行政手段奠定社办企业的原始积累，社办企业在创办中出现了"瞎指挥"的错误，打击了农民的生产积极性；社办企业因占用了大量的生产资源和劳动力，造成了农村工农业发展的比例失衡。他在1959年2月底，提出应当批判不顾生产队和社员个人利益，社办、县办工业抽调生产队农业劳动力过多，"妨碍农业任务完成等'左'倾冒险主义思想"①。中央也发现了公社工业化中的问题，决定县联社、公社从生产大队或生产队调出的机器、农具及运输工具，"都要清理出来，如数归还"②。针对1959～1961年国民经济的严重困难，中央决定从1960年8月开始治理整顿社办企业。中央强调，国家工业化不是农村的首要任务。要停止对农民的剥夺，公社平调生产大队和生产队的种植、养殖场一律退还，将县、公社和大队把原属高级社经营的一些企业发还，继续由公社或大队经营的企业应把原有的资产设备合理折算价款偿还，由公社或生产大队、生产队继续共同经营的企业按比例分配企业利润，以此来纠正"一平二调"的错误；下放给公社管理的全民所有制企业，还原为全民所有制。公社的手工业划回手工业社系统；社队企业人员，除了部分维持常年生产的劳动力外，都要精简，"一般都必须同农业生产季节相结合"。社队企业要以农业季节为中心安排生产经营活动，保证农忙季节参加农业生产的劳动力至少占"农村劳动力总数的百

---

① 中央文献研究室：《建国以来毛泽东文稿》（第8册），中央文献出版社1993年版，第69，69，76页。

② 中央文献研究室：《建国以来重要文献选编》（第12册），中央文献出版社1996年版，第167页。

分之八十以上"①。1962 年 9 月，中共八届十中全会召开后，对社队企业采取了更为严厉的政策。首先规定，公社"在今后若干年内，一般地不办企业"。在不影响粮食和主要经济作物生产，完成国家统购派购任务的前提条件下，生产队和社员可以因地制宜地种植一些零星的竹、木、果树、水生作物等经济作物，恢复和发展各种农副产品加工作坊，在农闲季节开展农村短途运输等投资省、原料足、收效快的项目；公社和生产大队一般不经营副业，也"不设专业的副业生产队"。不论哪一级农业集体组织举办或联合经营的企业都必须实行独立经营、独立核算，"不能随意动用它们的产品、资金和设备"②；其次，规定社办工业的首要任务是生产经营直接为农业服务的简单的农具制造和维修，进行本乡本村农副产品、传统手工业产品及出口商品加工，小型的矿产采掘、冶炼，砖瓦、石灰等建材生产。但社办工业不能发展与国营企业争原料、市场，与农业生产争劳动力的纺织、皮革及日化等企业，限制了社办工业的经营范围。这些压缩和限制社队企业发展的政策，虽然在一定程度上促进了农业生产的恢复，有利于避免平调农民财产和瞎指挥错误的发生，但由于农副产品的严重匮乏，生产队承办副业生产所需的原料、人力、财力不足，队办企业的生存条件不充分，导致了社队企业的全面萎缩和产值的急剧下降，制约了城市副食品的供给和农民生活水平的提高。据统计，1962 年全国社办工业企业产值由 1961 年的 19.8 亿元下降到 7.9 亿元，1963 年仅 4.2 亿元③。随着农业生产特别是粮食生产的恢复和发展，农业集体组织向非农产业寻找增收的空间，发展社队企业的条件逐渐增加。1965 年 9 月，国家决定微调社队企业政策。在不平调生产队人力、物力、财力的前提下，允许农村集体副业"以生产队（包括以大队为核算单位的生产大队）经营为主"④，可以由生产大队直接兴办，也可以由几个生产队联合经营，为队办企业的发展洞开了口子。毛泽东通过发展农村工业化，使农民就地

①　中央文献研究室：《建国以来重要文献选编》（第 13 册），中央文献出版社 1996 年版，第 518，519 页。

②　中央文献研究室：《建国以来重要文献选编》（第 15 册），中央文献出版社 1997 年版，第 621，703，704 页。

③　数据见于驰前等：《当代中国的乡镇企业》，当代中国出版社 1991 年版，第 42 页。

④　中央文献研究室：《建国以来重要文献选编》（第 20 册），中央文献出版社 1998 年版，第 500 页。

成为工人的希望*也再次点燃。1966 年，他提出农民"在有条件的时候也要由集体办些小工厂"①。"文化大革命"期间，下放到农村的干部、城市居民以及到农村的知青利用其技术和社会关系网络，为社队企业提供了急需的技术和信息，社队企业获得了发展的条件。同时，城镇建设和人民生活急需物资供给的紧张为社队企业的发展提供了机会。社队企业通过厂队挂钩、城乡挂钩的形式疏通了产供销渠道，在严密的计划经济体制下获得难得的发展间隙。1965 年全国社办工业企业总数发展到 1.2 万个，工业产值回升到 5.3 亿元；1970 年企业总数达 4.5 万个，工业产值 26.6 亿元，比 1965 年增长 4 倍以上②。1970 年，中央决定加速农业机械化进程，要求社队企业利用自筹资金，通过发展小机械修造及小钢铁、小煤窑、小水电、小水泥、小化肥等生产为农业机械制造提供物资原料，实行土洋结合、机械化与半机械化并举的方针，建立县、社、队三级农机制造维修网络。国家把扶持公社的资金重点用于农业机械化。在中央的决定下，各级政府纷纷在政策上为社队企业"松绑"并提供一定支持，允许发展社办、社队联办企业，允许国营企业与社队联营，社队企业获得了国营企业产品、技术、人才、设备和管理方法扩散的机会。在全国统一要求下，农业集体组织纷纷创办不同规模、各种形式的农机具制造维修及相关配套企业。据统计，1974 年全国社队企业的工业产值从 1971 年 77.9 亿元上升到 129 亿元，增长了 66%③。1975 年 10 月，全国农业学大寨会议充分肯定了社队企业在推进农业机械化发展中的积极作用，党和国家领导人逐渐认识到了社队企业的多重价值，对社队企业的定位由单纯的农业机械化转向到毛泽东确定的农村工业化目标，要求各地鼓励和支持社队企业发展。邓小平说，工业区、工业城市要帮助附近的农村发展小型工业，分散在农村的三线工厂"也应当帮助附近的社队搞好农业生产"④。1976 年国家建立人民公社企业管理局，社队企业有了专门的规划管理机构。社队

---

*　毛泽东在读苏联《政治经济学教科书》时说道，"在社会主义工业化过程中，随着农业机械化的发展，农业人口会减少。如果让减少下来的农业人口，都拥到城市里来，使城市人口过分膨胀，那就不好"。参见《毛泽东文集》（第 8 卷），人民出版社 1999 年版，第 128 页。

①　中央文献研究室：《建国以来毛泽东文稿》（第 12 册），中央文献出版社 1998 年版，第 54 页。

②　数据见张荐华等：《乡镇企业的崛起与发展模式》，湖北教育出版社 1995 年版，第 15 页。

③　数据见于驰前等《当代中国的乡镇企业》，当代中国出版社 1991 年版，第 49 页。

④　中央文献编辑委员会：《邓小平文选》（第 2 卷），人民出版社 1994 年版，第 28 页。

企业的生产经营范围也由为农业发展服务的"五小"工业突破到充分利用当地资源，扩展到种养殖、粮油加工、编织、建材、服装生产和采矿业等行业。到 1977 年，社队企业创造的工业产值占全国工业总产值的 10%。1978 年底，全国除少数极端落后的社队外，共办 152.4 万个企业，总收入达 431.4 亿元，占公社三级经济组织总收入的 29.7%；其中工业产值 385.3 亿元，安置劳动力 2826.5 万人，占农村总劳动力的 9.5%[①]。1978 年 12 月召开的十一届三中全会将发展社队企业作为发展农业的 25 项政策之一，农村社队企业发展到异军突起的新时代。

我们认为，社队企业在与人民公社共进退的时期，在经营管理方面既有创新，也有局限。社队企业主要依靠农业集体组织的积累开办，在性质上属于集体所有制经济。企业归公社或生产大队所有，职工是临时从生产队抽调的社员，身份没有改变，其收入按照劳动时间在原生产队计工分，参与分配，与其他社员在收入方面大体相等，区别在于多得了企业支付的一定补助；社队企业围绕为农业生产服务，为城市工业加工配套服务的定位要求，大多依托供销社建立供销网络就地销售，根据生产的农产品及自然资源优势就地取材，发展了劳动密集型的为农业生产服务的农机农具制造、修理，以农副产品、土特产为原料的加工，利用自然资源的小型矿业、能源和建筑材料，为城乡市场、出口创汇或为外贸服务的传统工艺、轻纺、五金以及各类编织，为城市工业和国有企业协作配套或拾遗补缺，获得了较大的发展空间。社队企业的生产经营活动，给单纯靠种植业生存发展的农业集体组织注入了新的活力。由于强调社队企业为实现农业机械化服务，被限制在农村进行建设，大量开办的小钢铁、小煤窑、小机械、小水电和小化肥企业导致重复建设，社队企业的发展存在技术水平低、产业结构不合理、成本高、浪费资源严重等问题。据统计，1978 年全国社办机械工业企业总产值 75.1 亿元，占社办加工业总产值的 87%。在企业管理中也出现干部安插亲信、公款吃喝等不正之风。社队企业在全国的发展也不平衡，拥有较为丰富的自然资源、人才和交通条件的城郊社队企业发展良好，绝大多数社队仅有为农业服务的农机修配、粮油加工作坊。

我们还认为，毛泽东赋予了社队企业为全民所有制过渡而增加公社积累，让农民就地就业的社会改造的崇高理想。虽然它是"大跃进"和公

---

① 数据见张荐华等《乡镇企业的崛起与发展模式》，湖北教育出版社 1995 年版，第 19 页。

社化运动的产物，在三级所有、队为基础的农业集体经营组织中为农业生产服务，开拓剩余劳动力出路，增加集体收入而诞生，但它在集体组织中体现了个别生产环节的专业分工，促进了农副产品加工业从农业或种植业中的分离，开启了农村剩余劳动力的分离和转移。尽管社队企业实现农业分工的规模还很小，但这种分离为改革开放后中国传统农业向现代农业、农业由单一经营向综合经营转化奠定了基础。社队企业生产的产品对解决农业化肥、农机等问题起了不可忽视的积极作用；社队企业创造的利润增加了公社和大队的积累，为集体组织增加了资金和技术投入，提高了科学种田水平，支持了农业发展；职工离土不离乡，有利于农业的稳定发展，增加农民的收入；农民也在社队企业的经营活动中，开阔了眼界，逐渐形成了"无农不稳、无工不富、无商不活"的经营理念。

　　我们更认为，社队企业在计划经济的夹缝中产生和发展，历经纠正"五风"错误与整顿、压缩、限制的坎坷而命运多舛。由于国家没有为它安排资金、原料、机器设备和燃料动力供应及产品销售的计划，社队企业没有生存发展的基本要素和产品市场。党和国家把它定位于为集体农业的生产服务，不断以保障农业一线、维护城镇工业经济秩序为由决定社队企业的发展命运。社队企业的建立全靠农业集体单位的物资、人力投入，资金来自银行贷款。社队企业的生产经营活动也由于计划经济体制的严密约束而没有"合法性"，只能依靠各种社会关系解决企业原材料和销售问题。70年代中期，党和国家对社队企业定位的细微变化为它的发展赢得了一线曙光。特殊的生存环境造就了社队企业生存发展的特异功能，社队企业巧妙地利用了得天独厚的地理、经济和人才条件，在城乡互通有无、调剂余缺的活动无法完全禁止的特殊时期创造了市场，与市场建立了密切联系，在城乡封锁、条块分割的夹缝中寻找出路，开辟了早期市场经济的天地，昭示了农村经济发展的大方向。假如说，20世纪80年代蓬勃壮大的乡镇企业是中国农民的伟大创举，那么作为乡镇企业前身的社队企业在70年代展示的市场竞争能力，初步形成了优胜劣汰的竞争机制、自负盈亏的风险机制以及多劳多得的分配机制。没有经济学理论知识的中国农民在计划经济的缝隙里，为了生存自觉地践行了市场经济原则，开启了农业市场化和农村工业化的处女航。

　　（四）缓慢调整了农业产业结构

经济学界主要讨论了集体农业劳动生产率低下的问题①，得出集体农业经营"过密化"（或"内卷化"）②的判断。但若要从国家高度、从宏观层面理解集体农业产量提升而效率低下的问题，则有必要从集体农业的生产结构与结构效率的角度入手。

第一，农业结构调整的概念与基本理论。

农业结构又称农业生产结构，是指在一定区域内，农业中农、林、牧、渔业及具体农产品构成的数量比例关系、结合形式、地位作用和运动规律，是农业资源配置的反映。农业结构调整根据农、林、牧、渔业及具体农产品生产的不同的自然条件、产品性质、生产特点和市场需求，采取不同政策，促进土地、劳力、资金等生产要素，农业生产需要的物质和能量的有效结合，实现农业资源配置效率提高和农业生产要素使用效率的改善，获得农产品最佳产量与品质和最好经济效益的活动。

农业结构的调整受自然资源环境以及经济发展、生活需求、国家制度、科技进步、信息等社会环境因素的相互制约。由于这些因素的不匹配和不断变化，农业结构的调整常常处于非效率状态。作为个体生产的千千万万的农户家庭为了获得更高的经济效益会精明地面对市场，主动地调整自己的生产结构，但个体农民对农业产业结构的调整存在盲目性，不可避免地造成了农业结构的非效率。这是国家实施农业结构调整政策的必然原因。国家实施农业结构调整政策的原则在于遵循自然规律和生态规律，因地制宜地合理利用自然资源和社会经济资源，充分发挥农业内部分工的作用，提高农业生产效率；机制在于政府对农业进行宏观调控的方式和手段的变化；目的在于使农业结构与这些因素相适应，提高农业结构效率，充分发挥区域资源优势，建立和发展特色农业；顺利促进农业再生产循环，实现农业经济、社会及生态效益的高度协调，使农民成为结构调整的最大受益者。

---

① 林毅夫认为，在产权制度模糊和分配上的平均主义导致偷懒等机会主义泛滥等是集体农业效率低下的最主要的原因。参见林毅夫：《再论制度、技术与中国农业发展》，北京大学出版社 1999 年版及《中国的奇迹：发展战略与经济改革》（增订版），上海人民出版社、上海三联书店 1999 年版等。

② 黄宗智认为，人民公社时期的农业经济，绝对产量及政府的税收和征购上升了，但农村劳动力大量密集，农业劳动生产率和农民收入停滞不前，他用"过密化"（或"内卷化"）的概念把这种产量增加而劳动生产率停滞甚至还略有下降的经济扩张，定义为"没有发展的增长"。见黄宗智：《长江三角洲小农经济和乡村发展》，中华书局 1992 年版。

在农业结构调整的实践中，生产结构的调整就是农业结构效率的调整。国家农业结构政策、地方政府的行政干预和农民生产行为的差异影响着农业结构调整的效果，决定了农业结构效率的高低。在农业生产力水平低下阶段，农民追求温饱问题的解决，国家对农业结构调整的目标是满足农产品总量的供需平衡。当农业生产力水平提高以后，农民和社会需求者追求营养改善和生活水平的提高，国家强调农业生产效率，才会注重农业结构的高效率。高效率的农业结构是在资源投入与配置、产品组合、技术利用和生产规模最优化的基础之上建立起来的农业生产结构体系。

第二，集体农业生产结构调整进展缓慢。

新政权建立后，政府发展农业的目标除了满足人民的消费需求外，还需要出口农副产品换回工业化需要的机器设备，"如果棉花和粮食能够自给，买进来的就会是机器"①。为了保障粮食自给，针对农民为增加收入、减少粮食播种面积、扩种棉花等经济作物的趋势，实行了提高棉田公粮负担比例的办法，使经济作物的播种面积"稳定于一九五一年的水平"。中央要求山区把能修梯田的坡地尽快地逐步修成梯田，"集中力量提高现有耕地的单位面积产量"②。但农业生产结构的调整，在经济作物和粮食作物播种面积的安排方面"也可能发生不合理的现象"③。在实现国家工业化的方针指导下，粮食特别是经济作物、城市副食品的供应以及出口物资在相当长的时期内处于紧张状态，很难兼顾粮食和经济作物种植面积的同时增加。粮食紧张的根本原因是生产不足，而"发展生产则是解决粮食问题的决定环节"④。国家计划全国耕地面积到 1957 年增加至 16.4 亿亩，播种面积 21.4 亿亩，比 1952 年增长 3.5%。其中粮食播种面积由 1952 年的 18.3 亿亩增加至 18.75 亿亩，由占总播种面积的 91% 降至 88%⑤；"一五"计划期间，粮食生产是农业的主要产业，由于经济作物能为工业提供原料，增加外汇收入，1952 年中国经济作物播种面积占总播种面积

---

① 中央文献研究室：《陈云文选》（第 2 卷），人民出版社 1995 年版，第 130 页。

② 中央文献研究室：《建国以来重要文献选编》（第 3 册），中央文献出版社 1992 年版，第 43，56 页。

③ 中央文献研究室：《建国以来重要文献选编》（第 4 册），中央文献出版社 1993 年版，第 460 页。

④ 中央文献研究室：《建国以来重要文献选编》（第 6 册），中央文献出版社 1993 年版，第 77 页。

⑤ 播种面积大于耕地面积由一年一熟、一年两熟或两年三熟的耕作制所致。

的 8.9%，1957 年"占总播种面积的百分之十一点四"①。从产值来看，到 1956 年，经济作物、畜牧业和各项副业生产占农村收入的比重很高，"在许多省份甚至占农业总产值的百分之四、五十以上"②。1953 年水稻播种面积占全国粮食播种面积的 22%，产量占全国粮食总产量的 41%，1957 年水稻播种面积占全国粮食播种面积的 23.2%，"产量占全国粮食总产量的百分之四十三点四"。但中国农业生产结构的调整，存在机械地分工分业，"搞生产的不能搞加工，搞农业的不能搞工业"的局限，粮食作物、经济作物的比例有大有小，造成地区之间、社与社之间的收入悬殊，影响了国民经济平衡和人民生活需要。

"大跃进"运动和公社化运动造成的食物短缺使得党和国家高度重视粮食生产，中央要求全国各地在两三年内实现粮食自给，有的地方可能需要"更长些时间，但总要争取达到自给"③。1961 年至 1964 年 5 月，中央密集出台了《农村人民公社工作条例修正草案》、《关于进一步巩固人民公社集体经济、发展农业生产的决定》、《关于确定林权、保护山林和发展林业的若干政策规定（试行草案）》、《关于粮食工作的决定》、《关于加强种子工作的决定》、《关于发展大牲畜的几项规定》、《关于发展农村副业生产的决定》、《关于粮食工作和农产品收购工作的几个问题的规定》、《关于棉花生产工作的决定》、《关于目前农村工作中若干问题的决定》和《关于印发第三个五年计划的三个文件的通知》等系列文件。中央政府密集出台这些关于农业集体组织生产活动的巨细规定，在中外历史上是极其罕见的。中央高层详尽地安排了国家农业结构，也规定了农业集体组织的农业生产活动。在这些安排和规定中，既有各类农产品种养计划、种养面积、种养技术和种养效果的要求，也有与农业种养活动相关的劳动力、农田基本建设、农用生产资料、征购派购等规定，突出了以粮为纲，发展多种经营的要求。

就全国而言，中央高层认为粮食不足是农业生产的中心问题，中国要立足国内解决粮食问题。因此，在"三五"计划期间，"我们应当继续优先发展粮食生产"，全国粮食作物播种面积应占总播种面积的 85% 左右，

①　邓子恢：《邓子恢文集》，人民出版社 1996 年版，第 374 页。

②　中央文献研究室：《建国以来重要文献选编》（第 9 册），中央文献出版社 1994 年版，第 12 页。

③　邓子恢：《邓子恢文集》，人民出版社 1996 年版，第 373，519，560 页。

"经济作物和其他作物的播种面积占百分之十五左右";播种"面积问题不大，少一些也可以"。各地要根据气候、土壤等自然条件和轮作制度的要求，根据国家经济建设和人民生活需要，对各种粮食作物之间、经济作物之间的种植比例加以适当安排。从中央到农业集体单位要把资金、劳动力和物资的计划落实到生产队，保障到 1970 年建成 4.5 亿～5.0 亿亩旱涝保收、稳产高产农田和全部农田的生产建设计划。在新建的高产农田中初步计划用 3.5 亿～4.0 亿亩土地种植粮食作物，用 0.5 亿亩左右的土地种植棉花，用 0.5 亿亩左右的土地种植其他经济作物和商品蔬菜。鉴于中国农业自然资源缺乏的情况，各地要查清楚现有耕地面积，"并且切实保护和严格管理起来"；在保证不导致水土流失的前提下，国营农场和人民公社"适当地开垦一部分荒地，扩大耕地面积"。基于耕地有限，要求应靠提高产量和种植面积来发展经济作物，用"提高复种指数的办法来解决"。各地充分合理地利用耕地、山林、水域和草原等各类自然资源，"促进农、林、牧、副、渔五业一齐发展"；大力植树造林和封山育林，加强农业自然资源的保护和培育。有条件的地区，应"积极发展木本油料和木本粮食"；华南地区积极发展橡胶及其他热带作物；全国大部分地区种桑养蚕，积极发展畜牧业。在牧区进行水利建设，努力扩大草场，改良草原；在农区"必须适当种植饲料作物"，积极发展猪、鸡、鸭、鹅等家畜、家禽，适当发展养羊，增加耕畜；各地应采取集体经营或集体和社员合作经营的方式积极发展副业生产。"把一部分农产品的初步加工，转给社、队去办"，"严格禁止社、队进行商业活动"。手工业合作社、供销社、商业、工业、银行、税务等部门应从原料供应、产品销售、技术指导和解决资金困难等方面"支持社、队发展集体副业"。到 1970 年，争取使副业产值在农业总产值中的比重"达到百分之十左右"①。

就农业集体组织的生产而言，中央提出了公社和生产队实施以粮为纲、多种经营方针的具体规定。首先，必须优先发展粮食生产，合理安排棉花、油料、蔬菜、烟叶、麻类、糖料、蚕丝、茶叶、果类、药材和其他经济作物的生产，对产粮区的缺粮生产队"基本上不再供应粮食"。公社要"从各方面帮助和督促生产队妥善地安排生产资料"，根据生产队的需

① 中央文献研究室：《建国以来重要文献选编》（第 18 册），中央文献出版社 1998 年版，第 483，484，506，485，485，484，485，486，487，487，487，488，471 页。

要，做好种子、农具、肥料和农药等生产资料的供应工作，保证国家农产品征购派购任务在生产活动中的落实。生产队"应该以发展粮食生产为主"，对粮食作物品种和各类经济作物"统筹兼顾，全面安排，制订本队的生产计划"，按地块和茬口安排作物，制定增产措施，"规定产量，然后按措施和产量进行检查"①，力求每亩农田都能逐年增产。长江以南地区要"增加绿肥与豆类的播种面积，才有利于双季稻的发展"②。对提供商品粮较多的生产队"实行加价奖励的办法"③。

从中央高层这些规定的实践中我们发现，集体农业组织严格执行了中央"以粮为纲，全面发展"的指导方针。在人多地少的条件下，为实现粮食自给、优先发展粮食生产的策略，就只能使农村其他各业为粮食生产让路，加大粮食作物的种植比重，降低经济作物的种植比重。1952年农业内部种植业、林业、畜牧业和渔业的产值比例分别是 85.9、1.6、11.2和 1.3，1965 年该比例调整为 82.2、2.7、13.4 和 1.8，到 1978 年为80.0、3.4、15.0 和 1.6④。在种植业结构中，1952 年中国粮食、经济作物和其他作物的播种面积比例为 89.2、9.0 和 1.8，1965 年该比例调整为86.8、8.9 和 4.3，到 1978 年为 80.4、9.6 和 10.0。1952～1978 年，种植业与林牧副渔业始终保持 7∶3 的比例，粮食作物播种面积保持在 80% 以上，粮食作物中的稻谷、小麦和玉米"合计种植面积 1978 年仍占70%"⑤。总之，改革开放前中国农业生产结构中种植业的比重有所下降，林牧渔业的比重有所上升，但基本格局没有变化。

我们还看到，集体农业组织实现了土地规模经营，获得了一定的规模效益。1952～1978 年，在粮食播种面积下降的情况下，中国人均粮食、棉花、糖料、水产品等主要农产品的产量分别由 288.1、2.3、13.4 和 2.9（千

---

① 中央文献研究室：《建国以来重要文献选编》（第 15 册），中央文献出版社 1997 年版，第 566，619，627，627，761～762 页。

② 中央文献研究室：《建国以来重要文献选编》（第 18 册），中央文献出版社 1998 年版，第 505 页。

③ 中央文献研究室：《建国以来重要文献选编》（第 20 册），中央文献出版社 1998 年版，第 44 页。

④ 数据见国家统计局农村社会经济调查司：《中国农业统计资料汇编》（1949—2004），中国统计出版社 2006 年版，第 29 页。

⑤ 王明华：《中国农业结构调整问题研究》，《调研世界》2001 年第 11 期，第 14 页。

克）增长到 318.7、2.3、24.9 和 4.9（千克）[1]。取得这种增长的原因在于
国家和集体投入了大量的包括土地、化肥、动力、劳动等主要生产要素。
集体组织使得化肥、机械等现代农业生产要素的数量和投入速度有了较快
增长，但由于劳动力的不断增加且被限制在生产队中参加劳动，集体农业
组织的农业劳动投入庞大，投入指数维持在高位水平[2]。1962～1978 年，农
业机械和化肥投入呈数倍增长，但这些投入"远远没有换取农业产值应有
的增长"[3]。中国农业总要素生产率指数在人民公社化后急剧下降，长期处
于比 1952～1958 年"达到的总要素生产率低 20% 的水平"[4]。据统计，
1965～1978 年，中国农业标准劳动日生产农产品的数量呈下降趋势，在粮
食单位面积产量增加的同时，单位用工的产出下降了 5%。一个劳动力的棉
花日产出量由 0.9kg 下降到 0.7kg，降幅 22.2%。1958～1978 年，中国农业
从业人口由 1.5492 亿增长到 3.0638 亿，增加了 1.5146 亿[5]，增长了
97.77%。中国农产品产量的提高是由增加劳动力带来的，但劳动生产率处
于下降趋势[6]，集体农业取得的产量增长是大量增加生产资料和劳动投入的
结果，不是提高农业生产效率的结果，产生了高投入与低效率的矛盾。如
因为水稻产量高而不顾热量、气温条件，在四川盆地普遍推广双季稻甚至
三季稻，导致晚稻收割时间晚，影响次年小春收成。陈云在 1961 年谈到，
浙江嘉兴专区 1960 年双季稻的面积达到水稻总面积的 60%，但由于劳动力
不足，误了农时，两季产量"比单季稻还低四十八斤"[7]，每亩产量只有
450 斤。

我们还要看到，1958～1984 年，中国人均占有耕地由 3.45 亩减为

---

　　① 数据见国家统计局农村社会经济调查司：《中国农业统计资料汇编》（1949—2004），中国
统计出版社 2006 年版，第 61 页。
　　② 张乐天对公社时期浙北农村的研究认为农民劳动投入基本上是逐年上升的。其中，1979
年的用工指数比 1962 年高出了 90%。参见张乐天《告别理想——人民公社制度研究》，上海人民
出版社 2005 年版，第 221 页。
　　③ 黄少安：《产权理论与制度经济学》，湘潭大学出版社 2008 年版，第 99 页。
　　④ 林毅夫：《制度、技术与中国的农业发展》，上海人民出版社 2005 年版，第 21 页。
　　⑤ 数据见国家统计局农村社会经济调查司：《中国农业统计资料汇编》（1949—2004），中国
统计出版社 2006 年版，第 4 页。
　　⑥ 黄宗智认为，集体化时期中国农业产量增长了近 2 倍，在农村人口增长近 1 倍的条件下，
以过去 3～4 倍的劳动投入换得了产量的增长。因此，劳动生产率和人均收入并没有得到多大提高，
农村非农产业发展缓慢，是"没有发展的增长"。参见黄宗智《长江三角洲的小农家庭与乡村发
展》，中华书局 1992 年版，第 11～12 页。
　　⑦ 中央文献研究室：《陈云文选》（第 3 卷），人民出版社 1995 年版，第 182 页。

2.14 亩①，减少了 61%。在人均耕地减少的情况下，追求粮食产量增长的战略决定了农林牧副渔五业并举的发展方针难以落实，中国农业结构调整缓慢，其他生产及经济作物的比重提高缓慢，降低了农业结构效率。由于改革开放前国家人口政策的失误，1952～1978 年，中国总人口由 5.7 亿多增加到 9.6 亿多，人均粮食占有量年均增长 1 千克多，对农业和整个国民经济的发展产生了重大影响。在集体农业存续期，中国处于短缺经济阶段，为解决吃饭穿衣问题，缓解农产品供给短缺的压力，国家高度重视农产品的使用价值，对农业生产实行计划体制。集体组织在计划体制下，缺乏农业生产活动市场交易的份额和机会；上级的命令轻视了农产品的经济价值，重视了农业生产中物化劳动的消耗，轻视其活劳动消耗，更忽视了生产队和社员对农产品的占有和消费。集体组织的这种经营特点制约了生产队和农民收入的提高，阻碍了农村经济发展。农业集体组织建立了以粮食生产为中心，种植业比例居高不下、结构单一的农业生产体系。在这种体系下，农业生产要素的配置被强扭在集体组织内部自我循环。中国耕地少，但拥有相对较多的丘陵、山地、林地、草原、水面及丰富的劳动力资源，农业集体组织中的农民在耕作范围内有着丰富的农作经验，但在服从国家粮食自给的政策安排下，一些不适宜发展粮食生产或适宜于牧、副、渔生产的山区、渔区被迫违背因地制宜的原则，盲目砍伐森林开荒种地或围水种田②，导致了水土流失和泄洪能力的下降。同时，农作物在同一土地上长期的单一栽培导致了土壤肥力的下降。对农业资源实行的掠夺式经营，使得丰富的农业自然资源得不到合理开发利用。相反的是，这类地区粮食增产不多，农业多种经营深受影响。单一的种植业结构违背了农业生产经营的特点和规律，恶化了农业可持续发展的生态条件③。因此，改革开放前，中国农业抵御自然灾害的能力脆弱。

（五）工农业差距扩大、农民收入滞涨与生活改善缓慢

---

① 数据见中华人民共和国计划司：《中国农村统计大全》（1949—1986），农业出版社 1989 年版，130～131 页。

② "文化大革命"时期，全国湖泊水面减少达 2000 万亩。参见李宗植等《中华人民共和国经济史》（1949—1999），兰州大学出版社 1999 年版，第 272 页。

③ 参见李成贵《中国农业结构的形成，演变与调整》，《中国农村经济》1999 年第 5 期，第 18～19 页。

近代以来，随着工业化的开展，工农业产品交换活动中出现了剪刀差现象，农民收入和生活受到了冲击。新政权建立之际，一批共产党人希望扭转自 20 世纪 30 年代以来中国工农业产品价格剪刀差加剧的趋势。他们认为，禁止粮食自由贸易，对农民是有害的①。要保障农民的最低生活，恢复农民的生产力和购买力，"就要尽量缩小或停止扩大工业品与农产品之间的剪刀差"②。党和国家领导人认为胜利来自农民的支持和帮助，农民承担了国家财政收入的 41.4%，许多的税收如盐税、货物税、屠宰税也要转嫁到农民身上③。由于中国工业落后，"农民大概还要拿出收入的百分之二十左右作为负担"④。1950 年，农业税在国家财政收入中的比重高达 39%⑤，占粮食总产量的 12.3%；1951 年占粮食总产量的 14.5%，1952 年下降为 13.2%⑥，农民税收负担居高不下。同期，国家提高了农产品收购价格，以 1950 年为基数，1951、1952 年农产品收购价格总指数分别为 119.6 和 121.6，而农村工业品零售价格总指数分别为 110.2 和109.7，农民用同样数量的农产品换取的工业品有所增加。据统计，两年内农民通过出售农产品和购买工业品"增加净收益 27 亿元"⑦。共产党人认为，伴随着城市领导农村体制的建立，要"由城市领导农村来发展生产，改善农民生活"⑧，农民必须依靠城市工业的发展来改善生活。1953年 10 月，中国决定实行农产品统购统销政策。中央领导人认为农民不了解工人的劳动产值比农民大，工业劳动比农业劳动紧张，"生活水平高于农村等情况"⑨，不能简单地拿农民每人每年平均所得和工人比较，间接地解释了工人农民收入存在差距的原因。因此，农业生产水平和农民生活

---

① 陈云在 1949 年 8 月指出："凡禁止粮食自由贸易的地方，农民的粮食就不能卖到高的价钱，而城市因粮食贵，工业产品成本提高，引起工业品价格上涨，使工农业产品价格的剪刀差扩大。"参见中央文献研究室《陈云文选》（第 2 卷），人民出版社 1995 年版，第 14 页。

② 邓子恢：《邓子恢文集》，人民出版社 1996 年版，第 244 页。

③ 周恩来在 1949 年 12 月指出："农村负担占国家财政收入的百分之四十一点四，城市负担占百分之三十八点九，而实际上许多税收如盐税，货物税，屠宰税等，很多还是要转嫁到农民身上的。"参见中央文献研究室《周恩来选集》（下），人民出版社 1984 年版，第 6 页。

④ 同上书，第 5 页。

⑤ 数据参见笔者《中国当代农业政策史稿》，中国农业出版社 2007 年版，第 21～22 页。

⑥ 数据参见李成瑞《中华人民共和国农业税史稿》，财政出版社 1959 年版，第 113 页。

⑦ 《当代中国的农业》编辑部：《当代中国的农业》，当代中国出版社 1992 年版，第58 页。

⑧ 中央文献研究室：《周恩来统一战线文选》，人民出版社 1984 年版，第 161 页。

⑨ 中共中央文献研究室：《建国以来刘少奇文稿》（第 5 册），中央文献出版社 2008 年版，第 356 页。

水平的提高"主要依靠农民自己的辛勤劳动"①。国家通过农副产品收购价格调整，适当地提高了农副产品收购价格，缩小了工农业产品价格剪刀差。1953～1957年，农副产品收购价格（以1950年为100）的总指数由132.5上升到146.2，显著高于同期农村工业品零售价格总指数由108.2上升到112.1的速度②。但在农村推行农产品统购统销政策后，出现了部分农产品收购价低，返销价高的现象，"农民低价卖猪，高价买肉"，低价卖油料，高价买油，山区的农产品运不出来，"收购价格低，农民收入很少"③。农民的不满也被认为是社会主义经济同小农经济自发习惯之间的矛盾。同时，国家也降低了农业税。1954年，"农业税在预算中的比重由13.48%，下降到13.43%"。1955年国家预算来自农民（包括合作社）的农业税收入28亿元，公粮征收数量仍维持1952年的水平，在预算中的比重同1952年比较，"由14.23%下降为11.76%"④。总之，中国在工农业品的交换方面采取了"缩小剪刀差，等价交换或者近乎等价交换的政策"⑤。虽然有部分商品的涨价增加了农民的支出，但国家对农产品的收购价格略有提高，基本上稳定了工农业产品的销售价格，兼顾了国家和农民的利益，较好地处理了国家同农民的关系。到1958年，中国工农业产品价格剪刀差恢复到了1936年的水平。

人民公社化后的20余年间，中国城乡二元经济社会结构逐步强化，农业在国家工业化继续高速发展的背景下，与工业的差距进一步加剧，城乡居民实际收入的比率逐年扩大。农民在集体组织中获得的收入没有与工业化的高速度同步增长，生活改善缓慢。"一五"期间（1952～1957年），中国工业总产值计划增长98.3%，年均递增14.7%，而农业及副业总产值增长23.3%，年均递增4.3%⑥；"二五"期间（1957～1962年），国家仍计划"工业总产值将增长一倍左右"，"农业总产值将增长百分之

---

①　中共中央文献研究室：《建国以来重要文献选编》（第10册），中央文献出版社1994年版，第635页。

②　参见笔者《中国当代农业政策史稿》，中国农业出版社2007年版，第90页。

③　中共中央文献研究室：《建国以来重要文献选编》（第9册），中央文献出版社1994年版，第292，293页。

④　中国社会科学院等：《中华人民共和国经济档案资料选编》（农业卷，1953—1957），中国物价出版社1998年版，第56，57页。

⑤　中共中央文献研究室：《毛泽东文集》（第7卷），人民出版社1999年版，第30页。

⑥　数据见中共中央文献研究室：《建国以来重要文献选编》（第6册），中央文献出版社1993年版，第418～419页。

三十五左右"①；"三五"期间（1966～1970年），中国计划工业总产值
"平均每年增长百分之十左右"，农业总产值"平均每年增长百分之五左
右"②；"四五"期间（1970～1975年），农业总产值年均增长 4.0%，工
业总产值年均增长 9.1%；"五五"期间（1976～1980年），农业总产值
平均增长 5.1%，工业总产值年平均增长 9.2%。从这组工农业增长率的
数据中，我们明显地发现，1952～1980年的 28 年中，中国工业总产值增
长了 18 倍，年均增长 11.1%，重要工业品产量在世界的排位直线上升。
农业总产值按 1957 年不变价格计算，1952～1970 年间由 417 亿元增加到
716.30 亿元，按 1970 年不变价格计算，1975～1979 年间，由 1202.40 亿
元增加到 1386.30 亿元。以 1952 年为基数 100 计算，到 1980 年增加到
224.9③，增长了 2.249 倍。18 倍与 2.25 倍的工农业增长率的差距表明了
国家采取了工农业非均衡发展战略。虽然国家一再要求要解决产粮区和商
品粮集中产区农民贡献大、收入低的问题，"适当提高粮食和一部分经济
作物的收购价格"④，降低农业生产资料销售价格，使工农业产品的比价
逐步趋于合理，缩小工人农民的收入差距。尽管国家对农业的投资不断增
多，稳步提升了农产品的收购价格，征收的农业税呈逐渐下降趋势，农民
人均纯收入也呈上升趋势，但由于工业生产率明显高于农业生产率，中国
工业品价格下降速度并没有与工业化水平提升的速度一致，农民继续使用
高价工业品。农产品统购统销政策的实施，制约了农产品价格增长的空
间，工农业产品价格剪刀差进一步扩大了，集体农业组织的农业产值难以
提高。在工农业产品价格剪刀差政策下，集体组织生产的许多农产品利润
很低，甚至赔钱。1977 年，农民种植水稻每亩仅有 6 元收益，"种植玉米
和油菜则意味着每亩会亏损 11.4 元"⑤，无法获得正常利润。在计划经济
条件下，农业产值提高极其有限，农民收入主要来自集体组织的粮食生

---

① 中央文献研究室：《建国以来重要文献选编》（第9册），中央文献出版社 1994 年版，第 185 页。

② 中央文献研究室：《建国以来重要文献选编》（第18册），中央文献出版社 1998 年版，第 521 页。

③ 数据见国家统计局农村社会经济调查司：《中国农业统计资料汇编》（1949—2004），中国统计出版社 2006 年版，第 30，31 页。

④ 中央文献研究室：《建国以来重要文献选编》（第20册），中央文献出版社 1998 年版，第 363 页。

⑤ Chris Bramall（克里斯·布拉莫尔）：《中国集体农业再评价》，http://wen.org.cn/mod-ules/article/view.article.php/3476。

产。更由于集体组织的产业结构和经营单一化，粮食增产没有给农民带来增收，集体组织还限制农民的家庭副业活动以及外出劳动的机会，导致了农民非农劳动收入的相对比重甚至绝对水平的下降，农民收入滞涨与生活改善缓慢就成为了必然。据统计，1957～1976 年，全国农民人均粮食占有量、人均纯收入和人均消费水平没有实质性改进。1976 年，人均收入 60 元以下的生产队达 38%，50 元以下的达 27%，40 元以下的达 16%。同期，农民人均粮食占有量比 1957 年减少 4 斤，旱粮产区人均 300 斤以下的生产队占 19%，水稻产区人均 400 斤以下的生产队占 18%，全国约有 1.4 亿农民处于半饥饿状态[1]。据典型调查数据推算，1954～1978 年，农民人均日摄取热量由 1985 千卡上升到 2215 千卡，脂肪由 26.3 克增加到 31 克，蛋白质由 51 克提高 57.6 克，"但与人体营养素的需要量相比分别低了 7%、52% 和 23%"[2]。大部分农民生活中的恩格尔系数[3]长期高达 60% 以上，生活处于贫困线以下，长期未能摆脱贫困状态，始终面临巨大的生存压力，毛泽东期望农民在农业集体组织中实现共同富裕的愿望没能实现。1978 年以后，国家领导人就此指出，不逐步改善八亿农民的生活，"我们的政权是巩固不了的"。十余年来，"农民从集体分得的平均收入几乎没有什么增加"[4]，"我们的'剪刀差'是很大的"[5]，工业品的相对价格高，表示要在中国进行农业改革。

---

① 数据见肖冬连：《崛起与徘徊——十年农村的回顾与前瞻》，河南人民出版社 1992 年版，第 22 页。

② 国家统计局农调总队：《中国农村住户调查年鉴》（1992），中国统计出版社 1993 年版，第 169 页。

③ 恩格尔系数（Engel's Coefficient）由 19 世纪德国统计学家恩格尔创立，指食品支出总额占个人消费支出总额的比重。

④ 中央文献编辑委员会：《李先念文选》（1935—1988），人民出版社 1989 年版，第 339，347 页。

⑤ 万里：《万里文选》，人民出版社 1995 年版，第 200 页。

第三篇

改革开放以来中国的农业思想与实践

　　20 世纪 80 年代以来中国在集体农业框架内恢复家庭经营，启动了农产品统购派购制度和农业科技及财政投入政策的改革，促进了乡镇企业发展，改善了制约中国农业发展和农民生活改善的外部环境。改革的实践为中国农业思想的创新奠定了坚实基础。中国共产党历届领导集体就经营体制、计划与市场、工业与农业等重大问题进行了探索实践，逐渐形成了以家庭经营为基础、企业为龙头、合作经济组织为纽带的农业社会化，所有权与经营权分离及流转、管理和保护的农地制度，可持续发展的农业科学技术，提高农民素质和能力，工业反哺农业的农业思想，推动了中国农业的快速发展。

第六章　80 年代农业思想的实践与创新

　　20 世纪 80 年代中国的农业改革有着深刻的社会背景。农民为改变生存现状，共产党人为改善农民生活，为提高农业生产水平而进行的探索推动了以邓小平为代表的领导集体关于农业思想的创新。他们关于中国农业思想的实践赢来了农业发展的良好时机，为经济发展和社会进步奠定了坚实的基础。

第一节　中国农业改革的历史准备与社会背景

　　改革开放前，在追求国家工业化的前提下，中国农业建立了以土地公有为基础的农业集体所有制，实行了以集体劳动为特征的集体经营制度。农业集体经营制度使农民失去了生产的自主与生活的自由，抑制了生产劳动积极性，延缓了农村商品经济和农民摆脱贫困的步伐，背离了毛泽东终生追求的实现生产发展、农民脱贫致富的社会主义农业的发展目标。

一　历史准备

　　毛泽东农业集体经营思想在实践中存在的矛盾、国家农业政策实践效果的不理想成为了 80 年代中央领导集体创新农业思想的起点。农业增长缓慢、农民生活改善滞后的危机成为了中国农民在集体农业经营体制下追求包产到户的不竭动力。以邓小平为代表的领导群体自 20 世纪 50 年代以来，不断地思考中国农业发展涉及的经营体制、计划与市场、工业与农业等重大问题，为中国农业思想的创新提供了充足的理论与实践储备。

　　（一）农民和基层干部对包产到户的追求

　　从农业合作化运动开始到改革开放前，如何在农业集体经营的框架中改善管理制度，充分调动农民的生产劳动积极性成为了农民和基层干部探索的首要问题，是党内争论的焦点。

从建立互助组开始，农业集体劳动就出现了如何管理和分配的问题。初级社建立后，中央高层推崇的工分制，由于评工记分的繁琐与社员劳动和收入不能直接挂钩，难以提升社员的责任心。为了建立人人负责的集体劳动管理制度，部分初级社试行了以包工、包产为特征的生产责任制。中央农村工作部负责人邓子恢高度重视初级社的劳动管理问题，提出农业集体组织应建立以包工包产为主要形式的生产责任制，强调合作社要"规定一些制度，编好劳动定额，包工包产"①。1956 年春到 1957 年春，全国农村出现了农民和基层干部试图解决高级社集体劳动管理问题的探索。一部分深知集体劳动管理困难的农民和基层干部突破了包工、包产到队、到组的集体责任制，将土地、产量和劳动包到家庭，克服了包工、包产到队、到组后社员只顾赚工分而不关心劳动质量的弊端，极大地调动了农民的积极性，在农业集体经营组织中首次出现了包产到户责任制。四川江津*、广东中山和顺德、安徽芜湖等地的合作社，实行"包产到户，地跟人走"的责任制，江苏盐城实行"分户田间管理责任制"，广西环江推行"三包一奖"，"小作物下放到户"的办法，浙江永嘉燎原社实行"三包到队，责任到户，定额到丘，统一经营"的制度。江苏江阴，湖北宣恩，河南沁阳、临汝等地的一些合作社也实行了包产到户。在这些探索中，燎原社的责任制最具包产到户特色，有"六好"、"六高"、"八多"、"五少"*的优点。永嘉县委副书记李云河发表《"专管制"和包产包户是解决社内主要问题的好办法》，肯定了包产到户。1957 年 9 月，中央在《关于做好农业合作社生产管理工作的指示》中，要求生产队建立生产责任制，可以分别推广"'工包到组'，'田间零活包到户'的办法"②。但浙

---

　　① 邓子恢：《邓子恢文集》，人民出版社 1996 年版，第 444 页。

　　* 现属重庆市。

　　* 六好指"责任清楚好，劳动质量好，大家动脑好，干群关系好，记工方便好，增产可靠好"；六高指"农活质量高，粮食产量高，学技术热情高，劳模威信高，人人负责觉悟高，社员出勤率高"；八多指"增积土肥多，毛猪养得多，学技术的多，千斤田增多，勤劳人增多，关心生产的人多，和睦团结多，勤在田头的人多"；五少指"工减料的少了，懒人少了，装病的少了，误工浪费的少了，放掉农业出去搞副业的人少"。见陆学艺《联产承包责任制研究》，上海人民出版社 1986 年版，第 34 页。

　　② 中央文献研究室：《建国以来重要文献选编》（第 10 册），中央文献出版社 1994 年版，第 558 页。

江永嘉县包产到户责任制的探索从一开始就引发了争论。在所有制决定社会经济性质理论的影响下，把集体经济与家庭经营对立，原本属于生产经营方式的包产到户被认为会使合作社变质和解体，是资本主义思想的反映。争论中，对主张和赞成包产到户的人进行了残酷斗争、无情打击，倡导包产到户的永嘉县委书记李桂茂和副书记李云河被划为右派，派驻燎原社的戴洁天开始了劳改生涯。广西环江县委书记王定也因此被开除党籍、公职并被劳动教养。这是包产到户责任制的第一次试验。

1959 年春，中央在人民公社整顿的过程中要求在生产小队同生产队的生产和分配关系上实行三包一奖（即包工、包产、超产奖励和包成本），建立任务到队，管理到组，"措施到田，责任到人，检查验收"①的集体和个人责任制。5~7 月，河南、江苏、湖南、湖北、陕西、甘肃等省的许多农民和基层干部为了应对日益严重的生存危机，在进行农业集体组织生产管理制度改革时冲破了这一规定。尽管各地做法不尽一致，但都体现了包产到户的特点。把全部农活包到户，取消或基本取消集体劳动；把土地、车马、农具按劳动力固定到户；实行部分或全部农作物包产到户；实行定产到田、超产奖励，直接把土地包给农户经营。部分干部为这一轮包产到户的探索找到了更充分的实践依据和理论依据，认为实行包产到户，"省工、质量好、做活多"，合乎多快好省的原则，能"真正体现按劳付酬的政策"，是"生产管理的新发展"，"不影响所有制，是方法问题"，可以"提高农民的生产积极性"②，主张将包产到户长期固定下来。1959 年夏天召开的庐山会议中断了对"大跃进"和公社化运动"纠左"的进程，包产到户被认为是分散经营，是涉及生产关系变革的重大的政治问题，是社会主义与资本主义两条道路、两种所有制的斗争。包产到户受到了严厉批判而强行中止，这是包产到户责任制的第二次试验。

1961 年春到 1962 年底包产到户再次在全国不少地方不同程度地实行了起来。中共安徽省委第一书记曾希圣在安徽主持了田间管理责任制加奖励的试验，即在生产资料公有、生产队统一经营的条件下，由社员承担农作物田间管理责任，要点是"包产到田，责任到人"，实行超产奖励、减

① 中央文献研究室：《建国以来重要文献选编》（第 12 册），中央文献出版社 1996 年版，第 49 页。
② 徐勇：《包产到户沉浮录》，珠海出版社 1998 年版，第 71 页。

产受罚。毛泽东基于农村的严峻形势，对安徽的试验采取了勉强默许的态度。1962 年初，安徽实行责任田的生产队达到全省生产队总数的85.4%①。同期，四川、广东、广西、湖北、河南、甘肃、浙江、福建、河北、湖南、陕西、贵州、山西和东北三省都出现了各种形式的包产到户。据估计，1960～1962 年，自发试行包产到户、到组的社队约占全国社队的 20%②。毛泽东认为，集体农业实行以生产队为基本核算单位后，就需要终止包产到户的试验。中央指出，个别地方出现包产到户和变相单干的做法都是"不符合社会主义集体经济的原则的"，要逐步"引导农民把这些做法改变过来"③。1962 年 1 月 11 日至 2 月 7 日，中央召开的七千人大会认为安徽的责任田将引导农民走向单干，全国开始纠正包产到户的实践。8 月，中央北戴河会议集中批判了"黑暗风"、"单干风"、"翻案风"。毛泽东在 9 月召开的中共八届十中全会上从阶级斗争的高度批判了包产到户。会后，包产到户这一受到广大农民和基层干部欢迎的集体农业生产经营管理制度的改革第三次终止。

从此以后，包产到户仅在 1964 年的云南、贵州和 1970 年的福建、江西、广东等省的边远地区零星出现，在理论和实践方面成为了禁区。

五六十年代，中国农民在众多的集体农业生产责任制中对包产到户情有独钟，农村基层干部积极推动的直接原因是包产到户克服了生产劳动管理制度方面不可治愈的弊端，能够调动农民生产积极性，提高集体农业的农作物产量，增加农民口粮分配的数量。农民具有发展家庭副业增加收益的时间和机会，在物质利益增加的同时，还获取了集体劳动后的身心"自由"。包产到户在实践中适应了农业生产力水平，将社员个人劳动的数量与质量有机统一，将统一经营与分散经营相结合，克服了工分制、包工包产到队到组责任制的弊端。总之，包产到户的经济绩效和制度机理是农民和农村基层干部创造并选择它的不竭动力。

（二）以邓小平为代表的领导群体对中国农业发展问题的思考

改革开放前，邓小平、陈云、李先念等人在党和国家的重要岗位上参

①　数据见中华人民共和国国家农业委员会办公厅《农业集体化重要文件汇编》（下），中共中央党校出版社 1981 年版，第 562 页。
②　数据见杜润生《中国农村改革决策纪事》，中央文献出版社 1999 年版，第 8 页。
③　中央文献研究室：《建国以来重要文献选编》（第 14 册），中央文献出版社 1997 年版，第 767 页。

与了农业及相关领域的系列工作，认可了毛泽东关于农业是工业乃至国民经济发展基础的观点，但在认识和处理农业生产力与农业生产关系相适应的具体问题上采取了实事求是的态度。

首先，他们树立了农业是工业和国民经济发展基础的观点。随着国家工业化的开展和社会主义改造的完成，陈云在 1957 年 1 月指出，1954 年和 1956 年的农业歉收导致了次年工业生产、财政收入和基建投资的下降。在今后相当长的时期内，"农业对经济建设规模的约束力是很大的"。在狂躁的"大跃进"时期，他务实地指出，不管 1959 年粮食增产与否，中国粮食还没过关。"粮食定，天下定；粮食紧，市场紧"。60 年代初，他深有体会地强调农业是国民经济的基础，农村能有多少剩余农产品进入城市，"工业建设以及城市的规模才能搞多大"。农业好转了，工业和其他方面才会好转。今后几年基本建设和城市人口的规模"都要根据农业首先是粮食增产的速度来决定"，农业生产恢复的快慢"直接关系到工业生产恢复的快慢"。农业问题是"全国的大事"①，是关系整个社会主义建设的大事。邓小平也强调，争取国民经济根本好转要从恢复农业着手。农业搞不好，工业就没希望，吃、穿、用的问题也解决不了。在今后一定时期内，工作的重点"必须按照以农业为基础的方针"②，适当解决低水平的吃、穿、用的问题；1973～1975 年，他继续强调实现四个现代化的关键是农业现代化。在发展工业的时候，首先要确立以农业为基础、为农业服务的思想。工业支援农业、促进农业现代化是工业的重大任务。工业区、工业城市"帮助农村发展小型工业，搞好农业生产"，搞一些机械化养鸡场、养猪场，一方面能增加农民收入，另一方面能改善城市的副食品供应，"这是个加强工农联盟的问题"。他告诉四川的领导人，"工业越发展，越要把农业放在第一位"③，要狠抓农业，使国民经济逐渐走向恢复。邓小平、陈云等人的这些认识为 1978 年以后的中央领导集体创新农业思想奠定了坚实基础。

其次，他们在对农业集体组织中的自留地与包产到户的调研中，产生

---

①　中央文献研究室：《陈云文选》（第 3 卷），人民出版社 1995 年版，第 55～56，125，163，194，194，194 页。
②　中央文献编委委员会：《邓小平文选》（第 1 卷），人民出版社 1994 年版，第 335 页。
③　中央文献编委委员会：《邓小平文选》（第 2 卷），人民出版社 1994 年版，第 28，29，29 页。

了改革农业经营体制的认识。自高级社建立开始，陈云主张农村中的副业生产应由社员分散经营。"一切归社经营的现象必须改变"，才能增产各种产品，适应市场需要，增加社员收入。在人均占地比较多的地方，在不影响主要农产品生产的前提下，应"考虑让社员多有一些自留地"，让农民种植饲料和其他作物来养猪，增加副业产品。60 年代初期，陈云看到家乡农民自留地的产量高于生产队的现象时，总结了农民种自留地可以补充口粮，便于养猪积肥，可以种点蔬菜满足自己的需要，可以赚点零用钱，利于恢复和发展竹园等五大好处。陈云认为，按中央规定给社员留足自留地，"决不会妨碍集体生产"①，相反会促进集体生产的发展，再加上包产落实、超产奖励等措施，增强了农民对集体的信心；陈云、邓小平等人在包产到户面临何去何从的关键时刻赞同了农民的实践。陈云在 1961 年表示，应当允许安徽搞包产到户的试验，1962 年向毛泽东面谈了分田到户的建议，"觉得个人搞积极性高一点"②。邓小平则在 1962 年 7 月指出，解决农业自身的问题主要从生产关系上入手，要把农民的积极性调动起来，使农民能够积极地发展生产。现在以生产队为核算单位的地方实行"责任到田"、"五统一"等"各种形式包产到户的恐怕不只是百分之二十"，这是一个大问题。他以生动形象的"猫论"坚持了生产力标准，回应了对包产到户的争论。他认为，农业生产关系"不能完全采取一种固定不变的形式"，为了能够较快地恢复和发展农业生产，集体化的农民"愿意采取哪种形式，就应该采取哪种形式"。还有的可能是"有些包产到户的，要使他们合法化"③。总之，集体农业的生产关系要灵活多样，要采取遵从农民意愿的态度。

由于党内存在着对社会主义农业发展道路及制度的不同理解，毛泽东的农业集体经营思想占据着领导地位，包产到户在传统社会主义理论中找不到相应的支撑，也有悖于国家工业化的战略部署，没能取得全党特别是最高决策者的认同。在包产到户问题上，农民和农村基层干部的坚守与中央高层的反对成为了农业走资本主义道路还是走社会主义道路的矛盾焦点。双方缺失相互牵动和相互影响，使得包产到户三起三落。尽管邓小

---

① 中央文献研究室：《陈云文选》（第 3 卷），人民出版社 1995 年版，第 8，8，186 页。
② 中央文献研究室：《陈云年谱》（下），中央文献出版社 2000 年版，第 120 页。
③ 中央文献编辑委员会：《邓小平文选》（第 1 卷），人民出版社 1994 年版，第 323，323，323，324 页。

平、陈云等人从农业恢复、调动农民生产积极性入手，提出了支持自留地与包产到户的观点，但还没有明确自留地和包产到户的实践有利于在集体农业中形成土地集体所有、社员个体经营，社员与集体、国家分割经营收益的农业经营体制，进而提出对人民公社体制的否定意见。他们的深入调研和深刻思考展现了实事求是、解放思想的精神，为1978年前后再次支持农民和农村基层干部对包产到户的探索奠定了坚实基础。

最后，他们在对统购包销制度和集体农业副业生产的研究中，产生了对发展农业的计划与市场手段的辩证认识。1953年中国农村推行的农产品统购包销制度，抑制了农村集市在农产品流通中的正常作用。1955年4月，为缓和城乡商品流通的紧张局面，李先念提出要加强对商业工作的领导，在农村以供销合作社为主，负责恢复农村集市，使农民能"出卖完成国家统购任务后的多余产品和其他产品"①，互通有无，调剂供需。农业和工商业社会主义改造的快速推进，进一步地影响了农村商业的发展。陈云在1956年6~10月，针对农村商业发展中的问题，对发展农业的计划与市场手段提出了新的认识。他指出，在社会主义计划经济许可的范围内，既要实行计划经济，管好市场，反对投机，"又不要把市场搞死"②，实行一定程度的农产品自由推销就是自由市场。农村中的许多副业只有"让社员分散经营"，才能增产各样产品、适应市场需要，增加社员收入。放宽农村小土产的市场管理，"改变对某些部门计划管理的方法"，国内市场绝不会退回到资本主义的自由市场。因此，计划经济是农业生产的主体，在国家计划许可的范围内按市场变化进行的自由生产"是计划生产的补充"。农村开放小土产自由市场，尽管会出现一些商品价格上涨的现象，但农民可以恢复和发展生产，"城乡的交易活跃了，城乡的物资供应充足了"，"第一个占便宜的还是大城市"，还能够对商品流通的行政区划体制进行改革。60年代初，陈云认为可以恢复一定范围内的自由市场，"对促进生产是有利的"。调整国民经济的年度计划，"首先就要安排好农业和市场"。为了农业，

---

① 中央文献编辑委员会：《李先念文选》（1935—1988），人民出版社1989年版，第183~184页。

② 中央文献研究室：《陈云文选》（第2卷），人民出版社1995年版，第335页。

"其他的方面'牺牲'一点，是完全必要的"①。邓小平也认为，恢复农业"还要解决市场和物价问题"，在农村搞好供销合作社有利于交易，"可以组织和促进生产，增加市场供应，使农民增加收入"②，高度重视市场在国民经济和农业恢复中的重要作用。

　　总之，改革开放前，陈云、李先念和邓小平等人积淀了对中国农业发展规律的基本认识。这些认识包括了农业生产关系要适应农业生产力水平的客观规律，在政策上真正处理好工业和农业、城市与农村的辩证关系，尊重农民的意愿和经济利益，重视商品经济和价值规律，通过农业生产管理制度的改革来体现按劳分配原则，调动农民的生产劳动积极性。他们的这些认识虽然没有能够成为党内的主流观点和政策决策，但对 1978 年前后在集体农业组织中实行承包制、改革农产品统购包销制度、重视市场作用提供了弥足珍贵的认知。

二　社会背景

　　"文化大革命"结束前后，中国逐渐形成了以邓小平为代表的中央领导集体。他们肩负着领导国家现代化，振兴国民经济的重任。探索城乡二元经济社会矛盾的解决成为了他们创新农业思想的社会背景。1978 年，党开展的"实践是检验真理的唯一标准"的讨论，恢复了实事求是的思想路线，解放了人们的思想，成为了他们创新农业思想的伟大动力。

　　（一）城乡二元经济社会的尖锐矛盾

　　改革开放前，中国面对封锁的国际政治经济环境被迫采取工业优先发展战略，工业生产基本上保持着两位数的年均增长速度，中国农业在国民经济中的比重稳步下降。在工业高速增长的同时，国家采取农业计划经济体制、集体经营和城乡分离的经济社会管理制度，造成了中国农业面临产业结构不合理，发展后劲不足的严重局面。农业集体经营规模报酬递减趋势明显，农民劳均产出增长缓慢，生活改善极其有限，城乡二元经济社会矛盾突出。据统计，1956 ~ 1978 年典型农户人均纯收入水平增加到

---

　　① 中央文献研究室：《陈云文选》（第 3 卷），人民出版社 1995 年版，第 8，13，13，23，23，197，209，210 页。
　　② 中央文献编辑委员会：《邓小平文选》（第 1 卷），人民出版社 1994 年版，第 326，327 页。

133.57 元①，年均仅增加 2.9%。1978 年中国农民家庭恩格尔系数约为 68%②，农业集体经济组织中的"社员超支户占总户数的三分之一"③，尚未解决温饱问题的农民高达 2.48 亿。在自然经济条件较差的地区，一些农民食不果腹、衣不蔽体，遭遇自然灾害后被迫逃荒要饭。针对农民的生活困难，万里*在 1977 年 11 月指出，农民为中国革命和建设作出过巨大贡献，"我们一定要想农民之所想，急农民之所急"④。1978 年底到 1979 年初，陈云强调农民有了粮食，棉花、副食品、油、糖及其他经济作物都好解决。"要先把农民这一头安稳下来"，就稳定了大多数，因为农民占总人口的 80%。解放 30 年了，"不少地方还有要饭的，这是一个大问题"，"如果老是不解决这个问题，支部书记会带队到城里要饭"⑤，会影响整个国家的安定。

　　1952～1978 年，中国工业化水平得以提高，建立了比较完整的国民经济体系，但城市化、劳动力非农化发展水平低，没有实现工业化与劳动力非农化的同步发展。据世界银行公布的数据显示，1978 年中国人均 GDP 155 美元，相当于世界平均水平的 4.44%⑥；城市化率为 18.72%⑦，低于世界平均水平 27.92%；第三产业也低于世界平均水平 23%⑧。城乡人口比 1952 年为 12.5 : 87.5，到 1978 年没有变动⑨。1980 年非农化率高达 68.7%⑩，高于世界非农化水平 44.16%，城市化发展相当缓慢。中国作为农业大国，1952 年农民占劳动者的比重为 83.5%，到 1978 年仍然有 70.2% 的劳动力从事农业⑪。1952～1978 年，中国城乡居民人均收入

　　①　数据见国家统计局《中国统计年鉴》(1981)，中国统计出版社 1982 年版，第 431 页。

　　②　数据见联合国数据库，http: //esa. un. org/unpd/wpp/Excel—Data/population. htm。

　　③　中华人民共和国国家农业委员会办公厅：《农业集体化重要文件汇编》(下)，中共中央党校出版社 1981 年版，第 950 页。

　　*　时任中共安徽省委第一书记。

　　④　万里：《万里文选》，人民出版社 1995 年版，第 102 页。

　　⑤　中央文献研究室：《陈云文选》(第 3 卷)，人民出版社 1995 年版，第 236，250，250 页。

　　⑥　数据见世界银行数据库，http: //www. worldbank. org. cn/Chinese/。

　　⑦　数据见世界银行数据库，http: //www. worldbank. org. cn/Chinese/。

　　⑧　数据见世界银行数据库，http: //www. worldbank. org. cn/。

　　⑨　国家统计局：《中国统计年鉴》(1981)，中国统计出版社 1982 年版，第 89 页。

　　⑩　该指标自 1980 年开始统计，指农业劳动力在总的劳动力人口中所占的比例。数据见世界银行数据库，http: //data. worldbank. org. cn/。

　　⑪　数据见国家统计局农村社会经济统计司《中国农村统计年鉴》(1993)，中国统计出版社 1993 年版，第 36 页。

差距和消费水平差距呈扩大趋势，长期维持在 2～3 倍之间。1978 年，中国工业总产值按当年价格计算，占社会总产值的 59.4%，占工农业总产值的比重高达 72.2%①，农业总产值占工农业总产值的比重为 27.8%，中国工业成为了国民经济的中坚力量和主导产业。中国经济进入经济规模报酬递增阶段，跨越了再陷贫困的转折点。

在这种背景下，中国工业优先发展战略开始受到领导人的质疑，解决城乡二元经济社会矛盾，改善农业发展条件，解决农民生存危机，实现工农业和城乡产业共同发展，全面推进工业化的时机基本成熟。

（二）思想解放的浪潮

20 世纪 70 年代末到 80 年代初，以邓小平为代表的领导集体敏锐地洞察到了时代主题由战争与革命向和平与发展的转化，观察到了国内在"文化大革命"结束后，广大人民渴望迅速恢复正常生产、生活秩序，祈盼国家经济迅速发展、摆脱贫困落后的心态。党面临着在思想、政治、经济等各个领域全面拨乱反正的重大任务，由于受错误方针的影响，急需在思想领域进行拨乱反正工作。

1978 年 5 月，南京大学哲学系胡福明《实践是检验真理的唯一标准》一文论述了实践第一、检验真理的标准是社会实践、任何理论都要不断接受实践检验、理论与实践统一等马克思主义基本观点。文章发表后引发了全国关于真理标准问题的大讨论。这场大讨论冲破了个人崇拜的思想禁锢，为党的十一届三中全会的召开做了重要的思想准备。1978 年 11 月 10 日到 12 月 15 日召开的中央工作会议原计划研究农业问题，经过激烈的讨论后，邓小平作出了《解放思想，实事求是，团结一致向前看》的讲话。他在讲话中强调必须抓住有利的国际环境，抛弃意识形态的争论，抓好经济建设中心，实现四个现代化要靠解放思想、实事求是。邓小平认为，只有解放思想、实事求是，我们才能根据中国的具体情况，确定四个现代化的"具体道路、方针、方法和措施"。如果一切从本本出发，"就要亡党亡国"②。他强调，民主是解放思想的重要条件，要使民主制度化、法律化，保障人民民主。在经济管理制度和方法上，要让生产队有更多的自主

---

① 数据见国家统计局工业交通物资统计司《中国工业经济统计资料》（1949—1984），中国统计出版社 1985 年版，第 1 页。

② 中央文献编辑委员会：《邓小平文选》（第 2 卷），人民出版社 1994 年版，第 141，143 页。

权，加强责任制，特别要克服官僚主义和瞎指挥的错误，充分发挥国家、地方、企业和个人的积极性，实行让一部分地区、企业和工人农民先富起来的政策。

1978 年 12 月，召开的十一届三中全会重新确立了马克思主义的思想路线、政治路线和组织路线。全会提出全党必须集中主要精力把农业尽快搞上去，逐步实现农业现代化，才能保证国民经济的快速发展，"才能不断提高全国人民的生活水平"①。为此目的，必须调动农民的生产积极性，充分关心其物质利益，切实保障其民主权利。根据这一指导思想，全会强调了以粮为纲，全面发展，因地制宜，适当集中的农业发展方针，社队多种经营不是资本主义的"异端"，是社会主义经济的附属和补充。全会提出了发展农业生产和提高农民生活水平的系列政策，同意将中共中央《关于加快农业发展若干问题的决定（草案）》和《农村人民公社工作条例（试行草案）》下发各省、市、区讨论试行。

万里在 1979 年 1 月强调，农业问题"要在工作重心转移、实事求是、解放思想、开动机器的精神下来解决"②。在这一认识下，万里领导了安徽的农业改革，安徽走在了中国农村改革的前列。党的十一届三中全会重新确立的思想路线"为农村改革提供了思想前提，创造了政治环境"③，共产党人表现出务实的作风，对中国现代化战略进行了新的审视，决定调整经济发展战略，改变从马克思主义书本理论出发、脱离国情的社会主义模式和建设思路，推进农业现代化发展。

1978 年前后在中国掀起的思想解放浪潮激发了广大农民前所未有的创造力，农民在集体农业制度中再次进行生产责任制的探索，农业多种经营和社队企业得到了蓬勃发展。思想解放的浪潮引起了党内高层对中国农业发展问题的思考，为逐渐解除长期困扰农业发展问题的思想束缚提供了先决条件，为党内认可和支持农民与基层干部进行农业生产责任制的探索提供了可靠的政治保证。党决定以调动农民生产积极性为抓手，改变农业政策的出发点，成为破解中国当代农业发展课题的基点，成为中国当代农业思想创新的理论先导。从此，国家主导的农业改革迈出了坚定步伐。

---

① 中央文献研究室：《十一届三中全会以来重要文献选读》（上），人民出版社 1987 年版，第 7 页。

② 万里：《万里文选》，人民出版社 1995 年版，第 111 页。

③ 中央文献编辑委员会：《江泽民文选》（第 2 卷），人民出版社 2006 年版，第 208 页。

第二节　80 年代农业改革的实践

20 世纪 80 年代，由政府主导的自下而上的农业改革缘于农民的自发行动和共产党人的理性选择。共产党顺应农民意愿，赋予农民经济政治权利，赞同农民在集体农业制度框架内对经营体制的改革，废除束缚农业发展的人民公社制度，启动农产品统购派购制度和农业科技和财政投入政策的改革。农民发展乡镇企业，打破制约农业发展和农民生活改善的外部环境，促进农业剩余劳动力的转移，展现了全景式的内容。改革的成功实践为中央领导集体实现中国当代农业思想的创新提供了鲜活的互动平台。

一　家庭承包制的推行

80 年代，农村基层干部和农民冒着风险在集体农业组织中探索了以包产到户为特征的家庭承包制，中央高层对家庭承包制的认可经历了艰难的过程。通过集体劳动管理方式与分配形式的改革，调动了农民的生产经营积极性，有效解决了集体的内部矛盾，迎来了 80 年代初期中国农业的发展和农民生活的改善。

（一）家庭承包制的建立

"文化大革命"结束之际，中国面临着农业的停滞与农民的贫困，怎样发挥农民的生产积极性和自主性？如何提高集体农业组织的劳动效率？集体农业组织的生产管理如何改革？集体组织在分配中怎样兼顾国家、集体和个人的利益？成为了共产党面临的重大课题。在党的领导层中出现了一批高度重视农业和农民问题的领导人，他们以务实的态度，探寻加速农业发展、改变农村面貌、改善农民处境的政策。安徽和四川成为了探索的先行者。

1977 年 6 月，万里鉴于安徽农民生活的艰难和农业集体组织内外因素的制约，经过三个多月的调查研究、酝酿讨论，决心解决安徽农村经济困难。11 月，安徽省委通过了《关于当前农村经济政策几个问题的规定》（以下简称"规定"）。该规定回答了解决农民生活困难的方法、农村工作的中心、如何认识生产队自主生产经营、能不能把集体土地让给农民开荒耕种等重要问题。其中心内容是提高社队粮食生产和自给水平，保障公粮任务上缴和农民口粮充足；主要精神是落实按劳分配政策，尊重生产队的自主权，减轻生产队和社员负担。规定要求慎重对待基本核算单位由生产队向大队过渡的问题，在粮食分配中兼顾国家、集体和个人利益；生产队可以实行定任务、定质量、定时间、定工分的责任制，把个别农活责任到人；可以搞多种经营，在完成国家任务后，社员经营自留地与正当的家庭副业的收获可以在集市出售。1978 年 2 月，四川省委也在大量调查研究的基础上，下发了与安徽省委规定类似的《关于目前农村经济改革的几个主要问题的规定》。中共安徽省委和四川省委的政策仍然是对人民公社管理体制的调整或放权让利，但都赋予生产队经营自主权。政策的颁布实施激发了广大农民和基层干部的生产积极性，一小片水面没有利用起来，一小块地没有种上东西，社员和干部们"就要睡不着觉，就要开动脑筋想办法"①，由此揭开了中国农业改革的序幕。

　　1978 年，安徽百年未遇的大旱激发了农民和基层干部在饥饿面前打破常规，突破包产到户的禁区。滁县地区实行了"借地度荒"，六安地区实行了"三包到底，责任到人"的实践。10 月 11 日，万里要求安徽干部坚持实践是检验真理的唯一标准，实事求是地领导农业生产，"只要符合客观情况的就去办，将来省委追认"。1977 年规定的包工到组、不联系产量，还是干好干坏一个样，"不可能调动群众的积极性"。滁县地区包产到组、以计工、联产计酬、责任到户、超产奖励的方法可以大胆试行，可以奖励到人、到组，可以包产到人、到组。因为所有制没有变，"出不了什么资本主义，没有什么可怕的"②。万里以敢于担当的勇气，把被界定为资本主义意识形态的包产到户降低到了解决农民生存困难的最低层次，成为了安徽农村推行包产到户的理论基石。12 月的一个冬夜，凤阳县梨园公社小岗生产队的 18 个农民冒着坐牢杀头的风险，秘密决定把土地包产到户，开始了改革农业生产体制的实践。

　　1978 年 12 月，中央工作会议的与会者们表达了对农业落后和农民贫困的不满，埋下了变革农村政策和农业体制的前提。党的高级干部在对农业技术原因的分析中，共同认为国家投入太少、技术条件落后、人地矛盾突出、产业结构不合理、对社队和农民挤压严重是中国农业落后、农民贫困的重要原因；与会者们触及了农业学大寨，公社政社合一的体制，基本

---

①　中央文献编辑委员会：《邓小平文选》（第 2 卷），人民出版社 1994 年版，第 146 页。

②　万里：《万里文选》，人民出版社 1995 年版，第 108～109 页。

核算单位的过渡，自留地、家庭副业、社员分配等长期以来在农业政策方面"天经地义"地体现意识形态的问题，并进行了广泛讨论。李人林认为，农业发展缓慢的主要原因是左的政策；谭震林认为各地情况不同，不能用大寨的"无产阶级政治挂帅"、"以阶级斗争为纲"，倡导共产主义风格、实行以大队所有制为核算单位的样板去指导农业；习仲勋认为，政社合一的公社体制混淆了本应分离的政府与经济组织的职能；铁瑛认为，政社合一产生了长官意志，集体所有制得不到尊重和保护，农民发展集体经济的积极性受到了伤害；陈伟达认为，基本核算单位由生产队向生产大队过渡产生了很大的副作用；彭冲认为，在自留地、家庭副业等政策上的言而无信是重要的教训。与会者们的这些分析，表明中央工作会议对毛泽东集体农业思想的实践进行了认真反思，触及了农业所有制结构、经营体制、农业发展的政治方向等方面存在的束缚[1]。但大多数与会者认为公社三级所有、队为基础的制度仍应坚持。胡耀邦在会上指出，如果在农业发展思想上存在框框，"必然要阻碍我们吃透农业上的一些根本问题"[2]。全会对中国农业问题的认识大体恢复到了 60 年代农业政策调整的思路。十一届三中全会原则上通过了《关于加快农业发展若干问题的决定（草案）》（以下简称《决定》）及《农村人民公社工作条例（试行草案）》。《决定》求真务实地指出了中国农业的落后状况，要求各地认真纠正农村工作中长期存在的"左"倾错误。《决定》表现了中央工作会议在农业发展问题上的不同意见，但也重要创新。如确定了党的农业政策的首要出发点是"调动我国几亿农民的社会主义积极性"，检验农业政策的标准是是否适应发展生产力的需要，能否调动农民的积极性；提出了发展农业的新思路，表示在加强农民社会主义教育的同时，"在经济上充分关心他们的物质利益"[3]，切实保障其民主权利。在《决定》提出的 25 项具体政策措施中，给予生产队自主权和农民自由尤其引人注目。在强调三级所有、队为基础的制度适合农业生产力水平的前提下，社队多种经营属于社会主义经济，农村集市贸易、社员的家庭副业、自留地、自留畜都是社会主义经

---

① 参见韩钢《艰难的转型：一九七八年中央工作会议的农业议题》，《中共党史研究》2011 年第 9 期，第 21～28 页。

② 于光远：《1978：我亲历的那次历史大转折》，中央编译出版社 2008 年版，第 44 页。

③ 中央文献研究室：《三中全会以来重要文献选编》（上），人民出版社 1982 年版，第7 页。

济的附属和补充，赋予农民有经营自留地、家庭副业和进入集市贸易的自由。生产队有权自主安排生产计划，选择经营方式，在统一核算和分配，不许包产到户、分田单干的前提下，可以"包工到作业组，联系产量计算报酬"①，超产奖励，克服平均主义。《决定》规定不许分田单干、包产到户，表明以包产到户为特征的家庭联产责任制的改革主张尚未成为中央高层的共识，但其他规定成为了中国农业经营政策变革的起点，为中国农业改革注入了强大动力。

1979 年春耕时节，各地农民在十一届三中全会方针政策的指导下纷纷行动起来，探索农业生产责任制。安徽有 99.5% 的生产队实行了包产包干到户、到组等的责任制，全国有一半以上的生产队，1/4 的生产大队，3 亿社员进行了包产到组的实践。主政四川、内蒙古的赵紫阳和周惠等人支持了当地部分农民的包产到户试验。全国恢复农业生产责任制的探索引发了责任落实到组还是到户的认识分歧。2 月，万里在专门研究肥西县山南公社包产到户问题的省委常委会上表示，应该辩证认识过去被当作错误的东西批判了十几年的包产到户。"我主张应当让山南公社进行包产到户的试验"②，包产到户必须在实践中得以检验。3 月，国家农委召开了四川、广东、湖南、江苏、安徽、河北、吉林等省农村工作部门与安徽全椒、广东博罗、四川广汉等三县农口负责人参加的座谈会。会议围绕联产计酬特别是包产到户问题进行了热烈争论。强调为了全力投入已经到来的春耕，除特殊情况经县委批准外，都不准"包产到户，不许划小核算单位，一律不许分田单干"。已经搞了的地方要引导农民重新组织起来，但地处偏僻、深山的孤门独户可以包产到户，为包产到户的实践留下了一道口子。会议期间，《人民日报》发表对包产到组进行指责的题为《"三级所有、队为基础"应当稳定》的来信，配发了长篇按语。不许包产到组、到户的言论在全国实行责任制的地区，特别是在安徽造成了极大的思想混乱。万里强调在春耕大忙时节，政策绝不能变来变去，秋后再总结经验教训，生产责任制的探索不能因为《人民日报》的言论就打退堂鼓。6 月，邓小平向万里表示，安徽的探索不要争论，实事求是地干下去；陈云

---

① 中央党史研究室等：《中国新时期农村的变革》（中央卷），中共党史出版社 1998 年版，第 23 页。

② 万里：《万里文选》，人民出版社 1995 年版，第 121 页。

也表示赞成。他们的态度对各地包产到户的试验不被夭折发挥了决定性作用。8月，《安徽日报》介绍了安徽部分农村实行"交够国家的，留足集体的，剩下都是自己的"的大包干经验。9月，中共十一届四中全会通过的《关于加快农业发展若干问题的决定》继续强调按劳分配、多劳多得的社会主义分配原则。生产队包工到组，边远地区、交通不便的单家独户和农村的某些副业生产可以包产到户，表示"决不允许把它当作资本主义原则来反对"①。中央对包产到户从硬性规定不许改为劝告性的"不要"，言辞的改变表明中央高层初步肯定了包产到户的试验，但围绕包产到户试验的争论依然激烈。年底，万里总结了安徽这一年的实践，认为在主要靠牲畜耕作和手工劳动的条件下，"农民积极性高低是农业生产发展快慢的决定性因素"。包产到户是社会主义的生产责任制，"没有改变生产资料集体所有制的性质"；生产队对社员按工分分配实物和现金也"是联系产量计算报酬的一种形式"。共产党从来不认为包产到组、包产到户在任何条件下都是最好的形式，但有些农民对集体经济失去信心，干部们应该调查研究，尊重农民的选择。从实践来看，实行包产到户，社员不可能利用生产资料进行剥削，"并不存在两极分化的危险"。他还强调，让农民在发展生产的基础上，生活逐步有所改善"是大事中最大的事"。定产到田、责任到户没有改变生产队所有制。包产到户在少数受极"左"思想摧残、生产遭到严重破坏、公共积累很空的地方，或者偏僻山区，不便于集体耕作的地方的实践效果极为明显。不仅增产幅度大，农民多得收入，"也可以使国家多征购，集体多积累"，因天灾人祸减产的困难户也能得到生产队的救济帮助。包产到户没有削弱社会主义集体经济，"而是更加显示了社会主义优越性"。干部们"必须进一步提高执行政策的自觉性"，保持政策的严肃性和稳定性。任何一种责任制只能适应一定的条件，"都会有不足之处"②，应根据党的政策加以完善和提高。同时，国家要求不论实行哪种生产责任制，"今年的收益分配都要坚持原来的协议"，维护协议的严肃性，"不得单方面毁约，失信于民"。1979年，安徽和四川是探索农业生产责任制的排头兵，全国农村大多试行了以组为单位的农

①　中华人民共和国国家农业委员会办公厅：《农业集体化重要文件汇编》（下），中共中央党校出版社1981年版，第989，992页。

②　万里：《万里文选》，人民出版社1995年版，第134，135，135，136，137，140，140，142，142页。

业生产责任制，但实行包产到户的地方，夏收、秋收都获得了历史上的最好收成，"队不如组，组不如户"的实践效果推动着全国上下重新认识包产到户。

1980 年初，万里决定在安徽全省推广包产到户。凤阳农民则进一步把操作简便的"大包干"试验通俗易懂地概括为"大包干，真简单，直来直去不拐弯"，"缴足国家的，留足集体的，剩下都是俺们自己的"。国家农委在 1～2 月认为，实行了包产到户的地方应该积极引导社员保持并逐渐增加集体统一经营的因素，已经包产到户的，"不要硬性扭转"，"更不可搞批判斗争"①。5 月，邓小平说，安徽省肥西县搞了包产到户的生产队，"增产幅度很大"，凤阳县搞大包干的生产队也是一年翻身。有人担心包产到户可能影响集体经济，"我看这种担心是不必要的"②。他对包产到户和"大包干"的表态对于打破僵化观念、消除恐惧心理，为农业生产承包责任制最终推向全国起了扭转乾坤的作用。7 月，万里进一步表示要解放思想、实事求是，"把人民生活、人民的民主权利放在第一位"③。9 月，中央指出各种农业生产责任制的建立"初步纠正了生产指导上的主观主义和分配中的平均主义"，"农业生产的管理有更大的适应性和更多的灵活性"。认为承包联产计酬责任制可以把社员个人的生产积极性与发挥统一经营、分工协作的优越性具体地统一起来。对包产到户作出了灵活规定：在不同地区、不同社队采取不同的方针，已经搞了包产到户的地方，如果农民不要求变，就允许继续实行，然后再根据情况发展和农民要求，运用各种过渡形式把农民组织起来。在贫困落后地区和边远山区，长期吃粮靠返销，生产靠贷款，生活靠救济的生产队，农民对集体丧失了信心，"可以包产到户，也可以包干到户"，在较长的时期内保持稳定。强调在生产队领导下，在集体农业占据绝对优势的情况下，包产到户依存于社会主义经济，"没有什么复辟资本主义的危险"④，不会脱离社会主义轨道。中央在思想认识上的转变和政策上的宽容对破除长期以来人们

---

① 中华人民共和国国家农业委员会办公厅：《农业集体化重要文件汇编》（下），中共中央党校出版社 1981 年版，第 1035～1043 页。

② 中央文献编辑委员会：《邓小平文选》（第 2 卷），人民出版社 1994 年版，第 315 页。

③ 万里：《万里文选》，人民出版社 1995 年版，第 152 页。

④ 中华人民共和国国家农业委员会办公厅：《农业集体化重要文件汇编》（下），中共中央党校出版社 1981 年版，第 1047，1049，1050，1051 页。

给包产到户进行政治定性,戴上"资本主义"帽子,为确立包产到户的合法地位发挥了决定性作用。中央指示下达后,许多省委负责人公开表示支持包产到户的改革。农民在生产责任制的实践中进一步地突破了包产到户、包干到户只能在落后地区推行的政策界限,包产到户、包干到户的范围发展快速。1979年,全国实行包干到户、包产到户的生产大队或生产队仅占1.1%,1980年增加到14.4%,1981年达45%。1982年实行包干到户的农户占总农户的87.4%,1983年达97.3%,1984年98.6%[①]。1981年,国家决定在全国范围内实行以稳定山权林权、划定自留山和落实林业生产责任制为主要内容的林业政策。1983年1月,中央把包产到户、包干到户概称为"家庭联产承包责任制",家庭承包制成为中国农业的基本经营形式。

在家庭承包制的发展过程中,国家对个别继续坚持集体经营的地方,如河南巩义竹林镇、新乡刘庄村、临颍南街村,江苏江阴华西村,天津静海大邱庄,北京房山韩河村、窦店村,河北唐山半壁店,大连市金州区后石村,广东中山崖口村、佛山容桂镇,浙江奉化藤头村等地,允许集体农业组织存在并继续发展。

(二)家庭承包制的绩效

家庭承包制没有改变集体组织统一经营的主体地位,没有改变耕地等农业生产资料的集体所有制,改进了农民劳动分配办法,更能体现按劳分配的社会主义原则。家庭承包制理顺了农业集体组织内部的矛盾,彰显出了巨大的制度威力。

由于家庭承包制的推行和风调雨顺以及新中国建立以来打下的农业物质技术基础,1978~1984年,中国粮食生产逐年增加,单位面积产量由2527千克/公顷提高到3608千克/公顷,总产量由30477万吨增加到40731万吨,增长达33%。人均粮食占有量由318.7千克增加到395.5千克,接近世界平均水平。1984年,中国农产品供给开始由长期短缺向总量相对过剩转移。中国政府向世界粮农组织宣布,中国用占世界5%的耕地解决了占世界23%的人口的吃饭问题,粮食短缺问题得到初步解决。同期,中国经济作物由于播种面积扩大和单产提高,总产量也大幅增长。

---

① 数据见黄道霞等:《建国以来农业合作化史料汇编》,中共党史出版社1992年版,第1390页。

人均棉花占有量由 2.3 千克增加到 6.1 千克①，食油、肉类、水产品增长
达 40% ~50% 以上；农业各部门和农村经济各产业的产值也大幅度增长，
农业增加值按可比价格计算，由 1018.4 亿元增加到 2295.5 亿元，增长
1.526 倍。全国农业总产值按 1980 年不变价格计算，1980 ~1984 年由
1964.50 亿元增加到 2815.60 亿元，其中种植业总产值增长了 116.2 个百
分点，畜牧业增长 183.8 个百分点②。中国农业产值年均增幅高达 7.7%。
同期，农民收入也快速增长，是新中国成立以来增长最快的时期。农民家
庭人均纯收入按可比价格计算，从 133.6 元增加到 355.3 元，增长了 2.66
倍。在收入增长的同时，农民消费结构也发生了重大变化，人均生活消费
支出从 116.1 元增加到 273.8 元，人均住房面积由 8.1 平方米增加到 13.6
平方米③。1985 年，在贫困标准从 100 元/人提高到 200 元/人的条件下，
中国农村绝对贫困人口从 2.5 亿下降到 1.25 亿，"农村贫困发生率从
30.7% 下降到 14.8%"④，基本解决了新中国成立 30 年来中国共产党人孜
孜以求未能解决的农民温饱问题，成为人类消除贫困历史上的奇迹。

　　中国出现农业增长、农民解困奇迹的最根本的原因是家庭承包制调动
了亿万农民的生产积极性。林毅夫的研究表明，家庭承包制的改革对农业
增长产生了突发性的影响。他认为，1978 ~1984 年中国农产品产值以不
变价格计算增长了 42.23%，以柯布—道格拉斯生产函数计算，家庭承包
制使产出增长了 46.89%，化肥增加的贡献为 32.2%，中国出现农业增
长、农民解困的高速奇迹归功于家庭承包制取代集体农业制度的改革⑤。
美国学者 D. 盖尔·约翰逊也认为：改革极大地提高了农民的生产积极
性，1979 ~1984 年中国农业增长的"50% 源于劳动生产率的提高"⑥ 以及
包括人力资本在内的各种要素的合理利用。万里在 1984 年 12 月指出：
"谁也没有料到，政策的力量、联产承包制的作用这么大"，"六年来无论

　　①　数据见国家统计局农村社会经济调查司：《中国农业统计资料汇编》(1949—2004)，中
国统计出版社 2006 年版，第 38，35，61，61 页。
　　②　数据同上书，第 27，30，31 页。
　　③　数据见国家统计局国民经济综合统计司：《新中国五十年统计资料汇编》，中国统计出
版社 1999 年版，第 22，25 页。
　　④　王卓：《中国贫困人口研究》，四川科学技术出版社 2004 年版，第 46 页。
　　⑤　他的研究集中体现在《制度、技术与中国农业发展》，《再论制度、技术与中国农业发
展》等著作中。
　　⑥　[美] D. 盖尔·约翰逊：《经济发展中的农业、农村、农民问题》，林毅夫等编译，商
务印书馆 2004 年版，第 78 页。

气候如何变化，主要农产品总是持续增产"①。中国粮食紧缺局面的全面缓解为中国农业向商品生产、向现代农业转化奠定了基础，提供了千载难逢的历史机遇。

二　统购统销制度的改革

实行家庭承包制是从农业生产环节上解放了农民，提高了农民的生产积极性。改革农产品统购派购制度则是从销售环节解放农民，进一步提高农民的生产积极性，增加农民收入。中国农产品统购派购制度的改革发育了农产品市场，为农业市场化改革奠定了坚实基础。

实行承包制后的农业分户经营增加了国家面对分散的农户进行统购派购的难度，也增加了统计各家农户农作物产量的复杂性和艰巨性。中国农产品产量的巨幅增长，为农民面向市场进行生产与交换提供了逐渐改革统购统销制度的有利条件。由于改革涉及各方利益主体，1978 年到 90 年代初期，中国既要保障农民收入增长，又要保障城市居民的经济利益，在"摸着石头过河"的改革思路指导下，坚持市场化改革的方向，统筹了中央和地方、农民与市民的经济利益，以调动农民生产积极性为目标，经过多方论证和改革试点，多角度引入市场因素，通过自上而下的逐步放松农产品管制的步骤，采取积极稳妥的政策措施，冷静处理了改革中产生的新问题，推进了农产品市场化经营的进程，为统购统销制度的终结奠定了坚实的基础。

解体农产品统购统销制度，实行农产品市场化经营是中国农业经济体制改革的第二个目标。改革的过程可以分为两段，1979～1985 年是购销体制的松动阶段；1985～1993 年为推行双轨制与向市场经营的过渡阶段。

（一）农产品购销政策的松动

1978 年底，中央决定通过提高农产品收购价格，逐步减少农产品统购派购的品种和比重，恢复农产品集市贸易，逐步引进市场调节因素，为统购统销政策的改革提供了条件。坚持不放松粮食生产、积极发展多种经营的方针为改革奠定了基础。在不触动统购统销体制的前提下，实行农产品统购定基数和超购加价，缩小统购范围，减少统购、派购品种，恢复议购议销业务，开放农村集市贸易和城市农贸市场等措施逐步放宽了农产品

---

① 万里：《万里文选》，人民出版社 1995 年版，第 376，376～377 页。

购销政策。

第一，大幅度提高农产品收购价格，降低农用物资价格，直接增加农民收入。

为了使农民增产增收，1978 年 10 月，李先念提出了粮食收购价格改革的构想，表示今后两三年内把收购价提高 30%，"超购部分继续实行加价奖励的政策"[①]，鼓励农民向国家多交售农产品，使农民增加收入，改善生活；实行完成国家征购任务后的粮油议购议销。1978 年底召开的十一届三中全会决定调整粮食统派购的范围和数量。国家于 1979 年 4 月开始，将小麦、稻谷、谷子、玉米、高粱、大豆六种粮食平均统购价格提高了 20.86%，18 种农产品收购价平均提高 22.4%。农村的借销粮、周转粮、种子粮（不包括优良品种）、奖售粮、储备粮、饲料粮、兑换粮及过头粮退库、户口迁入买粮或迁出卖粮等实行购销同价。12 月，国家规定粮食收购价格提高后，社员分配的农产品暂不提价，对提价后农产品收购中出现的压级压价现象认真检查，"对那些侵害农民利益的行为要认真处理"[②]，经济上要退赔。提高农产品收购价格的政策是原有体制中的改革，超购加价政策则在相当程度上发挥了市场机制的作用，因而调动了农民的生产积极性。1979 ~ 1982 年，中国农产品收购价格通过提价、议价、加价等手段平均提高 41.6%，提价幅度在统购统销制度史上是绝无仅有的。1979 ~ 1981 年，"国家用于提高农产品收购价格的支出四百四十二亿元"[③]，1979 ~ 1984 年中国农民纯收入"平均每人达到三百五十五元"[④]，保证了农民收入的增长。

国家在提高农产品收购价格的同时，保持了农产品销价的稳定。即使提价销售后，对城市职工给予适当补贴。因此，提高农产品收购价格的改革造成了国营粮油企业的财务支出增加较多，粮食收支亏空增大。1980年，国家拿出大量经费解决平衡问题，规定国营粮油企业发生的购销价格

---

① 中央文献编辑委员会：《李先念文选》（1935—1988），人民出版社 1989 年版，第339 页。

② 中华人民共和国国家农业委员会办公厅：《农业集体化重要文件汇编》（下），中共中央党校出版社 1981 年版，第 1037 页。

③ 中央文献研究室：《十二大以来重要文献选编》（上），人民出版社 1986 年版，第187 页。

④ 中央文献研究室：《十二大以来重要文献选编》（中），人民出版社 1986 年版，第688 页。

倒挂的差价和合理费用由国家财政补贴，动用粮油库存和进口，用议价购进转为平价供应等方法来弥补缺口。1981 年国家财政净补贴 128 亿元，占预算收入的 12% 以上。

　　第二，逐步减少统购派购的品种和数量，启动农产品价格改革。

　　1979 年，国家强调继续执行征购基数稳定几年不变、超购任务一年一定的政策，重申在南方水稻产区农民口粮 200 千克、北方杂粮产区 150 千克以下的地区，国家不征购粮食；高于标准的地区，也不提高征购数量。规定粮食征购起点的目的是为了减轻贫困地区农民的负担。针对全国商品粮基地征购基数偏高、各地区负担畸轻畸重，难以调动农民生产和交售粮食积极性的问题，国家决定从当年起调减征购基数 50 亿斤，超购粮食数量占征购数量的比重提高到 37%，对粮油等农产品加价 15% ~ 30% 进行议价收购，使农民多得了超购加价款和议价款，缓和了粮食产区和经济作物区的矛盾。中央要求粮、棉、油的统购和其他农产品的统购、派购与议购"都应签订合同，遵守合同。不准强迫命令"[1]。国家降低农产品统派购基数，提高农产品收购价格成为了改革统购统销制度的起点。

　　1980 年，国家调减了部分少数民族地区的征购基数。全国各地调减征购基数政策的执行情况不尽一致，或随意提高起征点，调减征购基数；有的大城市要求少征购、多调入粮食以发展副食品生产，改善市场供应；有的国营农场要求减免商品粮任务。中央要求增产必须增购，适当增加储备，重灾适当减免，从紧安排集体生产用粮。当年，国家以定购合同价收购农产品的比例占 58%，超购价收购占 42%。1981 年，国家再调减负担过重的老商品粮基地 50 亿斤，强调各地不得自行调减征购基数。对非集中产区的淡水鱼全部放开经营，海产品派购品种也减少到 21 个。国家还实行征购大豆 1 斤抵算 2 斤粮食征购任务的政策。当年，国家以定购合同价收购农产品与超购价收购的份额各占 50%。1982 年 1 月，中央本着减轻财政负担和搞活经济的要求，针对粮食购销价格倒挂幅度大，征购基数在地区之间的不平衡，计划供应的范围广、数量大等问题，颁布了对农产品统购销制度进行改革的原则性规定。要求今后一个时期农产品收购价"必须采取基本稳定的方针"，各地不能指望提高收购价或降低收购基数，

---

　　[1]　中央文献研究室：《三中全会以来重要文献选编》（上），人民出版社 1982 年版，第 178 页。

采取措施疏通农村商业流通渠道，加强市场管理。农业经济"要以计划经济为主，市场调节为辅"，中国仍须坚持粮、棉、油等农产品统购统销政策。实行派购的二类农产品，"确定合理的收购基数"；不便确定基数的品种，确定农民购、留的合理比例。随着农产品产量增长，留给农民按照集市贸易价格出售的农产品要逐年增多；基数外的农产品有的仍由国家收购，有的按比例收购，有的全部由社队和农民自行处理。国家收购价"允许按照市场供求状况实行一定范围的浮动"；通过合同把国家的计划任务与"农民的生产安排更好地协调起来"，教育农民以国家、集体、个人兼顾的原则，"按规定质量完成农产品交售任务"①。完成国家计划定购任务后，农村集体组织、商业部门可以发展农产品加工业；国家把议购作为掌握粮源的调减渠道，各地积极开展粮食议购议销，粮食议价转平价是各地对中央平衡粮食收支所承担的一项任务。议购价格以保本为原则，不得增加中央财政的支出。决定从 1982 年粮食年度起，除新疆、西藏外，中央同各省、市、区协商确定粮食征购、销售及调拨包干的数量，实行三年不变。实行包干后，粮食实行中央和省的两级管理。中央掌握国家储备的周转库存，统一管理省际之间的调拨、军粮、棉糖奖售粮、进出口以及归中央支配的议价转平价粮；省级统一管理征购、销售、议价粮库存、定额周转库存及代理农村生产队储备。这样，在坚持统购统销政策的前提下，国家分品种、分步骤地缩小了农产品统购统销的品种和比重，国家确定的统购任务下调到 303.2 亿千克，比 1979 年减少 73.4 亿千克。国家通过市场流通渠道购买农民粮食的份额只占 7.6%。国家通过逐步扩大议购议销范围，拓宽了粮食流通的渠道，放宽了实行派购的部分农产品收购价格，增加了农产品市场调节的数量。当年，国家以定购合同价收购农产品的份额与超购价收购的份额与上年持平。

1983 年 1 月，中央明确表示继续对重要农产品实行统购派购完全必要，"但品种不宜过多"，颁布了农产品购销政策调整的具体措施。规定农民完成统购派购任务后，除棉花之外的农产品和非统派购产品，"应当允许多渠道经营"。国营商业开展议购议销业务，积极参与市场调节。供销社和农村的其他合作商业组织可以灵活购销；农民个人也可以经营。撤

---

① 中央文献研究室：《三中全会以来重要文献选编》（下），人民出版社 1982 年版，第 999~1000，1000，1000，1000，1000，1000 页。

销农产品外运由归口单位审批的规定，机关、学校、部队、事业单位及工矿企业可自行采购自用粮食，但不允许贩运。收购任务之外的农产品购销价格"可以有升有降"；对某些紧俏商品实行统派购时，一般不"采取全额收购的作法"，给农民留下一定的处理权，"逐步推行购销合同制"。停止执行征购大豆抵粮食征购任务的政策，提高大豆统购价50%，取消大豆征购基数和超购加价。这一年，国家以定购合同价收购农产品的份额占35%，超购价收购的份额占65%。中央的政策及其实施表明中国迈出了统购统销政策改革的第一步。

1983年，全国粮食的再次增产加剧了农民卖粮难。1984年1月，国家继续调整农产品购销政策，强调了改善农产品流通的重要性。中央认为，流通领域与农村商品生产不相适应的矛盾日显突出。为了解决矛盾，坚持计划经济为主、市场调节为辅的原则，实行国家、集体、个人共同参与的方针。决定"继续减少统派购的品种和数量"，尽可能地放活鲜活产品价格的季节和地区差。为保证农产品出口及大城市供应，试行建立专门的生产基地或以平价的生产资料换购制度，放开三类农产品和统派购任务之外的农产品的价格。决定改善农产品收购办法，强调必须把统派购任务落实到生产单位，"一定几年不变"。放开价格的大宗的三类农产品与其他计划外的农产品也要和农民签订购销合同，"双方都不得任意变更"。《农产品购销合同条例》明确规定属于国家统购、派购的农产品，农民必须按照国家下达的计划任务，签订和履行合同。条例的颁布和实施，有利于克服和纠正农产品收购中抬价抢购、拒不完成国家任务等倾向，对完善购销合同制度，加强商品流通领域的法制建设起了重要作用。中央决定改进柴油、化肥等农资的供应办法，加强商品流通基础设施建设，解决粮食运销问题。5月，国家强调要扩大农产品自由购销的范围。关系国计民生的重要农产品在保证完成国家收购任务的前提下，"实行多渠道经营，允许长途贩运"①；一般农产品的购销更要进一步放开，防止多渠道经营引起收购价格互相抬价，竞相征购，刺激粮价上涨的现象产生。稻谷、玉米、小麦议购价不低于超购价，其他品种的议购价可以随行就市。议价粮油在征超购任务后可以自行采购，利于逐步缩小地区价差，平抑销地市

---

① 中央文献研究室：《十二大以来重要文献选编》（上），人民出版社1986年版，第261，261，261，261，261，432，432，432，486页。

价。7月，国家决定粮食统购只管粮食（稻谷、小麦、玉米）、油脂油料和棉花。1983～1984年，国家逐步将海产品退出了派购范围，蛋类产品和水产品完全放开，二类中药材派购统购品种减为24种。取消絮棉凭票供应，开始棉花流通体制改革。

1984年，国家解决农产品流通渠道不畅的政策没有消除全国继续出现的储粮难、卖粮难及运粮难等现象。全国农产品统派购品种减少到38种，收购总额1440亿元，购自农民的达到1371亿元。全国粮食收购量占产量的比重为34.8%，食用油收购量占产量的比重为67.4%，棉花油收购量占产量的比重为95.9%①。国家以超购价购买的粮食占总收购量的比例上升到71%，以定购合同价收购农产品的份额仅占29%，国家用于粮食油料的财政补贴达到209.2亿元。由于棉花产量超过市场需求导致国家棉花储备量大增。

80年代初期，中国农业产量的增长既给农产品统购统销制度改革创造了条件，也增加了压力。国家实行计划指导下的粮油议购议销政策，引入了市场调节手段，使农产品流通逐步市场化，是农产品统购统销制度的大调整。粮油议购议销政策的实施对调剂城乡农产品余缺，活跃农产品市场，方便人民生活、平抑市场物价都产生了积极作用，增强了政府缩小乃至放弃或废除指令性统派购政策的决心。尽管中国农产品价格仍然偏低，提高粮价可能引起各类消费品的轮番提价，打乱整个价格改革步骤，农产品的丰富和财政负担的加重决定了国家必须根据财政状况权衡利弊，农产品统购统销政策的改革进入关键时刻。

第三，恢复农产品集市贸易，拓宽流通渠道。

由于统购统销的农产品数量和品种的缩小以及部分农产品价格的放开，国家认为有必要采取一系列发展农村集市贸易的政策措施，扩大城乡集市贸易，拓宽流通渠道。

1978年党的十一届三中全会指出，农村集市贸易、社员自留地和家庭副业是社会主义经济的必要补充。1979年，中央规定这些"不能当作所谓资本主义尾巴去批判"②，农民经营的家庭副业应当鼓励和扶持，承

① 数据见国家统计局《中国统计年鉴》（1989），中国统计出版社1989年版，第612，615，616页。
② 中央文献研究室：《三中全会以来重要文献选编》（上），人民出版社1982年版，第173页。

认了农村集市贸易的合法性。3 月，国家规定社队集体的农产品除棉花外，在完成国家统购征购（包括加价收购）任务、履行合同任务后都可以上市出售，属于统购的粮、棉、油，派购的烤烟不准远途自销；社员自有的农产品除国家或省、市、区规定不准上市的品种外都允许上市。在允许粮油上市的地方，农产品加工坊可以在集市购买原料、出售成品；由供销合作社经营的农村饮食店可以在集市购买原料，农业集体组织可以在赶集期和偏远地点为行人加工主食或出卖熟食。竹木非集中产区的集体和社员可以上市交易竹木制品；机关、团体、部队、企业、事业单位可以到农村和集市采购三类农产品；原则上开放城市农产品市场。1980 年 8 月，工商行政管理总局召开的全国城市农产品市场座谈会分析了城乡集市贸易的性质、地位和作用，明确了城市农产品市场是集市贸易的一种形式，属于社会主义范畴，是不可缺少的流通渠道，对过去一些不适当的限制作了调整。1981 年 1 月，国家对农产品贩运政策再开绿灯，规定社队集体可以贩运自己或其他社队完成国家收购任务和履行议购合同后多余的、国家不收购的二、三类农产品，社员也可以从事个人力所能及（不得利用机动车船载运）的、允许上市的农产品的贩运活动。1983 年 2 月，进一步取消了贩运品种范围、形式的限制，农村生产基层单位和农民可以持证明从外地购买大牲畜；社队集体和农民在完成国家各类农产品统购、超购和派购任务的前提下，可以个人或合伙进行长途贩运。在大中城市逐步建设农产品批发市场。1984 年 1 月，中央强调农产品"经营中要尽量减少环节，组织产区、销区直线流通"[①]，抓紧解决粮食运销问题。2 月，允许粮食、油料和等级外的棉花在生产单位或个人完成交售任务后上市交易；个人贩运农产品不受行政区划和路途远近的限制，可以利用机动车船运输，可以批量销售或零售。城镇有营业执照的商贩经产地工商行政管理机关批准可以下乡采购、贩运农产品，也可以在城市指定的市场向贩运者批量进货，就地销售。

　　这些放宽城乡农产品贸易政策的改革相对于 1978 年之前的政策来说，是一个重大突破。从 1979 年开始，全国各地相继发展了农村集市贸易，增加了赶集时间，传统的定期或不定期集市、骡马大会、庙会、物资交流

---

　　① 中央文献研究室：《十二大以来重要文献选编》（上），人民出版社 1986 年版，第 431 页。

会迅速恢复，建立了一批农产品市场。农产品上市量和品种逐渐增多，成交额大幅度上升，许多农村集市逐步发展为区域性的经济活动中心和新的集镇，市场出现繁荣景象。允许长途贩运蔬菜，全国各地建立了农产品批发市场。由于农业连续几年的丰收，农民完成国家的交售任务后，农产品的商品量不断增多，形成农产品生产、运输、销售的分工合作。国家逐渐放宽对集市贸易的品种、距离和从业人员的限制，恢复农村集市贸易，允许农民完成任务后自由买卖农产品。放宽城乡农产品贸易政策，农民从事农产品购销业务，使得农产品交易出现了政府收购价和市场流通价，在农产品统派购制度中洞开了市场和市场价格的缺口，打破了地区和行业界限。农产品市场流通价的形成有利于引导农民按市场需要进行生产，促进了农业产业结构的调整。国家有计划地建立农产品专业批发市场，对依靠行政体制的国营粮油批发体制发起的冲击打破了国营商业和供销合作社垄断经营的局面；基层供销社逐步恢复了合作商业性质，农工商联合公司、社队企业的产品经销部、贸易货栈在搞活农村经济和促进城乡物资交流中发挥了积极作用。总之，放宽城乡农产品贸易政策的实践提高了农产品商品化和市场化程度。据统计，1980 年农村集贸市场 37890 个，成交额为 211.7 亿元。到 1984 年底，农村集贸市场 50356 个，成交额为 381.7 亿元[①]，全国建立农产品贸易中心 753 个，城乡集市贸易点由上年末的 4.8 万个增加到 5.6 万个，专业批发市场从 1983 年的 200 个左右发展到 1000 多个。1978～1984 年，集市粮食成交量由 25 亿斤上升到 83.5 亿斤，议购、议销量分别上升了 2 倍、20.6 倍，对促进粮食产销渠道的畅通发挥了重要作用。

第四，奖售制度的改革。

改革开放前，国家为鼓励农业集体组织积极生产，完成国家农产品派购任务，实行了对交售农产品奖售一定数量的化肥等农用物资，奖售粮食以调整农业生产结构等促进农业发展的政策。在 80 年代中国农业政策改革过程中，国家奖售的标准和方法从 1981 年开始调整。规定原定的超购加价基数与每售一担皮棉奖售化肥 80 斤等奖售政策不变，每超售皮棉 1 斤奖售粮食 2 斤，可以按 1 斤尿素折 2 斤粮食的标准代替；发展生猪的奖

---

① 数据见国家统计局《中国统计年鉴》（1989），中国统计出版社 1989 年版，第 627 页。

售政策与集体组织的投肥报酬、饲料分配及奖励政策"都不要随意变动"①。做好棉粮、糖粮挂钩奖售的拨付结算工作,把奖售基数"尽快逐级落实到生产队,不要留缺口"②,以促进棉花、糖料继续增产;在国家收购粮油给农民补助化肥方面,规定农民把超过增产40%之外的粮食交售给国家,按每100斤粮食补助20斤化肥。1982年,规定超售棉花奖售粮食的小麦和玉米各占50%,按照统购价格销售,农民可以找补统购与超购差价。11月,国家认为,由于有粮食奖售的农产品品种达136种,对与粮食生产无关的农副产品实行粮食奖售,导致国家奖售粮食的数量成倍增长,给国家的粮食平衡造成了巨大困难。要求各地取消不合理的奖售项目和过低过高的奖售标准,逐步减少奖售粮。对议购议销的农产品、社员自留糖不奖粮食;肥猪可以不用粮食加奖;国家控制发展的如烟叶、油菜籽、麻类等农产品可以不奖或少奖粮食,与粮食无直接关系的农产品一律不奖粮食。1984年,继续执行超购奖励政策,规定各省超包干、多购多上交的粮食按每斤0.022元给予补贴,禁止把奖售粮转为超购粮冒领补贴;停止代省拨付的食用油料、鸡蛋、蓖麻籽、羊皮等农产品的奖售政策。1985年,国家取消了交售粮棉奖售化肥的政策,规定凡是没必要保留的各种补助粮由各地自行决定取消。

由于农民自主的种养殖活动增加了农产品供应,伴随着农业商品经济的发展和农民收入的增加,农民急需的奖售物资出现了多元变化,农民的物资需求集中在如化肥、自行车、柴油、砖瓦、木材、水泥等方面,激励农民多售农副产品的功能日趋减弱,奖售政策在农产品统购统销制度的改革进程中被逐渐停止。

(二)取消统购派购,实行合同定购与市场收购的双轨制

1978~1984年农产品流通体制改革的总趋势是实行国家调控,逐步由市场主导农产品流通。1984年10月,陈云认为,现在是进行农产品价格体系改革的"有利时机"③。中央领导人及学者们大都认为农产品统派购制度改革滞后于农村经济发展的新要求,统购派购思路已经不能解决农

---

① 农业部等:《关于当前生猪生产情况的紧急报告的通知》(1981年3月12日),http://www.china.com.cn/law/flfg/txt/2006-08/08/content_7058855.htm。

② 国务院:《关于棉粮、糖粮挂钩奖售粮几个问题的通知》(1981年5月23日),http://www.people.com.cn/item/flfgk/gwyfg/1981/112206198102.html。

③ 中央文献研究室:《陈云文选》(第3卷),人民出版社1995年版,第337页。

产品丰富后农村商业体制与商品生产迅速发展的矛盾。否则，将走向限制收购或降低价格，会从根本上动摇农业的基础地位。需要从农产品逐渐丰富的情况出发，加大农产品流通体制改革力度，在实行计划经济为主、市场经济为辅的原则下，"利用双轨，走出双轨"，允许农产品多种形式、多种渠道经营，在税收、信贷、价格等政策上进行调整，放手搞活农村商品流通，实行农产品市场经营。因此，从1985年起，中国农业经营体制改革的目标由家庭承包制转向到了如何取消统购统销，改革农产品购销体制方面。

第一，取消统购派购的政策。

1984年10月，中央提出建立运用价值规律的统一性和灵活性相结合的社会主义经济体制，表示要对不合理的农产品购销价格倒挂问题进行改革。逐步缩小农产品国家统一定价的范围，疏通城乡流通渠道，开拓农产品市场，适当扩大浮动价格和自由价格。改革的原则是"确保广大城乡居民的实际收入不因价格的调整而降低"，为取消统购统销制度提供了政策底线。1985年1月，中央认为统购派购制度已经影响到"农村商品生产的发展和经济效益的提高"，决定从本年度开始改粮棉统购为合同定购。合同定购粮食的价格按"倒三七"比例计价；定购棉花的价格北方按"倒三七"，南方按"正四六"*的比例计价；允许农民自由上市交易定购以外的粮棉。中央表示要逐步取消水产品、生猪与蔬菜的派购，实行市场交易，"放开的时间和步骤，由各地自定"；允许集体和林农的木材上市交易，实行议购议销；除因保护自然资源缺乏、必须严格控制的少数中药材品种外，其余品种实行自由购销；其余的统派购农产品分品种、分地区逐步放开。今后，除个别品种外，国家不再向农民下达统派购任务，任何单位也不得"再向农民下达指令性生产计划"。为促进农村加工业发展，决定拿出一批粮食按统购价销售给农村养殖户、食品加工厂、国营养殖场和饲料工厂，"困难的地方可以赊销"，以此来支持畜牧业、水产养殖业和林业发展，调整农业生产结构。实行退耕还林还牧的山区农民，"口粮不足的，由国家销售或赊销"。在农产品销售方面，决定在城镇仍

---

*　"倒三七"、"正四六"比例计价是为了改变购销价格倒挂的不合理状况，对农产品收购价格实行固定的统购价与超购价的加权比例，即30%为原统购价权数，70%为超购加价权数，或60%为原统购价权数，40%为超购加价权数。

然保留统销制度，城市继续办好农产品贸易中心和批发市场。允许农民到城市"开店设坊，兴办服务业，提供各种劳务"，允许农村合作经济组织在小城镇修建用于出租或自主经营的服务设施。靠近沿海开放城市和特区的农村应"成为农业方面的对外窗口和'外引内联'的基地"，放宽农产品出口权限，"鲜活产品允许产地对外经营"①，按出口贸易需要发展农产品加工。

农产品统购派购制度改革后，农产品经营不再受分工经营的限制，"实行多渠道直线流通"。加工、经营及消费单位可直接同农民签订收购合同，农民可以通过合作组织或建立生产者协会与相关单位签订销售合同。农民如不完成合同定购的粮、棉数量，在市价高于合同定购价情况下，用金额补交差价。如市场交易的粮、棉价格低于统购价，国家按统购价收购，借以保护农民利益。对粮棉之外的其他农产品实行按固定比例价收购的政策，对生猪实行议购议销。明确国家粮食合同定购数量包括了农业税的数量，将农业税以征收粮食为主改为按"倒三七"比例收购价计算折征代金。

在农产品统购派购制度改革的同时，国家决定在平价销售价格的基数上加价折算，实行粮油免票议销供应。城镇居民按随行就市的价格在国家议价粮库存中购买议价粮，供应农村缺粮农民的口粮、食油及种子粮、饲料粮、补助粮、救灾粮和其他用粮实行购销同价，将酒精、溶剂、制药、浆纱、味精、淀粉和其他工业品用粮改为议价供应。国家认为各项补助粮可由各省、区、直辖市决定取消；食品行业用粮实行平价供应和议价供应并存，逐步扩大议价供应范围；旅游接待用粮改为议价供应；经营平价粮油开支的商品流通费用由财政进行定额补贴；各地超过周转库存定额的粮食由中央支配，中央财政给以补贴。

中央的这些政策宣告了实施 32 年之久的农产品统购派购制度的终结。农产品供销政策转变到政府控制的合同定购与市场收购、计划价格和自由价格并存的"双轨制"阶段。农民由过去主要按国家的计划进行生产转到面向市场需求进行生产，成为相对独立的商品生产者和经营者后，国家对农业的计划管理由行政手段转变为经济手段为主。终结统购派购政策是

---

① 中央文献研究室：《十二大以来重要文献选编》（中），人民出版社 1986 年版，第 571，611，611，612，612，612，612，617，617，618 页。

国家为肯定农产品的商品属性和市场价值，改革统购派购制度统得过多、管得过死、价格偏低的弊端进行的大胆尝试，为中国农业走上市场经济道路迈出了勇敢的第一步。中央在"利用双轨，走出双轨"的改革思路下，希望农业生产在运用价值规律的计划体制下，使农民面对市场安排生产，实现产销间的协调。

第二，政策执行中产生的问题与解决方法。

1985 年，农民粮棉合同定购价格按"倒三七"或"正四六"计算的固定比例价格执行后，与上年政府收购价格相比，合同定购价比统购价高，比超购价低，粮棉收购价格呈下降趋势。国家放松了对农用物资的价格管制，逐步取消了对农用工业的补贴，导致农资价格大幅度上涨。这样，农业生产的比较效益急剧下降，农民履行合同定购的愿望急剧下降。改革政策在实行合同定购和市场收购的粮食、棉花等大宗农产品方面发挥了调减产量的作用。当年，中国粮食播种面积比 1984 年下调 403.9 万公顷，下降 3.58%；棉花播种面积减少 178.3 万公顷，下降 25.7%，1986 年面积再降 16%①；1985 年粮食产量下降 2820 万吨，降幅达 6.93%；棉花总产量下降 211 万吨，降幅达 34%，1986 年总产量再降 15%②，与 1978～1984 年年均递增 6% 形成强烈反差。与此相反的是农民愿意生产由市场调节的其他农产品，1985 年果园面积比 1984 年增长 51.74 万公顷，增幅达 23.3%，园林水果产量增长 1794156 吨，增幅达 18.2%③。

1985 年 5 月 25 日至 6 月 2 日召开的粮油主产区粮食局长会议，指出全国 1580 亿斤粮食的定购任务可能由于市场粮价高于国家比例收购价、农民生产粮食消极，粮食播种面积减少而很难全部落实。9 月，陈云强调"对于粮食生产，我们还是要抓紧抓好"。现在的"问题是'无工不富'的声音大大超过了'无农不稳'"，"十亿人口吃饭穿衣，是我国一大经济问题"④，不能小视"无粮则乱"。改革没有触动农产品销售体制，城镇居民仍按计划供应平价粮，导致国家财政补贴比 1984 年前增长更快。粮

---

①　数据见国家统计局农村社会经济调查司《中国农业统计资料汇编》（1949—2004），中国统计出版社 2006 年版，第 32，33 页。百分比根据上年计算所得。

②　数据同上书，第 35，36 页。百分比根据上年计算所得。

③　数据同上书，第 42，43 页。百分比根据上年计算所得。

④　中央文献研究室：《陈云文选》（第 3 卷），人民出版社 1995 年版，第 349，350，350 页。

棉生产出现较大幅度下降，导致供求关系由相对过剩向相对紧缺转变，表明改革没有取得预期的政策效果。1985 年夏粮歉收致使粮食市价上涨，秋粮上市后，国家为确保定购任务的完成，改变了农民粮棉合同定购的自愿性质，将合同定购变为国家指令性的定购任务，按老办法收购粮食，未能打破农产品统购统销体制。农产品交易步入计划供销和市场供销渠道、合同收购价与市场交易价并存的双轨制阶段。国家继续按平价向城镇居民计划供粮，设置农民合同价格的下限，目的是为了减少改革可能在城市产生阻力和震动。由于统购统销制度推行时间长、派生的分配问题及利益调整问题，"惯性很强，改变甚难"[1]。改革产生的问题表明了农产品交易由计划到市场的转变，形成稳定有效的合同关系或粮棉市场交易制度，打破长期形成的利益格局不可能一蹴而就，建立农产品市场调节机制必然经历曲折的过程。

1986 ~ 1992 年，农产品交易政策在双轨制实施阶段继续坚持市场化方向，在建立有计划的市场经济的总体思路中，在实现农产品总量增长的前提下，为实现丰富农产品的目的，就农产品购销合同中的数量与价格、农产品流通储备体系、农产品市场建设等问题进行改革，逐渐扩大了农产品市场交易的品种和数量，为全面推进农产品交易市场化奠定了坚实基础，积累了丰富的经验。

1986 年 1 月，中央决定全国粮食合同定购任务减少到 615 亿千克，3 年不变，定购粮价仍按"倒三七"比例计价，采取分地区、分步骤提价的办法提高粮食收购价。扩大市场议价收购的比重，议购粮食随行就市。国家"对签订合同的农民按平价供应一定数量的化肥"、优先贷款以提高农民的生产积极性。在调整粮食合同定购数量时，注意照顾"增产潜力大、其他生产门路少的地区"。经济发达地区则稳定合同定购数量，"主要通过乡镇企业'以工补农'方式"对卖粮农民给予补偿。国家加强棉花计划管理，规定在全国棉花合同定购任务完成前，不开放棉花市场，除受国家委托承担棉花收购、加工、储存和调拨供应任务的供销社及其所属的棉花经营单位外，其他任何部门、单位和个人不得收购、贩卖棉花。各省、区、直辖市实行粮食调拨包干，包干之外需要调进调出的粮食由各地

---

[1] 杜润生：《杜润生自述：中国农村体制变革重大决策纪实》，人民出版社 2005 年版，第 142 页。

自行协商议价购销，合理调节粮食调出省与调入省之间的经济利益。大城市蔬菜和副食品的生产、供应做到近郊为主、远郊为辅、外埠调剂，保证供给。以农产品为原料的加工厂与农民"签订合同，双方互惠，利益共享"①。坚持放开集体林区的木材和牧区的畜产品流通，强调粮食生产与多种经营统筹兼顾。1986 年的政策标志着粮食流通双轨制建立并完善起来。1987 年，决定对不同的农产品采取不同的改革方式和步骤。继续实行粮食双轨制，根据粮食生产和财政状况，"逐步减少定购，完善合同，扩大自由购销"，完善粮食定购合同，真正放开定购以外的粮食。实行粮食合同定购与供应平价化肥、柴油和发放预购定金"三挂钩"，向农民按定购粮原统购价款的 20% 预付定金，为合同定购粮食提供保证；棉花、麻类、糖料等大宗工业原料除由国家定购外，加工企业可与农民在产地联合经营，或与农民订立供销合同，"逐步减少国家统一收购和统一调拨"。肉、禽、蛋、菜等鲜活易腐农产品，"尚未放开的品种和地区应当积极准备放开"。已完全放开的其他农产品坚持实行自由购销，支持和帮助农民组织起来进入流通领域。在农产品商品流通中产生地区之间的利益矛盾时，应"采取联合经营或其他利益互惠的办法，及时加以解决"②，防止"棉花大战"、"羊毛大战"、"粮食大战"、"蚕茧大战"、"茶叶大战"*的重演。中央表示，新旧体制的转换并不等于统购统销制度停止了作用，引入市场机制也不等于农产品市场发育成熟，改革必然出现新问题，但绝不能退到统购统销的老路。1988 年 11 月，决定从明年起"适当增加挂钩化肥的数量"，"适当提高合同定购粮食的价格"。国家粮食合同定购任务不变，稳定扶持棉花生产，防止生猪生产出现大波动，"保证供应发展饲养业所需的饲料粮"③，保持足够的蔬菜种植面积，保证城市蔬菜充分供应。

---

①　中央文献研究室：《十二大以来重要文献选编》（中），人民出版社 1986 年版，第 874，874，874，874 ~ 875 页。

②　中央文献研究室：《十二大以来重要文献选编》（下），人民出版社 1988 年版，第 1230，1230，1230，1231 页。

*　这些"大战"是因农产品供给不足而价格高企，地方政府为保证农产品合同收购任务的完成和本地企业的原料保障，在收购季节关闭市场，阻止跨越行政边界交易而发生的国内农产品贸易战，具有浓厚的地方保护色彩。

③　中央文献研究室：《十三大以来重要文献选编》（上），人民出版社 1991 年版，第 340 页。

　　1984~1988 年，中国粮食平均产量由 3608 千克/公顷减少到 3579 千克/公顷，1988 年人均粮食占有量下降到 357.7 千克①。1984~1989 年，全国粮食市场价上扬 78.2%，收购价格提高了 75.9%，合同价和收购的平均价低于市场价，再加上国家规定的配售的化肥和柴油数量与收购资金不能落实，打击了农民的粮食生产积极性。改革政策实施后，农产品流通政策改革缺乏丰富的农产品支持，出现"一放就活、一活就乱、一乱就收、一收就死"的循环怪圈。1989 年，国家比上年提升粮食收购价格达 26.9%，刺激了粮食产量的提高，1989、1990 年中国粮食产量分别达到 40755 和 44624 万吨②，恢复和超过了 1984 年的水平。

　　在粮食生产再创新高、棉花生产滑坡的局面得到扭转，农业发展势头较好的形势下，为应对严重的农产品销售困难，1990 年 12 月，中央提出在中央和地方建立粮食储备制度。国家建立粮食收购最低保护价制度，按保护价敞开收购粮食，"满足农民出售余粮的要求"。各级农副产品收购单位必须及时收购，及时结算，"兑现价款，不打'白条'"；重视发挥乡村集体商业组织和个体运销专业户的作用，允许其经营实行市场调节的农产品，从事鲜活和小宗农产品经营；认真整顿流通秩序，取消非法的罚款和收费，撤销滥设的关卡，"纠正各种地区封锁、分割市场的行为"③，保证农产品流通渠道通畅，以培育全国统一的农产品市场，着手建设农产品运输的绿色通道。重申棉花仍统一收购、统一经营，不开放棉花市场，不搞价格双轨制。同期召开的中共十三届七中全会提出在今后十年要初步建立计划经济和市场调节相结合的经济体制和运行机制，为中国农产品市场化改革指明了方向。1991 年 11 月，中央认为农产品供给不足的状况有了明显改善，但工农业产品比价不合理，农民卖粮难、农产品流通不畅的问题突出，粮食主产区出现了增产不增收或增产多增收少的情况。深化农产品价格和流通体制改革是进一步发展农村商品经济的关键，也是广大农民的强烈要求。表示继续执行和完善既有政策，根据各类农产品的具体特点及商品经济的一般规律，在下年适当上调粮食定购价，加快价格改革步

---

　　①　数据见国家统计局农村社会经济调查司《中国农业统计资料汇编》（1949—2004），中国统计出版社 2006 年版，第 38、61 页。

　　②　数据同上书，第 35 页。

　　③　中央文献研究室：《十三大以来重要文献选编》（中），人民出版社 1991 年版，第 1327，1327、1328 页。

伐。"八五"期间有计划地解决粮食收购价格偏低和购销价格倒挂问题，有效控制农用物资价格，在提高工农业劳动生产率的基础上，"使工农业产品之间和各种农产品之间保持合理的比价"①，逐步缩小剪刀差。在国家宏观调控下，稳妥做到农产品购销同价，逐步放开经营。从下年开始，国家停止了对蔬菜生产与流通的计划管理。经过几年的改革，到1991年，由国家定价的农产品进一步减少到9种，实行国家指导价的农产品减少到19种。农产品调拨价中国家定价的为8种，国家指导价的为4种②。

　　1985年农产品购销制度改革的进展不顺利，对占农作物播种面积83%的粮棉油实行了合同定购和市场收购，"但不少地方在执行中并没有真正走向市场"③。1986～1988年，国家为城镇居民供应粮食的统销数量和价格基本没变，但因为粮食定购价高于统销价20%，超购价高于统销价80%，定购与统销的价格倒挂造成了国家财政补贴的节节攀升。在财政压力下，地方政府率先进行统销制度的改革。山西省于1988年4月压销、减购平价粮，其他各省纷纷响应。地方政府自发的成功改革得到了中央的肯定。国家从1991年5月1日起，提高面粉、玉米、大米的统销价格，对城镇居民提供适当补贴。经过几年的改革，农产品销售价格中国家定价的有7种，国家指导价的有10种④。1985年，全国城乡集市61337个，1992年增加到79188个，贸易额由632.3亿元增加到3530亿元，粮油交易额由49.6亿元增加到213亿元，增幅分别为29.1%、458%和329%。农民对非农业居民零售食品类农产品总额由291亿元增加到1077.4亿元，增幅为270%⑤。1985～1991年农村农副产品收购总额占农业产值的比重由45.4%上升到51%⑥。在农产品价格决定机制上，市场作用已经超过计划的作用，农产品价格形成的市场交易制度的雏形已经确立。

---

　　①　中央文献研究室：《十三大以来重要文献选编》（下），人民出版社1993年版，第1766页。

　　②　数据见邓水兰等《农产品价格政策演进的博弈及其政策目标》，《南昌大学学报》（人文社会科学版）2009年第6期，第52页。

　　③　中国农业年鉴编委会：《中国农业年鉴》（1994），中国农业出版社1994年版，第15页。

　　④　数据见邓水兰等《农产品价格政策演进的博弈及其政策目标》，《南昌大学学报》（人文社会科学版）2009年第6期，第52页。

　　⑤　数据见国家统计局农村社会经济统计司《中国农村统计年鉴》（1993），中国统计出版社1993年版，第167，168，188页，百分比根据数据计算。

　　⑥　数据同上书，第188页。

　　国家从 1989 年开始建立农业发展基金，保护价敞开收购农民余粮，建立粮食专项储备和风险基金，为 1992 年以后农产品流通市场化改革的配套政策提供了前期实践。1992 年国家定购价格和销售价格分别上调 20% 和 50% 后，国家再次提升粮食统销价格，基本实现了购销同价，理顺了粮食购销关系。

三　农业剩余劳动力的转移

　　实行家庭承包制提高农业生产效率，农民获得了劳动力的自由支配权，被集体农业组织长期遮蔽了的大量剩余劳动力得到了解放。怎样实现剩余劳动力转移成为了 80 年代农业改革又一重大而现实的问题。根据 20 世纪 80～90 年代中国经济社会形势的变化，我们把这一时期中国农业剩余劳动力转移的过程分为 1978～1983 年、1984～1988 年、1989～1991 年三个阶段。党在这三个阶段根据国家经济社会形势，希望通过发展乡镇企业和小城镇来转移农业剩余劳动力，在实践中探索了中国特色的农村工业化、城镇化道路。

　　(一) 1978～1983 年通过乡镇企业实现就地转移

　　1978 年底召开的中共十一届三中全会将发展社队企业作为发展农业的 25 项政策之一，首次提出凡是适宜农村加工的农副产品"逐步由社队企业加工"。表示在发展农业生产的条件下，大力发展社队企业，逐步提高社队企业的收入占公社三级经济收入中的比重。国家各部门支持社队企业发展，实行低税或免税政策，企业采取更加灵活的组织和管理形式，各地要有计划地发展小城镇。1979 年 7 月，国家颁布的《关于发展社队企业若干问题的规定 (试行草案)》，首次允许企业自行采购、自行销售、买卖双方议定价格，取消了发展社队企业的政策限制。改变了过去从农业机械化和农业发展角度对社队企业的理解，认为发展社队企业为把大量的农业剩余劳动力转移出来广开了门路。1981 年 5 月，再次肯定了社队企业的积极作用，纠正对社队企业的偏见，使其在国民经济调整时期避免了被关停的命运。1982 年，国家决定对大中城市郊区的社队企业按八级超额累进税率征税，最高税率达到 55%。这一税率在全国社队企业中普遍实行。

　　在鼓励发展社队企业的同时，党和国家制定了推动小城镇发展的战略。1979 年，中央强调有计划地发展小城镇是加快实现农业现代化，逐步缩小城乡差别、工农差别的必由之路，"一定要十分注意加强小城镇的建设"①。1983 年，表示要对农村集镇建设作出全面规划，经城乡建设部门和县人民政府批准后实行。

从 1979 年开始，由于国民经济发展进入调整时期，大批知青返乡回城，加重了城市的就业压力，国家对农业剩余劳动力转移采取了严格限制、控制流动的政策。1979 年 4 月，规定城镇单位未经国家劳动总局批准，"不准从农民中招工"②。1980 年 8 月，进一步提出在城市压缩、清退来自农村的计划外用工，通过发展社队企业和城乡联办企业等方式吸收农业剩余劳动力，控制农民盲目流入大中城市，控制吃商品粮人口的增加。1981 年 3 月，鼓励农村剩余劳动力充分利用山、河、沟、坡、滩等自然资源，因地制宜地发展副业，促进农产品加工和服务业发展，延长农业产业链，进行剩余劳动力的就地转移。10 月，继续清理来自农村的计划外用工，严格控制农业劳动力流入城镇。农村剩余劳动力要通过发展多种经营和兴办社队企业，实行就地适当安置，"不使其涌入城镇"。12 月，严格控制农民进城务工和农业人口转为非农业人口。1982 年 1 月，中央认为，实行合理的社会分工，优化农业生产结构才能吸收农村劳动力。如果将大量劳动力束缚在土地上，将会导致农业劳动生产率下降和农村经济萎缩。提出了以转移农业剩余劳动力为目的，鼓励和引导农民发展多种经营的政策，强调"把剩余劳力转移到多种经营方面来"③，实现农业剩余劳动力的就地转移。

由上看来，国家在鼓励发展乡镇企业的同时，严格限制农业剩余劳动力进城就业。但由于农业多种经营的迅速发展，减弱了剩余劳动力进城就业的压力。实行联产承包后，虽然解散了部分社队企业，社队企业虽然在数量上有所减少，但国家鼓励社队企业发展的政策使得农村懂经营、会管理的能工巧匠开始创办由个人或几人联办的个体企业。社队企业整体规模扩大了，呈异军突起之势，为农业剩余劳动力离土不离乡，实现就地转移

①　中央文献研究室：《三中全会以来重要文献选编》（上），人民出版社 1982 年版，第 178，185 页。

②　中央文献编辑委员会：《李先念文选》（1935～1988），人民出版社 1989 年版，第 365 页。

③　中央文献研究室：《三中全会以来重要文件汇编》（下），人民出版社 1982 年版，第 928，999 页。

发挥了重要作用。1978 年，全国乡镇企业 152.4 万个，职工人数 2826.6
万人；1979 年，全国乡镇企业 148.0 万个，职工人数 2909.3 万人；1980
年，全国乡镇企业 142.5 万个，职工人数 2999.7 万人；1981 年，全国乡
镇企业 133.8 万个，职工人数 2969.6 万人；1982 年，全国乡镇企业
136.2 万个，职工人数 3112.9 万人；1983 年，全国乡镇企业 134.6 万个，
职工人数 3234.6 万人[①]。1978～1983 年，乡镇企业总产值的增速超过全
国社会总产值年均递增 8% 的速度，更高于全国工农业总产值年均递增
7.7% 的速度；1978～1983 年，全国乡镇企业职工人数增加了 408 万人。
1978 年，全国农村劳动力中非农就业总人数 2096 万人；1979 年达 2123
万人；1980 年达 2382 万人；1981 年达 2454 万人；1982 年达 2650 万人；
1983 年达 2949 万人[②]。1983 年，农村非农就业人数比 1978 年增加了 853
万人。与此同时，农业剩余劳动力转移后，农民来自第二、三产业的收入
在总收入中的比重也逐渐提高。1978 年，农民家庭经营纯收入中二三产
业占 5.6%，1979 年占 9.2%，1980 年占 10%，1981 年占 15.1%，1982
年占 22.1%[③]。

　　同期，中国社队企业主要集中在长三角、珠三角地区，吸收农业剩余
劳动力的能力相对有限，农业劳动力转移速度缓慢，规模不大。由于农产
品逐渐丰富为农民大规模外出就业提供了条件，虽然城市用工制度仍然严
厉，但国家在维持户籍制度不变的条件下开始的政策实践为农业剩余劳动
力向城镇非农产业转移提供了机会和最基本的生活条件。中央高层与学者
们推崇备至的离土不离乡、进厂不进城的农业剩余劳动力转移模式成为了
八九十年代农业剩余劳动力转移的主流模式，社队企业成为了吸纳农村劳
动力转移的"蓄水池"。

　　（二）1984～1988 年农业剩余劳动力加速向乡镇企业和城市转移

　　1984～1988 年，国家经济社会形势又进入到繁荣发展的阶段，国家
将农业剩余劳动力转移的希望继续寄托于乡镇企业的发展，逐步采取积极

---

　　① 数据见《当代中国的农业》编辑部《当代中国的农业》，当代中国出版社 1992 年版，
第 755 页。

　　② 数据根据国家统计局：《中国统计年鉴》（1991），中国统计出版社 1991 年版，第 113 页
中农村劳动力从事工业、建筑业、交通运输及商业的人数计算。

　　③ 数据根据国家统计局农村社会经济调查司《中国农村住户调查年鉴》（2010），中国统
计出版社 2010 年版，第 44～45 页中的数据计算。

的政策措施，允许农民进城务工经商，允许甚至鼓励农业剩余劳动力向城市流动。

中央在 1984 年 1 号文件中认为，今后将有更多的农民脱离土地，转入小工业和小集镇服务业，"这是一个必然的历史性进步"，为改变中国人口和工业布局创造了条件。允许农民和集体的资金不受区域限制，可以自由或有组织地流动。具有合作经济因素，雇请工人超过规定人数的企业"可以不按资本主义的雇工经营看待"。实行了承包制的社队企业，只要所有权在社队，社队对企业有决策权，留有足够的固定资产折旧费及一定比例的公共积累，按规定上交利润、实行按劳分配、民主管理，就"不能看作私人雇工经营"。现有的社队企业是农村经济的支柱，有些还是城市大工业不可或缺的助手，要促进其健康发展；农村家庭小工业、供销合作社办工业、国营和社队联办工业也应该努力办好。中央既为社队企业的发展提供了政策支持，更为社队企业的壮大解除了姓资姓社的枷锁。鼓励社队企业有计划地发展饲料、食品、建筑建材和小能源工业，充分利用当地资源，面向国内外市场，特别是农村市场，"发挥自己的优势，与城市工业协调发展"。中央认为，农村工业适当集中到集镇，可以节省交通、能源、给水、排污及仓库的投资，各省、区、直辖市可选若干集镇试点，"允许务工、经商、办服务业的农民自理口粮到集镇落户"①。这是新中国建立以来长期实施的限制农业劳动力向城镇流动政策的首次松动。3 月，中央认为，妥善安排不断出现的农业剩余劳动力，筹集农业发展所需要的资金，增加农民收入都离不开发展社队企业和社员联营企业。现在企业吸收了农村 10% 的劳动力，需要大力发展，加快农业剩余劳动力转移。社队企业的工业产值占其总产值的 3/4，同国营工业虽有矛盾，只要加强计划指导和市场调节的结合，就能使双方在竞争中逐步形成大中小工业、高中低技术相结合，各自发挥优势，协调发展的布局。把社队企业基本建设投资、重要产品的生产与销售列入国民经济计划，提倡国营工业、商业和外贸部门直接向社队企业加工订货，通过合同间接纳入国家计划和国家管理轨道。国家运用信贷、税收、价格等杠杆调节社队企业根据市场供求变化安排非重要的其他产品的生产和销售。国家的各级计划、物资、财政、

---

① 中央文献研究室：《十二大以来重要文件汇编》（上），人民出版社 1986 年版，第 434，427，427，434～435，435 页。

银行和交通部门对社队工业一视同仁，对产品适销对路、质量合格、合理划分资源的社队工业颁发生产许可证，给予指导和支持。社队企业优先发展食品、饲料工业、建材建筑及能源工业，就地承担更多的农副产品加工任务，努力搞好环境保护和安全生产。企业税后利润首先安排技术改造，加强技术队伍建设；有条件承包城市建筑任务的社队企业经有关市人民政府批准，可以进城施工；社队企业的行业发展规划、产品质量标准及技术鉴定、生产技术要求、安全生产、环境保护及价格政策等应服从有关归口部门的统一管理。因地因业制宜地布局农村工业，该集中的应适当集中于集镇。鉴于公社、大队将逐步转化为合作经济组织，许多联户合办、联办、联营的企业和自营企业也要向集镇集中。中央同意从1984年起，将社队企业改称"乡镇企业"。1984年中央的政策激发了各地各级政府和农民掀起联合或个体兴办企业的热潮，农业剩余劳动力转移开始呈现爆炸式增长，农民流动开始突破中央倡导的就地转移的格局，中国城乡分离的体制开始松动。

1985年，进一步发布鼓励乡镇企业发展，中央提出对其实行信贷、税收优惠，"严禁平调乡镇企业的财产"，城市各类科学技术人员"可以停薪留职，应聘到农村工作"，有条件的科学技术人员"可以利用业余时间为农村提供服务，按合同取得报酬"。允许农民在政府管理下，"进城开店设坊，兴办服务业，提供各种劳务"，城市在用地和各项服务设施方面为其提供便利，松动了农业剩余劳动力转移的政策。国家运用经济杠杆，鼓励适宜分散生产或劳动密集型的产业由城市向小城镇和农村扩散。1986年，中央认为短短的几年时间，乡镇企业克服了劳力过多、资金短缺、耕地有限等困难，为建立新型城乡关系"找到了一条有效的途径"，各部门和各地方应"合理规划，正确引导，加强管理"，积极扶持其健康发展。

国家在出台鼓励乡镇企业发展的同时，颁布了一系列逐渐取消限制农民非农就业的政策。1984年2月，提出了农村个体工商业与城镇个体工商户基本相同的规定，借以利用农业剩余劳动力促进农村商品生产、活跃城乡物资交流。10月，鼓励支持有经营能力和技术专长的农民到集镇（不包括县城）经营工商业。凡在集镇经商、务工、办服务业的农民及家属有固定住所、经营能力，或在乡镇企、事业单位长期务工，公安机关将其登记为非农业人口，发给《自理口粮户口簿》。11月，国家调整了建制镇的标准。1985 年 1 月，中央要求城乡建设部门"必须加强对小城镇的指导"①，允许农村合作经济组织按规划修建店房和服务设施自主经营或出租。10 月，国家提出小城镇建设所需的资金主要靠集体经济积累和农民投资。1986 年 7 月，规定国营企业招用工人时，允许从农村招用的人员均可报考。1987 年 5 月，城乡建设环保部为规范小城镇发展，制定了《村镇规划标准》。1988 年 7 月，国家把大力输出贫困地区农村劳务作为了剩余劳动力开发的重点，决定利用多种形式、多种渠道，大力组织其跨地区流动。

1984 ~ 1988 年，随着城市经济体制改革的深入和第三产业的恢复，政府采取扶持能有效吸纳农村剩余劳动力的乡镇企业与小城镇共同发展的政策，允许农民自理口粮到集镇落户或务工、经商，拓展了农村剩余劳动力向城镇转移的空间。同期，乡镇企业与小城镇的发展有效地促进了农村剩余劳动力的就地转移，农村非农劳动力数量快速增长。1984 年乡镇企业职工人数 5208.1 万，农村非农劳动力人数 2160.8 万；1985 年职工人数 6979.0 万，农村非农劳动力人数 6713.6 万；1986 年职工人数 7937.1 万，农村非农劳动力人数 7521.9 万；1987 年职工人数 8776.4 万，农村非农劳动力人数 8130.4 万；1988 年职工人数 9545.5 万，农村非农劳动力人数 8611 万②。同期，乡镇企业吸纳的农村劳动力由 5208 万人增加到 9545 万人，增加了 83.3%，中国市镇人口占全国总人口的比重由 23.01% 增长到 25.81%③。全国建制镇由 6211 个增加到 10609 个，共吸纳农业剩余劳动力约 2700 万人，"占同期农村劳动力转移总量的 53.6%"④。劳动力转移后，农民来自第二、三产业的收入在总收入中的比重也逐渐提高。1984 年，农民家庭经营纯收入中，二三产业占 7.5%，1985 年占 10.8%，1986

① 中央文献研究室：《十二大以来重要文件汇编》（中），人民出版社 1986 年版，第 614，614，614，617，876，876，617 页。

② 数据见《当代中国的农业》编辑部《当代中国的农业》，当代中国出版社 1992 年版，第 755 页，其中农村非农劳动力数据根据国家统计局农村社会经济调查司：《中国农业统计资料汇编》（1949—2004），中国统计出版社 2006 年版，第 20 页中农村劳动力从事工业、建筑业、交通运输、商业及其他行业人数计算。

③ 数据见国家统计局：《中国统计年鉴》（1991），中国统计出版社 1991 年版，第 79 页。

④ 宋洪远等：《改革以来中国农业和农村经济政策的演变》，中国经济出版社 2000 年版，第 342 页。

年占 11.4%，1987 年占 12.9%，1988 年占 14.2%①。

（三）1989～1991 年严厉控制农业剩余劳动力向城市盲目流动

1988 年国民经济发展出现经济过热、通货膨胀等问题，国家采取了压缩基本建设投资规模、加强财税和信贷控制等措施，中国经济增长速度明显放慢。1989～1991 年，大批乡镇企业开工不足，农业剩余劳动力转移面临着经济紧缩的宏观背景，转移空间被迫压缩。国家为缓解城镇就业、交通和治安压力，自 1989 年起对农业剩余劳动力转移采取了严厉控制的政策，禁止农民盲目向城市流动。

1989 年 3 月，国务院办公厅发出严格限制农民工外出的紧急通知。4 月，民政部和公安部要求各地政府控制农民工盲目外流，重点清退来自农村的计划外用工，严格控制农业户口转为非农业户口的过快增长。1990 年 2 月，针对广东等沿海地区出现的"民工潮"，要求各地控制农业剩余劳动力盲目流向广东。4 月，要求各地引导农村富余劳动力发展林、牧、副、渔业生产，办好乡镇企业，就地消化和转移农业剩余劳动力。农业劳动力转移要同农业本身及整个国民经济的发展相适应，同建设事业发展和城镇承受能力相适应。劳动管理部门要制定城市使用农村劳动力的规划，建立农民临时务工许可证和就业登记制度，加强对用工单位的监督检查，合理控制农业劳动力转移，减轻城镇的就业压力，防止大量农村劳动力盲目进城求职。国家对"农转非"实行了计划指标管理。12 月底，中央要求在未来的经济社会发展规划中，对乡镇企业坚持正确引导、合理规划、加强管理、积极扶持的方针，促进其继续发展，各地以乡镇企业为依托建设一批布局合理、具有地方特色、交通方便的新型乡镇。1991 年 2 月，国务院办公厅再次要求各级政府从严或暂停办理农民工外出务工手续，劝阻没有签订续聘合同的返乡民工及南下在途民工。10 月，民政部要求用经济、行政及法律手段，做好劝阻劝返灾民和防止灾民外流工作。1991 年 11 月，中央表示要在农村有计划地发展二、三产业，加强农村工业小区与集镇建设，开辟农业剩余劳动力转移的新门路，吸纳农业劳动力在农村就业。

1989～1991 年，由于宏观经济的制约，中国农业剩余劳动力转移进

---

① 数据根据国家统计局农村社会经济调查司《中国农村住户调查年鉴》（2010），中国统计出版社 2010 年版，第 44～45 页中的数据计算所得。

入相对停滞的时期，农民就地转移的机会大量减少。1989 年，全国乡镇企业 1868.6 万个，职工人数 9366.8 万人，占农村劳动力比重 22.9%；1990 年，全国乡镇企业 1850.4 万个，职工人数 9264.8 万人，占农村劳动力比重 22.1%①。1989 年，农村非农劳动力人数 8498.3 万人，比 1988 年减少 112.7 万人。1990 年，农村非农劳动力人数 8673.1 万人，1991 年，农村非农劳动力人数 8906.2 万人②。农民得自第二、三产业的收入在总收入中的比重也逐渐下降。1989 年，农民家庭经营纯收入中，二、三产业占 14.5%，1990 年占 12%，1991 年占 12%③。

四　农业科技、资金和物资的投入

实行承包制后，中国农业科技、资金和农用物资投入的主体由农业集体组织变为了农民家庭。农民获得了自主选择农业技术的权力，"懂得了科学技术能够使生产发展起来，使生活富裕起来"④，但农民的资金实力弱，科技水平低制约着现代农业科技的广泛运用。国家如何发挥农业科技、资金和农用物资在农业生产中的作用成为了 80 年代农业承包制改革后产生的重大问题。党和国家根据 20 世纪 80～90 年代中国经济社会形势的变化，在实践中不断地探索农业科技、资金和农用物资投入政策，推进了现代农业生产要素在农业生产中的推广运用。

（一）农业科技、资金和农用物资投入的政策变迁

1978 年 12 月，国家要求农业机械、化肥、农药、农用塑料等农用物资在降低成本的基础上，1979、1980 年降低出厂价和销售价 10%～15%，"把降低成本的好处基本上给农民"⑤。1979 年 4 月，中央领导人强调国家对农业的帮助主要靠党的各项政策的落实，充分发挥农民的积极性，

---

① 数据见中国乡镇企业年鉴编辑委员会《中国乡镇企业年鉴》（1991），农业出版社 1992 年版，第 133 页。

② 数据根据国家统计局农村社会经济调查司《中国农业统计资料汇编》（1949—2004），中国统计出版社 2006 年版，第 20 页中农村劳动力从事工业、建筑业、交通运输、商业及其他行业人数计算所得。

③ 数据根据国家统计局农村社会经济调查司《中国农村住户调查年鉴》（2010），中国统计出版社 2010 年版，第 44～45 页中的数据计算所得。

④ 中央文献编辑委员会：《邓小平文选》（第 3 卷），人民出版社 1993 年版，第 107 页。

⑤ 中央党史研究室等：《中国新时期农村的变革》（中央卷），中共党史出版社 1998 年版，第 59 页。

"扩大劳动积累，搞好农业基本建设"①。9 月，中央强调"地方财政收入应主要用于农业和农用工业"，"增加化肥、农药、农用塑料和各种除草剂的生产"。在两三年内，合理布局全国农用工业，使各种农用工业品能经济、合理地批量生产，"不断地提高质量，降低成本"。在三五年内，逐步把国家农业投资在基本建设投资中的比重提高到 18% 左右，支援社队的支出和农业事业费在国家财政总支出中的比重提高到 8% 左右。到 1985 年，农业贷款增加 1 倍以上。国家各相关部门在农村的企事业单位坚持自愿互利原则，除国家法律法令规定外，"决不允许给集体和社员增加任何负担"。国家计划外的农业基本建设，也不准抽调社队的劳动力，计划内抽调的合同工、临时工必须"签订合同，规定合理报酬"。在粮食主产区，以改良土壤和治水为中心，开展植树种草活动，"实行山、水、田、林、路综合治理"，建设旱涝保收的高产稳产农田。国家继续兴建一批大型水利工程，地方政府主要建设中、小工程及配套工程。不准破坏森林、草原和水利设施，不准妨碍蓄洪泄洪去开荒种粮；不得将更有利于养殖和其他生产活动的内湖和海涂围海、围湖造田。工矿企业防止对"水源、大气等自然资源和农业的损害"，各种单位不准随意地占用"公社和农场的耕地、草牧场和林地"；各地制定切实可行的对荒山荒地"限期绿化"的规划。尽快制定和颁布土地法，采取有效的政策、措施降低人口增长率，加强对农业资源的保护。农业科研工作积极选育、引进和推广良种，分步实现种子"生产专业化、加工机械化、质量标准化"和品种布局的区域化，建立种子公司的经营系统，建立良种繁殖与普及、种子检验、品种审定、防止种子退化与种子混杂等规章制度，早日颁布种子法；培养大批掌握现代农业科学技术的专家，组织全国科技力量"研究解决农业现代化中的科学技术问题"；在农业科技推广方面，极大地提高广大农民首先是青年农民的科学技术文化水平，培养"农村急需的农机手、农业技术员和财会人员"，着手轮训县、社、队干部。在农用机械、化工方面，积极发展农业运输机械和装卸机具，加快发展农用化工产品，改进产品质量，降低生产成本。国家涉农行政机构做好全国性或地区性的农业生产建设规划。

---

① 中央文献编辑委员会：《李先念文选》（1935—1988），人民出版社 1989 年版，第 359 页。

1980 年 3 月，中央强调植树造林是一项重要的农业基本建设。11 月，中央认为任何先进的农业生产经验或经营管理经验不能强制推广，"都必须同当地农民的经济利益联系起来"，在农民自愿的基础上，经过试验逐步推广，赋予了农民因地制宜选择农业科技的权力。1981 年 3 月，国家涉农相关部委联合要求，遵循自然规律和经济规律，选择花钱少、见效快、收益大的如优良品种、栽培技术、科学施肥、合理用水、防治病虫、培肥土壤、作物布局等项目加以推广。建立健全农业科技推广机构，利用电影、电视、幻灯、出版科普读物、技术讲座等形式向农村青年和妇女宣传普及农业科技知识。1982 年 1 月，中央强调国家组织培育良种、耕作制度和栽培技术、科学施肥和合理用水、高效低残毒农药、农业机械的科研攻关。在农业技术推广方面，重点办好县级推广机构，"逐步把技术推广、植保、土肥等农业技术机构结合起来"；搞好农业资源的调查与区划工作，为利用和保护自然资源，调整农业生产结构提供科学的依据。在农业教育方面，改善农业院校的办学条件，县及县以下的农村中学"要设置农业课程"，"加强农民教育，抓紧扫盲工作"。农业科技人员要"热心为农民和农业生产服务"。在农田水利建设方面，推广先进的耕作技术和灌溉技术，做到科学、计划、节约用水。在农业投资方面，着重抓好水利、农机、化肥等项目投资的利用效益。花钱多效益小的水利设施缓办，"无效益的不办"，有效益地搞好配套设施建设；小型农田水利设施建设要量力进行，讲求实效。在农用物资投入方面，增产磷、钾与微量元素肥料以改变化肥构成，提高化肥施用效益，重视发展农家肥、绿肥及豆科作物，建设沼气池、薪炭林和小水电，"实行秸秆还田，以调节土壤化学物理性能"，增加土壤有机质，以高效低残毒农药取代高残毒农药。

1983 年 1 月，中央明确提出中国农业经过经济体制改革、生产结构和技术改造，走"一条具有中国特色的社会主义的农业发展道路"。允许农民个人或联合购买"农副产品加工机具、小型拖拉机和小型机动船"，各地可规定可行的油料计划销售办法。在农业生产技术方面，重新研究和拟定中国农业机械化方案，"发展小型、多用、质优、价廉的农业机械"，改良土壤，增加化肥供应，改善化肥结构，改善灌溉条件，提高土地利用率和农业劳动生产率。工业企业抓紧农产品加工业、贮藏和烘干及饲料工业设备的生产，开发沼气、风力、小水电、薪炭林和太阳能等能源。在农业科研、技术推广方面，健全农业科学技术研究推广体系和农村人才的培养教育体系，形成"合理分工、协调一致的工作体系"。在农业教育方面，"有步骤地增加农业中学和其它职业中学的比重"，改革农林院校招生和毕业生分配办法，实行定向招生、定向分配；国家、集体的农业技术服务机构通过技术承包，建立技术服务公司、生产科技联合体、科技示范户及科技普及协会向农民普及农业科学技术知识。允许农业技术人员与农村经济组织签订承包合同，"在增产部分中按一定比例分红"，获得工资收入之外的收入；农村教育必须考虑农民劳动生活的特点，适应农民财力物力状况和接受能力；发挥农村能工巧匠、生产能手、知识青年和复员退伍军人的农业生产技术特长。国家在每个公社农技站设立国家农业科技人员，开展推广当地适用的农林科技成果、培训农民技术员和基层干部、农林技术咨询服务活动。在农业资金投入方面，由于国家对农业投资有限，只能投资于重大项目，小型农田基本建设及服务设施所需要的投资主要"靠农业本身的资金积累和劳动积累"，"可鼓励农民个人或合股集资兴办，并实行有偿使用制度"①。7月，农牧渔业部颁发《农业技术推广工作条例（试行）》。1984年1月，要求国有经济各部门、各行业"向农业提供优质廉价的农用物资"，保证农业生产条件的不断改善。农村存款在保证农业贷款的前提下，"优先用于农村，多存可以多贷"，"贷款利率可以浮动"②。3月，农牧渔业部颁发了《农业技术承包责任制试行条例》，提倡农技人员同农民建立联产提成、定产定酬的经济责任制，改变过去依靠行政手段推广农业技术的方法。1985年1月，中央决定城市各类科技人员可以利用业余时间或停薪留职到农村工作，按合同取得报酬，为农民提供技术服务。大专院校、农业科研推广单位及城市企业可以接受农村委托的研究项目或转让科研成果，为农民提供技术咨询服务，或与商品基地和其他农村的生产单位组成科研—生产联合体，利益共沾。大专院校继续举办各种专业班，为农村"定向培养科技人才"。国家积极兴办农村保险事业。3月，中央决定改革农业科技体制，要求各级政府的农业技术开发项目实行公开招标，择优委托。加强省级以上农业科研机构和农业高等学

---

①　中央党史研究室等：《中国新时期农村的变革》（中央卷），中共党史出版社1998年版，第59，60~61，68，58，58，60，60，60，62，61，65，66，109，181，181，181~182，184，184，184，222，226，228，228，229，229，230，230页。

②　中央文献研究室：《十二大以来重要文献选编》（上），人民出版社1986年版，第429，430，430页。

校合作，"进行超前一步的研究和开发工作"，建立科技成果综合运用示范基地。农业技术推广机构应同研究机构、高等学校密切合作，加强同乡镇企业、合作组织及专业户、技术示范户和能工巧匠的结合，以点带面，"做好供、产、储、运和加工等各方面的技术服务"及新技术推广工作。中央再次强调农业技术推广的经济技术责任制，使技术推广机构和科技人员的收入随着农民收入的增长"而逐步有所增加"，农业研究和推广机构兴办经营实体后，其事业费"仍可由国家拨给"，实行包干制。

　　1986 年 1 月，针对 1981 年国家实行财政包干政策以来，对农业投资减少的状况，中央强调中国农业的物质技术基础还很脆弱，中央和地方政府不能因农业基础建设周期长、见效慢，就"忽视对农业的投资"。针对 1985 年取消交售粮棉奖售化肥，基本放开农药、农机、农膜等农资价格，实行化肥双轨制政策造成的农资市场倒卖倒买严重、价格大幅上涨，强调要稳定农用物资价格，继续实行对农用物资补贴政策，减免有困难的小化肥厂的税收，"以便降低化肥销价"。在农业资金投入方面，将"扭转一些地方农业投资递减的现象"，适当增加农业基本建设投资和事业费。要求从乡镇企业所得税和工商税增长部分中拿出一部分用于农业，其奖金税归乡财政掌握，"也用于农业，不准挪用"。为保证农民对农业的资金投入，要求把农民的税收控制在合理水平，"严格禁止乱摊派、乱收费"。支持农民广辟生产门路，让农民获得收益后能够以工补农。针对 1985 年粮食减产，中央认为，农业建设资金除国家增加投资外，"主要靠农村自身的积累"，提倡农村合作经济组织从当年收入中提取适当的公共积累，在农民中建立劳动积累制度，完善农民互助互利、协作兴办农田建设的办法，鼓励他们"投资兴建各种生产设施"。在农业生产技术方面，扭转忽视施用有机肥的倾向，有计划地改造中低产田，对现有农田水利工程进行维修、改造和配套建设。在农用物资生产方面，着重发展适用的新技术、新品种、新材料及新机具。在农业科研与推广方面，对农民的技术服务"以无偿或低偿为主"，发展县级农业技术推广中心。国家批准实施了第一个旨在依靠科技促进农村经济发展的"星火计划"，每年对一批农村知识青年和基层干部进行短期培训，使他们"掌握一两项本地区适用的先进技术"①，希望以此来引导农民依靠科技发展农村经济和乡镇企业，提高农民整体素质。1987 年 1 月，中央要求从农业基本建设投资中划出一部分用于贷款贴息投向贫困地区，逐步进行农村金融体制改革。地方政府在每年增加的财政收入中拿出较大比例投资农业，重申"农村的发展建设资金主要依靠自身的积累"②。资金缺乏、劳务价格低的地方，政府可选择最合适的形式组织农民劳动，进行包括修筑道路、疏通河道、植树造林、整治土地或解决人畜饮水等项目的建设。3 月，农牧渔业部和财政部决定共同组织实施以提高经济效益为中心，大面积推广先进实用的农业科研成果和先进技术的"丰收计划"。4 月，农牧渔业部发出了《关于建设县农业技术推广中心的若干规定》。5 月，规定任何部门、企业（包括企业集团）和行业协会无权擅自变动国家管理的农用物资的价格、运价和收费标准。7 月，国家相关部委联合颁发了《农民技术人员职称评定和晋升试行通则》。1988 年国家决定将农牧渔业部更名为农业部，将长江上游列为全国水土保持重点防治区，采取必要政策措施保证《森林法》、《土地管理法》以及《水土保持工作条例》的执行。8 月，要求各省、区、直辖市政府在年底前核定、公布并执行专营的化肥、农药、农膜综合零售价格。春耕前，组织农用物资价格大检查，"严禁乱涨价和变相涨价"③。批准实施了由国家教育委员会制定的旨在推进农村教育改革，为推行"星火计划"、"丰收计划"培养农技人才的"燎原计划"。9 月，决定除国家委托的专营单位外，其他部门、单位和个人一律不准经营化肥、农药、农膜等农用物资。大、中型化肥厂生产的优质化肥由专营部门统一收购，小化肥厂生产的化肥由当地政府确定经营形式；纳入统一分配计划的农药、农膜由专营部门统一收购。非统配计划的品种原则上实行专营部门和工厂合同订购，"也可实行联营或代销"。进口的化肥、农药、农膜（含原料）由国家计划管理。基层农技推广单位结合有偿技术服务所用的化肥、农药、农膜实行计划供应，允许向农民有偿转让，"但不准进行商

---

① 中央文献研究室：《十二大以来重要文献选编》（中），人民出版社 1986 年版，第 615，668，668，668，668，869，870，870，870，870，872，872，873，873 页。

② 中央文献研究室：《十二大以来重要文献选编》（下），人民出版社 1988 年版，第 1232 页。

③ 国务院：《关于做好当前物价工作和稳定市场的紧急通知》（1988 年 8 月 30 日），http://news.xinhuanet.com/ziliao/2005 – 02/25/content_ 2619360. htm。

业经营或者倒买倒卖"①。对农用物资的生产企业实行生产许可证制度。11月，要求各地建立劳动积累制度，鼓励农民投工投劳，对现有水利工程和排灌系统进行整修，因地制宜地建设一批"投资少、见效快的治水改土工程和农业开发项目"。在增加农用物资生产的同时，动员和组织农民研究并采取新的办法和措施"增加有机肥的投入"。各级政府必须增加对农业的资金投入，多方筹资逐步建立农业发展基金，"由各级财政纳入预算，列收列支，专款专用"②。水利部提出农村水利建设本着需要、自愿、量力、实效，自力更生为主、国家支援为辅的原则，按受益范围分级举办。县、乡两级建立水利建设发展基金，提倡和鼓励农户或联户兴修水利可按劳力或土地承包面积，或两者结合等办法分摊农村水利劳动积累工。农民的水利劳动积累工"可以等价替代，以资代劳"③，主要用于县、乡、村范围内的防洪、灌溉、排水、供水、水土保持等小型工程的兴建和已建工程的修缮以及小河流整治。12月，国家提出要抓紧解决发展有机肥料的技术难题，在政策上"要规定农民有提高地力的义务"④。农业部由此提出了以增施有机肥为核心的"沃土计划"。决定今后主要靠各级地方政府增加财政投入，解决农业资金投入不足的问题。从1989年开始，建立中央和地方政府的农业发展基金，基金来源于中央和地方财政按照"七三"比例从国家能源交通重点建设基金的征收比例中分取一个百分点；乡镇企业的产品税、营业税、增值税和工商所得税以及农村个体工商户、私营企业比上年增加的大部分税额；开征的耕地占用税、农林水特产税的全部或大部分；各省、区、直辖市从粮食经营环节中提取的农业技术改进费。世界银行贷款的25%左右以及其他政府间和国际金融组织的贷款纳入国家计划，用于农业生产、大型水利、农用工业和林业建设。

　　1989年6、9月，国务院发出《关于建立农业发展基金增加农业资金投入的通知》，批准《农业发展基金开发项目管理办法》。11月，继续强

---

① 国务院：《关于化肥、农药、农膜实行专营的决定》（1988年9月28日），http://www.saic.gov.cn/fldyfbzdjz/zcfg/xzfg/200909/t20090927_71347.html。

② 中央文献研究室：《十三大以来重要文献选编》（上），人民出版社1991年版，第339，339～340，341页。

③ 水利部：《关于依靠群众合作兴修农村水利的意见》（1988年11月2日），http://www.bl.hl.cn/flfg/65/20.htm。

④ 国务院：《关于重视和加强有机肥料工作的指示》（1988年12月13日），http://www.china.com.cn/law/flfg/txt/2006-08/08/content_7060089.htm。

调坚持和完善农用物资专营办法，必须依靠科技进步，"才能实现农业技术改造的深刻变革"。要求大力抓好农业科技推广应用工作，逐步为农村充实一大批留得住、养得起的技术骨干，逐步形成国家农业技术推广机构和群众性的科普组织及"农民专业技术服务组织相结合的农业技术推广网络"，"尽快落实乡、镇农业技术服务机构的事业编制"。从1990年起，解决国家计划内农、林、水利大、中专院校的毕业生到乡级农技推广服务机构工作的问题。推广机构在事业费包干的基础上实行自主经营，逐步做到经费自理；各地要增加职业中学的比重和农业技术的教学内容，办好农民夜校、农业广播（电视）、函（刊）授学校及各种培训基地，"结合'星火'、'燎原'、'丰收'等计划的实施"，向农民开展实用技术培训。对未升学的初、高中毕业生进行实用技术培训和职业教育。继续发挥群众团体、民主党派和报纸在传播推广农业技术中的作用，不断提高农民的科学文化水平。国家对面向农业的技术经济服务实体给予减免税照顾，鼓励其发展壮大。支持或选派县以下党政机关中的科技人员到农村进行有偿技术经济承包和从事农科推广工作。在农业投入方面，各级政府把农业发展基金"重点用于农业科技投入"，为农业科研、技术推广和培训提供资金；积极安排农业科研试验和技术推广所需物资。在农业科学技术研究方面，国家自然科学基金会把对农业持续发展具有重大意义的研究项目作为今后资助的重点，国家科技攻关计划"进一步突出农业生物技术等重点领域"。在组织保障方面，各地"把科技兴农工作列入重要议事日程"，进一步总结和完善科技副县长制度；涉农的气象、环保与工商部门也要"为农产品深度加工、替代资源开发、综合利用、新农用生产资料开发、环境和生态保护"发挥作用，政府各机构抓紧研究和制定推动农业科技进步的政策和措施。

　　1990年6月，江泽民强调"农业要增加投入，才能逐步改善生产条件"，国家财政投入不可能增加很多，要调动农民投入资金和劳动的积极性。农用工业在生产供应、产品质量和价格方面还不能满足农民的要求，要努力增加农用物资的供应。12月，中央要求各地充分发挥农村劳动力丰富的优势，为进一步提高抗御自然灾害的能力，重点加强现有水利工程的维护、配套和更新改造。继续实行农用物资"三挂钩"政策，"保持销售价格的基本稳定"①。中央继续强调农田水利建设资金从国家、地方、集体和农户的多渠道筹集，国家资金主要用于大江大河治理，重点建设某些重点水利工程，小型农田水利建设主要依靠农民的劳动积累，坚持并完善农田水利劳动积累工制度。农业综合开发的重点是改造中低产田，利用荒地、荒山、荒坡、荒滩和荒水，保护耕地和农业资源。1991 年 10 月，国家决定把乡级农技推广机构确定为事业单位，但编制名额和所需经费"由各省、区、直辖市根据需要和财力自行解决"。农业、林业、水利等部门所属事业单位的事业费保持不变，允许其兴办农业服务实体开展有偿服务。11 月，中央强调要逐步建立健全国家、集体和农民相结合的农业投资体系，农业生产的投入和农田水利建设主要依靠集体经济组织和农民的劳动积累。农业综合开发以使用先进科学技术提高农业产量为重点，促进农林牧副渔全面发展，进行山水田林路的综合治理，实现"经济效益、生态效益和社会效益并重"。中国农业发展要转向到"依靠科技进步和提高劳动者素质的轨道"，干部树立科学技术是第一生产力的观点，各省、地、县应认真实施科技、教育兴农战略。为进一步推动"星火"、"燎原"、"丰收"计划的实施，中央要求有关科技单位、大专院校在农村建立科学实验和示范基地，有条件的地方设科技副县长、副乡长，鼓励和选派科技人员到县乡工作；落实国家计划内的农、林、水等院校毕业生到乡镇农技推广单位工作的编制和经费；中央与地方的农业建设资金"要有一部分用于科技推广"，推动农村的各种专业技术协会、研究会和科技服务机构发展，加强农业示范片和示范村建设，完善县、乡（镇）、村、户的农业技术推广网络。中央还要求省、地办好农民文化、技术学校，建立农业技术培训基地，县、乡举办技术培训班。农业科研要按照常规技术与现代生物技术相结合的要求，统筹实施重大项目联合攻关，重视基础研究、应用研究和技术推广的结合。中央决定在 90 年代兴修一批防洪、发电、蓄水、引水的大型水利骨干工程，抓好重点水土流失区域的综合治理，修缮病、险水库，逐步缓解北方缺水问题。国家将发行水利债券，增加长期优惠的水利建设贷款，提高利用外资的比重，"完善水利工程有关收费制度"。继续采取以工代赈方式扶持水利、农田基本建设和交通、人

---

① 中央文献研究室：《十三大以来重要文献选编》（中），人民出版社 1991 年版，第 756，758，760，761，761 ~ 762，763，763 ~ 764，764，1162，1327 页。

畜饮水工程建设，把有灌溉条件的中低产田"建成旱涝保收、稳产高产农田"。中央提出优先安排、保证供应农用工业建设"所需的原材料和能源"，对农用工业实行投资倾斜和其他扶持政策。

1992 年 2 月，国家指出农科教结合是实现农业现代化的重要途径，充分利用各方面的人力、财力、物力"提高科教兴农的整体效益"，健全农业、科技、教育事业相互促进、协调发展的运行机制。加强政府在农业项目实施、安排科教兴农资金、人才培养和适用技术培训方案等方面的统筹是推动农科教结合的关键。实行农科教结合以县、乡为重点，逐步形成县科技培训与推广服务中心为龙头，"乡、村服务基地为网点"，上连大中专院校、科研院所与科技单位，下接专业组、户的农村科技培训与推广网络。县、乡要逐渐把中心和基地"发展成以科技为先导的集体经营的经济服务实体"。科教兴农的重要环节是"大力发展农村职业技术教育"，加强农民的职业技术教育和适用技术培训工作。国家将逐步建立和完善农民技术员职称制度和农民技术资格证书（绿色证书）制度。3 月，提出农业科学技术的重点是"建立合理的农林牧副渔复合生态体系"，发展食品生产和加工技术，利用杂交优势和遗传工程技术选育高产、优质、多抗的动植物新品种。在科技体制改革中，保证农业科技经费的稳定增长与农业科研队伍的持续发展，支持和引导县及县以下农业科技机构逐步发展为"独立核算的、综合性的技术开发、推广、服务经营实体"，增强农业技术推广工作的活力。9 月，要求农业科教和推广工作尽快转到以发展高产优质高效农业为主的轨道上去，允许科研单位、农业技术部门及农业院校依法自主经营繁育和引进的良种和先进技术，实行有偿转让，允许集体或个人根据国家法规"兴办良种繁育推广实体"，国家加强种子管理工作。农业部和人事部规定必须预留出足够的乡镇农技推广机构补充人员所需的编制，用于接收大、中专毕业生。9 月，决定调整农业资金投放结构，把贸工农一体化经营组织列为支持对象，增加高产、优质、高效农业的投入比重，把良种繁育，农产品贮藏、加工、保鲜，农产品批发市场和交通运输等基础设施的建设"作为投资重点"①。重视和抓好水利、交通、气象、农机、林业等方面的建设。国家决定从 1993 年起，每年从国家储备的粮、

① 中央文献研究室：《十三大以来重要文献选编》（下），人民出版社 1993 年版，第 1743，1768，1770，1771，1773，1773，1775，1901，1905，1905，1906，1949，1960，2209，2211 页。

油、糖及库存的和低档日用工业品中再拿出一部分，用以工代赈的办法重点扶持中西部地区的农田水利、小流域治理、人畜饮水工程、交通和通信等基本建设，发展中西部地区的造林种果和畜牧业。"八五"期间初步建立主要农产品产前、产中和产后全过程的标准体系。10月，农业部、财政部和国家科委联合指出，中国科技进步的作用在农业总产值增长量中所占比重为30%～40%，要继续加强农业科技成果转化工作。国家和地方主管部门在保持对农业科研单位事业经费稳定增长的基础上，把支持科技成果转化作为投入重点，农业科研单位直接面向市场，在竞争中求效益、求发展，"星火"、"丰收"、"火炬"等促进科技成果转化的科技计划要与市场需要更好结合，将科技星火传播到亿万农民的手中。

（二）农业科技、资金和农用物资投入的成效

改革开放后，农业基础设施薄弱、生产技术落后决定了中国必须科学利用农业生产要素，提高农业综合生产能力，促进农业现代化发展。实行家庭承包制后，由于国家财政体制和投资体制改革，中国农业投入主体由国家转变为中央与地方、集体与农户的多元投资格局，农民成了农业生产建设投资的主体。尽管中央千方百计地号召增加对农业投入，但地方政府丧失了对农民投入的直接干预能力，乡镇财政和农民收入薄弱，受农业比较利益低、投入规模大、见效慢的影响，未能有效增加对农业设施的投入。

1978～1992年，由于国家大幅度提高农产品收购价格，增加城市居民的生活补贴，国家财政收支产生的困窘决定了中央政府未能增加农业投入。1978年国家用于农业的财政支出总额为149.61亿元，占全年财政总支出的13.43%；1979年为169.75亿元，占13.60%；1980年为137.72亿元，占12.20%；1981年为98.84亿元，占9.68%；1982年为106.07亿元，占9.80%；1983年为115.24亿元，占9.43%；1984年为119.23亿元，占8.31%；1985年为119.09亿元，占7.66%；1986年为134.75亿元，占8.35%；1987年为133.42亿元，占8.65%；1988年为123.17亿元，占8.59%；1989年为129.85亿元，占9.42%；1990年为147.22亿元，占9.98%；1991年为161.59亿元，占10.26%；1992年为165.79亿元，占10.05%。从这组数据得知，1981～1990年连续9年国家财政用于农业支出的绝对值都出现下降，比重均在10%以下。为改变80年代中后期农业基础薄弱和农业发展后劲不足的局面，国家财政投入从1989年

开始恢复性增长。1990 年为 147.22 亿元，占 9.98%；1991 年为 161.59 亿元，占 10.26%；1992 年为 165.79 亿元，占 10.05%①。

同期，中央和地方政府有限的农业投资主要集中在大江大河的治理、农业基础科研、农村教育、农业公共管理部门和农业综合开发等方面。国家和地方政府 1979 年用于修建水库、灌溉项目和防汛抗洪的支出为 98.56 亿元，用于农村教育支出为 91.98 亿元（按 1990 年价格计算，此段同）；1980 年为 74.57、106.60（亿元）；1981 年为 51.88、112.89（亿元）；1982 年为 57.00、124.54（亿元）；1983 年为 61.60、138.15（亿元）；1984 年为 58.03、162.08（亿元）；1985 年为 51.83、190.25（亿元）；1986 年为 55.10、223.59（亿元）；1987 年为 61.54、264.32（亿元）；1988 年为 58.62、269.88（亿元）；1989 年为 57.44、229.17（亿元）；1990 年为 71.64、250.06（亿元）；1991 年为 98.20、285.30（亿元）；1992 年为 137.39、322.61（亿元）。从这组数据得知，1979～1989 年国家和地方政府用于修建水库、灌溉项目和防汛抗洪支出的平均增长率为 5.26%，为共和国历史上增长最低的阶段；国家和地方政府用于农村教育支出的平均增长率为 9.56%②，为共和国历史上增长最高的阶段。

同期，国家为支持农业发展，对化肥、农药、农膜、农机等农用物资按优惠价供应，促进了现代农业生产要素在农业生产中的广泛使用。1978 ～1992 年全国主要农业机械年末总动力分别是 11750、13379、14746、15680、16614、18022、19497、20913、22950、24836、26575、28067、28707.7、29388.6 和 30308.4（万千瓦）③。1978～1990 年全国机耕面积、灌溉面积、化肥施用量分别为 61005.0 万亩、67447.5 万亩、884.0 万吨；63328.5 万亩、67504.5 万亩、1086.3 万吨；61485.0 万亩、67332.0 万亩、1269.4 万吨；54715.5 万亩、66861.0 万亩、1334.9 万吨；52672.5 万亩、66265.5 万亩、1513.4 万吨；50358.0 万亩、66966.0 万亩、1659.8 万吨；52383.0 万亩、66679.5 万亩、1739.8 万吨；51663.0 万亩、

---

① 根据《中国统计年鉴》（2003）相关数据计算所得。支出总额剔除了通货膨胀影响，以 1977 年为基期。

② 数据见秦庆武：《加快我国农村公共产品供给体制的改革与创新》，《东岳论丛》2005 年第 4 期，第 173 页。

③ 1978～1989 年的数据见中华人民共和国国家统计局：《中国统计年鉴》（1991），中国统计出版社 1991 年版，第 323 页；1990～1992 年的数据见中华人民共和国国家统计局：《中国统计年鉴》（1995），中国统计出版社 1995 年版，第 334 页。

66054.0 万亩、1775.8 万吨；54642.0 万亩、66339.0 万亩、1930.6 万吨；57589.5 万亩、66604.5 万亩、1999.7 万吨；61371.0 万亩、66564.0 万亩、2141.5 万吨；63889.5 万亩、67375.8 万亩、2357.1 万吨；72382.8 万亩、71104.6 万亩、2590.3 万吨①。1991～1992 年全国灌溉面积、化肥施用量分别为 47822.1 千公顷、2805.1 万吨；48590.1 千公顷、2930.2 万吨②。1985～1992 年全国除涝面积、治理水土流失面积、治碱面积分别为 1858.4 万公顷、46.4 万平方公里、456.9 万公顷；1876.1 万公顷、47.9 万平方公里、462.3 万公顷；1895.8 万公顷、49.5 万平方公里、475.6 万公顷；1905.8 万公顷、51.3 万平方公里、483.0 万公顷；1922.9 万公顷、52.2 万平方公里、488.3 万公顷；1933.7 万公顷、53.0 万平方公里、499.5 万公顷③；1958.0 万公顷、55.8 万平方公里、511.0 万公顷；1977.1 万公顷、58.6 万平方公里、521.0 万公顷④。从这组数据得知，1978～1992 年中国农业机械化水平稳步提高，以 1978 年为基数，农机总动力增长了 18558 万 kW，达 2.58 倍。全国机耕面积、灌溉面积、除涝面积、治理水土流失面积和治碱面积在 1980～1989 年间增加有限。这与同期国家和地方政府用于修建水库、灌溉项目和防汛抗洪支出的平均增长率低一致，1990 年以后的增长也与国家财政投入恢复性增长一致。这也间接地证明了中央号召乡镇政府和农民增加农业投入，而乡镇政府和农民受农业比较利益低，机耕和灌溉设施投入规模大、见效慢、收益低的影响，政策效果甚微。

同期，中国化肥施用量却连年增长，以 1978 年为基数，增加了 2046.2 万吨，达 3.31 倍。这说明农民作为农业生产建设投资的主体，尽管其财力有限，未能增加对农业水利设施的投入，但农民认识到化肥能够直接增加农作物产量，具有增加投入的积极性。农民还把自己有限的财力投资于教育，加上国家继续加强农村扫盲和成人教育工作，逐步推行九年

---

　　①　数据见中华人民共和国国家统计局：《中国统计年鉴》（1991），中国统计出版社 1991 年版，第 331 页。

　　②　数据见中华人民共和国国家统计局：《中国统计年鉴》（1995），中国统计出版社 1995 年版，第 337 页。

　　③　数据见中华人民共和国国家统计局：《中国统计年鉴》（1991），中国统计出版社 1991 年版，第 333 页。

　　④　数据见中华人民共和国国家统计局：《中国统计年鉴》（1995），中国统计出版社 1995 年版，第 338 页。

制义务教育，1985～1992 年农民平均每百个劳动力中文盲或半文盲人数由 27.87 人下降到 16.20 人；小学、初中文化程度的人数由 64.82 人增加到 75.26 人；农民技术培训学校的数量和毕业人数增长快速，1986 年23748 所，305.7 万人，1990 年 38225 所，1162.0 万人，1991 年 217474所，3657.0 万人，1992 年 217453 所，4460.1 万人；村级广播室也发挥着传播农业科技知识的作用，数量也快速增长，1985 年全国有 212508 个，1990 年 287454 个，1991 年 326453 个，1992 年 349754 个①。

同期，国家加强了农业技术推广站、种子站（公司）建设，推进了科技成果的转化，支撑了农业发展。1981～1990 年全国有农业技术推广站、种子站（公司）分别为 13785、156401（个）；20087、160985（个）；17242、164373（个）；14035、16580（个）；16729、168091（个）；17007、175104（个）；17811、185145（个）；18013、187996（个）；18953、197850（个）；20162、214695（个）②。

总之，国家通过农业投资、科研与推广体制和农用物资政策的实践，改变了改革开放前农业投入单一封闭的状况，逐渐建立起多渠道、多层次的农业投入体系。国家通过对农业的财政、物质和科技投入，较大幅度地提升了中国农业科技进步的贡献率，推动了农业综合生产能力的不断提高。

第三节　80 年代中国农业思想的创新

改革开放前，中国农民和农村基层干部对包产到户制度的探索和邓小平、陈云、李先念等人就中国农业问题的思考，为 80 年代中国农业思想的创新奠定了基础，80 年代中国农业改革的伟大实践为农业思想的创新提供了鲜活的互动平台。从 1978 年 12 月的十一届三中全会到 1989 年 6月的十三届四中全会是农业思想的创新时期。1989 年 7 月到 1992 年 10 月的中共十四大是完善时期。中央领导集体关于中国农业的思想可以概括为以农业基础地位为逻辑起点，发挥农民的主体作用、政策的导向作用，通

---

① 根据国家统计局农村社会经济统计司：《中国农村统计年鉴》（1993），中国统计出版社1993 年版，第 241、294、311 页相关数据计算所得。
② 数据见国家统计局：《中国统计年鉴》（1991），中国统计出版社 1991 年版，第 372 页。

过发展农业科学技术、实行科技兴农促进农业技术现代化发展，发展适度规模经营与集体经济，实施"两个飞跃"战略，逐步实现农业现代化和农民共同富裕的整体构想，逐步形成了"一靠政策，二靠科学"①的农业发展信念，实现了中国当代农业思想的创新。

一　农业基础地位的观点

20 世纪 70 年代后期到 80 年代初期，中央领导集体从国家自立、民族自强、经济自主的高度，从国家稳定的角度，以改革开放和社会主义现代化事业发展的视角认识了中国农业的基础地位和作用；80 年代中期到 90 年代初期中国农业发展的新阶段，他们从国民经济社会发展的角度论述了农业的基础地位和作用。他们对农业基础地位和作用的阐述成为了中国农业思想创新的逻辑起点。

（一）农业发展直接攸关社会安定和国家稳定

共产党人对农业是人类的衣食之源、生存之本，农业为工业提供原料，为国家经济建设提供资金积累，为国民经济其他部门提供丰富的劳动力资源等马克思主义农业基础观有着深刻的认识。他们在农业政策改革的初期阶段，从解决社会稳定问题的角度强调吃饭问题就是农业问题，农业问题不仅是经济问题，也是政治问题，从解决农民温饱问题、提高人民生活水平入手，摸索中国农业发展道路。他们在 80 年代农业改革的实践中阐明了"无粮则乱"、农业是国民经济基础的观点，强调了发展农业的极端重要性。

1975 年，邓小平说中国人均粮食产量只有 609 斤，"储备粮也不多，农民的收入就那么一点"②，有的还倒欠账，全国还有部分地方的粮食产量不如解放初期。在中国发展农业现代化不容易，"如果农业搞不好，很可能拉了我们国家建设的后腿"③，要确立以农业为基础、为农业服务的思想。1978 年 3 月，他指出，中国"几亿人口搞饭吃，粮食问题还没有真正过关"④。12 月，一批党和国家领导人在中央工作会议上对建国以来

① 中央文献编辑委员会：《邓小平文选》（第 3 卷），人民出版社 1993 年版，第 17 页。
② 中央文献编辑委员会：《邓小平文选》（第 2 卷），人民出版社 1994 年版，第 4 页。
③ 中央文献研究室：《邓小平思想年谱》（1975—1997），中央文献出版社 1998 年版，第 17 页。
④ 中央文献编辑委员会：《邓小平文选》（第 2 卷），人民出版社 1994 年版，第 90 页。

尤其是"文化大革命"以来由于农业政策不稳定,导致农业落后、农民生活得不到改善的现象进行了尖锐批评。陈云指出,要先把农民安稳下来,摆稳了这一头,就摆稳了大多数。他们有了粮食,"棉花、副食品、油、糖和其他经济作物就都好解决了"①。万里在 1979 年 1 月间强调,必须在三五年内采取各种措施,"发展农业生产,减轻农民负担,增加农民收入"②,使农民能够休养生息。3 月,邓小平、陈云提出,中国农民多、耕地少的情况很不容易改变,"这就成为中国现代化建设必须考虑的特点"③。共产党胜利 30 年了,不少地方还有要饭的,这是一个大问题。"如果老是不解决这个问题,恐怕农民就会造反"④。邓小平在 1980 年提出建设社会主义强国的各种任务之间有着相互依存的关系,"不能顾此失彼"⑤。李先念强调"解决十亿人口的吃饭问题,是个大问题,不能放松"⑥。在此,中央领导集体在决定农业改革的关键时刻,面对农民的贫困现实,深刻认识到了把农业确立为国民经济发展重中之重的重要性。

　　1982 年,共产党人坚信"不管天下发生什么事,只要人民吃饱肚子,一切就好办了"⑦。国民经济发展的战略重点,"一是农业,二是能源和交通,三是教育和科学"⑧。建设社会主义现代化的农业,中国"还在摸索之中",农业现代化模式"只能在实践中逐渐形成,只能按中国的国情来规划","中国要走耗能低、劳动密集、产量高的农业现代化道路"⑨。1983 年,邓小平坚持把农业放在国家发展战略的首位,强调"农业是根本,不要忘掉"。1984、1985 年,他从农业改革、发展与稳定的角度小结了农业在社会稳定中的作用,说中国的改革从农村开始就是从实际出发,把城市建得再漂亮,但 80% 的人口在农村,"没有农村这一稳定的基础是

　　① 中央文献研究室:《陈云文选》(第 3 卷),人民出版社 1995 年版,第 236 页。
　　② 万里:《万里文选》,人民出版社 1995 年版,第 120 页。
　　③ 中央文献编辑委员会:《邓小平文选》(第 2 卷),人民出版社 1994 年版,第 164 页。
　　④ 中央文献研究室:《陈云文选》(第 3 卷),人民出版社 1995 年版,第 250 页。
　　⑤ 中央文献编辑委员会:《邓小平文选》(第 2 卷),人民出版社 1994 年版,第 250 页。
　　⑥ 中央文献编辑委员会:《李先念文选》(1935—1988),人民出版社 1989 年版,第 421 页。
　　⑦ 中央文献编辑委员会:《邓小平文选》(第 2 卷),人民出版社 1994 年版,第 406 页。
　　⑧ 中央文献编辑委员会:《邓小平文选》(第 3 卷),人民出版社 1993 年版,第 9 页。
　　⑨ 万里:《万里文选》,人民出版社 1995 年版,第 222,198,235 页。

不行的"。如果不解决农民的生活问题，"社会就不会是安定的"①，工商业和其他经济活动不能建立在农民贫困的基础上。陈云也在 1985 年警示全党，十亿人吃饭穿衣是中国的经济问题，也是政治问题。"'无粮则乱'，这件事不能小看就是了"②。如果农业发展不好，粮价不稳定，就可能造成人心恐慌，社会动荡。

1979～1985 年，邓小平、陈云、李先念、万里等人基于人要吃饭的生活逻辑，把农业问题通俗简单地话语为十几亿人口的吃饭问题，看作是中国头等重要的大事。他们从维护社会安定和国家稳定的高度，强调农业是安天下、定民心的产业，认为要彻底结束"文化大革命"就必须进行农业政策改革，保持农业稳定发展，使农民生活得到改善，为城市改革创造良好的经济和社会环境，最终实现国家稳定和社会长治久安。同期，党中央也显示了全党对农业发展的高度重视。在 1982～1986 年连续发出的"一号文件"中把农业放在了整个国民经济发展战略的首位，为解决农民的温饱问题，促进农业发展奠定了政策基础。中央领导集体立足于提高农民生活水平，重点强调了中国稳定的基础是发展农业，解救农民于贫困状态，把农业改革作为了改革的先导。

（二）农业是国民经济和社会发展的重要基础

从 1975 年开始，邓小平提出了"工业越发展，越要把农业放在第一位"③ 的观点。1979 年 5 月，中央强调在近几年内有必要进口部分粮食，但决不能长期依靠进口大量粮食过日子，应当尽快把农业生产搞上去，逐步做到国内粮食自给有余。万里和李先念指出，农、轻、重中"农这条腿上不来，没有饭吃，还搞什么四个现代化"④。中国农业离开了高产稳产，"我们的农业现代化就失去了根本目的"，不能满足经济发展和提高人民生活水平的需要，中国的农业现代化"不仅等不来，而且也买不来"⑤。1982 年，陈云和万里都强调农业搞了生产责任制以后，"粮食播

---

①　中央文献编辑委员会：《邓小平文选》（第 3 卷），人民出版社 1993 年版，第 23，65，117 页。

②　中央文献研究室：《陈云文选》（第 3 卷），人民出版社 1995 年版，第 350 页。

③　中央文献编辑委员会：《邓小平文选》（第 2 卷），人民出版社 1994 年版，第 29 页。

④　万里：《万里文选》，人民出版社 1995 年版，第 132 页。

⑤　中央文献编辑委员会：《李先念文选》（1935—1988），人民出版社 1989 年版，第 381，382 页。

种面积不能减少了"①，"对粮食的生产、管理、销售都不能放松"②，这是保证国民经济发展的重要前提。1983 年 1 月，邓小平用启发式的回答，提出了中国农业发展的目标是"二〇〇〇年总要做到粮食基本过关"。要在国家的农业规划中确定粮食基本过关的手段，并对这些手段能够"增产多少，都要有计算"。1984 年 10 月，他提出了中国社会主义发展三步走战略，强调中国经济发展首先要看农村能不能发展，实现国民收入翻两番很重要的是 80% 的农民能不能达到。他们着眼于国民经济和社会发展的角度，思考中国农业的基础地位。

　　在 1982~1984 年农产品虚假剩余的背景下，国家从 1984 年起把改革重点转到城市，一些地方对农产品降价限产，农民减少了粮食播种面积，1985、1986 年农业出现了改革开放后粮食首次减产的局面。中央领导集体对此发出呼吁，强调农业是国家社会经济发展的基础，国家要从政策上支持和保护农业，为改革开放和经济建设的顺利进行提供可靠的物质保证。1986 年 6 月，邓小平在听取中央领导汇报经济情况时，首先提出了农业问题。针对农业政策改革以来出现农田基本建设投资少、农业生产水平首次降低的状况，他警示道，"农业上如果有一个曲折，三五年转不过来"，"要避免过几年又出现大量进口粮食的局面"，农业可能进入新的徘徊期。如果那样，将会影响中国经济发展的速度。他提出，要按照人民生活水平提高后，估量到 2000 年，以 12 亿人口每人 800 斤粮食的中国农业发展目标。针对粮食增长较慢的客观状况，要求中央在宏观经济管理中，"应该把农业放到一个恰当位置上"③，始终不要离开 20 世纪末达到年产 9600 亿斤粮食的盘子。年底，万里强调"中国的粮食问题离彻底解决还早得很呢"④。邓小平则表示，从长远看，中国的粮食问题很重要，"要通过改革解决农业发展后劲问题"。1987 年 6 月，邓小平还指出农民没能摆脱贫困，中国就没有摆脱贫困。中国没有共产党领导，"首先吃饭问题就解决不了"⑤，要加快改革的步子。中央高层密切关注了中国农业出现的

---

① 中央文献研究室：《陈云文选》（第 3 卷），人民出版社 1995 年版，第 309 页。
② 万里：《万里文选》，人民出版社 1995 年版，第 231 页。
③ 中央文献编辑委员会：《邓小平文选》（第 3 卷），人民出版社 1993 年版，第 22，23，159，159，159 页。
④ 万里：《万里文选》，人民出版社 1995 年版，第 564 页。
⑤ 中央文献编辑委员会：《邓小平文选》（第 3 卷），人民出版社 1993 年版，第 192，242 页。

新动向，于 1988 年不断强调农业尤其是粮食的稳定增长"是整个国民经济长期稳定发展的基础"，表示"任何时候都要注意防止和纠正忽视农业的倾向"，解决农业特别是粮食问题"首先还是要加深对农业基础地位的认识"①。国家加大了对农业的投入和政策调整，从 1989 年开始，中国实现了粮食丰收，农业徘徊的局面得以打破。

随着改革的不断推进，1988 年中国经济不稳定的因素日渐增多，各种矛盾逐渐集中，保持社会稳定进入到邓小平的眼帘。中央领导强调现代化建设需要稳定的政治环境，农民占人口的大多数，保证农村稳定成为了他们关注的重点。邓小平则从 1989 年 2 月到 1990 年 12 月不断强调，中国如果没有稳定的环境，"什么都搞不成，已经取得的成果也会失掉"②。实现国家稳定的关键是农业、农民和农村的稳定。他一再告诫全党，90 年代经济如果出现问题，很可能在农业方面。如果农业出了问题，"经济社会发展的全局就要受到严重影响"③。"农业问题要始终抓得很紧"，农民富起来容易，贫困下去也容易，地一耕不好，农业就完了。中国"农业的潜力大得很，要一直抓下去"④。为了实现现代化的战略目标，必须把发展农业放在国民经济的首位。为此，中央更加重视农业的地位，先后强调农业稳定发展"是经济稳定、政治稳定和社会稳定的基础"，关系到国家安危，表示争取农业丰收对于国民经济和社会的发展及实现第二步战略目标，"具有十分重要的意义"⑤。根据中央领导人关于农业基础地位以及农村、农民问题的论述，1991 年 11 月召开的党的十三届八中全会高度概括了对农业地位和作用的认识。中央认为，"农业是经济发展、社会安定、国家自立的基础"，没有农业现代化，"就不可能有整个国民经济的现代化"⑥。农民、农村问题是中国革命和建设的根本问题，没有农村的

---

① 中央文献研究室：《十三大以来重要文献选编》（上），人民出版社 1991 年版，第 148，148，315 页。

② 中央文献编辑委员会：《邓小平文选》（第 3 卷），人民出版社 1993 年版，第 284 页。

③ 参见江泽民在 1992 年 12 月的讲话。中央文献编辑委员会：《江泽民文选》（第 1 卷），人民出版社 2006 年版，第 267~268 页。

④ 中央文献编辑委员会：《邓小平文选》（第 3 卷），人民出版社 1993 年版，第 355，363 页。

⑤ 中央文献研究室：《十三大以来重要文献选编》（中），人民出版社 1991 年版，第 690，1323 页。

⑥ 中央文献研究室：《十三大以来重要文献选编》（下），人民出版社 1993 年版，第 1758 页。

稳定和全面进步，就不可能有整个社会的稳定和全面进步；没有农民的小康，就不可能有全国人民的小康。

总之，共产党人以深重的忧患意识，科学总结了中国农业发展的经验教训，揭示了农业是国民经济基础的马克思主义的客观经济规律，突出了农业在中国经济社会发展中的特殊地位，强调了农业问题不仅关系到工业和整个国民经济的发展，还关系到社会长治久安和党的执政地位的巩固。

二　发挥农民主体作用的观点

80 年代初推行家庭承包制的逻辑起点是计划经济体制下集体农业失灵的激励机制。邓小平早在 60 年代就把调动农民生产积极性视为解决中国农业危机的一种方法[①]。1977 年下半年，中共安徽省委强调加强农业集体组织的经营管理，进行按劳分配、减轻农民负担、尊重生产队自主权、因地制宜开展多种经营、发展家庭副业的改革成为了党在农业集体组织内部探索发挥农民主体作用的开端。中共十一届三中全会基本达成了在计划经济体制下，在集体农业框架内探寻激励机制，发挥农民在农业生产中的主体作用，尊重农民意愿和首创精神，调整农民的经济政治利益关系，从经济上增加农民收入、政治上发展农村基层民主、保持政策稳定等方面激发农民生产积极性的共识。80 年代初期，通过建立家庭承包制、提高农产品收购价格、降低农用物资价格、改善农村管理等方式扩大了农民的生产经营自主权，增加了农民的收入，在计划经济体制内生长出的微观激励机制带来了中国农业的发展和繁荣。80 年代中期以后，中央领导集体强调在发展农业商品经济的进程中，以保护农民利益为出发点，发挥政策对农民生产的导向作用，解决损害农民利益、影响和挫伤农民生产积极性的突出问题。发挥农民主体作用是 1978～1992 年间中国农业思想创新的根本出发点。

（一）扩大生产队和农民的生产经营自主权，充分调动农民积极性

共产党人认为农业生产的好坏与生产队和农民的利益相关，尊重和扩大他们的生产经营自主权，可以唤醒他们的责任和利益意识；生产队和农

---

① 邓小平在 1962 年 7 月指出："一个方面是把农民的积极性调动起来，使农民能够积极发展农业生产，多搞点粮食，把经济作物恢复起来。"参见中央文献编辑委员会《邓小平文选》（第 1 卷），人民出版社 1994 年版，第 322 页。

民有了生产经营自主权，就会千方百计地发展生产。他们把尊重农民意愿作为党制定农业政策的依据，扩大生产队和农民的生产经营自主权是调动农民生产积极性的最好方法。

1977年11月，邓小平针对集体农业制度造成农民收入低下、生产积极性低落的弊端，提出"增加农民收入，调动农民积极性，这是很大的政策"。1978年9月，他提出要鼓励生产队搞好民主管理，使农民"敢于思考怎么样使生产增加"① 的问题。在12月召开的中央工作会议上，认为生产队没有生产经营自主权，不利于充分发挥生产队和农民的积极性，"也不利于实行现代化的经济管理和提高劳动生产率"，应该让生产队拥有"有更多的经营管理的自主权"。生产队拥有自主经营权后，"社员和干部就要睡不着觉，就要开动脑筋想办法"②，这是发展农业生产最好的办法。

1979～1982年是农民探索生产经营责任制的时期。万里、李先念、邓小平和陈云等人认为，过去不按经济规律办事，"吃大锅饭"，搞高征购，不关心人民生活，"伤害了生产力中最活跃的因素，把农民的积极性挫伤了"。他们从不同层面论述了农业政策改革的首要出发点是尊重生产队和农民的生产经营自主权。他们一致表示，要吸取教训，进一步放宽政策，"把束缚农民手脚的东西都解开"③。中国农业发展除了国家增加投资外，主要"靠落实党的各项政策，充分发挥八亿农民的积极性"④。即使国家投资少，只要发挥了农民的积极性，农村中各种形式的"经济、副业发展了，农业增产的潜力大得很"⑤。在靠牲畜耕作和手工劳动的条件下，农业实现增产"主要来之于农民的生产积极性"⑥。农民生产积极性的高低是农业"发展快慢的决定性因素"⑦；农业政策改革的核心就是激发亿万农民的劳动热情和创造能力，发挥生活穷困、经济落后地区的积极

---

① 中央文献研究室：《邓小平思想年谱》（1975—1997），中央文献出版社1998年版，第50，78页。

② 中央文献编辑委员会：《邓小平文选》（第2卷），人民出版社1994年版，第145，145，146页。

③ 万里：《万里文选》，人民出版社1995年版，第151，154页。

④ 中央文献编辑委员会：《李先念文选》（1935—1988），人民出版社1989年版，第359页。

⑤ 中央文献研究室：《邓小平思想年谱》（1975—1997），中央文献出版社1998年版，第151页。

⑥ 中央文献研究室：《陈云文选》（第3卷），人民出版社1995年版，第268页。

⑦ 万里：《万里文选》，人民出版社1995年版，第134页。

性，让他们"真正做到因地制宜，发展自己的特点"①。生产队"应该解放思想，开动脑筋，解决本生产队的具体问题"②，使每家每户都想办法，"多找门路，增加生产，增加收入"③。在农业集体组织中实行承包制是生产队和绝大多数农民的自主选择，赞同农民的自主选择是共产党人尊重和扩大生产队和农民自主权的最佳方法。改革使农民在集体经济中由单纯的劳动者变为生产者和经营者，"变为真正的主人翁"④，付出的劳动同自己的"实际收入、家庭和个人的利益结合起来"⑤，心情舒畅；责任到户"对于长期低产落后的穷队具有极为明显的效果"。他们还总结出农业改革最重要的就是增加农民的物质利益，扩大生产队和农民的自主权。有了这两条，农民的积极性和创造性能够充分地发挥出来，"成为发展生产的巨大力量"。80年代初期中国农业发展一靠政策，二靠科学，其中的政策就是指尊重农民在农业生产中的主体地位，调整了国家与生产队、生产队与农民的关系，减少了国家对农民生产经营活动的干预，生产队实行自主生产、自主经营，农民享有除向国家有偿交纳部分农产品之外的生产经营自主权，实现了责、权、利的结合。

家庭承包制在全国基本确立后，共产党人继续以调动农民积极性为中心，推进农业经营制度的改革。1983年，万里要求地方干部冷静而又认真地解决改革中出现的新问题，把亿万农民的"社会主义积极性和劳动生产的潜力进一步挖掘出来"；深刻理解中央允许农民长途贩运农产品、个人或联合购买农机具及运输工具，实行资金、技术和劳动力流动与联合的目的是为了调动广大农民的生产积极性，"是为了适应发展商品生产的需要"；在农村中出现的专业户、重点户是农民共同富裕的先行者，"首先要正确对待先富裕起来的这部分农民"，坚决保护、充分发挥他们的积极性。全体农民包括现在还比较困难的农民就有了奔头，"共同富裕的目标就不再是可望而不可即的了"。尽管部分农民种粮积极性有所降低，但

①　中央文献研究室：《邓小平思想年谱》（1975—1997），中央文献出版社1998年版，第151页。

②　中央文献编辑委员会：《邓小平文选》（第2卷），人民出版社1994年版，第280页。

③　中央文献研究室：《邓小平思想年谱》（1975—1997），中央文献出版社1998年版，第151页。

④　万里：《万里文选》，人民出版社1995年版，第220页。

⑤　中央文献研究室：《邓小平思想年谱》（1975—1997），中央文献出版社1998年版，第79页。

"要求致富的积极性并不低"，继续把改革放在首位，鼓励农民发展商品生产，"不适应生产力发展的，压抑农民积极性的，都要改革"①。帮助农民奔小康，实现勤劳致富成为了深化农业改革的新课题。中央也在 1986年以后强调，中国农业发展仍将取决于政策的稳定和不断完善及"农民积极性的不断提高"②。国家通过适当减少农产品合同定购数量，平价供应一定数量的化肥，继续对农用物资实行补贴，降低了农民的生产成本。1988 年，认为"广大农民是改革的积极支持者"③，要调动农民投资农业的积极性。邓小平认为，农产品购销价格倒挂，"使农民生产积极性调动不起来"④，又让国家背了沉重包袱，表示要理顺农产品购销价格。中央领导人也表示有计划有步骤地适当调整某些农副产品的收购价格，"以充分调动广大农民发展农业特别是粮食生产的积极性"⑤。1990 年，强调加强农产品流通体制改革，解决粮食等主要农产品的难卖问题，"要保证不烂在农民手里，以免挫伤了农民的生产积极性"。中央要求各地区、各部门千方百计地扩大农产品的收购和销售，"使农民增产增收，保护农民的生产积极性"⑥。1992 年，江泽民要求认真解决普遍存在的损害农民利益、影响和挫伤农民生产积极性的突出问题。否则，"农业生产就有滑坡的危险"。粮农、棉农和粮棉主产区的经济效益低，不利于调动这些地方农民的生产积极性，不利于粮棉等大宗农产品持续稳定增产。各级党委和全党同志要多为农民办实事，"真正保护好农民的利益"⑦，促进农业持续发展。

（二）保障农民经济利益，增加农民收入

共产党人关注到了农民的贫穷状况，把解决农民温饱问题作为改革集

---

①　万里：《万里文选》，人民出版社 1995 年版，第 140，218，287，290，293，293，446，570 页。

②　中央文献研究室：《十二大以来重要文献选编》（中），人民出版社 1986 年版，第869 页。

③　中央文献研究室：《十三大以来重要文献选编》（上），人民出版社 1991 年版，第339 页。

④　中央文献编辑委员会：《邓小平文选》（第 3 卷），人民出版社 1993 年版，第 262 页。

⑤　中央文献研究室：《十三大以来重要文献选编》（上），人民出版社 1991 年版，第 148～149 页。

⑥　中央文献研究室：《十三大以来重要文献选编》（中），人民出版社 1991 年版，第 1175，1327 页。

⑦　中央文献编辑委员会：《江泽民文选》（第 1 卷），人民出版社 2006 年版，第 262，268 页。

体农业制度的根本出发点，强调以发展农业生产力为手段，解决农民温饱问题。在社会主义农业思想发展史上旗帜鲜明地指出，社会主义不能建立在占人口80％的农民的贫困基础上，第一次揭示了社会主义农业的本质是发展农业生产力，增加农民收入，保护农民经济利益，提高农民的生活质量，实现农民共同富裕。这一认识在农业政策的实践中融入到了关于"什么是社会主义，怎样建设社会主义"的思考中，为澄清对社会主义本质的认识奠定了根深叶茂的理论和实践基础。

　　1978年秋天，万里在安徽针对凤阳农民讨饭问题时，说农民勤奋又能吃苦，是要脸面的，解放快30年了，"老百姓还这么穷，社会主义优越性哪里去了"①。12月，邓小平在中央工作会议上指出，"如果只讲牺牲精神，不讲物质利益，那就是唯心论"②，漠视农民物质利益就不能调动农民的生产积极性。1979年，万里提出农民贫困是个大问题，表示要根据十一届三中全会发展农业的方针，充分保护农民的物质利益要求，采取政策措施，"减轻农民负担，增加农民收入"，改善农民生活，使农民能够休养生息。他认为贫穷不是社会主义，农民"收入增加，才能体现社会主义制度的优越性"，党委"一定要千方百计把生产搞上去，让群众生活富裕起来"。改革让农民显著增加了家庭副业收入，"农副产品收购加价又增加了收入，生活得到改善"③。邓小平在1980年3、4月强调，农业要讲经济效果，增加社队收入，让"一些社队和农户首先富起来"。"从提高经济效果、增加人民收入方面考虑问题"④，制定农业政策。1979～1982年，国家通过提高农产品收购价格，增加粮食进口扶持国内奶业、经济作物和多种经营发展，降低农用物资价格减少农民生产成本等政策的施行，增加了农民收入，减轻了农民负担，初步解决了农民的温饱问题，使农民得到了改革的实惠。土地是农业生产的基础，土地政策直接关系到农民的利益。1984年中央确定土地承包期为15年，把家庭承包制作为一项长期政策坚持下来，从根本上维护了农民的经济利益。

---

　　① 赵树凯：《万里与农村改革中的"政治"》，《华中师范大学学报》（人文社会科学版）2009年第2期，第8页。

　　② 中央文献编辑委员会：《邓小平文选》（第2卷），人民出版社1994年版，第146页。

　　③ 万里：《万里文选》，人民出版社1995年版，第120，130，131，133页。

　　④ 中央文献研究室：《邓小平思想年谱》（1975—1997），中央文献出版社1998年版，第149，151页。

伴随着农产品供给紧张局势的逐步缓解，他们面对着农民增产不增收的客观现实，从1983年开始思考和解决农民增收空间缺乏的问题，逐渐认识到了开辟农民经营渠道、充分利用资源、调整农业生产结构、发展乡镇企业、防止加重农民负担等保证农民经济利益、增加农民收入的途径。中央认为，发展农业多种经营可以加快农村商品经济发展，可以增加农民收入，决定允许农民对完成交售任务后剩余的农产品进行加工和销售，使农产品做到多次利用；允许农民购买运输工具长途贩运农产品，增加收入；万里在1984～1986年预见了改革农产品统购统销制度，农业产业结构要随之调整，一批近几年靠粮棉增收翻番的地区，"如果结构调整跟不上，农民的收入一时可能受到影响"，要注意解决农民卖粮难、卖棉难问题。他强调党的各级干部要心系农民，不得向农民乱搞摊派，加重农民负担。宣传推广宁夏西吉县退耕还林还牧，农业增产、农民增收的典型经验。增加农产品定购任务要给农民一点实惠，"不能让农民总是吃亏"，反对农产品收购中压价压级、对农民延期支付或拖欠收购资金。可以出主意、想办法，"给农民多谋点福利，不要让农民种粮吃亏"①，鼓励地区之间订立农产品交易合同；1987年，中央强调今后农村经济体制改革仍然要从调动农民积极性出发，"一刻也不能忽视农村经济的增长"②，为农民增加收入来源，使农村繁荣富裕起来。

（三）发展农村基层民主，推进村民自治

在坚决维护农民经济利益的同时，共产党人主张通过发展基层民主，保障农民民主权利，增强农民参与基层管理的政治利益。这样才能尊重农民选择和拥护的农业生产经营制度，维护农民的经济民主权利，不因领导人的变动而改变政策，确保农业政策的稳定。

70年代末到80年代初，他们强调在农村发展基层民主，促成了家庭承包制的建立。1978年2月，万里指出，天天同土地、庄稼打交道的生产队干部和农民对哪些地块适宜种什么、怎么种、什么时候种最有发言权，"他们的意见应该受到尊重"。尊重生产队自主权的实质是"发扬民主和反对官僚主义'瞎指挥'的大问题"③，领导农业生产要尊重实际，

①　万里：《万里文选》，人民出版社1995年版，第380，563，563页。
②　中央文献研究室：《十二大以来重要文献选编》（下），人民出版社1988年版，第1229页。
③　万里：《万里文选》，人民出版社1995年版，第104页。

因地制宜。12月，邓小平就经济改革中的民主问题表示，经济民主包括民主选举、民主管理和民主监督等内容，经济改革"要切实保障工人农民个人的民主权利"①。1979年，他和万里再次强调要真正保证生产队的自主权。今后农村所办的一切事业"由群众自己来决定，不能由上边硬性规定"。生产队在接受国家计划指导的前提下，有权因地制宜地进行农业生产经营活动，"任何上级领导机关和领导人不能乱加干涉"。建立健全生产责任制也不要搞统一模式，"由群众民主讨论决定，不能由少数人说了算"②。生产队"怎样提高生产力"③，怎样利用每一块耕地，每一个山头，每一处边角，每一片水面的问题都要发扬民主，进行讨论。农业生产责任制把集体经营的成果同农民个人的物质利益相互结合，"有利于民主办社，树立社员当家做主的思想"，"有利于改进干部作风，密切干群关系"④。1980年8月，邓小平表示中国要通过有步骤的坚决而彻底的政治体制改革来推进社会主义民主建设，"在政治上创造比资本主义国家更高更切实的民主"⑤，从制度上保证党和国家政治生活、经济管理乃至整个社会生活的民主化，解决权力过分集中的弊端。1987年，他说，在农村把权力"下放给农民，这就是最大的民主"⑥。农村改革的成功经验就是权力下放，实施经济民主。邓小平和万里表达的关于保障农民和生产队民主权利，发挥农村基层民主在农业生产中的作用的意见为共产党人赞同农民包产到户的选择提供了坚实的立论基础。

80年代初期，农业家庭承包制的建立和废除人民公社体制改变了计划经济时代农村的经济、政治和社会结构。农民变为了相对独立的经营者，为农村基层民主的发展提供了经济基础；但改革后"生产队的机构和领导班子陷于瘫痪、半瘫痪状态"⑦，出现很多工作无人负责、农民不按民主集中制原则协同办理与自身关联的各类公共事务以及赌博、斗殴、偷窃等问题。这是中央领导集体探索构建新的农村权力组织，发展农村基

---

① 中央文献编辑委员会：《邓小平文选》（第2卷），人民出版社1994年版，第146页。
② 万里：《万里文选》，人民出版社1995年版，第120页。
③ 中央文献编辑委员会：《邓小平文选》（第2卷），人民出版社1994年版，第195页。
④ 万里：《万里文选》，人民出版社1995年版，第134页。
⑤ 中央文献编辑委员会：《邓小平文选》（第2卷），人民出版社1994年版，第322页。
⑥ 中央文献编辑委员会：《邓小平文选》（第3卷），人民出版社1993年版，第252页。
⑦ 中央党史研究室等：《中国新时期农村的变革》（中央卷），中共党史出版社1998年版，第186页。

层民主，实行村民自治制度的基本背景。农民在党和政府支持下，进行了继家庭承包制和乡镇企业后的第三个创造。

　　1980 年，原广西宜山县三岔公社合寨大队（现宜州市屏南乡合寨村）的 85 户农民投票选举产生了中国第一个村民委员会，原四川广汉县向阳人民公社（现广汉市向阳镇）率先变人民公社为乡人民政府，拉开了探索农村基层民主政治建设的帷幕。1982 年，中央肯定了广西等地农民的探索，决定进行建立村民（或乡民）委员会的试点工作，发动农民制定乡规民约。"八二宪法"规定村民委员会是基层农民的自治组织，其主任、副主任及委员由村民选举产生，为村民自治制度的实行奠定了宪法基础。万里强调农民自主选择的改革不是不要党的领导，不走社会主义道路，"而是要求有民主"①；彭真极力赞成加快农村政治体制改革，改变人民公社体制"将有利于加强农村基层政权建设"，有利于集体经济发展。加强村民自治组织建设，"以便发动群众自己管理自己的公共事务和公益事业"②。1983 年 1 月，中央强调人民公社实行政社分离，依据宪法建立村民自治组织，决定有准备、有步骤地废除人民公社，召开乡人民代表大会，选举乡人民政府。将原公社下属的生产大队改为村民委员会，重申村民委员会是中国特色的农民自治组织，不是一级政府组织。到 1985 年，全国建立了村民委员会 90 多万个，搭建了农民自治的组织机构。

　　1986 年 9 月，中央开始关注村级组织建设，强调村民委员会自我教育、自我管理、自我服务的功能，责成国家民政部门负责村委会建设的日常工作。此后，邓小平明确表示，把权力"下放给农民，这就是最大的民主"③，政治体制改革的第三个目标是实行基层民主，使农民有更多的民主权利，调动农民的积极性。万里针对农村经济工作的新要求，认为农民除了具有商品经济意识外，还要有民主意识和法制意识。农民一旦懂得民主，"那种不合经济规律的行政命令办法就行不通了"；农民负担也"必须同农民商量，合情合理，大家愿意，不能简单摊派"④。中央在

---

　　① 万里：《万里文选》，人民出版社 1995 年版，第 219 ~ 220 页。

　　② 中央文献编辑委员会：《彭真文选》（1941—1990），人民出版社 1991 年版，第 454，455 页。

　　③ 中央文献编辑委员会：《邓小平文选》（第 3 卷），人民出版社 1993 年版，第 252 页。

　　④ 万里：《万里文选》，人民出版社 1995 年版，第 569 页。

1987 年要求农村"党支部、村民委员会和合作组织的干部，要经过选举"①，"逐步做到群众的事情由群众自己依法去办"②。六届人大常委会第 23 次会议通过的《村民委员会组织法（试行）》，规定了乡政府与村委会的关系是指导与协助的关系，不是上下级的领导关系。彭真就此指出，农民按照民主集中制原则办好村民委员会就是实行直接民主，等于办好了农民的民主训练班。农民把"一个村的事情管好了，逐渐就会管一个乡的事情"，把一个乡的事情管好了，逐渐就会管好一个县的事。实现农民自我管理、自我教育和自我服务，真正当家作主，逐步提高参政议政能力。实行村民自治"是最广泛的民主实践"③，是中国政治体制的重大改革。

　　1988 年 2 月，国家民政部对试点实施、村委会建设等问题进行了具体的部署和安排。《村民委员会组织法》于 1988 年 6 月 1 日起正式实施，成为了中国农民自治制度普遍推行的标志。到 1990 年 8 月，全国共设立 97 万个村民委员会，依法选举了村委会干部，逐步建立和完善了各项配套措施和制度。9 月，民政部把建立村民代表会议制度列为村民自治示范活动的核心内容。12 月，中央表示要"把村民委员会和村民小组建设好"，村委会是在党的领导下，在国家法律规定的范围内，农民自我管理、自我教育、自我服务的自治组织。村级党支部要加强对村委会的领导，尊重村民意志，"由村民充分酝酿，依法选举产生村民委员会领导班子"，不要包办代替村委会干部的工作，增加村务公开程度，"接受村民对村民委员会工作的监督"④，认真改进领导方法和工作方法。

　　共产党人在探索农民自治的实现形式时，采取了循序渐进的步骤，认识经历了不断深化的过程。他们从发挥农民主体作用出发，解决去集体化后农民合作管理农业生产及农村社会事务的初衷成为了村民委员会产生发展的指导原则。《村民委员会组织法》的实施，满足了农民当家作主的愿望，维护农民的政治利益。但村民自治制度还要经历市场经济条件下各种

---

　　① 中央文献研究室：《十二大以来重要文献选编》（下），人民出版社 1988 年版，第 1240 页。
　　② 中央文献研究室：《十三大以来重要文献选编》（上），人民出版社 1991 年版，第 39 页。
　　③ 中央文献编辑委员会：《彭真文选》（1941—1990），人民出版社 1991 年版，第 608 页。
　　④ 中央文献研究室：《十三大以来重要文献选编》（中），人民出版社 1991 年版，第 1330、1338、1338 页。

利益关系的考量，提高农民的民主政治素质远非获得一定的生产经营自主权那样简捷，这就决定了在农村发展基层民主是一项长期、艰巨而复杂的工程。

三　"两个飞跃"的观点

70 年代末到 90 年代初，中央领导集体在赞同农民实践家庭承包制的同时，构思了中国农业现代化的发展蓝图。他们主张发展农业现代化，必须根据人多地少、农业科学技术落后、农民向国民经济其他领域转移困难的客观实际，不能照抄西方国家或苏联的办法。既要保障和维护农民的基本生存权，又要保证农业在国家经济社会发展中的战略作用。在这种两难选择中，中国要选择"在社会主义制度下合乎中国情况的道路"[①]。他们既正视了农业集体经营的弊端，又关注农业生产责任制的优点与局限。他们主张中国农业首先通过建立农业生产责任制，促进农业恢复和发展，提高农业生产水平，解决人民的衣食问题，坚持土地集体所有制，保障和维护全体人民的基本生存权。其次，通过发展农业集体经济，提高农业科学化和社会化水平，逐步实现农业现代化。他们提出的中国农业发展"两个飞跃"的观点，既坚持了马克思恩格斯提出的社会主义要实现农业科学化和社会化的目标，还借鉴了列宁提出的建立以农业家庭经营为基础、市场为纽带、合作社为组织形式的社会主义农业经营体制的观点[*]，又根据中国农业的客观现实提出了可行的实践道路，成为了中国特色农业思想的重要组成部分。

（一）关于"第一个飞跃"的论述

70 年代末到 80 年代初，共产党人全力推进了中国农业由集体经营到家庭经营的制度转变。邓小平把废除人民公社，实行家庭承包制称为中国特色农业发展道路的"第一个飞跃"，从中国农业现代化发展的角度对农业家庭经营制度进行了认识。

第一，从实践理性的角度肯定了"第一个飞跃"的社会主义性质。

1979～1982 年，邓小平和万里等人在回答人们对家庭承包制的责难

---

① 中央文献编辑委员会：《邓小平文选》（第 2 卷），人民出版社 1994 年版，第 362 页。

＊ 笔者认为，农业科学化和社会化的目标与当时的中央领导集体提出的中国农业实现农业商品化、产业化和科学化的目标完全一致，农业社会化即农业集约化，包括了商品化、产业化所指的农业生产组织、交易方式的现代化。

时，从调动农民生产积极性的角度，重点强调了实行家庭承包制贯彻了社会主义的按劳分配原则，仅仅改变了集体农业的生产组织方式和经营方式，没有改变社会主义农业的重要原则。万里在安徽通过多种形式的联系产量责任制的实践，有力地回答了包产到户的改革在方向道路上有问题，是"复辟"、"倒退"的指责。他强调，实行农业家庭承包制不是退到农民个体所有和个体经营的状况，包产到户是生产责任制，"是搞社会主义，不是搞资本主义"，实行家庭承包"没有改变生产资料集体所有制的性质"。从一些地方实践来看，农民不可能利用生产资料搞剥削，"并不存在两极分化的危险"，改革中确有一些集体组织出现了削弱集体经济的倾向，但"不是包产到组或包产到户本身的问题"。所以，不能简单地以集体劳动和个人劳动来区别社会主义和资本主义，"适合单独操作的农活就得个人干，这不是资本主义"。农民主张家庭承包制，希望摆脱平均主义、官僚主义及苛捐杂税，"并不是要摆脱社会主义道路"①。农业低产或高产的地区及其他经济领域都可以搞承包制；邓小平明确阐述了家庭承包制与农业集体化的关系。他认为，搞包产到户不会影响集体经济，搞了包产到户的地方，只要生产发展了，就发展了农村社会分工和商品经济。"我们总的方向是发展集体经济"，农村"低水平的集体化就会发展到高水平的集体化"②，集体经济不巩固的也会巩固起来。他们的回答肯定了农民的自主选择，在党的历史上解决了长期争论不休的关于包产到户性质的争论。

1981年以后，中央站在马克思主义理论高度对"第一个飞跃"进行了理论阐释。6月，认为党在农村推行各种形式的责任制，"认真补救农业合作化后期以来农村工作上的失误"③。1982年1月，首次认为由于土地等生产资料公有，农户与集体存在承包关系，包括包干到户到组在内的多种家庭承包制都"是社会主义集体经济的责任制"，"是社会主义农业经济的组成部分"。随着农业生产力发展，将会逐步发展成更为完善的集体经济。承包到组、到户、到劳，只体现劳动组织规模的大小，"并不一

---

① 万里：《万里文选》，人民出版社1995年版，第135，135，136，136，158，186页。
② 中央文献编辑委员会：《邓小平文选》（第2卷），人民出版社1994年版，第315页。
③ 中央文献研究室：《十一届三中全会以来重要文献选读》（上），人民出版社1987年版，第329页。

定标志生产的进步与落后"①。1983 年 1 月，中央深化了对家庭承包制的理论概括，把它概括为家庭联产承包责任制。认为家庭承包制采取统一经营和分散经营相结合的原则，"集体经济的优越性和个人积极性同时得到发挥"。完善和发展承包制必将使农业合作化道路更加符合中国农业生产的实际，是"马克思主义农业合作化理论在我国实践中的新发展"。中央也认识到家庭承包制构建了不完整的家庭经营，"不过是合作经济中一个经营层次"②，是一种新型的家庭经济，和小私有的个体农业经济有着本质区别。

第二，"第一个飞跃"构建的不完整的农业家庭经营制度存在着规模小，生产专业化、科学化和市场化程度不高的局限，改善中国农业发展的外部条件需要漫长而艰巨的过程。

共产党人在 80 年代从不同的角度认知了"第一个飞跃"面临的种种局限。早在 1979 年 12 月万里就表示，共产党人历来不认为"包产到组、包产到户在任何条件下都是最好的形式"。他们指出中国农业的根本出路在于由传统农业向现代农业转变，农业现代化"只能在实践中逐渐形成，只能按中国的国情来规划"③。中国农业的两个基本特点是人均"耕地较少，但山多，水面、草原大，自然资源丰富"，"技术装备落后，但劳动力资源丰富"④。农业基础还比较脆弱，农副产品加工业很落后，农村还处于贫穷落后状态，农民生活处于由温饱到小康转变的阶段。中国经济和社会发展的物质技术条件还比较落后，"部分地区农民的温饱问题还有待于进一步解决"⑤。过小的家庭经营规模"会影响农业进一步提高积累水平和技术水平"⑥。由于人多地少，要使全体人民有衣食的基本保证，决定了粮食等农产品是低赢利的商品，尽管"这些年提高了几次，还是比

①　中央党史研究室等：《中国新时期农村的变革》（中央卷），中共党史出版社 1998 年版，第 175，175，176 页。

②　中央文献研究室：《十二大以来重要文献选编》（上），人民出版社 1986 年版，第 253，253，256 页。

③　万里：《万里文选》，人民出版社 1995 年版，第 135，198 页。

④　中央文献研究室：《十一届三中全会以来重要文献选读》（上），人民出版社 1987 年版，第 269 页。

⑤　中央文献研究室：《十二大以来重要文献选编》（中），人民出版社 1986 年版，第 797 页。

⑥　中央文献研究室：《十二大以来重要文献选编》（下），人民出版社 1988 年版，第 1240 页。

较低"①，农业生产的商品率低下。实行家庭承包制，虽然把农民变成了掌握自主权的商品生产者、经营者，适合中国农业生产力发展水平较低的现状，但提高农业生产商品化、专业化、社会化和科学化的过程"是不可能很快完成的，必须经过相当长的时间"②。中国农业实现这一系列的转变，才刚刚起步。直到 1998 年 10 月，中央认为中国农业的现状依然是"生产力落后，主要靠手工劳动；市场化程度低，自给半自给经济占相当比重；农业人口多，就业压力大；科技教育文化落后，文盲半文盲数量较大；农民生活水平比较低，还有几千万人没有解决温饱；城乡差别大，农村发展也很不平衡"③，不利于社会主义农业生产科学化和社会化的目标的实现。

总之，农业"第一个飞跃"的实践实现了所有权、使用权与经营权的适度分离，突破了农业集体经济组织只能搞单一的集体所有、统一经营的模式，成为了中国社会主义农业公有制实现形式多样化理论形成的实践基础。"第一个飞跃"将公社组织内部极大的监督成本降到几乎为零，农民变成相对独立的充满活力的市场主体，导致中国经济改革"不可逆转地走向社会主义市场经济的目标"④。

（二）关于"第二个飞跃"的论述

共产党人在关注"第一个飞跃"取得巨大成功的同时，也洞察了中国农业出现土地细化和承包地不断调整，难以形成规模经济效益，农户盲目生产致使农产品"相对过剩"和农民增产不增收，农业劳动力的绝对过剩难以转移的困境。从 80 年代初到 90 年代，他们开始就如何解决这些问题，推进农业科学化和社会化进行了探索。1980 年 5 月，邓小平谈到，家庭承包制的未来方向是发展集体经济，初步提出了"两个飞跃"的基本框架 *。1990 年 3 月，明确提出了中国农业发展的"第二个飞跃"，就是适应科学种田和生产社会化发展的要求，"发展适度规模经营，发展集

---

① 中央文献编辑委员会：《邓小平文选》（第 3 卷），人民出版社 1993 年版，第 262 页。

② 万里：《万里文选》，人民出版社 1995 年版，第 225 页。

③ 中央文献研究室：《十五大以来重要文献选编》（上），人民出版社 2000 年版，第 558 页。

④ 郑有贵：《"两个飞跃"：邓小平与当代中国农业发展战略》，《教学与研究》2000 年第 2 期，第 13 页。

* 笔者认为，邓小平"第二个飞跃"的观点是对中国农业发展目标即现代化目标的认识，学术界不能单从文字角度来解读"第二个飞跃"。

体经济"①。邓小平等人关于"第二个飞跃"的论述，回答了与"第一个飞跃"的关系，实现"第二个飞跃"的目标、条件、方法等问题。

第一，"第一个飞跃"增强了社会主义农业的强大活力，为"第二个飞跃"提供了条件，两者互相依存，互为条件。

首先，"第一个飞跃"变革了集体农业生产经营管理过于集中的弊端，实现了中国农业以手工工具为代表的现实生产力与以承包制为特征的农业家庭经营的内在吻合，调动了农民的积极性，显示出最大的制度绩效。"第一个飞跃"首先给农民带来了"集没有少赶，戏没有少看，粮没有少打，钱没有少得"②的实惠，绝大多数农民能够吃饱饭，"能够穿得比较好，居住情况有了很大的改善"③；"第一个飞跃"增加了农产品供给，"长期使我们焦虑的农业生产所以能够在短时期内蓬勃发展起来"④，显示了社会主义农业的强大活力，"对我们确定翻两番的目标是一个鼓励"⑤，增强了实现现代化的信心。

其次，"第一个飞跃"使农民具有相对独立的经济利益和自主权，为实现农业商品化、产业化和科学化提供了条件。邓小平等人密切关注了"第一个飞跃"在这些方面带来的变化。万里分析了"第一个飞跃"推进了农业生产要素的重组，带来农业生产专业化、社会化的发展趋势，指出家庭承包制的普遍实行有力地推动了农民利用剩余的劳动力和资金，"发展多种经营，分业分工，发展农副产品的商品性生产"。只有让大量的农民逐步离开土地从事种植业以外的各种专业生产，"并使种植业也逐步成为专业化的生产"，才能提高农产品商品率，实现农业生产社会化。在中国农业实现专业化、社会化生产的过程中，农业以外的各种专业生产和经营会逐渐集中到新兴的小城镇，"成为农村经济、文化、教育、科学技术的中心"。现在分散的农民家庭经营、新联合体的规模都比较小，中国特色农业发展道路总的趋势是从自给性、半自给性生产转向商品性的、社会化的生产，农业生产"走向专业化、社会化，是总的趋势，是长远的趋

---

①　中央文献编辑委员会：《邓小平文选》（第3卷），人民出版社1993年版，第355页。

②　万里：《万里文选》，人民出版社1995年版，第218页。

③　中央文献编辑委员会：《邓小平文选》（第3卷），人民出版社1993年版，第78页。

④　中央文献研究室：《十二大以来重要文献选编》（中），人民出版社1986年版，第559页。

⑤　中央文献编辑委员会：《邓小平文选》（第3卷），人民出版社1993年版，第78页。

势"①。邓小平则发现了"第一个飞跃"带来的农业多种经营、科学化、乡镇企业发展和剩余劳动力转移等变化，指出农民看到了使用科学技术的巨大威力，"把科技人员看成是帮助自己摆脱贫困的亲兄弟"；农业实行多种经营"不仅粮食大幅度增长，经济作物也大幅度增长"；改革中最大的收获是乡镇企业发展起来了，"解决了占农村剩余劳动力百分之五十的人的出路问题"；搞了家庭承包制，"经营农业的人就减少了"。总之，增加了农副产品，扩大了农村市场，转移了农村剩余劳动力，"又强有力地推动了工业的发展"②，为中国农业的"第二个飞跃"奠定了基础。

最后，"第一个飞跃"将发展农业生产力，提高农业机械化和管理水平，促进农业分工发展，增加集体收入在农民收入中的比重，发展农业商品经济，低水平的集体化就会向高水平的集体化发展；也将提高农业规模经营和专业化生产水平。当农民有了稳定的市场和经常可靠的收入，口粮供应有了合理保证，"愿意和要求退出承包地的才会逐渐增加"。"第一个飞跃"取得的成就为中国农业向大规模的商品生产转化，"向现代农业转化提供了物质基础和有利条件"③。1984 年 3 月，邓小平重提"我们终归还是要让农民搞集体经济"④。中央根据邓小平的观点，从 1987 年到 1990年，一再强调家庭承包制和统分结合的双层经营体制符合大多数地区的农业生产力水平，具有旺盛的生命力，必须长期地稳定下来，不断地充实完善。中央还根据"第一个飞跃"带来农村经济向专业化、商品化和科学化方向发展的趋势，强调在尚不具备扩大经营规模条件的多数地方应大力组织灌溉、机耕、籽种、植保等服务，"以实现一定规模效益"；经济发达的京、津、沪郊区，苏南和珠江三角洲地区可以在尊重农民意愿的情况下，"有计划地兴办具有适度规模的家庭农场或合作农场"，组织其他形式的专业承包，在实践中探索农业规模经营的经验，进行"第二个飞跃"。中央认为，亿万农民参加改革是中国农业改革的一个特点，但这绝

---

① 万里：《万里文选》，人民出版社 1995 年版，第 223，225，225，229 页。
② 中央文献编辑委员会：《邓小平文选》（第 3 卷），人民出版社 1993 年版，第 107，238，238，252，376 页。
③ 万里：《万里文选》，人民出版社 1995 年版，第 225，377 页。
④ 中央文献研究室：《邓小平思想年谱》（1975—1997），中央文献出版社 1998 年版，第280 页。

不意味着"新的体制可以自然地长成"①。所以，"稳妥地推进适度规模经营和发展新的集体经济"，广大农民的共同愿望是"提高农业生产力，发展商品生产，壮大集体经济，实现共同富裕"②，要开展"第二个飞跃"的试验。

总之，中央领导集体认为，"第一个飞跃"为"第二个飞跃"创造了条件，奠定了基础；"第二个飞跃"为"第一个飞跃"指明了方向，也是"第一个飞跃"的必然结果。"两个飞跃"在中国农业现代化进程中适应不同的生产力水平，相辅相成，共同存在，共同发展。

第二，实现"第二个飞跃"的条件。

1980年5月，邓小平指出中国农业通过"第一个飞跃"发展了农业生产力，为"第二个飞跃"创造了条件。其具体条件分别是适合各地自然条件和经济情况的农业机械化水平的提高、有一批具备相当管理能力的干部、农村商品经济发展了起来、集体收入在整个收入中的比重提高。他发出预言：只要具备了这四个条件，中国农业发展就会提出新要求，经营形式就不会依靠行政命令和人的主观愿望发生变化，就会出现"第二个飞跃"，"低水平的集体化就会发展到高水平的集体化"③，现在不巩固的集体经济也会巩固起来。

邓小平在1990年首次提出"两个飞跃"问题时，认为"第二个飞跃"是适应科学种田和生产社会化的要求，在农业生产中"发展适度规模经营，发展集体经济"④，这是一个很长的过程，又是一个很大的进步，包含着科学种田、生产社会化、适度规模经营等条件。1992年7月，他重申"两个飞跃"问题，提出农业科学技术发展了，经营管理的能力增强了，"又会产生一个飞跃"。要提高农业机械化程度，"利用科学技术发展成果"。中国农业仅靠一家一户的耕作，靠农民双手劳动，不向集约化、集体化方向发展，"农业现代化的实现是不可能的"⑤。他把农业科学

---

　　①　中央文献研究室：《十二大以来重要文献选编》（下），人民出版社1988年版，第1240，1240，1241页。

　　②　中央文献研究室：《十三大以来重要文献选编》（中），人民出版社1991年版，第692，1334页。

　　③　中央文献编辑委员会：《邓小平文选》（第2卷），人民出版社1994年版，第315页。

　　④　中央文献编辑委员会：《邓小平文选》（第3卷），人民出版社1993年版，第355页。

　　⑤　中央文献研究室：《邓小平年谱》（1975—1997），中央文献出版社2004年版，第1349，1350，1350页。

技术、农业集体化与集约化的发展，农业管理能力增强作为了"第二个飞跃"的条件。在邓小平这两次关于实现"第二个飞跃"的条件的表述中，表面上缺失了农民收入的条件，实际上他强调了"第二个飞跃"就是发展集体经济，把增加农民收入的条件纳入到了发展集体经济的范围。

中央其他领导人虽然没有像邓小平那样明确阐述实现"第二个飞跃"的条件，但在他们对中国农业实现生产社会化和科学化的思考中，以不同视角关注了农业适度规模和商品化专业化经营等问题，提出过农民在具有稳定的市场和可靠收入，"口粮供应有了确实和合理的保证的情况下"，才愿意和要求退出承包地；"逐步把务农的劳力转移到第二、第三类产业中去"①，不断提高农民的经济技术和经营管理水平；促进农业从自给半自给经济向着较大规模的商品生产转化，逐步实现农业经济的专业化、商品化与现代化等观点。

第三，"第二个飞跃"的目标是发展适度规模经营和集体经济。

首先，邓小平从农业生产资料所有制的角度，强调"第一个飞跃"没有丧失社会主义农业集体所有制原则，维护了农民最基本的利益。1981年8月，认为包产到户"没有违背集体所有的原则"②，没有剥削，可以体现按劳分配的社会主义原则，不是搞资本主义，有利于社会主义经济发展。他在"第二个飞跃"的表述中，一贯强调家庭承包制不能改变农民主体地位和土地集体所有这两条社会主义农业的基本原则，坚持了中国农业发展的基本方向。1984年3月，他重申"我们终归还是要让农民搞集体经济"③。1992年7月，他强调"第二个飞跃"的目标之一是发展集体经济，农村集体所有制属于公有制范畴。公有制在农业方面"也占优势"，乡镇企业也是集体所有制。中国农业所有制"最终要以公有制为主体"，实行农业集体化经营。

其次，根据"第一个飞跃"建立的超小规模的家庭经营存在的农产品商品率低下、技术落后、管理能力较低的局限，邓小平强调在"第一个飞跃"中准备条件，促进中国农业社会化、科学化水平提高，发展中

① 万里：《万里文选》，人民出版社1995年版，第225，379页。
② 中央文献研究室：《邓小平年谱》（1975—1997），中央文献出版社2004年版，第764页。
③ 中央文献研究室：《邓小平思想年谱》（1975—1997），中央文献出版社1998年版，第280页。

国特色的集约型农业。从长远的观点来看，发展了农业科学技术，提高了管理能力，"又会产生一个飞跃"①。"第二个飞跃"的目标之二是适度规模经营，在家庭承包制的基础上发展适度规模经营，才能使用现代农业科学技术和适用的技术装备，发展农业商品经济，提高农业生产社会化和科学化程度，提高农业劳动生产率。

中央其他领导人也对"第二个飞跃"目标展开了探讨。万里分析了发达地区出现各种农业专业承包后，退出承包地的农民仍然留在农村从事生产的新情况，认为这和历史上一些资本主义国家剥夺农民，使其破产，农民"成为资本的廉价劳动力，是根本不同的"。为了促进农业向社会化、商品化转变，必须"建立科学的现代农村产业结构概念"②；中央则从1983年开始强调农业集约经营问题，表示要利用有限的耕地，保持良好的生态环境，改革农业经济结构，把大量的剩余劳动力转移出去；"发挥经济活力，开创商品生产日益发达的生动局面"③；实行农业技术改造，改善农业生产条件；发展农业生产的产前、产后的社会化服务。田纪云强调，实行适度规模经营"有利于提高土地生产率和劳动生产率"④，解决种粮效益比较低的问题，是实现农业专业化、商品化和现代化的重要步骤，也是对家庭承包制的完善和发展。

第四，实现"第二个飞跃"的方法。

共产党人在中国农业改革初期坚持了马克思主义关于历史唯物主义的基本观点，敏锐地看到"第一个飞跃"带来的效率提升不能代替农业生产力的发展，家庭承包制不可能一劳永逸地解决中国农业现代化的全部问题。邓小平关于"两个飞跃"的论述规划和预测了中国农业现代化的两个阶段及方向，强调"两个飞跃"是相互依存、前后联系的完整的历史发展过程，实现"第二个飞跃"是一个长期而艰难的过程，不可能一蹴而就，但具有较强的操作性。

首先，在对实现"第二个飞跃"的认识方面，不能将家庭经营与适

① 中央文献研究室：《邓小平年谱》（1975—1997），中央文献出版社2004年版，第1349页。

② 万里：《万里文选》，人民出版社1995年版，第225，378页。

③ 中央文献研究室：《十二大以来重要文献选编》（上），人民出版社1986年版，第254页。

④ 中央文献研究室：《十三大以来重要文献选编》（上），人民出版社1991年版，第320页。

度规模经营对立起来。家庭承包制是中国农业发展规模经营的基础，"决不是解决温饱问题的权宜之计"①。尤其是高科技成果的使用，"有的要超过村的界线，甚至超过区的界线"，家庭经营不能提高农业机械化水平，不能充分地利用农业科学技术成果，决定了中国农业有必要走集体化集约化的道路。但实现"第二个飞跃"需要在家庭经营的基础上，发展适度的农业规模经营和农业集体经济。因此，"就是过一百年二百年，最终还是要走这条路"②，实行适度规模经营是农业发展的必然趋势。

其次，"第一个飞跃"向"第二个飞跃"转变是一种经济行为，"是生产发展本身必然提出的要求"③，是农业生产力发展的自然过程。在实现"第二个飞跃"的实践中，发展适度规模经营和集体化不是对集体农业经营制度的简单复归，不要勉强地、不要一股风地宣传或强制推行。农民没有提出要求，就不要着急，"条件成熟了，农民自愿，也不要去阻碍"。在坚持土地集体所有、农民共同富裕的社会主义农业基本制度的前提下，根据不同的经济社会发展水平，遵循经济规律，尊重农民的意愿和实践，探索实现"第二个飞跃"的不同路径和模式。

最后，对"两个飞跃"的实践进行了研究。80年代初到90年代初，北京、天津、上海等大城市郊区，江苏、浙江、广东等沿海农业生产条件优越的农村坚持土地等农业生产资料集体所有、农民共同富裕的社会主义原则，积极开展农业适度规模经营的尝试，取得了显著成效。邓小平指出，第一个飞跃已经实现，第二个飞跃在少数地方正在实践，"北京郊区搞适度规模经营，就是集体化集约化"，"有的地区农民已经提出集约化问题了"④。但在宣传这些成功的实践个案时，不能把个案讲得全部都好，全部问题都解决妥了，"更不能要求别的地方不顾自己的条件生搬硬套"⑤。

中央领导集体提出"两个飞跃"的观点，以农业经营制度和农业生

① 中央文献研究室：《十三大以来重要文献选编》（下），人民出版社1993年版，第1762~1763页。
② 中央文献研究室：《邓小平年谱》（1975—1997），中央文献出版社2004年版，第1350页。
③ 中央文献编辑委员会：《邓小平文选》（第2卷），人民出版社1994年版，第316页。
④ 中央文献研究室：《邓小平年谱》（1975—1997），中央文献出版社2004年版，第1349，1349，1349~1350页。
⑤ 中央文献编辑委员会：《邓小平文选》（第2卷），人民出版社1994年版，第317页。

产方式的改造为核心，深刻把握了中国农业发展的根本趋势，展现了中国特色社会主义农业的未来。

四　科技兴农的观点

70 年代末到 90 年代初的中央领导集体根据科学技术是第一生产力的马克思主义观点，充分认识到了科学技术对农业的增产潜力，强调科技对农业发展的强大作用，提出了科技兴农的观点。1982 年 1 月，中央认为农业生产运用了多学科的科技成果，已经是知识密集型的产业部门。中国农业借助现代科学技术，在继承传统农业技术优点的基础上，"走投资省、耗能低、效益高和有利于保护生态环境"的农业技术发展道路。今后相当长的时期，中国农业生产技术必定是手工工具、机械化与半机械化并举，人力、机电动力和畜力并用，"工程措施和生物技术措施相结合"[1]。在对中国农业技术发展现状科学客观认识的基础上，提出了符合国情的中国农业技术新路径，标志着党实现了中国特色农业技术思想的重大创新。同期，他们提出了依靠科技进步振兴农业的方针，创新了中国的农业技术理念，主张调整国家农业科技发展战略，实施国家农业科研推广体制和政策的改革，推进农业科学技术的运用，提高农民科学文化素质。

（一）实行科技兴农的必要性

共产党人认为，80 年代初期中国农业改革只能解决一段时间出现的问题，政策的作用有限，"农业还要靠科学"[2]，中国农业发展的关键是农业科学技术的突破。因此，中国要实行科技兴农战略。他们根据农业生产新形势，深化了对农业科学技术作用的认识，阐释了实行科技兴农的必要性。

他们在改革初期，重点强调了政策调整对农业生产的促进作用，也指出了实现中国农业现代化的关键是科学技术现代化。1978～1980 年，邓小平说到，"没有现代化科学技术，就不可能建设现代农业"[3]；万里认为，加快农业发展，"必须不断提高农业科学技术水平"。要求各地总结

---

[1]　中央党史研究室等：《中国新时期农村的变革》（中央卷），中共党史出版社 1998 年版，第 180，184 页。

[2]　中央文献研究室：《邓小平思想年谱》（1975—1997），中央文献出版社 1998 年版，第 216 页。

[3]　中央文献编辑委员会：《邓小平文选》（第 2 卷），人民出版社 1994 年版，第 86 页。

30 年来轻视农业科学技术发展的教训，抛弃小农经济思想，思考如改良土壤和水利条件等科学种田的问题。随着农业政策改革的深入，他对中国农业科技的落后痛心疾首，认为中国农业在很大程度上是靠天吃饭，至今仍然是国民经济中的薄弱环节，"和现代农业相比差距甚远"。农业承包制普遍推广以后，农民虽然具有发展生产的积极性，但各家各户的产量和收入差别很大，原因在于农民家里有几个能人接受了现代科学，"或者用了什么良种"[①]，或用了植保办法、土壤分析，合理使用了化肥，或经营管理有所改善。他们说明了农业科学技术和农业经营管理是家庭承包制效应极大化后，决定中国农业发展的首要因素。

　　他们还针对农业承包制后国家在农业科技推广中计划管理手段"失灵"的现状，深化了对农业科学技术作用的认识。1982 年到 90 年代初，他们把农业科技进步看成是中国农业发展的决定性因素，对科学技术在农业发展中的作用进行了大量表述。邓小平说，中国"农业的发展一靠政策，二靠科学"，"科学技术是第一生产力"[②]。科学技术的作用无穷无尽，潜力极大，"农业增产还有潜力，特别是科学种田方面大有潜力"[③]。"农业文章很多，我们还没有破题"，要求党的干部充分认识科学技术的重要性，"科学技术方面的投入、农业方面的投入要注意"；他提醒党的干部，中国农业最终可能是科学解决问题，"科学是了不起的事情，要重视科学"[④]。他把科学种田，实现农业生产科学化解读为中国农业实现第二个飞跃的重要目标。万里也说道，实现农业的伟大转变，"严格说来是二靠科学和教育"[⑤]。同期，中央也就科学技术对农业发展的作用进行了类似的阐述，表示中国农业发展"最终还是要靠科学解决问题"。从根本上解决影响国家兴衰的农业问题，"科技兴农尤为重要"。由于人多地少，农业发展"主要依靠提高单位面积产量"[⑥]，要大力推进农林牧副渔业的

　　① 万里：《万里文选》，人民出版社 1995 年版，第 145，222，256 页。
　　② 中央文献编辑委员会：《邓小平文选》（第 3 卷），人民出版社 1993 年版，第 17，274 页。
　　③ 中央文献研究室：《邓小平思想年谱》（1975—1997），中央文献出版社 1998 年版，第 275 页。
　　④ 中央文献编辑委员会：《邓小平文选》（第 3 卷），人民出版社 1993 年版，第 23，275，313 页。
　　⑤ 万里：《万里文选》，人民出版社 1995 年版，第 233 页。
　　⑥ 中央文献研究室：《十三大以来重要文献选编》（中），人民出版社 1991 年版，第 756，756，1385 页。

技术改造和技术进步。

　　他们强调科学技术是中国农业发展的重要条件，振兴中国农业的关键是农业科技进步，是对新形势下科技兴农重要性的简单而深刻的表述。这些通俗易懂的表述揭示了中国农业科学技术现代化的实质在于根据中国农业生产条件，使用现代科学技术和现代工业技术装备农业，用现代经济管理方法管理农业生产经营活动。

　　（二）创新中国农业科学技术的发展路径

　　共产党人认为，80年代初期中国农业政策改革的作用有限，效率呈衰减趋势，增加财政投入又受国家财力限制，所以要寻求中国农业高新技术的突破。他们借鉴了改革开放前中国农业科技发展的经验和教训，面对农业经营政策改革后农业科研推广的新形势、新问题，结合中国农业科技发展现状，推动了农业科学技术发展战略的创新，改变了农业科学技术的发展路径。

　　第一，创新中国农业科学技术发展战略的必要性。

　　首先，通过对改革开放前中国农业科技发展经验教训的总结，客观认识了创新农业科学技术发展战略的紧迫性。

　　共产党执政后采用计划管理手段，强力推进农业科技发展，中国农业科技水平取得了显著进步。50年代以来，由于受当时苏联科技界错误批判遗传学说的影响和党的农业现代化思想的局限，在中国农业科技发展目标的选择上，国家确立了发展以机械化、电气化、水利化和化学化为特征的农业技术路径，但在实践中变为片面强调以农业机械化为主的战略。强硬的计划管理手段也在实践中出现目标与手段的错位，导致如50年代农民把国家配给购买的犁头变为"挂犁"*，60、70年代集体农业组织征调大量劳动力兴修水利工程，不加区别地推广农业机械的现象。改革开放前农业科技发展的教训主要表现为：农业科技投资主体单一，资金全部来源于国家财政拨款、信贷和集体的高积累，加重了集体农业组织的负担；片面强调种植业的机械化，压缩了对如生物技术等其他农业科技的投入，造成了农机具生产重复建设，生产成本偏高；按政府计划进行农业科技产品与服务的分配，不能满足千差万别的中国农业条件和农业生产的实际需求，使得集体组织丧失了对农业科学技术的选择权和积极性。

---

　　*　意指国家配给农民或合作社购买的犁头不适应各地农业耕作条件没法使用而被悬挂起来。

　　他们对此有着深刻的理解。早在 1962 年，邓小平就开始了对中国农业科技发展历程的深刻反思。他指出，根据各地不同情况采用适合的农业机具的问题"长期以来没有很好解决"；国家花了很多钱搞水利建设，"但是灌溉效益却不高"；"哪个地方适用哪种化肥，也要搞清楚"①。1975 年，他对国家农业科技发展战略拿出了自己的见解，认为中国"农业现代化不单单是机械化，还包括应用和发展科学技术等"②。1977 年，万里指出，抓农业机械化是对的，但是忽略了农民的积极性。发展和推广农业科技应坚持因地制宜、因时制宜的原则。1980 年 4 月，中国放弃了实现农业机械化的口号，中央对农业机械化战略进行了反思，决定实行符合农业劳动力丰富、生产条件多样化的国情，遵循经济规律、面向农民需要、以市场为导向、符合现代农业科技发展趋势的务实的农业技术路线。1983 年 1 月，中央强调中国农业技术改造"应有自己的特色"③，一是发扬传统农业具有的精耕细作、节能低耗、维持生态平衡等优点，另一方面要吸收现代技术和先进管理方法。

　　其次，把握农业政策改革后农民科技需求的热望与变化，看到了中国创新农业科学技术发展战略的现实要求。

　　农业生产经营体制改革后，农户变成了农业科技投入的主体和投入效益的享有者。这一变化带来了农民对农业科技产品与服务的变化。农民作为相对独立的农业经营者在市场取向的改革中，必然通过经济核算，以能否获取经济效益为标准来确定是否和怎样使用农业科学技术。由于家庭经营规模"原子化"的局限，农户耕作的土地少，劳力资源丰富，劳动的机会成本极低，中国农业适合选择劳动集约型的技术。农民在农业科技产品的自主选择方面，根据劳多地少的生产条件、不同的生产力水平和收入水平，权衡农业科技产品的物化劳动成本与活劳动成本水平，在节约劳力和技术上进行选择。实行家庭承包制后，随着乡镇企业等非农产业的发展和农民进城务工经商，农村商品生产迅速发展，农民提高了购买力，从事农业劳动的机会成本增大，农民选择农业科技的积极性得到了提高。但由于农业比较效益低，农民资金积累少，在农村也出现了部分农民因买不起

　　① 中央文献编辑委员会：《邓小平文选》（第 1 卷），人民出版社 1994 年版，第 326 页。
　　② 中央文献编辑委员会：《邓小平文选》（第 2 卷），人民出版社 1994 年版，第 28 页。
　　③ 中央文献研究室：《十二大以来重要文献选编》（上），人民出版社 1986 年版，第 262 页。

或用不起农业科技，重返手工劳作，放弃使用化肥、农药等"绿色"农技产品。这既是农业物化劳动成本高于活劳动成本的经济原因，但不是现代都市人推崇绿色食品的缘由，更为重要的是国家正视农民对农业科技的需求，为农民提供买得起、用得起的小型、实用、低廉的农业科技产品与服务。

他们看到了改革后农民使用科学技术的热望。万里首先指出，农村已经出现"广大农民爱科学、学科学、用科学的大好形势"①。邓小平谈到，连山沟里的农民都知道科学技术是生产力，知道"科学技术能够使生产发展起来，使生活富裕起来"②，把科技人员看成是帮助自己摆脱贫穷的亲兄弟，是自己的"财神爷"。他们也看到了农民对农业科技需求上的变化。1982 年，万里指出实行承包制后，"农民对小型、省油、耐用、轻便的农业生产机器和农产品加工机械的需要量，大幅度增加"③。为满足农民农业科技的热望，适应对小型、实用、低廉农机的需求，1983 年中央强调，中国农业技术改造应有自己的特色，当前应着重发展质优、价廉、小型、多用途的农业机械，"因地制宜地改善水利灌溉条件，增加化肥供应"，改善土壤中的氮磷钾比例，提高土地利用率和劳动生产率，满足农民对农业科技产品的需求变化。中央决定，小型农田基本建设和服务设施需要的投资主要"靠农业本身的资金积累和劳动积累"④，鼓励农民个人或合股集资兴办如公路、小水电及仓库等设施，实行有偿使用制度。允许农民个人或联合购置从事生产和运输的农副产品加工机具、小型拖拉机及小型机动船。万里在 1984 年指出，"农民需要科学技术，需要化肥、好的农业机械、农药等"，但这些产品与服务满足不了农民的需要，不能解决农民对农业科技产品的需求。

第二，实行传统农业技术与现代科技结合的农业技术路径。

他们根据人多地少的农业生产条件，尤其是实行家庭承包制后农民生产规模"原子化"的现状，强调中国农业必须根据这种条件，选择具有中国特色的适应劳动密集型的传统农业技术与现代科技相结合的农业技术

---

① 万里：《万里文选》，人民出版社 1995 年版，第 191 页。
② 中央文献编辑委员会：《邓小平文选》（第 3 卷），人民出版社 1993 年版，第 107 页。
③ 万里：《万里文选》，人民出版社 1995 年版，第 236 页。
④ 中央文献研究室：《十二大以来重要文献选编》（上），人民出版社 1986 年版，第 263，264 页。

路径，通过科技进步的作用，走集约化经营道路。中国农业科学技术的发展要围绕提高农业产量的中心目标，充分利用有限的耕地资源，缩短生产周期，拓展农业生产的新途径，提高产量，降低生产成本。农业技术路径的特色在于把现代科学技术与中国传统农业精耕细作、土地利用率高的优良传统结合起来，共同发挥作用。他们根据农业发展的技术路径，针对计划经济时期依靠行政资源，拼人力、拼投资，轻科技的弊端，强调国家从人、财、物等方面提供条件，向农民提供实用、低廉的技术，保证科技兴农战略的实施。

中央领导集体一致强调中国农业科学技术要围绕农业增产的目标，利用现代科技成果，因地制宜地发展农业生产。万里认为，抓增产措施，因地制宜，搞科学种田是恢复农业的三个办法之一。他多次强调，发展农业科技要把传统农业技术、国内外的现代农业科学成就结合起来。各省区应该讨论五年、十年内，在农业科技方面"应该干些什么，花钱既少，收效又大，能把农业搞上去"。研究怎样使农业科技因地制宜地"适合于我国农业各个领域的实际情况"，用现代科学技术把农、林、牧、副、渔等部门及农产品加工等环节武装起来。充分利用30多年积累起来的农业生产条件，发挥农民的积极性和创造性，重视农民（特别是科技户、专业户）的实践经验，"把传统的实践经验和现代农业科技成果相结合"，"把传统经验和现代科学技术结合起来"，逐步加以推广，就一定能提高农业产量。"中国要走耗能低、劳动密集、产量高的农业现代化道路"，搞现代化农业，发展商品生产，"就要不断采用新的科学技术"①。邓小平早在1975年就批评了中国实行机械化为标志的农业技术路径，说农业现代化不仅是机械化，"还包括应用和发展科学技术等"②。1982年以后，他重点思考了中国农业增产的方法。指出"中国要把农业搞上去，就必须使用高效肥料"③。肥料问题很重要，要尽快解决肥料问题。我们强调农业科学的潜力，如果种子和肥料搞得好，"潜力会更大，增产的效果就更

① 万里：《万里文选》，人民出版社1995年版，第329，188，193，223，234，235，320页。
② 中央文献编辑委员会：《邓小平文选》（第2卷），人民出版社1994年版，第28页。
③ 中央文献研究室：《邓小平思想年谱》（1975—1997），中央文献出版社1998年版，第216页。

大"①。他要求国家农业规划要从搞好农田基本建设、增加肥料、改良种子、防治病虫害和改进管理等方面进行研究，"能够做些什么，增产多少都要有计算"。1988 年 9 月，根据世界农业科技的发展趋势，结合农业实现增产的目标，他高瞻远瞩地指出中国农业的出路最终将"由生物工程来解决，要靠尖端技术"②，中国必须在农业高科技领域占据一席之地。

同期，中央也认为，"我国农业的技术改造应有自己的特色"，各地不可放松对提高粮食单产与总产量的确有成效的技术措施的推广应用，在农业生产和建设的各方面"吸收现代技术和先进管理方法"③；重点发展适用中国农业的"新品种、新技术、新机具和新材料"④，提高劳动生产率，推广良种、改良施肥技术，以"发展节水农业、旱作农业为重点"，搞好农业技术推广工作；国家产业政策重点支持"农业、林业中的适用科学技术和有利于良种培育、新技术推广的项目"⑤。

共产党人提出采取中国特色的传统农业技术与现代科技有机结合的农业技术路径，满足农民买得起、用得上的科技需求的农业技术，通过发展生物工程等高技术实现农业增产的思路。既强调了科学技术对农业的重大贡献，是"科学技术是第一生产力"的著名论断的运用，也继承了以毛泽东为代表的领导集体重视农业科学技术的思想，突破了把农业机械化作为中国实现农业现代化的首选路径的传统观念，符合中国农业适应劳动密集型的生产条件。这一认识的提出与实践直接推动了中国农业科技体制的改革。

（三）改革农业科技体制，推进农业科技与生产的结合

改革开放前，虽然国家高度重视农业科研与推广机构的建设，培养了一些杰出的农业科学家及一大批农业科技人员。但由于受发展基础薄弱、轻视现代农业生物和传统农业技术、轻视人才、轻视农业职业教育及国家

---

①　中央文献研究室：《邓小平年谱》（1975—1997），中央文献出版社 2004 年版，第 868 页。

②　中央文献编辑委员会：《邓小平文选》（第 3 卷），人民出版社 1993 年版，第 23，275 页。

③　中央文献研究室：《十二大以来重要文献选编》（上），人民出版社 1986 年版，第 262 页。

④　中央文献研究室：《十二大以来重要文献选编》（中），人民出版社 1986 年版，第 872 页。

⑤　中央文献研究室：《十三大以来重要文献选编》（上），人民出版社 1991 年版，第 340，418～419 页。

财力的局限，中国农业科技呈现人才绝对数量少，结构不尽合理，集中在种植业中，整体素质偏低的格局。建立的国家计划管理的农业科研推广体制，也存在投入主体单一、资金缺乏，科技人员积极性不高的局限，科研与农民需求、科技与经济脱节的问题。

改革开放后，农业科学技术的需求对象由农业集体组织变为了单个的农民家庭，农民具有运用农业科技知识，提高农产品产量和增加收入的积极性。农业科研推广体制如何适应这种变化，成为了中央领导集体思考解决的重要问题。

共产党人深知科学技术在农业生产发展中的巨大作用，强调要把中国农业发展的路径转移到依靠科技进步与提高农民素质的轨道上来。在对农业技术路径和农业科技巨大作用认识的基础上，他们一再强调要加强农业科研工作，促进农业科技与农业生产的有机结合，满足农民的科技需求。他们认为，搞好农业科技的基础研究，加速科技成果的推广转化，需要充分调动现有农业科技人才的积极性和创造性，改善他们的工作和生活条件。1977～1978 年，邓小平表示要"使科研工作者能把最大的精力放到科研上去"，"至少必须保证六分之五的时间搞业务"，"我愿意当大家的后勤部长"[1]，为农业科技人员解决后顾之忧。1983 年，提出要大力加强农业科研工作，切实组织好"农业科学重点项目的攻关"，通过攻关来培养和造就一大批德才兼备的农业科技人才。1985 年，他认为农业科技体制改革与经济体制改革"都是为了解放生产力"，二者之间存在相辅相成的关系，双管齐下，有可能比较好地解决科技与经济脱节的问题。科技体制改革最重要的是培养科技人才，中国具备了人才优势，"再加上先进的社会主义制度"，就有把握达到我们预定的目标。1986 年，指出人类科学技术的进步一日千里，我们不能落后。1988 年，又提醒党的干部"对科学技术的重要性要充分认识"[2]，主张在中国发展农业高科技。万里更为明确地表述了中国需要通过农业科技推广体制的改革，培养和造就农业科技人才的认识。他强调，农业科研要走在农业生产的前面，"要抓应用，抓推广，培养专门人才"；要根据农民学科学、用科学的形势，"使农业

① 中央文献编辑委员会：《邓小平文选》（第 2 卷），人民出版社 1994 年版，第 53，94，98 页。

② 中央文献编辑委员会：《邓小平文选》（第 3 卷），人民出版社 1993 年版，第 23，108，120，275 页。

科技力量同农民的生产活动相结合";把农业科研机构和高等学校的科学家、专家组织起来,发挥以一当十的优势,把有限的农业科研人才用到最需要的地方,"才能从中培养人才,发现人才";各省的农业投资"要为农村输送科技创造条件多搞点东西";扩大农业科技队伍,引导知识分子发挥在农业商品经济发展中的作用,过去说无农不稳、无商不活、无工不富,现在得加上"'无才不兴'"①。中央针对实行家庭承包制后,出现农业科技投入减少、科研推广机构涣散的情况,要求各地把农业科研、技术推广和教育培训的力量组织起来,形成"合理分工、协调一致的工作体系",允许农业技术人员与农业经济组织签订技术承包合同,"在增产部分中按一定比例分红"②,增加自己的收入。农业科技体制改革的目的是有利于农村经济结构的调整,推动农村经济向专业化、商品化、现代化转变。为调动农业科研人才的积极性,决定对重大农业技术开发项目或区域开发项目实行公开招标,择优委托;加强省级以上农业科研机构和高等学校等科技力量进行多种形式的合作,进行农业科技的超前研究和开发工作,建立科技成果综合运用示范基地;鼓励和推动城市科技人员和机构"向农村提供各种技术成果、信息和技术服务"③。动员和组织农业科技人员下乡,重点推广花钱较少、增产明显,适用性强的良种、栽培、施肥和其他技术,加强对农民的科技培训;建立和健全产前、产中、产后的生产、科技服务体系。各级政府建立的农业发展基金重点投入到农业科技方面,多方筹措资金,增加对农业科技的投入。支持农业科技机构面向市场,办成经营实体,逐步建立起多层次、多渠道的农业科技投入体系。抓好农业科研的纵深安排"是增强科技兴农后劲的重要保证"。农业高新技术的研究计划要突出农业生物技术等重点领域,充实"动植物新品种开发研究等内容"④。江泽民也表示,开发农业科技成果,"就会带动一大片地方或产业的繁荣,使效益大幅度提高"⑤,要注意农业生产与科技相

---

① 万里:《万里文选》,人民出版社 1995 年版,第 157,193,194,195,386 页。
② 中央文献研究室:《十二大以来重要文献选编》(上),人民出版社 1986 年版,第 263,264 页。
③ 中央文献研究室:《十二大以来重要文献选编》(中),人民出版社 1986 年版,第 668 页。
④ 中央文献研究室:《十三大以来重要文献选编》(中),人民出版社 1991 年版,第 762~763,763 页。
⑤ 中央文献编辑委员会:《江泽民文选》(第 1 卷),人民出版社 2006 年版,第 269 页。

结合。

他们把建立健全农技推广组织理解为完善家庭承包制的措施，希望以此建立和完善农业双层经营体制。他们主张改革中国农业科技体制，才能培养和造就农业科技人才，提高农业科研水平，才有利于农业科技成果的大量产生和推广运用。1983 年，中央强调农业集体组织统筹安排、统一管理，按照互利原则，"分别承包，建立制度，为农户服务"。办好农民家庭不能解决的机耕、水利、植保、防疫、制种、配种等事情。各地办好国家和集体的农技服务机构，通过技术承包制，建立科技示范户、生产科技联合体、技术服务公司、科技普及协会，为农民提供科技服务。允许农业科技人员同农村经济组织签订技术承包合同；把农村集、镇建设成为农村的政治文化中心和科技推广中心；中央还要求乡镇企业要"更多更好地向农民提供农业机械和各种服务"[1]；支持国家、集体、个人以合作形式兴办农村科技服务；农技推广机构应同研究机构、高等学校、乡镇企业、各种合作组织以及专业户、技术示范户、能工巧匠的结合，积极做好技术服务以及农业新技术的推广工作，推行联系收入报酬的农业技术推广责任制或收费服务的办法，增加农业推广机构与科技人员的收入。推广机构可以兴办企业型的技术经营实体，鼓励和支持有条件的农业科研推广单位"逐步做到事业费自给"[2]。1988 年，要求农业科技推广的运行机制向市场化转变，把政府举办的直接面向农民的基层技术推广服务机构改革为独立的经营实体，通过技术有偿服务、技术经济承包及经营同技术服务相关的农用物资等业务，改变基层技术推广服务机构单纯依赖财政拨款的状况，"逐步形成自我发展能力"[3]。鼓励科技人员做好农民技术培训和服务工作，发挥民间科技组织和农民技术员在农业科技推广中的作用。中央和国家的规定标志着计划经济时期农民免费得到农业科学技术时代的终结，使得农业科技推广的公共服务职能逐渐丧失。

针对国家实行农技推广机构"断奶"政策造成农技推广机构经费匮

---

① 中央文献研究室：《十二大以来重要文献选编》（上），人民出版社 1986 年版，第 256，440 页。

② 中央文献研究室：《十二大以来重要文献选编》（中），人民出版社 1986 年版，第 668 页。

③ 中央文献研究室：《十三大以来重要文献选编》（上），人民出版社 1991 年版，第 245 页。

乏、人才流失等问题，1989 年，国家要求巩固和发展县及县以下的农技推广机构，支持发展以农民为主体、农民技术员与农业科技人员为骨干的技术研究会和专业科技协会，"以疏通科技流向千家万户和各生产环节的渠道"①；强调农业技术承包实行提供以物资供销为依托、综合配套的社会化服务。中央领导集体把农技推广工作纳入市场化运行的改革，有利于开展多渠道、多层次、多形式的农民科技文化教育活动，中国农村出现了政府推动、市场主导的农业科技开发运用的新局面。但农技推广工作是政府的公共职能，市场化改革增加了购买农业科技并处于弱势地位的农民的生产成本，不利于农业科技的广泛普及。

（四）提高农民科学文化素质，推进农业科学技术的运用

农民科技文化与思想素质的高低不仅决定着农业科技成果能否得到运用，而且影响着农业科技成果在农业生产中的产量与经营效果。农民在中国农业政策改革后，成为了农业科学技术的使用者。尽管大多数农民具有运用先进农业技术的积极性和主动性，重视对下一代的教育投入，但也出现部分农民采取短视的农业经营方式，忽视对土地的投入，有的地方出现学生停课、退学的现象，"有的适龄儿童'上田'不上学了，有的地方文盲增多"②。由于历史原因，农民的科学文化水平普遍偏低，对农业科技和教育的重视不够，吸收运用先进技术的能力不强，商品经济的意识严重不足。农民的素质状况不能适应农业现代化的要求，必然阻碍先进农业技术的推广。如何推进农业科技成果与农业生产的有机结合，让农民有能力掌握和使用先进农业生产技术成为了中央领导集体高度关注的问题。他们提出发展农民教育，提高农民科技文化与思想素质，为农村培养留得住的农业技术推广与应用的人才，调整农业科技推广政策，推进先进农业科学技术普遍运用的思路成为了科技兴农战略思想的重要组成部分。

农业科技推广的根本在于提高农民的科学文化素质。1978 年 3 月，邓小平认为，劳动者只有具备了丰富的生产劳动经验和较高的科学文化水平，"才能在现代化的生产中发挥更大的作用"。主张农业科技人才不仅要通过高等学校培养，还要通过中等教育结构的改革培养中低层次的农技

①　中央文献研究室：《十三大以来重要文献选编》（中），人民出版社 1991 年版，第758 页。

②　中央文献研究室：《十二大以来重要文献选编》（上），人民出版社 1986 年版，第278 页。

推广人才，为农村培养留得住的、在农技推广中作用巨大的"土专家"。邓小平就此提出要"扩大农业中学、各种中等专业学校、技工学校的比例"①，把大量中学生"培养成土专家，让他们在农村发挥作用"②。万里强调，农村中种花生、种棉花、种稻子的能手是农村科技队伍的重要组成部分，他们与专业技术力量、科学院、农业院校结合，发挥的作用更大；将来农村技术推广组织除了现在的科学技术协会、专业学会、研究会、科普协会及技术服务站、技术推广站等之外，还可以有更多形式的农业科技力量与农民生产活动结合。要求"尽快建立为农民服务的科技推广体系和教育制度"，宣传部门利用广播、电视、报纸、杂志、电影、图书、画报"普及农业科学技术知识和经营管理知识，推广科研成果"；农民购买农机、化肥、农药的愿望还不能满足，有关工业部门要增加生产，及时供应。农村中学生"可以培养成为传播科技的力量"，必须加强教育改革，每个县要办农业学校，多数农村中学要改成农业中学，根据农村经济发展的需要设置课程，毕业生至少掌握一项农业技术或经营管理知识，"成为农村中的各类专业技术人员、经营管理人员"。农林院校定向农村招生，可以"培养既有理论、又有实践、安心农业科学技术的人才"。万里号召农村青年"做实践先进科学技术的闯将"，努力学习、带头运用、积极推行先进生产技术。提高农民科学文化与思想道德素质是农村精神文明建设必不可少的基础，要消除封建遗毒和小生产狭隘眼界对农民的影响。总之，增强中国农业发展后劲的方法之一就是"增加农民的智力投资，使他们更聪明些"③，不断增长农民的科学知识、信息知识、文化知识。

在他们的倡导下，80年代的农民懂得了科学技术的重要性，农民重视教育与人才、学习科学技术的风尚逐渐形成，为普及农村教育提供了有利条件；在农村推行义务教育普及的前提上，农村职业中学得到了迅速发展，培养了一批懂科技、善经营的新型农民，提高了农民的文化、科学素质，为中国农业科技的运用奠定了基础。

---

① 中央文献编辑委员会：《邓小平文选》（第2卷），人民出版社1994年版，第88，108页。

② 中央文献研究室：《邓小平思想年谱》（1975—1997），中央文献出版社1998年版，第275页。

③ 万里：《万里文选》，人民出版社1995年版，第233，234，194，235，317，324，570页。

　　总之，中央领导集体提出的科技兴农观点，直面了中国农业经营制度变革后农业科研推广面临的新难题，提出建设中国特色的农业技术路径，并对农业科研推广体制进行改革。科技兴农观点的提出，适应了中国农业生产条件的变化，把握了中国农业科技发展和推广的趋势。

第七章 90 年代以来中国的农业思想与实践

20 世纪 90 年代执政的共产党人为应对市场经济体制改革给中国农业发展带来的挑战与机遇，在农业经营体制、农产品流通与市场体系、农业投入与基础设施、农业结构、农业立法、农业生态建设实践中，提出了在市场经济条件下巩固农业地位与维护农民利益、发展农业社会化服务体系、农业产业化经营、依法治农、农业科技革命、农业可持续发展等观点，形成了中国特色农业思想。

2003 年以来，新一届领导集体践行了中国特色的农业思想。为推进中国农业可持续发展，坚持城乡经济社会统筹发展，缩小城乡居民收入差距，进行农村税费改革，实施了"多予、少取、放活"的农业发展方针，加大了对农业的支持力度。建设现代化农业、增加农民收入、建设新农村成为了实施农业科学发展的新战略。连续 10 多年的政府助力提高了农业综合生产能力，增强了可持续发展能力。21 世纪中国农业政策的惊天逆转加速了农业现代化进程，也改变着中国农民的命运。

第一节 中国农业发展的新问题与新格局

从 1978 年开始的农产品渐进式的市场化改革，促进了农业资源的重组和农业的发展，也出现了农民家庭经营与市场的矛盾，农产品"两类流通体制对生产的发展、科学技术的进步、经营方式的转变和现代化进程的推动是有差异的"①。1992 年 10 月，中国确定了建立社会主义市场经济体制的目标，为中国农产品尤其是粮棉等大宗农产品市场化改革指明了方向。1993 年 11 月，将社会主义市场经济体制的目标和原则系统化、具体化。建立社会主义市场经济体制的改革给中国农业发展带来的挑战大于机遇。在社会主义市场经济体制的推进过程中，中国农业产生的新问题、出现的新格局成为了中央领导集体探索中国农业新发展的初始条件。

一　制约农业发展的新问题

实现包括土地、劳动力以及农产品市场化，实现中国农业由小规模的家庭经营、由技术落后的粗放型经营向大规模的集约型的现代化经营转变是一个漫长而艰难的变革过程。在建立市场经济体制的改革背景下，新、旧体制的摩擦与宏观经济发生的冲突形成了对农业地位的新挑战；农民不能适应市场变化，在经营过程中出现了一系列新问题。

（一）对农业地位的新挑战

20 世纪 90 年代随着人民生活水平的逐渐提高，人们对农产品的品种、质量、数量的需求逐渐增加，为中国农业发展提供了良好机遇。随着市场经济体制的构建，市场在资源配置中发挥基础作用，引发了工商业的繁荣发展，出现了城市郊区和乡镇圈占土地的热潮，工业热、开发区热、房地产热在 90 年代盛极一时。市场的趋利行为导致了国家和农民对比较效益低的农业生产减少投资，进而导致了土地、资金、劳力、产品、设备、技术、信息等生产要素大量溢出农业生产领域，直接影响了农业发展，对农业的基础地位形成了新挑战。

首先，国家大型工程建设和城市工商业发展导致了耕地急剧减少。从 1985 年开始，滥用耕地逐渐成为全国风潮，到 90 年代尤其是 1992 年，开发区热高烧不断，出现了 1949 年以后中国耕地减少的第三个高峰。1993 年 3 月国家宣布清理开发区时，除未统计的村、乡、镇级开发区外，县级以上的开发区达 6000 多个，占地 1.5 万平方公里，比当时城市用地面积总量多 0.16 万平方公里②。90 年代，145 个大中城市"建设用地的

---

①　缪建平等：《市场经济与农业现代化——浅析农产品市场化改革对农业现代化进程的影响》，《改革与战略》1994 年第 6 期，第 17 页。

②　数据见何清涟：《现代化的陷阱——当代中国的社会经济问题》，今日中国出版社 1998 年版，第 52 页。

总扩张面积为 3534hm^2"①，扩张了 39.8%，其中 97 个城市耕地粮食单产超过全国平均水平（6700kg/hm^2），63 个城市达 10000kg/hm^2，超过全国平均水平的 1.5 倍。到 2003 年 7 月，国家再次清理整顿各类开发区时，各类开发区规划面积已达 3.54 万 km^2。这些开发区主要分布在长三角、珠三角、京津唐、山东半岛和成都平原等农业相对发达的地区。与之相应的是许多开发区大量土地征而不用，以致撂荒。

除此之外，由于农业比较效益低，农产品尤其是粮食价格低廉，导致农民对耕地的热情衰减，90 年代中国农村普遍出现了大面积、大范围的撂荒弃耕现象。在人多地少的浙江省，1991～1993 年粮食播种面积分别为 4900.8 万亩、4746.3 万亩、4266.6 万亩，同期，复种指数分别为 231%、228%、210%，均呈下降趋势。"1993 年冬季撂荒面积达 700 多万亩"。省农业厅调查预计 1994 年粮食播种面积再降 4.4%，比 1993 年减少 187 万亩②。90 年代后期，重庆渝北区共撂荒土地 2170 公顷，占耕地总面积的 7.29%，"其中有的村社土地撂荒面积竟达耕地面积的 40% 以上"③。至 2003 年底，重庆万州区五桥移民开发区撂荒面积达 35476 亩，占耕地面积的 9.7%④。90 年代，农村出现大面积、大范围的撂荒弃耕与农村改革初期农民争田争地形成了鲜明对比，大量优质耕地的流失，加剧了耕地供需矛盾。

其次，政府、集体和农民农业投资比重下降。1985～1990 年，由于受 80 年代初期国家农业政策改革威力的影响，以及工业化初期形成的对农业歧视政策的惯性运行，中国政府的农业投资比重在 3% 左右徘徊，远远低于 70 年代末与 80 年代初期的水平。1991～1995 年，政府农业投资虽有增加，但投入仍然不足，比重依然偏低。据农业部政策体改法规司综合分析处统计，1991～1994 年国家财政支农支出总额年均增长 13.3%，仍比"七五"期间低 1.5 个百分点；财政支农支出占财政总支出比重年均增长 8.8%，仅比"七五"期间高出 0.5 个百分点。农业银行和信用社

---

① 谈明洪等：《20 世纪 90 年代中国大中城市建设用地扩张及其对耕地的占用》，《中国科学》D 辑（地球科学）2004 年第 12 期，第 1160 页。

② 数据见张红宇等：《浙江省农村土地撂荒情况的调查》，《中国农村经济》1994 年第 5 期，第 22 页。

③ 辜夕尹：《农村土地撂荒情况的原因及对策》，《农家科技》2002 年第 10 期，第 8 页。

④ 数据见重庆市万州区农业局：《重庆市万州区五桥农村土地撂荒的现状、原因及对策措施》，http://www.caein.com/index.asp? xAction = xReadnews&newsid = 5036。

的农业贷款余额年均增长 36.3%，但 1994 年的贷款比重比 1991 年下降 9.8 个百分点。农业基本建设投资占国有基建投资总额的比重也从 1991 年的 4% 降到 1994 年的 2.5%①。农村集体和农民用于农业的投入也呈下降趋势。由于国家农业资金投入的严重不足，导致农田水利设施建设、农业科技推广、扶贫开发的资金普遍短缺，中国农业生产条件没有明显改善，抗灾减灾能力明显下降；80 年代中后期国家农产品收购资金不能及时支付的问题也日渐加剧。1992 年秋季粮棉收购资金不能及时到位，粮食收购资金预算需 605 亿元，缺口达 497.6 亿元，棉花收购资金预算需 350 亿元，缺口达 135 亿元②。

　　最后，工农业发展比例失衡，农业人才流失，农业发展滞后。90 年代，中国工农业增长速度自 80 年代中后期失衡以来再度加剧，尤其是 1993 年、1994 年工农业发展速度比分别达 5.3:1、4.5:1③，远远高于 2 ~ 2.5:1 的合理水平。这种发展速度的差异使得中国农业产值在国内生产总值中的比重由 1989 年的 25.0%，下降到 1993 年的 19.9%，1997 为 19.1%，2002 年为 15.4%④，2003 年下降到 14.61%。工农业发展速度的失衡导致了农业人才的流失和人心不稳。90 年代，中国大量青壮年劳动力转向非农产业就业，出现波澜壮阔、连绵不断的"民工潮"。农村从事生产劳动的劳动力被戏称为"38（女人）60（老人）61（儿童）部队"，他们在农业生产技术、经营方式乃至体力方面存在的局限，难以支撑农业发展的重任。基层涉农干部也把主要精力放到招商引资、办工业、搞开发区等热点上，无心发展农业。

　　（二）对农业经营体制的新挑战

　　80 年代实行农业家庭经营后，农民借助农产品市场化的环境，以小批量的直销方式在集市上完成了从生产到消费的市场交易，改善了农产品和食品的供应。随着市场经济体制的构建，农产品消费结构、供销方式、

---

　　①　数据见农业部政策体改法规司综合分析处：《农业和农村经济发展"八五"回顾和"九五"思路》，《中国农村经济》1995 年第 12 期，第 23 页。

　　②　数据见王书明等：《90 年代中国农业的困境与对策》，《预测》1994 年第 1 期，第 28 ~ 29 页。

　　③　数据见农业部政策体改法规司综合分析处：《农业和农村经济发展"八五"回顾和"九五"思路》，《中国农村经济》1995 年第 12 期，第 23 页。

　　④　数据见中华人民共和国国家统计局：《中国统计年鉴》（2003），中国统计出版社 2003 年版，第 56 页。

贸易渠道和市场结构出现调整优化，壮大了批发市场、期货市场、进出口贸易等市场类型，消费者开始注重农产品的质量与包装及市场规范。农产品交易发生的这些变化与农民的生产经营方式产生了尖锐的矛盾，农民没有独立的经济法人资格，没有参加大中型农产品贸易的资格和机会。在参与农产品市场流通的过程中，由于信息闭塞、资金短缺、手段落后、生产经营规模狭小、资金积累缓慢，尤其是农民根据市场价格进行事后决策，难以及时捕捉瞬息万变的市场信息而盲目生产，加剧了农产品贸易的供求震荡和经营风险。90 年代，中国农产品市场交替出现买难卖难，产量、销价大起大落的现象，增添了国家对农业宏观调控的难度，农民家庭经营这一农业经营的基础层次面临着严峻考验。总之，农民作为分散单一、经济实力薄弱的农产品生产者缺乏应对市场经济的条件和能力。

　　80 年代中期以后，农村集体经济组织普遍缺乏农产品市场信息、技术培训、农资供应、资金融通、储运等社会化服务职能，难以担当起扶助农民进入市场的重任；政府的农业行政部门与乡镇机构在组织农民进入市场方面，往往采用行政手段推广蔬菜水果等新品种，对农产品买难卖难起到推波助澜的作用，给农民造成了经济损失；农商联合企业虽然在市场信息、农产品运销等方面具有经验，尽管把农民小生产引入市场，但与农民在经营利益上存在对立关系，农民没有条件和能力在农产品市场化发展中保证自己的利益，农民家庭经营还面对着不公平的市场环境。如前所述，由于国家粮棉收购资金不到位，农民卖粮卖棉得到的是资金不能及时兑付的"白条"，而农民购买农用物资使用现款，因此不能及时购买农业生产经营的物资。国家在"七五"、"八五"期间扩大了工农产品价格剪刀差，农用物资的提价幅度超过了农产品的提价幅度，农民增产不增收的问题逐渐加剧。1992 年与 1985 年相比，同等小麦定购价提高了 69%，尿素的国家牌价却提高了 120%①。1990～1994 年粮食混合平均价提高 56.3%，同期农用生产资料价格上涨 61.1%②。90 年代，国家农产品收购价格与农用物资市场化进程的改革不能同步。1995 年农产品收购总额中，"政府定价比重为 17%，政府指导价比重为 4.4%，市场调节价比重为 78.6%"；

---

　　①　数据见王书明等：《90 年代中国农业的困境与对策》，《预测》1994 年第 1 期，第 28～29 页。

　　②　数据见农业部政策体改法规司综合分析处：《农业和农村经济发展"八五"回顾和"九五"思路》，《中国农村经济》1995 年第 12 期，第 24 页。

生产资料销售总额中，"政府定价比重为 15.6%，政府指导价比重为 6.5%，市场调节价比重为 77.9%"。2000 年农产品收购总额中，"政府定价比重为 6.7%，政府指导价比重为 2.9%，市场调节价比重为 90.4%"；生产资料销售总额中，"政府定价比重为 9.6%，政府指导价比重为 4.6%，市场调节价比重为 85.8%"①，农民卖出的农产品与买入的农用物资在市场价比例上的差距是农民面对的不公平的市场环境，是 90 年代农民增产不增收的重要原因。农民增产不增收加大了 90 年代城乡居民的收入差距和消费差距，"八五"期间城乡居民收入差距继"七五"期间继续扩大。1991~1993 年，扣除物价因素后，农民人均纯收入年均增长速度低于农业增加值的增长速度。城乡居民收入差距 1993 年扩大为 2.58:1，1994 年为 2.61:1②。1995~2000 年，城镇居民可支配收入净增总额比农民高 1.95 倍，城乡收入差距 1995 年为 2.71:1，到 2000 年扩大为 2.79:1。同期城乡居民生活消费支出比由 1995 年的 2.70:1 扩大到 2000 年的 2.99:1③。

80 年代中期以后，国家把许多本应由政府承担的农村教育、医疗、文化设施以及农业投入等开支转给农民承担。1994 年的分税制改革后，地方政府为应对财政收入减少的局势，进一步减少对农村的投入，增加涉农税收。农民负担包括农村道路交通、邮电广播、卫生文教、治安与民兵、计划生育、土地、管理、保险等方面的摊派，名目繁多，数目越来越大。1986 年，中央开始出台减轻农民负担的文件，不断强调农民负担不能超过农民上年纯收入的 5%。到 2000 年前，国家各部委共出台了 37 份与降低农民税费负担有关的官方文件，但农民不合理的负担明显高于收入增长，严重超过农民的经济承受能力，成为 90 年代农村最大的社会问题。

总之，农业家庭经营在市场经济体制建立的过程中，农民缺乏应对现代市场经济变化的条件和能力，面对不公平的市场环境，出现收入增长缓慢和负担逐渐加重，城乡居民收入差距与生活消费支出扩大的现象。

---

① 国家统计局：《物价持续走低市场形成价格——"九五"时期国民经济和社会发展系列分析报告之十》，http://www.stats.gov.cn/tjfx/ztfx/jwxlfxbg/t20020530_20829.htm。

② 数据见农业部政策体改法规司综合分析处：《农业和农村经济发展"八五"回顾和"九五"思路》，《中国农村经济》1995 年第 12 期，第 24 页。

③ 数据见中华人民共和国国家统计局：《中国农村居民生活进一步改善——"九五"时期国民经济和社会发展系列分析报告之十九》，http://www.stats.gov.cn/tjfx/ztfx/jwxlfxbg/t20020530_20838.htm。

二　农业发展出现的新格局

20 世纪 90 年代中国农业既面临着农产品市场需求变化快、政府和农民经营管理手段落后、应对市场难度加大的困境，又面临着人口逐渐增多、技术水平落后、经营规模原子化、农产品生长周期长、农业灾害加剧等客观条件的制约。中国落后的农业生产力水平与国民经济发展对农业的增长要求不相适应。

（一）人多耕地少，农产品劳均生产量、出售量和人均占有量低

1978 年前中国人口的高出生率决定了 90 年代人口增长的惯性无法抑止。中国总人口 1989 年为 112704 万人，1997 年达到 123626 万人，2000 年达到 128453 万人，2003 年达到 129227 万人[①]。与之对应的是农业从业人员由 1989 年 32440.5 万到 1997 年为 32434.9 万人[②]，从业人数巨大决定了农民人均资源少。1990 年农民人均经营耕地 2.10、山地 0.42、植树造林 0.05、养殖水面 0.02（亩）[③]。1994 年人均经营耕地 2.18、山地 0.43、养殖水面 0.02（亩）[④]。2000 年人均经营耕地 1.98、山地 0.28、园地 0.06、牧草地 3.28、养殖水面 0.03（亩）[⑤]。从这组数据中可以看出，农民人均经营的农业资源在数量上几乎没有变化，更为重要的是因耕地均分和人口增减而导致农民承包地的不断调整，耕地被细碎分割成无数的地块，不利于集中耕种。

90 年代中国劳均农产品生产量有所提高，但农业劳动生产率仍然较低。1989 年劳均粮食、棉花、油料、水产品和牛奶产量分别为 1276、11.9、40.5、36.0 和 11.9（千克）；1990 年为 1357、13.4、47.9、36.7 和 12.6（千克）；1995 年为 1435、14.7、69.2、77.4 和 17.7（千克）；

---

①　数据见中华人民共和国国家统计局：《中国统计年鉴》（2004），中国统计出版社 2004 年版，第 95 页。

②　数据同上书，第 474 页。

③　数据见中华人民共和国国家统计局：《中国统计年鉴》（1991），中国统计出版社 1991 年版，第 338、339 页。

④　数据见中华人民共和国国家统计局：《中国统计年鉴》（1995），中国统计出版社 1995 年版，第 343 页。

⑤　数据见中华人民共和国国家统计局：《中国统计年鉴》（2001），中国统计出版社 2001 年版，第 374 页。

2000 年为 1407、13.4、89.9、130.2 及 25.2（千克），肉类 147.3 千克①。90 年代农民平均每人出售主要农产品数量也有提高，但农产品商品率仍然较低。1989 年农民人均出售粮食、棉花、油料、蔬菜和水果分别为154.27、3.48、10.70、64.05 及 11.93（千克）；1992 年为 165.89、4.16、11.27、75.58 及 16.92（千克）；1993 年为 159.35、3.26、10.48、77.73 与 19.60（千克）；2000 年为 264.74、5.59、18.43、132.07 与46.43（千克）②。90 年代中国主要农产品人均占有量情况变化不定，但农产品人均占有量仍然较低。1990 年人均粮食、棉花、油料、水产品、牛奶占有量为 393、4.0、14.2、10.9 和 3.7（千克）；1995 年为 387、4.0、18.7、20.9 及 4.6（千克）；1997 年为 402、3.7、17.5、29.3 与5.4（千克），肉类 34.6 千克；2000 年为 366、3.5、23.4、33.9 及 6.6（千克），肉类 38.3 千克③。中国粮食人均占有量到 1997 年达到 402 千克后却连年下降。

（二）农业技术装备落后，抵御自然灾害的能力较差

1991～2000 年全国农田有效灌溉面积、化肥施用量、农电使用、灌区有效灌溉面积、节水灌溉面积、除涝面积、水土流失治理面积和治碱面积的数量均有增长。农民家庭农业固定资产绝对值大幅上升，由 1990 年898.93 元/人，增加到 2000 年的 3321.66 元/人④。农民家庭平均每百户拥有汽车、拖拉机、脱粒机和农用水泵的数量均有提高，但与现代农业的技术装备要求存在巨大的差距。1990 年农民家庭平均每百户拥有汽车、拖拉机、脱粒机、农用水泵和耕畜的数量分别为 0.28、5.75、3.55、3.86 与 57.27（辆、台、头）；1997 年为 0.82、16.65、7.41、12.12 及55.58（辆、台、头）；2000 年为 1.32、18.13、9.59、17.73 和 41.75（辆、台、头）⑤。

同期，中国农田受灾面积高达 5000 万公顷左右，成灾面积由 1781.9万公顷上升到 3000 万公顷左右，成灾面积占受灾面积的百分比稳居 50%

① 数据见中华人民共和国国家统计局：《中国统计年鉴》（2001），中国统计出版社 2001年版，第 502 页。
② 数据同上书，第 503 页。
③ 数据同上书，第 501 页。
④ 数据同上书，第 483 页。
⑤ 数据同上书，第 484 页。其中拖拉机数据合并了大中小型和手扶拖拉机数量。

左右①。1990～1995 年间，中国粮棉增产技术没有取得突破性成就，科技进步对粮棉增产的贡献率仅为 30% 左右。水资源对农业生产的制约逐渐加强，每年缺水达 300 多亿立方米。1995～2000 年间，农业资源和生态环境恶化的双重压力制约着农产品产量的提高，影响着农业发展。1998年长江、松花江、珠江与闽江等主要江河发生水灾，其中长江洪水为 20世纪全流域第二位大洪水；松花江流域为 20 世纪第一位大洪水；西江为20 世纪第二位大洪水；闽江流域为 20 世纪最大洪水。全国共有 29 个省（区、市）遭受了不同程度的洪涝灾害，受灾面积 3.18 亿亩，成灾面积1.96 亿亩。2000 年入春以后，长江以北出现 90 年代以来的严重干旱，"暴露出农业基本建设方面欠账较多，水利设施严重老化失修，水土流失严重，地下水过度开采，土地荒漠化加剧"②。90 年代，中国农业未能摆脱手工劳动、靠天吃饭的局面，抵御自然灾害的能力依旧薄弱，农业生态环境亟待改善。

第二节　90 年代中国农业政策与实践

　　面对 90 年代中国农业发展的新问题与新格局，中国在构建市场经济体制的实践中，继续推进农产品市场化改革，围绕着怎样发挥农业在国民经济和社会发展中的战略支撑作用、怎样树立和维护农业生产经营主体的市场地位、怎样保证社会经济资源对农业的投入等问题，提出了完善农业经营体制、加强农产品流通与市场体系建设、增强农业投入与基础设施建设、调整农业生产结构、促进农业可持续发展与农产品安全等重要政策，在政策的实践中促进了中国农业发展。

一　完善农业经营体制

　　随着市场经济体制的建立，增加了农民家庭经营的市场风险。中国在完善农业经营体制的实践中，巩固了家庭经营的基础地位，发展了农业社会化服务体系，制定了农业产业化政策，逐渐形成了以家庭经营为基础、

---

　　①　数据见中华人民共和国国家统计局：《中国统计年鉴》（2001），中国统计出版社 2001年版，第 506 页。
　　②　国家统计局：《农业进入新阶段结构调整显生机——"九五"时期国民经济和社会发展系列分析报告之四》，http://www.stats.gov.cn/tjfx/ztfx/jwxlfxbg/t20020530_20823.htm。

产业化为龙头、社会化服务体系为支撑的农业经营体制。

（一）规定承包期限和土地流转政策

进入 90 年代，中央继续认为统分结合的双层经营体制是中国农业的基本制度，但需要通过发展农业社会化服务体系，逐步壮大农村集体经济的实力而加以完善。1990 年 12 月，中央针对土地家庭承包中出现地块过于分散，不利于农民耕作，或因国家企事业单位占地、人口变动等原因引发的承包地调整等问题，强调完善土地承包制"不是要改变家庭联产承包，而是要妥善解决实施过程中存在的问题"①。各地按照基本等量等质的原则适当调整地块，从严掌握承包地数量的调整，决不可不顾条件以搞农业规模经营为借口，强制收回农民的承包地。1993 年，先于 1978 年第一轮土地承包期到期。中央坚持土地家庭承包经营的政策，针对第一轮承包中产生的问题，为鼓励农民增加对土地的投入，强调承包期"再延长三十年不变"，荒地、营造林地、治沙改土等进行农业开发生产的土地承包期可以更长；为避免承包地的频繁调整，提倡在承包期内实行"增人不增地、减人不减地"的原则。在坚持土地集体所有与不改变土地用途的前提下，允许土地使用权"依法有偿转让"，允许农民继承"开发性生产项目的承包经营权"②。少数二、三产业比较发达、大部分农村劳动力转到非农产业、农民有了稳定收入的地方可以在尊重农民意愿的前提下，对承包土地进行调整，发展农业适度规模经营。1993 年召开的八届人大一次会议把家庭承包制载入《宪法》，从根本上确定了农业家庭经营制度的法律地位。同年颁布的《中华人民共和国农业法》也明确规定国家稳定家庭承包制，完善统分结合的双层经营体制，发展农业社会化服务体系，壮大农村集体经济，引导农民走共同富裕的道路。国家法律的规定，进一步确定了中国农业的基本经营制度和基本政策。

在第二轮土地延包工作中，部分地区出现借机撕毁或变更尚未到期的承包合同、随意提高承包费、变相增加农民负担等问题。1995 年，中央要求各地切实做好"延长土地承包期的工作"，逐步完善土地使用权流转制度。农业部要求严禁强行解除未到期的承包合同，教育农民严格履行承

---

① 中央文献研究室：《十三大以来重要文献选编》（中），人民出版社 1991 年版，第 1323 页。

② 中央文献研究室：《十四大以来重要文献选编》（上），人民出版社 1996 年版，第 481，481，481，481，537 页。

包合同约定的权利和义务。详尽地就土地调整作出政策界定，不得将属于组级集体所有的土地收归村有，在全村范围内平均承包；村民小组原则上不留机动地，确需留的，一般不得超过耕地总面积的5%；实行"增人不增地、减人不减地"的地方切实解决好新增劳动力的出路问题，未实行的地方应根据大稳定、小调整的原则，用动账不动地的方法，经过大多数农民同意，适当调整承包地，间隔期不得少于五年；允许承包者在承包期内依法将承包标的转包、转让、互换、入股，保护承包方的合法权益。严禁承包方擅自将耕地转为非耕地，各地制定土地承包经营权转让费的最高限额。土地经营权流转的形式、经济补偿由流转双方协商，签订的书面合同报发包方与农业承包合同管理机关备案，必须保护耕地者的权益，"债务人不得以土地抵顶债款"；在大部分劳动力转移到非农产业、农业社会化服务体系比较健全的地方，可以在充分尊重农民意愿的基础上，采取多种形式，发展适度规模经营；农业集体组织在延长土地承包期和对承包地进行必要的土地调整时，"不得随意提高承包费"。除工副业、鱼塘、果园、"四荒"* 等专业承包和招标承包的经营项目外，其他土地的承包费"要严格控制在上年农民人均纯收入的百分之五以内"。农业部还规定承包人以个人名义承包的包括耕地、荒地、果园、茶园、桑园等土地，山岭、草原、滩涂、水面与集体所有的水利设施、农机具及畜禽等，继承人"可以继续承包"。继承人继续履行承包合同，直至承包合同到期为止。而技术要求较高的专业性承包项目，如第一顺序继承人因年龄、疾病等原因不能继续经营的，集体可收回重新公开发包，但发包方或接续承包合同方要给予合理补偿。1996年1月，中央继续强调土地承包期30年不变，开发"四荒"的承包期可以更长，建立土地使用权流转机制，"在具备条件的地方发展多种形式的适度规模经营"。依法加强对土地尤其是耕地的保护和管理，"严格控制非农占地，全面落实基本农田保护制度"①，把耕地保护和管理工作纳入法治层面。1997年2月，推广部分地区用承包、租赁、联合或股份合作形式开发利用非耕地资源特别是"四荒"地使用权拍卖的经验。坚决纠正有些地方在第二轮土地承包中不延长承包期，以

---

　　* 泛指荒山、荒沟、荒丘、荒滩，也包括荒地、荒沙、荒草、荒水、荒坡等。
　　① 中央文献研究室：《十四大以来重要文献选编》（中），人民出版社1997年版，第1277，1327，1328，1328，1328，1328，1653，1657页。

各种名义收回或部分收回农民承包地，多留机动地，提前收取或大幅提高承包费的做法。大多数地区发展土地适度规模经营的条件还不成熟，"必须坚持具备条件，并充分尊重农民的意愿"，不能用行政手段硬性推行。4月，中央就耕地保护问题提出严厉的政策要求，各地严格按照耕地总量平衡的要求，使本地区增加耕地总量，质量提高。为保护耕地、提高土地利用率，各级政府按照占用耕地与开发、复垦挂钩的原则，严格控制耕地、林地占用，"实行占用耕地与开发、复垦挂钩政策"，少占好地。除改善生态环境的需要外，在农业结构调整中要充分利用非耕地，"不得占用耕地发展林果业"和挖塘养鱼，鼓励耕地后备资源不足的地方与耕地后备资源较丰富的地方"进行开垦荒地、农业综合开发等方面的合作"。各地根据《基本农田保护条例》，建立严格的基本农田保护制度，划定基本农田保护区，"落实到地块，明确责任，严格管理"；通过对农村田、水、路、林、村的综合整治，"提高耕地质量，增加有效耕地面积"。严格建设用地的审批管理，村镇建设要"尽可能利用荒坡地、废弃地，不占好地"。有条件的地方通过村镇改造将适宜耕种的土地调整出来复垦、还耕；严禁耕地撂荒，对不再从事农业生产、不履行土地承包合同而撂荒的土地，"按规定收回承包权"；土葬不得占用耕地；发展乡镇企业"要尽量不占或少占耕地、节约使用土地"；集体土地的使用权不得转让，"不得用于经营性房地产开发"，不得出租用于非农建设。各级政府加强土地管理的执法监督检查与土地管理工作的组织领导。6月，再次强调土地承包期30年的政策，要求乡（镇）政府、农业承包合同主管部门及时向农民颁发由县或县以上的人民政府统一印制的土地承包经营权证书。承包地小调整的原则是：调整的地区"只限于人地矛盾突出的个别农户"，不能对全部农户的承包地进行普遍调整；不得增加农民负担，提高承包费；调整方案须经村民大会或村民代表大会2/3以上的成员同意，并报乡（镇）人民政府及县（市、区）人民政府主管部门审批；不能用行政命令硬性规定承包地的调整时间。中央认为，土地是农民的基本生产资料，也是农民最主要的生活来源。不提倡80年代中期部分地方试行的"两田制"改革。"两田制"成了变相增加农民负担、收回农民承包地和"强制推行规模经营的一种手段"，已实行的必须"按中央的土地承包政策认真进行整顿"，将承包权落实到户，明确30年不变；坚决纠正随意提高土地承包费，收回部分承包地高价发包，或用脱离实际的行政命令的办法强行收回责任田，搞规模经营的做法；在明确农户对集体土地的承包权利不变的前提下，允许农民自愿把部分责任田的使用权有偿转让，或交还集体实行农业适度规模经营。就农村机动地问题，规定：未留的地方，原则上不留；已留的地方，留机动地的数量必须严格控制在耕地总面积5%的限额内，只能用于解决人地矛盾。超过限额的部分要按公平合理的原则分包到户。"责任田"、"口粮田"、"机动地"、"经济田"的承包费必须纳入农民上交乡统筹、村提留费的范围，按中央关于减轻农民负担的相关规定严格管理。中央认为，人多地少的国情决定了中国决不能用行政命令的办法，不顾客观条件和农民意愿，强制推行土地规模经营，"要处理好大规模土地整治和农民家庭承包经营的关系"①。

　　1998年1月，中央严肃指出，稳定和落实土地承包关系直接关系到农民的切身利益，影响着农民生产积极性的发挥，维系着农村社会的稳定，必须不折不扣地落实。土地承包期"无条件地延长三十年不变"。10月，中央论证道，农业家庭承包制符合生产关系适应生产力发展要求的规律，符合农业生产的特点。家庭承包制"不仅适应以手工劳动为主的传统农业"，也适应采用了先进科学技术和生产手段的现代农业。因此，具有广泛的适应性和旺盛的生命力，所以要切实保障农民对土地的承包权、生产自主权和经营收益权，使农民成为独立的市场主体，这样才能引导农民珍惜土地、培肥地力、增加土地投入，"逐步提高产出率"②，才能解除农民的后顾之忧，保持农村社会稳定。现在要抓紧制定确保农村土地承包关系长期稳定的法律法规，赋予农民长期而有保障的土地使用权。2001年，中央强调稳定和完善土地承包关系是党的农村政策的基石，"家庭承包经营不仅适应传统农业，也适应现代农业"。允许土地使用权合理流转是农业发展的客观要求。针对农村土地流转出现的问题，规定"把土地承包期再延长三十年不变落实到具体农户和具体地块"。农民在承包期内对承包地有自主的使用权、收益权和流转权，有权依法自主决定承包地是否流转和流转的形式。"任何组织和个人不得强迫农户流转土地"，不得阻碍农户依法流转土地。流转的转包费、转让费和租金"应由农户与受

---

　　① 中央文献研究室：《十四大以来重要文献选编》（下），人民出版社1999年版，第2294～2601页。

　　② 中央文献研究室：《十五大以来重要文献选编》（上），人民出版社2000年版，第189，561，562页。

让方或承租方协商确定"，收益归农户所有。工商企业投资开发农业不是公司替代农户，企业和城镇居民到农村租赁和经营农户承包地可能造成土地兼并，可能"使农民成为新的雇农或沦为无业游民"①，危及整个社会稳定。因此，不提倡工商企业长时间、大面积租赁和经营农户承包地，地方也不要动员和组织城镇居民到农村租赁农户承包地。2002 年，九届人大第 29 次会议通过的《中华人民共和国农村土地承包法》，为保障农民长期具有有保障的土地使用权，维护承包人的合法权益提供了法律依据。规定农民在承包期内，当全家迁入设区的城市，转为非农业户口时，应将承包的耕地和草地交回发包方，其他情况发包方均不得收回承包地。

党和国家出台的稳定农地使用权的政策和法规规定了承包期 30 年及农民享有在承包期内对土地投入的权益，加强了农民的市场主体地位，重视了农民在土地流转中的主体地位，否定了以行政权力或市场手段对农民土地承包权的干扰。1995～2000 年，全国农村顺利地完成了土地第二轮承包工作，向农民发放了土地承包经营权证书和承包合同，确立了新一轮土地承包关系，巩固了农业经营体制的基础，维护了农民的合法权益。

（二）加强农业社会化服务体系建设，完善双层经营体制

90 年代，中央针对农业社会化服务组织受到市场经济冲击，出现组织松懈、服务范围收缩、经营管理逐利等新问题，提出了农业社会化服务体系建设的政策，强调县乡两级党委和政府增强乡村集体经济，组织的服务功能，各种服务组织提高农业社会化服务水平，进一步完善农业双层经营体制。

1991 年 11 月，中央指出农业社会化服务体系建设有了一定的基础，但很不平衡，在一些地方、一些方面还相当薄弱。乡村集体经济组织是农业社会化服务体系的基础，"要积极与其他服务组织联系，发挥其内联广大农户、外联国家经济技术部门和其他各种服务组织的纽带作用"；供销社、信用社及各种农产品经销、加工企业和农民自愿组成的服务实体，"要以不同的形式分别联系若干乡村集体经济组织和农户"，为农业生产提供服务；积极扶持适应性强的农户自办、联办的各种服务组织；国家经济技术部门积极创造条件，兴办农业服务实体。各种服务组织向农民

---

①　中央文献研究室：《十五大以来重要文献选编》（下），人民出版社 2003 年版，第 2159、2159、2160、2160、2161 页。

"提供低利优质服务，不准借服务为名坑农、卡农"，农村集体经济组织主要利用当地资源"兴办集体企业，增加统一经营收入"①，按照合同规定收取集体提留或承包金，可以发展服务事业，合理收取服务费。1992年1月，国家强调县级涉农部门转变职能，办好服务实体。加强县级农业社会化服务体系建设，组建"产供销、种养加"一条龙的服务组织。1993年8月，强调农业社会化服务工作的重点是搞好村级集体经济，组织开展以统一机耕、排灌、植保、收割、运输等为主要内容的服务；完善乡级农技、农机、水利（水保）、林业、畜牧兽医、水产、经营管理和气象服务等组织的服务工作；办好供销社和信用社。国家和集体有关的技术经济组织要大力帮助农民开展农产品和农用物资的购销、仓储、加工、运输、出口及筹资、保险等为重点的服务；搞好科研教育、信息、咨询等部门的技术信息、人员培训、技术承包等服务；鼓励发展农民专业技术协会、研究会等组织，开展专业互助服务；建立乡镇企业的支柱产业，"通过各种服务组织为农业提供产前、产中、产后的全方位服务"。国家在资金上扶持农业社会化服务体系建设，落实有关科技部门兴办服务实体在工商管理、税收等方面的优惠政策，推动农业社会化服务向产业化、专业化和企业化发展。11月，中央强调在中国建立比较完备的农业社会化服务体系"是保障我国农业生产稳步增长的必备条件"，各级农业技术推广机构是农业社会化服务体系中的重要组成部分。针对市场经济大潮下，农业技术推广人才的流失，要求继续建设和完善县级农业科技推广中心，抓紧落实乡镇农推机构定编定员，稳定农村科技队伍。通过公司或龙头企业向农民提供系列服务，把农民家庭生产与国内外市场连接起来，实现农产品生产、加工与销售的结合，形成各种专业性商品基地，建设区域性支柱产业。这是中国农业在家庭经营基础上朝着"专业化、商品化、社会化生产转变的有效途径"，是应对市场经济挑战的基本路径。

　　1994年国家提出形成国家、集体和民办三级农业社会化服务网络。为解决农业技术推广机构"脱钩断奶"问题，中央要求不可简单地把农业技术推广机构撤销合并，"抓紧落实乡镇农业推广机构的定编定员"，稳住农业科技人员。农业行政部门做好农业教育、科研和技术推广的组织

---

　　①　中央文献研究室：《十三大以来重要文献选编》（下），人民出版社1993年版，第1764，1764，1765，1765页。

协调工作，扶持民办专业技术协会健康发展。抓紧制定《农民专业协会示范章程》，使农民专业协会发展成为"'民办、民管、民受益'的新型经济组织"①。11 月，中央通知农村基层党组织充实懂经营、会管理的骨干力量，逐步发展各种专业性服务组织，为农户提供产前、产中、产后服务，充实服务内容，提高服务质量，引导和帮助农民更有成效地进入市场。1995 年，中央要求各涉农部门和各类农村服务组织"应遵循鼓励竞争、反对垄断、提倡联合、强化服务的原则"，互相支持，密切合作。基层供销社强化为农服务的功能，办好村级综合服务站和庄稼医院，及时地、保质保量地做好生产资料供应工作，"帮助农民发展专业化生产，开拓市场，扩大经营"，解决农民买难卖难的问题。各级农业技术推广机构是国家事业单位，开展技术服务取得的收入，用于扩大服务范围和改善其工作、生活条件，"不上缴财政或抵顶财政拨款"。各种形式的贸工农一体化经济组织在生产经营方面，坚持以市场需求为导向，"在分配体制上要坚持保障农民的利益"②，达到增加农产品供给和农民收入的目的。1998 年，中央强调农民自主建立的各种专业合作社、专业协会及其他形式的合作与联合组织是农村中的集体经济，"有利于引导农民进入市场，完善农业社会化服务体系"③，要积极鼓励和大力支持。中央决定清理整顿农村合作基金会，改革农村信用社，完善以合作金融为基础，实行政策性银行和商业银行分工协作的农村金融体系。2000 年，中央表示要大力推进以科技服务和信息服务为重点的农业社会化服务体系建设。

　　90 年代党和国家把发展农业社会化服务体系作为了解决农业家庭经营局限的重要方法。伴随着市场经济体制的确立，农业社会化服务体系建设逐步得到加强。但地方政府尤其是乡村农业集体经营组织如何强化对农业生产的管理协调和服务职能的问题，依然没有从根本上得到解决。各地农业社会化服务体系还不同程度地存在着缺陷，发展很不平衡，"真正能

---

　　①　中央文献研究室：《十四大以来重要文献选编》（上），人民出版社 1996 年版，第 477，485，486，770，770 页。

　　②　中央文献研究室：《十四大以来重要文献选编》（中），人民出版社 1997 年版，第 1228，1230，1272，1277 页。

　　③　中央文献研究室：《十五大以来重要文献选编》（上），人民出版社 2000 年版，第 191 页。

提供系列化服务的还是极少数地区"①。其主要表现是服务体系不健全,队伍不稳定,综合服务功能弱,一些服务单位趋利行为严重,坑农、害农的现象时有发生。我们发现,农村中出现的如股份制、股份合作制、农民专业协会、合作基金会等经济形态以及租赁、拍卖、兼并和抵押等集体经济的实现形式,逐渐变革着中国农业生产经营方式。

(三) 发展农业产业化经营

农业走市场化道路决定了生产经营组织必须产权明晰、经营自主。由于农业家庭经营规模小,与市场缺乏有效连接,农产品价格波动加剧了小生产与大市场的矛盾,农民增产不增收,在市场竞争中不断失利。农民如何组织起来融入市场,成为独立的市场主体成为了农业经营体制探索中的难题。80 年代中后期开始,在山东诸城、潍坊等地出现了适应商品经济要求,依托中介组织,以市场带农户为特色的产加销、贸工农一体化的农业经营模式。

1993 年初,山东潍坊总结出确立主导产业、实行区域布局、依靠龙头带动、发展规模经营的农业发展战略,形成了农业产业化经营体制。农业产业化的提出,体现了农业走市场经济道路的客观要求,是农民主动适应市场的伟大创造。10 月,江泽民指出,各种产加销、贸工农一体化的经营形式顺应了农业社会化生产的要求,"有利于解决分散生产与统一市场的矛盾,小规模经营与农业现代化的矛盾",具有广阔的发展前景。中央希望通过龙头企业或公司对农民提供生产的系列化服务,把农民的家庭生产与国内外市场连接起来,实现"农产品生产、加工、销售的紧密结合"②。1995 年 12 月,《人民日报》发表的社论概括指出农业产业化是农业家庭经营与市场接轨,以国内外市场为导向,以提高经济效益为中心,"实行区域化布局、专业化生产、一体化经营、社会化服务、企业化管理,把产供销、贸工农、经科教紧密结合起来"③ 的经营体制。从此,发展农业产业化成为了党和国家的政策。

1996 年 1 月,中央把农业产业化作为中国农业向商品化、专业化和

---

　　① 汤锦如等:《论市场经济条件下中国农业社会化服务体系的建设与发展》,《扬州大学学报》(人文社会科学版) 2003 年第 1 期,第 90 页。

　　② 中央文献研究室:《十四大以来重要文献选编》(上),人民出版社 1996 年版,第 426 ~ 427, 486 页。

　　③ 《论农业产业化》,《人民日报》1995 年 12 月 11 日,第 1 版。

现代化转变的重要途径，在如何完善农业经营体制的认识上迈出了新的一步。要求各地积极兴办以农产品加工为主的龙头企业，发展具有特色和竞争力的拳头农产品，"带动千家万户发展商品生产"①，带动适度规模经营的农业生产基地和区域经济的发展。国有和集体的农产品加工企业同农民结成利益共同体，实行贸工农一体化经营，推动农业发展，"把贫困户脱贫致富与发展农业产业化结合起来"，实现农民增收。1997 年，中央认为农业产业化经营是提高农业效益，增加农民收入的途径；发展产业化经营的关键是培育进行农产品加工和深加工、具有市场开拓能力、为农民提供生产、技术和市场信息服务，"带动千家万户发展商品生产的龙头企业"。鼓励从事农产品加工和流通的国有企业走贸工农一体化的路子；供销社发挥点多面广和农产品加工储运能力强的优势，积极推进产业化经营；农村集体经济组织农民联合兴办农产品加工和销售实体，实行农工商综合经营；大中型工商企业和外商投资农业开发，兴办龙头企业。产业化经营的龙头企业"都可以享受国家对现有农业企业的优惠政策"。乡镇企业"把推进农业产业化经营、建立贸工农一体化的产业体系作为主攻方向"②。农业银行把建设龙头企业作为投资重点，其他商业银行也要积极扶持龙头企业发展。财政部确定了"九五"期间支农工作的重点是支持龙头企业或基地与农民建立利益共同体，发展科技含量高的农业产业化项目。1998 年，中央指出发展产业化经营也是调整和优化农业结构，提高农业整体素质和效益的有效途径。按照市场需求、资源条件和产业政策科学规划，合理布局；处理好龙头企业与农户间的利益关系，把加工、流通环节的利润合理返还农民，"让农民参股、参与管理，逐步形成风险共担、利益共享的经济利益共同体"。发展产业化经营的关键是培育龙头企业，鼓励农民采取合作制或股份合作制等办法自办龙头企业，国内外大型工商企业进入农业领域投资开发，国有农垦企业积极参与产业化经营，乡镇企业重点发展农副产品加工、储藏、保鲜和运销业，"兴办集约型农业企业，带动农业产业化发展"。产业化经营不受地区、部门和所有制限制，把农产品生产、加工、销售环节连接起来，"形成有机结合、相互促进的组织形式和

---

① 中央文献研究室：《十四大以来重要文献选编》（中），人民出版社 1997 年版，第 1656 页。

② 中央文献研究室：《十四大以来重要文献选编》（下），人民出版社 1999 年版，第 2093，2292，2292，2292 页。

经营机制"①，是中国农业逐步走向现代化的现实途径之一。2000 年，中央要求各级政府和有关部门认真总结农业产业化经营的经验，在全国选择一批有基础、有特色、有前景、有优势的龙头企业作为国家支持的重点，在基地建设、原料采购、设备引进和产品出口等方面给予帮助和扶持。龙头企业与农民建立稳定的购销关系和合理的利益联结机制，能更好地带动农民致富和区域经济发展。2001 年，中央进一步地认识到产业化经营是在家庭承包经营基础上，"推进规模经营和农业现代化的有效途径"②，也是加快农业结构调整的重要力量。各级政府和有关部门要重点扶持有条件的龙头企业，抓紧制定农业产业化发展规划。小城镇的产业发展也要与农业产业结合起来。

90 年代中国农业产业化发展势头较好，产业化经营一般以专业批发市场、加工企业、流通企业、外贸企业和个体户为龙头，实行贸工农一体化体系。据农业部调查，"加工、流通企业带动型占总数的 66％；中介组织带动型占 26％；其他带动型占 8％"；与农民利益连接方面，"合同契约和书面协议两种类型占 80％；股份合作制占 11％；合作制占 9％"，龙头企业与农民的利益连接较为松散；在地区间的发展也不平衡，东部产业化经营组织"数量占全国的 48％；中部占 45％，西部占 7％"③。总体来看，中国农业产业化经营的发展尚处于起步阶段，普遍存在着资金不足，龙头企业发展滞后、带头作用不显著，生产技术相对落后，产业结构雷同，经营特色不突出，还没有形成一体化、专业化、社会化的格局，也还没有建立自我积累和自我发展的良性机制。

二　农产品流通体制改革与市场体系建设

80 年代中国放开了蔬菜水果及水产品市场，改革了粮棉购销体制和价格政策。90 年代，农产品流通体制改革的焦点集中在怎样实现粮棉等大宗农产品的市场化经营。为此，党和国家推进了粮棉流通体制改革和农

---

① 中央文献研究室：《十五大以来重要文献选编》（上），人民出版社 2000 年版，第 194，194，562 页。

② 中央文献研究室：《十五大以来重要文献选编》（中），人民出版社 2001 年版，第 1590 页。

③ 万宝瑞：《关于农业产业化经营的调查报告》，《中国农业信息快报》2001 年第 4 期，第 3，3，4 页。

产品市场体系建设，应对在市场经济条件下，交替出现的农产品卖难买难的困局。

（一）确定政府保护价，实现购销市场化

80 年代中期，在农产品流通领域形成了政府强制低价收购和低价定量供应与市场交易、政府粮食机构与非政府流通机构并存的粮食购销双轨制。1990 年，国家决定改农产品合同定购为国家定购，明确规定完成国家合同定购任务是农民应尽的义务。中央表示积极改革农产品流通体制，大力发展农产品流通，努力增加仓储、运输、加工等设施建设，逐步建立和完善国家和省、区、直辖市两级粮食储备制度，有计划地发展粮食批发市场和期货市场。鉴于粮食购销价格倒挂，国家财政不堪重负，1992～1993 年，国家在农业连续遭灾、粮食歉收的情况下，提出了粮食流通体制改革的目标，决定进一步向粮食商品化、经营市场化方向推进，确定了粮价改革的基本原则是统一政策、分散决策、分类指导、逐步推进，争取在两三年内全部放开粮食价格。1993 年 2 月，决定在全国范围内放开粮食市场、放开价格、放开经营，实行粮食购销同价政策，减轻国家财政负担。到年底，放开粮食购销价格的县（市）达到 98%，城镇居民口粮定量低价政策得以打破。同时，国家确定了棉花流通体制改革的最终目标是建立在国家宏观调控下、以市场调节为主要手段、内外贸易相联结的棉花流通体制。在山东、江苏、河南等省进行棉花流通体制改革试点，实行市场调节，由政府指定的棉花经营企业根据国家指导计划同棉农签订合同，收购价格改为买卖双方协商议价，开放棉花市场，允许棉花上市交易。但由于 1993 年度棉花减产，这一改革执行时间很短。国家规定合同定购计划内的棉花仍由供销社统一收购、统一经营。在全国完成棉花定购任务前，不得开放市场，其他单位和个人一律不得经营棉花。1993 年 11 月，中央指出中国粮食统购统销体制已经结束，正在形成适应市场经济要求的购销体制。为加快粮食交易向国家调控下的市场调节体制过渡，决定从 1994 年起，国家定购的粮食实行"保留定购数量，收购价格随行就市"的政策（简称"保量放价"），继续执行价外加价办法，将合同定购粮食与平价化肥、柴油和预购定金"三挂钩"的好处兑现给农民，绝不允许再出现"打白条"的现象。国家对粮食实行保护价制度，"相应建立粮食风险基金和储备体系"，以防粮食价格出现过大波动。粮食保护价由国家根据农业生产成本与粮食供求状况每年确定一次，在秋播前公布。

由于刚开放的粮食市场缺乏成熟的市场交易主体，政府建立的粮食市场宏观调控体系很不健全，导致了从 1993 年 11 月到 1995 年 7 月，长达 20 个月之久的粮价上涨局面，市场价格异常波动，致使"保量放价"政策未能实行。1994 年 4 月，中央决定提高粮食棉花收购价格，"进一步完善收购办法，确保国家掌握必要的粮源"。在大、中城市实行菜篮子市长负责制，建立粮食风险基金，"健全粮食储备体系，形成灵活的吞吐调节机制，平抑粮价，稳定市场"①。5 月，增加收购数量，除定购 5000 万吨粮食落实到户外，还下达了 4000 万吨议购计划。规定销区批发企业不得直接向产区农民收购粮食，这意味着粮食从收购到批发的流通环节恢复为国有粮食部门统一经营。为增加粮食供给，提高农民收入和生产积极性，国家决定从 6 月 10 日开始将小麦、稻谷、玉米、大豆定购价格平均每 50 千克提高到 52 元，定购粮综合收购价提高 40%。重申棉花购销体制实行国家统一定价，由供销社统一经营，不放开市场、不放开价格，不放开经营。1995 年，国家适当提高棉花收购价格，除新疆的棉花继续由中央统一调拨外，其他"省内用棉原则上自求平衡"，取消棉花收购加价政策，实行棉花省长负责制。中央要求省级政府必须承担起保证当地粮食供求平衡的责任，逐步建立地方粮食储备和相应的粮食风险基金。实行粮食省长负责制，省长负责稳定当地粮田播种面积，提高粮食单产，收购 70% ~ 80% 的商品粮，建立和管理地方的储备粮与粮食风险基金，完成地方的进口粮任务，确保当地粮食供应、稳定粮价，组织省际间的粮食调剂。强有力的政策在 1995 年的实践，实现了中国粮食由长期短缺向基本平衡、丰年有余的转变，为粮食流通市场化改革奠定了坚实的物质基础。同时，中国农业和粮食生产进入主动性结构调整时期。

1996 年，中央要求深化农产品流通体制改革，逐步形成国家宏观调控下以市场定价为主的新机制和开放、竞争、统一、有序的市场体系。完善主要农产品储备调节与风险基金制度，建立粮棉保护价制度及农业保险制度。进一步理顺农产品和农资价格，"加快国家对农业的支

---

① 中央文献研究室：《十四大以来重要文献选编》（上），人民出版社 1996 年版，第 482，482，766，767 页。

持和保护体系建设"。国家再次提高了定购粮食价格,中等质量的小麦、稻谷、玉米和大豆定购价格在1995年平均收购价格的基础上,每50千克提高15元,允许地方在上浮10%的范围内确定收购价格。1996年的粮食定购价格在1994年的基础上提高了42%,"有条件的地方,要继续保留价外补贴"①。国家提出收购资金封闭运行、粮食顺价销售、按保护价敞开收购农民余粮,深化国有粮食企业改革的意见。组建了中国农业发展银行,对粮食购销企业的收购储备资金实行封闭管理。设立专项储备粮制度和粮食风险基金,为粮食流通体制市场化改革确立了保障。同年,出台棉花市场交易制度,决定以市场交易形式去搞活棉花销售环节,继续保留棉花收购政策,使棉花流通体制改革迈出了关键一步。1997年,中央针对两年提高粮价,农民生产积极性提高后的粮食增产情况,强调各地区、各部门按保护价直接向农民敞开收购粮食,"不准拒收限收,不准压级压价,不准向农民打'白条'";抓紧完成国家专项储备粮收购任务,各省、区、直辖市增加地方粮食储备,把农民出售的余粮全部收购上来,"把市场粮价稳定在合理的水平上"②。国有粮食部门敞开收购、正常销售后留下的超储粮,由国家补贴仓储费和利息,所需资金在中央和地方共同建立的粮食风险基金中支付。国家在粮食增产的条件下继续实行按保护价敞开收购农民余粮,保护了农民的生产积极性。

1998年4月,国家决定把棉花收购价格改为政府指导价,销售价格实行市场调节。5月,实行粮食企业政企分开、合理划分中央和地方粮食责权、储备和经营分开的原则,建立和完善政府调控下市场形成粮价的机制。省级政府承担挤占挪用粮食收购资金、给农民"打白条"或者不按政策收购农民粮食的责任。在粮食价格主要由市场供求决定的情况下,政府制定主要粮食品种收购保护价以保护农民利益,制定主要粮食品种的销售限价以保护消费者的利益。省级政府在市场粮价高于保护价时,参照市场粮价确定保护价;当市场粮价低于保护价时,按不低于保护价的原则确定收购价格。积极培育县级以上粮食交易市场,"健全粮食市场信息网

①　中央文献研究室:《十四大以来重要文献选编》(中),人民出版社1997年版,第1276,1653,1660页。

②　中央文献研究室:《十四大以来重要文献选编》(下),人民出版社1999年版,第2286,2287页。

络，完善粮食市场交易规则，搞活粮食流通"，妥善解决国有粮食企业粮食财务挂账，改进资金管理办法。6月，再次强调"三项政策、一项改革"，颁布《粮食购销违法行为处罚办法》和《粮食收购条例》，为粮食流通体制改革提供了法制保障。11月，决定从下年度开始，棉花收购和销售价格由市场形成，国家只根据供求情况、生产成本、粮棉比价和国际市场价格，提出指导价、种植面积和供求信息；各类单位均可"直接收购、加工和经营棉花"①。这一决定确立了棉花市场经营体制。中央表示搞活农产品流通，加快形成开放、统一、竞争、有序的农产品市场体系，为农民提供良好的市场环境，是农业持续稳定发展的迫切需要。1999 年 5 月，在继续贯彻完善"三项政策、一项改革"的相关政策基础上，首先调整粮食保护价收购的范围和品种，吉林、辽宁、黑龙江及河北北部、内蒙古东部、山西北部的春小麦和江南小麦、南方早籼稻从 2000 年新粮上市起退出保护价收购范围。其次完善粮食收购价格政策，各地按照有利于调整粮食结构、让农民获得合理收益、顺价销售的原则，在保持定购的前提下，可以调整定购粮的收购价格。当市价较低时，可将定购粮价调低到保护价水平，进一步拉开粮食品质、季节和地区差价，做到按质论价。最后，完善粮食超储补贴办法，促进顺价销售，严禁私商粮贩和未经批准的单位违法收购粮食。大型农业产业化龙头企业和饲料生产企业经省级政府主管部门审核批准后，可在本省范围内与农民签订产销合同，但不得违反国家粮食价格政策。粮食加工企业与经批准的可以收购粮食的用粮企业凭产地粮食部门开具的证明，可以跨地区运输粮食。10月，国家强调要加快农业和粮食生产结构调整，为促进粮食供求的总量平衡和结构优化，决定加大退耕还林、还草、还牧的力度，通过"以粮代赈"帮助解决贫困地区人口的口粮问题；减少普通品种粮食的生产，扩大专用和优质粮食生产；发展粮食深加工和畜禽水产养殖业促进粮食转化，扩大粮食出口，缓解国内粮食市场供大于求的压力。国有粮食购销企业做到常年挂牌敞开收购粮食，不准限收、停收和拒收，更不能以"调整结构、优质优价"为借口，压级压价、停收限收，确保敞开收购农民余粮，合理安排粮食收购保护价水平。

---

① 中央文献研究室：《十五大以来重要文献选编》（上），人民出版社 2000 年版，第 352，646 页。

为引导农民根据市场需求安排粮食生产，2000年2月，国家调整了粮食保护价收购范围，把长江流域及其以南地区的玉米退出保护价收购范围，允许经省或地（市）工商行政管理部门批准的用粮企业与粮食经营企业收购、经营退出保护价收购范围的粮食，拓宽粮食收购渠道。6月，继续推进粮食流通体制改革，调整粮食保护价收购范围，加大顺价销售力度，加强粮食收购资金和粮食市场管理，推进粮食购销企业改革，促进粮食生产与流通的协调，促进农业和粮食生产结构调整。决定从2001年新粮上市起，晋冀鲁豫等地的玉米、稻谷可退出保护价收购范围，适当增加粮食风险基金规模，保证资金及时拨付，要求国有粮食购销企业敞开收购列入保护价收购的粮食。农业发展银行要确保收购资金供应。扩大国家粮库建设规模，增加有效仓容。2001年7月，国家认为中国农业发展已进入新阶段，粮食流通市场化体制改革"为粮食主销区加快实现粮食购销市场化创造了必要条件"。浙江、上海、福建、广东、海南、江苏和北京、天津等地"完全可以放开粮食收购，粮食价格由市场调节"①。各地区要打破粮食自我平衡的观念，粮食主产区和主销区充分发挥比较优势。确定了在国家宏观调控下，充分发挥市场机制对粮食价格形成和购销的调节作用，实行保护价收购、建立粮食风险基金和储备制度，完善国家粮食储备和粮食市场体系，逐步建立适应市场经济发展要求和中国国情的粮食流通体制改革的目标。改革思路是放开销区、保护产区，省长负责、加强调控。在主销区推进粮食收购、粮食市场和粮价放开，促进市场粮价合理回升；实行优质、优价政策，按保护价敞开收购农民余粮，保护农民利益和种粮积极性；加强主产区农业基础设施建设，提高粮食生产能力②。国家决定放开棉花收购，鼓励获得收购资格的企业到主产区直接收购或委托代理收购，实行棉花储备与经营分开，加强棉花市场监管。农业发展银行继续管理本年度棉花信贷资金。

（二）建设城乡农产品集市和批发市场，发展期货贸易，实行市场准入制度

改革开放后，中国集市集贸随着农副产品逐步市场化而发展起来。

---

① 中央文献研究室：《十五大以来重要文献选编》（下），人民出版社2003年版，第1951，1952页。

② 参见宋洪远等《"九五"时期的农业和农村经济政策》，中国农业出版社2002年版，第102～103页。

1991 年，棉花、蚕茧没有放开经营，商品化程度较高、交易量大的蔬菜水果批发市场发育程度较高，粮食通过批发市场的交易量约占粮食商品量的 5%。1985～1992 年，全国城市集贸市场由 8013 个上升到 14510 个，成交额从 120.7 亿元增加到 1583 亿元，集贸市场成为了农产品零售的主渠道，但设施条件很差。据对安徽省 18 个农村固定观察点 410 个抽样农户出售农产品的调查，农民在集市成交的占 43.46%，卖给中间商的占20.77%，私人代销的占 4.98%，独自或合伙到外地出售的占 1.57%，合作组织代销的占 0.51%，有关单位上门收购的占 0.47%，国家按合同收购的占 27.51%。"1992 年主要农产品综合商品率为 52.2%"[①]。

从 1990 年起，国家将交易市场作为农产品流通的核心，开始着力建设。1992 年，中央表示要继续发展多种形式的农产品初级市场，有计划地逐步形成以批发市场为中心的农产品市场体系，在现货交易的基础上逐步减少农产品场外交易，逐步实现粮食等重要农产品向远期合同和期货贸易转变，提出了农产品市场体系建设的目标。1993 年，中央确立了以商品交易市场为中心的市场流通体系的政策方针，要求加强粮食、棉花、油料仓储设施和农村市场基础设施建设，把重要农产品的"生产、仓储、运输、市场、销售等各个环节通盘安排好"。在农产品逐步实现市场调节的过程中，为保持农业稳定发展，"对粮、棉等主要农产品实行支持性价格等保护政策"。运用法律手段打击制造、销售假冒、伪劣化肥、农药、种子等行为，促进农产品生产与市场稳定。鼓励优质农产品生产、加工企业与企业集团"面向国际市场"[②]，扩大出口。国家在大宗农产品的产销地或集散地建立批发市场，制定农产品批发市场和信息网络建设的具体规划。1994 年，国家经济体制改革委员会强调大宗农产品批发市场要完善市场信息、服务功能和市场规则，健全市场秩序，加强市场管理，规范交易手段，提高交易效率。1995 年，中央要求供销合作社大力发展合同制、联营制、代理制和利润返还制，"与农民建立稳定的购销关系"，引导农民有组织地进入市场。各地充分利用和改造现有设施，在大宗农产品产销地或集散地建立批发市场，积极发展配送中心、产需间的直达供货、代理

---

　　① 　叶兴庆：《向市场经济过渡时期的农产品市场体系》，《中国农村经济》1994 年第 4 期，第 36～37 页。

　　② 　中央文献研究室：《十四大以来重要文献选编》（上），人民出版社 1996 年版，第 103，142，484 页。

制、连锁经营等形式，为生产和生活服务。1996 年，国家继续强调到 2010 年间，在重要农产品产销地或集散地形成大宗农产品批发市场，"培育农工商、产供销一体化的大型商贸集团"①。1997 年，中央要求各地开发新的农业资源，根据市场需要和资金可能发展农产品加工、储存、运输和销售。1998 年，中央认为合理开发利用国内外市场，调节农产品余缺、品种和提高供给能力，增强农产品市场竞争力。在国家宏观调控下发挥市场对资源配置的基础作用，尽快形成开放、统一、竞争、有序的农产品市场体系，继续发展多种形式的初级市场，在农产品集散地重点 "发展区域性或全国性的批发市场"②，积极探索配送中心、连锁经营和产销直挂等新的流通方式，进一步搞活农产品流通。2000 年，中央强调促进小城镇健康发展有利于缓解当前国内需求不足和农产品阶段性过剩的状况。"十五" 期间要加快建立农产品市场信息、食品安全和质量标准体系，发展农产品销售、储运、保鲜等产业。2001 年，国家要求开发粮食、油料、果蔬、肉类与奶类等大宗农产品贮藏、保鲜、加工、包装技术和设备，"发展农产品专储、专运技术，提高农产品附加值"，培育大宗农产品加工科技企业，"开发国内外市场"，促进农产品加工业快速发展。加强贫困地区农产品批发市场建设，引导和鼓励具有市场开拓能力的大中型农产品加工企业到贫困地区建立原料生产基地，形成贸工农一体化、产供销一条龙的产业化经营。2002 年，中央强调建立健全农业质量标准体系和检验检测体系，在大中城市逐步实行农产品市场准入制度，"杜绝有毒有害物超标的农产品流入市场"③，积极推广 "公司加农户"、"工厂加基地" 等方法，建立稳定的农产品市场渠道，努力增加农民收入。国家决定抓紧建立和完善时效性强、覆盖面宽的农产品市场信息网，加快市场信息网向乡镇集市、批发市场、农业产业化龙头企业、中介组织和经营大户延伸。

1994 年以后，为了实现农产品交易制度化、体系化、效率化，国内贸易部制定了《批发市场管理办法》，开始制定系列政策法规，促进农产

---

① 中央文献研究室：《十四大以来重要文献选编》（中），人民出版社 1997 年版，第 1228，1874 页。

② 中央文献研究室：《十五大以来重要文献选编》（上），人民出版社 2000 年版，第 565 页。

③ 中央文献研究室：《十五大以来重要文献选编》（下），人民出版社 2003 年版，第 1795，1795，2198 页。

品批发市场的制度建设。1996 年，农业部、国家工商行政管理局发布了《全国"菜篮子"工程定点鲜活农产品中心批发市场管理办法（试行）》和《水产品批发市场管理办法》。1998 年，中华全国供销合作总社颁布《供销合作社批发市场管理办法》，制定了农产品批发市场交易规则。各地依据上述法规制定了适合本地农产品交易的规章制度。

党和国家在 90 年代促进农产品交易市场建设的政策与制度规章的实施，促进了农产品收购、批发、零售的市场体系框架基本建立。到 2001 年，中国主要农产品商品率达 60% 以上，油料、棉花、糖料和水产品的商品率达 90% 以上。农产品批发市场总量发展迅速，集贸市场农产品实际成交额达 13056 亿元，全国共有集贸市场 86454 个①，农产品批发市场达到 27167 个。农产品消费市场成交额达 7762.5 亿元，比 1995 年增长1.5 倍，比 1990 年增长 30 倍。以批发为主的农产品交易市场数量占全部农产品交易市场的 16%，成交额亿元以上的农产品交易市场中以批发为主的成交额占 60.5%②。中国初步形成以农户、农场直接参与的初级市场为基础，集贸市场为主体，批发市场为中心，以订单收购、期货市场和电子商务等为先导的农产品营销格局。

尽管中国农产品市场化程度有了提高，但农产品交易主体发育、交易信息、设施条件、交易手段和监管制度还很落后，各交易主体的信誉度尚差。关于农产品生产价格调查试点工作 2000 年也才开始，农产品期货市场的价格发现功能还不完备，农产品安全、质量与包装问题突出，无法充分发挥市场调节供求的功能，尤为彰显的是小规模的农户经营不适应市场规模扩大的趋势愈加明显。部分地方开展的农业产业化经营，由于生产、加工、销售等环节还未有机结合，农民在生产经营中抵御自然风险和市场风险的能力尚弱，在大宗产品交易中的不利地位尤其突出，增产不增收、收入增长缓慢的困局没有打破。

三 财政、水利、农用物资及科技的投入

90 年代，党和国家市场经济体制建立的过程中，针对各投资主体对

---

① 数据见张淑英：《加强农产品价格调查为健全农产品市场体系服务》，《调研世界》2003 年第 4 期，第 6 页。

② 数据见李敏：《我国农产品交易市场发展对策研究》，《统计研究》2003 年第 1 期，第 16 页。

经济效益与社会效益反差极大，投资效益较低的农业的投资积极性下降，投资水平不高，投入质量欠佳的问题，制定了农业财政资金、水利、科技与物资的投入政策，为90年代中国农业发展奠定了物质技术基础。

（一）建构农业投资与水利建设体系政策

自80年代中期开始，国家对农业投入资金的数量和比例处于下降状态。1992～1994年，在推行市场经济体制的过程中，大量资金投向短期效益高的房地产与工商企业，农业资金非农化使用的现象十分严重。如何建立适应市场经济的农业投资体系，建构农业投资政策体系，吸引农业投资资金成为了国家亟待解决的问题。

因循80年代国家财力有限的局面，1990年底，中央认为农田水利建设实行以农民自力更生为主、国家支援为辅的原则，国家、地方、集体和农户"多层次、多渠道地筹集建设资金"。小型农田水利建设主要"依靠农民的劳动积累"，坚持并完善农田水利劳动积累工制度；"各级用于农业生产和农业综合开发的投资要逐年有所增长"。90年代国家农业投入的重点是治理大江大河大湖，"有计划地建设一批防洪、蓄水、引水的大中型项目"[①]；进行农业综合开发，分批改造中低产田，建设一批重要的农产品商品生产基地。中央和各级地方政府提高农业投资比重，建立和健全农业集体经济组织的积累制度，鼓励和引导农民增加劳动力和资金投入，不断改善农业生产条件。1991年，决定农业综合开发"以改造中低产田、提高单位面积产量为重点"，继续以以工代赈方式扶持农田基本建设、农村水利与人畜饮水、交通等基础设施建设。"八五"期间，必须多渠道地增加农业投入，逐年增加预算内农业基本建设投资和农用工业投资，提高农业利用外资的比例，稳步增长财政支农资金。县级机动财力"主要用于农业"，保证提足用好已确定的农业发展基金与其他各种农业专项资金，继续有偿周转使用部分财政支农资金。中央和地方政府提高水利基本建设投资的比重，建立水利专项建设基金，增加长期优惠的水利建设贷款，发行水利债券，提高利用外资比重，完善水利工程的相关收费制度，多方开辟水利建设的资金来源。"八五"期间，国家以农田水利为中心的基本建设主要依靠集体和农民的劳动积累，规定每个劳动力的集体积累工

① 中央文献研究室：《十三大以来重要文献选编》（中），人民出版社1991年版，第1326，1326，1327，1384页。

数量，集体和农民都要增加对农业生产和农业基本建设的投入，逐步建立健全"国家、集体和农民个人相结合的投资体系"。要求国家银行确保农业贷款略高于贷款的增长幅度，扩大农业中长期专项低息贷款，安排好农副产品收购资金；信用社适当多存多贷；积极发展农村保险事业，扩大险种范围，建立农村专项保险基金，"逐步建立农村灾害补偿制度"；继续办好农村合作基金会。1992 年，国家决定调整农业资金投放结构，增加高产优质高效农业的投入比例，把贸工农一体化经营组织列为支持对象，把农产品加工、贮藏、保鲜、批发市场及交通运输和良种繁育等"基础设施的建设作为投资重点"①。

1993 年，国家继续强调 90 年代农业建设需要大量的投资，发挥国家、集体和个人的投入积极性，"结合县、乡政府职能转换和机构改革，推动农业经济技术部门为农业提供服务"。从国家储备粮、油、糖及库存的低档日用工业品中多拿一部分，用以工代赈的办法重点扶持中西部地区建设农业基础设施、兴修旱涝保收的农田，支持小流域治理，建设农村人畜饮水工程，发展造林种果及畜牧业，修建农村通信和交通设施，帮助尚未完全解决温饱问题的几千万人口逐步脱贫致富。规定中央银行的资金用于支持农业生产和确保农副产品的收购，"银行贷款首先要支持农业生产和农副产品收购"。各级政府及财政、银行等单位保证用于加强农业生产建设的中央和地方财政支农资金、以工代赈资金、银行农业建设贷款，将现有建设资金（包括国外贷款）和停缓建项目腾出的资金集中用于列入国家计划的农业重点建设项目和重点技术改造项目。由于市场调控机制不健全，"受比较利益的驱使，资金、物资投放重点将会向非农产业倾斜，对农业发展不利"。中央要求各级政府确保农业综合开发资金的落实，国家安排部分贴息贷款，给指标、给资金，由地方贴息，"从国有土地使用转让费和各种经济开发区的土地收入中拿出一定比例用于农业综合开发"。借鉴和采用世界银行等国际金融组织的项目管理办法加强农业综合开发项目的前期论证，逐步推行项目业主责任制和招标制，提高资金使用效率。11 月，中央严厉表示"一定要下决心改变农业投资份额小的状况"，通过多种方式集中部分社会资金用于大中型农业基础设施建设，增

---

① 中央文献研究室：《十三大以来重要文献选编》（下），人民出版社 1993 年版，第 1768、1774、1774、1775、2210～2211 页。

加农业投入。制定法规、政策保证中央和地方财政支农资金、以工代赈资金、银行农业建设贷款逐步增加，确保农业贷款增长率高于各项贷款平均增长率2个百分点以上；提供优惠政策，积极扩大农业利用外资的数量、范围；"保证农村集体将一定比例的积累资金用于农业"，引导农民增加农业建设资金。不能平调和挪用农村集体用于农业的建设资金，不允许以任何方式增加农民负担，"挤占农民用于农业生产的资金投入"；完善农民劳动积累制度，组织投工投劳，增加对农田水利等基础设施的劳动投入；"创造条件推动农产品加工、运销企业投资于农业"。农业综合开发与农田水利基本建设、扶贫开发、山区小流域综合治理、植树造林、以工代赈等相互配套，构成整体开发。下决心调整国民收入分配格局，各级政府和有关部门坚决贯彻落实《中华人民共和国农业法》中关于国家财政对农业总投入的增长幅度应高于国家财政经常性收入增长幅度的规定，提高国家基本建设投资、信贷资金和财政预算内的资金"用于农业的比重"。中央和地方预算内的基本建设投资主要用于大江大河大湖治理、国家级重要农业商品生产基地、大型重点防护林工程、气象预测预报系统和农业社会化服务体系等重要农业基础设施建设。为解决农业投入资金流失的问题，中央决定分离金融机构的政策性和商业性业务，组建承担国家粮棉油储备和农副产品合同收购、农业开发等业务中的政策性贷款，代理财政支农资金的拨付及监督使用的中国农业发展银行，"保证国家用于农业的各项资金能落实到位并有效运转"。国家继续强调确保农业贷款增长率高于各项贷款平均增长率2个百分点以上，即将开征的土地增值税，"应主要用于农业综合开发"；尽快制定基本农田保护条例，严格按照规定"征收耕地占用税、新菜地开发建设基金和土地复垦费用"，实行专款专用，不得随意减免，不得侵占和挪用。1994年，中央强调落实国家关于提高财政预算内资金、国家基本建设投资与信贷资金用于农业的比重的相关规定，多渠道增加农业投入，加强农业基础建设，广泛开展以改土治水为重点的群众性农田水利基本建设。集中资金分别扶持500个商品粮和优质棉大县，有关部门抓紧组织实施，"确保支持资金及时、足额到位"；适当缩小农业综合开发范围，选择一些重点开发区特别是粮棉主产区，

"集中资金、技术和物资，实行集约投入"①，健全政府对农业的支持、保障、调控和服务体系，强化支持和保护农业的调控手段。1995年，中央鼓励供销合作社承包农业开发项目。不允许近年来一些地方农业投资减少，截留中央财政补贴，资金到位率低，挪用上级拨付的农业资金及银行放贷的农产品收购资金的现象重演。把增加农业投入视为加强宏观调控、调整国民收入分配结构、保障国民经济协调发展的战略措施。要求各地按照《农业法》的规定增加农业投入，金融部门"保证农业信贷资金及时足额到位"，加强对各类农业资金的管理和监督，调整信贷结构，重点支持粮棉生产与"菜篮子"工程建设，"严禁挤占和挪用农业资金"，提高资金使用效益；各地开辟新的筹资渠道，压缩基建项目，增加对农业的投入；从预算外的基本建设投资及国有土地出让金中提取一定比例专项用于农业。农村集体经济组织和农民也要增加投入，扩大劳动积累。农业综合开发的重点集中到"增产潜力大、投入少、见效快、产出多的地区"，加快中低产田改造；在农业综合开发的项目管理和资金管理上逐步建立经营式、滚动式的开发机制；拓宽水利投资渠道，探索促进水利产业化的路子，进行水利项目资本金制度试点，完善农村水利社会化服务网络。

　　1996年，中央指出扩大农业基础设施建设的关键是增加投入。"九五"期间，国家农业基础设施建设投资的重点仍然是对大中型建设项目"集中投入，以确保农业综合生产能力上新水平"，新增农田灌溉面积330万公顷。在稳定现有农业投资渠道的基础上，中央和地方政府根据有关法规，提高财政预算内资金、信贷资金和固定资产投资"用于农业的比重"。财政投到农业的资金必须达到《农业法》规定的要求，及时、足额到位，不得挤占挪用；制定引导社会资金投入农业的政策，鼓励大中型工商企业开发农业，二、三产业支持农业，逐步形成以工建农、以工带农、以工补农的机制。"多渠道、多形式引进国外资金、技术和管理经验"，加快农业开发和农业建设。各地从国有土地出让金等提取一定比例，"由财政单独列收列支、专项用于农业"。省、区、直辖市政府制定提取乡镇企业税后利润的资金用于支援农业和农村社会性支出的比例和管理使用办

　　① 中央文献研究室：《十四大以来重要文献选编》（上），人民出版社1996年版，第151，317，458，468，475，476，476，476，489，490，490，491，764，769页。

法，"保证国家银行新增信贷总规模的百分之十以上用于农业"①。特别要引导乡镇企业、农村集体组织及农民增加对农业的投入，扩大劳动积累。地方政府在材料费用上给予农民进行小型农田水利建设适当补助，除抢险救灾、农田水利工程和法律法规规定外，农民投入的义务工和劳动积累工不得跨乡使用。安排的贴息贷款重点支持一些地方发展节水灌溉。国家决定改革农村金融体制，完善由政策金融、合作金融与商业金融机构分工协作的农村金融体系，信用社按照规定交纳准备金和留足备付金之后，其余资金优先安排种养业贷款，社员贷款"要占全部贷款金额的百分之五十以上"。农村合作基金会必须立即停止"以招股名义吸收存款，停止办理贷款业务"，中国人民银行会同农业部尽快制定《农村合作基金会管理规定》。1997 年，中央针对 90 年代以来旱涝灾害加重的趋势，强调农民投工投资建设稳产高产、旱涝保收的基本农田是"提高农业综合生产能力的一条有效途径"，坚持谁投资投劳谁受益的原则，适当扩大农民的劳动积累。决定实行水利建设分级负责制，国家主要建设大江大河治理工程，"中小河流与湖泊的治理以地方为主"；各级地方政府把水利"作为确保一方平安的头等大事来抓"，放在基础设施建设的首位，尽快把水毁工程、未达标的堤防、涵闸和病险水库抢修好，确保大江大河大水库不出问题。在干旱地区多搞小塘坝、小水库、小水窖、小机井和小水池等蓄水工程。搞好农业基础设施建设的关键是多渠道增加投入，中央和地方的投入都"只能增加，不能减少"②。中央财政新安排的预算内基本建设投资的一半以上要用于农业，各级财政对农业和农村各项事业费支出的增长幅度继续高于财政经常性收入的增长幅度。国家新增贷款总规模中，用于农业的比重不低于10%，国家安排的节水灌溉、种子工程、打井及山区综合开发示范工程的信贷资金和财政贴息资金要足额、及时到位。制定国家水利建设基金的实施办法，县及县以上地方政府尽快建立水利建设和森林生态效益补偿基金，在有条件的地方建立农业发展基金。农村信用社要逐步做到对农业尤其是种养业的贷款实行基准利率。"农村合作基金会不必再单设"，决定对其进行整顿。1998 年，中央强调各级财政继续增加农业投

---

① 中央文献研究室：《十四大以来重要文献选编》（中），人民出版社 1997 年版，第 1269，1270，1271，1654，1654~1655，1655，1659，1846 页。

② 中央文献研究室：《十四大以来重要文献选编》（下），人民出版社 1999 年版，第 2000，2003，2288，2288，2288，2290 页。

入,"并确保及时足额到位","继续执行全国新增贷款用于农业的比重不低于百分之十的规定",提高农村信用社贷款用于种养业的比重;通过增加中长期贷款并由财政贴息等办法引导信贷资金投向农业基础设施建设;继续执行农民义务工和劳动积累工制度,推广股份制、股份合作制等形式吸引社会资金进行农业开发。各级党委、政府在计划安排、资金投放和工作部署上,切实体现把农业放在经济工作首位的方针。国家优先在中西部地区安排一批农业和环保项目吸引外资,并加大对项目配套资金及相关措施的支持。农业综合开发优先选择水土资源好、开发潜力大、财政配套资金能力强和农民投资投劳积极性高的地区,建立国家引导、配套投入、民办公助、滚动开发的投入机制。中央继续强调大江大河治理是水利建设的重点,各级政府按照分级负责的原则,将水利设施配套改造工作纳入建设计划,用几年时间,把大江大河大湖的干堤建设成为高标准的防洪堤,"抓紧现有病险水库的除险加固"。力争平原地区的大部分耕地实现旱涝保收、高产稳产,"丘陵山区人均达到半亩以上高标准基本农田"。推广渠道防渗、管道输水、喷灌、滴灌和渗灌等节水灌溉技术,农民因地制宜地搞好小、微型水利工程。国家进一步调整国民收入分配格局,改革和完善农业投融资体制,以农村集体和农民投入为基础,逐步增加国家各级财政对农业的投资,"引导信贷资金和社会资金更多地投向农业"①,加大对农业的投入。

2000 年,中央认为当农产品供给充裕、粮食等主要农产品库存增多时,不能忽视农业基础设施建设,决定利用国家粮食库存较多、实行积极财政政策的条件,加大农业投资力度,开展以水利建设为重点的农业基础设施建设,以电网、公路、通讯、供水等为重点的农村生产生活设施建设。抓紧完善水利建设监管机制,建立权威、高效、协调的主要江河水资源管理体制,统一管理、合理调度流域水资源;改革水利工程建设、投资与管理体制,鼓励集体、个人以多种方式建设经营小型水利设施,调动农民投资水利的积极性。中央还决定把农业综合开发的重点转到以改造中低产田为主,转到保护生态环境、发展优质高产高效农业上来,建设大型的具有高产优势的粮食生产基地、优质饲料作物生产基地,发展节水灌溉,

---

① 中央文献研究室:《十五大以来重要文献选编》(上),人民出版社 2000 年版,第 114,197,197,565,567,567 页。

建设生态农业。党和国家决定进行农村税费改革试点工作，规定修建乡村道路所需资金不再向农民固定收取，乡级道路建设资金由政府负责安排；一律取消所有面向农民征收的行政事业性收费、政府性基金和涉及农民的集资项目，"取消统一规定的劳动积累工和义务工"。村内进行农田水利基本建设、修建村级道路、植树造林等生产及公益事业所需的劳务与资金"实行一事一议，由村民大会民主讨论决定"。村内控制上限，实行村务公开、村民监督和上级审计。除特大防洪、抢险、抗旱等紧急任务外，"任何地方和部门均不得无偿动用农村劳动力"。农村税费改革试点开启了减轻农民负担政策的探索。2001 年，中央认为，着力加强乡村道路、供水供电和小城镇基础设施建设，既能使用农村剩余劳动力和当地建筑材料，增加农民收入，"又能为农村经济的长远发展打下基础"。决定在安徽探索以省为单位、建立规范的农村税费制度的试点，其他省、区、直辖市可决定和负责选择少数县（市）试点。中央根据农村税费改革取消"两工"后的情况，要求各级财政"逐步增加对县以下农村公共设施建设的投入"；在干旱地区加大投入，"因地制宜开展小型、微型水利工程和雨水集蓄工程建设"①，尽快解决农村人畜饮水困难；采取财政贴息、补贴等多种方式加强农村道路、供水供电设施建设；根据农业和农村基础设施建设具有小型、分散等特点，加强资金管理，防止截留、挪用。取消农民"两工"（义务工、积累工）后，各级政府采取措施，"妥善解决农田水利等基本建设和维护所需要的资金投入"，从地方基本建设计划中安排农村小型农田水利建设项目资金。中国农业银行要逐年增加扶贫贷款总量，中国农业发展银行继续改善金融服务。2002 年，中央决定在中部粮食主产省和农业大省扩大农村税费改革试点范围，继续加大农业基本建设投资力度，"把农村小型基础设施建设放在更加重要的位置"，适当调整投资结构。地方各级政府切实抓好节水灌溉、人畜饮水、农村沼气、农村水电、乡村道路和草场围栏等小型基础设施建设项目；引入市场机制，鼓励农户、联户和其他社会力量投资参与建设，地方政府加强对收费标准和服务质量的管理和监督，探索国家、集体投资建设项目的管理体制和运营机制，努力实现基础设施的持续利用。人民银行支持农业信贷投放，改善

---

① 中央文献研究室：《十五大以来重要文献选编》（中），人民出版社 2001 年版，第 1148，1148，1148，1596，1596，1596 页。

农村金融服务。国有商业银行适当提高对农业及相关行业的贷款比重，"优先支持各类农产品经销、加工企业的收购资金贷款"；信用社"积极推行农户小额信用贷款和农户联保贷款方式"①，增加农户贷款，扩大农业信贷投放，适当简化农贷业务手续，提高业务效率，真正发挥农村金融主力军的作用。

　　90 年代到 21 世纪初，随着市场化改革的推进和财政管理体制改革的深化，中国农业投资政策处于不断完善之中。国家延续了 80 年代后期的财政投入政策，以开征的耕地占用税为主要来源建立农业发展基金，实施农业综合开发项目，提高了粮食综合生产能力。国家不断强调加强农业投入，逐步明确了中央财政和地方财政在农业方面的事权划分和支出重点。中央财政主要投资国家级的农业重点工程建设，相关的农业专款要求地方进行资金配套。小型农田水利、农村教育、卫生等支出责任主要由地方财政承担。农民投入了大量的劳动力进行农田水利建设，每个农村劳动力每年投入 10 ~ 20 个劳动积累工兴修农田水利，承担 5 ~ 10 个义务工用于防汛、义务植树、公路建勤和修缮校舍。国家进行财政支农资金管理改革，引入了项目管理办法，改革了部门预算，整合了政府支农财力，提高了投入资金的使用效率。一些地方开始进行小型农田水利工程产权制度改革的尝试。

　　同期，中国农业投资政策基本适应了市场经济体制改革的需要，实现了 90 年代农业投入的数量增长。国家重点投资建成或开建的大型调水、引水工程有引大入秦、万家寨引黄、泰州引江河、引额济克、武都引水工程一期、宁夏扶贫扬黄和黑河引水等工程，开工兴建了三峡、二滩、小浪底、李家峡、水口、天生桥二级、天生桥一级、漫湾、五强溪、隔河岩、岩滩等大型水电工程，新建和扩建了大量的城市堤防工程。国家加强了农业基础设施、农业科技、抗灾救灾、扶贫开发和生态建设的支持。1996 年以后，国家以原有水利工程续建配套改造、提高用水效率为重点，每年安排财政贴息贷款进行农田水利建设。尤其是 1998 年国家实行积极财政政策以后，改变了农业基本建设投资增长缓慢的状况，改善和优化了政府财政支农结构，投资于农村"六小工程"，直接改善了农业生产条件，增

---

　　① 中央文献研究室：《十五大以来重要文献选编》（下），人民出版社 2003 年版，第 1737，2201，2202，2202 页。

强了农业发展后劲。开启的农村税费改革试点，将引发中国历史上国家与农民利益分配关系的重大调整。

同期，在中国农业投资政策的实践中，由于政策目标难以度量、公共部门激励不足、政策不完备，"给了执行者扭曲政策、谋取个人或集团利益的机会"①。各级政府和相关机构在市场经济条件下，忽视农业的倾向十分严重，造成了农业基本建设和支援农业生产支出比例较低的局面。1991～2003 年，国家财政用于农业的支出比例分别为 10.26%、10.05%、9.49%、9.20%、8.43%、8.82%、8.30%、10.69%、8.23%、7.75%、7.71%、7.17% 和 7.12%②；农业基本建设投资占基本建设投资的比重分别是 4%、3.7%、2.8%、2.4%、3.1%、3.7%、4.2%、5.4%、6.7%、7.0%、6.8%、7.3% 和 4.8%；农村集体单位固定资产投资占全社会固定资产投资的比重分别为 9%、12.7%、13.1%、12.1%、11.8%、12.2%、12.3%、11.4%、11.2%、11.5%、11.4%、11.2% 和 11.8%；农民固定资产投资占全社会固定资产投资的比重分别是 18.9%、12.8%、9.1%、9.3%、10.0%、11.8%、10.8%、9.4%、9.3%、8.8%、8.0%、7.2% 和 5.8%③；农业贷款占金融机构人民币各项贷款的比重分别为 6.7%、6.7%、6.5%、4.9%、3.1%、3.1%、4.4%、5.1%、5.1%、4.9%、5.1%、5.2% 和 5.3%④。从这五组数据可以得知，在中央安排的基本建设总投资中，农业基本建设投资比重偏低，国家财政支农资金和农业事业费的比例偏低，农业贷款占金融机构各项贷款的比重也不断下降。这种状况直接影响了农业利用金融资本的总量及使用方式，最终影响农业产出、价格、收入等，对农业的短期和长期发展造成一定影响⑤。尤其是国家对农村小型水利建设的政策，相应的是农村集体单位和农民固定资产投资比重与他们的经济地位和实力严重不协调，导致了 90

①　谭秋成：《农村政策为什么在执行中容易走样》，《中国农村观察》2008 年第 4 期，第 2 页。

②　数据见中华人民共和国国家统计局《中国统计年鉴》（2004），中国统计出版社 2004 年版，第 294 页。

③　数据见国家统计局农村社会经济调查司《中国农村统计年鉴》（2006），中国统计出版社 2006 年版，第 78，79，79 页。

④　数据见中华人民共和国农业部《中国农业发展报告》（2009），中国农业出版社 2009 年版，第 130 页。

⑤　参见田秀娟等：《"九五"时期我国金融政策的演变及其对农村经济的影响》，《改革》2003 年第 5 期，第 56 页。

年代中后期全国 1/3 的水库带病运行，中小型水利设施老化失修，渠道跑冒滴漏严重，农户、小组、村之间的用水矛盾日益突出，管理和供水服务不到位，削弱了抗灾能力，成为提高农业生产能力的重要障碍。

（二）保障农用物资供应，应对农资价格剧烈波动

农用物资（以下简称农资）主要指化肥、农药、柴油、农膜、农机和农电等现代农业生产必需的物资。市场经济条件下，农资供应数量充足、价格适中和质量提升既是决定农产品生产成本的重要因素，影响着农民的生产投入行为；农资价格还影响着物价总体水平，牵动着农民和农资企业的经济利益和生产积极性。由于工农业产品的不等价交换，国家对农业的扶持主要体现在农资供应方面，国家农资政策调控的关键是实现对农民和农资企业的平衡和协调。

1978 年，国家要求化肥、农药、农业机械及农用塑料等农用物资生产企业在降低成本的基础上，在 1979 年、1980 年降价 10% ～15% ，"把降低成本的好处基本上给农民"①。但农用工业品的生产成本没有下降，1978～1984 年中国农用工业品价格上升 7.8% ，这一目标未能全部实现。1990 年，中央认为农用工业"还远不能满足农民的要求，生产供应、产品质量和价格方面还存在不少问题"②，强调农产品合同定购与供应平价化肥、柴油和预发预购定金"三挂钩"政策不变，要求增加化肥、农药、农膜和农机供应，保持销售价格基本稳定。1991 年，中央决定大力发展农用工业，对其"实行投资倾斜和其他扶持政策，其所需的原材料和能源，要优先安排、保证供应"③。努力调整化肥、农药、农用薄膜、农业机械和柴油的产品结构，提高质量，降低成本。有计划地新建一批大化肥厂及化学矿山，加快改造中小化肥厂。重点建设一批农药科研开发基地，改造农药骨干企业。各地根据农业生产需要，大中小型各类机具配套、协调发展，促进农业机械的推广应用。1992 年，国家改农资专营为以供销社、农资公司经营为主，植保站、土肥站、农技推广站和生产企业为辅的

---

① 中华人民共和国国家农业委员会办公厅：《农业集体化重要文件汇编》（下），中共中央党校出版社 1981 年版，第 968 页。

② 中央文献研究室：《十三大以来重要文献选编》（中），人民出版社 1991 年版，第 1163 页。

③ 中央文献研究室：《十三大以来重要文献选编》（下），人民出版社 1993 年版，第 1775 页。

流通渠道。1993 年，决定积极发展农用工业，努力提高产品质量，降低
生产成本，增加农资供应。在粮价放开后，"对主要农业生产资料实行最
高限价"，以保护和调动农民种粮积极性。改进粮棉"三挂钩"的兑现办
法，明确国家用于扶持粮棉生产的化肥、柴油由按平价供应实物改为以货
币方式在收购价格之外，将平议差以加价形式付给农民。价外加价的全国
平均标准是：每 50 千克小麦、玉米各 4.2 元；大米 5.2 元；大豆 5.5 元，
棉花 12 元。原来中央按平价拨给各省、区、直辖市的粮棉挂钩化肥和柴
油，数量继续保留，价格放开。中央财政用于以货币方式兑现"三挂钩"
物资的资金按原定购粮食、棉花的数量和标准由财政部拨给商业部，由商
业部在收购前下拨到粮棉收购部门，连同地方财政加价部分在收购时如数
兑现给农民。决定加强农资价格的管理，实行主要品种最高限价。各级政
府对计划内农资严格执行国家定价，已经下放或放开价格的农资严格执行
国家定价；确保生产农资的原材料、燃料和电力供应，对化肥、农药、农
膜、农用柴油实行计划外最高限价，现行价格水平高于最高限价的，降至
限价以内；低于限价的，维持现行价格水平。生产企业因执行最高限价发
生的亏损按照企业隶属关系由财政部门通过减免税收或财政补贴等办法解
决。国家宏观经济高烧、"三挂钩"政策调整以及农资生产企业加快市场
化改革引发了 1993 年农资价格的巨幅涨价与质量下降，国家强调要加强
宏观管理和调控，安排好农资生产、收购和供应工作，"努力创造有利于
农业发展的社会环境"；运用法律手段严厉打击制造、销售假冒、伪劣化
肥、农药、种子等农资的行为。针对农资价格上涨引起农业生产成本上升
幅度大的问题，中央决定下年提高主要粮食品种收购价，改变粮价普遍偏
低的状况。

　　1994 年，中央要求做好农资供应工作，"切实解决化肥、柴油供给不
足、价格过高的问题"①。将原统配化肥的国家统一定价、地方管理的价
格和计划外的最高限价统一改为国家规定化肥出厂中准价格和上下浮动幅
度，由企业在国家允许的范围内自主确定出厂价格。对国产和进口化肥分
别制定加权平均进价，在此基础上加 10% 的综合经营差率和合理运杂费
用制定零售价，省、区、直辖市之间调拨的化肥应与辖区内调拨同价，不

---

① 中央文献研究室：《十四大以来重要文献选编》（上），人民出版社 1996 年版，第 103，
478，765 页。

得搞内外两种价格，在同一地区（省或地市）执行统一的零售价格。化肥调拨价格和零售价格实行经营差率或利润率控制，各地对当地主要化肥生产经营企业实行调价备案及成本、价格报告制度。决定改革化肥等农资的流通体制，中央调拨化肥由四级批发一级零售改为两级批发一级零售，即中央级（中国农业生产资料集团公司）和省级批发，省级调拨化肥由三级批发、一级零售改为省级批发，县农资公司与基层供销社批零结合，基层供销社推行代销制。其他单位和个人一律不得经营化肥，供销社在推行代销制中不得转为个人经营。各经营单位必须按照统一的零售价格销售，不得另行增加费用。农药和农膜流通体制参照化肥流通体制改革的意见执行。国家希望通过农资价格管理办法和流通体制改革，整顿流通秩序，加强市场管理，减少流通环节，降低流转费用，保持价格基本稳定，做到农资供求总量平衡。但这一改革在实践中，由于监管不力，特别是 8 月以后，国际市场化肥特别是尿素价格暴涨，造成了国内化肥等农资价格再次猛烈上涨。1995 年，在化肥供求短缺的情况下，国家为稳定化肥价格，决定采取行政手段，实行化肥工作省长负责制。化肥零售价格总水平由地方政府首长负责，国家制定的化肥出厂价不变，尿素、硝酸铵出厂价由省级物价部门按照保本微利的原则制定。零售价格是否实行综合价或其他形式，由地方自行确定。中央要求确保农资供应和价格稳定，继续执行现有的支持农资生产经营的各项优惠政策。各级政府组织相关部门保证化肥生产"所需要的天然气、磷矿石、块煤、电力和流动资金"，进一步加强农资市场管理，完善化肥等主要农资的价格形成机制和价格管理制度，"严格执行国家规定的出厂价格和进销差率"。政府授权供销合作社承担农资的组织、协调、管理和储备任务，严禁其他部门和个人参与化肥经营，依法严惩制造和销售假冒伪劣化肥、农膜、农药等农资的个人和单位。1996 年，国家作出了改进和加强化肥出厂价、调拨价及零售价管理的规定。省级物价部门根据本地实际情况制定化肥零售价格，无论是化肥经营主渠道，还是辅助渠道都要执行规定的零售价格。严禁高价倒卖化肥，严肃查处违反国家价格政策规定的乱涨价行为。供销社的基层单位，"一律不准承包到个人"。国家在新疆、海南、云南、贵州、山西、青海建设大型氮肥、磷肥、钾肥等生产基地，在"二〇〇〇年，氮肥做到基本自给"①；增加高效低残留农药新品种的产量；增加农膜原料产量，调整农、地膜用料结构；改进大型农机具，加快发展中小型农机具和农产品加工机械。国家积极推行定购粮棉与奖售化肥挂钩政策，化肥挂钩的标准、价格、供应办法及兑现形式由各地政府根据本地情况制定。挂钩以外的化肥实行综合平均零售价格，对不同渠道购入的化肥，分品种以省或地区（市）、县为单位制定当地的综合平均零售价格。国家对省级以下（含省级）农资系统实行统一经营的差率控制，合理安排化肥经营各环节的差率水平。国家表示要进一步理顺农资价格，"发展生产农用生产资料或者直接为农业生产服务的乡镇企业"，"严肃查处违反国家价格政策的乱涨价行为"②，禁止非法经营农资。国家对全国 14 个省的农资市场进行了全面稽查和整顿。1998 年，中央针对国内化肥等农资供求关系的改善，决定将化肥流通由直接计划管理为主改为间接管理为主，取消国产化肥指令性生产计划和统配收购计划，由生产经营企业自主购销，中国农资市场化改革实现了重大突破。鼓励化肥生产和经营企业建立稳定的产销关系，各级农资公司和农技推广站、土肥站、植保站及以化肥为原料的企业可以设点直接销售，将化肥供应到技术服务项目，直接销售给农民。中国化工进出口总公司具有化肥内贸经营权，其他单位和个人不得从事化肥批发业务。化肥出厂价格改为政府指导价，放开化肥零售价格，必要时省级物价部门可以对部分品种规定最高限价。建立中央救灾化肥年度储备制度，在原料、能源和资金方面实行优惠，支持化肥生产和流通。各省、区、直辖市政府根据市场需求组织好化肥生产和进口，适时调节市场供求，保持本地化肥价格的相对稳定，严禁任何形式的地区封锁，取缔非法经营，严厉打击生产、销售假冒伪劣化肥和走私进口化肥等行为，制止哄抬化肥价格、牟取暴利和低价倾销等不正当竞争行为。

　　90 年代到 21 世纪初，中国粮食总产量和农资价格之间存在着农资价格下降，粮食产量趋于上升的反向变动关系。农民作为农资价格的被动接受者，价格的"变动会通过引起的农民收入波动加剧而将极大地影响农

---

①　中央文献研究室：《十四大以来重要文献选编》（中），人民出版社 1997 年版，第 1271，1272，1660，1851 页。

②　中央文献研究室：《十四大以来重要文献选编》（下），人民出版社 1999 年版，第 2118，2170 页。

民的农业生产决策"①，极不利于粮食生产和农民收入的稳定。保障化肥、农药和农膜等农用物资低价、优质地销售到农民手中是国家农资政策实践中面临的首要问题。国家在 1992～1994 年的农资市场化改革进程中，实行了各种限价政策，农资价格指数"从 1995 年的 127.40 下降到 1998 年的 94.50"②，但 2001 年又开始上涨。这种现象的交替产生制约了农民收入的增长。1998 年之后，中国放开了农资市场价格，基本形成了以供销社、农资公司、农业技术服务部门为主体，个体经营为基础的农资经营格局，农资生产企业开始面向农民直销，尤其是从 1999 年开始出现的农资连锁经营得到快速发展。在农资市场价格基本放开的情况下，农资经营流通环节过多、秩序混乱、价格上涨的局面并未得到有效控制，国家如何管理农资市场，农资产品如何执行国家惠农政策，农资企业如何降低生产成本，彻底改变农资市场条块分割、部门分割、行业垄断、地区封锁以及管理政出多门的状况成为了政府探索解决的问题。国家决定从 2001 年起对农膜、除尿素以外的氮肥、除磷酸二铵以外的磷肥、钾肥及以免税化肥为主要原料的复混肥、种子、种苗、化肥、农药、农机等农资免征增值税。2002 年，农业部门"严格监管农药、兽药、鱼药、饲料及饲料添加剂、肥料等农业投入品的使用"③。2003 年，中央认为建立高效通畅的农资市场体系"是建设现代农业的重要组成部分"。为确保农资质量，继续开展打假活动，严厉查处制售假种子和伪劣农药、化肥等坑农、伤农行为，规范农资市场秩序。"允许和鼓励各类工商企业到农村以连锁方式经营化肥等农业生产资料"④，供销合作社逐步发展农资连锁经营，用现代流通方式改造传统经营网络。

（三）完善农业科研推广政策，强化农业科技投入力度

农业科研是农业进步的动力，农业技术推广是农业科研成果在农业生产中转换为生产力、促进现代农业发展的桥梁。90 年代，国家对农业科

---

① 江金启等：《农资价格波动与粮食主产区农民收入稳定》，《农业经济》2008 年第 12 期，第 94 页。

② 江金启等：《农业生产资料价格波动与中国粮食安全》，香港中文大学中国研究文库，http：//www.usc.cuhk.edu.hk/PaperCollection/Details.aspx? id=4771。

③ 中央文献研究室：《十五大以来重要文献选编》（下），人民出版社 2003 年版，第 2505 页。

④ 中央文献研究室：《十六大以来重要文献选编》（上），中央文献出版社 2005 年版，第 131～132，132 页。

研推广体系进行了改革，继续推进科教兴农工作。

1991 年，国家强调加强农业社会化服务体系建设，加快农村专业技术协会和专业合作组织发展，决定把乡级技术推广机构定为国有事业单位，其编制员额和所需经费"由各省、区、直辖市根据需要和财力自行解决"。对有突出贡献的基层农业技术推广人员进行工资优先晋级。供销社搞好农科教结合，为推进农业社会化服务做出贡献。允许农业、林业、水利等事业单位兴办农业服务实体，开展有偿服务，增加收入。"鼓励科研、教育单位和科技人员到农村去，开展各种有效的农业技术服务"。中央要求农业发展要"转移到依靠科技进步和提高劳动者素质的轨道上来"。省、地、县应认真实施科技、教育兴农战略，进一步推动"星火"、"燎原"、"丰收"等计划的实施，有关科技单位、大专院校在农村建立科学实验和示范基地，选派科技人员到县乡工作，设立科技副县长、副乡长。尽快落实农、林、水等专业院校毕业生到乡镇农技推广单位工作的编制和经费问题。重视和推动民间各种专业技术协会、研究会及科技服务机构的发展，加强农业科技示范片、示范村建设，完善县、乡（镇）、村、户的推广网络，充分发挥其在推广实用技术中的作用。中央和地方农业建设资金中，"要有一部分用于科技推广"。省、地级建立农业技术培训基地，县、乡举办各种技术培训班，办好农民文化技术学校，提高农村基层干部和农民的科学文化水平。农业科研要重视基础研究和应用研究，力求与开发研究、技术推广相结合，按照常规农业技术与现代生物技术结合的原则，统筹规划、组织好重大项目的联合攻关。中央和地方增加经费，改善农业科研装备和科技人员的工作和生活条件。1992 年，国务院指出农科教结合能够促进科技、教育更好地为农业生产服务，要克服农科教相互脱节、部门分割的现象，"提高科教兴农的整体效益"。充实健全农村科技培训和推广网络，推动科技、教育事业与农业的结合，建立起相互促进、协调发展的运行机制。各地按照职能和隶属关系不变、经费来源和用途不乱的要求，统筹实施扶贫开发、"丰收"计划、"星火"计划、"燎原"计划和农业综合开发等项目，统筹制定人才培养及培训适用技术的方案，统一组织各方力量，统筹使用各部门的实验设施和基地，统一筹措和合理安排使用科教兴农资金。以县、乡（镇）为重点，"努力创造符合当地实际的统筹内容和结合形式"，巩固壮大农村科技服务队伍，逐步形成以县科技培训和推广中心为龙头，"以乡、村服务基地为网点"，下联专业组、户，上挂科研院所、大中专院校和科技单位的农村科技培训与推广网络。县、乡两级增加投入，逐渐把中心或基地建成"以科技为先导的集体经营的经济服务实体"。根据按需施教、灵活多样、注重实效的原则，因地制宜地发展农村职业技术教育，"培养一大批扎根于农村的科技力量"，把培训农民与技术推广密切结合。各县（市）办好一两所职业技术示范学校，办好广播函授学校，乡（镇）办好农民文化技术学校，在村一级逐步建立农民业余文化技术学校。农村中小学引进职业技术内容，举办多种形式的职业技术培训班。各县、乡根据农业开发的需要，"编写富有特色的实用乡土教材"，制定奖励从事农村科技开发与推广工作的科教人员的政策，依法保障其合法权益，"逐步实现科技有偿服务"；逐步建立和完善农民技术员职称及农民技术资格证书（绿色证书）制度。在科技体制改革中，加强农业科技成果转化工作，把支持科技成果转化作为投入重点。大部分农业科研单位面向市场，在市场竞争中求效益、求发展，促进科技成果转化的"丰收"、"星火"、"燎原"计划要与市场结合，将科技星火传到亿万农民手中。国家和地方主管部门要对在农业科研成果转化工作中成绩突出的单位和个人给予表彰和奖励。支持和引导县及县以下农业科技机构"逐步发展成为独立核算的、综合性的技术开发、推广、服务经营实体"，实行有偿服务，增强农业科技推广工作的活力，采用各种灵活、有效方式对农民进行技术教育和培训。农业部强调继续组织实施"丰收计划"，推广农作物、畜禽、水产新品种，栽培、耕作、饲养新技术和中低产田综合治理等先进实用技术。要求农业科研、教育和技术推广工作尽快地转到以发展高产、优质、高效农业为主的轨道上来，"加快农业高新技术开发及其产业化"。坚持国内培育与国外引进并重的方针，培育出高水平的良种。允许科研单位、农业技术部门和农业院校依法自主经营繁育和引进的良种。"通过发展技术市场，实行良种和先进技术的有偿转让"①，允许集体或个人按照国家法规，兴办良种繁育推广实体。加强种子管理工作，坚决打击伪劣假冒经营行为，造成重大经济损失的要予以赔偿，违法的要依法追究法律责任。

　　1993 年，国家颁布了《农业技术推广法》，标志着中国农业技术推广

---

① 中央文献研究室：《十三大以来重要文献选编》（下），人民出版社 1993 年版，第 1743，1743，1770，1771，1901，1904，1905，1905，1906，1907，1908，1960，2209，2209 页。

工作进入有法可依阶段；确定了 90 年代农业增产的手段是提高单产，10年内粮棉亩产分别"增加五十公斤和十二公斤"。为此，在农业技术推广方面，发展节水型农业，使水的利用率由 40% 提高到 50% 左右；采取测土配方施肥、有机肥与无机肥相结合、深施化肥等措施提高科学施肥的水平，"使化肥利用率由现在的百分之三十左右提高到百分之四十左右"，推广生物农药和生物防治技术；通过平整土地、改良土壤、培肥地力、完善灌排系统、坡地改梯田等措施提高耕地质量，使"三分之一的中低产田得到改造"。改进耕作技术，使耕地复种指数由 80 年代末期的 150% 左右提升至 160% 左右，平均每年大约增加"播种面积七十三万多公顷"；选育、推广和普及优良品种，粮棉油生产用种在 90 年代更换 1~2 次，畜禽、水产、糖料、林果的"良种普及率要进一步提高"；大力推广适用的模式化栽培、农地膜覆盖、旱作农业、优化耕作制度、保护地栽培、病虫鼠草害测报及综合防治、家禽、家畜优化饲养技术与配合饲料、秸秆氨化、海淡水高效养殖及疫病防治、资源增殖等技术，"使农业科技成果的转化率由现在百分之四十左右提高到百分之五十左右"，提高农民科学种田的水平。在农业科研方面，国家重点建设中国农科院、林科院、水科院等科研院所，充实和改善农业科研条件；既要集中力量加强生物工程的基础研究，也要重视良种繁育、栽培技术、水土保持技术、灌溉技术、病虫害防治以及农产品加工、保鲜、储运等应用科学的研究和推广。组织好国内重大农业科技项目的研究工作，增加农业科研攻关、中试和开发经费，提高国家基础研究、攻关项目经费和自然科学基金中农业项目的比重，"加强国际科学技术的交流合作"，力争研究出一批农业科技新成果用于农业生产。在农业教育方面，建立县、乡分级管理的基础教育、职业技术和成人教育。在农村小学高年级及初中开展农业技术教育，"搞好一批农林水利重点大学、院校、重点学科的建设"。抓紧建设和完善县级农业技术推广中心，抓紧落实乡镇农业推广机构定编定员，"各级财政用于农业事业单位的经费要逐年增加"；继续推进农科教结合，结合"丰收计划"的实施，"力争在短期内见到成效"；"各省（区、市）的科技三项经费用于农业的部分也要增加"。依靠社会力量，采取多种形式加强农民职业教育和技术培训。1994 年，中央针对乡镇农业推广机构在市场条件下因收入低下而机构涣散、人才流失的问题，强调推广机构"切不可简单地撤并，更不得'脱钩断奶'"，继续要求落实定编定员，"稳定农业科技人员",改善其工作和生活条件。引导农民专业协会"真正成为'民办、民管、民受益'的新型经济组织"①。为促进其发展,农业部和科技部联合要求各地积极配合、多方合作,为专业协会的发展创造良好的外部环境;财政部、国家税务总局也提出对专业技术协会、专业合作社等提供的技术服务或劳务取得的收入暂免征收所得税。中央要求农业科研单位在棉铃虫、畜禽传染病和虾病防治的研究上争取新的突破,加强动植物高产、优质、抗病新品种的引进、选育和推广,大力推广机械深施化肥、测土配方施肥、地膜覆盖、农作物模式化栽培、节水灌溉、优良畜禽和水产品养殖、秸秆氨化等技术。农业行政部门做好农业教育、科研和技术推广的组织协调工作,扶持民办专业技术协会的健康发展。国家科委、国家计委、农业部、林业部、财政部、人事部联合指出,把农业科技工作的重点转到为农业现代化、农业生产工业化提供先进适用技术上来,注重优质高效技术,使高产与优质高效并重,种植业、养殖业、加工业技术配套发展,推动组织培养、快速繁殖、动物疫苗、饲料添加剂以及杂种优势利用等农业科技型产业,国家和地方在资金、政策等方面给予重点支持,尽快形成具有重大影响的农业高新技术产业;改革完善农业科技管理体系,建立分层次的研究、开发、推广的农业科技体制,培育适应市场经济的农业科技体制。中央部属、省属科研单位以研究为主,努力提高科研成果的成熟度,积极开发本单位的科技成果;地、市级科研单位以引进开发适用本地区的技术为主,兼顾研究本地区农业关键技术,重点做好科技成果移植;县级科技机构健全完善农业技术推广中心,稳定科技服务机构。国家、地方都要重点支持建立一批成果转化中试基地和工程技术中心,加强对现有农业科技成果的转化和推广,解决科技单位、人员在为农民技术服务中应得的利益和报酬;在农业科技开发方面,国家、地方在税收、信贷、利率等方面给予优惠政策,增加技术推广经费,解决基层农业科技队伍待遇偏低的问题;在农业技术培训方面,采用重点培养、分层次培训(继续教育、学历教育、资格证书教育、短训)等方式造就优秀的农村科技人才与具有市场经济观念和现代化管理意识的管理人员和乡镇企业家。

1995年,中央强调在政府机构改革中,农业技术推广"机构要稳定,

---

① 中央文献研究室:《十四大以来重要文献选编》(上),人民出版社1996年版,第463,463,463,464,464,464,474,475,485,487,488,770,770,770页。

队伍要充实，经费要增加，手段要加强"。各地落实好技术推广机构定编定员的有关规定，其技术服务的收入"不上缴财政或抵顶财政拨款"。各级政府尤其是县级政府制订本地区农业科技推广计划，安排好资金、物资加速推广良种应用、配方施肥、农作物模式化栽培、水稻旱育稀植、棉花病虫害综合防治、节水灌溉、丰产林培育等适用技术。对科研单位筛选的一批已取得决定性进展、有望在短期运用于生产实践的农业科研攻关项目，给予必要的资金支持，争取尽快见效，加强新品种和新技术的引进和推广。必须始终把"农业科技摆在科技工作的突出位置"，推进农业科技跃居世界先进水平。继续推进农科教结合，采用多种方式培养农业技术人才，稳定技术推广队伍，普及农业科技知识。各级政府部门从农业综合开发、重点建设项目经费中划出一定数量的资金用于解决农业科技问题。1996 年，中央针对农业科技成果推广率和普及率只占 1/3 左右的状况，决定在 1996 年推广一批实用的先进农业技术，把实施种子工程作为"依靠科技进步发展农业的一件大事"，安排专项资金，新建和完善一批种子质量检测中心、原良种基地、种子包装材料厂、种衣剂厂等，改变种子经营混乱、假冒伪劣严重的现状。"对销售伪劣种子造成严重经济损失的，要依法惩处"，"到二〇〇〇年把水稻、小麦、玉米和棉花的用种全面更换一次"。水稻产区推广旱育稀植和抛秧技术以大幅度增加水稻产量，北方和南方高寒山区发展地膜玉米。大力推广测土配方施肥和化肥深施技术，重视有机肥的生产。因地制宜地推广如节水灌溉、有机旱作农业、机械精量播种、秸秆过腹还田、生根粉造林等技术。各级政府增加农业技术推广的经费，对乡镇农技推广机构的定性、定编、定员及经费保障等情况进行全面检查。在农业科研和技术开发方面，完善商品粮基地综合生产配套技术，加强动植物优良品种选育，加强重大病虫草鼠害预报、控制技术研究，研究推广节水技术和旱作技术，开展防护林工程、沙漠化防治技术的研究，"促进生物、计算机、遥感等高技术在农业上的应用"[①]。中央要求重点农业科研机构"着重解决省、地农业科研机构不宜承担的全局性、基础性、关键性、方向性的重大科技问题"；省、地农业科研机构逐步发展成区域性农业研究开发中心，重点开展应用技术研究、科技成果的二次

　　[①]　中央文献研究室：《十四大以来重要文献选编》（中），人民出版社 1997 年版，第 1272，1272，1346，1659，1659，1851，1864 页。

开发及转化工作。农业技术推广体系建设的重点是稳定和完善基层农业技术推广机构，推广机构与农村各类服务组织合作，"构成技农贸一体化、产供销一条龙的科技服务网络"，大力培养和稳定具有多种技能的农业技术推广人员。1997 年，中央认为农业技术推广是农业实现增产的第一要素，决定把当年确定为"农业科技推广年"，扩大先进成熟技术的推广面积；各级领导身体力行，制订规划，保证经费，搞好组织协调，"取得对农业技术推广工作的指导权"①。中央表示，舍得增加科技投入，重点解决农技推广体系不健全的问题。

1998 年，中央认为中国必须进行新的农业科技革命，追赶世界先进水平。抓紧制订中长期农业科技发展规划，扩大"种子工程"、"丰收计划"和"星火计划"的规模，"将先进实用技术进行组装配套、规范简化，加快推广"。办好农科教结合示范区，发挥科研教学单位在农业科技成果转化中的作用。各级政府增加对农业科技的投入，重点支持基础研究、高新技术研究、重大技术攻关及科技成果的推广与应用，鼓励科技单位和技术人员以技术承包、股份制等方式参与农业开发经营，"提倡乡镇各类农技服务组织综合办站"。对农村基层干部进行农村政策、民主法制、市场经济知识和农业科技培训。在广泛运用农业机械、化肥、农膜等工业技术成果的基础上，依靠生物工程、信息技术等高新技术实现农业科技和生产力的质的飞跃，"逐步建立起农业科技创新体系"。争取在动植物品种选育、农业资源高效利用、现代集约化种养、农业生物灾害防治、农产品储运加工等技术方面取得突破。农业经济结构的调整优化也要依靠科技进步，发挥区域比较优势，增强市场竞争能力。针对农业技术推广工作，中央强调"加强县乡村农业技术推广体系建设，扶持农村专业技术协会等民办专业服务组织"②，组织农民学习先进实用的种植、养殖和农产品加工技术，掌握商品生产、市场营销和经营管理的知识。1999 年，中央表示要加快农业关键技术的创新和推广，"加强信息技术、生物技术与传统农业技术的结合"，尤其要在优良品种培育和节水农业技术领域尽快实现突破。农业部、人事部、财政部等部门联合制定出系列稳定基层农

---

① 中央文献研究室：《十四大以来重要文献选编》（下），人民出版社 1999 年版，第 2009，2010，2290 页。

② 中央文献研究室：《十五大以来重要文献选编》（上），人民出版社 2000 年版，第 196，197，568，568 页。

业技术推广机构的政策，提出探索适应市场经济要求的农技推广的新路子。建立农业科研机构、高等学校、各类技术服务机构和涉农企业建立紧密结合的农业科技推广服务网络，赋予农业科研机构包括种子等研究开发产品的自营销售权。县（市）、乡（镇）属农业技术推广服务机构打破行政地域界限，"发展龙头企业、中介服务机构与农户紧密结合的新型农业技术推广模式"①，转变服务方式。

2000 年，中央认为推进农业结构调整必须开展新的农业科技革命，逐步建立具有世界先进水平的农业科技创新体系、技术推广体系和培训教育体系。农业科技工作的重要目标是提高农业效益与改善生态环境，重点发展优质高产高效，农产品贮藏、保鲜、包装、精深加工及综合利用、降耗增效和生态环境建设等技术。农业科技工作的首要任务是推广先进实用技术，支持农业结构调整。县乡在继续做好定性、定编、定员工作的基础上，增加推广经费，完善推广机制。各级财政拨出专项经费启动乡镇农业技术推广机构创办新技术试验示范基地、优良种苗繁育基地和实用技术培训基地，在结构调整中发挥带动作用。制定扶持具有一定优势的研究机构建设重点实验室和农业科技园区的政策，"培育具有国际竞争力的农业高新技术企业和集团"②，在项目配套资金和条件方面支持先进农业技术的引进。2001 年，国家强调用 10 年左右时间，初步建立起适应市场经济的新型农业科技创新体系，"促进我国由农业大国向农业强国转变"。农业科技工作要实现从主要追求数量向注重质量效益，从为农业生产服务为主向为生产、加工和生态协调发展服务转变，从资源开发技术为主向资源开发技术与市场开发技术的结合转变，从主要面向国内市场向面对国内、国际市场转变。"十五"期间，解决 100 项左右的重大农业关键技术，实施作物良种、优质高效畜牧水产、农产品加工、节水农业、农业生态环境建设、防沙治沙、农业高技术研究与产业化、农业区域发展、农业科技能力建设和人才培养等科技行动。改革农业科技机构和服务体系，加速造就由学术带头人、科技企业家、技术推广人才、科技管理人才和高素质农民组成的农业科技队伍。加强对农业科技工作的组织领导工作，加大投入力

---

① 中央文献研究室：《十五大以来重要文献选编》（中），人民出版社 2001 年版，第 936，942 页。

② 《中共中央、国务院关于做好 2000 年农业和农村工作的意见》，《农村合作经济经营管理》2000 年第 3 期，第 6 页。

度，建立强而有力的农业科技保障体系，加强国际合作与交流。支持农村专业技术协会发展，逐步形成国家扶持与市场引导相结合，有偿和"无偿服务相结合的新型农业技术推广体系"，实现推广行为社会化，推广形式多元化。2002 年，继续推进农业科技革命，"实行产学研、农科教结合"①，鼓励龙头企业、大专院校、科研机构和民营企业以多种形式联合进行农业科技开发。重点建设一批高水平的农业科技园区；逐步建立起分别承担经营性服务与公益性职能的农业技术推广体系。大幅度增加种子工程建设的投入，继续实施"丰收计划"、"星火计划"，加快重大实用技术推广，提高良种覆盖率、饲料报酬率、化肥和灌溉水利用率。农业部决定中国农业科学院、中国水产科学研究院、中国热带农业科学院及所属研究所组建为非营利性科研机构，突出国家农业科技创新意志。其他科研机构或按照现代企业制度要求，组建科技型企业；或转为农业事业单位或进入大学。农村教育增强办学的针对性和实用性，实行基础教育、职业教育和成人教育的"三教统筹"。鼓励农村初、高中学生在获得毕业证书的同时获得职业资格证书，重点建设好地（市）、县级骨干示范职业学校和培训机构，继续发挥乡镇成人文化技术学校、农业广播电视学校和各种农业技术推广、培训机构的作用，开展农民文化技术教育和培训。2003 年，中央继续要求推进农业科技体制和推广体制改革，增强农业科技创新、储备和转化的能力。在科研投入方面，较大幅度增加预算，增加科技成果转化资金，继续安排引进国外科技成果的资金，"引导和推动企业成为农业技术创新主体"，允许民营农业科技组织和企业申请使用国家科技研发、引进和推广的资金。在科研推广方面，建立与产业带相适应的"跨区域、专业性的新型农业科技推广服务组织"②。

　　自 80 年代中后期开始，国家试图通过改革和完善农业科研推广政策，推进科研和推广体制市场化改革。农业科研推广单位面向农业生产和农民的技术需求，实行农业技术服务收费政策，一方面解决其工资增长、国家经费投入不足的困局，另一方面改变计划经济体制下，农业科研推广机构设置不合理，缺乏有效的激励机制，条块、部门、地区分割的现象，借以

---

① 中央文献研究室：《十五大以来重要文献选编》（下），人民出版社 2003 年版，第 1790，1803，2199 页。

② 中央文献研究室：《十六大以来重要文献选编》（上），中央文献出版社 2005 年版，第675 页。

增加科研推广机构的活力。尽管国家一贯强调增加对农业科研和推广的财政投入，进行农业科技推广体制改革，但科研和推广市场化改革历经艰难。

在科研体制改革方面，由于各级政府对农业科研的认识不足，国家财政拨款增长缓慢，1985～1995 年年均增长率竟为负数，1995～1997 年年均增长率也不到 1%，与《农业法》和《科技进步法》规定的科技投资增长率高于财政经常性收入的增长相去甚远。尽管实行科技服务收费制度，提高了科研人员的收入水平和待遇，但不足以弥补国家投入的不足。国家要求农业科研机构承担提高科研能力与市场效益的双重责任，使得机构适应市场化要求的改革进展缓慢。在技术推广体制改革方面，1991～1994 年，由于对推广机构"断奶"，也因对推广机构的认识不足、重视不够，乡级推广机构的人员编制和经费由地方财政负担，改革导致了农业技术推广线断、网破、人散。1994～1998 年，国家着手解决推广机构的人员编制和经费问题，重视科技社会化服务组织的培育与发展，使得全国基层农技推广队伍从 1992 年的 30 多万人增加到 1999 年的 106 万人。1998～2003 年，国家再次启动农业技术推广市场化改革，基层农技推广部门再次面临挑战，到 2003 年基层农技推广人员减少到 84.9 万人。

综观农业科研和推广改革过程，我们可以看到科研和推广体制市场化改革的发展趋势是国家逐渐区分了农业科研和推广机构的性质，既重视了农业科研和推广工作的公共属性，强调政府在农业科研和推广工作中的主体责任，又重视了企业和农民的市场主体责任。由于国家对农业科研推广的高度重视和不断改革，20 世纪 90 年代到 21 世纪初，农业科研和推广体制改革取得了进展，工作有了成效。中国农业技术进步的贡献份额在1986～1990 年间，比"六五"时期农业技术进步的贡献份额 35% 低 7 个百分点，低至 27.9% 左右的情况下，1990～1995 年，"我国广义农业进步对农业总产值增长的贡献份额是 34.3%"[①]，1995～2000 年间农业科技进步贡献率的年平均值达到 45.16%，种植业科技进步贡献率为42.11%，"比历史上最好的时期还高出 10 个百分点"[②]。90 年代的后五

---

① 朱希刚等：《我国农业科技进步贡献率测算方法的意见》，《农业技术经济》1997 年第 1 期，第 21 页。

② 朱希刚：《我国"九五"时期农业科技进步贡献率的测算》，《农业经济问题》2002 年第 5 期，第 13 页。

年，依靠科技进步调整农业结构、提高农业效益取得了成效，为中国农业解决农产品问题由满足数量需求向质量转变，为中国进入小康社会提供了重要的技术支撑。我们还要清醒地认识到，农业科研和推广体制的市场化改革产生的突出问题没有得到解决，但国家对农业科研和推广改革和投入的辩证关系，尤其是 2003 年对农业科研与基层农技推广机构划分公益职能与市场职能的认识弥足珍贵，将引导农业科研推广工作更适应市场经济和农业发展的需要。

四　调整农业结构，加快生态建设

1998 年粮食产量达到 10246 亿斤，实现了主要农产品供求总量的基本平衡及丰年有余的历史转变。20 世纪 90 年代，人们对农产品的需求从数量型逐渐向数量、质量并重型，从单一需求向多样化需求，从价格逐渐向价格和质量并重转化，对畜产品及其他副食品的消费及农产品品质和安全的要求不断提高。农产品消费结构的变化决定了国家提出并实践了农业结构调整与生态建设政策，应对农业生态环境恶化与农业发展新要求的矛盾，中国农业逐渐走上了由高产向优质方向转化的道路。

（一）结构调整的政策与实践

90 年代，中央针对部分农产品出现价格大幅波动、买卖难现象，提出了农业结构调整的政策，政策目标逐渐转向到提高总量、增加种类，重点转向到支持主产区推进农业综合开发。

1990 年，国家为实施菜篮子工程，决定继续实行生猪收购与粮食、化肥和柴油，菜肥挂钩及菜农的生产资料和口粮供应政策，对副食品生产经营和饲料工业减免税收，继续安排发展饲料生产所需的化肥，拿出 30 亿千克"议转平"饲料粮差价款扶持畜禽生产和安排市场。增加饲料作物种植以促进饲料工业发展，促进禽、牛、羊、水产品生产发展。1991 年，中央强调要稳定粮食播种面积，提高单产，提高粮食品质和商品率。抓好粮、棉、油、肉商品基地建设，重点扶持商品粮大县发展多种经营；继续抓好菜篮子工程，提高畜产品数量和质量，加快渔业技术改造，发展人工养殖和远洋渔业。1992 年，中央明确以市场为导向，把传统的粮食观念转变为现代食物观念，"把发展农业从仅仅依靠现有耕地转到开发利用全部国土资源"。转变农业结构调整的观念，加快发展高产优质高效农业。在种植结构方面，将"粮食—经济作物"二元结构"逐步转向'粮食—经济作物—饲料作物'三元结构"，不断提高农作物综合利用率和转化率，促进饲料作物发展。在确保粮食稳步增长的同时，提高林业、畜牧业和水产业比重，增加动物性食物和木本食物的供给量。进一步发展农区畜牧业，"充分利用农区的大量秸秆发展养牛、养羊和其他草食动物"，"力争'八五'、'九五'期间使各业优质高效品种所占比重有明显提高"①。1993年，强调"推进农业生产的区域化、专业化、商品化"，各地根据市场需求，"大力发展优质粮品种，增加饲料用粮"。东南沿海和长江中下游地区多生产优质稻谷；东北和黄淮海地区积极发展大豆、玉米和小麦生产；黄淮海平原、新疆和长江中下游平原地区发展棉花生产；长江以南及长江流域发展油菜生产，长江以北地区以花生为重点；东南沿海地区稳定发展甘蔗生产，东北、西北地区发展甜菜生产，云南、广西加快发展甘蔗生产。在"大中城市郊区应重点发展畜、禽、蛋、奶生产"，农区积极发展瘦肉型猪和养牛业，半农半牧区加快发展牛、羊等草食性动物；大力发展海水、淡水养殖，积极开发外海及远洋捕捞，"重视水产品的加工和综合利用"。从1994年起，在粮棉主产区选择500个商品粮大县、150个优质棉大县，由国家安排专项贷款，并"适当增加基地建设投资，集中力量进行扶持"。中国农业正处于调整结构、发展高产优质高效农业的新阶段，是中国"农业发展史上的一个重大转变"。加快农业生产结构调整是发展农村经济、增加农民收入的根本途径。1994年，农业结构调整的重点是抓好粮棉生产和菜篮子工程。粮食"播种面积必须保持在十六点五亿亩以上"，努力提高复种指数，主攻单产，提高总产，还"要下很大的力量落实棉花种植面积"。在大中城市郊区建立基本菜田保护制度和菜地补偿制度，坚决制止乱占菜地，"稳定发展生猪生产，提高牛、羊、禽肉的比重"。在保持粮棉油等主要农产品稳步增长的基础上，以市场为导向，发展各种高附加值、高商品率、高创汇率的产品。在农业结构调整中，尽量不占或少占耕地，"大力开发荒山、水面、滩涂、荒沙、草原和庭院等非耕地资源"②。国家决定连续5年安排10亿元专项贷款，在不同地区建设一批各具特色的高产优质高效农业示范区和名特优高

　　① 中央文献研究室：《十三大以来重要文献选编》（下），人民出版社1993年版，第2206，2206，2207，2207页。

　　② 中央文献研究室：《十四大以来重要文献选编》（上），人民出版社1996年版，第460，461，462，462，484，484，763，764，764，765页。

产农产品生产基地。1996 年，继续实行国家宏观调控下的粮食地区平衡和"米袋子"省长负责制，实施新一轮"菜篮子工程"。实现种植业、养殖业和乡镇企业的有机结合，"形成合理的产业结构，促进农村经济的良性循环"；重视开发利用各种非耕地资源，发展畜牧、林果和水产业，增加食物总量。各地清理各类开发区和非农占地，占而未用的耕地，"坚决按国家的有关规定恢复种植"①。1997 年，中央要求各级政府和有关部门牢固树立大农业、大粮食的观念，重视水域治理和开发利用，在政策及技术和资金等方面继续推动渔业和渔区经济持续、快速发展。农业部要求立足于非耕地宜渔资源的综合开发，在稳定大宗品种生产的同时，因地制宜地发展名特优新水产品，形成规模化生产；在有条件的地方，推广稻田养鱼等生态农业模式，提高粮田综合经济效益；对在新开发的荒山、荒坡、荒滩上从事水产养殖的单位和个人及进行水产原（良）种、新品种培育试验的科研机构继续减免特产税；各级政府将水产种苗与病害防治体系、渔船技术改造和渔港等基础设施建设纳入农业基本建设规划，加大投入，加快建设。

1998 年，中央认为中国已经具备了解决人民温饱问题的能力，农业生产结构调整的新目标是保持农业稳定增长，优化农产品结构和品质，增加农民收入。在种植业方面，抓住粮食供给比较宽松的有利时机，逐步调整品种结构和区域布局。增加北方单季水稻和南方玉米生产，扩大冬小麦面积，发展东北大豆生产。早稻生产"向品种优质化和用途多样化发展"，基本稳定大宗经济作物的种植格局。林、牧、渔业和其他"菜篮子"产品的生产则注重引进和推广优良品种，降低生产成本，提高产品质量和供给均衡性。"挖掘传统名特优稀产品，培育发展优质新品种，创造名牌农产品。"优化农业结构是中国农业实现跨世纪发展的方针之一，着眼于世界农业科技加速发展的趋势和人多地少的国情，适应国内外市场，依靠科技进步，发挥区域比较优势，增强市场竞争能力。按照高产优质高效原则，全面发展农林牧副渔各业；重点围绕农副产品加工和发展优势产品。在粮食生产方面，确保总产量稳定增长，提高单产，改善品质，

---

① 中央文献研究室：《十四大以来重要文献选编》（中），人民出版社 1997 年版，第 1654，1658 页。

"尽快淘汰不适销品种"①。提高主要经济作物的质量，"菜篮子"生产要推广优新品种，降低成本，提高效益。在畜牧业方面，稳定发展生猪生产，突出发展草食型、节粮型畜禽业，改良畜禽品种，提高饲养和疫病防治技术，发展饲料工业。总之，努力创造名牌农产品，促进种植业和农产品加工业发展。1999 年，要求在农业生产结构调整中加强基本农田保护，优化土地利用结构，引导农民优先利用闲置土地，充分利用非耕地资源及未利用的土地，在基本农田保护区禁止发展林果业、挖塘养鱼，保持保护区规划和农业生产结构调整的协调。在保证基本农田规划面积的前提下，将生产条件差、能力低的一般耕地调整为鱼塘、果园。调整基本农田保护区的耕地后要补划基本农田，保证面积不减少。农民可以在承包的耕地上调整种植业生产的格局，发展油料、瓜菜、花木、桑茶、特产品与其他经济作物；将生产条件和生产能力差的耕地改为草场，建临时性的畜牧场和饲养场；在基本农田保护区之外的农用地挖塘发展水产养殖，种植多年生的木本果树等经济作物，发展适应市场、优质高效的农林牧渔。有计划有步骤地进行生态脆弱地区的退耕还林、还草、还牧。总之，农业结构调整应采取宜农则农、宜渔则渔、宜牧则牧的原则，进行统一规划，改善土地利用结构，合理配置土地资源，促进农业生产结构调整。2000 年，中央要求从三个环节优化农业产业结构。第一，继续压缩不适销的品种，扩大优质农产品生产，通过品种改良与新品种开发优化农作物品种，加速品种更新换代。第二，积极发展畜牧水产业。选育和推广优良品种，开发优质饲料，提高养殖业比重，采用先进养殖技术，加强疫病防治与饲料监测体系建设，加大行政执法力度，确保畜禽和水产品的质量和卫生安全。第三，发挥区域比较优势，着力发展具有区域特色的农业主导产品。粮食主产区稳定面积，提高单产，优化品质；沿海经济发达地区与大中城市郊区合理调整粮食与经济作物的种植比例，发展高效农业和创汇农业。按保护价敞开收购农民余粮时，"执行优质优价政策，促进粮食品种结构调整"。把发展农产品加工作为农业结构调整的重要手段，引导原料生产逐步向专业化、基地化方向发展，把恢复生态平衡、实现农业可持续发展作为了结构调整的目标。2001 年，中央指出中国农业结构存在着农产品质量不高、

---

　　① 中央文献研究室：《十五大以来重要文献选编》（上），人民出版社 2000 年版，第 192，193，568 页。

区域结构雷同、农产品加工程度低、增值效益低、不适应市场消费需求等问题，认为农业结构调整要在布局、品种、品质优化及"提高加工转化水平上下功夫"。农业产业化经营"是加快农业结构战略性调整的重要带动力量"。在农业结构调整中，各级政府和部门不能搞行政命令、瞎指挥，"不能随意把耕地转为非农用地"①；乡镇企业重点发展农副产品加工、储藏、保鲜、运销等业务。2002 年，中央强调"加快发展畜牧业是新阶段推进农业结构调整的一项战略任务"，把保证农产品安全问题纳入农业结构调整的重要内容，在保证农产品质量安全方面下功夫。实施退耕还林政策时，树木的种苗生产也要走产业化经营的路子，鼓励农户育苗，"促进农业结构调整和农民增收"②。2003 年，中央强调农业结构调整的战略任务是"推进优势农产品和特色农产品向优势产区集中"③，充分发挥各地的比较优势，不断开拓农业增效增收的空间。

　　90 年代到 21 世纪初，国家鼓励农业结构调整的政策实践与农产品市场化程度的提升密切联系。由于畜水产品和水果蔬菜的市场化程度高，农民积极参与生产，在很大程度上改变了单一和效率低下的农业结构模式，拓展了农业各部门的发展空间，调整了农产品结构，丰富了人们的生活。1990～2003 年，中国农民劳均水产品和牛奶产量分别由 36.7、12.6（千克）提高到 148.8、55.2（千克）④，增幅分别为 3.05 倍、3.38 倍；人均水产品、牛奶占有量分别由 10.9、3.7（千克）提高到 36.5、13.6（千克）⑤，增幅分别为 2.35 倍、2.68 倍；1989 年农民平均每人出售蔬菜和水果 64.05、11.93（千克），2003 年达到 147.56、48.83（千克）⑥，增幅分别达 1.30 倍、3.09 倍。同期，中国粮食、棉花、油料的劳均产量及农民平均每人出售数量有了提升，如粮食劳均产量 1990～2000 年由 1357 千克提高到 1407 千克，农民平均每人出售粮食由 165.89 千克提高到

---

　　① 中央文献研究室：《十五大以来重要文献选编》（中），人民出版社 2001 年版，第 1179，1590，1590，1591 页。

　　② 中央文献研究室：《十五大以来重要文献选编》（下），人民出版社 2003 年版，第 2197，2352 页。

　　③ 中央文献研究室：《十六大以来重要文献选编》（上），人民出版社 2005 年版，第 129 页。

　　④ 数据见中华人民共和国国家统计局：《中国统计年鉴》（2004），中国统计出版社 2004 年版，第 502 页。

　　⑤ 数据同上书，第 501 页。

　　⑥ 数据同上书，第 503 页。

264.74 千克。但粮食人均占有量几乎没有变化,人均占有量 1990 ~ 1997 年由 393 千克提高到 402 千克,尔后则连年下降。

我们认为,国家的政策认识和政策制定经历着不断完善的过程,在坚持粮食稳定增长、确保不改变粮食用地性质的前提下,进行的农业结构调整必然面对着土地流转的困难。由于农民生产规模小,在结构调整上不能形成统一行动,不能形成一定的规模以应对交易规则不健全、不规范的市场经济。农业结构调整滞后于市场供求关系变化的规律制约着政策效率的提高,农产品供给与市场需求之间不能实现有效平衡和对接。基层乡镇在贯彻农业结构调整政策时,为建设各类产业带,往往采取行政手段和市场利诱的方法,迫使农民被动参与结构调整,导致农产品生产过剩、价格持续走低,除给消费者带来实惠外,还徒增了农民的负担和经济损失。

总之,中国农业结构调整在实践中基本上实现了政策意图,但受到重视粮食生产、家庭承包制、封山育林、特产税和金融扶持政策的制约,其表现是成效不彰、整体规模较小、结构调优难度大、农民增收难度加剧。

（二）农业生态建设的政策与实践

1949 年以来,中国通过大量垦荒、施用化肥和农药提高了农作物产量,解决了人民的温饱问题,但过度地利用土地、化肥和农药,不合理的农业生产方式造成了生态环境的严重破坏。80 年代以后,尽管国家大力推进植树造林,但由于管理水平较低,森林覆盖率增长缓慢。随着乡镇企业迅猛发展,农业环境污染快速蔓延,进一步加剧了生态危机。1984 ~ 1994 年,全国化肥用量增长了 90.7%。1999 年,全国农用化肥施用量达 4124 万吨,农药约 132 万吨,农用薄膜近 126 万吨[①]。90 年代,农用化学品大规模使用导致大量农业物种数量减少、濒临灭绝,水体、耕地和农产品遭受污染,甚至发生人畜饮水不安全的严峻问题;水土流失造成土地荒漠化趋势也明显加快,年均受灾面积达 5000 万公顷左右。为实现农业可持续发展,保障农产品安全,国家制定实施了农业生态建设政策[②]。

---

① 数据见高怀友《中国的农业生态环境问题与对策》,《中国环境管理》2001 年第 5 期,第 4 页。

② 1981 年,美国农业科学家莱斯特·布朗阐述了可持续发展观。1987 年世界环境与发展委员会提出了可持续农业的全球政策。1989 年,联合国粮农组织通过了可持续农业发展的决议,1991 年形成了《丹博斯宣言》,给出了最具代表性、能被广泛接受的概念。同年,中国开始规划可持续农业科研项目,1994 年中国确立了农业和农村可持续发展的战略目标和行动方案。

1990 年，中央针对 80 年代以来农业资源与环境压力逐渐加大的趋势，表示要加强土地管理，珍惜和合理利用土地，逐步稳定耕地面积；大力保护森林资源，严禁乱砍滥伐；实行山、水、林、田、路综合治理，"把经济效益、社会效益、生态效益密切结合起来"①。1991 年，中央总结出 80 年代以来农业发展的经验是严格控制人口增长，严格控制非农占地，合理开发利用资源，保护生态环境。决定严格执行林木采伐限额，加强资源培育和森林保护；有计划地开发荒地、荒坡、荒山、荒水、荒滩等后备资源来"扩大农业发展空间"；农业开发要实现"经济效益、生态效益和社会效益并重"；到 20 世纪末，"基本解决缺水地区人畜饮水困难"②，把河流上下游治理同林草业发展结合，防止水土流失。1993 年，国家决定以提高森林覆盖率、培育森林资源，增加木材与林产品供给能力为出发点，调整林业生产布局。1994 年，中央强调加强耕地保护，建立重要农产品基本农田保护区制度。1995 年，提出完善土地、水、森林、草原等自然资源有偿使用制度和价格体系，支持和鼓励妇女开展"三八绿色工程"、"水土保持工程"与"生态农业工程"等建设活动；大力发展生态农业，保护农业生态环境，"逐步建立资源更新的经济补偿机制"，到 20 世纪末，"力争环境污染和生态破坏加剧趋势得到基本控制"。1996 年，中央提高了对农业可持续发展的认识，认为人口、资源、环境相互协调"是实现农业和农村经济可持续发展的基础"。中国治理环境污染和保护生态的任务艰巨，在农村搞好水土保持，发展生态农业，控制农药、化肥、农膜等对农田和水源的污染。在控制人口增长方面，确保人口控制目标的实现；在农业资源利用和保护方面，依法保护并合理开发土地、森林、水、矿产、草原及海洋资源，坚持资源开发与节约并举，"节约使用土地、水资源和能源"。"九五"期间严格控制非农占地，减少灾害毁损耕地，大力开垦宜农荒地，落实基本农田保护制度；在环境建设方面，逐步建立森林生态效益补偿费制度和生态公益林建设投入机制，"全面启动黄河中游、淮河太湖流域、珠江流域和辽河流域四大防护林体系工程"，继续抓紧"三北"、沿海防护林，太行山、长江中上游绿化，防沙治沙等

---

① 中央文献研究室：《十三大以来重要文献选编》（中），人民出版社 1991 年版，第 1326 页。

② 中央文献研究室：《十三大以来重要文献选编》（下），人民出版社 1993 年版，第 1768，1768，1773 页。

工程建设,"大力推广滴灌、喷灌等节水灌溉技术"①,搞好水土保持工作。国家重点治理淮河、辽河、海河、巢湖、太湖、滇池及二氧化硫和酸雨控制区的污染,加快水土流失地区综合治理和森林植被恢复,认真执行森林采伐限额和林地使用许可证制度。在矿区加强废弃土地的复垦和生态环境的治理,在农区开展植树造林,加快水土流失综合治理,在草原防止过量放牧,禁止在沙化地区砍挖灌木、药材及其他固沙植物,采用防沙、固沙技术恢复植被,防治荒漠化。在贫困地区,发动农民治水、改土、种树,改善生产条件和生态环境。1997 年,中央要求继续抓好防护林体系建设,发动农民植树造林,国有林区把工作重点从过去采伐为主"转到造林育林、发展林产品加工业和多种经营上来"。土地管理以保护和改善生态环境为前提,按照谁开发谁受益的原则进行荒地开垦和农业综合开发。"除改善生态环境需要外,不得占用耕地发展林果业和挖塘养鱼";各级政府建立严格的基本农田保护、保护区耕地地力保养和环境保护制度。严格执行年度土地利用计划,不得突破数量指标,占用耕地与开发、复垦挂钩,开发、复垦不少于所占面积且符合耕地质量标准,"并落实到地块,明确责任,严格管理","各项建设用地都必须严格按照法定权限和程序报批"。每一农户只能有一处不超过标准的宅基地,严禁耕地撂荒,"土葬不得占用耕地",不得影响耕种或复垦还耕、还林。发展乡镇企业要尽量不占或少占耕地,"严禁占用耕地建砖瓦窑"。集体土地"不得用于经营性房地产开发,也不得转让、出租用于非农业建设";集体的各种荒地"不得以拍卖、租赁使用权等方式进行非农业建设"②。各地做到耕地总量动态平衡,努力提高耕地质量。1998 年,中央认为森林植被少、水土流失严重、生态环境恶化是农业持续发展的隐忧,为促进农业可持续发展,提倡少生优育,"使农村人口同经济、社会发展相适应";以水利建设为重点,发展节水农业和旱作农业。增加国债投资农业水利建设的比例,继续把黄河上中游、长江上中游、西北和华北北部风沙区作为生态建设的重点,用国债在西部有计划、有步骤地进行退耕还林,减少国有林区天然林采伐量,森工企业"变伐木为营林,有计划地停止天然林的

① 中央文献研究室:《十四大以来重要文献选编》(中),人民出版社 1997 年版,第 1504,1504,1656~1657,1657,1659,1850 页。
② 中央文献研究室:《十四大以来重要文献选编》(下),人民出版社 1999 年版,第 2289,2459,2460,2461,2462,2463,2463,2463 页。

采伐";禁止毁林毁草开荒和围湖造田,有计划有步骤地对过度开垦、围垦的土地还林、还草、还湖;依法限制农业用地转为建设用地,遏制乱占耕地现象。计划到 2003 年遏制生态环境继续恶化,"减轻经济活动对自然生态环境的压力"①,建设秀美山川。2000 年,中央决定利用国家实行积极财政政策、粮食库存较多的条件,实施天然林保护工程,落实国家对停伐企业、天然林禁伐区与关闭的小型木材加工企业的扶持政策,开展以植树种草、水土保持为重点的生态环境建设。各地退耕还林还草"应与改善生态环境、调整农业结构和农民脱贫致富相结合"②。在西部大开发中,增加农业、生态环境保护建设的信贷支持,采取退耕还林(草)、封山绿化、以粮代赈、个体承包等措施调整农业结构,发展特色农业、节水农业和生态农业。加快食品安全和质量标准体系建立。2001 年,针对 90 年代农业自然灾害的增加,大力发展生态农业技术,力争在 10 年内初步改善农村生态环境。国家开始重视农产品安全生产和食品安全问题,要求实施农业生态环境建设科技行动,提高水肥利用率,减少面源污染,开展无公害农业生产、乡镇企业污染治理技术的研究,建立无公害农业生产技术标准和生态农业技术体系。"提高抵御旱、涝、风、雹等气象灾害的能力",提高农业可持续发展能力。加大各级财政转移支付力度,继续实施重点天然林资源保护、防护林体系建设和长江、黄河上中游生态建设工程。2002年,中央表示要大力发展节水农业,集中建设农业节水示范县、旱作农业技术推广、农业节水技术创新、集雨节灌和重点地区农业节水生态保护综合治理。开始关注种养殖业的污染防治问题,要求发展绿色食品和有机食品,确保农副产品无公害。着重在发展畜牧业和保证农产品质量安全方面下功夫,建立健全农产品认证、标识和公示制度,加强转基因生物与食品的安全评价和标识及监管,"保障人民群众身体健康"③,提高"菜篮子"产品的质量卫生安全水平,确保农产品质量安全。2003 年,中央高调提出了农产品安全问题,要求所有省会城市、计划单列市、无公害和出口农

---

① 中央文献研究室:《十五大以来重要文献选编》(上),人民出版社 2000 年版,第 560 ~ 561,566,608 页。

② 中央文献研究室:《十五大以来重要文献选编》(中),人民出版社 2001 年版,第 1361 页。

③ 中央文献研究室:《十五大以来重要文献选编》(下),人民出版社 2003 年版,第 1797,2496 页。

产品生产基地开展农产品质量安全整治活动，建立例行监测制度，"重点查处使用违禁农药和兽药残留超标等问题"①。进行农业投入品强制性产品认证试点，推行农产品原产地标记制度，完善检验检测及质量认证体系，扩大无公害食品、有机食品和绿色食品的生产和供应。

中国农业以不到世界7%的耕地承载着养活占世界21%人口的压力，不得不围湖造田、毁草造田、毁林开荒，过度使用化肥与农药，造成了森林植被的破坏、土地沙漠化的加剧、水质与农产品的污染、土壤肥力的退化与病虫害的增加。农业生态环境的恶化引发了农产品从田间到餐桌的安全问题。再由于城市工商业迅猛发展，耕地占用速度过快，优质耕地锐减。为实现农业可持续发展，国家在20世纪90年代到21世纪初，确立了农业可持续发展的战略目标，逐渐制定了保护和利用农业资源、农业生态建设、环境保护与农产品安全等政策。保护和利用农业资源政策在实践中强化了土地用途、农地转用的管制与基本农田保护，积极推进了土地的开发整理，稳定了16亿亩的基本农田；在水资源保护利用方面，通过水利工程建设，推广普及节水灌溉技术，整治河流排污源，启动地下水资源保护，改造中低产田等措施提高了灌溉面积，降低了农田亩均用水量；在渔业资源保护方面，实行了休渔海域、长江禁渔期以及渔业资源增殖放流等制度，建立了各级、各类野生动植物自然保护区，扩大了濒危物种保护范围。农业生态环境保护与建设政策在实践中，颁布了开发建设项目的水土保护规章制度，开展了水土流失监测工作，建立了水土保持技术标准，开展了水土保持生态修复试点工程，推行了封山禁牧政策，提升了水土流失治理速度。在中西部地区，实行退耕还林（草）、退牧还草、退田还湖、天然林保护和草原保护利用等政策，逐渐改变了传统农业、畜牧业的生产方式，降低了水土流失速度，扩大了植被覆盖面积。在减少农业生产过程与农产品污染方面，促进了有机食品和绿色食品的生产和贸易发展。要求农民改进种养技术，科学使用化肥、农药、农用薄膜和饲料添加剂，禁止将有毒、有害废物作为肥料用于生产，防止农业环境污染。国家进行了乡村清洁工程试点，开展了全国土壤污染调查与防治示范工作，强化了农药、化肥安全管理，推广高效、低毒和低残留农药，实行农村可再生资

---

① 中央文献研究室：《十六大以来重要文献选编》（上），中央文献出版社2005年版，第130页。

源循环利用，中国农业污染加剧的趋势得到了初步遏制。

90 年代到 21 世纪初，中国农业生态环境治理产生了良好的政策效益，但农业资源严重不足决定了中国利用与保护农业资源与环境的矛盾十分尖锐。减少对农业资源和生态环境的破坏，控制农业生态环境污染，确保农产品安全，实现中国农业的生态、经济和社会和谐发展的目标任重而道远。

第三节　90 年代中国特色农业思想的探索

90 年代的中央领导集体把握住中国农业市场化改革的大趋势，清醒地认识到了中国农业在市场经济条件下面临的新形势与新问题。他们关于扶持、保护和促进中国农业发展的探索，可以概括为巩固农业基础地位，长期稳定并不断完善以家庭承包经营为基础的双层经营体制、推进农业产业化经营，在财政、农用物资等方面增加投入，建立农产品市场保护及加强宏观调控，促进农业可持续发展，推进农业科技革命，维护农民经济利益等观点。探索的特点是把农业与农村和农民问题紧密结合，逐渐形成了统筹城乡经济社会发展视域下建设现代农业的观点，为中国加入世界贸易组织后农业发展方针和政策的重大转变奠定了理论和实践基础。思考探索形成了建设中国特色的农业思想，推动了中国农业的进步，为 90 年代中国经济的起飞奠定了坚实的理论基础。

一　巩固农业基础地位的观点

共产党人在中国推进市场经济体制建设、加速融入世界经济发展潮流、实现经济高速发展的大背景下，阐述了农业在解决人们生活需求、促进国民经济与社会发展中具有不可替代的作用，提出了确保农业安全，在农业结构调整中巩固农业基础地位的观点。他们对中国农业地位的科学认识为 90 年代中国农业发展奠定了坚实的理论基础。

（一）第一要务是解决吃饭问题

共产党人强调中国是一个人口大国，为解决人民的吃饭问题，维护国家粮食安全是农业的第一要务。1992 年，江泽民根据中国用占世界可耕地面积 7% 的耕地养活了占世界 22% 的人口的情况，强调中国作为一个人口众多、底子又薄的大国，必须独立自主地解决人民的吃饭问题，不能靠任何的其他国家来解决。"靠人家靠不住，谁也解决不了这个大问题"，即使别的国家能够解决，中国也会受制于人。1994 年，他在福建考察工作时，再次强调粮食是战略物资，农业是战略产业，任何时候都必须抓得很紧，不得松懈。中国必须立足粮食自给有余，以备不时之需。希望靠国际粮食市场解决吃饭问题，根本靠不住，是一种不合实际的危险想法。1995 年，他再次指出，农业"是关系到十几亿人吃饭的大事"，必须靠自己解决。1996 年，强调贫困地区要把粮食生产放在第一位，把农业生产尤其是粮食生产搞上去，"这是解决群众温饱问题的迫切需要，也是发展各项事业的基础"①。1998 年，他谈到中国在过去 20 年内，粮食年总产量增加了四千多亿斤，12 亿多人吃饭的问题已经基本解决，但吃饭问题始终是中国的首要问题。"稳定和加强农业基础，争取农业有好收成，对于保持国民经济持续快速健康发展具有特别重要的意义。"② 2000 年，他又指出中国是一个拥有十二亿多人口的发展中国家，"吃饭问题始终是头等大事"。绝不能轻言农业过关了，中国只有依靠自己解决吃饭问题，发展农业是长期的艰巨任务，中国"必须始终把农业放在发展国民经济的首位"③。中国农业抗御自然灾害的能力还很弱，还没有从根本上摆脱靠天吃饭的状况。

　　90 年代的中央领导集体一致认为，在中国解决吃饭问题是头等大事，"是经济发展、社会安定、国家自立的基础"④。90 年代中国粮食生产要先后登上年产 4.5 亿吨和 5 亿吨台阶，全面振兴农村经济。立足国内解决十几亿人口的吃饭问题，"始终是一项关系全局的战略任务"⑤；国内的恩格尔系数高，"必须先保证吃饭"⑥；农业是安天下的产业，解决人民的吃饭穿衣问题是头等大事，"无论经济、社会发展到什么程度，人们都要吃

---

① 中央文献编辑委员会：《江泽民文选》（第 1 卷），人民出版社 2006 年版，第 259，441，552 页。

② 中央文献编辑委员会：《江泽民文选》（第 2 卷），人民出版社 2006 年版，第 104 页。

③ 中央文献编辑委员会：《江泽民文选》（第 3 卷），人民出版社 2006 年版，第 122 页。

④ 中央文献研究室：《十三大以来重要文献选编》（中），人民出版社 1991 年版，第 1383 页。

⑤ 中央文献研究室：《十四大以来重要文献选编》（中），人民出版社 1997 年版，第 1653 页。

⑥ 中央文献研究室：《十四大以来重要文献选编》（下），人民出版社 1999 年版，第 2254 页。

饭，都离不开农业"①，"任何时候都不能掉以轻心"②，农业在国民经济
中的基础地位不会改变。

（二）在市场经济与经济发展的进程中，不能动摇农业的基础地位

共产党人强调了中国在市场经济发展背景下巩固和加强农业基础地位
的重要性。1992 年，江泽民认为，改革重点由农村转到城市后，一定要
努力加强农业和农村工作。在任何时候、任何情况下，千万不能忘记也绝
不能动摇农业是国民经济的基础的指导思想。相信到下个世纪中叶，中国
基本实现现代化以后，这一指导思想"在干部群众的脑子里就会更牢固
了"。在中国，主要农产品特别是粮食是具有战略意义的特殊商品，关系
着国家和人民的安危。"没有农业的牢固基础，就不可能有我国的自立。"
农业在中国经济社会发展中的基础地位与战略作用永远都不能忽视。针对
各地建立开发区、大量圈占耕地的热潮，他认为，"如果圈地占地失控，
势必严重削弱农业的根本依托"；在农村发展以市场为导向的市场经济，
提高农业整体经济效益和综合生产能力"是我国农村改革走向新阶段的
标志"③。他在经济发展过热的 1993 年指出，建立市场经济体制为农业发
展带来了前所未有的机遇和挑战。在商品市场和经济资源的竞争中，农业
与工业不同，"既受市场风险制约，又受自然风险制约"，是自身效益低、
社会效益高的产业，"常常处于比较软弱和不利的地位"。在计划经济体
制向市场经济体制转变的时期，中国农业需要得到国家的保护。他关注到
了 80 年代中期以来，工农业发展不协调的局面。他指出，由于工农业产
品价格剪刀差的迅速扩大，国家用于农业的补贴减少，不少地方将粮价补
贴用于搞开发区、房地产和工业，农业信贷资金大量流失，导致了农业比
较利益下降，农民人均纯收入同城镇居民人均收入比"已基本上回复到
农村改革前的状况"，农业成为了"国民经济中最薄弱的环节"。他认为，
在市场经济条件下，农业如果单纯依赖市场调节，没有强有力的宏观调控
政策的保护，工农业的发展速度、发达地区和欠发达地区的经济发展以及

① 中央文献研究室：《十五大以来重要文献选编》（下），人民出版社 2003 年版，第
2181 页。
② 中央文献研究室：《十六大以来重要文献选编》（上），中央文献出版社 2005 年版，第
114 页。
③ 中央文献编辑委员会：《江泽民文选》（第 1 卷），人民出版社 2006 年版，第 258，259，
266，269 页。

城乡居民收入的差距将会日益拉大，更加凸显中国经济和社会生活的矛盾，"会严重影响政权的巩固和社会的安定"。人口多、耕地少、绝大多数人口在农村，农业物质技术基础很薄弱的国情条件，决定了农业在中国经济和社会发展的战略中始终处在举足轻重的地位。农业实现现代化、专业化和商品化的任务十分艰巨。中国农业基础是否巩固，不仅关系着农产品的有效供应，也关系到"工业品的销售市场，关系国民经济发展的全局"。他举例道，西方发达国家不仅把农业作为稳定政局的基础产业，还把它作为对外推行强权政治的战略武器。告诫全党：越是加快改革开放，越要重视农业、保护农业和加强农业。中国靠吃进口粮过日子，必然受制于人。各级党委和政府在任何时候都不要忘记农业是"国家和民族自立自强的大事"。在市场经济和经济高速发展的进程中，坚定不移地而不是表面地、口头地、半心半意地贯彻以农业为基础的方针，不能削弱农业的基础地位，确保农业持续稳定发展。"宁肯暂时少上几个工业项目，也要保证农业发展的紧迫需要"①，保证农业基础设施建设的不断增强。1995年2月，江泽民在中央农村工作会议上认为，由于市场规律的作用，驱使农业生产要素流向非农产业，工业的高速发展拉动了农用物资涨价，导致农业生产成本上升，农业成为了社会效益高而自身效益低的弱质产业。他总结出了经济越发展，社会对农产品的需求越大，经济发展对农业的依赖程度越高，越需要加强对农业保护和扶持的客观规律，加强农业是中国国民经济发展的首要问题。今后，"必须大力加强第一产业"，加强农业就是支持工业与第三产业，"为农业作贡献也就是为国民经济作贡献"。政府"制定计划首先安排好农业，研究政策优先考虑农业"，各级党委和政府要引导二、三产业支持农业，"形成以工补农、以工建农、以工带农的机制"②。1996年，他看到了市场经济条件下，农业生产因为市场体系不健全，农产品和农业生产资料的流通环节多，导致生产者和消费者得到的好处少；再因农产品市场的调节能力差，产生某些农产品积压与短缺并存或交替出现的现象，或因地区间的市场封锁，引发某些农产品的购销大

---

① 中央文献研究室：《十四大以来重要文献选编》（上），人民出版社 1996 年版，第 421，422，422，422，423，423，424，425 页。

② 中央文献编辑委员会：《江泽民文选》（第 1 卷），人民出版社 2006 年版，第 464，464，464，465 页。

战。他指出，农产品和农业生产资料市场的不稳定，"使农民无所适从"①，单家独户的农业家庭经营难以应对市场经济的挑战。针对经济发展可能存在的风险问题，他讲到中国人口多，还在不断增长，粮食供给的任务相当艰巨，发展农业"确实是一个值得研究和认真对待的重大战略问题"②。1997 年，他认为，中国仍处于社会主义初级阶段，仍处于农业国向工业化国家转变的历史阶段，必须把农业放在经济工作的首位，确保农业发展和农民收入增加，建立健全国家对农业的支持、保护体系。1998 年，为应对亚洲金融危机，他强调稳定和加强农业基础，争取农业好收成对于增强承受和抵御风险的能力具有特别重要的意义，"全党比任何时候都要更加自觉地重视农业"。实现中国经济发展目标，难度最大但又必须完成的任务"是保持农业和农村经济持续稳定增长"。更加重视和加强农业，发展农村经济，才能增加经济发展的回旋余地，保持经济社会稳定，也才能克服亚洲金融危机的影响。就中国加入世贸组织问题，他表示要权衡"入世"的利弊，尽管中国农业可能受到国际市场的竞争冲击，但重视农业，把农业的基础做好，可以更好地利用农业保护政策，发挥中国农业的比较优势，加快农业发展。2000 年，他指出长期困扰中国的农产品短缺问题得到了解决，但"不等于农业基础已经十分巩固了，要注意防止忽视农业的倾向"。"农业如果出现反复，整个经济工作就会陷入被动"③，"决不能轻言农业过关了"④，中国在任何时候都不能忽视粮食生产。2001 年，他又告诫道，中国人多地少、人多水少，人均占有的农业资源低于世界平均水平，耕地和水资源严重不匹配，决定了中国在 21 世纪要更加重视农业问题，充分认识解决农业问题的艰巨性。

　　90 年代到 21 世纪初，在发展市场经济和国家工业化加速发展的背景下，中国国内生产总值平均增幅达 9.7%，而 1990～2003 年农业增加值比上年增长率分别为 7.3%、2.4%、4.1%、4.0%、4.0%、4.5%、

---

①　中央文献研究室：《十四大以来重要文献选编》（下），人民出版社 1999 年版，第 1948 页。

②　中央文献编辑委员会：《江泽民文选》（第 1 卷），人民出版社 2006 年版，第 544 页。

③　中央文献编辑委员会：《江泽民文选》（第 2 卷），人民出版社 2006 年版，第 104，207，562，562 页。

④　中央文献编辑委员会：《江泽民文选》（第 3 卷），人民出版社 2006 年版，第 122 页。

5.1%、4.3%、3.5%、2.8%、2.4%、2.8%、2.9%和2.5%①，年均增幅3.6%。1981～1990年，中国农业占GDP的百分比由31.8%下降到27.1%，1995年为20.5%，2000年为16.4%，2001年为15.8%，2002年为15.3%，2003年为14.6%②。同期，中国农业出现了投入不足、耕地减少、不同程度放松农副产品生产、农业生产成本提高，农产品价格大幅度上涨、农民增收困难，农民丧失生产积极性的困局。党的领导集体一致批评了各级领导把精力和资金投入到第二、第三产业，把农业放在末位的状况，强调国家要坚持不懈地加强农业基础地位，较大幅度地增加农业投入，"改善农业生产条件，必须加大投入"③，确保农副产品供应，促进农业再登新台阶。经过他们的探索，到90年代后期，中国逐渐制定和实施了"在歉收和丰收两种不同情况下支持和保护农业的政策"④，确保了中国农业的基础地位。他们更加清醒地认识到，在市场经济和国家工业化加速发展的背景下，农业的效益不仅体现在农民收入上，"还体现在对整个国民经济发展的支撑上"⑤；农业具有经济和社会的双重效益，尽管比较效益低，但不能忽视对农业的投入和支持。

（三）实现农民增收与调整农业结构，必须巩固农业的基础地位

共产党人逐渐把农业发展与农民增收问题结合起来，强调了巩固农业基础地位在逐渐解决"三农"问题中的基础作用。1990年，江泽民认为，"农民问题始终是我国革命和建设的根本问题"，中国实现八亿多农民安居乐业，就能从根本上保证了国家和社会的稳定。实现中国经济发展的第二步战略目标，必须"继续加强农业这个基础"⑥。1992年，他针对80年代中期以来，农民负担过重、收入增速减缓，粮食主产区出现增产不增

---

① 数据见国家统计局农村社会经济调查司：《中国农业统计资料汇编》（1949—2004），中国统计出版社2006年版，第27页。

② 数据见中华人民共和国国家统计局：《中国统计年鉴》（2004），中国统计出版社2004年版，第54页。

③ 中央文献研究室：《十四大以来重要文献选编》（中），人民出版社1997年版，第1638页。

④ 中央文献研究室：《十五大以来重要文献选编》（上），人民出版社2000年版，第381页。

⑤ 中央文献研究室：《十五大以来重要文献选编》（下），人民出版社2003年版，第2181页。

⑥ 中央文献研究室：《十三大以来重要文献选编》（中），人民出版社1991年版，第1158页。

收或增产多增收少，农村一些基层组织软弱涣散、社会治安不好、封建迷信等社会陋习重新蔓延的情况，强调如果没有牢固的农业基础，就没有国家的自立；没有农业的积累和支持，就没有工业的发展；没有农村的全面进步，就没有社会的全面进步；没有农村的稳定，就没有社会的稳定；没有农民的小康，就没有全国人民的小康；没有农业现代化，就没有整个国民经济的现代化。所以，农业的基础地位与战略作用"只能加强，不能削弱"①。1993 年，他进一步指出，在市场经济体制下，受农民欢迎的政策和措施在不少地方和部门没有完全落实，需要切实解决农业比较效益下降、发展后劲不足和农民负担过重等问题。农业生产的主体是农民，加强农业基础地位，发展农业就必须最大限度地调动农民的积极性，不能损害农民的切身利益，一定要采取坚决措施切实保护农民的生产积极性。他强调"三农"问题始终是关系"我们党和国家全局的根本性问题"。在中国解决好"三农"问题，"归根到底要靠大力发展农村的社会生产力"②。在发展农业生产的基础上，把保证粮食供给和增加农民收入的目标统一起来，绝不能动摇保证农民收入不断增加的基本思想。加快农村经济发展，不断增加农民收入是党的农村工作的根本出发点和落脚点。1994 年，他更加深刻地认识到，"三农"问题不但是重大的经济问题，也是重大的政治问题，影响着改革开放和社会主义现代化建设的大局，关系着共产党执政地位的巩固与国家的长治久安。农业的基本任务是保证粮、棉、油和"菜篮子"的生产和供应，增加农民收入，保持农村社会稳定。1995 年，他强调农民收入增长缓慢会影响广大农民的生产积极性，直接制约工业发展，将导致贫富悬殊与整个经济社会的严重失衡，必须采取坚决有力的措施促进农业发展、农民富裕和农村社会进步。他认为，产业结构必然随着经济发展而不断优化升级，处理好一、二、三产业的关系，"既有利于经济协调发展，也有利于社会稳定"。中国农业基础薄弱，"加强农业也就是支持工业和第三产业"③，今后必须大力加强农业。1996 年，强调当年农业获得了较好收成，但农业基础脆弱的状况并没有得到根本改变，加强农业的思想丝毫不能松懈，在任何时候、任何情况下都不能放松农业，特

---

① 中央文献编辑委员会：《江泽民文选》（第 1 卷），人民出版社 2006 年版，第 259 页。
② 中央文献研究室：《十四大以来重要文献选编》（上），人民出版社 1996 年版，第 421，428 页。
③ 中央文献编辑委员会：《江泽民文选》（第 1 卷），人民出版社 2006 年版，第 464 页。

别是不能放松粮食生产。中央就减轻农民负担出台文件，规定了若干条"不准"和"严禁"，有效地遏制了农民负担日益加重的趋势。

1998年，当中国农业连续丰收，粮食产量达到5.12亿吨时，中央明确判断中国农业发展进入到了新阶段。江泽民强调，农业政策的重点开始转向到调整农业结构、增加农民收入和农村税费改革方面。增加农民收入直接关系到农村市场的开拓，关系到农民实现小康，"从长远看还可能影响农产品的供给"，必须高度重视日益突出的农民收入增长缓慢的问题。1999年，中央强调增加农民收入是农村工作的中心任务，出台调整农业经济结构和农村税费改革政策，希望引导农民根据市场需求调整和优化农业产业结构，提高农业综合效益，增加收入；通过农村税费改革减轻农民负担。他指出加强农业，进一步稳定农业基础地位，"是今后一个时期调整产业结构的基本思路"。中国农业进入了新的发展阶段，要抓住有利时机，"继续加强农田水利基本建设和生态环境建设"，保护和提高农业的综合生产能力。农村实现小康的关键是增加农民收入，从调整优化农业结构、增加农业投入、扩大以工代赈、促进农产品流通等方面"开辟农民增收的新途径新领域"。对农村税费实行规范化、法制化管理，"从根本上减轻农民负担"。中央领导集体形成了在农业结构调整中，巩固和加强农业基础地位的观点。2000年，江泽民强调中国实现了粮食等主要农产品由过去长期短缺到总量平衡、丰年有余的历史转折，农产品卖难、农民增收缓慢成为了农业发展面临的主要问题。农业结构调整总的要求是在不放松粮食生产的前提下，调整农产品结构，"把分散的农户与大市场紧密地连接起来"[1]。他告诫道，农民收入增长缓慢是农业结构不合理、城镇化水平低及农业劳动生产率低等诸多问题的综合反映。如果农民长期增产不增收，"生产积极性受到影响，粮食供求形势就可能发生逆转"[2]，数量众多的农民不能富起来，就不可能实现全面建设小康社会的目标。2001年，他进一步强调，在确保粮食安全、稳定粮食生产能力的前提下，推进农业生产结构在更大的空间和更高层次上的调整，进一步优化农业种植、生产的区域布局及品种、品质结构，尽快把畜牧业发展成一个大产业。为

---

[1] 中央文献编辑委员会：《江泽民文选》（第2卷），人民出版社2006年版，第216，435，436，442，442，563页。

[2] 中央文献研究室：《十五大以来重要文献选编》（中），人民出版社2001年版，第1463页。

促进农业结构调整，不能简单地封堵农村劳动力到城镇就业和跨区域流动，更不能采取歧视性的限制政策。在进行如何提高农村劳动生产率和农民购买力的政策设计时，"要兼顾农民和消费者的利益"，在两者之间找到最佳结合点。江泽民说，"我对保证粮食生产看得很重"，中国现在出现的粮食剩余"是低消费水平上的剩余"。随着人民生活水平的提高，膳食结构的改善，肉、蛋、奶的需求增加，中国的粮食还远远不够。因此，在农业产业结构调整的过程中，"要注意保护粮食生产能力"①，保护耕地和农民种粮的积极性，始终高度重视农业的基础地位。

1993 年中央农村工作领导小组成立后，每年召开的中央农村工作会议都不断强调重视农业基础地位，强化实现农业增产、农民增收和农村稳定的"三农"发展的目标，形成对中国农业基础地位的科学认识。中央针对市场经济条件下农业基础地位遭到削弱的情况，强调通过增加农业投入、提高农产品价格、保护耕地等措施巩固和加强了农业基础地位；针对农业增产后，出现农产品价格下降与卖难、农民增收缓慢的问题，提出在保持农业产量稳定增长的基础上，调整农业生产结构，积极发展高产、优质、高效农业，实现了农业生产在 1995 年以后的增长。尽管 1998 年以后，中国粮食产量因生产结构调整连续 5 年下降，但园艺、畜牧、水产等农产品的产量得到了较大提高，对改善人民生活发挥了重要作用。

二 长期稳定和完善家庭经营的观点

80 年代中期以后，每当中国农业出现产量下降、供给偏紧、价格大幅上行，或者供给丰富、相对过剩、库存积压、农民卖难导致农业生产徘徊时，人们都对农业家庭承包制提出责难。人们普遍认为，农民进行规模狭小的农业家庭生产，不能及时适应市场需求、调整生产结构，经不起市场供求和价格风险的考验，或主张在社会主义公有制的旗号下，扩大农业规模经营；或主张在发展市场经济的旗号下，实行土地私有制度。这些貌似在发展农业现代化的背景下，对规模狭小的农业家庭经营同规模经营、市场化经营的认识对立，实质上是对农业家庭承包制产生的认识分歧。共产党人面对人们对家庭承包制的怀疑、责难与否定，围绕着家庭承包制产

---

① 中央文献编辑委员会：《江泽民文选》（第 3 卷），人民出版社 2006 年版，第 410，411，411，411 页。

生的时代背景、实施的生产环境与社会经济条件及存在的问题作出了有力的回应，强调稳定和完善家庭承包制是一项必须长期坚持的政策，深化了对中国农业经营体制的认识。

（一）对家庭承包制的理论认识①

共产党人针对家庭经营与集体经营的关系、农业家庭承包制的适应条件及理论逻辑、土地承包中的期限及管理等问题进行了理论总结，回答了家庭承包制在市场经济条件下面临着的系列关键问题，阐述了对家庭承包制的理论认识。

1990 年、1991 年，江泽民认为承包制是中国农民在党的领导下的伟大创造，适合中国农村生产力的现实水平。它保证了农民的生产经营自主权，有效克服了管理过分集中和分配中的平均主义等弊端，发挥了农民个人与家庭的生产劳动积极性和集体经营的优越性。尽管承包制在有的地方还不够完善或很不完善，但需要向农民讲清楚，让农民吃上"定心丸"。承包制不仅要稳定，而且要完善，完善的核心在于"逐步健全统分结合的双层经营体制"②，发展农业社会化服务体系。他把稳定家庭承包制、完善统分结合的双层经营体制、建立和发展农业社会化服务体系与逐步壮大集体经济四方面理解为相辅相成的、不可分离的有机整体，表示家庭承包制不仅要长期坚持，"并且适应生产力发展的要求不断加以完善"。坚持集体统一经营就是集体经济组织、国家经济技术部门及其他服务性质的经济实体为农民家庭经营提供服务。尽管中国自然条件、历史条件和经济条件不尽相同，承包制的做法多种多样，"但都要遵循这个总体要求"③。1992 年之后，他认为，农民已经成为农村的市场主体，完善以家庭承包为基础、推进产业化经营的农业经营体制是发展农村市场经济的基础工作。在实践中完善家庭承包的基础，就要充分尊重农民的经营自主权，适当延长土地承包期，在承包期内农民的土地使用权可以依法有偿转让。完善集体统一经营最重要的就是"增强对农户服务的功能"，需要逐步壮大集体的经济实力，集体经济组织的综合服务与国家和社会的专业服务密切

---

① 1998 年中共十五届三中全会前，中国共产党把家庭承包制称为家庭联产承包制。

② 中央文献研究室：《十三大以来重要文献选编》（中），人民出版社 1991 年版，第 1161 页。

③ 中央文献研究室等：《新时期农业和农村工作重要文献选编》，中央文献出版社 1992 年版，第 791 页。

结合，从农业产中环节的服务发展到产前、产后全过程的服务。"使农户分散的小规模经营与日益发育的市场紧密联系起来"，解决农民分散生产与统一市场、小规模经营与规模经营的矛盾，有利于合理配置农业生产要素。他强调在少数二、三产业比较发达，大部分劳动力转移到非农产业就业并有稳定收入的地方，可以在尊重农民意愿的条件下，"实行适度的土地规模经营"[①]。1995 年，他认为，邓小平关于中国农业发展"两个飞跃"的思想"指明了我国农村的发展道路和长远方向"。在现在和今后相当长的时期内，保持家庭承包制稳定不变，不断加以完善，农民愿意搞多少年就搞多少年，"不要由上面去命令加以改变"。农业向集约化、集体化方向发展的具体形式"可以而且应该是多种多样"[②]，要实事求是地依靠农民在实践中的探索和创造。1996 年，他对家庭承包制的农户经营和集体经营两个层次在中国的实践现状提出看法。因为各地经济发展水平不同，集体经营的水平和能力发展很不平衡。许多地方农业集体经营层次很薄弱，基本上没有经济收入的来源。"有些单靠一家一户办不了、办不好的事"，集体也无力举办。要逐步建立集体经营层次，"为不断提高农户承包经营的水平提供有力的服务和支持"。在有条件的地方发展农业适度规模经营，"绝不能刮风，强求一律"[③]，尊重农民的意愿和首创精神，采取多种形式。

　　1998 年，江泽民对市场经济条件下发展中国农业的思路更加明晰起来，响亮地提出了建立以家庭承包经营为基础，以农产品市场体系、农业社会化服务体系与国家对农业的支持保护体系为支撑的农业经济体制改革的总目标，对农业家庭承包制的理论与实践进行了完整总结。他认为，实行农业家庭承包制是由农业生产规律决定的，是"生产关系一定要适应生产力发展要求的规律决定的"。农业家庭经营加社会化服务就能容纳农业生产力的不同水平，既适应传统农业的技术水平，也"适应现代农业，具有广泛的适应性和旺盛的生命力"，这就为长期稳定家庭承包制奠定了强有力的理论基石。长期稳定家庭承包经营为基础的双层经营体制是党的

　　① 中央文献研究室：《十四大以来重要文献选编》（上），人民出版社 1996 年版，第 426 页。

　　② 江泽民：《论社会主义市场经济》，中央文献出版社 2006 年版，第 211，212，213 页。

　　③ 中央文献研究室：《十四大以来重要文献选编》（下），人民出版社 1999 年版，第 1947，1947，1948 页。

农业政策的基础，在生产力水平提高以后也不要改变，"任何时候都不能动摇"。中国特色社会主义农业的两条标准是不搞土地私有、不改变家庭承包经营，实行"土地集体所有基础上的家庭承包经营"。向干部和农民讲清楚农业实行家庭承包制的道理，"彻底消除将来还可能回到'一大二公'的顾虑"；江泽民进一步提出了稳定家庭承包制的核心是稳定土地承包关系。他认为，土地是农业最基本的生产资料，也是农民最可靠的社会保障。稳定土地承包关系既是发展农业生产的客观要求，也是农村社会稳定的根本措施。中央决定再延长土地承包期30年，"而且三十年以后也没有必要再变"。他批评一些地方收回农民承包地、多留机动地、高价发包，这些"都违反了党的政策，是错误的"，动摇了家庭承包经营的基础；他重点指出了完善家庭承包制的基本思路。首先，在发展壮大集体经济的同时，鼓励和引导农村非公有制经济发展，完善农业所有制结构；其次，促进土地、技术、劳动力与资金等农业生产要素的合理流动与优化组合；最后，支持农民发展各种农业专业服务组织，转变政府的农业经济与技术部门的职能，建立起国家、集体和农民及其合作组织紧密结合的农业社会化服务体系。他认为，"农民已经成为自主经营、自负盈亏的市场主体"，党的农村工作方式要适应市场经济的要求，充分尊重农民的"生产经营自主权、财产所有权"[1]，尊重他们的民主权利，用说服、示范和服务的方法去尊重农民，保持家庭承包制的稳定性和连续性。同年召开的中共十五届三中全会，在总结农村改革20年基本经验的基础上，把江泽民的上述主张上升为了党的农业政策。中央从马克思主义基本原理的角度对家庭承包制进行了深刻的理论说明，认为农业家庭经营不仅适应以手工劳动为主的传统农业，也适应采取现代科学技术和生产手段的现代农业，是世界农业普遍使用的经营方式，符合生产关系适应生产力发展要求的客观规律，农民具有充分的经营自主权和生产经营的积极性；中央还从农业生产的角度解释了家庭承包制，认为它符合农业生产的自然特点，可以使农户根据农业的"市场、气候、环境和农作物生长情况及时作出决策"。既可以保证农业生产过程的顺利进行，也可以让农民自主安排剩余劳动力和剩余劳动时间，增加收入。因此，家庭承包制在农业生产中具有广泛的适

---

[1]　中央文献编辑委员会：《江泽民文选》（第2卷），人民出版社2006年版，第212～218页。

应性和旺盛的生命力，是农村集体经济组织内部的一个经营层次，是促进农业生产力极大发展和农村集体所有制有效实现的形式。不能把家庭承包经营和集体统一经营对立起来，认为只有统一经营才是集体经济。中央还更深刻地认识到，在社会主义市场经济条件下，集体统一经营不再直接组织农民的生产劳动，集体组织的功能在于管理好农民的集体资产，协调好农民之间的利益关系，组织好农民的生产服务及集体资源的开发，壮大集体经济实力，增强对农民的服务功能，帮助农民解决家庭经营难以克服的困难。中央认为，稳定土地承包关系就能解除农民的后顾之忧，能引导农民珍惜承包的土地，"增加投入，培肥地力，逐步提高产出率"。在保障农民的土地承包权、生产自主权与经营收益权的基础上，让农户成为独立的市场主体。中央表示要抓紧制定确保土地承包关系长期稳定的法律法规，"赋予农民长期而有保障的土地使用权"；农民土地使用权的流转，要"坚持自愿、有偿的原则依法进行"，不得使用任何理由采取强制手段让农民流转承包的土地。少数具备条件的地方可以在尊重农民自愿的基础上，发展多种形式的、适度的农业规模经营。中央的决定为长期稳定农业家庭承包制，稳定农民土地使用权提供了坚强的政策保障。中央还在农村所有制结构方面，提出要鼓励和引导公有制以及个体、私营等非公有制经济发展，积极扶持农民采用多种多样的股份合作制形式兴办经济实体，对以农民劳动联合和资本联合为主的集体经济，"更应鼓励发展"①。中央强调以农民劳动所得为主和按生产要素分配相结合的农业分配制度也必须长期坚持。党的领导集体对中国农业经营体制的这些认识彻底地改变了共产主义者们对农业个体经营、合作经营和集体经营的认识理解，实现了中国当代农业思想的重大突破。

1998年之后，江泽民在强调农业结构调整时，依然如故地认为，随着农业生产和社会经济生活的发展，农村土地承包还会出现新情况和新问题。由于土地问题关系到农民就业和基本生活保障，"决不允许用行政办法剥夺农民的土地使用权"。他还从城市化发展的角度认识到，农民在即将到来的快速城市化的过程中，"家里有块地，就进退有路"。从中国几千年封建社会的历史教训中总结道，在城市化过程中，必须明确不能搞土

---

① 中央文献研究室：《十五大以来重要文献选编》（上），人民出版社2000年版，第561，562，562，562，563页。

地兼并，共产党"对土地问题一定要慎重"，"农民的土地使用权不能随便动，更不能随便什么人就去买断了"，有条件的地方要按照自愿、依法、有偿的原则，"进行土地承包经营权流转，逐步发展规模经营"①，但必须稳定农民的土地承包关系，实行最严格的耕地保护制度。

（二）对农业产业化经营的理论认识

共产党人在稳定农村土地承包关系，倡导发展为农民家庭经营的服务组织，坚持和完善家庭承包制的同时，充分地认识到了家庭承包制在市场经济条件下的局限和劣势，指出单纯的家庭分散经营使劳动力及其他各种农业生产资源得不到充分利用，限制了农民对农业投入的积极性，"不利于农业生产力的进一步发展"②，农民小规模经营与农业市场化之间存在着天然的隔断，农民的经济利益在农产品市场交易中得不到有效保障。如何在家庭承包制的基础上，应对规模小、分散经营的局限，有效调节农户与市场的关系，保障农民的经济利益，党的领导集体先后把农民在实践中探索的成功经验概括为发展贸工农一体化经营和农业产业化经营的观点，最终把产业化经营作为中国农业在家庭承包经营基础上，建立农民与市场联系，保障农民在市场化经营中实现收益，推进农业规模经营的有效途径。

关于贸工农一体化经营体制，党早在80年代中期就提出实行农、工、商、运综合经营的原则，以期推进农业专业化、商品化、现代化的发展。90年代，随着市场经济体制的确立，一部分农业经济发达的农村通过利用当地资源兴办企业实现了农产品生产、加工和销售的结合，增加了收入。1994年，时为政治局常委、书记处书记和中央党校校长的胡锦涛要求农村集体经济组织"逐步走贸工农一体化、产加销一条龙的路子"，帮助农民解决家庭经营的困难。1995年，山东等地农民发展产业化经营的实践经验映入九十年代中央领导集体的理论视野。1995年、1996年，中央认为各种形式的贸工农一体化经济组织在促进农业商品化、生产专业化和现代化等方面发挥着重要作用，需要"认真总结经验，引导其更好地发展"。发展贸工农一体化经营能实现农户生产与市场的连接，实现农产

---

　　①　中央文献编辑委员会：《江泽民文选》（第3卷），人民出版社2006年版，第411，411，411，412，546页。

　　②　中央文献研究室：《十三大以来重要文献选编》（中），人民出版社1991年版，第1170页。

品生产、加工、销售的紧密结合，是中国农业在家庭承包制的基础上促进农业商品化、专业化和现代化发展，扩大经营规模的重要途径。各地积极兴办以市场为导向、以农产品加工为主，实行贸工农一体化经营的龙头企业，推进产业化经营，"带动千家万户发展商品生产"，"与农民结成经济利益共同体"①，发展联结农户与市场的中介组织，提高农村金融服务水平，"促进贸、工、农综合经营"②，推进产业化经营，促进农业发展和农民致富。江泽民也在同期要求各级党委和政府"建立健全农业社会化服务体系"，引导二、三产业支持农业发展，"形成以工补农、以工建农、以工带农的机制"。发展贸工农一体化经营，"既是转变农村经济体制的重要内容，也是转变农业增长方式的有效途径"③，贫困地区也要走这条路子。

1997 年以后，共产党人开始了对农业产业化经营的理论思考，把产业化经营作为指导中国农业发展的理论工具和政策手段，在实践中深化了对农业产业化经营的认识。1997 年，中央认为产业化经营能够利用具有市场开拓能力的农产品加工企业在原料来源和市场销售方面的优势，为农民提供产前、产中和产后服务，带动千家万户发展农业商品生产，表示要因地制宜地推行。产业化经营的作用在于推进农业和农村经济实现由粗放经营到集约经营的转变，"是提高农业效益，增加农民收入的重要途径"。中央强调，发展农业产业化经营的关键是培育农产品加工的龙头企业和销售实体，国有企业、供销合作社积极参与产业化经营，鼓励大中型工商企业和外商投资农业开发，农民联合兴办龙头企业。所有的龙头企业"都可以享受国家对现有农业企业的优惠政策"。乡镇企业实行种养加、贸工农一体化，"带动种植业、养殖业的发展"，"使农民和企业结成利益共同体"；农业银行把建设龙头企业作为资金投放的重点。他们对产业化经营在中国农业经营体制中的作用的认识也在这一年得以提升。中央认为，中国农业由小规模的家庭经营到适度规模经营的可行途径是在不改变家庭承

① 中央文献研究室：《十四大以来重要文献选编》（中），人民出版社 1997 年版，第 1019，1277，1656，1656 页。
② 中央文献研究室：《十四大以来重要文献选编》（下），人民出版社 1999 年版，第 1997 页。
③ 中央文献编辑委员会：《江泽民文选》（第 1 卷），人民出版社 2006 年版，第 465，465，553 页。

包经营的基础上，通过产业化经营实现农业专业化、社会化生产。发展产业化经营"既巩固充实发展了家庭承包经营，又使农户分散的经营纳入了社会化大生产的轨道"①，足以取得规模效益。江泽民深刻地强调产业化经营的关键是形成农业"生产、加工、销售有机结合和相互促进的机制"②，农业产业化经营是中国推进农业逐步向商品化、专业化和现代化方向转变的重要途径。1998 年，中央进一步赋予农业产业化经营新的作用，说它"也是调整和优化农村经济结构，提高农业整体素质和效益的有效途径"。对产业化经营发展提出了更高要求，强调了市场需求、资源条件、科学规划、合理布局等发展原则，减少发展的盲目性。中央突出了产业化经营过程中协调好企业与农民的经济利益问题，龙头企业自觉为农户提供产前、产中服务，让农民参股、参与管理，"把加工、流通环节的利润合理返还给农民"，与农民结成风险共担、利益共享的共同体，同农民形成合理的利益关系，让农民得到实惠。中央认为农民在实践中创造的产业化经营，不受地区、所有制和部门的限制，把农产品"生产、加工、销售等环节连成一体"，没有侵犯农民的财产权益，能帮助千家万户的农民有效解决"进入市场、运用现代科技和扩大经营规模等问题"③，弥补了农民家庭经营在市场经济条件下的局限和劣势，是提高农业经济效益和市场化程度的现实途径之一。江泽民要求乡镇企业在产业结构调整中，"大力发展农副产品加工业和贸工农一体化的龙头企业"，农民也要根据市场需求变化，优化农业产业结构，与产业化经营相结合，"提高农业综合效益"④，解决收入增长缓慢的问题。其他领导人如李鹏还指出，发展产业化经营不仅拓宽了农产品流通渠道，"也能分享加工和销售环节的利益"⑤，使农民获得生产收益。1999 年，中央要求发展龙头企业、中介服务机构与农户紧密结合的新型农业技术推广模式，"提高农业产业化经营

---

① 中央文献研究室：《十四大以来重要文献选编》（下），人民出版社 1999 年版，第 2291～2292，2292，2292，2394，2600 页。

② 中央文献编辑委员会：《江泽民文选》（第 2 卷），人民出版社 2006 年版，第 24 页。

③ 中央文献研究室：《十五大以来重要文献选编》（上），人民出版社 2000 年版，第 193，194，562，562～563 页。

④ 中央文献编辑委员会：《江泽民文选》（第 2 卷），人民出版社 2006 年版，第 118，216 页。

⑤ 中央文献研究室：《十五大以来重要文献选编》（上），人民出版社 2000 年版，第 224 页。

水平"①，引导农民根据市场需求组织农业生产。江泽民继续要求乡镇企业"注重发展农产品加工，促进农业产业化经营"。2000 年，他指出政府机构精简后可以"循着农业产业化经营的路子"，组织县、乡两级机关的富余人员搞各种形式的农业产前、产中、产后服务，引导农民走向市场经济的大市场。中国还可以通过实施科教兴农，发挥市场机制的作用，发展高产、优质、高效农业，加快农产品加工转化，提高农产品质量等办法"扶持农业产业化经营"②；产业化经营要"面向市场、依靠科技"③，才能提高农业素质和效益，提高产业化经营水平。他对农业产业化经营的理论进行了全面概括。总结道，农业产业化是在家庭经营的基础上，实现农业规模经营，"引导农民进入市场的有效途径"。产业化经营的实践要同"农业结构调整、乡镇企业发展和小城镇建设结合起来"，从事农产品加工的龙头企业、科研单位与销售组织要和"农户形成利益共享、风险共担的机制"④，让农民得到更多的实惠。他的概括总结标志着党完成了对农业产业化经营理论的探索。

　　2001 年以后，江泽民针对贫困地区的"三农"问题，继续强调发展产业化经营，"促进农业劳动力向第二、第三产业转移"。中国农业在产业结构调整中大幅度地提高了畜牧业比重，增加了优质专用农产品供给，"产业化经营发展很快"。但中国农业"还比较落后，竞争力较差，面临着严峻挑战"，需要提高农业的科技含量，继续推进产业化经营。在中国加快城市化、促进城乡统筹的进程中，更要推进产业化经营的发展，"提高农民进入市场的组织化程度和农业综合效益"⑤。扶持农业产业化发展就是扶持农业，扶持龙头企业就是扶持农民。即将接任的胡锦涛要求"加大对'公司加农户'等农产品加工和流通企业的信贷支持"⑥，增强

---

　　① 中央文献研究室：《十五大以来重要文献选编》（中），人民出版社 2001 年版，第 942 页。

　　② 中央文献编辑委员会：《江泽民文选》（第 2 卷），人民出版社 2006 年版，第 436，514，563 页。

　　③ 中央文献编辑委员会：《江泽民文选》（第 3 卷），人民出版社 2006 年版，第 122 页。

　　④ 中央文献研究室：《十五大以来重要文献选编》（中），人民出版社 2001 年版，第 1464 页。

　　⑤ 中央文献编辑委员会：《江泽民文选》（第 3 卷），人民出版社 2006 年版，第 252，410，452，546 页。

　　⑥ 中央文献研究室：《十五大以来重要文献选编》（下），人民出版社 2003 年版，第 2544 页。

龙头企业的带动能力，重点培养具有一定国际竞争力的农业产业化企业，引导龙头企业"和农户形成生产、加工、销售的利益共同体"①，实现产业化经营更快更好地发展。

我们可以把共产党人关于农业产业化经营的实践总结和理论认识概括为：以国内市场为导向，以提高农业经营经济效益和增加农民收入为中心，以龙头企业和农产品经营能人为关键，以农民教育和国家农业科研力量为辅助，带动农业主导产品发展，推进农业区域化、专业化生产，社会化服务与企业化管理的发展，建立产供销、贸工农紧密结合的农业生产经营体制。他们的理论认识是在坚持和完善家庭承包制的基础上，对邓小平提出的中国农业"两个飞跃"思想的发展，对农民创造的产业化经营的经验的总结和提升。他们有力地回答和解决了家庭承包制在市场经济条件下存在的理论与实践问题，丰富、发展和创新了关于农业经营体制的认识。

三　保护、扶持和促进农业发展的观点

20 世纪 90 年代的中央领导集体结合中国农业发展滞后，发展中出现资金投入不足、优质良田被占、经营效益降低、农产品买难卖难交替、农民增收缓慢的现状，借鉴了世界上经济发达国家保护和补贴本国农业的法规与政策，认为中国农业更应受到国家保护，强调农业是国家宏观调控中"需要加以保护的产业"②，逐步建立中国特色的对农业强而有力的"支持和保护体系，并使之制度化、法律化"③。中央提出了建立重要农产品收购保护价与储备制度，保障农业投入和保护农民利益等扶持和促进农业发展的一系列观点。在这些观点的指导下，中国初步确立了农产品收购最低保护价和储备调节、引导资金等生产要素流向农业、减轻农民负担、保障农民利益等制度，对于减少农业市场风险、保障农产品供给、保护农民利益发挥了积极作用。

---

① 中央文献研究室：《十六大以来重要文献选编》（上），中央文献出版社 2006 年版，第119 页。

② 中央文献研究室：《十四大以来重要文献选编》（上），人民出版社 1996 年版，第422 页。

③ 中央文献研究室：《十四大以来重要文献选编》（下），人民出版社 1999 年版，第1949 页。

（一）建立重要农产品收购保护价与储备制度的认识

20 世纪 90 年代到 21 世纪初，中国进行了农产品储备与收购保护价及风险基金制度的实践探索。在实践中，中国共产党人深刻认识到了建立重要农产品收购保护价与储备制度和风险基金的重要性，确立了建立重要农产品收购保护价与储备制度和风险基金的方法和政策。

1992 年底，江泽民指出中国农业发展存在着诸多问题：水稻、小麦、玉米和主产区的大豆等四种主粮及棉花、油料、糖料的价格尚未放开；工农业产品价格剪刀差在 20 世纪 80 年代中期以后进一步扩大；农产品流通领域没有建立以初级、批发及期货市场为代表的市场体系，农产品卖难、运难的现象突出；农民和粮棉主产区的经济收益不高，不利于调动广大农民的生产积极性。江泽民对即将开始的农产品市场化改革充满期待，提出了建立国家对农产品市场宏观调控的系列政策构想。他指出，中国农产品价格政策改革的总方向是放开价格，放开经营，确立市场形成价格机制、竞争机制与激励机制，体现价值规律的作用和要求，促进农业发展。他也预见到农产品市场化改革可能出现的风险，提出了应对的方法。他强调要通过提高效益、降低成本，搞活城乡交流及调整价格等办法缓解工农业产品价格剪刀差扩大的趋势；他要求国家实行粮棉主产区和主销区利益共享、风险共担的原则，"加紧研究一套从生产到购、销、存、运的宏观指导和宏观调控方案"，对主产区采取必要的扶持、优惠、保护政策；他认为，放开农产品价格，实行市场化经营，"不是放任自流，撒手不管"。在当今世界上，没有百分之百完全自由的市场经济，特别要对粮、棉、油、糖等主要农产品进行强有力的科学调控。国家除了运用税收、信贷、财政等经济杠杆和经济手段外，还要加强农产品流通的制度建设。他强调放开农产品经营后，应充分发挥流通领域的作用，支持和鼓励农民参与农产品流通，但对粮食等关系国计民生的重要商品，国有粮食企业和合作社商业在粮食等重要商品经营主渠道的作用不能削弱，"粮食服务体系不能打乱"；他希望建立以国家储备为中心的重要农产品三级储备体系，增强宏观调控的物质基础。中央、地方（包括省地县）和农民都要储粮，"粮价低时多储一点，粮价高时抛售一点"，起到平抑粮价、稳定市场的作用，防止粮价暴涨暴跌。他还希望国家建立与专项粮食储备制度相衔接的粮食等重要农产品的仓储运输体系，"遇到各种特殊情况都能调度自如"；江泽民强调，在建立多层次的农产品市场体系中，通过培育市场机制，

"为农民提供正确的信息，引导农民面向市场搞好生产"，让农民生产的农产品在市场上卖得掉、销得出。国家试办具有价格发现、避免价格风险功能的农产品期货市场，"各类市场都要向规范化、法制化的方向发展"。他还强调国家要逐步实行农业风险基金或调节基金制度，以有效应对农产品市场的价格风险。在价格上涨时，以较低价格出售；在价格下跌时，按保护价进行收购，"重要的是先起步，以后逐步发展、逐步完善"。总之，像粮食、棉花、油料、糖料等重要商品，"即使放开后，也必须有计划指导和调控"。在农业领域充分发挥市场机制的作用，是一个长期的过程，"还会遇到许多新问题"①。江泽民的未雨绸缪，表明他对农产品市场化改革有着清醒的认识。

1993 年，中央决定全部放开食油、粮食的价格与经营，在主产棉花的省份试点市场化经营。全国各地取消了实行了 40 年的粮食定量销售的办法，粮、布、油、肉等票证开始退出中国当代历史舞台。但由于改革政策不配套，调控方式和手段存在缺陷，当年农产品市场化改革的实践在粮食供求矛盾并不突出的情况下，出现了市场混乱、粮价连续 20 个月上涨的局面。中央希望农产品在价格放开、经营放开以后，发挥市场和价格引导生产与消费的愿望没有实现，江泽民宏观调控农产品市场的设想来不及实施。10 月，他强调"三农"问题"始终是一个关系我们党和国家全局的根本性问题"。在商品市场和经济资源的竞争中，农业"常常处于比较软弱和不利的地位"。在发展市场经济的过程中，对农业单纯靠市场调节，如果没有强有力的宏观调控，会加剧经济和社会生活的矛盾，严重影响政权巩固和社会安定。他要求对农业保护和补贴问题要有深刻的认识，从中央到地方政府要建立健全科学有效的重要农产品储备调节、农业生产保护支持和农村社会保障体系。充分行使统筹规划、信息引导、组织协调、提供服务和检查监督的职能，"发挥政府对主要农产品的生产、销售、储备、出口等方面的指导作用"，加强耕地保护、农产品价格保护、农村生态环境保护和灾害援助工作。通过提高粮食收购保护价、建立粮食储备调节体系等措施"提高粮食生产的比较效益，增加农民的收入，调

---

①　中央文献编辑委员会：《江泽民文选》（第 1 卷），人民出版社 2006 年版，第 267，270，270，271~272，272，272，272~273，273，273，273 页。

动农民种粮的积极性"①。他提出,以批发市场建设为重点,建设中央批发市场、区域批发市场及城乡农贸市场,加强道路、仓储、电力、通讯等设施建设,建立公平竞争、开放有序和城乡统一的农产品市场体系。1994年,中央针对农产品市场化改革出现的问题,下令国有粮店统一挂牌限价销售和限量供应,禁止私商经营粮食。农民必须完成国家定购任务,实行"菜篮子"市长负责制和"米袋子"省长负责制,建立粮食风险基金,健全粮食储备体系,"形成灵活的吞吐调节机制,平抑粮价,稳定市场"②。国家开始实行粮食保护价格制度,将小麦、稻谷、玉米、大豆综合收购价提高40%。1995年,江泽民认为充分发挥市场机制作用和加强宏观调控缺一不可,"绝不能把它们割裂开来,甚至对立起来"③。工业化程度越高,市场经济越发展,"越需要加强对农业的保护和扶持",这是历史证明了的客观规律。中国要积极探索扶持、保护、促进农业发展的新机制、新办法,"合理调整工农、城乡利益关系,按价值规律同农民打交道"④。中央要求各级政府特别是省政府"必须承担起保证当地粮食供求平衡的责任",落实省长负责制,"逐步建立地方粮食储备和相应的粮食风险基金"⑤,减少市场风险。1996年,江泽民在河南考察农业和农村工作时,再次强调中国正处在经济体制转换时期,由于比较利益等原因,如果对农业不重视,不加以保护,农业"很容易在市场竞争中处于不利地位"。在整个现代化进程中,我们必须"重视对农业的保护和扶持",确保农业现代化的逐步实现。对农业效益问题要有全面认识,假如把农业生产与加工、运销及综合利用等环节结合,实行贸工农一体化经营,把农产品增值的收益放到农业中去,农业的综合效益并不低。针对因行政干预引发某些农产品购销大战,时常出现某些农产品积压和短缺并存的现象,江泽民强调需要进一步"改革农产品和农业生产资料的流通体制",加快农产品市场体系建设。中国已初步建立农产品收购最低保护价、风险基金粮食和专

---

① 中央文献研究室:《十四大以来重要文献选编》(上),人民出版社1996年版,第421,422,427,428页。

② 同上书,第767页。

③ 中央文献编辑委员会:《江泽民文选》(第1卷),人民出版社2006年版,第467页。

④ 中央文献研究室:《江泽民论有中国特色社会主义》(专题摘编),中央文献出版社2002年版,第129页。

⑤ 中央文献研究室:《十四大以来重要文献选编》(中),人民出版社1997年版,第1275页。

项储备制度，但由于国家财力有限，支持保护力度不够，支持保护体系不健全，要逐步建立起中国特色的农业支持和保护体系，"并使之制度化、法律化"①。

1993～1996年间，中央其他领导人也对农业市场化改革中，加强农业支持保护的问题作出了强调。乔石指出，《中华人民共和国农业法》的制定和实施对于"发展农村社会主义市场经济，有重要意义"②，要积极探索市场经济条件下发展农业的新思路、新办法；李鹏要求改革农业生产资料流通体制，理顺农用物资价格，"减少流通环节，降低流通费用，稳定市场价格"；姜春云强调建立健全主要农产品储备调节制度和风险基金制度，在农产品出现余缺和市场发生波动时，"及时有效地吞吐调节，以确保农业稳定、持续发展"③。总之，他们从农业立法、农产品和农业生产资料购销体制改革等方面强调了建立重要农产品收购保护价与储备制度和风险基金的重要性。

20世纪90年代到21世纪初的中央领导集体还进行了农产品储备与收购保护价及风险基金制度的探索。

第一，农产品收购保护价制度的建立与调整。1979年国家用统一定价的方式提高了农副产品收购价，成为了中国实行农产品保护价政策的开端。1993年，国务院确定国家定购粮和专储粮为保护价的适用范围，不再硬性要求各地按国家保护价敞开收购，地方政府根据当地粮食市场情况，参照国家保护价，制定本地区收购国家定购和专储以外粮食的兜底保护价标准。分三年逐步减少中央和地方的粮食财政补贴，将减下来的补贴用于建立粮食风险调节基金，为实施保护价收购提供资金保证。1996年，中央决定抓住粮食连续两年增产、市场粮价下降的机会，将粮食平均定购价格在1994年的基础上提高42%，要求国有粮食部门以定购价为保护价，敞开收购农民余粮，收购价与市场价之差额由粮食风险基金补贴。以市场交易形式搞活棉花销售环节，保留收购，使棉花流通体制改革走出了

---

① 中央文献研究室：《十四大以来重要文献选编》（下），人民出版社1999年版，第1945，1945，1948，1949页。
② 中央文献研究室：《十四大以来重要文献选编》（上），人民出版社1996年版，第336页。
③ 中央文献研究室：《十四大以来重要文献选编》（中），人民出版社1997年版，第1065，1644页。

关键的一步。1997 年初，再次要求按保护价直接收购农民的粮食，"不准拒收限收，不准压级压价，不准向农民打'白条'"；各省、区、直辖市抓紧完成国家专项储备粮收购任务，增加地方粮食储备，"把农民要出售的余粮全部收购上来"①，把市场粮价稳定在合理水平。7 月，修改保护价政策，降低了粮食保护价水平，规定风险基金规模不足的地方由中央和省按一定比例追加。1998 年，执行粮食收储企业按保护价敞开收购余粮，实行顺价销售，农业发展银行收购资金封闭运行等三项政策，决定建立和完善政府调控下市场形成粮食价格的机制，"粮食价格主要由市场供求决定"②。国家制定主要粮食品种收购保护价以保护农民利益；把主要粮食品种销售限价作为调控目标，以保护消费者的利益；将定购价、保护价的决策权下放给省级政府，要求省级政府在市场粮价高于保护价时，参照市场粮价确定定购价、保护价；当市场粮价低于保护价时，按不低于保护价的原则制定购粮收购价格。将保护价决策权下放后，各地普遍下调了定购价和保护价，进一步降低了农产品保护价水平。决定从下年开始，把棉花收购价格改为政府指导价，棉花收购和销售价格由市场形成。1999 年，根据发展优质农产品生产的要求，调整了粮食保护价收购的品种和省区范围，规定各省区按照有利于粮食结构调整、农民获得合理收益和实现顺价销售的原则，粮食收购价格可以调低到保护价水平，进一步拉开粮食品质、季节和地区差价；要求国有粮食购销企业确保敞开收购农民余粮。2000 年，进一步调整了粮食保护价收购范围。2001 年，确定了完善粮食价格形成机制，建立完善的粮食市场、国家粮食储备体系，逐步建立适应市场经济要求和中国国情的粮食流通体制改革的目标。

　　第二，农产品储备制度的建立与调整。1990 年，针对农民"卖粮难"和粮食部门"储粮难"问题，成立了负责国家粮食储备管理工作的国家粮食储备局。规定专项储备粮在调出省区收购；收购价格不得低于国家规定的保护价；收储业务由地方粮食企业承担；粮权在国务院，各地必须服从统一调度，未经批准，任何地区和部门不得擅自动用。到 1993 年，中央储备粮库存达到 500 亿千克，在应对 1993 年开始的全国性粮价与饲

---

　　① 中央文献研究室：《十四大以来重要文献选编》（下），人民出版社 1999 年版，第 2286，2287 页。

　　② 中央文献研究室：《十五大以来重要文献选编》（上），人民出版社 2000 年版，第 350 页。

料价格上涨中发挥了重要作用。1998 年，为避免地方政府对中央储备粮经营管理的影响，国家决定通过建立垂直的储存运体系，改革中央储备粮管理体制。2000 年，成立了中国储备粮管理总公司及 14 个分公司，陆续接管了中央储备粮的管理工作，开始运行中央储备粮垂直管理体制。

第三，粮食风险基金制度的建立与调整。1994 年，国务院颁布《粮食风险基金实施意见》，中国开始了重要农产品专项调控基金的运作。粮食风险基金是中央和地方政府为促进粮食稳定增长，维护粮食流通秩序，平抑粮食市场价格的专项资金，主要用于国家储备粮油的利息、费用支出，实行当年结转收。在特殊情况下，动用中央储备粮油，调节市场价格所需的开支，用于地方政府为平抑粮油市场价格、吞吐粮油发生的利息、费用和价差支出，用于贫困地区吃返销粮的农民因粮食销价提高而增加的补助。1998 年，再次规定粮食风险基金用于支付省级储备粮油的利息和费用补贴，用于粮食企业按粮食保护价敞开收购农民余粮致使周转粮库存增加，流转费用提高，弥补不能顺价销售的超正常库存的利息与费用补贴；使用粮食风险基金的原则是丰年向产区倾斜、歉年向销区倾斜，当年节余的粮食风险基金如数结转到下年使用。1999 年，中央对地方粮食风险基金的补助实行地方政府包干的办法，各地的节余只能用于粮食支出，不得挪作他用。2000 年，规定中央和地方储备粮在处理陈化粮时产生的价差亏损分别由中央财政和地方财政负担，粮食购销企业周转库存中陈化粮价差亏损，原则上由粮食风险基金补贴。2001 年，适当增加中央对粮食主产区的粮食风险基金补助，地方政府节余的粮食风险基金用于陈化粮价差亏损补贴、粮食出口补贴和消化粮食财务挂账等方面的开支，不准挪作他用。制定了《粮食风险基金监督管理暂行办法》，规范了粮食风险基金在国家对粮食进行宏观调控的方法。

经过党的领导集体关于建立重要农产品收购保护价、储备调节制度和风险基金的探索与实践，中国建立了在市场经济条件下减少农业市场风险，保障农产品供给、保护农民生产权益的农业保护制度，对于中国农业的稳定发展发挥了积极作用。

（二）保证财政投入持续稳定增加的认识

20 世纪 90 年代到 21 世纪初的中央领导集体针对各级政府重视工业发展、忽视农业投入，财政对农业投入增长有限，国家实行分税制改革的状况，强调多形式、多渠道增加农业投入，扶持和促进农业发展。

1992 年底，江泽民预测到下年的中国农业将可能出现投入减少的不利情况，提出了市场经济条件下保证农业投入持续稳定增加的问题。他认为，国家在长期规划和年度计划中要积极安排农业投入，在《农业法》审议通过后，"还要制定一系列具体实施办法和保障措施"①，保障农业投入。1993 年，他要求银行在控制信贷规模、调整信贷结构时，重点支持和保证农业的资金投入。他认为，为保障农业稳定增长、增强农业后劲，"必须把水利等农业基础设施放在与能源、交通、重要原材料等基础产业同等重要的地位"，各级政府应优先考虑水利建设。在农业基础设施建设中，引导农民增加劳动积累和资金积累，"中央和地方也要保证必要的投入"②，这样才能保障农业的基础地位。他表示要坚决制止部分地方政府不注意增加农业投入，挪用农业资金、物资的做法。中央其他领导人也在1994 年、1995 年不断强调解决市场经济条件下农业投入不足的问题。要求增加中央和地方政府对农业的投入，"农业投入不得挪作他用"，鼓励并引导集体增加投入，通过落实减轻农民负担的各项措施，"鼓励农民增加农业投入"③。中国人民银行从 1996 年开始对农村信用社实行资产负债比例管理，引导其增加农业信贷投入。

1996 年，江泽民指出由于国家对水利建设投入不足，"江河治理欠账太多，水利设施脆弱，抗灾能力严重不足"，必须切实增加政府和集体的投入，用多种形式组织农民投工投劳，"加快江河治理和水利设施建设"④。姜春云也表示，要制定保证农业投入的政策法规，"使农业投入规范化、制度化"⑤，继续坚持并不断完善乡镇企业用以工补农、以工建农的方式，引导农民以劳务投入替代资本投入，加快农业基本建设的进程。1997 年，江泽民继续强调，多渠道增加农业基础设施建设投入，金融业也"要大力支持农业和农村经济发展"，"要积极引导外资投向农业"。1998 年，他认为从长远来看，发展乡镇企业"才能增加农业投入，支持

---

① 中央文献编辑委员会：《江泽民文选》（第 1 卷），人民出版社 2006 年版，第 266 页。
② 中央文献研究室：《十四大以来重要文献选编》（上），人民出版社 1996 年版，第430 页。
③ 中央文献研究室：《十四大以来重要文献选编》（中），人民出版社 1997 年版，第 1247，1587 页。
④ 中央文献编辑委员会：《江泽民文选》（第 1 卷），人民出版社 2006 年版，第 544 页。
⑤ 中央文献研究室：《十四大以来重要文献选编》（中），人民出版社 1997 年版，第1639 页。

农业现代化"。中国农业发展中最重要的问题之一是水问题，要吸取当年大洪灾的教训，一手抓防洪工程、水利设施建设，"一手抓植树种草、治理水土流失等生态环境建设"，提高农业抵御自然灾害的能力。李鹏要求各级政府落实水利建设基金，增加农业投入。中央提出了水利建设的方针和任务，全面部署了大江、大河和大湖治理工作，制定了具体政策，大幅度增加了水利建设投入。1999 年、2000 年、2002 年，江泽民表示要抓住农业结构调整的有利时机，实施积极的财政政策，加大对农业的投入和支持，"稳步提高农业综合生产能力"①，"加快农业科技进步和农村基础设施建设"②。

在中央关于保证财政投入持续稳定增加的观点的指导下，国家财政支农资金的投入，对于加强农业基础地位，改善农业条件发挥了积极作用。"八五"（1991～1995 年）时期，国家逐步提高了财政投入农业的资金占国家财政总支出的比重，1994 年国家农业基本建设投资首次突破 100 亿元。1994～1997 年国家农业基本建设投资平均增长超过 16%。"九五"（1996～2000 年）时期，国家财政支农资金总计达 5186.6 亿元。1998 年，国家实行积极财政政策，大幅度地提高了农业投入，改善和优化了国家财政的支农结构，提高了财政支农资金的使用效率。当年，国家农业基本建设投资额达 460 亿元，比上年增长了 1.89 倍，1999～2002 年农业基本建设投资额分别为 357 亿元、414 亿元、480 亿元和 423 亿元③。1998 年以后，在国家财政收入快速增加的前提下，伴随着财政支农力度的加大和农村税费改革的推进，中国迎来了工业反哺农业、城市支持农村，实现工业与农业、城市与农村协调发展的新阶段。

（三）减轻农民负担、调动农民生产积极性的认识

20 世纪 80 年代家庭承包制改革后，农民成为了依法直接向国家缴纳农业税、屠宰税的主体，农民还向乡（镇）、村两级集体经济组织缴纳农村教育事业费附加、计划生育、优抚、民兵训练、修建乡村道路等款项，

---

① 中央文献编辑委员会：《江泽民文选》（第 2 卷），人民出版社 2006 年版，第 77，91，116，215，563 页。

② 中央文献编辑委员会：《江泽民文选》（第 3 卷），人民出版社 2006 年版，第 546～547 页。

③ 数据见苏明：《中国农业财政政策的回顾与展望》，《财政研究》2009 年第 2 期，第 12 页。

以及用于村级维持或扩大再生产、兴办公益事业和日常管理开支费用等被总称为"三提五统"的缴费，还得承担各级政府和有关行政部门出台的涉农性质的其他行政事业性收费、政府基金、集资及各种摊派。家庭承包制留给农民的"交够国家的，留够集体的，剩下都是自己的"的农业经营收益的分配格局在实践中，由于国家、集体与农民经济利益关系的不明确，"交够"和"留足"的标准没有得到清晰的界定，林林总总的税费负担成为了80年代中期以后农民负担沉重的根源。20世纪90年代到21世纪初的中央领导集体针对市场经济条件下，农民处于农业经营链条末端，受农用物资涨价的冲击，受城乡二元经济社会体制的制约，不能得到与其他国民均等的待遇，收入增长缓慢、税费负担加重的状况，明确提出了通过减轻农民负担，调动农民增加农业投入的积极性，促进农业发展的主张。

1990年初，中央认为农民除按税法向国家缴纳税金外，向乡村集体上交的提留和统筹费，承担一部分义务工是应尽的义务，但摊派、收费和集资超过了农民的经济承受能力，严重挫伤了农民发展生产的积极性。为此，国家发布了《关于切实减轻农民负担的通知》及《农民承担费用和劳务管理条例》，提出了以乡为单位，向农民收取的"三提五统"一般不得超过上年当地农民人均纯收入的5%、每个农村劳动力每年平均负担5~10个标准义务工和10~20个劳动积累工的规定。但国家没有对农民上年人均纯收入的计算方法和"三提五统"的征收对象（以人或承包地）、征收期限及征收手段进行规定，为各级地方政府提供了提高或增加对农民征收税费，添加农民负担的随意性。1992年底，江泽民认为农民负担重的情况是清楚的，对农民的富裕程度和承受能力不可估计过高，"一定要看到地区之间、农户之间存在的差别"。巧立名目加重农民负担的不正之风盛行，普遍发生了超额征收税费，乱集资、乱摊派、乱罚款及各级政府五花八门的达标活动使得农民不堪重负。他指出，农民最担心的是支农政策得不到落实、被打折扣，最不满意的是粮食卖出难、卖价低与卖粮"打白条"，"损害他们的经济利益，挫伤他们的积极性"，已经直接影响了农民的生活安排和即将到来的春耕生产。要求各级党委和政府抓紧解决农民迫切要求、经过努力又能解决的这些问题，中央有关部门和地方各级政府最迟在春节前，确保把欠付农民出售粮棉的价款全部兑现；收购合同应给予农民的优惠，"保证交付到农民手中，不允许打折扣和拖欠，更不允许截留和挪用"。他重申，"任何单位都不得以任何名义增加农民负担"，把村提留、乡统筹控制在占上年农民人均纯收入的 5% 以内。凡是要农民出资、投劳的农村公益事业，要坚持量力而行、农民自愿的原则。他要求全面检查农民负担问题，清理不符合中央规定的增加农民负担的政策文件，对有令不行、有禁不止的行为和违法乱纪者，坚决按法律和党纪政纪严肃处理。1993 年，他再次就存在多年的农民卖粮"打白条"问题指出，它已经影响到党与农民的关系，"影响到农民的直接利益，影响到农业基础地位的稳固"[①]。当年春节前后集中抓了一下，但要研究从根本上解决农民负担重的办法，"把保证粮食供给与增加农民收入的目标统一起来"[②]，发展农业就必须最大限度地保护农民的切身利益和农业生产积极性。

1994 年，国务院规定由省、区、直辖市人民政府在 5%～20% 的幅度内征收农业特产税。同年，国家实行分税制改革，建立了自收自支的乡镇财政体制。大多数以农业为主的乡镇除承担本级政府运转的所有经费外，上级政府还把农村义务教育、民兵训练、计划生育等公共服务职能的部分或全部转移到乡镇，导致财政十分薄弱的乡镇政府被迫将各级政府和有关部门出台的涉农行政事业性收费、政府基金、集资和各种摊派转嫁给农民。所以，农民负担的恶性增长[③]成为了制约农民收入增长、影响农民生产积极性的重要因素，如何减轻农民负担成为了中央领导集体不断探索的重要议题。1995 年，江泽民在湖南考察农业问题时指出，党正确处理农民问题的基本经验之一是不断地给农民看得见的物质利益。1996 年，严肃地强调减轻或加重农民负担是保护或挫伤农民积极性的问题，是促进或阻碍农业发展的大事，"是增强还是丧失农民群众信任和拥护的问题"。中央认为，农民负担沉重已经成为影响农村改革、发展和稳定的突出问题。规定"九五"期间，任何地方政府无权设立针对农业生产的税种、提高税率，农业特产税与屠宰税"不得按人头、田亩平摊"，不能重复征

---

① 中央文献编辑委员会：《江泽民文选》（第 1 卷），人民出版社 2006 年版，第 259，263，264，264～265，296 页。

② 中央文献研究室：《十四大以来重要文献选编》（上），人民出版社 1996 年版，第 428 页。

③ 至 2000 年，农民承担的税费总额达 1359 亿元，比 1990 年的 469 亿元增长 1.89 倍，农民人均负担增长 2.01 倍。参见赵云旗：《当代中国农民负担问题研究》（1949—2006），《中国经济史研究》2007 年第 3 期，第 100 页。

收；搞好农民人均纯收入的统计核实工作，"防止虚报多收"，健全乡、村财务管理制度，加强村级提留、乡级统筹费的管理与监督；各级各部门不得向乡村下达以资代劳指标，"义务工和劳动积累工不得跨乡使用"，严禁一切让农民出钱、出物和出工的达标升级活动及法律规定外的集资活动，严禁一切乱收费、乱涨价、乱罚款及各种摊派行为，严禁动用专政工具和手段收取农民的钱和物。认真贯彻贫困地区的各项税收优惠政策，坚决裁减乡镇机构超编人员，今后哪个地方和部门加重了农民负担，"就要追究那里主要领导的责任"①，加快农民负担监督管理的立法工作。在中央的刚性规定下，1997 年，"全国共清理出涉及农民负担的项目累计17389 个"，1999 年，"各地仅取消的不合理收费项目就有 7831 个"②，但农民直接承担的税费负担总额仍比 1996 年增加 152.6 亿元，农民"人均支付的提留、税收和摊派等负担性支出 108 元"③，1997 年、1998 年农民直接承担的税费负担总额分别达 1281、1360（亿元）。

1998 年，在中国人均粮食产量突破 400 千克，农业发展进入新阶段之际，共产党人开始跳出就农民负担重的问题探索解决方法的思路，看到了农民负担加重的较为深层次的原因。江泽民认为，靠农民负担供养的人员太多是农民负担重的主要原因之一，要求认真研究乡镇机构改革问题。他更进一步地认识到，"农民的积极性是发展农业和农村经济的根本"，表示要"改革和规范农村税费制度"，探索彻底减轻农民负担的治本之策。农民增收缓慢成为了制约国民经济发展的带有全局性影响的问题，"从长远看还可能影响农产品的供给"，必须高度重视农民收入增长缓慢的问题。中国实施积极的财政政策，更多地增加农业投入，多搞点以工代赈工程，多用点农民工，"让农民多得点劳务收入"。国务院成立了农村税费改革工作小组，开始研究和制定改革方案，为减轻农民负担工作由治乱减负转向到农村税费改革做准备。1999 年，他继续强调增加农民收入是农业工作的重要任务，要求对农村税费"实行规范化、法制化管理，从根本上

---

① 中央文献研究室：《十四大以来重要文献选编》（下），人民出版社 1999 年版，第 1953，2167，2168，2168，2172 页。

② 赵云旗：《当代中国农民负担问题研究》（1949～2006），《中国经济史研究》2007 年第 3 期，第 100 页。

③ 国家统计局农村社会经济调查司：《中国农村统计年鉴》（1998），中国统计出版社 1998 年版，第 4 页。

减轻农民负担"①，积极稳妥地推进农村税费改革，从优化农业结构、增加农业投入、扩大以工代赈、促进农产品流通等方面增加农民增收的途径。2000年，他全面分析了农民收入增长缓慢的问题，指出农民收入增长缓慢"是农业结构不合理、城镇化水平低、农业劳动生产率不高等问题的综合反映"，认为农民收入问题直接关系国民经济发展的全局，要求把增加农民收入放在经济工作的突出位置。减轻农民负担是应对农民增收困难的重要方法，"加快农村税费改革，是减轻农民负担的治本之策"②，攸关广大农民的切身利益和农村的长治久安。各地各部门的党政主要领导要加强对农村税费改革工作的领导，进行乡镇机构改革，转变政府职能，精简财政供养人员，调整财政支出结构，确保改革成功。

　　20世纪90年代，中央其他成员也高度重视农民负担问题的解决。李鹏要求"把农民负担严格限制在国家规定的范围内"③；朱镕基强调"不能一看到农民收入增加，就想方设法从农民身上挖钱"④，全面推行农民负担预决算、监督卡和专项审计制度，切实纠正借农副产品收购之机代扣代缴各种搭车收费。农民合理负担定项限额三年不变，粮食调运费用绝不能转嫁给农民，抓紧制定并实施农村费改税方案；尉健行要求"防止发生由于加重农民负担而引发的严重事件"⑤，"集中治理农村乱收电费和报刊征订中的乱摊派问题"⑥，保障农民合法权益。同期，中央先后出台系列减轻农民负担的政策措施，控制"三提五统"的征收比例与农民出劳务工、义务工的数量，清理涉农收费项目，农民负担增长过快的势头得到了初步遏制。2001年，国家为根治农民负担加重的源头，决定在全国进行农村税费改革试点工作，中国农业终于迎来了逐渐减免农业税、规范农

　　①　中央文献编辑委员会：《江泽民文选》（第2卷），人民出版社2006年版，第209，214，216，216，442页。
　　②　中央文献研究室：《十五大以来重要文献选编》（中），人民出版社2001年版，第1463，1465页。
　　③　中央文献研究室：《十四大以来重要文献选编》（上），人民出版社1996年版，第173页。
　　④　中央文献研究室：《十四大以来重要文献选编》（中），人民出版社1997年版，第1587页。
　　⑤　中央文献研究室：《十五大以来重要文献选编》（上），人民出版社2000年版，第177页。
　　⑥　中央文献研究室：《十五大以来重要文献选编》（中），人民出版社2001年版，第1541页。

民税费缴纳，国家为农民提供生产生活补贴的新阶段。

四　农业可持续发展的观点

长期以来，中国农业面临着人口增长、耕地减少、人均农业资源占有少、农产品需求不断增长的压力；严重依赖化肥、农药、农膜等石油衍生品，既耗费了大量的能源，也带来了食品安全与环境污染问题；以需要较为理想的灌溉条件、杂交品种为标志的农业增产模式过度地消耗了水源。总之，中国农业追求增加耕种面积，实现农产品数量增长的生产模式严重地破坏了农业生态平衡。1995 年，美国学者布朗《谁来养活中国》一书产生的对中国粮食问题的讨论，引发了党的领导集体对以石油农业为标志的农业生产模式的反思。他们在反思中强调了农业的经济、社会、环境与文化发展的多重功能，主张重视土地资源、水资源与食品安全、加强农业生态工程建设及发展特色农业，阐述了中国农业可持续发展的观点，开创了农业实现生产发展、生活富裕、生态良好的改善物质文明与经济文化发展互动的现代农业发展道路。

中央在 20 世纪 90 年代初期，针对农业水资源缺乏、化肥过多使用的弊端，强调要结合实施"丰收计划"，推广合理施肥、北方旱作农业及秸秆氨化饲养技术，"发展节水型农业"[①]，实现农作物稳产高产的目标。1992 年，中国将环境保护确定为社会发展的基本国策，国务院发布了《中国关于环境与发展问题的十大对策》，提出了可持续发展战略；1994 年，中国制定了《中国 21 世纪议程》的可持续发展纲领，向世界表达了走可持续发展道路的决心和决策。1995 年，中央要求加速推广配方施肥、农作物模式化栽培、水稻旱育稀植、丰产林培育等适用技术，"大力普及节水灌溉技术"[②]，扩大旱涝保收、稳产高产农田的面积。中央看到了 20 世纪 80 年代中期以来，中国农业过多使用化肥、农药和农膜，遍地开花的乡镇企业采取低端高耗的生产方式对土地和水源造成的严重污染，认为中国现代化建设遇到了人口、资源和环境的最大压力，要"使经济建设与资源、环境相协调，实现良性循环"。江泽民强调中国人口基数大，人

　　① 中央文献研究室：《十四大以来重要文献选编》（上），人民出版社 1996 年版，第 463 页。

　　② 中央文献研究室：《十四大以来重要文献选编》（中），人民出版社 1997 年版，第 1487 页。

均耕地、水资源占有量都低，人口增加和经济发展对资源需求的总量大，将对农业发展提出更高的要求。必须坚定不移地执行计划生育政策，"严格控制人口数量增长，大力提高人口质量"；必须保护资源和环境，决不能吃祖宗饭、断子孙路，"走浪费资源和先污染、后治理的路子"，要"选择有利于节约资源和保护环境的产业结构和消费方式"①，加强污染治理。

1996 年，中央其他成员继续要求积极推广有机旱作农业、配方深施化肥、精量播种、秸秆过腹还田、生根粉造林等技术，发展节水型农业和节粮型畜禽养殖，"实现节地、节水、节肥、节电、节投资、节劳力，降低成本，增加产量，提高效益"②。李鹏认为发展节水灌溉"是传统农业向现代农业转变的一场深刻的变革"③，也是转变农业增长方式的重要举措。同年，江泽民站在国家经济社会发展的高度，提出中国农业实施可持续发展战略的目标是"高产、优质、高效、低耗"，国家实施可持续发展战略的要求是节水、节地、节能、节材、节粮及节约其他各种资源。中国要继续控制人口增长，提高人口素质；反对脱离生产力水平、浪费资源的高消费，"消费方式要有利于环境和资源保护"。加强环境保护的宣传教育，"坚决遏制和扭转一些地方资源受到破坏、生态环境恶化的趋势"。强调环境意识和环境质量"是衡量一个国家和民族的文明程度的一个重要标志"。中国的贫困地区大多处在大江大河上游，贫困人口大多分布在自然环境恶劣的地区，当地水土流失严重、生态环境恶化，需要"下苦功夫，花大气力，改变生产条件，改善生态环境"。这不仅是农民脱贫致富的根本大计，也是关系到河流中下游地区经济可持续发展的大事，还"是关系子孙后代生存和发展的大事"。贫困地区要从长远打算，通过造林种草来增加植被、涵养水源，"才能从根本上解决干旱缺水问题"，改善农业生产条件和生态环境，摆脱靠天吃饭的被动局面；把造林种草、绿化荒山的伟大事业"一年接一年、一代接一代干下去"。中国决不能走浪

---

① 中央文献编辑委员会：《江泽民文选》（第 1 卷），人民出版社 2006 年版，第 463，463，464，464 页。

② 中央文献研究室：《十四大以来重要文献选编》（中），人民出版社 1997 年版，第 1646 页。

③ 中央文献研究室：《十四大以来重要文献选编》（下），人民出版社 1999 年版，第 2108 页。

费资源和先污染后治理的路子。1997 年，中央其他成员就发展节水灌溉和旱作农业技术提出更为具体的打井、拦蓄、回灌、雨水集流和人工增雨等措施，强调防汛与抗旱结合。李鹏提出黄土高原水土流失的治理要在 15 年初见成效、30 年大见成效的目标。同年，江泽民认为西北地区历史遗留的恶劣的生态环境要通过"植树造林，绿化荒漠，建设生态农业去加以根本的改观"①，发出了"再造一个山川秀美的西北地区"的号召。在中国"发展高产、优质、高效农业和节水农业"②，强调通过投入来改善农业生产条件。

1998 年，中央认为发展节水农业和旱作农业"是解决我国农业干旱缺水的根本出路"，着力推广渠道防渗、管道输水、喷灌、滴灌、渗灌等技术，做好增加节水增产重点县、扩大节水型井灌区等示范工程，大幅度提高水的利用率。中国森林植被少、水土流失严重、生态环境恶化成为了"我国农业和整个国民经济持续发展的一大隐忧"。长江、黄河上中游，华北北部风沙区和西北地区的生态环境最为严峻，是中国生态建设的重点区域，国家要"尽快制定全国生态环境建设规划和重点地区综合治理的具体计划"。在加强生态环境治理的同时，为保护好现有的森林资源，在国有林区减少天然林采伐量，继续探索山区经济发展和生态治理相结合的综合开发的路子，以此来遏制生态环境恶化的趋势。通过试验示范的方法，"突出抓好'种子工程'和旱作节水农业技术"③，提高科技对农业增长的贡献率。同年，江泽民提出乡镇企业可持续发展道路，"依靠科技提高资源利用率，节约耕地，保护环境"。他深刻地认识到，中国农业长远发展的最重要的两个问题是水和科技问题。要提高农业抗御自然灾害的能力，认真解决北方农业干旱缺水问题。1999 年，他认为水是农业和整个经济建设的生命，洪涝与缺水同整个生态环境的状况紧密联系。洪涝灾害是中华民族的心腹大患，防范水患是一项长期的工作；水资源短缺成为了制约经济社会发展的因素，西北和北方地区缺水问题不亚于水患。他一方面要求全党站在战略高度，进一步提高对水问题的认识，高度重视洪涝

① 中央文献编辑委员会：《江泽民文选》（第 1 卷），人民出版社 2006 年版，第 533，533，533，534，553，553，554，554，659 页。

② 中央文献编辑委员会：《江泽民文选》（第 2 卷），人民出版社 2006 年版，第 24 页。

③ 中央文献研究室：《十五大以来重要文献选编》（上），人民出版社 2000 年版，第 195，196，196，568 页。

灾害问题，尽快把解决一些地区水资源严重短缺的问题提上议事日程，实行开源节流并举，"广泛采取节水措施，特别要大力发展节水农业"，"适时进行重大水利工程建设"；另一方面植树种草，搞好水土保持，防止荒漠化，改善生态环境，"努力为中华民族的发展创造一个美好的环境"。他强调，黄河治理"历来是中华民族安民兴邦的大事"。针对洪水威胁、水土流失、泥沙淤积、缺水断流和水污染加剧等问题，提出了治理开发黄河的总原则是兼顾防洪、水资源合理利用和生态环境建设。具体而言，在防洪方面运用现代科学技术加强堤防建设、河道整治、水土保持、水库与滞洪区安全，"建立和完善防洪安全保障体系"，谋求黄河长治久安；在合理利用方面，坚持经济、社会和生态效益的统一，开源、节流与保护并重，综合运用经济、技术和行政手段实行水量统一调度，保证流域内经济社会发展，"改变大面积漫灌这种粗放式的耕作方法"，解决贫困人口多和缺水的矛盾。抓紧制定解决北方严重缺水局面的南水北调工程方案；在生态环境建设方面，抓好上中游水土保持工作，采取耕作、生物及工程措施等高新技术综合治理水土流失。他还要求，制定统一治理开发、管理水资源的法规，依法调整规范"黄河治理开发和管理工作中各方面的关系"，严格监督执法，逐步建立新型的流域管理体制。

2000年，中央认为中国农业由主要农产品长期供不应求转变为阶段性供大于求，过去为解决农产品短缺、缓解生存压力而追求提高产量、提供初级产品、过度开荒的农业生产方式必须改变。粮食生产是调整农业结构的基础，要切实保护基本农田，严禁乱占耕地。中国农业科技工作的目标也应由追求产量转变为提高农业效益、改善生态环境，重点发展优质、高产、高效技术，以节水灌溉为重点的降耗增效技术，以生物措施为重点的生态环境建设技术。农业综合开发的重点也应由改造中低产田与开垦荒地相结合转到以改造中低产田为主和保护生态环境上来；中央要求完善水利建设的监管机制，建立权威、高效、协调的合理调度的江河流域水资源管理体制，进行西部地区退耕还林（草）试点工作，落实好国家对天然林禁伐地区与企业及被关闭的小型木材加工企业的各项扶持政策，加快生态建设步伐。同年，江泽民认为"生态环境建设是造福中华民族、造福子孙后代的大事"①，要立足农业长远发展，继续改善农业生产条件和生态环境，适时进行重大水利工程建设。力争用五到十年的时间，"使西部地区基础设施和生态环境建设有明显进展"。西部开发的重点领域是基础设施、生态环境、特色经济和农业、科技与教育，"坚持把水资源的合理开发和有效利用放到突出位置"，把经济效益与社会效益相结合，通过实施天然林资源保护工程、绿化荒山荒地、对坡耕地有计划有步骤地退耕还林还草。加强西部地区生态建设，"对于改善全国生态环境、实施可持续发展战略具有重要作用"。他还认为解决水资源不足的关键是提高水的利用效率，"开源节流并重，防洪抗旱并举"②，解决洪涝灾害、水资源不足和水污染问题。朱镕基认为中国基本解决了人民的吃饭问题，出现了粮食总量阶段性供过于求，提供了在生态脆弱的西部地区有计划、分步骤进行退耕还林（草）的时机。西部开发的切入点是生态环境建设，实行退耕还林（草）、封山绿化、以粮代赈、个体承包政策，向退耕还林（草）的农牧民无偿提供粮食，实行以粮代赈，给予适当的现金补助，"既可以改善生态环境，又可以缓解粮食供求的总量矛盾"。在西部地区"大力推行农业节水灌溉和工业循环用水"，根据不同的地理、气候条件、资源和物种特点发展特色农业、节水农业、生态农业，把西部的资源优势转化为经济优势。改善了西部生态环境，"丰富的资源才能得到有效的保护和开发利用"；长江、黄河上中游地区生态环境得到改善，中下游地区可以增产粮食，"整个农业生产也就可以进入良性循环"，对于全国实现可持续发展具有重大影响。中央要求在"十五"期间，加快建立食品安全和质量标准体系，"引导农民按市场需求生产优质农产品"。通过农村道路、供电、供水及通信设施建设，"改善农村生产、生活和市场条件"。加快大江大河大湖治理和病险水库加固，搞好水利设施配套建设与经营管理，协调好江河流域生活、生产和生态用水，建立合理的水价形成机制，"发展节水型农业、工业和服务业，建立节水型社会"。重点做好农村特别是中西部农村的计划生育工作，"严格执行基本农田保护制度，切实保护耕地"。加强生态示范区和生态农业县建设，到 2010 年，使全国部分县

---

① 中央文献编辑委员会：《江泽民文选》（第 2 卷），人民出版社 2006 年版，第 119，295，295，296，350，354，355，356，563 页。

② 中央文献编辑委员会：《江泽民文选》（第 3 卷），人民出版社 2006 年版，第 59，60，60，123 页。

（市、区）"基本实现秀美山川、自然生态系统良性循环"。2001年，中央针对中国农业面对着水资源短缺、利用率低、浪费和污染严重等问题，强调调整农业科研与开发方向。为提高水的利用率，重点加强节水、旱作农业、生态环境治理、防沙治沙等技术的攻关和成果推广，研发先进适用、符合国情的农业高效用水技术与设备；针对农产品供给相对充足的现状，发挥中国农业比较优势，调整区域布局，发展特色农业，扩大劳动密集型产品、特色产品和有机食品的生产，加快资源优势向经济优势的转化，"培育和形成各具特色的地区经济"①。连片的贫困地区"以改善生产、生活、生态环境和发展特色农业为重点"②。江泽民认为，正确处理经济发展与人口、资源、环境的关系，努力开创"生产发展、生活富裕和生态良好的文明发展道路"，揭示了促进人与自然和谐发展、实施可持续发展的农业生产理念。他主张在中国农业发展进入新阶段后，由于人民生活水平的提高，食品质量、卫生和安全工作更加重要，需要加快农产品质量标准和检验检测体系建设，大力发展绿色、有机和无公害食品。在农业结构调整的过程中，人无远虑，必有近忧，"要从战略上考虑保护耕地的问题"③，实行最严厉的耕地保护制度。

2002年，中央决定在中西部地区扩大退耕还林规模，加快植树造林，因地制宜地"发展特色农业、生态农业和节水农业，改善生态环境"。正视了中国农产品的质量安全问题，认为"确保农产品质量安全是当前的一项紧迫任务"。在粮食主产区重点发展畜牧业，严格按国际标准进行动物生产、加工及运输，建立高效安全的饲料生产和监管体系，强化兽药管理与动物疫病防治工作；建立健全农业生产的质量标准与检验检测体系，"杜绝有毒有害物超标的农产品流入市场"，重点打击生产和销售假冒伪劣及有毒有害农产品的违法行为。积极发展"无公害农产品、绿色食品和有机食品生产"，"淘汰剧毒和高残留农药的生产"。在全国全面启动退耕还林工程，相关地区要结合农业结构调整，培植后续发展的产业，"实

① 中央文献研究室：《十五大以来重要文献选编》（中），人民出版社2001年版，第1126，1129~1130，1130，1131，1373，1374，1379，1386，1450，1691页。

② 中央文献研究室：《十五大以来重要文献选编》（下），人民出版社2003年版，第1800页。

③ 中央文献编辑委员会：《江泽民文选》（第3卷），人民出版社2006年版，第295，412页。

现生态效益和经济效益的统一";集中力量发展节水农业技术,加强农业用水的管理和调度,抓好重点地区农业节水与生态保护;在严重缺水的地区限制发展高耗水的农作物,"坚决改变大水漫灌等粗放经营方式"①;做好居住在生存条件恶劣地区的特困人口的移民搬迁试点工作。江泽民在中央人口资源环境工作座谈会上认为,中国绝不能走"人口增长失控、过度消耗资源、破坏生态环境的发展道路",实现可持续发展的核心"是实现经济社会和人口、资源、环境协调发展",保护耕地、水资源短缺和水环境恶化的问题尤为突出。在农业生产方面,处理好农村规模化畜禽养殖带来的污染,积极推广生态农业与有机农业,"保护农村饮用水源地,保证食品安全"②,加强农业污染的防治。

　　20世纪90年代中期到21世纪初的中央领导集体在对中国现代化的长远思考中,高度关注了人口、资源、环境对经济社会发展的压力,认清了中国农业在资源禀赋的严重压力下,出现的耕地面积减少,水资源严重不足、分布不均与污染严重,化肥、农药、农膜等化学品投入加重,工业"三废"(废物、废气、废水)增多,动植物传染性疫病传播等现状,看到了农业生态环境恶化、农产品与食物安全的严峻局面。他们通过大量的调查研究,分析了中国实现农业可持续发展的现状,提出了珍惜土地资源,推行节水灌溉技术,进行农业动植物生产污染防治和生态环境治理建设,加强食品安全管理,发展生态农业和特色农业的方法与政策。他们的相关论述为中国农业可持续发展战略的实施奠定了坚实的理论基础。

五　农业科技革命的观点

　　中国共产党人认为,科教兴农是实现农业现代化的根本出路,提出了在中国进行新的农业科技革命等观点,实现了由科技兴农战略向科教兴农战略的转变,创新了农业技术理念。他们关于科教兴农与农业科技革命的阐述,突出强调了用市场化手段改革农业科研推广体制,逐步建立国家主导的多层次、多渠道、多元化,层次分明、结构合理、协调发展的农业科研、教育、推广和生产一体化的运行机制。他们关于科教兴农与农业科技

---

① 中央文献研究室:《十五大以来重要文献选编》(下),人民出版社2003年版,第2196,2198,2198,2198,2198,2200~2201,2201页。

② 中央文献编辑委员会:《江泽民文选》(第3卷),人民出版社2006年版,第461,462,466页。

革命的观点是中国特色农业思想的重要组成部分，是 20 世纪 90 年代到 21 世纪初中国农业科技发展的实践指南，为中国农业综合生产能力的提高发挥了重要作用。

（一）科教兴农论

在 20 世纪 90 年代发展市场经济的过程中，中国共产党人针对中国农业科研推广机构出现经费匮乏、人才流失，农民使用农业科技成果成本提高、难度加大的新难题，阐述了科教兴农的系列主张。他们认为农业科技是农民致富的主要手段，是建构适应市场经济要求，支持、保护和促进农业发展的农业社会化服务体系的重要环节。

1989 年，江泽民认为，中国必须长期贯彻执行依靠科技进步提高经济效益和社会效益的基本国策，农业科技工作要在提高农业劳动生产效率，提高农作物"单位面积产量和有效利用资源上下功夫"。国家加快先进适用的农业科技成果的推广应用与重大科技项目的研究开发是农业科技工作的两个方面。通过增加农业科技的资金投入、建立健全农村技术推广服务组织的措施，推动农业生产向适度规模经营及专业化、社会化方向发展。依靠科技进步振兴农业，引导农民"走科技致富和共同富裕的社会主义道路"[①]。这是江泽民对科技兴农的首次论述。1991 年 5 月，他首次阐述了马克思主义的科学技术思想，指出科学技术为劳动者所掌握，就能"极大地提高人们认识自然、改造自然和保护自然的能力"。这一认识为中央领导集体科教兴农思想奠定了理论基础。他与 18 位农业科学家共商依靠科学技术振兴农业大计后表示，在 90 年代创造条件，把农业发展"转移到依靠科技进步和提高劳动者素质的轨道上来"，标志着科教兴农思想的正式提出。科教兴农成为了中国农业发展的基本战略，重视农民科技教育成为了科教兴农思想的显著特点。

中央主张各省、地、县制定实施科教兴农战略的具体规划，农业科技单位与大专院校加强基础研究和应用研究，增加农业科技储备，在农村建立科学实验和示范基地；在中央和地方政府的农业建设资金中设立科技推广资金，推动"星火"、"燎原"、"丰收"计划的实施，完善县、乡（镇）、村、户科技推广网络；通过农村教育改革提高农民的科学文化水

---

①　中央文献研究室：《十三大以来重要文献选编》（中），人民出版社 1991 年版，第 786 页。

平，"把适用的先进技术送到乡村，普及到千家万户"，使农业科技成果尽快转化为现实生产力。1992 年，为进一步贯彻科教兴农思想，国家认为农科教结合是实现农业现代化的重要途径之一，是科教兴农的具体实现形式；没有农业同科技、教育的结合，就没有农村的现代化。组织各方面的人力、财力和物力，克服部门分割、相互脱节的现象，"提高科教兴农的整体效益"，促进科技、教育更好地为农业服务，有利于"形成以教治愚、以科致富、以富兴科教的良性循环和农村经济发展的新机制"①。各级干部转变传统的就农业抓农业、就科技抓科技、就教育抓教育的封闭的领导方式。江泽民更认为中国科技进步、经济繁荣和社会发展，"从根本上说取决于提高劳动者的素质"②。发展高产、优质、高效农业需要提高农民的科技水平，必须依靠科技、教育兴农。他坚持了邓小平关于科学技术是第一生产力的观点，认为振兴中国农业，"最终取决于我国农业科学技术的重大突破和广泛应用"；充分运用现代科学技术缩小中国农业科技同国际先进水平的差距，需要加强农业基础研究，充实农业科技贮备，组织重大科技项目攻关。改造中国传统农业的当务之急就是"抓好现有农业科技成果的推广应用"，使其尽快转化为生产力；联系农村生产、生活实际，在农村普及九年制义务教育，把学文化和学技术相结合，发展农村职业技术教育和成人教育，扫除青壮年文盲，提高农民的文化科学水平。

中央在 1993 年认为，市场经济条件下农产品的市场竞争，"归根到底是产品科技含量的竞争"。依靠科技进步和提高农民素质是实施科教兴农战略的根本目的，运用农科教结合模式推广一批重大农业实用技术项目，力争在短期内发挥成效是提高农产品市场竞争力的重要途径。针对中国农业科研机构经费普遍偏低的现状，要求提高农业科技经费投入。1994 年、1995 年，进一步强化了科教兴农的政策。农业科研单位加强棉铃虫、畜禽传染病和虾病防治及动植物高产、优质、抗病新品种的引进、选育及推广深施化肥、测土配方施肥、地膜覆盖、农作物模式化栽培、节水灌溉、优良畜禽和水产品养殖、秸秆氨化等农业生产技术的攻关研究，"争取尽快有新的突破"；不可简单地将农业技术推广机构撤并，"更不得'脱钩

---

① 中央文献研究室：《十三大以来重要文献选编》（下），人民出版社 1993 年版，第 1590，1770，1770，1901，1901 页。

② 中央文献编辑委员会：《江泽民文选》（第 1 卷），人民出版社 2006 年版，第 233 页。

断奶'"，充分发挥乡镇农业推广人员"在科技兴农、实现农业稳产、增产中的骨干作用"①，稳定农业科技队伍。在十四届五中全会上，中央正式提出了"科教兴国"战略，要求抓紧实施国家确定的农业科技引进计划，确定"各级农业技术推广机构为国家事业单位"，"突出抓好'种子工程'，加快良种培育、引进和推广"。各级政府尤其是县级政府必须安排好农业科技推广必要的资金和物资，加速推广农业实用技术；抓紧扫除农村青壮年文盲，发展农村职业教育和成人教育，在提高农民文化水平的基础上利用多种形式"宣传科学知识、科学方法和科学思想"②，推进农科教结合。江泽民强调农业科技工作要"满足农业登上新台阶的技术需求"③，把农业科技工作放在整个科技工作的重要位置，积极推广包括高技术在内的农业先进实用技术。1996年，他提出了推进农业科技革命的观点后，中央强调加快农业科研体制改革，"一手抓攻关，一手抓引进"，着力解决农业关键技术难题，健全推广网络，强化科技成果推广应用，进行农村教育体制改革，实现农科教的密切结合；各级政府"把实施种子工程作为依靠科技进步发展农业的一件大事"④，实施种子产业化工程。江泽民指出贫困地区要选择几项增产增收显著、容易掌握的实用技术送到农民手中，即使"财政再紧张，也要保证技术推广和培训的经费"⑤。1997年，他表示大力推进科教兴农，"发展高产、优质、高效农业和节水农业"⑥，加强农业科技的研究和推广。1998年，中央再次表达了对农村教育事业的高度关注，认为发展农村教育事业是落实科教兴农的关键。首先通过完善多层次、多形式的农村基础、职业和成人教育体系，增加农业和其他实用技术的教育内容，抓紧实施农村尤其是少数民族地区和贫困地区的义务教育，调整中等教育结构，办好农业高、中等学校，发展卫星、广播和电视教育，"为农村培养大批专业技术人才"；其次通过扫盲工作，

①　中央文献研究室：《十四大以来重要文献选编》（上），人民出版社1996年版，第429，429，487，769，770，770页。

②　中央文献研究室：《十四大以来重要文献选编》（中），人民出版社1997年版，第1272，1487，1523页。

③　中央文献编辑委员会：《江泽民文选》（第1卷），人民出版社2006年版，第431页。

④　中央文献研究室：《十四大以来重要文献选编》（中），人民出版社1997年版，第1655，1659页。

⑤　中央文献编辑委员会：《江泽民文选》（第1卷），人民出版社2006年版，第555页。

⑥　中央文献编辑委员会：《江泽民文选》（第2卷），人民出版社2006年版，第24页。

组织农民学习先进实用的种、养殖及农产品加工技术，加强农民工岗位培训，"引导农民学习和掌握商品生产、市场营销和经营管理方面的知识"①。1999 年，江泽民提出通过经济、科技和教育体制改革加快建立教育与经济、科技结合的新机制，把职业教育和成人教育的"培训同技术革新和实用技术的推广结合起来"②，提高农业生产技术水平。中国要农业实现跨世纪发展的目标，"必须大力实施科教兴农的战略"③。2001 年，党的领导集体提出统筹农村基础教育、成人教育和职业教育，通过建立多渠道、多层次、多形式的农民技术培训体系。做好农村科普工作，组织农民学习先进的实用技术，"提高农民的知识水平、专业技能和安全生产知识"④。他强调贫困地区通过文化补习、科技培训、政策法制宣传等形式"帮助群众学习和掌握文化知识、科学技术"⑤，促进农科教结合。

总之，共产党人阐述的科教兴农的系列主张，在实践中强化了市场经济条件下中国农业科研推广机构的公共职能，提高了农业科技创新能力。其显著特点是高度重视农业科技教育与实用技术培训，提高农民接受和使用农业新技术的能力。他们对科教兴农的论述发展了 20 世纪 80 年代领导集体关于科技兴农的理论认识。

（二）农业科技革命论

长期从事和领导科技工作的江泽民对世界农业科技发展趋势和中国提高农业科技水平具有敏锐的观察和深刻的见解。20 世纪 90 年代，中国农业发展面临着人口、粮食、资源、环境的多重压力。党的领导集体把握了80 年代以来世界农业科技在细胞工程、基因工程、发酵工程、酶工程及计算机与信息技术运用等领域的发展趋势和诱人前景，结合中国农业科技在组织培养、微生物发酵、胚胎移植技术，动物、植物、微生物转基因技术，计算机信息技术在农业咨询决策，农、牧、渔业的栽培、饲养管理及病虫灾害监测预报等方面取得的进展，充分认识到了中国农业科技整体水平与发达国家存在差距、支撑中国农业发展的科技供给能力不足的现状，

---

① 中央文献研究室：《十五大以来重要文献选编》（上），人民出版社 2000 年版，第575 页。

② 中央文献编辑委员会：《江泽民文选》（第 2 卷），人民出版社 2006 年版，第 335 页。

③ 江泽民：《论科学技术》，中央文献出版社 2001 年版，第 169 页。

④ 中央文献研究室：《十五大以来重要文献选编》（中），人民出版社 2001 年版，第1598 页。

⑤ 中央文献编辑委员会：《江泽民文选》（第 3 卷），人民出版社 2006 年版，第 251 页。

响亮地提出了在中国推进农业科技革命的观点。

1993 年，江泽民在欧美同学会成立 80 周年庆祝大会上表示，世界科技发展日新月异，中国继续扩大对外开放，通过技术跟踪和创新，力争在高科技领域占据一席之地。在中央农村工作会议上首次对中国发展农业高科技问题进行了阐述。他认为，每一次农业科技的重大突破都会引发农业生产的革命；农村经济的振兴，"最终取决于我国农业科学技术的重大突破和广泛应用"。他预言，21 世纪将是生物技术大发展的世纪。加强生物技术和其他高新技术研究"是发展农业生产力的一个长远的战略问题"①。中央和地方有关部门预作筹谋，充分调动农业科技人员的积极性，促进中国农业科技事业持续发展。1995 年，他在全国科学技术大会上第一次明确提出"创新是一个民族进步的灵魂，是一个国家兴旺发达的不竭动力"的观点。站在治国的战略高度，看到世界科技革命正出现新高潮，"又一个科技和经济大发展的新时代正在来临"。他首先强调，为实现国家繁荣强盛，中国必须具有强大的科技实力，提高全民族的科技文化素质，实施科教兴国战略；其次强调了科技和经济结合的问题。他认为，"经济建设必须依靠科学技术"，而科学技术工作必须面向经济建设。中国经济发展以改革开放为动力，科技进步是主要的推动力；科技工作的首要任务是攻克国民经济发展中迫切需要解决的关键问题。科学技术服务于经济建设，才能使潜在的生产力变成现实的生产力，才能获得新的活力和动力，在良性循环的基础上得到发展。他认为，实现科技和经济的有机结合是经济和科技体制改革面对的根本问题。虽然现代科技与经济的关系密切，"但科技毕竟并不完全等同于经济"，有其自身的发展规律。"市场机制与宏观管理都是科技进步不可缺少的手段"②。中国需要建立运用市场机制与宏观管理相结合、适应市场经济体制和科技发展特殊规律的新型科技体制。江泽民在上述认识的基础上，强调科学技术首先要担负起振兴农业的任务，农业科技工作为农业发展上台阶提供技术支撑是整个科技工作的重点。共产党人要求"把农业科技摆在科技工作的突出位置"，"使我国农

---

①　中央文献研究室：《十四大以来重要文献选编》（上），人民出版社 1996 年版，第429 页。

②　中央文献编辑委员会：《江泽民文选》（第 1 卷），人民出版社 2006 年版，第 432，427，429，433，433 页。

业科技率先跃居世界先进水平"①,推动中国传统农业向现代农业转变。1996 年,国家将可持续发展与科教兴国确定为基本发展战略,要求大幅度增加农业科技含量。江泽民在接见出席全国"星火计划"工作会议代表讲话时指出,中国农业问题要靠自己解决,"必须要进行一次新的农业科技革命"②。江泽民首次发出新的农业科技革命的号召,顺应了世界农业科技发展趋势,符合中国农业发展的客观要求和农业科技发展现状,是对邓小平关于"科学技术是第一生产力"、"农业最终要靠科技解决问题"等农业技术论断的发展,具有重大的理论和实践意义。

1997 年,中央认为农业基础设施落后,科技对农业的贡献率低"是我国农业发展中的两大薄弱环节"③,决定在"九五"期间加大科教兴农力度,加强农业基础设施建设,增加农业科技投入,提升中国农业科技进步贡献率。江泽民指出,到 2010 年中国发展的关键问题是转换经济体制、优化经济结构、发展科学技术和提高对外开放水平。如果科技进步速度慢,将会影响市场经济体制的建立和国民经济持续快速健康发展。努力推进科教兴农,"发展高产、优质、高效农业和节水农业"④。他针对中国农业科技发展投入不足,对农业发展重视不够,出现"口号农业"的现状,认识到了法律在促进农业科技进步中的保障作用。他在中央举办的科技进步与法制建设的讲座中指出,中国需要遵循科技发展的客观规律,认真研究运用法律手段促进科学技术进步同经济发展紧密结合的理论与实践问题,"增强对科技前沿领域的重要立法的预见性和系统性"。把国家重大科技政策和科技事业发展的成功经验通过立法程序上升为法律并加以完善,"可以大大推进科技进步"⑤。建设中国特色的科技法制,对于贯彻落实党和国家的科技工作方针,推动建立适应市场经济要求和科技发展规律的科技体制,保证经济建设转变到依靠科技进步和提高劳动者素质的轨道具有十分重要的作用。1998 年,他强调科技问题是制约中国农业长远发

---

① 中央文献研究室:《十四大以来重要文献选编》(中),人民出版社 1997 年版,第 1346 页。

② 江泽民:《论科学技术》,中央文献出版社 2001 年版,第 81 页。

③ 中央文献研究室:《十四大以来重要文献选编》(下),人民出版社 1999 年版,第 2287 页。

④ 中央文献编辑委员会:《江泽民文选》(第 2 卷),人民出版社 2006 年版,第 24 页。

⑤ 《中共中央举办〈科技进步与法制建设〉讲座——江泽民作题为〈大力加强科技法制建设〉的讲话》,《中外法学》1998 年第 1 期,第 2 页。

展的最重要的问题之一，认为科技创新越来越是"当今社会生产力解放和发展的重要基础和标志"。知识经济端倪已现，部分"发达国家已经把基因育种工程、互联网、卫星定位系统"等技术运用到农业生产，新的发明创造层出不穷。中国要坚持科教兴农的方针，抓好农业科研攻关、适用技术推广和农民科技培训，跟上世界农业科技步伐。他在江苏、上海和浙江的考察中详细了解了当地科教兴农情况，对3省市农业科技含量不断提高给予充分肯定。他认为沿海发达地区的农业要再上新台阶，必须在科学技术上取得新突破。他深刻把握了世界科技发展的方向，认为以分子生物学为核心的生物工程技术正在酝酿新的重大突破，"为农业、医药和人类健康开辟了全新的前景"[①]。中央认为，世界农业正孕育着新的科技革命，中国"对此必须有充分准备"；必须通过增加农业科技投入，制定中长期农业科技发展规划，对农业重点技术和关键技术进行联合攻关，有选择、有重点地引进国外先进技术，组装配套、规范简化先进适用技术，完善农业技术推广体系，办好农科教结合示范区，开始实施新的农业科技革命的行动。十五届三中全会向全党重申中国实现由传统农业向现代农业、由粗放经营向集约经营转变，"必然要求农业科技有一个大的发展"，中国农业的根本出路在于科技革命。中央提出了中国实施新的农业科技革命的目标是赶上世界农业科技先进水平，争取在动植物品种选育、农业资源高效利用、农业生物灾害防治、现代集约化种养、农产品储运加工等技术方面取得新突破；技术路径是在运用化肥、农膜、农业机械等工业化成果的基础上，依靠生物工程、信息技术等高新技术实现农业科技和生产力发生质的飞跃，"逐步建立起农业科技创新体系"；原则是坚持基础研究与应用研究、高新技术与常规技术、自主研究与技术引进的结合，"科学研究同成果推广相结合"；方法是改革农业科技体制，突出种子工程和节水技术，"鼓励创新，联合攻关"[②]，通过试验示范向农民推广先进实用技术，建设技术推广体系。1999年，江泽民预言物质科学、信息科学、生物工程、材料科学、宇宙科学及环境科学将在新世纪取得突破，再次提醒

---

① 中央文献编辑委员会：《江泽民文选》（第2卷），人民出版社2006年版，第132，215，236页。
② 中央文献研究室：《十五大以来重要文献选编》（上），人民出版社2000年版，第196，567，568，568，568页。

领导干部，"人类正在经历一场全球性的科学技术革命"①，必须坚定不移地实施科教兴国战略。他考察了北京锦绣大地农业股份有限公司的现代农业高科技示范区，对将传统农业转换为规模化、产业化、工厂化的高效现代农业模式给予充分肯定。他认为，实施科教兴农和农业可持续发展"需要进一步加强法制建设"。中国制定了十多部农业法律和四十余部涉农法规，"初步形成了以农业法为核心的农业法律体系框架"②，但还需要建立和完善中国特色社会主义农业法律体系。20 世纪 80 年代以来生命科学和生物技术取得了重大突破，中国众多的人口具有的巨大的创造活力和市场潜力对技术创新提出了更高、更广泛的要求，"也为技术创新提供了强大的动力和广阔的舞台"，领导干部和全社会要树立科技创新的认识。他还强调要把小城镇建设为农村的经济文化中心，小城镇建设应与"发展乡镇企业、发展科技型农业结合起来"③。国家为促进科技进步与经济建设的结合，颁布了《国家科学技术奖励条例》，将科技奖励法制化、正规化；中央更为明确地强调中国农业科技革命的重点在于"加强信息技术、生物技术与传统农业技术的结合"④，在良种培育和节水农业领域取得突破，建立各科研机构、高校、技术服务机构及涉农企业紧密结合的农业技术推广网络。

2000 年，江泽民在为美国《科学》杂志撰写的社论中强调，中国曾经为人类文明进步作出过不可磨灭的贡献，解决了 12 亿多人口的温饱问题，科学家创造性地解决了许多重大科学技术问题。中国面临优化经济结构、合理利用资源、保护生态环境、促进区域协调发展、提高人口素质、消除贫困等艰巨任务，"完成这些任务，都离不开科学的发展和进步"。中国开始实施科教兴国和可持续发展战略，推进科技知识、技术和体制创新，支持科学家在国家需求与科学前沿结合的基础上开展基础研究，提高全社会的创新意识和国家创新能力，将集中科技力量"在动植物基因（例如水稻基因的重组和转移）、……生态科学……和地球科学方面取得

---

① 中央文献编辑委员会：《江泽民文选》（第 2 卷），人民出版社 2006 年版，第 298 页。

② 《江泽民主持法制讲座 强调大力加强农村法制建设》，《人民日报》1999 年 6 月 12 日，第 1 版。

③ 中央文献编辑委员会：《江泽民文选》（第 2 卷），人民出版社 2006 年版，第 394，438 页。

④ 中央文献研究室：《十五大以来重要文献选编》（中），人民出版社 2001 年版，第 936 页。

进展"①。中国加入世界贸易组织有利于推动世界科技的交流与合作。中国科技发展的方针是有所为有所不为,力争在基础科学领域有所发现、在技术上有所发明,力争"在有条件的领域实现突破"。他完善了对科学本质的认识,认为科学技术的运用具有双刃剑的作用,一方面提高人类控制自然的能力,可以造福人类,另一方面带来对自然环境的破坏,危害人类社会。如在生命科学领域中,滥用克隆技术涉及人的尊严、健康、遗传及生态安全和环境保护等伦理问题。因此,科技伦理的核心问题是科学技术服务人类,服务世界和平、发展与进步的伟大事业,"而不能危害人类自身"。21 世纪的科技伦理问题将愈发突出,实行尊重并合理保护知识产权、使科学技术的研究与利用符合人类共同利益的政策,建立和完善高尚的科技伦理是"人们应该注重解决的一个重大问题"②。中央强调依靠科技调整农业生产结构,"不断向生产的广度和深度进军",推进以科技服务和信息服务为重点的农业社会化服务体系建设,支持农业科技的创新和推广,让"先进适用技术进入更多农户"③。"十五"期间,中国将选择农产品深加工、资源综合利用等领域的技术升级,力争在农业生物工程等领域实现产业化,在基因组学、生态科学等基础研究和应用研究方面取得新进展。2001 年在国家科学技术奖励大会上,政府向杂交水稻专家袁隆平颁发了 500 万元的第一届国家最高科学技术奖。江泽民强调,中国加大实施科教兴农战略力度,加快农业科技创新,"提高农产品质量,提高农业素质、效益"④,努力使中国农业科技有大的发展。"科学技术的重要性从来没有像现在这样突出"⑤,共产党代表中国先进生产力发展的重要职责在于敏锐把握未来科技发展趋势,发挥社会主义制度优越性,"大力推动科技进步和创新"⑥,用先进的科学技术改造和提高国民经济水平,推

---

① 江泽民:《科学在中国:意义与承诺》,《人民日报》(海外版) 2000 年 7 月 3 日,第 1 版。

② 中央文献编辑委员会:《江泽民文选》(第 3 卷),人民出版社 2006 年版,第 36,104,105 页。

③ 中央文献研究室:《十五大以来重要文献选编》(中),人民出版社 2001 年版,第 1373 页。

④ 《江泽民:巩固和加强农业基础地位扎扎实实推进西部大开发》,《人民日报》2001 年 3 月 8 日,第 1 版。

⑤ 中央文献研究室:《十五大以来重要文献选编》(下),人民出版社 2003 年版,第 1820 页。

⑥ 中央文献编辑委员会:《江泽民文选》(第 3 卷),人民出版社 2006 年版,第 275 页。

动生产力发展水平不断提高。他针对中国农业已经解决了农产品数量短缺
问题，进入发展新阶段的现实，认为中国促进农业持续发展的根本措施是
推进新的农业科技革命，"发展以生物技术为标志的高新技术是推进新的
农业科技革命的关键"①。中央决定深化农业科研、教育与技术推广体制
改革，调整农业科研开发方向，增加农业科技投入，"支持信息技术、生
物技术等高新技术在农业领域的应用"②，重点加强优质新品种选育、节
水、农产品精深加工和贮运、生态环境治理、防沙治沙等技术的攻关和成
果推广。国务院规定了农业科技发展的方针、原则、目标与任务；根据世
贸组织规则，通过"绿箱"政策等方式"增加农业科技研究和科技成果
转化资金"③；根据农业科技周期长、公益性及区域性的特点，将农业科
研机构分为面向市场的农业科技机构、服务类农业科技机构和基础性及公
益性为主的农业科技机构，采取不同的支持方式进行改革；要求逐步形成
国家扶持和市场引导、有偿服务与无偿服务相结合的新型农业技术推广体
系。温家宝强调推进新的农业科技革命是农业科技工作的重大任务。发展
农业科技，必须有新思路和新办法，在中国"建立以政府投入为主的多
渠道农业科技投入体系"④，逐步建立中国特色的政府扶持和市场引导相
结合的农业科技体制；加强农业科学研究和技术推广力量，造就高素质的
农业科技队伍，建立开放、高效的农业科技创新体系，加强农业科技普及
工作。2002 年，江泽民继续强调国家之间的竞争"是人才的竞争，是民
族创新能力的竞争"⑤，创新是科技发展的生命力。他认为，科学技术发
展孕育的农业科技革命大大地促进了世界农业发展，"特别是促进了粮食
生产的大幅度增长"⑥。新的农业科技革命使农业的概念、功能、体系与
结构都发生了深刻变化，世界农业迫切需要寻找到一条科学而合理的发展
道路。中国科学家已经建立的水稻杂交优势育种理论，发明和完善了杂交

---

① 《江泽民会见中外著名农业科学家》，《人民日报》2001 年 11 月 8 日，第 4 版。
② 中央文献研究室：《十五大以来重要文献选编》（中），人民出版社 2001 年版，第
1598 页。
③ 中央文献研究室：《十五大以来重要文献选编》（下），人民出版社 2003 年版，第
1805 页。
④ 《温家宝强调开创农业科技工作新局面》，《人民日报》2001 年 1 月 18 日，第 2 版。
⑤ 中央文献编辑委员会：《江泽民文选》（第 3 卷），人民出版社 2006 年版，第 499 页。
⑥ 江泽民：《在国际水稻大会上的讲话》，《人民日报》（海外版）2002 年 9 月 17 日，第
1 版。

稻选育、制种技术，率先公布了水稻基因物理图谱和籼稻全基因框架图，为中国农业科技进步和世界粮食安全作出了重大贡献，但实现农业科技新突破，提高农业质量和效益，实现农业现代化仍是中国目前必须解决的重大课题。中国主张根据成果共享、平等互利、尊重知识产权的原则参与国际农业科技合作。中央决定实行产学研、农科教结合的方式，重点扶持具有一定优势的科技创新实体，建设一批高水平的农业科技园区，支持和鼓励应用型农业科研机构改制为科技型龙头企业；将乡镇科技推广机构逐步改制为技术推广与生产经营相结合的实体，将从事农作物病虫害及动物疫病预防、测报等公益性技术工作的机构和队伍纳入财政供给范围；抓紧良种繁育基地和设施建设，逐步建立粮、棉、油等大宗农产品生产的良种推广补贴制度及"承担经营性服务和公益性职能的农业技术推广体系"；稳步"提高良种覆盖率、饲料报酬率、化肥和灌溉水利用率"①，在农村广泛开展农业技能培训和文化教育。

总之，中国共产党人在20世纪90年代到21世纪初工业化速度大提升的背景下，根据中国农业弱质性特点，围绕着国家如何扶持、保护和促进农业发展的机制和办法的核心命题，在农业地位、经营规模、农业生产组织、农产品分配等问题上，就农民利益、农业科学技术、农产品市场及政府与农业关系等促进中国农业发展的若干重大问题不断探索，形成了在市场经济条件下，巩固农业基础地位，稳定并完善以家庭承包经营为基础的农业经营体制、推进农业产业化经营，增加财政和农用物资投入，实行农产品价格保护及宏观调控，促进农业可持速发展，推进农业科技革命，维护农民经济利益等系列而完整的观点。他们根据中国经济社会发展水平与农业发展进入新阶段的情况，发展了以毛泽东、邓小平为代表的领导集体关于建立和发展中国社会主义农业的思想。从1991年开始，他们把农业与农村和农民问题并列提出，逐渐形成了以土地集体所有，家庭经营为基础、产业化为龙头、合作经济组织为纽带的农业社会化，所有权与经营权分离以及流转、管理和保护的农地制度，可持续发展的农业科学技术，提高农民素质和能力，工业反哺农业，在统筹城乡经济社会发展的视域下

---

① 中央文献研究室：《十五大以来重要文献选编》（下），人民出版社2003年版，第2199、2200页。

建设现代农业的思想，揭示了中国农业的本质特征和独特的发展规律，标志着中国特色农业思想已经形成。

第四节　新世纪以来中国特色农业思想的践行

2003 年以来，新一届党的领导集体根据 21 世纪中国经济社会发展新形势，站在统筹城乡经济社会发展的高度，提出工业反哺农业、城市反哺农村的原则，实践"多予、少取、放活"的农业发展方针，实行加大国家财政对农业的投入，增加对农民的生产补贴，重视农村社会事业发展，发展农业高新技术，改善农业生态环境等政策促进了中国农业的发展。他们坚持了对农业地位与作用、土地集体所有与农民生产经营合作、调动农民生产积极性、实现农民富裕、发展农业技术的认识，践行了中国特色农业思想，揭开了中国历史上消解城乡二元经济社会结构，解决"三农"问题的新篇章。

一　践行的背景

20 世纪 90 年代后期开始，中国农产品供求格局发生了历史性变革，农业市场化、商品化和专业化程度逐渐提高，产生了农产品买方市场，但农民增产不增收的矛盾日渐突出，中国农业发展的深层次矛盾没有得到解决。为促进新世纪中国农业的继续发展，新世纪执政的领导集体在中国特色社会主义农业思想的指导下，结合中国经济社会发展水平，更加重视农民经济利益，实行了彻底减免农业税、对农民实行生产补贴等政策，开启了中国特色农业思想实践的新时代。

（一）中国推进农业科学发展的背景

20 世纪八九十年代，中国农业发展取得了重大成就，实现了粮、棉、油等主要农产品供求基本平衡、丰年有余，供给短缺的状况得到有效缓解。21 世纪之即，中国人均农业资源占有量少，约 50% 的劳动力、70% 的农村劳动力从事农业生产，决定了农民家庭经营规模小，农业生产在产业内部循环，农业产业化、国际化水平偏低；农业生产结构分散，成本上升，产出率低，产品缺乏市场竞争力；生态环境破坏严重，农业承载能力脆弱，农产品安全问题日渐突出。中国农业发展存在的生产方式落后、资金和技术投入不足、社会化服务水平不高、农民收入明显偏低、大多数地区靠天吃饭的局面制约着中国农业科技水平和劳动生产率的提高。总之，伴随着人民生活水平的提升，中国农产品需求的数量和质量不断提高，农业为国家提供农产品安全的要求与农业生产力落后状况之间的矛盾依旧尖锐。

长期以来，人们站在国家层面理解农业发展问题，对农业是国民经济基础的认识偏重于农业对工业、对城市的贡献，国家经济社会发展战略偏重于工业化和城市化水平的提高，对农业剩余劳动力转移及农业发展中资本替代劳动，提高农业劳动生产力等问题重视不够，忽略了两方面的同步发展。在优先发展工业和城市的认识影响下，中国建立了城乡分割体制。尽管国家高度重视农业发展，但在这种体制下，国家政策设计重视了农业在国家政治生活中的地位和作用，忽视了农业发展关乎农民经济利益，轻视了农村政治、文化发展对农业现代化的影响；国家使用行政权力、税收及经济政策从农业中过度抽取农产品、资金及人力资源，导致占人口绝大多数的农民积累农业资源的能力与水平长期低下，农民处在经济、社会、政治及文化教育、卫生医疗等国家资源配置的边缘，农民的经济收入水平、社会参与度、文化科技素质较低；尽管国家强调推进农业现代化建设，但由于农业发展政策偏重于农产品产量的提高，高度重视农业资源的开发利用，忽略了农业与经济社会自然的协调发展。因此，国家农业发展政策在实践中，轻视了农业发展与经济、社会和自然的和谐，恶化了中国农业脆弱的资源条件。

总之，中国农业发展中存在的深层次矛盾主要表现为农业生产方式落后、农村社会事业和公共服务水平低、农民的经济利益受到过度剥夺及中国农业生产条件恶化。产生这些矛盾的理论原因在于中国长期受到为农业国民经济提供单向支持的农业发展观念的影响，国家实行的不合理的国民收入分配结构。改革开放后，尽管国家从促进农业与经济、社会、自然和谐发展的高度，对决定和影响农业发展的资源承载力、农村政治结构与治理模式及农民思想、习俗、心理等多种因素有所认识，但全社会对发展现代农业的关注和重视不足。

21世纪初叶，"农民真苦、农村真穷、农业真危险"的呼吁引起了国内外众多人士对"三农"问题的深切关注。化解中国农业发展中的上述深层次矛盾，深切关注农民利益，不断提高农民收入，促进农业与国家经济社会事业、与自然的协调发展，成为新世纪中国农业发展的新任务。如何在中国特色社会主义农业思想的指导下，站在国家经济社会发展的全局，抛弃就农业论农业的狭隘思路，跳出"三农"求解"三农"的窠臼，进一步深化农业经营体制改革，加快现代农业组织建设和农业新科技革命，引导农业生产力要素更多地投入农村，有效保护农业生态环境，加强农业基础地位，实现农民收入增加，谋求"三农"问题在中国农业发展过程中的逐渐解决成为新世纪执政的领导集体重中之重的要事。

（二）农业实行科学发展战略的提出

2003 年 8～10 月，中国共产党人提出了科学发展观，主张以人为本，社会成员团结和睦，力求实现中国经济、政治、文化和社会的全面协调可持续发展，强调人与经济、社会和自然的和谐。科学发展观的提出为中国特色社会主义农业的发展提供了理论指导。中央领导集体站在中国农业发展新阶段的起点上，总结了中国农业发展历史的经验教训，吸取了国外农业发展及解决"三农"问题的理论和经验，提出了中国农业实行科学发展的战略，践行了中国特色社会主义农业思想。

自 20 世纪 90 年代中后期开始，党开始了对如何化解中国农业发展深层次矛盾的思考。在中国农业发展进入新阶段之际，工业化发展到了中期阶段，工业部门具备了自我积累和自我发展的能力。经济社会发展水平的提高为中国提出和实践农业科学发展战略准备了条件。

1995 年，中国人均国内生产总值 4854 元（折合 604 美元），1998 年6308 元（折合 821 美元），2001 年 7651 元（折合 1042 美元），2002 年8214 元（折合 1135 美元），2003 年达到 9111 元（折合 1274 美元）[1]。从1995 年起，中国农业在国民经济中的相对份额和劳动力在农业产业中就业的比例逐渐下降。1995 年第一、二、三产业构成比例为 20.5 ：48.8 ：30.7，1998 年为 18.6 ：49.3 ：32.1，2002 年为 15.3 ：50.4 ：34.3，2003 年为 14.4 ：52.2 ：33.4[2]，农业在国民经济中的相对份额降到15% 以下；1995 年第一、二、三产业就业比例为 52.2 ：23.0 ：24.8，1998 年为 49.8 ：23.5 ：26.7，2002 年为 50.0 ：21.4 ：28.6，2003 年

---

[1] 数据见中华人民共和国国家统计局：《中国统计年鉴》（2005），中国统计出版社 2005年版，第 51 页。

[2] 数据见国家统计局人口和就业统计司等：《中国劳动统计年鉴》（2005），中国统计出版社 2005 年版，第 5 页。

为 49.1 ∶ 21.6 ∶ 29.3①，中国农业劳动力降到 50% 以下。若将农村外出务工的劳动力计入非农劳动力份额，农业劳动力的就业比例更低。2003年中国城镇化水平上升到 40% 以上。根据霍利斯·钱纳里根据多国模型给出的标准模式，人均收入水平达到 560～1120 美元，进入工业化中期阶段的界定标准＊来判断，中国主要经济发展指标表明中国自 1995 年开始，进入工业化中期阶段。

1996 年以来，国家财政收入增速显著高于国内生产总值的增速。1998 年中国国民总收入 76967.2 亿人民币，财政收入 9875.95 亿，财政收入占国内生产总值的比例为 12.6%；2000 年国民总收入 88254.0 亿人民币，财政收入 13395.23 亿，财政收入占国内生产总值的比例为 15.0%；2001 年国民总收入 95727.9 亿人民币，财政收入 16386.04 亿，财政收入占国内生产总值的比例为 16.8%；2002 年国民总收入 103935.3 亿人民币，财政收入 18903.64 亿，财政收入占国内生产总值的比例为 18.0%；2003 年国民总收入 116741.2 亿人民币，财政收入 21715.25 亿，财政收入占国内生产总值的比例为 18.5%②。2003 年，中国经济进入新一轮上升周期。2003～2007 年，国内生产总值增长速度为 10.0%、10.1%、10.0%10.4%、11.6% 和 11.9%③，国家财政收入 5 年增长速度分别为14.9%、21.6%、19.9%、22.5% 和 32.4%④，国家财政收入增速继续呈明显的上升态势。

总之，中国经济发展步入工业化中期阶段，由农业大国转变为了工业大国，经济增长的主要贡献来自二、三产业，城镇化和工业化发展进入快车道，居民消费类型和行为发生着重大转变。国家财政收入的增加为经济发展进入工业反哺农业阶段，国家加大支农力度，促进城乡统筹发展，农业实行科学发展的战略提供了条件。

---

①　数据见国家统计局人口和就业统计司等：《中国劳动统计年鉴》（2005），中国统计出版社 2005 年版，第 8 页。

＊　［美］H. 钱纳里等：《工业化和经济增长的比较研究》，吴奇等译，三联书店 1996 年版，第 95 页。

②　国民收入数据见中华人民共和国国家统计局：《中国统计年鉴》（2005），中国统计出版社 2005 年版，第 51 页。财政收入及财政收入占国内生产总值的比例见同书，第 271 页。

③　数据见中华人民共和国国家统计局：《中国统计年鉴》（2008），中国统计出版社 2008年版，第 40 页。

④　数据同上书，第 261 页。

2. 农业实行科学发展战略的提出

在市场经济高速发展的 20 世纪 90 年代，中国农民收入增长缓慢，城乡差距逐渐加大。据统计，1990～2000 年农业与非农产业相对劳动生产率的差距由 3.93 倍扩大到 5.29 倍。据国家计委调查统计，1990～1999 年间，中国 6 种粮食物质费用占产值的比重从 30.3% 上升到 41.7%，用工成本由 42.6 元上升为 103.6 元。据农业部统计，1998～2000 年，农民人均承担税费总额分别为 193.37、194.38 和 191.16（元），相当于上年农民人均纯收入的 8.94%、8.79% 和 8.51%。由于农业生产成本上升和农民税费负担沉重，致使农民收入增速减缓。1997～2002 年，国内生产总值年均递增 7.7%，城镇居民收入增加 2542 元，年均递增 8.64%，农民收入增长 386 元，年均递增 3.84%，增量不及城镇居民 5 年的平均数。城乡居民收入比 1997 年为 2.47：1，到 2002 年扩大为 3.1：1，2003 年达到 3.2：1。城乡居民收入综合基尼系数 1990 年为 0.343，1995 年扩大到 0.389，2000 年达到 0.417[①]。农民增收缓慢与城镇居民收入提高形成了巨大的反差。

1998 年 10 月，党的领导人针对解决农民增收缓慢、负担加剧的问题，酝酿了农村税费改革的思路，首次提出"坚持多予少取，让农民得到更多的实惠"[②] 的政策思路，开始了化解制约中国农业发展深层次矛盾的思考，着手构建农业实现科学发展的战略。2000 年，党指出对农民的各种收费、集资、摊派和罚款伤害了农民对党和政府的感情，挫伤了农民的生产积极性，严重侵害了农民的物质利益和民主权利，影响了农村社会的稳定。中央决定从制度上规范国家、集体和农民之间的分配关系、分配方法与分配方式，把农村税费改革作为继土改、家庭承包经营之后的重大改革措施。为此，党确立了农村分配制度的基本原则是对农业少索取、多给予，强调国民收入分配要在较长的时间内向农民倾斜。党认为，实行这样的政策转变有利于增加农民收入，"使农民有能力和积极性进一步增加投入、发展生产"[③]。7 月，国家规定不得对自愿把户口转入城镇的农民

---

① 数据见张红宇：《城乡居民收入差距的平抑机制：工业化中期阶段的经济增长与政府行为选择》，《管理世界》2004 年第 4 期，第 70 页。

② 中央文献研究室：《十五大以来重要文献选编》（上），人民出版社 2000 年版，第 560 页。

③ 中央文献研究室：《十五大以来重要文献选编》（中），人民出版社 2001 年版，第 1146 页。

采用歧视政策，他们承包土地的经营权可以保留，也可以依法有偿转让。这就在政策层面提出了放活农民入城的限制，初步奠定了"多予、少取、放活"方针的雏形。10月，党进一步强调要注意安排有利于提高农业抗灾和竞争力、促进农民增加收入，改善农村市场条件的建设项目，继续落实按保护价收购农民余粮的相关政策。中央要求各级组织机关按照"三个代表"的要求，把提高农民生活水平作为农村工作的根本出发点，强调"给"与"取"是国家与农民关系的界限标准。中央认为，对农民要坚持多给予、少索取，取之有据、取之有度的基本原则。2001年，党认为为了实现农民增收，国家必须采取综合性措施，加大各级财政转移支付力度，农民承包地的流转必须坚持"依法、自愿、规范、有偿"的原则。2002年，在对"多予、少取"认识的基础上，中央从增加农民收入的角度，首次阐述了"多予、少取、放活"的农业发展方针。中央认为，所谓"多予"就是"增加对农业和农村的投入"，加强农村基础设施建设，加大扶贫开发力度，扩大退耕还林规模，直接增加农民收入；所谓"少取"就是通过农村税费改革，"切实减轻农民负担，让农民休养生息"；所谓"放活"就是认真落实各项政策，拓宽农民增收渠道，"把农民群众的积极性、主动性、创造性充分发挥出来"①，活跃农村经济。中央强调政府管理农业的思路必须彻底改变，决不能搞瞎指挥、行政命令，赋予农民自主的决策权力。处理党和农民关系的方法也要改变，倡导对农民使用说服教育、示范引导与提供服务的方法。党提出的这些对中国农业发展的新认识，表明党的领导高层已经形成了实施"多予、少取、放活"的农业发展的新方针和新政策的基本思路。11月，党从全局高度首次提出统筹城乡经济社会发展问题，表示要着手在中国构建新型的工农、城乡关系，促进工农业和城乡协调发展，把实现农业增效和农民增收确立为国家农业政策的目标。在国家具备了工业反哺农业的实力和条件下，党提出了统筹城乡发展的战略，标志着共产党人跳出了就"三农"论"三农"的窠臼，实现了农业发展理念的重大创新。中央提出了系统解决"三农"问题的基本策略是充分尊重农民的农业经营的市场主体地位，依法、自愿、有偿地流转农民土地承包经营权，发展适度的农业规模经营；从促进

① 中央文献研究室：《十五大以来重要文献选编》（下），人民出版社2003年版，第2168页。

农业科技进步和加强农业基础设施建设入手，加大对粮食主产区的扶持保护力度，统筹配套农村税费、粮食流通体制及农业补贴，逐步减少农民的数量；国家逐步加大对农村教育、医疗卫生的支持力度，积极探索在农民中建立医疗保险、养老及最低生活保障制度，尽快解决未脱贫的农民的温饱问题。中央首次赋予了"多予、少取、放活"的农业发展方针与政策以人为本、关注民生的崭新理念，农业科学发展的新战略呼之即出。

2003 年，中央领导集体认为，将统筹城乡经济社会一体化发展放在施政方针的首位，能够逐步破除城乡二元结构。统筹城乡发展既是解决"三农"问题的重大战略调整，"又是增强城市发展后劲的有效措施"。把农村改革列入改革首位，在制定发展规划、确定分配格局和研究重大政策时，坚持城乡经济社会统筹发展，"充分发挥城市对农村的带动作用"①。中央把农村税费改革作为当年的首项工作，决定全面推开农村税费改革，专项治理建房、义务教育和进城务工乱收费，取消农业特产税、逐步降低农业税税率等政策。7 月，为弥补"非典"给农民增收造成的损失，农业发展的"多予、少取、放活"的方针与政策首次出现在国务院文件上。国家要求各部门采取措施加大对农业的支持力度。党中央还提出了各级政府保护耕地、提高粮食综合生产能力，维护种粮农民经济利益的要求。10月，党的十六届三中全会明确阐述农业科学发展新战略。中央决定完善农村土地制度，健全农业社会化服务、农产品市场和对农业的支持保护体系，深化农村税费改革；按照统筹城乡发展、区域发展、经济社会发展、人与自然和谐发展、国内发展与对外开放的改革思路，正确处理改革、发展和稳定的关系，树立全面、协调、可持续的发展观。共产党首次将统筹城乡发展置于施政方针的首位，认为对农业和农民"多予、少取、放活"绝不是单纯的支农、建农问题，提出取消对农民进城就业的限制，改善农村富余劳动力转移就业的环境，解决部分社会成员收入差距过分扩大的问题。十六届三中全会为中国逐步解除城乡二元经济和社会结构，完善农业经营体制指明了方向，为全面实践"多予、少取、放活"的农业发展方针与政策奠定了理论基础。建设现代化农业，增加农民收入，建设农村成为了解决"三农"问题，践行中国特色农业思想的重大实践课题，标志

———————————

① 中央文献研究室：《十六大以来重要文献选编》（上），中央文献出版社 2005 年版，第 120，397 页。

着共产党把缩小城乡居民收入差距放到了中国农业政策目标的首位，党的
农业科学发展的战略已经形成。

二 践行的政策

在时隔 18 年后的 2004 年，中央再次以一号文件形式出台《关于促进
农民增加收入若干政策的意见》。到 2013 年，连年发出了《关于进一步
加强农村工作提高农业综合生产能力若干政策的意见》、《关于推进社会主
义新农村建设的若干意见》、《关于积极发展现代农业扎实推进社会主
义新农村建设的若干意见》、《关于切实加强农业基础建设进一步促进农
业发展农民增收的若干意见》、《关于 2009 年促进农业稳定发展农民持续
增收的若干意见》、《关于加大统筹城乡发展力度进一步夯实农业农村发
展基础的若干意见》、《关于加快水利改革发展的决定》、《关于加快推进
农业科技创新持续增强农产品供给保障能力的若干意见》及《关于加快
发展现代农业进一步增强农村发展活力的若干意见》等 10 份一号文件。
21 世纪初，中央领导集体以前所未有的态度表达了对中国"三农"问题
的关注，以前所未有的政策力度解决"三农"问题，党实施了农业科学
发展的战略。

2004 年的一号文件认为农民增收困难是制约中国农业发展的突出问
题。这"不仅是重大的经济问题，而且是重大的政治问题"，还是"城乡
二元结构长期积累的各种深层次矛盾的集中反映"。要求实施统筹城乡经
济社会发展战略，坚持"多予、少取、放活"的方针，"尽快扭转城乡居
民收入差距不断扩大的趋势"。决定在粮食主产区增加投入，建设稳产高
产基本农田，推广优良品种和先进适用技术，实施优质粮食产业工程；主
产区通过贴息补助、小额贷款、提供保险服务等方式发展养殖业，进行粮
食转化加工，促进粮食增值；粮食销区到产区建立的生产基地、加工企业
与仓储设施享受国家对主产区的扶持政策，解决主产区农民种粮效益低、
增收困难的问题。在农村发展二、三产业，保障农民工合法权益，加强对
农村劳动力的职业技能培训，清理和取消针对农民进城就业的歧视性规定
与不合理收费，"简化农民跨地区就业和进城务工的各种手续"，拓宽农
民增收渠道。为减轻农民负担，中央决定在 2003 年减轻农民负担及税费
改革的基础上进一步减轻农民税费负担。"农业税税率总体上降低一个百
分点"，取消除烟叶外的农业特产税，全国将在 5 年内取消农业税，对农

村义务教育全面推行"一费制"*。"在小麦、大豆等粮食优势产区扩大良种补贴范围",对农民、农场职工、农机专业户及从事农机服务的组织购买"更新大型农机具给予一定补贴"。为保护种粮农民的利益,建立对农民的直接补贴制度,"确保补贴资金真正落实到农民手中"。要求较大幅度地增加预算内农业科研投入,"增加农业科技成果转化资金"①,推进农业科技革命。9月,胡锦涛强调"农业是安天下、稳民心的战略产业",必须一贯抓紧抓好。他总结了发达国家工业化初始阶段和中期阶段的发展经验,找出了两个阶段存在的普遍趋势,认为中国已经全面步入工业反哺农业、城市支援农村,实现工业与农业、城市与农村协调发展的新阶段。他对中国经济社会发展阶段的分析判断呼应了国内外学术界、理论界对中国"三农"问题的深切关注。12月,他再次强调我们应当顺应中国进入到以工促农、以城带乡的发展阶段的趋势,自觉调整国民收入分配格局,积极支持"三农"发展。胡锦涛的论断对于中国加大"三农"的扶持力度,推进国家支农政策规范化和制度化建设,形成促进中国农业持续健康发展的长效机制具有重大的指导意义,成为了中国农业实行科学发展政策的理论依据和实践依据。

总之,2004年中国在减轻农民负担方面实行了降低农业税税率,取消除烟叶外的农业特产税,试点取消农业税的政策;在农村义务教育方面全面推行"一费制"政策;在农业生产补贴方面实行了良种补贴、农机具购置补贴、种粮直接补贴等促进农业科学发展的政策。

2005年的一号文件认为中国在以工促农、以城带乡的新阶段,把农业放到国民经济发展的全局中统筹安排,实行工业反哺农业方针的重点是稳定、完善与强化各项支农政策,提高中国农业综合生产能力。决定继续加大"两减免"(即农业特产税和农业税)、"三补贴"(即对部分地区农民实行良种补贴、农机具购置补贴、对种粮农民实行直接补贴)的政策力度,开展免征农业税试点工作,通过税收等手段抑制农资价格过快上涨,设立对农民投工投劳建设小型农田水利基础设施的专项补助资金,以此来调动农民种粮的积极性。逐步建立和完善"保护种粮农民利益的制

---

* 即对农村学校学生学杂费、书本费规定最高限额,不得收取任何其他费用。这一规定2001年先在贫困地区实行,对制止农村中小学乱收费发挥了重要作用。
　　① 中央文献研究室:《十六大以来重要文献选编》(上),中央文献出版社2005年版,第671,671,672,676,680,674,672~673,680,675页。

度和机制"，尽快"把国家的重大支农政策制度化、规范化"，加快农业保护的立法速度。

在农业实现科学发展政策方面，中央强调实行最严格的耕地保护制度，加大土壤肥力调查和监测力度，推广测土配方施肥，"为农民科学种田提供指导和服务"，引导农民改革传统的耕作方法；加快实施以节水改造为中心的灌区续建配套建设；在取消劳动积累工和义务工制度的同时，国家对农民投工投劳兴建小微型水利设施所需材料给予适当补助；搞好生态重点工程建设；国家设立超级稻推广项目，扩大重大农业技术推广项目专项的补贴规模；加大农村交通等基础设施的建设力度，继续加强农村沼气建设，"积极发展太阳能、风能等新型洁净能源和可再生能源"；鼓励发展现代物流、连锁经营与经纪人代理及电子商务、农产品拍卖和网上交易等新型的农产品流通方式与交易方式；加快开通鲜活农产品运输的绿色通道；国家着力搞好种养业良种、动植物保护、农产品质量安全等农业科技的创新与应用，加强农业社会化服务与管理、农产品市场信息、农业资源与生态保护等体系建设，加大对特色农产品的保护力度；"实施奶牛良种繁育项目补贴"①，加快发展畜牧业；发挥国家农业资金投入的导向功能，鼓励社会资本投资农村基础设施和农业开发；推进农村小型基础设施产权制度改革，调动各方投资建设和管好农村小型基础设施的积极性。扩大农村劳动力转移培训工程的规模，加快农村劳动力转移；规定新增的教育、卫生、文化、计划生育等事业费用于县以下的比例不得低于70%。计划到2007年，对农村义务教育阶段贫困家庭的学生实行书本费和杂费减免，给寄宿生补助生活费。

2005年10月召开的十六届五中全会认为，建设社会主义新农村是中国城镇化和工业化进程中的重大而艰巨的任务，提出了建设生产发展、生活宽裕、乡风文明、村容整洁、管理民主的新农村的要求。

总之，2005年中国在减轻农民负担方面扩大了农业税免征范围，加大了减征力度；在农业生产补贴方面继续加大"两减免、三补贴"等政策力度；设立小型农田水利设施建设补助的专项资金；增加政府投入等促进农业实践科学发展政策。在农村公共服务投入方面加大对小型农田水利

---

① 中央文献研究室：《十六大以来重要文献选编》（中），中央文献出版社2006年版，第311，519，520，521，524，526页。

基础设施建设的投入力度，政府向农民提供补助、农民自愿出资出劳建立保障农田水利建设的机制开始建立。

2006 年的一号文件提出在中国加快建立以工促农、以城带乡的长效机制。对国家预算内固定资产投资、财政支出及信贷投放实行增量倾斜与存量调整的原则，以此来建立健全财政支农资金稳定增长的机制，"扩大公共财政覆盖农村的范围"。规定国债和预算内资金直接用于改善农村生产生活条件的资金、用于农村建设的比重高于上年；把国家对基础设施建设投入的重点转向农村；耕地占用税税率提高后新增的税收主要用于"三农"，以此来"逐步形成新农村建设稳定的资金来源"；将粮食主产区种粮直接补贴的资金规模提高到粮食风险基金的 50% 以上，增加种粮农民的良种补贴和农机具购置补贴，建立和完善对种粮农民的支持保护制度。在农村基础设施建设方面，在有条件的农村发展集中供水设施，"提倡饮用水和其他生活用水分质供水"，逐步把农村公路等公益性基础设施的管理维护纳入国家支持范围，重点解决农民饮水、行路、用电和燃料等困难。进行化解乡村债务试点工作，完善涉农税收优惠方式，确保农民受益。

在农村劳动力转移方面，健全城乡就业公共服务网络，严格执行农民工最低工资制度，逐步建立农民工工资保障金制度，完善农民工劳动合同、工伤保险制度，逐步建立农民工社会保障制度，解决农民工子女的上学问题，建立健全多种形式的农村社会保障制度；将农村劳动力培训经费纳入预算，增加投入，提高补助标准，增强农民转产转岗就业能力；完善农村"五保户"供养、灾民补助、特困户生活救助等救助体系，探索建立与农村经济发展水平相适应的农民社会养老保险制度与最低生活保障制度。按照缩减征地数量、规范征地程序、拓展安置途径和完善补偿办法的要求，探索农村征地制度改革经验，健全被征土地的农民的社会保障，为逐步改变城乡二元结构创造条件。

在农村民主政治建设方面，完善村务公开和"一事一议"制度，使农民真正享有知情权、管理权、参与权与监督权，引导农民自主筹劳筹资开展公益设施建设。在农村文化、教育、医疗方面，增加对农村文化发展的投入，构建农村公共文化服务体系。到 2007 年，对农村义务教育阶段的学生全部免除学杂费，贫困家庭的学生免费提供课本，寄宿生补助生活费；改善农村学校办学条件，促进城乡义务教育均衡发展；监管和规范农村学校收费，减轻农民教育负担。2006～2008 年，中央和地方财政提高农村合作医疗补助标准，在农村基本普及新型合作医疗制度，建立与农民收入水平相适应的药品供应和监管体系，规范农村医疗服务。

在实现农业科学发展方面，实施农业科技入户工程，扩大"重大农业技术推广项目专项补贴规模"，提高重点作物、关键生产环节与重要农时及粮食主产区的"机械化作业水平"；发展农产品、农资和消费品连锁经营，建立"以集中采购、统一配送为核心的新型营销体系"，实现鲜活农产品绿色通道网络的省际互通；完善重点粮食品种的最低收购价政策，保持合理粮价，加强农资价格调控，"保护种粮农民利益"。扩大畜禽良种补贴规模，推广健康养殖方式；加快农村各种专业合作经济组织的立法建设，建立有利于农民合作经济组织发展的登记、信贷与财税制度；通过开发保护环境、节约资源的农业生产技术，推广废弃物利用、相关产业链接与可再生能源利用的技术，鼓励生产和使用节电、节油的农业机械和农产品加工设备，发展节地、节水、节肥、节药、节种的节约型农业。制定鼓励发展生物质产业的财税政策，加大农业污染防治力度，发展循环农业；增加测土配方施肥补贴，继续实施保护性耕作示范工程与提升土壤有机质补贴的试点工作。健全土地承包经营权流转机制，在依法、自愿、有偿的基础上发展农业适度规模经营。加快集体林权制度改革，推进小型农田水利设施产权制度改革。

总之，2006 年中国在减轻农民负担方面全面取消了农业税，规范农村"一事一议"制度，治理增加农民负担的乱收费；对西部农村义务教育阶段的学生全部免除了学杂费，对其中贫困家庭的学生免除课本费，补助了寄宿生的生活费。在农业生产补贴方面，粮食主产区种粮直接补贴的资金规模占到了粮食风险基金的 50% 以上；增加良种补贴和农机具购置补贴；开始建立农资综合直接补贴制度。在农村公共服务投入方面，新增的教育、卫生、文化财政支出主要用于农村，各级政府基础设施建设投资重点放到了农业方面，推进了农村综合改革、新型农村合作医疗制度试点等政策的发展。

2007 年中央一号文件认为建设现代农业是新农村建设的首要任务，"是改造传统农业、不断发展农村生产力的过程"，也是中国农业转变增长方式，实现又好又快发展的过程。用现代科学技术改造传统农业，用现代物质条件装备农业机器，用现代经营形式推进农业发展，用现代发展理念引领农业观念，用现代产业体系提升农业经营水平，培养新型农民是现代农业发展的前提。中央领导集体把实现农业科学发展的战略路径表述为"提高农业水利化、机械化和信息化水平，提高土地产出率、资源利用率和农业劳动生产率"，提高农业的素质、效益和竞争力。党对农业现代化的认识水平得到了空前提升。

中央强调中国需要利用经济发展较快和财政增收较多的有利时机，巩固、完善支农惠农政策。继续要求财政支农投入、国家固定资产投资用于农村和土地出让收入用于农村建设的增量都要高于上年，建设用地税费提高后新增的收入主要用于"三农"方面。逐步形成受益直接、目标清晰、操作简便与类型多样的农业补贴制度。将上年在粮食主产区实行种粮直接补贴的资金规模提高到占粮食风险基金50%以上的政策推广到全国，扩大良种、农机具购置补贴的品种和范围，"加大农业生产资料综合补贴力度"。增加对财政困难县、乡增收节支补助，加大中央财政对产粮大县的奖励力度。继续对重点粮食品种和重点地区实行最低收购价政策。为提高农业防灾减灾的能力，建立政府引导、各级财政对自愿参保的农户提供市场运作、保费补贴的农业保险体系，"探索建立中央、地方财政支持的农业再保险体系"。运用税收、补助、参股、贴息、担保等手段为各种社会力量投资建设现代农业创造良好环境。

就提升农业设施装备水平问题，抓好农田水利建设、切实提高耕地质量、加快发展农村清洁能源、加大乡村基础设施建设力度，落实城乡电网同网同价政策。在新型农用工业发展方面，积极发展新型肥料、多功能农业机械、低毒高效农药和可降解农膜等新型农业投入品。农机行业重点发展大中型拖拉机、多功能通用型高效联合收割机和专用农机产品。继续推进天然林保护、沿海防护林、退耕还林（草）等生态工程建设，加快启动石漠化综合治理与坡耕地水土流失综合整治工程及黄河、长江上中游和西南石灰岩等地区的水土流失治理工程。减少农业面源污染，加强农村生态环境保护，发展循环农业、生态农业及有机农业，提高农业可持续发展能力。

就提升农业科技水平问题，增加对农业科研的投入，提高国家及区域性农业科研中心的创新能力，逐步增加农业科研院所事业费，支持农业科研院所试点改革工作；要求在农村形成以技术指导员为纽带，"示范户为核心，连接周边农户的技术传播网络"。在农村开始推广免耕栽培技术补贴试点工作，加速普及精量、半精量播种与集约、高效、生态畜禽水产品养殖技术。中央在停止实施农业机械化宣传口号 24 年后，要求改善中国农机装备结构，提升装备水平，"走符合国情、符合各地实际的农业机械化发展道路"，鼓励农业生产经营者共同使用、合作经营农业机械，推进农机服务产业化、市场化。在重要季节"组织开展跨区域的机耕、机播、机收作业服务"，推广土地深松、水稻插秧、秸秆粉碎还田、化肥深施等农机技术。在农业信息化建设方面，整合涉农信息资源，建立国家、省、市、县级农业信息网络互联中心，加快建设实用性强、标准统一的公用农业数据库，启动农村信息化建设示范工程，鼓励有条件的地方在农业生产活动中使用全球遥感管理信息、卫星定位和地理信息系统等先进技术。中央还拓展了对农业功能的认识，认为农业具有提供食品、就业增收、原料供给、生态保护、文化传承及观光休闲等多重功能，要求重视发展与农业密切联系的园艺、特种养殖和乡村旅游业。在农村市场体系建设方面，加快建设农村商务信息服务、现代流通网络建设，开展"万村千乡市场"和"双百市场"建设活动，加强对农资生产经营和农村食品、药品质量安全监管，加强农产品出口基地建设，实行企业出口产品卫生注册和国际认证制度，推进农产品检测结果的国际互认。在农民教育方面，把广大农民培养成"有较强市场意识、有较高生产技能、有一定管理能力"① 的现代农业经营者，全面提高农民素质。

　　总之，2007 年中国在减轻农民负担方面免除了农村义务教育学杂费，对家庭经济困难的学生免除了课本费，补助了寄宿生生活费；在农业补贴方面，种粮农民直补资金占到了粮食风险基金的 50% 以上，实施了繁殖母猪和奶牛良种的补贴；在农村公共服务投入方面，推行农村最低生活保障制度全覆盖等政策，促进了农业的科学发展。

　　2008 年中央一号文件在中国粮食总产实现连续四年增加、单产创纪录，打破"两增一平一减"产量变化周期、农民人均纯收入比上年大幅度增加、农村基础设施得到改善、社会事业初步发展的情况下，再次强调加强农业基础建设，促进农业发展农民增收问题。在工业化、城镇化、市场化、信息化与全球化深入发展之际，中国农业正经历着深刻的变化。按

---

　　① 中央文献研究室：《十六大以来重要文献选编》（下），中央文献出版社 2008 年版，第 141~847 页。

照统筹城乡发展的要求，加大"三农"投入力度，把国家基础设施建设和社会事业发展的重点聚到农村。用统一的市场体系把资金、技术、人才等资源逐步引向农业，实现城乡产业互动互促，逐步实现"城乡社会统筹管理和基本公共服务均等化"，探索促进城乡统筹发展体制。中央决定继续加大对农民的直接补贴力度，扩大直接补贴范围，提高标准，"将农机具购置补贴覆盖到所有农业县"。逐步扩大农业政策性保险试点范围，确定农业保险补贴的品种。中央要求强农惠农政策"要向重点产区倾斜，向提高生产能力倾斜"。就农民增收问题，通过优化农业生产结构，发展特色农业和节约型农业，提高农业生产效益，通过非农就业，防止农民负担反弹，合理调控重要农产品和农资价格等政策支持农民增加收入。

为坚定不移地走中国特色的社会主义农业现代化道路，加强农业基础建设，再次实施粮食省长负责制，强化"菜篮子"市长负责制。在农业基础设施建设方面，大幅度地"增加中央和省级小型农田水利工程建设补助专项资金"，采取奖励和补助等形式调动农民投资投劳建设小型农田水利工程的积极性，国家"对农业灌排用电给予优惠"。土地出让的收入重点支持基本农田整理、灾毁复垦和耕地质量建设。为支持农业机械的推广使用，免征从事田间作业的拖拉机的养路费，减免农机服务税收，落实跨区作业农机免费通行的政策。在农业科技研究与推广方面，加快实施种子工程与畜禽水产良种工程，"启动转基因生物新品种培育科技重大专项"；加强基层公益性农业技术推广机构建设，力争 3～5 年后，使其拥有必要的办公场所、仪器设备和试验示范基地。给村级动物防疫员提供必要的经费补助，健全动植物疫病防控体系。在扶持农业生产组织方面，农民专业合作社可"申请承担国家的有关涉农项目"，要求各级财政加大扶持力度，支持为农民提供用水、仓储运输及代耕代种等服务的农业生产经营组织的发展，农村可以建立公益服务站和社区服务中心。在农村市场体系建设方面，落实鲜活农产品省内外车辆通行无差别减免通行费的政策，"推广资费优惠的农业公益性服务电话"。在农村基本公共服务方面，决定"对全部农村义务教育阶段学生免费提供教科书"，提高农村中小学经费补助标准，提高家庭经济困难寄宿生生活费补助标准，扩大补助的覆盖面；在农村社会保障体系建设方面，普遍建立新型农村合作医疗制度，提高国家补助标准，完善补偿机制，扩大补助的受益面，规范农村医疗卫生服务；"将符合条件的农村贫困家庭全部纳入低保范围"，提高标准；通过农村公路管理养护体制改革，"推进农村客运网络化和线路公交化改造"，实施渡口渡船改造工程，强化农村公路建设质量监管工作，改善农村交通状况；增加农村饮水安全工程的投入，"让农民尽快喝上放心水"。在农村基层政权建设方面，国家支持村级公益事业实行一事一议的财政奖励补贴制度试点，继续开展农村重点领域乱收费的专项治理工作；充分发挥农民在村级治理中的主体作用，村民委员会要完善村务公开制度，建立答疑纠错的制度；坚决制止利用宗族、家族和宗教势力"干预基层经济社会事务管理的行为"，选派县、乡年轻干部和高校毕业生到乡村任职。

2008 年 10 月，中央认为，1978 年以来的中国农村改革充分证明了把解决"三农"问题作为全党工作的重中之重，坚持农业基础地位、农业市场化改革方向、保障农民物质利益和民主权利，推动农村经济社会全面发展是中国特色社会主义农业发展的成功经验。他们要求抓住和用好战略机遇期，继续解放思想，"在统筹城乡改革上取得重大突破"，给农村发展注入了新动力，促进农业增产、农民增收和农村繁荣。中央认为，中国进入到了破除城乡二元结构、统筹城乡经济社会发展的重要时期，为落实科学发展观，坚持"多予、少取、放活"的方针，把走中国特色的社会主义农业现代化道路作为农村改革的基本方向，把建设社会主义新农村作为重要的战略任务，把加快形成城乡经济社会发展一体化的新格局作为发展的根本要求，积极创新农业发展的体制。到 2020 年，中国农业发展的基本目标是更加健全农业经济体制，基本形成环境友好型与资源节约型的农业生产体系，明显改善农业生态环境，可持续发展能力不断增强，农业现代化建设取得显著进展，显著提高农业综合生产能力，粮食安全和主要农产品供给得到有效保障，农民人均纯收入比 2008 年翻一番，加速推进城乡基本公共服务均等化与农村社会管理体系。他们强调中国要把"解决好十几亿人口吃饭问题作为治国安邦的头等大事"，立足国内实现粮食基本自给，通过加大对农业支持保护的力度，实施科教兴农战略等措施加快农业现代化建设。

在农业生产经营体系建设方面，不能动摇家庭承包经营为基础、统分结合的双层经营体制，加快农业经营方式转变。农业家庭经营要"增加技术、资本等生产要素投入"，提高集约化经营水平；统一经营要发展农户的联合和合作，"形成多元化、多层次、多形式经营服务体系的方向转变"，把专业合作社建设成"引领农民参与国内外市场竞争的现代农业经营组织"，按照服务农民、进退自由、管理民主和权利平等的原则，培育新型的农民合作组织。

在土地管理方面，坚持最严格的耕地保护和节约用地制度，坚守18亿亩的红线，"搞好农村土地确权、登记、颁证工作"。征收农村集体土地时，按照同地同价原则，及时足额合理补偿给农村集体组织和农民，解决好征地农民的住房、就业与社会保障问题。建立健全土地承包经营权流转市场，发展专业大户、家庭农场、农民专业合作社等经营主体，实行多种形式的适度规模经营。

在农业支持保护方面，保证各级财政农业投入增长幅度高于"经常性收入增长幅度"，国家大幅度地增加对农村基础设施和社会事业的投入，大幅度提高耕地占用税新增收入、政府土地出让收益投入到农业的比例，增加中西部地区农村公益建设项目的投入；健全农业补贴制度，"逐年较大幅度增加农民种粮补贴"，完善与农资价格上涨挂钩的农资综合补贴动态调整机制；要求"稳步提高粮食最低收购价"，完善粮食等主要农产品的价格形成机制，保持农产品合理的价格水平，理顺各类产品比价关系，"充分发挥市场价格对增产增收的促进作用"；国家综合运用财税与货币政策工具，实行对农业的定向税收减免与费用补贴，引导更多的"信贷资金和社会资金投向农村"；国家健全农业生态环境补偿制度，建立保护耕地、森林、水域、湿地、草原等自然资源和农业物种资源的激励机制。

在统筹城乡经济社会发展方面，在基础设施建设、公共服务一体化、城乡规划、产业布局等方面促进公共资源和生产要素在城乡之间的均衡配置与自由流动，探索建立省管县（市）体制，"积极推进统筹城乡综合配套改革试验"，推动城乡经济社会融合发展。

在农村民主政治建设方面，逐步实行按城乡人口同等比例选举人大代表，"扩大农民在县乡人大代表中的比例"。在村一级开展以村民代表会议、村民会议、村民议事会为形式的民主决策实践，进行以农民自我教育、自我管理、自我服务为目的的民主管理实践，开展公正有序、直接选举的实践，进行以村务公开、财务监督、群众评议为内容的民主监督实践，扩大村民自治范围。

总之，2008年中国在减轻农民负担方面，全面实行了义务教育"两免一补"；在农村公共服务投入方面，实行了新型农村合作医疗全覆盖；

在农产品收购价保护方面，实行了提高粮食最低收购价等促进农业科学发展的政策。

2009 年中央一号文件认为农业连续 5 年增产，保持粮食稳定增长的任务繁重，保持农产品价格合理水平的难度加大，食品质量安全的呼声日渐强烈，农民工就业形势依然严峻。围绕强基础、重民生，实现稳粮、增收的要求强化惠农政策，增强科技对农业发展的支撑，加大投入力度，"坚决防止粮食生产滑坡，坚决防止农民收入徘徊"，保证国家粮食安全和农民收入增长。在农业支持保护力度方面，在中西部地区安排病险水库除险加固、大中型灌区配套改造、农业生态建设与农村饮水安全等公益性建设项目；在农业补贴方面，扩大油菜和大豆良种补贴范围，实现水稻、小麦、玉米、棉花良种补贴全覆盖；为普及农机应用，将技术成熟、安全可靠、先进适用、服务到位、节能环保的农机具"纳入补贴目录"，覆盖全国农牧业县（场）。加强农业生产成本收益监测工作，根据农资价格上涨幅度和农作物播种面积完善农资补贴动态调整的机制，及时增加对农民的农资补贴；为避免农产品价格下降，提高粮食最低收购价，增加"粮食、棉花、食用植物油、猪肉储备"，鼓励企业增加收储，防止部分农产品过度进口；在农业科技创新方面，加紧培育一批"抗病虫、抗逆、高产、优质、高效的转基因新品种"，实施主要农作物强杂交优势技术研发项目。引导农民专业技术协会等社会力量承担公益性农技推广服务项目。实行鼓励"农民增施有机肥、种植绿肥、秸秆还田奖补试点"[①]，加快旱作农业示范工程的实施，探索对农业灌溉工程运行管理提供财政补贴的机制，实行重点环节农机作业补贴试点，建立高能耗农业机械更新报废的经济补偿制度；在生态农业建设方面，中央财政提高森林生态效益补偿标准，启动草原、水土保持、湿地等生态效益补偿试点，用以奖促治的办法支持农业污染治理；在农村市场体系建设方面，支持大型连锁超市发展，支持农产品流通企业建设农产品直供基地，长期执行并逐步完善鲜活农产品运销绿色通道政策。

总之，2009 年中国政府在减轻农民负担方面，增加了对来自农村家庭的中等职业学校的经济困难学生和涉农专业学生免学费的政策；在农业

---

① 中央文献研究室：《十七大以来重要文献选编》（上），中央文献出版社 2009 年版，第 136，135，136，139，139，141，142，143，143，144，145，145，149，670，672，674，674，674，674，675，676，676，676，676，678，678，823，824，828，828 页。

生产补贴方面，较大幅度地增加了各项农业补贴，实现了水稻、小麦、玉米、棉花良种补贴的全覆盖，扩大了油菜和大豆良种补贴范围；逐步加大了对专业大户、家庭农场种粮的补贴力度；在农村公共服务投入方面，推行农村新型社会养老保险试点；国家继续实行提高粮食最低收购价等促进农业科学发展的政策。

2010 年中央一号文件认为中国农业在连续 6 年增产，农民收入连续 6 年增长的背景下，中国确保粮食生产不滑坡、农民收入不徘徊、农村发展势头不逆转的压力逐渐加大了。面对复杂多变的农业发展环境，中央强调转变农业发展方式的要求愈来愈高，决定把发展现代农业"作为转变经济发展方式的重大任务"，进一步提出了改革促统筹、稳粮保供给、强基增后劲、增收惠民生的农业发展思路。

在强农惠农政策体系建设方面，实施既有的农业支持政策，继续增加农业"发展资金和农业综合开发资金规模"。扩大马铃薯良种补贴范围，启动青稞良种补贴，实施花生良种补贴试点，把牧业、林业及"抗旱、节水机械设备纳入补贴范围"，继续落实和完善"农资综合补贴动态调整机制"。要求"新增农业补贴适当向种粮大户、农民专业合作社倾斜"，完善牧区、林区、垦区的农业补贴政策，不准将"补贴资金用于抵扣农民交费"，把补贴政策落到实处。通过提高稻谷最低收购价，落实小麦最低收购价，健全国家收储农产品的拍卖机制，做好棉花、食糖、猪肉调控预案，扩大粮食储备规模等办法，"保持农产品市场稳定和价格合理水平"。农业银行、邮政储蓄银行和农村信用社等金融机构增加涉农信贷，在农村"加快培育村镇银行、贷款公司、农村资金互助社"，3 年内消除基础金融服务空白乡镇，扩大农业保险补贴的品种和区域范围，鼓励对特色农业、农房等进行保险保费补贴，建立财政支持的农业保险及再保险的巨灾风险化解机制。通过完善精神和物质奖励、职务职称晋升、定向免费培养等措施引导城市教师、医师及文化与科研机构下乡支教、送医。出台刺激农村消费需求的新办法，大幅度提高家电下乡产品的最高限价，对汽车、摩托车和家电等限价内的产品继续提供 13% 的补贴，"补贴对象扩大到国有农林场（区）职工"。在农村发展物流配送、连锁超市、电子商务等新的流通方式，建设日用消费品、农产品和农资经营网点，鼓励农村金融机构向农民提供建房、买车和家电等信贷消费，对农民提供兴办农家店的信贷投放。

在促进农业发展方式转变、提高现代农业装备水平方面，实施新增千亿斤粮食生产能力的规划，增加产粮大县的奖励补助资金，提高其人均财力水平；大力发展油料生产，优化农产品品种结构。为推进生猪、奶牛等"菜篮子"产品的标准化生产，加快"园艺作物生产设施化、畜禽水产养殖规模化"，搞好"水生生物增殖放流"；为加快农产品质量监管和检验检测体系建设，发展无公害农产品、绿色食品和有机农产品。中央和省级财政大幅度增加小型农田水利设施建设补助的资金规模，支持山区、丘陵地区建设雨水集蓄等小微型水利设施，"把八百个产粮大县的基本农田加快建成高标准农田"，抓紧开发具有重要应用价值与自主知识产权的"功能基因和生物新品种"。实施农村科技创业、科普惠农兴村和科技富民强县专项等计划，推进现代农业产业技术体系的建设；推广机械深松整地、水稻育插秧等农机作业。

在农产品市场体系建设方面，发展农产品期货市场，增加交易品种，积极"发展农业会展经济，支持农产品营销"。扶持大型连锁超市、学校及大企业与农产品生产基地的产销对接，充分运用地理标志和农产品商标促进特色农业发展。

在农业生态建设方面，在重点生态脆弱区及重要生态区延长天然林保护工程实施的期限，筹集森林、水土保持及草原等生态效益补偿资金，提高中央财政对集体林、国家级公益林和森林生态效益补偿标准，开展造林苗木、森林抚育补贴试点；中央财政对林木良种生产使用、中幼林和低产林抚育给予补贴，延长退牧还草工程的实施年限，提高补贴标准。加强农业面源污染治理，发展循环农业和生态农业，因地制宜发展富有特色的高效农业及林下种养业，挖掘农业就业潜力。

在农村产业发展方面，积极发展乡村旅游、休闲农业、森林旅游与农村服务业，拓展农民的非农就业空间，扶持农民工返乡创业和农民就地创业。在农村公共事业发展方面，解决农民工工伤医疗、保险以及子女就地入学问题，开展农民工工伤保险全覆盖行动。加强农民工职业病防治和健康服务，把和企业建立了稳定劳动关系的农民工纳入城镇职工基本医疗保险范围，解决落实农民工子女以公办学校和输入地为主的入学问题；巩固和完善农村义务教育经费的保障机制，继续实施农村中小学校舍安全工程，推进农村中等职业教育免费的进程，逐步改善贫困地区农村学生的营养状况；政府建立稳定的农村文化投入保障机制，做好农村医疗救助、新型农村合作医疗和城镇职工及居民基本医疗保险制度的政策衔接，确保符合条件的农村老年人按时足额领取养老金，探索应对农村人口老龄化的有效办法。

在农业经营制度和城镇化建设方面，确保土地承包关系长久稳定不变，扩大土地承包经营权登记试点范围，全面落实承包地块、面积、合同、证书"四到户"；加快集体土地所有权、集体建设用地使用权和宅基地使用权的确权登记颁证工作，健全土地承包经营权流转市场，深化以明晰产权、承包到户为重点的集体林权制度改革。政府对服务能力强、民主管理好的农民专业合作社给予补助，鼓励其兴办资金互助社。坚持政府引导、农民自愿、分级负责、财政补助与上限控制的原则，探索村级公益事业建设的有效机制。探索推动符合条件的农村人口到城镇落户，享有与城镇居民同等权益的政策实践，加快城镇化发展。新生代农民工约占农民工的60%，要采取有针对性的措施，"着力解决新生代农民工问题"。在有条件的乡镇设便民服务中心，村设代办点，"为农民提供一站式服务"①。在农村健全消防应急反应机制，进一步完善农村基层治理机制。

总之，2010年中国在减轻农民负担方面，继续推进了农村中等职业教育免费进程；在生产补贴方面，扩大了马铃薯补贴范围，启动了藏区青稞良种补贴，实施了花生良种补贴试点；把林牧业和抗旱、节水机械设备纳入到农机具购置补贴范围；落实了小麦最低收购价政策，提高了稻谷最低收购价；在农村公共服务投入方面，逐步提高了新型农村合作医疗筹资水平、政府补助标准和保障水平，扩大了农村危房改造试点，继续支持游牧民定居工程等促进农业科学发展的政策。

2011年中央一号文件认为，"水是生命之源、生产之要、生态之基"，在中国需要切实增强水利对农业的支撑保障能力。中央在这份自1949年以来首次系统部署水利改革发展的文件中表示，通过5~10年努力，从根本上扭转水利建设明显滞后、农业主要靠天吃饭的局面，把农业用水有效利用系数提高到0.55以上。在水土资源条件较好的地方，新建一批灌区，增加农田有效灌溉面积。中央和省级财政大幅度地增加水利建设的补助资金，市、县政府增加农田水利建设投入；国家支持山区和丘陵地区建设小

---

① 中央文献研究室：《十七大以来重要文献选编》（中），中央文献出版社2011年版，第338~352页。

水池、小塘坝、小泵站、小水渠和小水窖等工程，推广管道输水、喷灌滴灌和渠道防渗等技术，"扩大节水、抗旱设备补贴范围"；各地积极发展旱作农业；加快中小河流治理和小型水库除险加固；推进县乡两级防汛抗旱组织建设，健全抢险物资储备体系，完善应急预案。在"十二五"期间，中国水利建设的任务是基本解决新增农村饮水不安全人口的饮水问题；继续治理大江大河；在保护生态的前提下，尽快建设一批骨干水源工程及河湖水系连通工程，"提高水资源调控水平和供水保障能力"，加快南水北调东中线一期工程及配套工程建设；开展海水淡化及雨水、微咸水利用；采用小流域综合治理技术，用淤地坝建设、坡耕地整治、生态修复和造林绿化等措施防治水土流失；在保护生态和农民利益的前提下，开展农村电气化县建设和小水电工程建设；政府将水利作为公共财政投入的重点领域，"力争今后 10 年全社会水利年平均投入比 2010 年高出一倍"；完善水资源有偿使用制度，合理调整水资源费的征收标准，扩大征收范围；国家运用财政货币政策引导金融机构增加水利信贷资金，拓宽水利投融资渠道；加大农村一事一议财政奖补力度，按照多筹多补、多干多补的原则，鼓励农民兴修农田水利。实行最严格的水资源管理制度，区分水利工程的性质，以乡镇或小流域为单元，强化水资源在管理、防汛抗旱、农田水利建设及水利科技推广方面的公益职能，健全水利服务机构，其经费纳入县级财政预算，财政适当补助农业排灌工程的运行管理费用，积极探索农民在用水定额内享受优惠水价、超额用水累进加价的办法。

总之，2011 年中国中央财政安排用于"三农"的支出达 9884.5 亿元，良种补贴 220 亿元，农机具购置补贴达 175 亿元，补贴的范围覆盖了全国所有的农牧业县（场）。对粮食产量或商品量分别位于全国前列的大县予以重点奖励，奖金规模达 236 亿元。继续对生猪调出大县实施奖励，奖金 32.5 亿元，畜牧良种补贴资金 11.9 亿元。国家对渔业的油价补助规模也达 171.65 亿元，水生生物增殖放流资金 2.21 亿元，用于支持高产创建工作的专项资金 10 亿元。继续实施了测土配方施肥补贴项目，推广测土配方施肥技术面积达 12 亿亩以上。安排 5 亿元专项资金对承担实施病虫统防统治工作的 2000 个专业化防治组织进行补贴，投入 5 亿元资金实施畜禽标准化养殖扶持项目，投入 10 亿元建设基层农技推广体系项目。国家再次提高了粮食最低收购价，规定超市从农民专业合作社购进免税农产品，可按 13% 的扣除率抵扣增值税税额，严禁超市向农民合作社收取进场费、赞助费、摊位费及条码费，任意拖欠货款，全国所有收费公路全部纳入鲜活农产品运输"绿色通道"网络范围。在西部 8 个主要草原牧区省区建立草原生态保护补助奖励机制，中央投资优先支持向农户集中供气的大中型沼气项目。将新农保试点范围扩大到全国 60% 的县，农民在政策范围内的报销比例达 70%。9 大类家电下乡补贴产品按销售价格的 13% 给予财政补贴。安排中央投资 34 亿元支持 24 个省（区、市）的垦区实施危房改造项目，安排村级公益事业一事一议财政奖补资金 160 亿元，促进了农业科学发展。

2012 年中央一号文件认为实现中国农业持续稳定发展的根本出路在科技。农业科技是确保国家粮食安全的技术支撑，是突破农业资源环境约束的选择，是加快中国农业发展的决定性力量，"具有显著的公共性、基础性、社会性"。科技进步是农业发展最重大、最关键、最根本的措施。提高公益性农业科研机构运行经费的保障水平，大幅度增加对农业科技的投入，保证财政对农业科技投入的增幅高于经常性收入的增幅，逐步提高农业研发投入占农业增加值的比重，为农业科研建立投入稳定增长的长效机制。突破农业科研推广体制的障碍，推动农业科技跨越发展。中央明确了政府在农业科技发展中的主导作用，深化了对农业科技的认识，提出的发展农业科技的政策措施把握了现代农业发展的规律，在中国当代农业科技发展史上将产生重大影响。

中央强调农业科技工作要立足国情，遵循农业科技发展的规律，保障粮食安全是农业科研的首要任务。农业科研要把"提高土地产出率、资源利用率、劳动生产率"作为主要目标，按照增产增效并重、良种良法配套、生产生态协调与农机农艺结合的要求，努力促进"农业技术集成化、劳动过程机械化、生产经营信息化"，构建符合高产、优质、高效、安全和生态要求的农业技术体系。大力发展设施农业，启动农业标准化推进示范县建设，强化食品质量安全的监管、检验检测体系及追溯体系的建设。超前部署农业前沿技术和基础研究，重点突破重大关键性的技术和共性技术，着力解决科技与农业生产脱节的问题。农业基础科研要抢占农业科技制高点，在良种培育、节水灌溉、节本降耗、农机装备、新型肥药、加工贮运、疫病防控以及循环农业、海洋农业、农村民生等方面"取得一批重大实用技术成果"，突破技术制约瓶颈；强化基层公益性农技推广服务，探索公益性服务的多种实现形式，增强推广服务能力。支持发展新型农业服务组织，推动家庭经营"向采用先进科技和生产手段的方向转变"①；增加农业防灾减灾稳产增产关键技术的补助，扩大农业公共气象服务的覆盖面，振兴农业教育，加快培养从事农业科研的人才和农村实用人才，引导科研教育机构积极开展农技服务。农业部决定在全国开展"农业科技促进年"活动。中央特别强调农民的土地承包经营权、集体收益分配权与宅基地使用权是法律赋予的合法财产权，无论农民是否以此为基本生活保障，是否留在农村，任何人都无权剥夺，保障农民财产所有权和财产增值权。

2012 年中国中央财政对种粮农民的直补达 151 亿元，农资综合补贴1078 亿元，稳定实施了良种补贴政策。安排农机购置补贴 200 亿元，村级公益事业一事一议财政奖补资金 248 亿元。适当提高了主产区小麦、稻谷最低收购价水平，每 50 千克白小麦（三等）、红小麦、混合麦最低收购价提价幅度分别为 7.4%、9.7% 和 9.7%；每 50 千克早籼稻（三等）、中晚籼稻、粳稻最低收购价提价幅度分别为 17.6%、16.8% 和 9.4%。中央财政增加产粮（油）大县的奖励资金规模达 277.65 亿元，继续实施生猪调出大县奖励、畜牧良种补贴、渔业油价补助政策。国家以粮食主产区为重点，通过对农民进行物化技术补助方式重点推广水稻大棚育秧、玉米地膜旱作、小麦"一喷三防"和农作物病虫害专业化统防统治等关键技术；投入动物防疫补贴补助经费 7.8 亿元，继续增加水生生物增殖放流资金。抓紧建设国家现代农业示范区，巩固 5000 个万亩示范片、50 个县（市）和 500 个整乡（镇）整建制试点。国家还免征蔬菜流通环节增值税。新农保实现了全国覆盖，国家补助由 200 元提高到 240 元，农民住院费报销比例达到 75% 左右，最高支付限额不低于农民人均年收入的 8 倍，且不低于 6 万元。国家加快实施了农村危房改造项目。

2013 年，以习近平为代表的领导集体认为中国实现粮食产量"九连增"，农民增收"九连快"，农村综合改革与集体林权制度改革取得了重大进展，加快了破除城乡分割体制障碍的进度。中国农业发展又一次进入新阶段，在农村社会结构转型加速、城乡发展融合加快、农业生产成本上升和农产品供求结构矛盾突出的条件下，国家保障"粮食安全和重要农

---

① 中央文献研究室：《十七大以来重要文献选编》（下），中央文献出版社 2013 年版，第49，52，54，55，726，729～730，730，730，732 页。

产品有效供给任务艰巨",农民"兼业化、村庄空心化、人口老龄化趋势
明显"。他们清醒地认识到,在中国建立城乡经济因素平等交换的机制、
缩小城乡发展差距及城乡居民收入分配差距的任务还很艰巨,需要围绕现
代农业建设,加大农村改革、政策扶持和科技驱动的力度,加快构建
"集约化、专业化、组织化、社会化"有机结合的新型农业经营体系。在
农业生产方面,稳定播种面积、优化农产品结构、主攻粮食单产。需要加
强 800 个产粮大县的农业基础设施建设,推进东北地区的粮食丰产科技工
程与节水增粮行动,在粮、棉、油、糖高产产区集成推广区域性、标准化
高产高效模式,扩大畜禽水产品标准化养殖示范场、园艺作物标准园创建
的规模。国家运用以奖代补手段支持现代农业示范区建设,推进种养业良
种工程和远洋渔业发展。在农业物质和技术装备投入方面,进一步完善最
严格的耕地保护制度,加快实施大中型灌区配套改造、灌排泵站更新改造
及中小河流治理,积极发展高效节水灌溉,加大堰塘整治、雨水集蓄利用
等工程的建设力度,增加财政对小型水库建设及除险加固的支持,适当补
助灌排工程运行管理费用,继续实施种业发展等重点科技专项。在农产品
运销方面,"培育具有国内外影响力的农产品价格形成和交易中心",加
快农产品市场和仓储物流设施建设,"发展农产品冷冻贮藏、分级包装、
电子结算",发展网上交易、连锁分销和农民网店,强化农产品地理标志
和商标保护,提升食品安全水平。在农产品价格方面,"充分发挥价格对
农业生产和农民增收的激励作用",提高小麦、稻谷最低收购价,要及时
启动玉米、大豆、油菜籽、棉花、食糖等农产品的临时收储政策,改善鲜
活农产品调控办法,"强化敏感品种进口监测",扩大农资品种储备。在
农业补贴方面,强调强化农业补贴政策,加大补贴力度。完善农产品主产
区的利益补偿、耕地保护及生态补偿办法,新增的补贴向主产区和优势产
区集中,向专业大户、农民合作社和家庭农场倾斜,加快农业获得合理利
润的速度,"让主产区财力逐步达到全国或全省平均水平"。国家逐步扩
大种粮大户的农资综合补贴试点范围,继续实施防灾减灾、稳产增产关键
技术的补助和土壤有机质提升的补助,启动低毒低残留农药与高效缓释肥
料使用及农作物病虫害专业化防治的补助试点。在农业生产经营体制建设
方面,尊重和保障农户的生产经营主体地位,支持农民的承包地"向专
业大户、家庭农场、农民合作社流转","鼓励农民采取互利互换方式,
解决承包地块细碎化问题",采取奖励补助等多种办法扶持联户经营、专

业大户和家庭农场，发展多种形式的新型农民合作组织，培育壮大龙头企业，提高农业集约经营水平。国家强化农业公益性服务体系建设，提升农业技术推广、农产品质量监管和动植物疫病防控等公共服务机构的服务能力，加快构建公益性服务和经营性服务、专项服务同综合服务协调的新型的农业社会化服务体系。在保护农民财产权利方面，强化对耕地、林地等各类土地承包经营权的物权保护，"确权登记颁证工作经费纳入地方财政预算"。完善征地补偿办法，合理确定补偿标准，"提高农民在土地增值收益中的分配比例"①，依法保障农民土地的承包经营权、宅基地使用权和集体收益分配权。在农村公共服务方面，继续加强农村基础设施建设，加大农村公路、桥梁，安保工程建设及渡口改造的力度，加快建设乡镇客运站网，推进农村宽带网络等设施的建设，健全村级公益事业一事一议财政奖补机制。尊重农民意愿，科学规划村庄建设，办好村小学和教学点，建立农村文化投入保障机制，健全农村三级医疗卫生服务网络，研究和探索与城市养老保险制度衔接的政策措施，有序推进农民市民化进程，加快推进城乡基本公共服务均等化，提高农村社会管理科学化水平。

2013年中国中央财政对种粮农民直接补贴151亿元，1月，预拨农资综合补贴资金1071亿元。国家继续稳定实施良种补贴政策，安排农机购置补贴，补贴范围继续覆盖全国所有农牧业县（场）。将小麦（三等）最低收购价提高9.8%，早籼稻（三等）、中晚籼稻和粳稻最低收购价格分别提高10.0%、8.0%和7.1%。中央财政继续实施产粮（油）大县的奖励和生猪调出大县奖励、畜牧良种补贴、渔业油价补助、农业防灾减灾稳产增产关键技术补助、动物防疫补助，支持国家现代农业示范区建设。推进粮、棉、油、糖增产政策实施，继续实行测土配方施肥补助、土壤有机质提升补助、农作物病虫害防控补助、农产品产地初加工扶持、鲜活农产品运输绿色通道、生鲜农产品流通环节税费减免、草原生态保护补助奖励、渔业资源保护补助、"菜篮子"产品生产扶持、农村沼气与基层农技推广体系建设、基层农技推广体系改革与示范县建设等政策，实施基层农技推广体系特岗计划、农村劳动力培训阳光工程、现代农业人才支撑计划，培育新型职业农民和农村实用人才。国家完善农业保险保费补贴，村

---

① 《中共中央国务院关于加快发展现代农业进一步增强农村发展活力的若干意见》，《人民日报》2013年2月1日，第1版。

级公益事业一事一议财政奖补，扩大新型农村社会养老保险试点，农村、农垦区危房改造，新型农村合作医疗制度等政策。

三 取得的成就

自 2003 年以来，中国共产党人践行了中国特色社会主义农业思想，坚持了中国特色农业现代化道路，通过取消农业税和农产品特产税，推行粮食直补和综合补贴等政策全面实施强农惠农，减轻了农民负担，拓宽了农民增收途径，调动了农民的生产积极性；着力构建现代农业支撑体系，加快了农业科技进步，促进了中国农业 2004～2012 年间出现历史上罕见的粮食"九连增"，提高了农业综合生产能力，改变了农业发展徘徊的局面。

（一）生产条件明显改善

中国取消农业税和农产品特产税后，农民得到国家的生产补贴逐年增多。2004～2011 年，国家财政用于农业的支出（含支援拿出生产支出和农业事业费，粮食、农资、良种、农机具补贴，农业社会事业发展支出等）分别为 2337.6、2450.3、3173.0、4318.3、5955.5、7253.1、8579.1和 10497.7（亿元），占财政支出的比重分别是 8.2%、7.2%、7.9%、8.7%、9.5%、9.5%、9.5% 和 9.6%[1]。同期，中国农业固定资产投资总额分别为 70072.7、88604.0、109998.2、137323.9、172828.4、224598.8、278121.9 和 311021.9（亿元），其中农民个人投资比重分别是4.8%、4.4%、4.0%、3.7%、3.4%、3.3%、2.8% 和 2.9%[2]，呈下降趋势。2004～2009 年农业各税占税收总额的比重分别为 3.7%、3.3%、3.1%、3.2%、3.1% 和 4.4%[3]。在农民负担减轻的同时，农民积极投资农业生产。据统计，2004～2011 年，农民平均每户生产性固定资产原值逐年增加，分别为 5956、7156、7647、8390、9055、9971、10706.4 和

---

① 数据见国家统计局农村社会经济调查司：《中国农村统计年鉴》（2012），中国统计出版社 2012 年版，第 77 页，2007 年以后的数据仅为中央财政的"三农"支出。

② 数据同上书，第 79 页。

③ 数据见中华人民共和国农业部：《2010 中国农业发展报告》，中国农业出版社 2010 年版，第 134 页。

16087.5（元）①，按不变价格，增加了1.7倍。

在国家和农民资金投入的推动下，中国农业使用现代要素的水平也得到了提高。2004～2011年，中国农业机械总动力分别为6402.8、6839.8、7252.2、7659.0、8219.0、8749.6、9278.0和9773.5（亿瓦）②，增加了53%。同期，有效灌溉面积分别为54478.4、55029.3、55750.5、56518.3、58471.7、59261.4、60347.7和61681.6（千公顷）③，增加了7203.2千公顷；化肥施用量分别为4636.6、4766.2、4927.7、5107.8、5239.0、5404.4、5561.7和5704.2（万吨）④，增加了1067.6万吨；农膜使用量分别为168.0、176.2、184.5、193.7、200.7、208.0、217.3和229.5（万吨）⑤，增加了61.5万吨；农药使用量分别为138.6、146.0、153.7、162.3、167.2、170.9、175.8和178.7（万吨）⑥，增加了40.1万吨。

（二）产量稳步上升，农林牧渔业总产和农业增加值增速加快，人均农产品消费水平和饮食结构改善明显

由于国家财政对农业的投入和农民生产积极性的提高，2003～2011年，中国粮食单产逐年上升。其中，水稻单产分别为6061、6311、6260、6280、6433、6563、6585、6553和6687.3（千克/公顷）⑦，每公顷增产626千克，增加了10.32%；小麦单产分别为3932、4252、4275、4593、4608、4762、4739、4748和4837.2（千克/公顷）⑧，每公顷增产905千克，增加了23.01%。2003～2011年，粮食总产量分别为43070、46947、48402、49804、

---

①　其中2004～2009年的数据来源见中华人民共和国农业部：《2010中国农业发展报告》，中国农业出版社2010年版，第140页；2010～2011数据来源于国家统计局农村社会经济调查司：《中国农村统计年鉴》（2012），中国统计出版社2012年版，第271页。

②　数据来源于国家统计局农村社会经济调查司：《中国农村统计年鉴》（2012），中国统计出版社2012年版，第36页。

③　数据同上书，第43页。

④　数据同上。

⑤　其中2004～2009年的数据来源于中华人民共和国农业部：《2010中国农业发展报告》，中国农业出版社2010年版，第136页；2010年、2011年数据来源于国家统计局农村社会经济调查司：《中国农村统计年鉴》（2012），中国统计出版社2012年版，第44页。

⑥　数据同上。

⑦　其中2004～2009年的数据来源于中华人民共和国农业部：《2010中国农业发展报告》，中国农业出版社2010年版，第146页；2010年、2011年数据来源于国家统计局农村社会经济调查司：《中国农村统计年鉴》（2012），中国统计出版社2012年版，第158页。

⑧　其中2004～2009年的数据来源于中华人民共和国农业部：《2010中国农业发展报告》，中国农业出版社2010年版，第147页；2010年、2011年数据来源于国家统计局农村社会经济调查司：《中国农村统计年鉴》（2012），中国统计出版社2012年版，第158页。

50160、52871、53082、54648 和 57121（万吨）①，2012 年全国粮食总产量 58957 万吨，比 2003 年增产 15887 万吨，增加了 36.88%；2003～2011 年，水果总产量分别为 14517.4、15340.9、16120.1、17102.0、18136.3、19220.2、20395.5、21401.5 和 22768.2（万吨）②，增产 8250.8 万吨，增加了 56.83%；同期，肉类总产量分别为 6443、6609、6939、7089、6866、7279、7650、7925.8 和 7957.8（万吨）③，增产 1514.8 万吨，增加了 23.51%；禽蛋产量分别为 2333、2371、2438、2424、2529、2702、2741、2762.7 和 2811.4（万吨）④，增产 478.4 万吨，增加了 20.5%；奶类产量分别为 1849、2368、2865、3303、3633、3781、3735、3748 和 3810.7（万吨）⑤，增产 1961.7 万吨，增加了 106.09%。

2003～2011 年，中国农林牧渔业总产值分别为 29691.8、36239.0、39450.9、40810.8、48893.0、58002.2、60361.0、69319.8 和 81303.9（亿元）⑥，增加 51612.1 亿元，增加了 173.82%；农林牧渔业增加值分别为 19381.7、21412.7、22420.0、24040.0、28627.0、33702.2、35225.9、40533.6 和 47486.1（亿元）⑦，增加 28104.4 亿元，增加了 145.00%。全国农林牧渔业总产值指数以 1952 年 100 计算，2002 年为 883.6，2011 年为 1379.0⑧。

2003 年以来，中国人均农产品消费水平和饮食结构改善明显，生活水平得到提高。2003～2011 年，人均粮食产量分别为 334.3、362.2、371.3、379.9、380.6、399.1、398.7、408.7 和 425.2（千克）；棉花产量分别为 3.8、4.9、4.4、5.7、5.8、5.7、4.8、4.5 和 4.9（千克）。肉

---

① 数据见国家统计局农村社会经济调查司：《中国农村统计年鉴》（2012），中国统计出版社 2012 年版，第 148 页。

② 数据同上书，第 165 页。

③ 其中 2004～2009 年的数据来源于中华人民共和国农业部：《2010 中国农业发展报告》，中国农业出版社 2010 年版，第 144 页；2010 年、2011 年数据来源于国家统计局农村社会经济调查司：《中国农村统计年鉴》（2012），中国统计出版社 2012 年版，第 186 页。

④ 数据同上。

⑤ 其中 2004～2009 年的数据来源于中华人民共和国农业部：《2010 中国农业发展报告》，中国农业出版社 2010 年版，第 144 页；2010 年、2011 年数据来源于国家统计局农村社会经济调查司：《中国农村统计年鉴》（2012），中国统计出版社 2012 年版，第 189 页。

⑥ 数据见国家统计局农村社会经济调查司：《中国农村统计年鉴》（2012），中国统计出版社 2012 年版，第 104 页。

⑦ 数据同上书，第 89 页。

⑧ 数据同上书，第 121 页。

类产量分别为 39.5、40.4、42.0、42.6、40.1、42.4、44.4、45.8 和 45.4（千克）①。人均水果产量分别为 112.7、118.4、123.6、130.4、137.6、145.1、153.2、160.0 和 169.5（千克）②，均呈上升趋势。城乡居民粮食消费分别为 79.5、222.4，78.2、218.3，77.0、208.9，75.9、205.6，77.6、199.5、58.5、199.1、81.3、189.3、81.5、181.4 和 80.7、170.7（千克）③，呈下降趋势。

（三）生产结构调整加快

2003 年以后，中国随着生态退耕任务的实施，退耕面积逐年增多。1998～2011 年，生态退耕面积分别为 164.6、394.6、762.8、590.7、1425.5、2237.3、732.9、390.4、339.4、25.4、7.6、886.67、982.62 和 730.148（千公顷）④。同时，耕地面积逐渐下降。2003～2008 年耕地面积分别为 123392.2、122444.3、122066.7、121775.9、121735.2 和 121716.0（千公顷）⑤。随着生态退耕任务完成后，2009～2012 年中国连续 3 年保住了 18 亿万亩耕地的红线，耕地数量趋于稳定，粮食播种面积逐渐恢复。2003～2011 年，中国粮食播种面积分别为 99410、101606、104278、104958、105638、106793、108986、109876 和 110573（千公顷）⑥；同期，蔬菜瓜类播种面积急速增高，分别为 17954、17560、17721、16639、17329、17876、18414、21389 和 22028（千公顷）⑦，增加了 4074 千公顷，增速为 22.69%；果园面积分别为 9437、9768、

---

① 数据见国家统计局农村社会经济调查司：《中国农村统计年鉴》（2012），中国统计出版社 2012 年版，第 14 页。

② 数据同上书，第 15 页，含果用瓜产量。

③ 数据同上书，第 24 页。

④ 其中 1998～2008 年的数据来源于中华人民共和国农业部：《2010 中国农业发展报告》，中国农业出版社 2010 年版，第 138 页；2009～2011 年的数据来源于国家统计局农村社会经济调查司：《中国农村统计年鉴》（2012），中国统计出版社 2012 年版，第 63 页。

⑤ 数据见中华人民共和国农业部《2010 中国农业发展报告》，中国农业出版社 2010 年版，第 138 页。

⑥ 其中 2003～2009 年的数据来源同上书，第 139 页；2010 年、2011 年的数据来源于国家统计局农村社会经济调查司：《中国农村统计年鉴》（2012），中国统计出版社 2012 年版，第 133 页。

⑦ 其中 2003～2009 年的数据来源于中华人民共和国农业部：《2010 中国农业发展报告》，中国农业出版社 2010 年版，第 139 页；2010 年、2011 年的数据来源于国家统计局农村社会经济调查司：《中国农村统计年鉴》（2012），中国统计出版社 2012 年版，第 135 页。

10035、10123、10471、10734、11140、11544.1 和 11830.6（千公顷）①，增加了 2393 千公顷，增速为 25.35%。2002 ~ 2009 年，农业就业人数占就业总数的比重分别为 50.0、49.1、46.9、44.7、42.6、40.8、39.6 和 38.1②，下降了 11.9 个百分点。2000 年农民人均经营耕地面积 1.98 亩，2010 年、2011 年分别提高到 2.28、2.30（亩）③，增加了 0.32 亩，中国农业集约化水平开始提升。

（四）农民收入与农村社会救济费大幅提高

从 2003 开始，国家取消农业税和农产品特产税，向农民提供各类生产生活补贴，增加农村救济费，中国农民逐渐享受到了国家经济发展的成果。2003 ~ 2009 年，全国农民人均纯收入分别为 2622、2936、3255、3587、4140、4761 和 5153（元）。2010 年、2011 年为 5919、6977.3（元）④；2003 ~ 2009 年，农村消费品零售总额占全社会消费品零售总额的比重分别为 35.0%、34.1%、32.8%、32.5%、32.3%、32.0% 和 32.8%⑤；国家对农民提供最低生活保障的支出也不断提高，2000 年全国农村社会救济费 873212.7 万元，占民政事业费支出总额的比重为 3.8%。2008 ~ 2011 年分别增加到 3267531、4878911、5796469 和 8389638（万元），比重分别达 15.2%、22.4%、21.5% 和 26.0%⑥。2003 ~ 2009 年，城乡居民人均生活消费支出比值分别是 3.4、3.3、3.1、3.1、3.1、3.1 和 3.1⑦，自 20 世纪 90 年代中后期开始扩大的城乡消费水平的差距初步得到控制。

---

① 其中 2003 ~ 2009 年的数据来源于中华人民共和国农业部：《2010 中国农业发展报告》，中国农业出版社 2010 年版，第 139 页；2010 年、2011 年的数据来源于国家统计局农村社会经济调查司：《中国农村统计年鉴》（2012），中国统计出版社 2012 年版，第 166 页。

② 数据见中华人民共和国农业部：《2010 中国农业发展报告》，中国农业出版社 2010 年版，第 89 页。

③ 数据见国家统计局农村社会经济调查司：《中国农村统计年鉴》（2012），中国统计出版社 2012 年版，第 271 页。

④ 其中 2003 ~ 2009 年的数据来源于中华人民共和国农业部：《2010 中国农业发展报告》，中国农业出版社 2010 年版，第 154 页；2010 年、2011 年的数据来源于国家统计局农村社会经济调查司：《中国农村统计年鉴》（2012），中国统计出版社 2012 年版，第 267 页。

⑤ 数据见中华人民共和国农业部：《2010 中国农业发展报告》，中国农业出版社 2010 年版，第 134 页。

⑥ 数据见国家统计局农村社会经济调查司：《中国农村统计年鉴》（2012），中国统计出版社 2012 年版，第 304 页。

⑦ 数据见中华人民共和国农业部：《2010 中国农业发展报告》，中国农业出版社 2010 年版，第 155 页。

（五）农业生态环境得以初步改善，增强了可持续发展能力

国家通过财政经费支持农业废弃物处理，实施退耕、退牧还林（草）工程，开展水生生物增殖放流和农村清洁工程，减少了农村生产生活污染。在农村可再生资源利用方面，2001 年沼气产量仅 29.8 亿立方米，2007～2011 年快速增加到 101.7、118.4、130.8、139.7 和 152.8（亿立方米）①；2000 年农村改水受益人口为 88112 万，2007～2011 年分别达 87859、89447、90251、90834 和 89971（万），农村卫生厕所普及率分别为 57.0%、59.7%、63.2%、67.4%、69.2%②，农民生活环境得到改善。

从 2008 年以来，中国加大了水利建设投资力度，增加了农业生态建设投资。2008～2011 年，全国节水灌溉面积分别为 2443.6、2575.5、2731.4 和 2719.9（万公顷）③，水土流失治理面积分别为 10158.7、10454.5、10680.0 和 10966.4（万公顷）④。2003～2009 年，除涝面积分别为 21097、21198、21340、21376、21419、21425 和 21584（千公顷）⑤，水土流失治理面积分别为 85410、92000、94654、97491、99871、101587 和 104545（千公顷）⑥。1998 年、2000 年、2005 年、2009 年、2010 年和 2011 年，全国设立自然保护区 1146、1227、2349、2541、2588 和 2640（个），保护区总面积分别为 8815、9821、14995、14775、14944 和 14971（万公顷）；1998 年、2000 年和 2005 年生态示范区 154、158 和 233（个）⑦，农业可持续发展能力得到增强。

---

① 数据见国家统计局农村社会经济调查司：《中国农村统计年鉴》（2012），中国统计出版社 2012 年版，第 59 页。

② 数据同上。

③ 数据同上书，第 67 页。

④ 数据同上。

⑤ 数据见中华人民共和国农业部：《2010 中国农业发展报告》，中国农业出版社 2010 年版，第 140 页。

⑥ 数据同上。

⑦ 数据见国家统计局农村社会经济调查司：《中国农村统计年鉴》（2012），中国统计出版社 2012 年版，第 59 页。

结　语

　　自马克思、恩格斯提出社会主义农业的构想以来，马克思主义者们长期不懈地为建设土地公有、合作经营，集体劳动，实现农业社会化和农业合理化城市和农村、工业和农业有机结合的社会主义农业进行了有益的探索与实践。

　　马克思主义关于社会主义农业发展的理论是一个不断丰富发展的思想体系。马克思、恩格斯在对资本主义农业的分析批判中，提出了实行土地公有，农民参加有计划的大规模的国有农场或合作社的集体劳动，建立适应农业生产特点、人的充分发展的工业生产和农业生产、城市和乡村有机结合的合理的社会化的社会主义农业的基本构想，明确了社会主义农业的社会化和科学化的基本原则。列宁探索出平均分配土地，通过提高个体农民生产率、发展以电气化为中心的农业技术、通过产销合作社发展农业商品经济等在苏俄建立社会主义农业的可行路径，坚持了马克思、恩格斯提出的实现农业社会化和科学化有机结合的社会主义农业原则。斯大林在苏联社会主义农业的建立和发展中，机械照抄了马克思、恩格斯的构想。

　　毛泽东确立了中国农业关于土地集体所有、农民共同富裕的基本原则，但否定了农业家庭经营的有效性。20 世纪 80 年代的领导集体在农民在农业中的地位与作用、农业经营制度和农业科学技术等方面丰富和发展了马克思主义关于社会主义农业的思想，是被实践证明了的关于中国农业发展的正确理论原则和经验总结。其农业思想主要包含了农业关系到社会和国家的稳定、是国民经济和社会发展的基础，发挥农民在农业生产中的主体作用，农业发展"两个飞跃"，科技兴农等观点。这些观点构成为农业发展的主体、制度和科技动力三大要素，形成了关于中国农业发展的相互联系、相互依托的完整的理论体系，把对中国特色农业本质的认识提高到一个新水平，实现了中国当代农业思想的创新。90 年执政的中央领导集体深化了市场经济条件下，关于中国农业地位与特点、农业家庭经营与集体经营的关系、国家支持农业发展、保护农民利益、农业新科技革命及农业可持续发展的认识，建构了中国特色农业思想的基本框架，初步提出了统筹城乡经济社会发展，建设现代农业的基本政策，为中国农业在市场经济背景下实现与经济、社会、自然的和谐发展奠定了基础。21 世纪初的领导集体在工业反哺农业、城市帮助农村的中国经济社会发展的新世纪，在科学发展观的指导下，践行了中国特色农业思想，对农业进行大规模的补贴，免除了延续千年的农业税，在亿万农民中建立社会保障制度，中国农民得到亘古未见的优厚待遇，农业生产积极性得到大幅度提高，中国农业安全和可持续发展得到了可靠保证。新世纪以来，中国农业发展进入到历史上前所未有的良好发展阶段。

中国共产党在领导中国革命和中国现代化建设的历史进程中，高度重视农业、农民和农村问题，把农业视为中国现代化建设的基础产业，通过建立农村土地集体所有制，发展农业家庭经营和合作经营，保障农民在农业生产中的主体地位，尊重农民的经济利益和发展权利，发展农业科学技术，促进了中国农业的高速发展，解决了千百年来中国历史上因人口增长与土地资源紧张产生的食品匮乏问题，为中国社会稳定和经济发展提供了有力保障。继往开来的中国共产党人在领导中国农业发展的历史进程中，坚持和发展了马克思主义关于社会主义农业的基本观点，结合中国人多地少、资源条件差、科技落后的农业发展条件，创造性地发展了马克思主义农业思想，实现了中国农业思想的不断创新，建构了中国特色农业思想的完整体系。

第一，丰富和发展了马克思主义关于农业地位与作用的理论。

马克思、恩格斯指出，农业包括了为人类食物提供植物和动物来源的种植业、畜牧业、渔业及其他养殖业。农业是一切人类生存和一切生产的首要条件，农业劳动是指生产生活必需品所需的必要劳动，是一切剩余劳动的基础。农业的剩余劳动是社会分工的基础。人们必须先解决吃、喝、住、穿的问题，"然后才能从事政治、科学、艺术、宗教等等"[①]。他们深刻地阐述了农业是国民经济基础的适用于一切人类社会的普遍规律。

---

① 中央编译局：《马克思恩格斯全集》（第 25 卷），人民出版社 2001 年版，第 594 页。

　　列宁在苏俄农业落后的特定历史条件下，重点强调"粮食问题是一切问题的基础"，在苏俄必须解决粮食问题，才能在社会主义基础上"建立起富丽堂皇的社会主义大厦来"①。所以，无论如何要认真地、切实地发展农业，进一步发展了马克思主义关于农业基础地位的理论。

　　斯大林强调农业是工业发展的基础。他分析道，因为农业是"吸收工业品的市场，是原料和粮食的供应者"②，是为了从国外输入设备，满足国民经济需要所必需的出口物资的来源。斯大林突出地强调了农业对国家经济发展的重要贡献。与列宁一样强调，谷物问题是"农业系统中的基本环节"③，是解决农业其他一切问题的钥匙，提出农业的基础是粮食生产。在马克思主义农业地位与作用理论的发展中，斯大林第一次明确提出了经济文化落后，工业化水平低下的社会主义国家，农业是工业发展的基础、农业为工业服务的观点。

　　毛泽东也站在中国实现以工业化为标志的国家现代化目标的角度，强调农业在国家工业化战略中的支持和保障作用。他指出，国家工业化和农业技术改造需要的大量资金，相当大的部分"要从农业方面积累起来的"④。他又强调，农业首先关系到农民的衣食问题，又关系到城市、工矿区人口的吃饭问题，是轻工业原料的主要来源，"在一定的意义上可以说，农业就是工业"⑤，发展国民经济必须重视农业。

　　20世纪80年代的领导集体则根据耕地少、人口多，特别是农民多的中国国情，从我国经济建设的历史经验教训出发，认为中国是一个经济落后的农业国家，农业发展不仅关系到国家现代化的进程，而且关系到农民乃至整个国家的政治稳定。因此，中国农业的基础地位和作用不仅表现在经济层面，在改革开放之际更是一个政治问题，把发展农业看作是国家经济发展和社会稳定的基石。所以，他们对马克思主义农业地位与作用理论的丰富发展在于他们把农业改革作为了中国改革事业的排头兵，始终把农业问题当作是中国经济发展的首要问题，对维护国家社会稳定具有决定性

---

①　中央编译局：《列宁全集》（第37卷），人民出版社1986年版，第348页。
②　中央编译局：《斯大林全集》（第11卷），人民出版社1956年版，第218页。
③　中央编译局：《斯大林全集》（第12卷），人民出版社1957年版，第245页。
④　中央文献研究室：《毛泽东文集》（第6卷），人民出版社1999年版，第432页。
⑤　中央文献研究室：《毛泽东文集》（第7卷），人民出版社1999年版，第200页。

作用，倡导重视发展农业，强调农业是战略重点，"农业是根本，不要忘掉"①，在国家出现不稳定的因素或趋势时，不断告诫工业越发展，越要把农业放在第一位，要始终抓得很紧。

20世纪90年代的领导集体从农业的第一要务是解决人民的吃饭问题的角度，阐释了中国在市场经济与经济高速发展的进程中，不能动摇农业基础地位的观点，重点强调了中国农业在基本解决了农产品供求矛盾的条件下，在调整农业结构的过程中，始终高度重视农业基础地位。他们把农业与农民、农村问题纳入综合解决的视野中，为21世纪初的领导集体实践城乡统筹战略奠定了深厚而广博的理论基础。

第二，丰富发展了马克思主义的农业主体与农民富裕的理论。

马克思主要从政治层面分析了农民的二重性，认为农民具有革命性和保守性，但更多具有保守性。他曾将法国小农比喻为"一袋马铃薯是由袋中的一个个马铃薯所集成的那样"，由于受自给自足的小生产方式及其生活方式的影响，"他们利益的同一性并不使他们彼此间形成共同关系"，农民阶级需要其他的阶级或政党来代表他们的利益，不能以自己的名义或组织来保护自己的阶级利益。农民和工人都被剥削，只有当农民抛弃自己对于小块土地的信念，打破封建剥削后，就会把工人"看作自己的天然同盟者和领导者"②，与工人建立工农联盟。无产阶级革命需要工农联盟的"合唱"才能取得成功。恩格斯更是强调无产阶级首先要解决农民的土地问题，使他们免于变为无产者，才能得到农民的支持和帮助。无产阶级能够争取过来的农民人数越多，"社会改造的实现也就会越迅速和越容易"。无产阶级政党的义务是随时随地向农民解释清楚，在资本主义时代，"要保全他们那样的小块土地所有制是绝对不可能的"③。无产阶级政党要教育农民加入到反对资本主义的战斗中来，用自愿互利的原则组织农民放弃土地私有，建立合作社发展社会主义农业。在社会主义国家，由于国家的计划管理，农民变成了合作社或国营农场的工人，实现了按劳分配，解决了农民的贫困化问题。

列宁与马克思对小农的分析视角一样，但主要从经济层面分析了农民

①　中央文献编辑委员会：《邓小平文选》（第3卷），人民出版社1993年版，第23页。

②　中央编译局：《马克思恩格斯全集》（第11卷），人民出版社1995年版，第229，229，232页。

③　中央编译局：《马克思恩格斯选集》（第4卷），人民出版社1995年版，第500，501页。

的二重性。他认为农民在社会主义制度下，既是劳动者，又是私有者。他说，小农由于其小生产者的经济地位决定了在现代社会中永远在雇佣工人和资本家之间摇摆不定。社会主义制度建立后，农民也和小资产阶级一样，"在无产阶级专政下也处于中间地位"，"在无产阶级与资产阶级之间摇摆不定"①，有着贫富分化的趋势。尽管列宁在新经济政策时期，重视个体农民在农业恢复中的作用，但农民有走社会主义和资本主义道路的积极性，所以要用产销合作社联系农民，把合作社看成是引导千百万农民过渡到社会主义的最好的国家资本主义形式和中间环节，防止其走资本主义道路。

斯大林则根据列宁关于社会主义时期农民的二重性特点，彻底否定了个体农民在农业生产中的地位和作用。斯大林认为，社会主义不能建立在联合起来了的社会主义化的工业和以生产资料私有制为基础的个体小农经济的基础上，"必须逐步而又坚定不移地把出产商品最少的个体农民经济联合为出产商品最多的集体经济，联合为集体农庄"②。决定社会主义农业及其基本问题的不再是个体农民经济，只有把个体小经济联合为大规模集体经济，才能把农业中的资本主义连根铲除，挖掉农民走向贫困的根源。

以毛泽东为代表的中国共产党人在新民主主义革命时期，在领导根据地的农业生产实践中，充分认识到了农民在中国革命中的主体地位和主力军的作用，指出革命的实质是农民革命，领导和组织了农民的土地革命和土地改革，激发了农民的革命积极性，实现了新民主主义革命的胜利。新中国成立以后，他也曾强调，中国有5亿多的农民，他们的状况如何，"对于我国经济的发展和政权的巩固，关系极大"③，不断论述农民在中国社会主义建设中的重要地位，希望农民在农业集体组织中通过按劳分配原则的实施，实现农民的共同富裕。但对农民在国家中地位的认识停留在宏观层面，随着国家工业化战略的实施以及集体组织的建立，使得农民丧失了在农业生产中微观层面的主体地位，农民的生产积极性备受打击，让农民在农业集体经营组织中实现共同致富的美好愿望未能实现。

---

① 中央编译局：《列宁全集》（第 37 卷），人民出版社 1986 年版，第 276 页。
② 中央编译局：《斯大林全集》（第 11 卷），人民出版社 1956 年版，第 7 页。
③ 中央文献研究室：《毛泽东文集》（第 7 卷），人民出版社 1999 年版，第 219 页。

20 世纪 80 年代的领导集体在农业政策改革中，认为农民对本地的农业生产具有发言权，在马克思主义农业思想史上首次指出农民是中国社会主义农业发展的主体，必须发挥农民在农业生产中的主体作用。在实践中也首次强调了国家实行因地制宜的农业政策，特别注重农民经济政治利益关系的调整，尊重农民的意愿和首创精神，赞同了农民实行家庭承包制的改革，从经济上增加农民收入、政治上发展农村基层民主、农业政策上保持稳定等方面调动和保护农民的生产积极性。他们还认为允许一部分农民辛勤努力，收入先多一些，生活先好起来，就必然会产生极大的示范力量，影响左邻右舍的行动，"带动其他地区、其他单位的人们向他们学习"①。平均发展和均衡发展是不可能的，搞平均主义，吃"大锅饭"，"实际上是共同落后，共同贫穷"。他们主张让一部分地区发展得快一点，带动大部分地区发展，"这是加速发展，达到共同富裕的捷径"。他们在马克思主义农业思想发展史上首次在理论和实践方面提出了通过经济利益的实现调动农民致富的积极性，主张在经济发展中实现农民共同富裕，明确提出了社会主义原则，"第一是发展生产，第二是共同富裕"② 的观点，把分配置于生产力发展之后，通过发展农业生产力，让一部分地区和一部分人先富起来，区别了先富后富的发展关系，强调先富起来的农民和发达地区帮助落后地区的农民脱贫致富，最终实现农民共同富裕的有效途径。

20 世纪 90 年代的领导集体认为，农民是农业生产和农产品市场的主体，在市场竞争中处于弱势地位，其经济利益和民主权益易受侵害，国家保障农民承包土地权，为农民提供农业科学技术，减轻农民负担是市场经济条件下保障农民利益的基本措施。21 世纪初的领导集体认为，在城乡统筹的战略下，对农民多予、少取不仅是对待农民的态度问题，更是农业发展的方针问题，主张农民应在经济社会发展中享有平等的权利，应该分享中国经济社会发展的成果。

第三，丰富发展了马克思主义的农业所有制与合作制理论。

马克思、恩格斯认为，个体小农因其规模小、管理方便、经营灵活具有存在的历史必然性和顽强的生命力，但资本主义在不同的国家通过不同

---

① 中央文献编辑委员会：《邓小平文选》（第 2 卷），人民出版社 1994 年版，第 152 页。
② 中央文献编辑委员会：《邓小平文选》（第 3 卷），人民出版社 1993 年版，第 155，166，172 页。

的发展阶段，带有不同的色彩，按照不同的顺序对个体农民进行掠夺，造成了农业工人和小农等农业生产者的日益贫困，预言资本主义将在农业中占据统治地位，农业家庭经营和个体农民也将灭亡。马克思认为流通合作社与生产合作社"前者只能触及现代经济制度的表面，而后者却动摇它的基础"①，所以，无产阶级执政后，采取土地国有及农民作为农业工人参加大规模的、有计划的国有农场或合作社的集体劳动等措施，将从根本上消灭资本主义农业生产方式。所以，在社会主义农业的生产过程中将把个体劳动转变为集体劳动，就为利用机器进行大规模的农业生产、消除资本主义的剥削制度准备了条件。马克思仅仅设想了国有农场或合作社所有权和使用权的分离，恩格斯则设想小农占优势的国家，仍然保留个体小农的私有权，国家采取典型示范、国家帮助和教育的方法，尊重农民的意愿，引导小农走集体经营的合作化道路，把小规模的农业的私人生产和私人占有"变为合作社的生产和占有"②，实现农业规模经营。马克思、恩格斯都没有就国有农场或合作社等农业集体组织的经营管理问题进行探讨。

　　列宁坚信马克思和恩格斯提出的社会主义农业实行土地公有制与生产合作制的构想，在苏俄社会主义农业建立和发展的进程中，实行了土地国有制，建立了国营农场，在实践中探讨了在个体农民中建立集体劳动组织的问题，在马克思主义的农业合作制理论方面取得了新进展。他认为，苏俄农民不能接受包括农业公社、劳动组合、共耕社（协作社）等农业生产组织形式，而把农民私人利益与国家利益密切结合的商业合作社才是引导小农经济向社会化大生产过渡的桥梁。因此，在无产阶级取得胜利，实行土地等生产资料公有制的条件下，合作社是农民的集体企业，实行了按劳分配，"文明的合作社工作者的制度就是社会主义制度"③。他还提出国家提供相应的财政支持、供给农具等奖励、提高农民科学文化水平等措施，促进合作社经济的发展，但没有时间和机会探讨农业合作社组织的经营管理问题。

　　斯大林强调，集体农庄"是最明显的生产合作社形式"，"是整个合

---

①　中央编译局：《马克思恩格斯全集》（第21卷），人民出版社2003年版，第271页。
②　中央编译局：《马克思恩格斯选集》（第4卷），人民出版社1995年版，第498页。
③　中央编译局：《列宁全集》（第43卷），人民出版社1987年版，第365页。

作社运动不可分割的组成部分"①。农业集体化并非让农民破产，农业集体化尤其能使苏联在几年的时间内，在全国各地建立起利用农业科学技术上的一切技术成果，"向国家提供更多的商品产品的巨大集体农庄"②。这是苏联农业实现快速进步的方法。斯大林主张的实践，使苏联农民快速地走上了集体农庄道路，斯大林的主张在实践中否定了农业家庭生产的形式。

毛泽东也认为农业个体经营，土地归农民私有，会在农村中出现新的两极分化，不利于农业经营规模的扩大和农业生产的提高，满足不了国家经济建设发展的需要，主张通过合作社构建农业集体经济，将农民的土地小私有制变为公有制，在农村消灭资本主义，引导农民走社会主义道路，以此来发展农业生产力。他虽然认可了农民在自留地、小型农具、部分农产品等方面的"小私有"，但农民追求私利的"走资本主义道路"的欲望并未根除，所以，必须坚持农业集体经营。毛泽东农业集体经营思想在实践中也就否定了农业家庭经营这一基础层次。

20世纪80年代的领导集体在农业政策改革中，认真纠正了合作化以来党的农业政策的失误，赞同了农民实行家庭承包制的实践，并在马克思主义农业生产想发展史上首次在实践方面恢复了社会主义农业的最基本的经营层次，也在理论方面首次解释了家庭承包制。他们强调"我们总的方向是发展集体经济"③，认为家庭承包制与合作化前的小私有的个体经济不同，土地仍然属于集体所有，是农村合作经济的新发展，"是社会主义农业经济的组成部分"。因此，中国社会主义农业必须有家庭经营和集体经营两个层次，家庭经营是农业合作制的基础，集体经营为家庭经营提供农业生产产前、产中、产后的各种社会化服务，使集体经营优越性和农民个人经营积极性"同时得到发挥"，必将让"农业社会主义合作化的具体道路更加符合我国的实际"④。他们的理论认识是马克思主义农业合作化理论在中国的新发展。

20世纪90年代的领导集体认为，农业实行家庭承包制适应于农业生

① 中央编译局：《斯大林全集》（第11卷），人民出版社1956年版，第78页。
② 中央编译局：《斯大林文集》，人民出版社1985年版，第481页。
③ 中央文献编辑委员会：《邓小平文选》（第2卷），人民出版社1994年版，第315页。
④ 中央党史研究室：《中国新时期农村的变革》（中央卷），中共党史出版社1998年版，第175、220～221、221页。

产不同的技术水平和条件，即使农业生产的技术水平和社会化程度提高以后，农业家庭经营仍然是农业经营制度的基础，从理论上彻底解决了自马克思、恩格斯以来对农业家庭经营的否定认识。在中国发展多种形式的农业社会化服务体系，稳步推进适度的农业规模经营，足以弥补农业家庭经营的局限，深化了自马克思、恩格斯提出的在市场经济条件下的农业社会化经营的理想，解决了农业家庭经营与市场化经营的矛盾。21 世纪初的领导集体坚持了 20 世纪 90 年代领导集体的主张，倡导农民在家庭经营的基础上，积极发展多种形式的农业社会化服务组织，在城乡统筹中尊重农民的自主选择，切实保障农民的经济利益与民主权利，共享国家现代化发展进程中经济社会发展的成果。

第四，丰富发展了马克思主义的农业技术理论。

马克思与恩格斯指出，农业合理化和社会化是资本主义农业进步的表现。农业合理化是指在农业中通过市场购买的手段，使用了农业机械，采用了先进的农艺技术，把最新的科学技术运用于生产和管理，充分地利用了土地和各种自然资源，提高了农业劳动生产率；农业社会化是指资本主义把小规模的、分散的、落后的、封闭的，仅仅满足农民家庭需要的农业小生产变为了大规模的、集中的满足社会消费的社会化的农业生产，资本主义把农业从土地生产资料、劳动力及农产品生产到销售等整个因素和过程都以市场交易的方式实现，农业受到资本的全程控制。农业生产资料变为劳动者共同使用，生产过程的某些工序由工业部门提供或承担。"欧洲农业只有进行社会化经营和依靠社会去经营，才可能继续存在"[1]。农业合理化和社会化是相互融合的生产过程与技术市场化的过程，农业合理化过程就是农业生产过程商品化的过程，农业社会化经营使农业生产面积扩大，耕作更集约，"投在土地及其耕作上的资本有了空前的积累"[2]。因此，资本主义制度推动了农业改良、技术进步和社会生产力的迅速发展，但"另一方面，把土地所有权变成荒谬的东西"[3]，但又为社会主义的产生创造了物质财富和社会条件。马克思、恩格斯预见了社会主义要建立适合农业生产特点，实现人的充分发展的工农业生产、城市和乡村有机结合

---

① 中央编译局：《马克思恩格斯全集》（第 25 卷），人民出版社 2001 年版，第 584 页。
② 中央编译局：《马克思恩格斯全集》（第 44 卷），人民出版社 2001 年版，第 781 页。
③ 中央编译局：《马克思恩格斯全集》（第 46 卷），人民出版社 2003 年版，第 697 页。

的合理的社会化的现代农业。我们确知马克思、恩格斯关于社会主义农业的构想，就是在资本主义农业充分发展的基础上，实行土地国有、农业集体生产，国家通过农业计划管理的方式组织农产品的生产与流通，促进先进而合理的、有利于自然和谐和环保的农业生产技术的运用，实现社会主义农业的合理化和社会化。恩格斯也就设想了小农占优势、农业生产处于自然经济状态、生产技术落后的国家，可以不通过资本主义制度的"卡夫丁峡谷"，利用资本主义创造的先进的农业科学技术，由政府向农民生产合作社提供农业技术的帮助，促进农业生产力的发展。

列宁针对苏俄农业生产技术、组织形式和农民文化科技水平普遍落后的状况，极力主张把先进的农业生产技术应用到农业生产中去。他强调，我们的义务和职责是把科学技术的奇迹应用到农业中去，把苏俄农业从落后的盲目经营，"变成建立在科学和技术成就基础上的农业"[1]。要组织城市大工业和农村小农业之间的直接的产品交换，"帮助小农业社会化"[2]，将农业社会化的任务提上了日程。他的主张与马克思、恩格斯的观点一致，仍然认为苏俄农业要在农业科技现代化的基础上，通过农业商品化形式实现农业社会化。他还认为，在商品经济时代，农民需要城市工业的帮助，"没有城市工业，农民是不能生活的"。农民虽然需要先进的农业技术，但农业技术生产传播的特点，决定了农业技术只能由国家主导，由国家向农民传播科技文化知识，农民就会感谢我们"从城市里供给他们工业品、农具和文化"[3]。为了提高农民的文化科技水平，苏维埃要大力发展农村的教育事业，培养大量的农业技术人才。他还提出了苏俄农业技术的重点是发展电气化为中心的农业机械化，"适应最新技术水平并能改造农业的大工业就是全国电气化"[4]，通过发展为农业服务的电力工业与机械制造，为农民提供物美价廉的生产资料和生活用品，就能提高苏俄的农业科技水平。

斯大林主张农业发展需要农业机器、拖拉机、优良种子、肥料等，但他特别强调农业大规模生产，偏爱以拖拉机为代表的农业机械化技术在农业中的使用。他认为，用先进的农业科学技术装备农业，在集体农庄大片

---

① 　中央编译局：《列宁全集》（第35卷），人民出版社1985年版，第354页。
② 　中央编译局：《列宁全集》（第42卷），人民出版社1986年版，第245页。
③ 　中央编译局：《列宁全集》（第36卷），人民出版社1985年版，第193页。
④ 　中央编译局：《列宁全集》（第42卷），人民出版社1986年版，第7页。

的土地上使用拖拉机"是使农业进行技术革命的手段"①，也是在农村创建文化技术基地的好方法。实行农业生产电气化的计划，是消灭城乡对立的手段。"集体农庄和国营农场是能够采用拖拉机和机器的大农场"②，扩大帮助集体化的农民掌握新技术的农业"机器拖拉机站系统"③，作为实现工农业生产相结合的手段。斯大林继续重视提高农民科技文化水平，培养农业专门人才和专家型干部。

　　毛泽东自抗战开始，根据苏联社会主义农业发展的事实，认为未来的中国农业依然受到社会条件和自然条件的制约，要用发展生产力的方法去解决，存在着工人阶级和农民阶级的矛盾，要"用农业集体化和农业机械化的方法去解决"④，毛泽东改造中国农业的基本思路与斯大林是一致的。他主张的农业集体化是从生产关系的角度要把中国农民的小生产方式变为农业集体经营，农业机械化则是从生产力方面改进中国农业生产技术，在社会主义条件下，用农业集体化和农业机械化来解决工人阶级和农民阶级的矛盾，联系农民。新中国成立后，他在党内关于在中国建立社会主义农业的机械化与集体化先后的争论中，主张采取"先合作化、后机械化"的步骤，表示在实现农业集体化后，用20~25年的时间在中国来实现农业机械化。党表示中国在农业集体化的基础上实现农业的机械化和电气化是自己在农业问题上的根本路线。毛泽东提出要推广农业科学技术，十分重视农民的生产劳动经验，在1958年概括了实现农业增产的技术措施，提出了以深耕为中心的水、肥、土、种、密、保、管、工的农业"八字宪法"。1959年，他提出"农业的根本出路在于机械化"的论断，"用机械装备农业，是农、林、牧三结合大发展的决定性条件"⑤，确立了农业机械化在国家农业技术发展战略中的根本地位，把实现农业机械化确定为中国农业技术发展的目标。毛泽东的农业技术观点与前述的马克思主义经典作家的看法一致，都是在集体农业组织中张扬国家的农业技术发展战略，服从于发展大规模的农业生产的社会主义农业模式。

　　20世纪80年代的领导集体主张国家运用现代科学技术成果，促进中

---

① 中央编译局：《斯大林全集》（第7卷），人民出版社1955年版，第132页。
② 中央编译局：《斯大林全集》（第11卷），人民出版社1956年版，第6页。
③ 中央编译局：《斯大林全集》（第12卷），人民出版社1957年版，第53页。
④ 毛泽东：《毛泽东选集》（第1卷），人民出版社1991年版，第311页。
⑤ 中央文献研究室：《毛泽东文集》（第8卷），人民出版社1999年版，第49，101页。

国农业技术进步的观点与马克思主义经典作家的观点是一致的，但他们在恢复农业家庭经营的基本层次下，强调农业技术要与农民的需要和农业生产的客观条件结合，与中国传统农业的经验相结合，发展适应劳动密集型的农业生物技术，通过市场手段来推进国家农业科技研究与推广体制的改革，引导农民建立农业市场经济观念，提升农民的科学文化素质，实现科技兴农。他们强调中国农业现代技术与传统农业的经验相结合，主张把农业科技推广运用中国家帮助扶持的手段改为市场手段，实质是把农业技术的推广运用纳入到了马克思、恩格斯所设想的农业社会化和合理化的社会主义农业的理想目标，丰富发展了马克思主义的农业技术理论。

　　20世纪90年代的领导集体认为，推进农业新科技革命，发展农业高科技产业，提升中国农业科技水平，为中国农业发展提供技术支撑是中国农业稳定发展、保障农产品有效供给的根本动力。在中国农业基本解决了农产品供求紧张的新阶段，区分农业科技事业的公益性职能，调整农业技术路径，发展以改善农业生态环境、节约耕地和水资源为特点的资源节约型的农业生产技术，实施农业可持续发展战略。他们关于中国农业技术发展的新认识，深化了自马克思、恩格斯提出的农业运用科学技术实现农业与经济社会、与自然和谐发展的思想。21世纪初的领导集体在践行中国特色农业思想的实践中，实施国家投入和对农民补贴的方法，改造农业和农村生态环境，维护农业生产的过程安全，强化食品安全措施，加速了中国生态农业的发展，奠定了中国农业可持速发展的基础。

　　总之，中国共产党人通过90余年的接力探索，根据中国经济社会发展的不同阶段和发展水平，在农业地位与作用、农业主体与农民富裕、农业合作制和农业技术四个方面丰富和发展了马克思主义关于社会主义农业的思想，推进了中国特色的当代农业思想的发展和进步。

参考文献

一 经典作家著作

中央编译局：《马克思恩格斯全集》（第 3 卷），人民出版社 1960 年版

中央编译局：《马克思恩格斯全集》（第 4 卷），人民出版社 1958 年版

中央编译局：《马克思恩格斯全集》（第 7 卷），人民出版社 1959 年版

中央编译局：《马克思恩格斯全集》（第 8、9 卷），人民出版社 1961 年版

中央编译局：《马克思恩格斯全集》（第 12 卷），人民出版社 1998 年版

中央编译局：《马克思恩格斯全集》（第 16、18 卷），人民出版社 1964 年版

中央编译局：《马克思恩格斯全集》（第 17、19 卷），人民出版社 1963 年版

中央编译局：《马克思恩格斯全集》（第 20、35 卷），人民出版社 1971 年版

中央编译局：《马克思恩格斯全集》（第 21、22 卷），人民出版社 1965 年版

中央编译局：《马克思恩格斯全集》（第 26 卷）（上）、（第 23、24、38 卷），人民出版社 1972 年版

中央编译局：《马克思恩格斯全集》（第 25、36、39 卷），人民出版社 1974 年版

中央编译局：《马克思恩格斯全集》（第 26 卷）（中）、（第 28 卷），人民出版社 1973 年版

中央编译局：《马克思恩格斯全集》（第 46 卷）（下），人民出版社 1980 年版

中央编译局：《列宁全集》（第 4 卷），人民出版社 1984 年版

中央编译局：《列宁全集》（第 5、7、37、38、39、40、41 卷），人民出版社 1986 年版

中央编译局：《列宁全集》（第 12、13、42、43 卷），人民出版社 1987 年版

中央编译局：《列宁全集》（第 16 卷），人民出版社 1988 年版

中央编译局：《列宁全集》（第 21、27、56 卷），人民出版社 1990 年版

中央编译局：《列宁全集》（第 29、33、34、35、36 卷），人民出版社 1985 年版

中央编译局：《斯大林全集》（第 7 卷），人民出版社 1955 年版

中央编译局：《斯大林全集》（第 11 卷），人民出版社 1956 年版

中央编译局：《斯大林全集》（第 12 卷），人民出版社 1957 年版

中央编译局：《斯大林文集》，人民出版社 1985 年版

中央文献研究室等：《毛泽东早期文稿》，湖南出版社 1995 年版

毛泽东：《毛泽东选集》（第 1、2、3、4 卷），人民出版社 1991 年版

中央文献研究室：《毛泽东文集》（第 1、2 卷），人民出版社 1993 年版

中央文献研究室：《毛泽东文集》（第 3、4、5 卷），人民出版社 1996 年版

中央文献研究室：《毛泽东文集》（第 6、7、8 卷），人民出版社 1999 年版

中央文献研究室：《毛泽东书信选集》，人民出版社 1984 年版

中央文献研究室：《建国以来毛泽东文稿》（第 1 册），中央文献出版社 1987 年版

中央文献研究室：《建国以来毛泽东文稿》（第 2 册），中央文献出版社 1988 年版

中央文献研究室：《建国以来毛泽东文稿》（第 3 册），中央文献出版社 1989 年版

中央文献研究室：《建国以来毛泽东文稿》（第 4 册），中央文献出版社 1990 年版

中央文献研究室：《建国以来毛泽东文稿》（第 5 册），中央文献出版社 1991 年版

中央文献研究室：《建国以来毛泽东文稿》（第 6、7 册），中央文献出版

社 1992 年版

中央文献研究室：《建国以来毛泽东文稿》（第 8 册），中央文献出版社 1993 年版

中央文献研究室：《建国以来毛泽东文稿》（第 9、10 册），中央文献出版社 1996 年版

中央文献研究室：《建国以来毛泽东文稿》（第 12、13 册），中央文献出版社 1998 年版

中央文献研究室：《毛泽东农村调查文集》，人民出版社 1982 年版

中央办公厅：《中国农村的社会主义高潮》（上、中、下），人民出版社 1956 年版

中央文献研究室：《毛泽东著作专题摘编》，中央文献出版社 2003 年版

中华人民共和国国史学会：《毛泽东读社会主义政治经济学批注和谈话（简本）》（上），中央文献出版社 1998 年版

日本毛泽东文献资料研究会：《毛泽东集》（第八卷延安期Ⅳ），北望社 1971 年版

中央文献研究室：《毛泽东传》（1893—1949），中央文献出版社 1996 年版

中央文献研究室：《毛泽东传》（1949—1976），中央文献出版社 2004 年版

中央文献编辑委员会：《刘少奇选集》（上），人民出版社 1981 年版

中央文献编辑委员会：《刘少奇选集》（下），人民出版社 1985 年版

中央文献研究室等：《建国以来刘少奇文稿》（第 1、3 册），中央文献出版社 2005 年版

中央文献研究室等：《建国以来刘少奇文稿》（第 5 册），中央文献出版社 2008 年版

中央文献研究室等：《刘少奇论合作社经济》，中国财政经济出版社 1987 年版

中央文献研究室编《刘少奇论新中国经济建设》，中央文献出版社 1993 年版

中央文献编辑委员会：《周恩来选集》（下），人民出版社 1984 年版

中央文献研究室：《周恩来统一战线文选》，人民出版社 1984 年版

中央文献编辑委员会：《任弼时选集》，人民出版社 1987 年版

《张闻天选集》编辑组：《张闻天选集》，人民出版社 1985 年版

邓子恢：《邓子恢文集》，人民出版社 1996 年版

中央文献研究室：《陈云文选》（第 2、3 卷），人民出版社 1995 年版

万里：《万里文选》，人民出版社 1995 年版

中央文献编辑委员会：《邓小平文选》（第 1、2 卷），人民出版社 1994
　年版

中央文献编辑委员会：《邓小平文选》（第 3 卷），人民出版社 1993 年版

中央文献编辑委员会：《李先念文选》（1935—1988），人民出版社 1989
　年版

中央文献编辑委员会：《江泽民文选》（第 1、2、3 卷），人民出版社 2006
　年版

江泽民：《论社会主义市场经济》，中央文献出版社 2006 年版

中央文献研究室：《江泽民论有中国特色社会主义》（专题摘编），中央文
　献出版社 2002 年版

江泽民：《论科学技术》，中央文献出版社 2001 年版

毛泽东：《江浙农民的痛苦及其反抗运动》，《向导周报》1926 年 10 月第
　179 期，人民出版社 1954 年影印版

江泽民：《科学在中国：意义与承诺》，《人民日报》（海外版）2000 年 7
　月 3 日

江泽民：《在国际水稻大会上的讲话》，《人民日报》（海外版）2002 年 9
　月 17 日

二　中国共产党文献

中央档案馆：《中共中央文件选集》（第 1 册），中共中央党校出版社 1982
　年版

中央档案馆：《中共中央文件选集》（第 3、6 册），中共中央党校出版社
　1989 年版

中央档案馆：《中共中央文件选集》（第 4、5 册），中共中央党校出版社
　1983 年版

中央档案馆：《中共中央文件选集》（第 7、9、10、11、12、13、15 册），
　中共中央党校出版社 1991 年版

中央档案馆：《中共中央文件选集》（第 14、16、17、18 册），中共中央

党校出版社 1992 年版

中央文献研究室：《建国以来重要文献选编》（第 1、2、3、6 册），中央
文献出版社 1992 年版

中央文献研究室：《建国以来重要文献选编》（第 4、5、7 册），中央文献
出版社 1993 年版

中央文献研究室：《建国以来重要文献选编》（第 9、10 册），中央文献出
版社 1994 年版

中央文献研究室：《建国以来重要文献选编》（第 11 册），中央文献出版
社 1995 年版

中央文献研究室：《建国以来重要文献选编》（第 12、13 册），中央文献
出版社 1996 年版

中央文献研究室：《建国以来重要文献选编》（第 14、15、16 册），中央
文献出版社 1997 年版

中央文献研究室：《建国以来重要文献选编》（第 18、19、20 册），中央
文献出版社 1998 年版

中华人民共和国国家农业委员会办公厅：《农业集体化重要文件汇编》
（上、下），中共中央党校出版社 1981 年版

中央文献研究室：《十一届三中全会以来党的历次全国代表大会中央全会
重要文件汇编》（上），中央文献出版社 1997 年版

中央文献研究室：《十一届三中全会以来重要文献选读》（上），人民出版
社 1987 年版

中央文献研究室：《三中全会以来重要文献选编》（上、下），人民出版社
1982 年版

中央党史研究室等：《中国新时期农村的变革》（中央卷），中共党史出版
社 1998 年版

中央文献研究室等：《新时期农业和农村工作重要文献选编》，中央文献
出版社 1992 年版

中央文献研究室：《十二大以来重要文献选编》（上、中），人民出版社
1986 年版

中央文献研究室：《十二大以来重要文献选编》（下），人民出版社 1988
年版

中央文献研究室：《十三大以来重要文献选编》（上、中），人民出版社

1991 年版

中央文献研究室：《十三大以来重要文献选编》（下），人民出版社 1993
年版

中央文献研究室：《十四大以来重要文献选编》（上），人民出版社 1996
年版

中央文献研究室：《十四大以来重要文献选编》（中），人民出版社 1997
年版

中央文献研究室：《十四大以来重要文献选编》（下），人民出版社 1999
年版

中央文献研究室：《十五大以来重要文献选编》（上），人民出版社 2000
年版

中央文献研究室：《十五大以来重要文献选编》（中），人民出版社 2001
年版

中央文献研究室：《十五大以来重要文献选编》（下），人民出版社 2003
年版

中央文献研究室：《十六大以来重要文献选编》（上），中央文献出版社
2005 年版

中央文献研究室：《十六大以来重要文献选编》（中），中央文献出版社
2006 年版

中央文献研究室：《十六大以来重要文献选编》（下），中央文献出版社
2008 年版

中央文献研究室：《十七大以来重要文献选编》（上），中央文献出版社
2009 年版

中央文献研究室：《十七大以来重要文献选编》（中），中央文献出版社
2011 年版

中央文献研究室：《十七大以来重要文献选编》（下），中央文献出版社
2013 年版

三　资料类文献

人民出版社：《第一次国内革命战争时期的农民运动资料》，人民出版社
1983 年版

中国社会科学院经济研究所中国现代经济史组：《第一、二次国内革命战

争时期土地斗争史料选编》，人民出版社 1981 年版

江西省档案馆：《中央革命根据地史料选编》（下），江西人民出版社 1982 年版

中国社会科学院经济研究所中国现代经济史组：《革命根据地经济史料选编》（上），江西人民出版社 1986 年版

江西财经学院经济研究所等：《闽浙赣革命根据地财政经济史料选编》，厦门大学出版社 1988 年版

水利电力部：《中国农田水利》，水利电力出版社 1987 年版

《当代中国》丛书编辑委员会：《当代中国的卫生事业》（下），中国社会科学出版社 1986 年版

于驰前等：《当代中国的乡镇企业》，当代中国出版社 1991 年版

《当代中国的农业》编辑部：《当代中国的农业》，当代中国出版社 1992 年版

中国社会科学院等：《中华人民共和国经济档案资料选编》（农业卷，1953—1957），中国物价出版社 1998 年版

黄道霞等：《建国以来农业合作化史料汇编》，中共党史出版社 1992 年版

中央文献研究室：《刘少奇年谱》（下），中央文献出版社 1996 年版

中央文献研究室：《陈云年谱》（下），中央文献出版社 2000 年版

薄一波：《若干重大决策与事件的回顾》（上、下），中共党史出版社 2008 年版

中央文献研究室：《邓小平思想年谱》（1975—1997），中央文献出版社 1998 年版

中央文献研究室：《邓小平年谱》（1975—1997），中央文献出版社 2004 年版

《中华苏维埃共和国临时中央政府人民委员会训令（第十号）》，《江西社会科学》1981 年 S1 期

四　统计类资料

国家统计局：《伟大的十年》，人民出版社 1959 年版

国家统计局：《建国三十年全国农业统计资料》，中国统计出版社 1980 年版

中国农业年鉴编辑委员会：《中国农业年鉴》（1980），中国农业出版社

1981 年版

中国经济年鉴编辑委员会:《中国经济年鉴》(1982),经济管理杂志社 1982 年版

国家统计局:《中国统计年鉴》(1981),中国统计出版社 1982 年版

国家统计局:《中国统计年鉴》(1984),中国统计出版社 1984 年版

国家统计局:《中国统计年鉴》(1989),中国统计出版社 1989 年版

国家统计局:《中国统计年鉴》(1991),中国统计出版社 1991 年版

中华人民共和国国家统计局:《中国统计年鉴》(1995),中国统计出版社 1995 年版

中华人民共和国计划司:《中国农村统计大全》(1949—1986),中国农业 出版社 1989 年版

国家统计局:《建国三十年国民经济统计提要》(1949—1978),中国统计 出版社 1979 年版

联合国粮农组织(FAO)生产年鉴

国家统计局农村社会经济调查局:《中国农业统计资料汇编》(1949— 2004),中国统计出版社 2006 年版

中国教育年鉴编辑部:《中国教育年鉴》(1949—1981),中国大百科全书 出版社 1984 年版

国家统计局农调总队:《中国农村住户调查年鉴》(1992),中国统计出版 社 1993 年版

国家统计局农村社会经济调查司:《中国农村住户调查年鉴》(2010),中 国统计出版社 2010 年版

国家统计局农村社会经济统计司:《中国农村统计年鉴》(1993),中国统 计出版社 1993 年版

中国农业年鉴编委会:《中国农业年鉴》(1994),中国农业出版社 1994 年版

国家统计局农村社会经济调查司:《中国农村统计年鉴》(1998),中国统 计出版社 1998 年版

国家统计局工业交通物资统计司:《中国工业经济统计资料》(1949— 1984),中国统计出版社 1985 年版

国家统计局国民经济综合统计司:《新中国五十年统计资料汇编》,中国 统计出版社 1999 年版

中国乡镇企业年鉴编辑委员会:《中国乡镇企业年鉴》(1991),中国农业出版社 1992 年版

中华人民共和国国家统计局:《中国统计年鉴》(2001),中国统计出版社 2001 年版

中华人民共和国国家统计局:《中国统计年鉴》(2003),中国统计出版社 2003 年版

中华人民共和国国家统计局:《中国统计年鉴》(2004),中国统计出版社 2004 年版

中华人民共和国国家统计局:《中国统计年鉴》(2005),中国统计出版社 2005 年版

国家统计局人口和就业统计司等:《中国劳动统计年鉴》(2005),中国统计出版社 2005 年版

国家统计局农村社会经济调查司:《中国农村统计年鉴》(2006),中国统计出版社 2006 年版

中华人民共和国国家统计局:《中国统计年鉴》(2008),中国统计出版社 2008 年版

中华人民共和国农业部:《中国农业发展报告》(2009),中国农业出版社 2009 年版

国家统计局农村社会经济调查司:《中国农村统计年鉴》(2012),中国统计出版社 2012 年版

中华人民共和国农业部:《2010 中国农业发展报告》,中国农业出版社 2010 年版

国家统计局:《物价持续走低市场形成价格——"九五"时期国民经济和社会发展系列分析报告之十》,http://www.stats.gov.cn/tjfx/ztfx/jwxlfxbg/t20020530_ 20829.htm

国家统计局:《中国农村居民生活进一步改善——"九五"时期国民经济和社会发展系列分析报告之十九》,http://www.stats.gov.cn/tjfx/ztfx/jwxlfxbg/t20020530_ 20838.htm

国家统计局:《农业进入新阶段结构调整显生机——"九五"时期国民经济和社会发展系列分析报告之四》,http://www.stats.gov.cn/tjfx/ztfx/jwxlfxbg/t20020530_ 20823.htm

五　研究类专著

［美］埃德加·斯诺：《斯诺文集》（第 1 册），新华出版社 1984 年版

［美］埃德加·斯诺等：《中国红区印象记》，上海人民出版社 1949 年版

张国焘：《我的回忆》（第 1 册），《明报月刊》编辑部 1966 年版

周志强：《中国共产党与中国农业发展道路》，中共党史出版社 2003 年版

赵红军：《小农经济、惯性治理与中国经济的长期变迁》，上海人民出版
　　社 2010 年版

白寿彝：《中国通史》（第 12 卷）（上），上海人民出版社 1999 年版

张希坡等：《中国革命法制史》，中国社会科学出版社 2007 年版

杨植霖：《论发扬延安精神》，甘肃人民出版社 1989 年版

王耕今等：《乡村三十年——凤阳农村社会经济发展实录》（1949—
　　1983），农村读物出版社 1989 年版

辛逸：《农村人民公社分配制度研究》，中共党史出版社 2005 年版

周晓虹：《传统与变迁——江浙农民的社会心理及其近代以来的嬗变》，
　　生活·读书·新知三联书店 1998 年版

黄树民：《林村的故事——1949 年后的中国农村变革》，生活·读书·新
　　知三联书店 2002 年版

于建嵘：《岳村政治：转型期中国乡村政治结构的变迁》，商务印书馆
　　2001 年版

高王凌：《人民公社时期中国农民"反行为"调查》，中共党史出版社
　　2006 年版

王振耀：《中国村民自治理论与实践探索》，宗教文化出版社 2000 年版

王卓：《中国贫困人口研究》，四川科学技术出版社 2004 年版

世界银行：《中国卫生模式转变中的长远问题与对策》，中国财政经济出
　　版社 1994 年版

张荐华等：《乡镇企业的崛起与发展模式》，湖北教育出版社 1995 年版

林毅夫：《制度，技术与中国的农业发展》，上海人民出版社 2005 年版

林毅夫：《再论制度，技术与中国农业发展》，北京大学出版社 1999 年版

林毅夫：《中国的奇迹：发展战略与经济改革》（增订版），上海人民出版
　　社，上海三联出版社 1999 年版

黄宗智：《长江三角洲小农经济和乡村发展》，中华书局 1992 年版

张乐天：《告别理想——人民公社制度研究》，上海人民出版社2005年版

黄少安：《产权理论与制度经济学》，湘潭大学出版社2008年版

李宗植等：《中华人民共和国经济史》（1949—1999），兰州大学出版社
  1999年版

肖冬连：《崛起与徘徊——十年农村的回顾与前瞻》，河南人民出版社
  1992年版

陆学艺：《联产承包责任制研究》，上海人民出版社1986年版

徐勇：《包产到户沉浮录》，珠海出版社1998年版

于光远：《1978：我亲历的那次历史大转折》，中央编译出版社2008年版

［美］D·盖尔·约翰逊：《经济发展中的农业、农村、农民问题》，林毅
  夫等编译，商务印书馆2004年版

宋洪远等：《改革以来中国农业和农村经济政策的演变》，中国经济出版
  社2000年版

宋洪远等：《"九五"时期的农业和农村经济政策》，中国农业出版社
  2002年版

何清涟：《现代化的陷阱——当代中国的社会经济问题》，今日中国出版
  社1998年版

［美］H.钱纳里等：《工业化和经济增长的比较研究》，吴奇等译，上海
  三联书店1996年版

中共龙岩地委党史资料征集研究委员会：《闽西革命根据地史》，华夏出
  版社1987年版

许毅：《中央革命根据地财政经济史长编》（上），人民出版社1982年版

王建众等：《中国共产党抗战时期大事记》，人民出版社1988年版

杜润生：《当代中国的农业合作制》（上），当代中国出版社2002年版

杜润生：《中国农村改革决策纪事》，中央文献出版社1999年版

杜润生：《杜润生自述：中国农村体制变革重大决策纪实》，人民出版社
  2005年版

李成瑞：《中华人民共和国农业税史稿》，财政出版社1959年版

许建文：《中国当代农业政策史稿》，中国农业出版社2007年版

六　研究类论文

王观澜：《中央苏区的土地斗争和经济情况》，《回忆中央苏区》，江西人

民出版社 1981 年版

杜润生：《忆 50 年代初期我与毛泽东主席的几次会面》，《缅怀毛泽东》
　（下），中央文献出版社 1993 年版

邱剑锋等：《走新型农业现代化的道路》，《中国农业科技导报》2004 年
　第 6 期

孙学龙等：《抗战时期的土地法律制度——以陕甘宁、晋察冀等根据地为
　例》，《新西部》2010 年第 22 期

海振忠：《苏区的商业合作社运动》，《商业研究》1989 年第 4 期

王蒲华：《闽西苏区合作社运动探析》，《福建党史月刊》1990 年第 7 期

熊吉陵等：《中央苏区的农村合作制组织建设》，《党史文苑》2007 年第
　2 期

王郁昭：《中国改革为什么从农村开始突破》，《农民日报》2008 年 10 月
　30 日

张昭国：《人民公社时期农村的瞒产私分》，《当代中国史研究》2010 年
　第 3 期

应小丽：《关于人民公社制度变迁动力和机制的探讨》，《中共党史研究》
　2008 年第 4 期

徐勇：《论农产品的国家性建构及其成效——国家整合视角下的"统购统
　销"与"瞒产私分"》，《中共党史研究》2008 年第 1 期

梅德平：《60 年代调整后农村人民公社个人收入分配制度》，《西南师范
　大学学报》（人文社会科学版）2005 年第 1 期

郑卫东：《集体化时期的分配制度与人口生育——以日照市东村为中心
　（1949—1973）》，《开放时代》2010 年第 5 期

李成瑞：《十年内乱期间我国经济情况分析——兼论这一期间统计数字的
　可靠性》，《经济研究》1984 年第 1 期

陈贵华：《新中国农田水利发展的制度性特征分析》，《中国农村水利水
　电》2011 年第 10 期

［英］克里斯·布拉莫尔著《Chinese Economic Development（Routledge,
　2009）》中的一章，香港理工大学中国农村读书小组巫爱金，何俊杰，
　严海蓉译校，http://wen.org.cn/modules/article/view.article.php/c6/
　3476，题为《中国集体农业再评价》

张玉林：《分级办学制度下的教育资源分配与城乡教育差距——关于教育

机会均等问题的政治经济学探讨》,《中国农村观察》2003年第1期

钱文艳:《建国后30年浙江农村义务教育的历史考察——以农村民办小
    学为例》,《安徽史学》2009年4期

周寿棋:《探寻农民健康保障制度的发展轨迹》,《国际医药卫生导报》
    2002年第6期

王明华:《中国农业结构调整问题研究》,《调研世界》2001年第11期

李成贵:《中国农业结构的形成,演变与调整》,《中国农村经济》1999
    年第5期

韩钢:《艰难的转型:一九七八年中央工作会议的农业议题》,《中共党史
    研究》2011年第9期

王瑞芳:《统购统销政策的取消与中国农村改革的深化》,《安徽史学》
    2009年第4期

邓水兰等:《农产品价格政策演进的博弈及其政策目标》,《南昌大学学
    报》(人文社会科学版)2009年第6期

秦庆武:《加快我国农村公共产品供给体制的改革与创新》,《东岳论丛》
    2005年第4期

赵树凯:《万里与农村改革中的"政治"》,《华中师范大学学报》(人文
    社会科学版)2009年第2期

郑有贵:《"两个飞跃":邓小平与当代中国农业发展战略》,《教学与研
    究》2000年第2期

缪建平等:《市场经济与农业现代化——浅析农产品市场化改革对农业现
    代化进程的影响》,《改革与战略》1994年第6期

谈明洪等:《20世纪90年代中国大中城市建设用地扩张及其对耕地的占
    用》,《中国科学》D辑(地球科学)2004年第12期

张红宇等:《浙江省农村土地撂荒情况的调查》,《中国农村经济》1994
    年第5期

辜夕尹:《农村土地撂荒情况的原因及对策》,《农家科技》2002年10期

农业部政策体改法规司综合分析处:《农业和农村经济发展"八五"回顾
    和"九五"思路》,《中国农村经济》1995年第12期

王书明等:《90年代中国农业的困境与对策》,《预测》1994年第1期

蒋亭亮:《关于农业经营机制改革问题的思考》,《农业经济问题》1995
    年第3期

汤锦如等：《论市场经济条件下中国农业社会化服务体系的建设与发展》，《扬州大学学报》（人文社会科学版）2003 年第 1 期

万宝瑞：《关于农业产业化经营的调查报告》，《中国农业信息快报》2001 年第 4 期

叶兴庆：《向市场经济过渡时期的农产品市场体系》，《中国农村经济》1994 年第 4 期

张淑英：《加强农产品价格调查为健全农产品市场体系服务》，《调研世界》2003 年第 4 期

李敏：《我国农产品交易市场发展对策研究》，《统计研究》2003 年第 1 期

谭秋成：《农村政策为什么在执行中容易走样》，《中国农村观察》2008 年第 4 期

田秀娟等：《"九五"时期我国金融政策的演变及其对农村经济的影响》，《改革》2003 年第 5 期

江金启等：《农资价格波动与粮食主产区农民收入稳定》，《农业经济》2008 年第 12 期

江金启等：《农业生产资料价格波动与中国粮食安全》，香港中文大学中国研究文库，http：//www. usc. cuhk. edu. hk/PaperCollection/Details. as-px？ id = 4771

朱希刚等：《我国农业科技进步贡献率测算方法的意见》，《农业技术经济》1997 年第 1 期

朱希刚：《我国"九五"时期农业科技进步贡献率的测算》，《农业经济问题》2002 年第 5 期

高怀友：《中国的农业生态环境问题与对策》，《中国环境管理》2001 年第 5 期

苏明：《中国农业财政政策的回顾与展望》，《财政研究》2009 年第 2 期

赵云旗：《当代中国农民负担问题研究》（1949—2006），《中国经济史研究》2007 年第 3 期

张红宇：《城乡居民收入差距的平抑机制：工业化中期阶段的经济增长与政府行为选择》，《管理世界》2004 年第 4 期

许建文等：《论马克思恩格斯的资本主义和社会主义农业思想》，《马克思主义研究》2010 年第 8 期

许建文：《我国农业合作化中的四次争论》，人大复印资料《农业经济学》
　　2001 年第 9 期或《四川师范大学学报》（社会科学版）第 3 期

许建文：《论毛泽东的农业改造观》，《湘潭师范学院学报》（社会科学
　　版）2003 年第 2 期，《新华文摘》2003 年第 7 期摘编

许建文：《论邓小平的农业发展观》，《西南民族大学学报》（人文社科
　　版）2005 年第 1 期

许建文：《论建国以来中国共产党的农业生产力发展观》，《山西财经大学
　　学报》2004 年第 5 期，收入《中国三农报告》，新华出版社 2005 年
　　出版

许建文：《论建国以来中国共产党的农业经济体制观》，《山西财经大学学
　　报》2003 年第 3 期或人大复印资料《社会主义经济理论与实践》2003
　　第 7 期

许建文：《论"多予、少取、放活"的农业发展方针》，《毛泽东思想研
　　究》2007 年第 6 期

后　记

　　中国是一个人口大国，经济发展和社会的稳定进步需要农业的稳定发展。我们生而逢时，目睹了改革发展的大剧，现实生活中的任何人不可避免地扮演着属于自己的角色。在当代中国农业发展的进程中，农民们为解决衣食问题默默耕作，秉承社会主义理念的中国共产党人为农业问题殚精竭虑，国内外的学者们为农业发展出谋划策。他们共同推动了中国农业的进步，推进了中国当代农业思想的精进！如果说，读书人在中国激烈转型的大潮中不能逃避责任，那么，这部书稿也就承载着这份担当。

　　歌德曾说，"理论是灰色的，而生活之树是常青的"。中国当代农业思想在演变与实践中充满了生生不息的活力和无穷无尽的变化。列宁也指出，任何理论"至多只能指出基本的和一般的东西，只能大体上概括实际生活中的复杂情况"。因而，对中国当代农业思想不断产生的新的认识做任何的诠释和总结都显得力不从心。中国当代农业思想的研究资料异常浩瀚，对研究资料的解读应具理性，但研究毕竟不是被动的阐释，对中国当代农业思想内容的认识如同当今"三农"问题一样，没有众口一致的判词，不应该完全迎合持不同观点人们的旨趣。研究中国当代农业思想的原则是实事求是，不做无谓的是或非的论说，联系演变与实践的历史条件，尊重研究文本在实践中的体验，对资料进行科学的取舍。本书注重从农业思想促进农业发展的最高目的出发，对农业发展中变动激烈的重要因素作了系统全面的考察，以当代中国农业思想演变与实践的历史线索为纲，具体地研究了中国社会主义农业思想的渊源、发展流程，就各阶段农业思想在初始条件、农业地位与作用、经营制度、科学技术、农民和国家的作用等方面的认识做出了较为全面的概括。

　　本书分两个阶段完成，第一阶段根据国家社会科学基金的结题要求，形成了初稿。第二个阶段根据国家出版要求对章节标题重新改定，对部分段落做了改写，对全部内容做了字斟句酌式的琢磨。面对书稿，我心底升腾着难以名状的羞涩与惶恐。与其说本书能够对当代中国农业思想尝其一脔，更不敢说有什么高深的创见。应该说我是一个审慎的人，因为缺少学术自信，且研究资料极其丰富，个人的认知能力有限，才疏学浅，学养不高，研究实属轻舟强渡。还由于该书按时段写就，各章节的分量不够均衡，深度和详略不一。另外，书中引用的材料、数字较多，可能出现错漏或谬误。所有这些，都得敬请读者见谅。

研究过程中，全国哲学社会科学规划办公室及省社科规划办宽容了结项时间，谨此表达由衷的谢意！中国社会科学院武力研究员、罗文东研究员，北京大学杨学功教授为我提供了丰富的研究资料，谨此表达真诚的感谢！以文会友使我神交了学术界的贤哲，他们的名字罗列在了参考文献之中，谨向这些谋面和未谋面的学术同人们致以崇高的敬礼！本书得到了西南科技大学政治学院黎万和院长、研究生部刘知贵主任的相荐，西南科技大学提供了出版经费，谨此表达诚挚的谢意！本书离不开中国社会科学出版社刘艳编辑及校对人员的大力支持，她们出色的工作使书稿增色添彩，在此谨致深深的谢忱！

许建文

2015 年 3 月 20 日